中国近代通史

(修订版)

中国社会科学院
近代史研究所 —— 编

张海鹏 主编

[第六卷]

民国的初建
(1912—1923)

汪朝光 著

江苏人民出版社

图书在版编目(CIP)数据

中国近代通史. 第六卷,民国的初建:1912—1923 / 张海鹏主编;汪朝光著;中国社会科学院近代史研究所编. — 修订版. — 南京:江苏人民出版社,2024.1(2025.5重印)
ISBN 978-7-214-28304-7

Ⅰ.①中… Ⅱ.①张… ②汪… ③中… Ⅲ.①中国历史-近代史-1912—1923 Ⅳ.①K25

中国国家版本馆 CIP 数据核字(2023)第 166292 号

书　　名	中国近代通史·第六卷　民国的初建:1912—1923
主　　编	张海鹏
著　　者	汪朝光
责任编辑	朱　超
装帧设计	刘葶葶
责任监制	王　娟
出版发行	江苏人民出版社
地　　址	南京市湖南路 1 号 A 楼,邮编:210009
照　　排	江苏凤凰制版有限公司
印　　刷	苏州市越洋印刷有限公司
开　　本	718 毫米×1000 毫米　1/16
印　　张	37　插页 5
字　　数	531 千字
版　　次	2024 年 1 月第 1 版
印　　次	2025 年 5 月第 3 次印刷
标准书号	ISBN 978-7-214-28304-7
定　　价	188.00 元(精装)

(江苏人民出版社图书凡印装错误可向承印厂调换)

再版前言

《中国近代通史》修订再版,我们感到欣喜,也感到惶恐。一部十卷本的通史性著作,出版十年之后还有再版的机会,说明学术界与社会上是需要的。据从各方面获得的消息,学习中国近代史的学生中,本科生、硕士生,尤其是博士生,读这个十卷本的人是不少的。许多教授都把这部书指定为学生们的必读书。对于作者而言,这无疑是令人欣喜的。但是,一部多卷本的集体著作,每卷的主持人都是大忙人,能否如期完成修订,能否使修订更好地满足读者的需要,这又是令我们惶恐的。

2006—2007年,十卷本《中国近代通史》初版由江苏人民出版社推出,2009年,凤凰出版传媒集团、江苏人民出版社又推出凤凰文库版。中国社会科学院为此书出版举办科研成果发布会和学术座谈会,在学术界与社会上引起广泛关注,不仅有多家媒体报道出版信息,而且还有不少学者在《人民日报》、《求是》杂志、《近代史研究》等报刊发表评介文章,这是始料不及的。应该说,《中国近代通史》初版的面世,在学术界产生了良好的社会反响,同时也赢得了多项荣誉(如入选首届"三个一百"原创图书出版工程、中华优秀出版物图书奖、第二届中国出版政府奖、中国社会科学院优秀科研成果二等奖等)。总体上讲,学术界和社会上的评价是正面的、肯定的,也有建设性的学术批评。所有这些,都是对我们的鼓励,都是对中国近代史学科建设的深入探讨,对推动中国近代史的学术研究是有益的。《中国近代通史》的撰写和出版,圆了近代史研究所几代人的梦想,至今也是中国近代史学界唯一一部十卷本的大型通史。出版近十年来,学术研究有了较大发展,相关的档案文献也有持续公布和新的发现,如清史编纂工程大量刊布清史档案文献史料,美国胡佛研究所公布了蒋介石的日记手稿,以及中外档案馆新发现和公布的史料等等,都为中国近代史的进一步深入研究提供了史料基础和学术路向。因此,《中国近代通史》初版在经过十年发行后,根据新材料、吸收新成果再予修订,是很有必要的。

2016年8月27日,应江苏人民出版社的邀请,《中国近代通史》课题组多位作者到南京凤凰集团,与江苏人民出版社签订出版续约,正式启动修订再版工作。南京之行,大体确定了修订的三项原则:(1)基本风格、基本观点、基本结构不变;(2)字数篇幅总体不突破原版,但各卷也可以有些弹性,允许有的卷补充内容可适当突破;(3)修订时应该注意吸收学术界有代表性的观点,不要求逐一呼应,有的可以在注释中体现。总之,考虑到各卷作者本身任务很重,大修、中修并不现实,这次修订,总体上是小修,但是允许局部大修。

自南京续约以后,各卷作者在繁忙的教学和研究工作之余,对原稿做了认真修订,在通读、通校全文后,各卷都做了不少必要的文字处理,使表述更加准确、平实,并纠正了一些明显的史实错讹,补充了部分注释的文献出处。第六、七、八、十卷还增加了第三级小标题,以与全书体例统一。除此之外,各卷还进行了若干重要修改:

第一卷调整了章节结构,把原第二章调整为第五章,原三、四、五章改为二、三、四章。也有些文字修改。

第二卷对于引用较多的李秀成的亲书供词的版本做了认真考订,对中华书局影印本《忠王李秀成自述》原有错页进行重新整理校订,改题为《李秀成亲书供词》。

第三卷深化了湘淮系洋务派关系以及张之洞从清流派向洋务派转变的分析,改写了增设洋务局的内容,补充了关于郑观应、汤寿潜、邵作舟等早期维新派思想的论述。

第四卷在第八章补写了第五节"庚子中国国会与自立军事件"。

第五卷利用新出版的《袁世凯全集》,厘清了袁世凯修改《清帝逊位诏书》的史实。

第六卷在第一章、第四章、第七章都有重要补充和修订。

第七卷在第十章增加了第三节"工农运动的中介群体"。

第八卷在第二章、第四章、第五章、第十章都有重要补充和修订。

第九卷特别说明了从1937年7月开始的全面抗战与从1931年9月开始的局部抗战,既有相当的延续性,又有极大的不同;并利用新公布的《蒋介石日记》,补充了关于中国争取苏联出兵参战、陶德曼调停、九国公约会议、"桐工作"与中日秘密接触等方面史实的论述;还在第十一章第二节增加了"收复失土与琉球问题的提出"的内容。

第十卷在第一章、第三章、第七章做了重要补充和修订。

本次修订,是在习近平新时代中国特色社会主义思想指导下进行的。原书某些带有含糊不清的、不尽准确的提法,都已经修订了。就全书而言,虽然修改幅度不是太大,尤其在补充新材料方面做得不够,但与初版相比,这个修订版还是有了一些新的面貌,为读者提供了一个更加可信的读本。

我作为《中国近代通史》全书的主编,认为有必要在序卷中阐明全书的基本的编撰原则、对中国近代史的基本观点、基本的写作体例和方法,作为各卷的原则要求。但是,在各卷写作中,不必重复这些原则和要求。这些基本的原则和要求,在课题组组成时,已提交各卷主编讨论和研究。各卷主编大体上赞成这些原则和要求。当然,这些原则主要是由本书主编提出的,体现了一种学术观点。是否妥当,还需要听取学术界批评。读者如有意见,可以提出商榷,开展正常的学术争鸣。任何学术争鸣,都是作者所欢迎的。

我们在《中国近代通史》完稿之时,就想到大概十年左右能够修订一次。这次修订,算是不忘初衷。当然,我们希望以后还有机会不断修订完善。值此修订版面世之际,我们期待能够得到学术界与社会各界人士的批评指教。

当初承担撰写任务的主要学者都是中国社会科学院近代史研究所的研究人员。现在还是这些人在参加修订,但情况已经有了很大变化。王建朗早已是近代史研究所所长,汪朝光担任了中国社会科学院世界历史研究所所长(以上两位所长新近也已退出领导岗位),杨奎松在华东师范大学担任教授,王奇生在北京大学历史系担任教授兼历史系主任,我和虞和平、姜涛、马勇、曾景忠都从近代史研究所退休了。原在华南师范大学历史文化学院担任教授的谢放也已退休。原来是副研究员的李细珠、卞修跃,如今是近代史研究所独当一面的研究员了。当初各位愉快地接受撰写任务,今天各位又愉快地接受修订任务,这是令人感动的。回顾十余年来的合作,深感这是一次很融洽的学术合作。这种合作,在一个人的学术生涯中是不可多得的。

这种合作不仅体现在本书的撰写者方面,也体现在撰写者与出版者的合作方面。当初,江苏人民出版社获悉我们正在筹划《中国近代通史》撰写的消息,立即找上门来,主动要求承担出版任务。从此,我们一拍即合。在出版《中国近代通史》的过程中,我们与江苏人民出版社的合作是非常愉快的。江苏人民出版社吴源社长和金长发主任给我们很好的支持与配合。当《中国近代通史》初版合同即将到期之时,就有几家别的出版社来联系再版事宜,我们也曾有过犹豫,但江苏人民出版社没有轻易放弃,而是努力再续前缘。徐海总经理与府建明总编辑特意到近代史研究所洽谈此事,促使我们下定了继续合作的决心。

在《中国近代通史》再版之际,我作为主持者,谨向各位合作者表示感谢!向有关单位的审读专家表示感谢!本书修订版吸收了他们提出的不少修订意见和建议。向江苏人民出版社王保顶社长、谢山青总编辑表示感谢!向阅读初版和修订版的所有读者表示感谢!

张海鹏

2018 年 2 月 21 日

2023 年 9 月 7 日修订

目 录

第一章 北洋军阀统治的建立 /001
    第一节 革命的余波:西式民主的昙花一现 /003
    第二节 北洋派与革命派的矛盾 /022
    第三节 二次革命的发动与失败 /038
    第四节 北洋军阀独掌北京政府 /056
    第五节 民国初年的对外关系 /073

第二章 袁世凯称帝与护国战争 /097
    第一节 袁世凯帝制自为 /099
    第二节 革命派与其他派别的反袁斗争 /110
    第三节 护国战争的爆发及各地响应 /123
    第四节 袁世凯的末路 /135

第三章 军阀纷争与南北对峙 /157
    第一节 军阀纷争的肇始 /159
    第二节 督军团干政 /170
    第三节 清室复辟的闹剧 /179
    第四节 皖系控制的北京政府 /193
    第五节 南北对峙与护法运动 /217
    第六节 护法战争与南北议和 /232
    第七节 西南地方的军阀割据 /254

第四章　五四运动与时代转换之发端 /261

  第一节　五四运动的思想源流 /263
  第二节　五四运动的起因 /270
  第三节　五四运动的发生及演进 /280
  第四节　五四运动的结局及影响 /287
  第五节　华盛顿会议与中国国际地位的缓慢回升 /302
  第六节　马克思主义的传播与中国共产党的建立 /317

第五章　直皖战争 /325

  第一节　直皖战争之发端 /327
  第二节　直皖战争的爆发及皖系的失败 /337
  第三节　直奉共治的北京政府 /343
  第四节　孙中山回粤再度开府 /360

第六章　第一次直奉战争与直系当政 /373

  第一节　直奉矛盾的激化 /375
  第二节　第一次直奉战争 /387
  第三节　黎元洪复职与"法统重光" /395
  第四节　直系当政与北京政局 /408
  第五节　联省自治的思潮与实践 /417
  第六节　西南各省的局势演变 /432

第七章　北京政局的变化 /443

  第一节　直系当政时期的社会动荡 /445
  第二节　京汉铁路工潮与二七惨案 /454
  第三节　黎元洪被逐 /466
  第四节　曹锟贿选与"法统"中落 /476
  第五节　第二次直奉战争前的北京政局 /486
  第六节　孙中山北伐受挫及其再起 /497

第八章　民初经济发展的黄金时期及其起伏 /513

  第一节　现代经济法制体系的初步建立 /515

第二节　现代工业的较快发展 /521

第三节　现代工业发展的起伏 /527

第四节　中外经济关系的发展变化 /535

第五节　农业经济发展的艰难 /541

第六节　财政困难与现代银行业的兴起 /550

主要参考文献 /559

人名索引 /571

第一章
北洋军阀统治的建立

　　中华民国的成立,开启了中国历史的共和时代。民国初年,西方民主思潮与实践一时颇为盛行;然而通过军事实力和政治权谋成为北京政府大总统的袁世凯,醉心于个人专制统治,与寄望于民主政治的革命派产生了尖锐的矛盾,结果导致革命派发动"二次革命",但因准备不周、实力不济而失败。此后,袁世凯和北洋军阀独掌北京政府,逐步废弃了辛亥革命后建立的各项民主政制,使民国初年的西式民主实验成为昙花一现。与此同时,民国成立后的中国对外关系,仍因列强之强势压迫而面临着种种困难,在谋求"承认"、对外借款、边疆安全等方面,仍在丧失国家主权和权益,并因日本提出的"二十一条"要求,一度形成中国外交的危机。

第一节　革命的余波：西式民主的昙花一现

1912年1月1日，作为辛亥革命的高潮与最重要的成果，中华民国正式诞生，从而结束了在中国历数千年的帝制时期，开启了新的共和时代。① 对此，不仅革命者为之欢欣，广大民众也抱有希冀与憧憬，毕竟革命党人所宣传的"共和""民主""自由"这样的新名词，较之"皇帝""独裁""专制"这样的旧字眼，更为动听，更能打动人心。近代中国的历史翻开了新的一页。

但是，历史的演进并不如革命党人设想的那般简单。孙中山在南京出任临时大总统后，形成了与北京清政府南北对峙的政治格局，而北京清政府的实际权力，此时已落入北洋系军事首领袁世凯的手中，他以军事强人的身份逐渐掌控了情势发展，运用多年从政的纯熟手腕以及广泛的人脉关系，内以革命党声势逼清廷退位，外借清廷余力压革命党让步，纵横捭阖，极尽权谋。2月12日，清宣统帝在内外强大压力下宣布退位，15日袁世凯被南京参议院选为临时大总统。其后，他又以"维持秩序"为借口，以北京兵变为施压手段，推翻了孙中山在推举其出任临时大总统时提出的将临时政府设于南京及临时大总统到南京就职等条件，一意将首都设在其势力中心的北京，便于其掌控政局，为建立其个人专制统治预留地步。怀抱革命理想而又缺乏实际从政经验的革命党人及其领袖孙中山，从维持社会稳定、实现政治体制和平过渡的良好

---

① 1912年2月12日，清帝宣布退位，在此之前，中国出现了民国共和政权与清朝帝制政权南北并列的短暂时期，但就以革命推翻帝制、建立共和的民国法统而言，1912年1月1日，可以被定位为中国共和制的开端。

愿望出发,未能坚持自己的主张,而是迁就了袁世凯的要求,同意其在北京就职,使袁如愿以偿。1912年3月10日,袁世凯在北京举行临时大总统就职仪式,并在其宣誓誓词中称:民国建设造端,百凡待治,世凯深愿竭其能力,发扬共和之精神,涤荡专制之瑕秽;谨守宪法,依国民之愿望,祈达国家于安全强固之域,俾五大民族同臻乐利。① 4月1日,孙中山卸去临时大总统职务,南京临时政府结束,南北统一告成。

袁世凯当政之始,虽然出于加强其个人专制统治权力的需要,与革命党人不断发生矛盾冲突,但此时革命的余波仍在各地荡漾,革命党人在中央和地方尤其是南方各省仍掌有一定的权力,责任内阁制与立法、行政、司法三权分立的制度刚刚实行,在清廷过往严厉的控制骤然崩解之后,舆论开放,思想活跃,革命、共和、民主、自由的思潮四处激荡,各色政治力量亦因时而兴,袁世凯的权力受到各方牵制。在这种较为均衡的政治格局下,一时出现了蓬勃发展的西式民主景象,其突出表现就是政党林立及政党政治的勃兴。

民国初年的党派数量虽多,然其兴也勃,其亡也忽,多数党派的具体情况时人并无确切记载,今亦多不可考。据后人研究,民国初年的政治性党派有312个,其中以北京和上海为最多,分别为82个和80个,而且"几乎所有的西方政党类型都可在中国找到"。在这些党派中,"有些具备政党性质,有些仅系为达成某一种目的压力团体,有些则是社会运动者",具有健全政纲或具体政纲者不过35个。这些党派提出的政纲多数趋同,其中提出最多者为"振兴实业"(13个党)与"普及教育"(11个党)。② 由此可知,民初党派的勃兴是当时特殊环境的产物,其基础并不牢固,代表性有限,而且多数党派局限在特定的社会圈层,也不具有一般而言的政治倾向性,党派的结合更多的是出自利益或兴趣,而非政见,可能有时更接近于传统的朋党,而非现代意义的政党。在这些党派中,组织与纲领比较健全、比较具有全国性影响的党派主要是代表革命派的同盟会——国民党和代表前清立宪派、绅商、有产者利益的统一党、共和党、民主党及其后由上述三党合并而成的进步党。

---

① 会文堂编辑所编:《袁大总统文牍类编》,2页,上海,会文堂书局,1925。
② 张玉法:《民国初年的政党》,42—46页,台北,"中央研究院"近代史研究所,2002。

国民党的前身是同盟会。前清时期,同盟会是坚持反清革命的地下秘密团体。民国成立后,同盟会领导人多数认为:今后国内政治的发展方向是实行议会民主与政党政治,同盟会应顺应此形势,改组为公开政党,与他党和平竞争。刚刚回国的孙中山虽不完全赞成此种意见,但同盟会内部主张改组的声浪甚高,1912年1月20日,同盟会在南京集议,决定改组为公开政党,并推选汪精卫为总理。但因孙中山不赞成改组,而汪精卫自忖其在同盟会内部的资历、经历与影响力远不能与孙相比,故迟迟不愿就职,改组未能实际进行。直到清帝退位、孙中山辞职,同盟会领导层内部才形成今后将主要进行政党竞争之共识,改组之事复又积极进行。3月3日,同盟会在南京召开改组会议,宣布改组为政党,选孙中山任总理,黄兴、黎元洪任协理。会议通过《中国同盟会总章》,"以巩固中华民国,实行民生主义为宗旨";提出的政纲为:"(1)完成行政统一,促进地方自治;(2)实行种族同化;(3)采用国家社会政策;(4)普及义务教育;(5)主张男女平权;(6)励行征兵制度;(7)整理财政,厘定税则;(8)力谋国际平等;(9)注重移民垦殖事业。"①新的同盟会章程虽然以"力谋国际平等"呼应民族主义,以"促进地方自治"呼应民权主义,并明确提出实行民生主义,但其各项政纲多为治国的具体方案,并未特别强调孙中山的革命三民主义,表现出由革命党意识向执政党意识的转变;其政纲中的"完成行政统一"主张,也说明同盟会当时并无与袁世凯分庭抗礼之意,而希望以和平合法的政治竞争掌握国家权力。但是,当袁世凯掌握中央权力之时,尽管同盟会在由过去反对清政府的革命党向追求参政的普通执政党方向转化,却并未能实际消除袁世凯对同盟会的戒心,相反,倒使同盟会自身在相当程度上失去了对袁世凯的警惕。同时,同盟会改组后,为了壮大声势,扩张力量,吸纳了不少官僚政客入会,组织较前庞杂,党务运作不易集中;更兼孙中山和黄兴一度淡漠政治,而黎元洪又非同盟会旧人,入会不过是挂名(同年8月黎因张振武、方维被杀案而被除名),其他人则既乏资历亦乏领导会务之意愿,使得作为一个政党的同盟会在改组之初没有什么起色。直到宋教仁在辞去内阁职务后

---

① 1912年3月5日《民立报》。

全力投入会务工作,主持进行二次改组,同盟会的情况才有了较大改观。

1912年4月25日,同盟会总部迁至北京。其后,有同盟会成员参加的内阁与袁世凯发生一系列矛盾,造成同盟会阁员于7月间集体辞职。曾任北京内阁农林总长的宋教仁极具政治抱负,他主张中国应如西方实行责任内阁制的国家,组成"强大真正之政党",以两大党轮流角逐内阁首领而使政治进入良性竞争。他认为:"以前,是秘密的组织;现在,是公开的组织。以前,是旧的破坏的时期;现在,是新的建设时期。从前,对于敌人,是拿出铁血的精神,同他们奋斗;现在,对于敌党,是拿出政治的见解,同他们奋斗。"①宋教仁在北京内阁参政的实践和当时政治形势的发展以及来自他党的竞争,都使他感到组成一个大党的必要。因此,他自内阁辞职后即全力投入同盟会的会务工作,7月21日出任总务部主任,积极推动同盟会的再次改组。

宋教仁对同盟会改组的设想并非局限于同盟会自身。为了壮大力量,他还希望合并其他党派,共同组成一个大党。为此,除了在党纲方面作出必要的让步之外,宋教仁甚至不惜主张改变在许多会员心目中具有历史意义的"同盟会"之名。尽管宋教仁的举措在同盟会内部遇到不小的阻力,但经过他的多方工作,终于取得了多数人的支持,联络他党的合并组党工作得以顺利进行。经过谈判协商,统一共和党(1912年4月在南京成立,谷钟秀、吴景濂等领导)、国民公党(1912年3月在上海成立,岑春煊、温宗尧等领导)、国民共进会(1912年2月在上海成立,伍廷芳、陈锦涛等领导)、共和实进会(1912年2月在北京成立,王宠惠等领导)、全国联合进行会(1912年4月成立,李万铨等领导)等先后表示愿意加入,并就合并组党后的党名及各项纲领、政策达成共识。1912年8月25日,由上述党派合并组成的国民党在北京正式成立。

国民党的组成仍以同盟会为主干,是当时革命派在政治上的主要代表力量。但因其吸纳其他党派及人士加入之需要,对同盟会政纲作了较大的改动,故有"名虽合党,实系新造"的说法。国民党提出以"巩固共和,实行平民政治"为宗旨,以"保持政治统一,发展地方自治,励行

---

① 陈旭麓主编:《宋教仁集》下册,456页,北京,中华书局,1981。

种族同化,采用民生政策,维持国际和平"为政纲。① 如果与前同盟会政纲相比较,国民党政纲的政治意义更为模糊,早先的革命三民主义精神更趋淡薄,与其他党派的政治立场也在趋同,尤其是将"民生主义"改为"民生政策",主要是迁就新加入各党之要求,其后受到前同盟会部分激进人士的批评也就在所难免。但是,主持改组的宋教仁认为,这是同盟会为吸纳其他党派加入而作出的必要让步,主张理想主义应迁就现实政治,以策略让步而获得战略进取。孙中山当时也认为:"今专制业已推翻,破坏之局已终,建设之局伊始",所以反对"挟党见,闹意气",主张各党派努力同心,共同建国。② 如国民党舆论之代表《民立报》所言:"国民党必取稳健主义",即"折中于事理,不纯趋于感情,以为偏激之进取";"运用于秩序之下,活动于法律之中";"统言之,稳健者,和平进取之代名也"。③ 就当时的政治斗争形势而言,激进与缓进两种政治主张各有其出发点。缓进的主张其后虽因袁世凯的专制而失败,宋教仁甚至为此以身殉政。但在当时,激进主张之难以获得广泛的社会认同亦为事实。政治的抉择在事后可能得失分明,但在事中之取舍并非易事。无论如何,国民党的成立,立使其成为国会第一大党(在临时参议院的席次过半),也使袁世凯感到相当的政治压力,对于革命党人在民国初年的政治活动是有利的,在这方面宋教仁功不可没;其次,国民党基本承绪于同盟会,组织架构和成员骨干也多源于同盟会,同时又对他党有一定的包容性,适应了其自身发展的需要。自国民党成立后,其党名便几乎与民国政治相始终(惟有中华革命党时期有改名之举),追根溯源,这与同盟会的改组是有一定关系的。

国民党成立时,选举孙中山、黄兴、宋教仁、吴景濂等9人为理事,推孙中山为理事长。孙中山虽不反对同盟会改组,并出席了国民党成立大会,但他此时对政治表示淡漠,专注于其铁路计划,对党务"一切不问,纯然放任",国民党党务实际由宋教仁以代理理事长的身份主持。宋教仁以极大的精力和极高的热情投入国民党的党务活

---

① 邹鲁:《中国国民党史略》,62页,重庆,商务印书馆,1945。
② 《二十五日之两大会纪盛》,见1912年8月26日《民主报》。
③ 1912年9月2日《民立报》。有关革命派在民初的政治主张与活动,可参阅金冲及《民初同盟会人的几种社会政治方案》,载《历史研究》1991年第1期。

动,尤其是以即将开始的国会选举为目标,奔波于各地,推动地方党务的进行,一时间使得国民党在社会上的声势日隆,俨然形成政党政治的格局,使一意建立个人专制统治的袁世凯感受到威胁和危险,从而也埋下了日后宋教仁遇刺之前因。但是,宋教仁的党务活动过分着眼于选举,为了赢得更多的选票,首先是要吸纳更多的党员,而不论其过往的政治立场如何,袁世凯手下的大将、国民党的直接竞争对手赵秉钧亦被拉入党内,甚至还有拉袁世凯入党的呼声,如此新旧合糅、兼容并包,虽使国民党的党员人数及其分布地域有了大幅度增长和扩大,但也使得国民党的组织构成日渐庞杂,组织结构日渐松散。各色人等在党内竞相争夺名位,互有歧见的派系互相攻击,使得党内矛盾重重,稍有不合即以离党而去相威胁,使本应有政治集合性的政党犹如自由放任、随意进出的俱乐部。宋教仁并非出身同盟会最早核心的兴中会系统,其资历和经历还不足以成为党内众望所归的领袖人物,各地方党部自行其是者甚众。如此等等,使国民党在表面的轰轰烈烈之下,与同盟会当年的革命理想渐行渐远,逐渐成为一切以选举、执政为中心的竞选党。

在同盟会(国民党)之外的三大党中,统一党源于中华民国联合会。1912年1月3日,反清健将、革命宣传家章炳麟(章太炎)联合江苏军政府都督程德全等,在上海成立中华民国联合会,章、程分任正、副会长,张謇、熊希龄等成为参议会成员。中华民国联合会"以联合全国、扶助完全共和政府之成立为宗旨";政治上,主张实行责任内阁制;经济上,主张实行国家社会主义,限制田产及遗产继承,强调"富国必先足民,国民经济,应为发展"。比较维护中国传统文化的章炳麟,还提出了诸如"婚姻制度宜仍旧""家族制度宜仍旧""庶免文盲参选""文字不得用拼音",严禁"在公共场所效外人接吻、跳舞"等个人主张,在当时到处提倡新事物的浪潮中,显得颇为守旧。清帝退位,袁世凯登台,时局出现新的变化,章炳麟等亦亟思有所作为。3月1日,中华民国联合会发布通告,宣布改名为统一党,推举章炳麟、张謇、程德全、熊希龄等为理事,汤寿潜、赵凤昌、蒋尊簋、唐绍仪、汤化龙、温宗尧等为参事。统一党以"统一全国建设,强固中央政府,促进完美共和政治为宗旨";提出政纲为:(1)固结全国领土,厘正行政区域;(2)完成责任内阁制度;(3)融合民族,齐一文化;(4)注重民生,采用社会政策;(5)整理财政,平均人民负担;(6)整顿金融机关,发达国民经济;(7)振兴海陆军备,提倡征兵制度;(8)普及义务教育,振起专门学术;(9)速成铁路干线,力谋全国交通;(10)励行移民垦殖事业;(11)维持国际平和,保全国家权利。章炳麟将其解释为"不取急躁,不重保守,惟以稳健为第一要义";"只求主义不涉危险,立论不近偏枯,行事不趋狂暴,在官不闻贪佞者,皆愿相互提携,研求至当"。① 不过,当时章炳麟心目中的"稳健"有更多的含义。章炳麟虽曾为同盟会员,但自参加光复会后,即与同盟会结下了历史积怨。推翻清朝、成立民国,是章炳麟所致力之事业,但其未必愿意见到民国政权掌握在前同盟会、现国民党人的手中。民国成立后,他提出"革命军起,革命党消"的主张,隐忧于"党见纷争,混淆黑白,虽稍与立异者犹不可保,况素非其类耶?"②其"隐忧"何在虽未明言,但明眼人一望可知他对孙中山及同盟会党人之不信任。何况统一党成员多为前清官吏和立宪派人士,与同盟会革命党人的立场本有分野,故在民初袁世凯和革命派的矛盾斗争中,统一党站在拥袁立场,如主张定都北京,反对同盟会组阁,主张修改《临时约法》等,无不投袁所好,成为袁世凯与革命党人斗争时可以利用的力量。据时人回忆:统一党理事张弧是袁世凯派进来的人,党的经济权一直操在张的手中,其经费表面上说是从各方面募捐得来,实际全是袁世凯的钱。由章炳麟与张弧的通信,证此回忆不虚。③ 5月9日,统一党加入以黎元洪为领袖的共和党,但因统一党和章炳麟在共和党中的地位不能如其所愿,结果加入不及10日,他便在17日通过《统一党独立宣言书》,宣布退出共和党,独立行事。9月2日,袁世凯的手下王赓(揖唐)在北京操纵统一党再次改组,其后又推选袁世凯为名誉理事长,徐世昌、冯国璋、赵秉钧等为名誉理事,统一党由此几被袁收编。

共和党由5个党派合并组成,即民社(1912年1月在上海成立,黎

---

① 中国第二历史档案馆编:《北洋军阀统治时期的党派》,5—10、14—18页,北京,档案出版社,1994。
② 丁文江、赵丰田编:《梁启超年谱长编》,640页,上海人民出版社,1983。
③ 中国人民政治协商会议全国委员会文史资料研究委员会编:《辛亥革命回忆录》(一),400页,北京,文史资料出版社,1981;马勇编:《章太炎书信集》,456—459页,石家庄,河北人民出版社,2003。

元洪、孙武等领导)、国民协进会(1912年3月在天津成立,范源濂、黄远庸等领导)、民国公会(1912年1月在上海成立,陈敬第等领导)、国民党(同名异党,1912年2月在上海发起,潘鸿鼎等领导)和统一党,国民共进会的部分成员也参加了共和党。上述诸党派在民初政争中基本上采取了拥袁反孙立场,故有一定的合并基础,其中又以参加了武昌首义的部分军政界人物组成的民社为其中坚力量。1912年5月9日,共和党在上海正式成立,选举黎元洪为理事长,张謇、章炳麟、伍廷芳等为理事(不数日统一党宣布退出)。当月底,共和党总部迁至北京,在临时参议院的席次一跃而仅次于同盟会(国民党),成为与国民党比肩的第二大党。共和党成立时并无特别具体、明晰的政纲,只是提出了较为宽泛的党义:(1)保持全国统一,取国家主义;(2)以国家权力扶持国民进步;(3)应世界大势,以平和实行立国。就其强调的"统一""国家主义"和"国家权力"而言,无疑对已经手握国家政权的袁世凯有利。实际上,共和党的成立在相当程度上是反同盟会人物的集合,故为袁世凯所乐见,并得到袁的扶持。共和党也对袁世凯投桃报李,在袁党与革命党之争中,持拥袁立场,并专与同盟会(国民党)对抗。

民主党由共和建设讨论会(1912年4月在上海成立,汤化龙、孙洪伊等领导)、国民协会(1912年1月在上海成立,张嘉璈、温宗尧等领导)以及国民新政社、共和统一会、共和促进会、共和俱进会合并组成。1912年9月27日在北京正式成立,选举汤化龙为干事长,提出政纲为:(1)普及政治教育,(2)拥护法律自由,(3)建设强固政府,(4)综核行政改革,(5)调和社会利益。① 组成民主党的中坚力量——共和建设讨论会成员多为前清立宪派人物,奉梁启超为实际领袖,梁亦对民主党的组党活动表示支持,还在共和建设讨论会时期,即为其起草《中国立国大方针商榷书》,为其组党提供理论解说。梁启超提出:民国应以建立"世界的国家"为目标,实行"保育政策",建立"强有力之政府",依靠国家政权的力量推动各项建设;加强中央集权,慎行地方分权。结论是:"人民之对于政府也,宜委任之,不宜掣肘之;宜责成之,不宜猜忌

---

① 中国第二历史档案馆编:《北洋军阀统治时期的党派》,199、203、236—239 页。

之。必号令能行于全国，然后可责以统筹大局；必政策能自由选择，然后可以评其得失焉；必用人有全权，内部组织成一系统，然后可以观后效也。……故建设强有力之中央政府，实今日时势最大之要求。"①这样的言论自然为正谋以中央集权为号召削弱以至最终消灭革命党力量的袁世凯所欢迎。10月间，梁启超自日本回国，在北京与袁世凯谋面商谈，虽未获任袁之官职，但袁月赠其生活费3 000元。袁世凯的手下亦加入民主党内部活动，其直隶支部由曹锟之弟曹锐负责，以至直隶都督冯国璋特别令巡警道杨以德"转饬厅警随时保护"。

上述统一党、共和党、民主党三党基本代表了民初革命派与北洋派之间的中间政治力量，他们的主要组成人员以前清官吏、政客、立宪派、有产者及与革命党持异见的军政界人物为主，以前清立宪派人物为其政治代表，思想倾向较为妥协与保守，立场相近，行动表现稳健，与革命格格不入，与同盟会及革命党人有历史积怨。因此在革命派与北洋派的矛盾斗争中，他们的政治立场更趋向袁世凯而非孙中山。三党的组成及其运作，与民初袁世凯对抗革命党人的政治需要也是分不开的，"乃顺应袁政府组织极大与党之要求而成立，故有御用党之嫌"。② 在袁的刻意拉拢与扶持下，三党成为在政坛上可为袁所用的与革命派对峙的政治力量。1913年初国会选举完成，国民党成为国会第一大党。袁世凯迫切需要组织能与国民党相抗衡之大党，以在运用武力的同时，在国会内与国民党进行政治争夺，完成选举正式大总统的合法手续。而国民党的胜利也直接刺激了三党的政治竞争意识，他们本与国民党有隙，不乐见国民党在国会独坐大，认为唯有合并方可与国民党一争短长。其精神领袖梁启超早就提议组织"健全之大党"，行"公正之党争"，并自1912年10月回国后一直在进行撮合三党合并组党的工作。因为袁世凯和三党互有需要，加以国民党在大选中的胜利，继以"宋案"和"善后大借款"之争，政治形势的发展有急转直下之势，三党领袖遂达成共识，暂时抛弃无关歧见，互以容忍而求合并之成功。1913年5月29日，三党在北京举行合并组党大会，正式合并组建新党，并定名为进步

---

① 共和建设讨论会编：《中国立国大方针商榷书》，46页，上海，1912。
② 贾逸君：《中华民国政治史》，24页，北京，文化学社，1929。

党(部分共和党人稍后复行单立门户,仍称"共和党")。

进步党以黎元洪为理事长,梁启超、张謇、伍廷芳、孙武、汤化龙等为理事,在全国不少地方设有分支部,提出党纲为:(1)取国家广义,建设强善政府;(2)尊人民公意,拥护法赋自由;(3)应世界大势,增进和平实利。进步党的成立,与国民党互为政治对手,在某种程度上使国会出现了两党政治竞争之端倪。梁启超为进步党起草之宣言亦谓:"政党政治以两大党对峙为原则,必有一党焉,能以独力制多数于国会,然后起而执政,失多数则引退以避贤路,而自立于监督之地位。两党嬗代,以多数民意之向背为进退。"①但究其实质,进步党的成立主要仍为袁世凯和前清立宪派联手反对革命派之政治结盟的需要,故其建设"强善政府"的主张,适应了当时袁世凯加强中央集权和个人专制的需要,同时其自诩"稳健",主张"和平",坚决反对革命派之"暴烈",也为袁世凯以武力镇压革命派提供了舆论和民意的支持。"二次革命"爆发后,进步党即以"亡我民国"的罪名,要求对革命派讨行"正当制裁之法",并"促令政府迅速戡乱,以保统一"。②但是,进步党的多数成员毕竟主张实行西式民主与议会、政党政治,与一心追求个人专制统治的袁世凯并非完全一路。当袁世凯以武力镇压了革命党人的反抗,又利用国会当选为正式大总统之后,进步党也失去了利用价值,很快即为袁世凯所抛弃。进步党中也有不少人在认识到袁世凯专制统治的本来面目后,参加了反袁斗争,成为以后护国运动的领导者。

在民国初年出现的众多党派中,中国社会党是比较具有个性色彩的政党。其领袖江亢虎曾经留学日本并周游列国,接触到社会主义思潮,辛亥革命前即开始鼓吹社会主义,在上海发起成立社会主义研究会。1911年11月5日,江亢虎在上海召开社会主义研究会特别会议,决定将该会改组为中国社会党,并自任本部部长。中国社会党提出的政纲为:"(1)赞同共和;(2)融化种界;(3)改良法律,尊重个人;(4)破除世袭遗产制度;(5)组织公共机关,普及平民教育;(6)振兴直

---

① 张玉法:《民国初年的政党》,139页。
②《北洋军阀统治时期的党派》,248—249页。关于民初主要政党的研究,可参阅程为坤《民初共和党的形成、组织及其派系》,载《近代史研究》1986年第3期;眷业英:《民国初年的民主党》,载《历史研究》1991年第5期;李育民:《进步党述论》,载《近代史研究》1986年第2期。

接生利之事业,奖励劳动家;(7)专征地税,罢免一切税;(8)限制军备,并力军备以外之竞争。"除了提出上述较为原则性的政纲外,中国社会党还在其规章中提出了一些具体的实施方案,如发行报刊、开演讲会,以推进宣传;组织公共医院、学校,以破除家庭制度;建设社会银行,筹划遗产归公;置备土地,办理农工商业团,以为党员之实验场。中国社会党对其党员除了要求遵循党纲党章外,还规定可在党的宗旨范围内,组成各种小团体,以个人意志自由行动,并明确规定男女党员义务、权利平等。中国社会党的社会主义主张,当然不是马克思主义的科学社会主义,而是"兼容中国朴素社会主义思想传统、第二国际社会民主主义理论倾向,以及江亢虎个人的社会主义主张的一个思想混合体"。中国社会党还在民国初年进行了若干社会实践活动,如建立"实行团",开办育婴堂、幼稚园,创办平民公学,进行地税归公实验,推动工人运动,力争男女平权,推动妇女参政等。① 这些主张和实践,虽然不乏空想与不切实际的方面,但其试图自社会改良入手改变中国的状况,在民国初年的特定环境下还是有积极意义的。尤其是中国社会党所宣传的社会主义主张,使得不少民众经此而知晓社会主义的名词和实践,在当时吸引了不少具有变革社会理想之人士的关注,并投身其实践。中国马克思主义的传播者与中国共产党的创始人李大钊就曾担任中国社会党天津支部的干事。中国社会党的主张虽然立意仍为改良,但因其具有一定的社会实践性,在袁党眼中也就有了"破坏性",故不能见容于袁世凯政府。1912年7月18日和8月23日,北京政府内务部两次发文,指中国社会党之"破除世袭遗产制度"与《中华民国临时约法》中"人民有保有私有财产之自由之规定相抵触","社会主义名称之下,含有种种破坏现社会之主张",故"为维持国家秩序,应不予以立案"。因此,中国社会党的活动实际并未获得政府的立案核准。1913年"宋案"发生后,中国社会党虽主张以法律解决,但仍为袁世凯所不容。8月6日,中国社会党北京支部主任干事陈翼龙在被捕后遇害;次日,袁世凯以

---

① 汪佩伟:《江亢虎研究》,79—82、98—106页,武汉,武汉出版社,1998;曾业英:《民元前后的江亢虎和中国社会党》,载《历史研究》1980年第6期。

"犯内乱罪"及"倡乱"为由,下令"严行查禁"中国社会党。① 江亢虎随后避往美国,中国社会党的活动由此暂停。

民国初年的政党数量虽多,犹如雨后春笋,林立国内,令人眼花缭乱,然其实际大率为利益或兴趣所驱动,而非主义与信仰的结合。如后来研究者所论,民初政党的特色是:(1)党员跨党较多;(2)党纲不过是空洞的招牌;(3)一切党都没有民众作基础。② 此诚为平和之论。细究民初各党之政纲,几难以分别其间之重要差别,满目所见,无非"统一""和平""自由""进步"等字眼,而且政纲表述日渐虚化,语意含混,解释各异,难以付诸实践。更有许多党派全无政纲可言,只要有人提议,即可结合成党,追名逐利,党同伐异。正因为组党出自利益而非出自信仰与政见,故各党党员自下而上跨党者甚众,一身而兼数党党员者并不鲜见,"朝进党而暮脱党,暮进党又朝脱党,朝秦暮楚,一人一日数变,恬不为怪,党德政德荡然无存"。③ 即便党魁亦如此。在民初政坛甚为活跃的吴景濂,便一身而兼有统一共和党、民社、统一党、共和建设讨论会、国民党等数党党籍,甚至如国民党和共和党这样的对立党,亦有不少互相跨党党员,可见民初之政党自身即无政治定见,其党员也无何政治操守可言。再者,这些党派的成员不少为官僚、政客、闻人及有身家者,缺乏群众基础,不过是政客之间争权夺利的游戏而已。正因为民初党派自政纲政策到组成成分均与普通民众无甚关联,因此民众对这些党派的兴衰命运也淡薄不问。当政治环境变化之后,在袁世凯政府的高压之下,这些党派毫无抵抗的能力,很快星散四方,销声匿迹,其衰之速与其起之勃几乎是在短短的一二年间同时发生同样令后人感叹,西式政党政治的民主实验在民初遂成为真正的昙花一现。

与政党勃兴和政党政治相对应,民国初年的政治运作在一定程度上表现出立法、行政、司法三权分立的西式民主格局,其中尤以责任内阁制的实行和立法机构的活跃为表征。

---

① 中国第二历史档案馆编:《中华民国史档案资料汇编》第3辑,政治(一),588、593—594、613页,南京,江苏古籍出版社,1991。
② 李剑农:《戊戌以后三十年中国政治史》,156—160页,北京,中华书局,1980。
③ 杨幼炯:《中国政党史》,75页,上海,商务印书馆,1936。

1912年4月下旬,南京临时参议院迁至北京,实有议员118人。由于各省补选了若干议员,参议员中的立宪派人物有了明显增加,结果,临时参议院议长、同盟会出身的革命党人林森被迫辞职出局,临时参议院于5月1日选举前立宪派人物吴景濂、汤化龙分为正、副议长。立宪派议员在北洋派与革命党的斗争中常常站在袁世凯一方,对革命党人不利。虽然如此,同盟会(国民党)仍为临时参议院第一大党,"势力仍大,且党略较优于他党,步武亦较整齐",①他们以临时参议院作为约束袁世凯个人专制趋向的重要阵地。而立宪派议员出于争权争利之需要,对袁世凯也非言听计从,都认为"参议院万不可为政府之傀儡"。况且当时各党对其成员的约束力有限,议员往往以个人而非政党身份表示立场。这样,临时参议院仍然通过其立法行动,对袁世凯的个人专制集权图谋形成了程度不等的牵制与掣肘。而袁世凯由于需要集中力量对付革命党,并利用临时参议院表现其"合法"施政,因此对临时参议院之作为暂时表示优容,使临时参议院在民初一时颇为活跃,并常常表现为与袁世凯对立的立场,如对政府提案之审理,通过限制专权的法律,发表批评政府的言论,等等。据统计,在临时参议院存立一年多的时间里,共计开会220次,议决议案230余件,通过法律55部,"所有重要的开国法制,可以说都是临时参议院完成的"。② 不过,临时参议院的所作所为改变不了民初的实际政治格局,袁世凯也从来没有将其真正当回事。他对临时参议院的决议,或者是阳奉阴违,或者是置之不理,或者根本就不通过临时参议院而径自行事。对于信奉以实力说话的袁世凯和北洋派军阀而言,三权分立的西式民主形式,不过是他们招之即来、弃之即去的工具,既可因有需要而予优容,又可因其失去价值而予毁弃。

根据《中华民国临时约法》的规定,由临时参议院制定国会组织法与议员选举法,在实行约法后十个月内完成选举,召开国会。为实行此项规定,1912年8月,北京临时参议院通过了《中华民国国会组织法》《参议院议员选举法》《众议院议员选举法》等案。《中华民国国会组织

---

① 《梁启超年谱长编》,645页。
② 张玉法:《民国初年的政党》,324页。

法》规定,国会采用两院制,由参、众两院组成。参议院议员大半由各省议会选举、少数由特别遴选产生,其组成为:22省各10人,蒙古27人,西藏10人,青海3人,中央学会8人,华侨6人,共计274人,任期6年,每两年改选1/3;众议院议员由地方普选产生,议员名额根据人口比例决定,每80万人产生议员1人,每省最多46人,最少10人,蒙古、西藏、青海的议员名额等同于参议员名额,共计596人,任期3年。对于选举人的资格,除了一般性的年龄(满21岁)和居住年限(在选区内住满两年)的限制之外,还特别规定了对财产、教育程度和性别的要求,即具备年纳直接税2元以上,有价值500元以上不动产,小学以上毕业或相当资格(如前清生员以上,或毕业于6个月以上之各种传心、讲心、研究所及简易、速成、预备等科,或曾在小学以上学校担当教员1年以上者)之一的男性国民方有选举资格。对于被选举人的资格,除了上述条件外,还有更高的年龄限制,众议员为25岁以上,参议员为30岁以上。①

选举法规定的参选条件颇为苛刻,首先是将占人口半数的女性排除在外,其次是将占男性人口中多数的文盲排除在外,再次又将收入不多的城乡贫民阶层排除在外,这就使选举参与者的数量大大减少,"几乎将多数人之选举权抛弃"。在选举法的制定过程中,人们对此曾有争论。少数人主张实行普通选举,使更广大的选民参与选举,因为"大凡立法总须为多数人着想";但多数人主张限制选举,因为如果"不知选出何等人才,恐致国家前途危险",甚至认为"非用限制选举不足以保存民国"。② 更有甚者,即便是有文化、有一定财产的男性,也未必符合参选条件。因为根据选举法的规定,直接税系指田赋、所得税和营业税(所得税和营业税当时尚未开征,直接税征收范围实际仅限地丁和漕粮),不动产系指土地、房屋和船舶。根据这样的规定,相当一批没有田产、不能缴纳直接税者,或没有自有地产、租屋而居者,或虽有地产但未经小学毕业的工商业者亦无缘选举,仅仅是看似不高的纳直接税2元这样的条件,就足以将不少工商业者挡在选举的大门外。此项规定公布

---

① 谢振民编著:《中华民国立法史》,63—64页,北京,中国政法大学出版社,2000。
② 1912年7月25日《政府公报》。

后,招致工商界的强烈反对,认为商人无法纳直接税非其所愿,何况商人有动产多至数百万,却不能与拥有500元不动产者享同等权利,尤为不公。在工商界的强烈反对下,袁世凯多次要求临时参议院对原有规定有所变通,但多数议员并不买账,袁世凯"见好商民"之举被临时参议院否决,有关选举资格的规定丝毫未改。至于选举方法,众议员以县为初选区,选出50倍于当选名额的人选,然后由若干初选区组成复选区(每省不超过8区),再由初选当选人选出最终的当选者;参议员则由各省先行选出的省议会选出。此等间接复选制方法不利于普遍民主意愿的表达,也为选举中的操纵、舞弊行为留下了制度缺陷。总体而言,根据这样的规定进行的国会选举,有利于少数传统精英士绅阶层进入政治上升通道,但这不仅剥夺了多数普通民众的参选权,而且也不利于相当多数工商业者的政治参与。其后选出的国会议员多是"'原清政府的官吏'(包括参加新政权的旧官吏)和'士绅'出身的,与封建经济、政治、文化联系密切的议员",而真正出身有产阶级的议员却为数甚少,据统计不超过全体议员的3%。[①] 于此观之,民国的成立虽在一般意义上为资本主义的发展开辟了新天地和新可能,但并不必然意味着资本(有产阶级)的政治参与。在中国传统文化的社会分层中,向以"士"为优先,而对"商"则不无鄙视,加之选举法的制定者多半为士而非商,他们与有产阶级向少经济关系,主观上自认为代表全民利益,不认为自己是有产阶级利益的政治代言人,因此有关选举资格的限定,较为偏向于士而于商不利,或与此不无关系。资本(有产阶级)在近代中国的社会构成中并不占多数,而这不占多数的阶级成员又因诸般原因多半被排除在具体的政治参与之外,显见民国的创立者所企望构建的民主政治体制与框架并无有力的阶级支撑。

无论选举法的规定有多少不足之处,但随之而来的国会选举毕竟是中国数千年历史上的第一次全国性的普选民主实验。据统计,当时登记的选民超过4 000万人,约占总人口的1/10,较前清谘议局选举的选民数增加了20倍有余。这对于普及民主观念、实践民主政治仍有其

[①] 张亦工:《第一届国会的建立及阶级结构》,载《历史研究》1984年第6期;徐辉琪:《论第一届国会选举》,载《近代史研究》1988年第2期。

重要意义。不过对于各派政治力量而言,参加此次选举的意义更在于获得国会多数议席,占据有利的政治位置,便于今后获得更多的政治权力。唯其如此,各党派无不投入全力。国民党在本部设选举科,各地方分部设立相应办事机构,如宋教仁所言,"我们要停止一切运动,来专注于选举运动";"我们要在国会里头获得半数以上的议席,进而在朝,就可以组成一党的责任内阁;退而在野,也可以严密的监督政府,使它有所惮而不敢妄为"。① 国民党的对手——共和党、统一党、民主党对此次选举也十分重视,他们不仅将选举视为其获得政治参与权的重要机会,而且还与袁世凯合作,以不使国民党获胜作为选举的重要目标。因此,此次大选选情紧张而激烈,各党均运用多种手段,上下其手,操控选举,以获取更多选票,本为选举重头戏的政见之争反不显眼。选举中的争夺战不可避免地导致各种舞弊行为,虚报选民、冒名投票的情况并不鲜见,金钱收买的情况更比比皆是,"收买选票,或一二元,或四五元一张,出资数百元即可当选。复选时乃有数百元即俨然可为国会议员矣!"更有以暴力胁迫投票者的情况。加以中国过去本无民选传统,一般民众对选举并不热心,结果则可想而知。"综而言之,国会选举,批评不良者多于称道。不良的现象中,以贿选最为普遍,官僚的上下其手最为严重。"②此亦表明民主政治实践非单凭理论和理想即可为,其实行需要政治、经济、文化、社会之诸多条件,但综观当时中国之实际状况,这些条件远非充足,引进选举式的民主政治体制之失败固为必然。

1912年底至1913年初,国会两院和地方省议会选举陆续进行,结果国民党在国会选举中获得全面胜利。在众议院,国民党获269席,共和、统一、民主三党合计只获154席,另有跨党者147席,无党派人士26席;在参议院,国民党获123席,共和、统一、民主三党合计只获69席,另有跨党者38席,无党派人士44席。③ 1913年4月8日,第一届国会在北京开幕,总统府秘书长梁士诒代表袁世凯致词,声明:"中华民国第一次国会正式成立,此实四千余年历史上莫大之光荣,四万万人亿

---

① 陈旭麓主编:《宋教仁集》下册,456页。
② 张玉法:《中国现代史论集》第4辑,91、95页,台北,联经出版事业公司,1980。
③ 谢振民编著:《中华民国立法史》,79页。

兆年之幸福。世凯亦国民一分子,当与诸君子同谋幸福。""从此中华民国之邦基益加巩固,五大族人民之幸福日见增进,同心协力,以造成至强大之民国,使五色国旗常照耀于神州大陆。是则世凯与诸君子所私心祈祷者也。"①召开国会虽为民主政治之象征,亦为中国数千年历史之首次,在民国历史上有其相当之意义,但由具有浓郁帝王思想的袁世凯在国会第一大党——国民党领袖宋教仁遇刺身亡不久之际作这样的表白,则不啻为莫大之讽刺。其后,正式国会成立还不到一年,就被口口声声因此感受"光荣"与"幸福"的袁世凯解散了。

第一届国会开幕后,国民党人张继、王正廷分别当选为参议院正、副议长,民主党汤化龙、共和党陈国祥分别当选为众议院正、副议长。②国民党与共和、民主、统一三党(随后组成进步党)在国会内形成为反袁与拥袁两大阵营,在几乎所有重要问题上均成对立。当时双方角力的两大问题,一为"宋案",一为"善后大借款"案(均见下节)。国民党要求在查清宋案真相的基础上,追究策划者与指使者的责任,并指出善后大借款之"违法"及"丧权辱国",矛头所向自然是袁世凯及北京政府。进步党则极力为袁世凯及北京政府辩护,认为宋案与政府无关,主张以法律解决,并认为善后大借款上年已经国会讨论,并不违法。双方在国会内你来我往,争论不已,由于不能形成共识,亦无法寻求解决之道,国会遂成为坐而论道之讲堂和表演场,并常常以议员出席人数不足而形成空转。不久,南北决裂,革命派与北洋派解决矛盾的方式由政争转而为武力,随之国民党被逐出国会,国会在选举袁世凯为正式大总统后即为袁所弃,又成民初西式民主政治实验失败之结果。

值得注意的是,在民初政党政治的实验中,虽然袁世凯支持并利用了统一、共和、民主三党及由三党合并组成的进步党,作为自己与革命派斗争的同盟军,但袁世凯以及他所代表的北洋派并未组建自己的政党,直接参与政治斗争以及竞选等民主政治程序(其后成立的公民党不过是袁世凯为正式大总统选举所临时组建的御用工具),作为民主政治

---

① 1913年4月11日《政府公报》。
② 国民党在参、众两院均拥有多数席位,但国民党人并未出任众议院的正副议长,可能是当时各党幕后协调妥协的结果。

象征之一的国会,也基本没有北洋派的代表。这与西方民主政治体制中执政者本身就是民主政治参与者的情况有根本的区别。一方面是实际掌握着国家权力的北洋派并未参与民主政治运作,可谓民主政治的无言旁观者;另一方面是并不掌握国家权力的政党与政派热衷于民主政治,并对政府时有建言甚至批评,可谓民主政治的热心参与者;执政者与在野者之间的这般定位,注定了两者间的不同立场及其矛盾冲突,而当执政者缺乏对在野者的容忍,又不能以其他方式化解在野者的批评时,两者间的矛盾注定将以激烈而非和缓的方式解决。

民国初年西式民主实验的又一突出表现是以报纸为代表的传媒业之大兴。报纸在反清革命宣传中曾经起到重要的作用。民国成立后,过去对报纸言论的许多政治禁条被解除,言论自由度有了很大的改观,而且众多政党社团的出现,也需要以报纸为宣传媒介,对外宣传自己的主张。因此,"一时报纸,风起云涌,蔚为大观"。据统计,民初出版报纸的总数达到500余种,其中以北京为最多,独占1/5,上海则为报纸出版的另一中心。这些报纸,有的为党派所办,重在宣传其所属党的主张,如同盟会(国民党)办的《民立报》,中华民国联合会办的《大共和日报》,民社办的《民声日报》等;有的为民间人士所办,重在表述其看法;更多的为地方报纸,以报道地方新闻为主。这些报纸,尤其是政治性较强的报纸,在发表新闻报道及评论时有了较过去更多的自由,可以公开批评时政,建言政治,同时也就必然为当局所忌惮。"二次革命"失败后,袁世凯政府立即对报界变脸,采取高压政策钳制舆论,"凡属国民党与赞同革命党之报纸,几全被封禁。筹安议起,更以威迫利诱之手段,对付报馆,至北京报纸,只余二十家,上海只余五家,汉口只余二家。"1914年4月2日,北京政府公布《报纸条例》,严禁报纸刊登"淆乱政体""妨害治安"之报道,违者不仅报纸须被禁发行,而且发行、编辑、印刷人均须处有期徒刑,并不得适用刑律自首减刑之规定。在如此严苛的管制下,当局"对于报人尤为注意,一言触怒,轻者饱尝铁窗风味,重者难免于死"。① 传媒的自由表达由此而受到政治高压的钳制,不复民

---

① 刘哲民编:《近现代出版新闻法规汇编》,86—90页,上海,学林出版社,1992;杨光辉等:《中国近代报刊发展概况》,423页,北京,新华出版社,1986。

初之兴盛局面。

民国初年的西式民主实验,是近代中国历史上特定情境下罕有之个案,为后人留下了一份非常值得研究总结的遗产。此次实验虽有其重要意义,如普及了民主观念,实践了民主操作,并且在以后的北京政府时期,仍然留下了三权分立的政制形式(如国会),但不过是徒有其表,本质却早已异化。此次实验并不很成功,盖因当时的中国无论是政治、经济、文化状况,还是民众素质与历史传统,均不具备实行西式民主之条件。民国的创立者以其美好理想而引入的西式民主,虽经短暂实验,终因"水土不服"而告夭折,个中缘由,实足令后人深长思之。

第二节　北洋派与革命派的矛盾

民国告成,南北统一,看似裂缝弥合,政治走上正轨,实则暗潮涌动,紧张依旧。以袁世凯为代表的北洋系军阀企图独占政治权力,实行专制统治,对革命党拉拢、排挤、打击,无所不用;以孙中山为代表的革命党人虽然交出了中央权力,但仍通过参政方式,保持着在中央的影响力,并在南方数省实际掌握着权力,他们对袁世凯仍存有戒心,亟思防制。双方明来暗往,纵横捭阖,矛盾重重,冲突不断,成为民初政坛的主要对立面。

还在南京临时政府结束前,为了限制袁世凯的个人权力,防止北洋派独占政权,革命派即采取了一些举措,其至要者首为变动政体,将总统制改为责任内阁制,虚化总统权力,并以《中华民国临时约法》赋予此变动以明确的法律地位;次为坚持国务总理由同盟会员担任,虽然袁世凯属意之唐绍仪非同盟会员,但他对革命派的态度较为友善,同意以加入同盟会为条件出任总理,后又提名同盟会员蔡元培任教育总长,王宠惠任司法总长,宋教仁任农林总长,陈其美任工商总长(后由王正廷署理),与革命派有良好的合作关系,并在革命派与北洋派的斗争中,逐渐疏远了袁世凯。正因为如此,袁世凯因对内阁不能运用自如,对唐绍仪组阁不能十分放心,故一方面将总统府视为内廷,径行处理某些重要军机,不使内阁与闻;另一方面指使其部下在内阁中不断发难,与唐绍仪和同盟会阁员为难,以达成逼退同盟会阁员、最终由北洋派独占中央政权之企图。如此一来,自1912年4月21日唐内阁成立后,内阁内部和内阁与总统府间即龃龉不断,矛盾日增。

首先是内阁内部的矛盾。北京临时政府关键性的两个岗位——陆军总长和内务总长为袁世凯之心腹干将段祺瑞和赵秉钧所占。为了控制军权,袁世凯甚至不惜以南北破裂相威胁,逼迫革命党人放弃了由黄兴出任陆军总长之要求。另外两个重要岗位——外交总长陆征祥为前清官僚,财政总长熊希龄则为立宪派,与革命派亦非一路。他们在阁议中每与革命派对立,革命派主地方分权,他们则主中央集权;革命派主加强内阁责任,他们则主加强总统权力;革命派主慎重对外,他们则主不必多虑,如此等等,不一而足。夹在两派之间的唐绍仪,本主张调和南北,缓和两派矛盾,结果不仅不为北洋派所喜,反被疑为另有所图;加以唐办事尊重《中华民国临时约法》,也尊重革命党阁员的意见,更使北洋派不满。发展到在阁议时,袁党每与唐绍仪为难,办事自行其是;而在阁议外,则奉袁世凯为唯一上司,事事请示汇报,直视唐绍仪为无物,使唐做事甚难为力。

其次是内阁与总统的矛盾。按照《中华民国临时约法》的规定,虽然临时大总统握有广泛的权力,但国务总理及各部总长"于临时大总统提出法律案,公布法律,及发布命令时,须副署之"。① 此规定犹如给临时大总统的权力上了紧箍咒,只要没有内阁成员的副署,临时大总统即无法公布法律和命令。对于亟图实行个人专制统治的袁世凯而言,对这样的规定当然很不满意,但是限于内外形势,一时又无法废弃,故袁世凯所能做的,就是找一个听命于他的人当总理,使他不必担心副署的问题。唐绍仪本为袁世凯的老部下,早在袁任职朝鲜时,即因赏识唐的办事能力而予拔擢,此后又与袁保持着长期的关系,此时适逢其选,成为袁属意的总理人选。唐绍仪当政后,与革命派关系渐近,"事事咸恪遵约法。袁世凯以每有设施,辄为国务总理依据约法拒绝副署,致不能为所欲为,深滋不悦。"② 实际上,内阁内部矛盾之根源也在袁、唐的矛盾,因为袁世凯对唐绍仪不满,而指使其属下在内阁不断给唐找麻烦。随着时间的积累,上述矛盾也在不断激化,使袁世凯有了去唐之意。他首先以唐绍仪对外借款谈判失败、政府财政危机无以缓解为由(因唐拒

---

① 《中华民国史档案资料汇编》第 2 辑,109—110 页。
② 冯自由:《革命逸史》第 2 集,302 页,北京,中华书局,1981。

绝外国银行团提出的监督中国财政等苛刻条件,双方关于借款的谈判于5月初破裂),鼓动拥袁派议员在临时参议院向唐发难,制造去唐舆论。接着在直督王芝祥任命一事上直接向内阁成员的副署权挑战,以蔑视内阁权威的态度逼唐去职。

直隶为拱卫京畿之重地,当唐绍仪组阁时,革命派提出以王芝祥出任直隶都督,作为黄兴放弃出任陆军总长之交换条件,并得到了袁世凯的首肯。但袁之首肯不过是为唐阁能够顺利成立、以实现南北统一之表象而虚晃一枪,他深知直隶地位之重要,绝不甘心让革命派在此打入一个楔子。俟唐内阁成立,布置停当后,当王芝祥于5月26日到京准备接任直督(时由北洋派张锡銮署理直督)之际,北洋系将领联名上书,以王声望不够、"难资镇慑"为由,强硬表示对王督直"绝不承认"。袁世凯随后改任王芝祥为南方军队宣慰使,并不等唐绍仪副署,径行发布委任令。袁世凯此举之含义甚为明显,唐绍仪也知无法再干,6月15日,他自北京出走去天津,内阁一时无人负责,酿成一场政治危机。

王芝祥督直改任事,虽表现为内阁副署权之争及袁世凯和唐绍仪之矛盾,但其实质是袁世凯及北洋派与革命派的矛盾,因为王芝祥督直曾为革命派所坚持,而由副署权所体现之责任内阁制更是革命派约束袁世凯个人专权的最重要防线。故对唐绍仪之出走,革命派舆论均表不满,褒唐抑袁,认为唐此举为"保持民国""保持约法",并责问"逼之者何心?继之者何人?"但对袁世凯如此公然违背《中华民国临时约法》的举动,革命派由于对形势认识不一而并无实际之反制举措,反归因于唐绍仪"混合内阁""党派混杂,意见不一",认为"此后欲图政治之进行,非采完全政党内阁不可"。7月1日,同盟会向外正式宣布,其属下阁员"悉行引退",今后"绝对主张政党内阁",企图以"纯粹"政党内阁推进其政策,牵制、约束袁世凯的权力。姑不论革命派此举即便实现亦不可能从根本上约束袁世凯,因为袁违反《中华民国临时约法》副署规定的举动已经表明,他不会将自己的行动限制在法律框架内。在袁世凯当政的情况下,他也不会给革命派组织"纯粹"政党内阁的机会,如其所言,只有等到他"退老山林,听诸君组织政党内阁可也。"①

唐绍仪出走之后,袁世凯提名唐阁外交总长陆征祥为总理,6月29日得到临时参议院的同意。为了对外作出超然之表象,袁世凯还准备拉同盟会员孙毓筠、胡瑛、沈秉堃入阁,但遭到同盟会的强烈反对。7月18日,陆征祥出席临时参议院会,提出阁员名单,但其发言言辞粗鄙,全无政见表述,引起议员反感,结果在次日投票中他提出的增补六阁员名单全数被否决。袁世凯又以此发动手下运用恐吓信、匿名传单、公开警示等手段,对临时参议院和同盟会以"挟持党见""破坏大局""只知有党,不知有国"等"罪名"群起而攻之,胁迫议员以"国家"为重,通过内阁名单。23日,陆征祥再度向临时参议院提出经过调整的阁员名单,并换掉了同盟会阁员。在袁世凯的软硬兼施下,同盟会不能坚守立场,共和党则更不愿与袁世凯对抗,26日临时参议院通过内阁名单,陆征祥组阁告成。但随后同盟会部分议员又以"失职"为由,提出对陆征祥之不信任案,陆饱受各种困扰,不旋踵而于8月20日称病告假,阁务由内务总长赵秉钧代理。

唐绍仪内阁垮台及随后的陆征祥组阁风波,在形式和内容上都表现出北京政府时期中国政治的若干重要特征。就形式而言,陆征祥组阁得到国会多数票,具有法理依据。此后在北京政府时期,西方民主形式——主要是国会制度,虽历经起伏(解散、复会、重选等)而仍得以保留其形式,内阁须经国会通过方可成立尤为其主要表征,直至1924年国会制度的崩塌。握有枪杆子的北洋系军人中的多数人,比较多地受到传统文化影响,希望以名正言顺之身份获得社会认同与统治之法理依据,而在民国成立后,国会等西方民主形式便成为他们可以利用为自己正名的工具。所谓"奉天承运"之中国统治旧传统,便通过国会这样的西方民主新形式得以扭曲表现。这也是北洋系军人在中央往往并不直接以枪杆子出面,而是不择手段争取国会同意多数票之缘由所在。但就内容而言,国会等西方民主形式并无多少实际意义,因为无论是组阁还是立法,国会最终无不屈服于北洋军人之压力,唐阁垮台及陆阁组

---

① 朱宗震、杨光辉编:《民初政争与二次革命》上册,49、55、62页,上海人民出版社,1983。

建即其表征,武装实力在民国政治中的至高地位及西方民主制度在中国特定环境下之脆弱难立,自民国成立之日起即已表露无遗。因此,北洋派的意图在国会受阻,其后军警闹事向国会施压,最后胁迫国会通过于己有利之决议,从而在实际上操控北京政治,这样的政治路线图自唐阁垮台、陆阁告成后便成了北京政治之常态,而以军人闹事压迫文官退却,也是袁世凯及其继任者遇有政争时屡试不爽的手段。陆征祥组阁标志着革命派已经基本失去在北京政府中的权力,是北洋派完全控制中央政权的重要步骤,同时也意味着传统文官体制在军人武力压迫下的退缩,北洋系军人及其领军人物——袁世凯已成为北京政治的主宰。此后,"事实上国务院已成了总统府的秘书厅,所有的国务员,都唯总统之命是从,国务总理的有无,本已无关紧要,不过形式上还是非有这么一个装饰品不可"。① 革命党激进派戴季陶激愤而言:唐阁之倒"既为袁世凯逼之使倒",陆阁之成"又为袁世凯逼之使成",则"国务员也,参议员也,皆袁世凯之掌上物也。全国国民皆袁氏室中之陈设,园中之花草也。"②

在民初革命派与北洋派的矛盾斗争中,虽然不少革命党人富于革命理想,却缺乏实际的政治历练,对政治斗争的长期性和复杂性以及如何从事政治斗争缺乏应有的认识,尤其是对北洋派和袁世凯独揽国家权力的图谋缺乏应有的警觉。他们中的不少人沉浸在革命成功的喜悦之中,主张以统一、和平、建设为本,对于如何保持革命成果、不使其落入袁世凯及北洋派手中并无认识;其中还有不少人见利忘义,从其个人利益出发,有意无意之间迎合袁世凯的主张,成为袁可以运用的工具,尤其表现在党派关系和国会运作方面。革命派的主要领导人,在民国成立后,多数表现为谦谦君子之风,或远离政治,主张实业建设,或投身议会,从事宪政活动,虽人格高洁,却于实际政治无补,远不能与袁世凯这样在多年政治实践中摸爬滚打、工于心计、富于权谋、人际网络密布且手中掌握着强大武装的强人较量,也使革命派在与北洋派的矛盾斗

---

① 李剑农:《戊戌以后三十年中国政治史》,166 页。
② "中华民国"史事纪要编辑委员会编:《中华民国史事纪要》,1912 年 7 月 26 日,台北,"中华民国"史料研究中心,1971。

争中缺少坚强有力、深谋远虑的领导核心。

革命派众望所归的主要领导人——孙中山,对民国成立后的形势是这样表述的:"今日满清退位,中华民国成立,民族、民权两主义俱达到。唯有民生主义尚未着手,今后吾人所当致力的即在此事。"因此,他自临时大总统任上解职后,即开始游历国内各省,并在所到之处发表演说谈话,表达其政治见解,尤以"提倡实业,实行民生主义,而以社会主义为归宿,俾全国之人,无一贫者,同享安乐之幸福"作为自己的"宗旨"与"素志"。对于如何实行民生主义,他认为应自"平均地权"入手,实行土地国有,照价收税,涨价归公;同时注重发展实业,尤应注重发展铁路事业,因为"交通为实业之母,铁路又为交通之母","振兴实业,当先以交通为重要。计划交通,当先以铁道为重要。建筑铁道,应先以干路为重要。"因此提出10年修筑10万公里铁路及南、中、北三大铁路干线的宏大计划。① 为此,孙中山身体力行,于1912年10月在上海创设中国铁路总公司,满怀信心实现其修路理想。革命派另一主要领导人黄兴,虽然在临时政府北迁后出任南京留守,掌握着数十万武装,保持着此后与袁世凯较量之一定实力,但他却认为:"将来政治竞争,但能以政见相折冲,不愿以武力相角逐";"统一政府既经成立,断不可于南京一隅,长留此特立之机关,以破国家统一之制,致令南北人士互相猜疑,外患内忧因以乘隙而起"。② 因此,在不到3个月的时间里,黄兴匆匆裁撤了南方数十万军队,然后坚决要求辞职。1912年5月31日,袁世凯乘势下令裁撤南京留守府,革命派由此失去了可与袁实力抗争的重要根据地。

孙中山、黄兴等革命派领导人在民国初年的所作所为,首先出自他们对形势估计的失误,认为革命告成,南北统一,今后理当以建设为中心,"若只从政治方面下药,必至日弄日纷,每况愈下而已。必先从根本下手,发展物力,使民生充裕,国势不摇,而政治乃能活动。"其次在于他们对袁世凯判断的失误,认为袁将在种种约束及主客观环境之下,以民

---

① 中山大学历史系孙中山研究室、广东省社会科学院历史研究室、中国社会科学院近代史研究所中华民国史研究室编:《孙中山全集》第2卷,319、340、355、383—384、490页,北京,中华书局,1981。
② 湖南省社会科学院编:《黄兴集》,141、178—179页,北京,中华书局,1981。

主共和为依归治理国家。再次是他们受到各种因素的影响,自觉功成身退为政治家之理想境界,不愿与袁再发生正面对抗。故他们在民国初年风尘仆仆,奔走于各地,宣扬其建国理念,投身于实业建设,表面上倒也轰轰烈烈,实际上却于事无补,反被袁世凯利用以对外展示其和平、统一、建设之门面。自袁世凯接过临时大总统职务后,表面上对孙中山等革命领导人示以尊崇,并企图利用他们的影响,加速消解南方革命派的实力,巩固其统治地位。同盟会退出北京内阁后,南北关系一度紧张,袁世凯遂派专人南下,到上海邀请孙中山、黄兴北上"调停"。孙、黄出于和平建设的良好愿望,分别在1912年8月24日和9月5日到北京。在京期间,他们与袁多次晤见商谈。袁态度"谦恭",将孙、黄捧为建立民国之"首功",南北统一之"关键",民国安危之"所系",并表示俟大选告成、国会召开、正式总统选出后,他也将退为国民,与孙、黄共谋社会事业。袁世凯殷勤周到的表现与信誓旦旦的言辞,使孙中山、黄兴颇为所感,认为"袁之为人,很有肩膀,其头脑亦甚清楚,见天下事均能明澈,而思想亦很新";表示他们此行"旨在赞助袁大总统谋国利民之政策,并疏通南北感情,融和党见";"调和一切,使我同胞无稍隔阂,和衷共济,以巩固民国基础"。为此,他们在各种场合发表意见,要求革命党人"破除党界,勿争意见,勿较前功";"提倡人人除权利心,以国家为前提";"唯一宗旨,愿在扶助政府"。① 为了进一步取得孙、黄的信任,将孙、黄纳入其彀中,9月9日袁世凯特授孙中山筹划全国铁路全权。25日又公布八项政纲:(1) 立国取统一制度;(2) 主持是非善恶之真公道,以正民俗;(3) 暂时收束武备,先储备海陆军人才;(4) 开放门户,输入外资,兴办铁路矿山,建置钢铁工厂,以厚民生;(5) 提倡资助国民实业,先着手于农林工商;(6) 军事、外交、财政、司法、交通,皆取中央集权主义,其余斟酌各省情形,兼采地方分权主义;(7) 迅速整理财政;(8) 竭力调和党见,维持秩序,为承认之根本。② 结果,孙中山和黄兴的北京之行,被袁世凯利用以表明其与孙、黄见解一致,营造了南北和谐统一之气氛,有利于袁巩固其当时还不十分稳固的统治。就在孙、黄在

---

① 《孙中山全集》第2卷,404、406、484页;《黄兴集》,255、262、278页。
② 《中华民国史事纪要》,1912年9月16日。

京期间,袁世凯还与他们相商,促成自己的心腹、内务总长赵秉钧于9月25日出任总理,完成了全面控制北京政府的图谋。革命派不仅同意赵的任职,使其顺利上任,而且拉赵及其阁员加入国民党,以此促成"政党内阁",以化解双方的矛盾。殊不知赵秉钧从未认同过"革命",以其在过去晚清巡警部和现下北京内务部之任职经历,对防范和压制革命党人倒是颇为在行,几个月后,正是他成为国民党领导人宋教仁遇刺被害的主要指使嫌犯之一。

与革命派上层领导人多对袁世凯抱有幻想、主张和平建设相对应,当时在革命派内部对袁世凯抱有一定警惕,主张以实力约束、抗衡袁世凯的,主要是部分激进派和地方实力派,其中以戴季陶等在上海《民权报》发表的言论为反袁舆论的代表。他们强烈批评革命派领导人的和平幻想,认为革命已经失败,痛斥"袁氏病民病国之行,日以加甚,俨然帝制自为,且较亡清为尤甚。夫忠告不见信,骂詈不见畏,举国人民之痛苦,亦毫不加惜,是弃民也,是杀民也。弃民者民亦弃之,杀民者民亦杀之。则袁氏今日之地位,已由国民属望者变而为反对,更由反对者变而为公敌矣。"在以舆论反袁的同时,他们还在各地,主要是南方各省鼓动武力反袁,倡言"卵不能敌石,空言不足抗实力,以武力破坏法律者,仍以武力治之而已"。① 但他们的言论和活动并不为革命派领导人所认同,甚至在一定程度上还受到来自革命派的压制,他们不能代表革命派在民初的主流意识与作为。

在唐绍仪内阁垮台后,因同盟会阁员退出内阁,兼以孙、黄北上调停,宋教仁随后转以主要精力筹谋组党与大选,革命派与北洋派在中央的矛盾一时有所缓解,但双方在地方层级的矛盾却在发展中。随着袁世凯个人专制统治趋向的发展,他在基本控制了北京政府后,急于收揽地方权力,尤其是为了防范革命派占据一定优势的南方各省,提出实行军民分治、省长简任,企图以中央集权削弱革命派的力量。革命派的地方领导人则以代表民意、实现民权为口号,以自己掌握的南方数省政权为依托,坚持省长民选,加强控制,扩充实力,以备在必要时与袁抗衡。

---

① 唐文权、桑兵编:《戴季陶集》,361、506 页,武汉,华中师范大学出版社,1990。

在革命派掌握的南方诸省中,以江西都督李烈钧的反袁立场最为鲜明,故袁时时必欲去李而后快。1912年12月,李烈钧主动打出"军民分治"旗号,以此缓和袁世凯之压力,不料他举荐的前清江西武备学堂总办、与其有师长之谊的汪瑞闿,私下里已输诚于袁世凯,李的提议正可使袁在革命派的中心根据地打入一个楔子,故迅即为袁所接受。12月16日,袁世凯任命汪瑞闿为江西民政长。此举反使李烈钧处于被动地位,因为汪之任命出于李之提议,又经以总统令公布,具有法理效力,李不能出尔反尔,公开反对,但又绝不愿任汪上任,扰乱江西政局,他只能发动民间舆论,坚决反对对汪的任命。而在反对无效的情况下,李烈钧遂效仿袁世凯,以其人之道还治其人之身,发动军人武力拒汪。20日汪瑞闿到南昌后,江西军警官员即不断公开向汪叫板,并在29日召开大会,宣示"决死拒汪,甘以一身抵罪,必驱之而后已",同时勒令其两日内离省,"否则人民激于义愤而有暴动,我两界难负保护秩序之责"。① 在此情形下,汪瑞闿自知无法再干,遂于30日离南昌并电袁世凯辞职。

李烈钧拒汪瑞闿上任成功,使袁世凯大失脸面,颇为恼怒。恰在此时,李烈钧在日本订购的一批军火于1913年1月中旬运到九江,袁世凯即以此事未经陆军部核准为由,下令九江镇守使戈克安扣留该批军火,并派海军舰艇前往九江,企图以此整治李烈钧。而李烈钧则强硬要求发还被扣军火,同时调兵布防,压迫戈部。江西形势因此高度紧张,袁、李双方颇有因此决裂开打之势。但实际上此时袁、李双方均尚无立即决裂交战的准备。面对李烈钧的强硬态度,黎元洪出而调解,提出以北方退兵、发还军火、江西迎汪复职、惩处负责者为条件消除战祸。从这样的条件看,袁、李似乎各退一步,但实际于袁有利,故为李所坚拒。3月初,王芝祥领袁世凯命南下调停,经其从中说项,袁世凯暂示妥协,同意发还被扣军火,并改任赵从蕃为江西民政长,王芝祥兼九江镇守使。江西民政长事件虽以革命派获胜而告终,但并未改变革命派与北洋派对峙中整体不利的格局。

---

① 《分治声中之赣江潮》,见1913年1月5日《民立报》。

革命派与北洋派在中央矛盾的缓和并未维持很长时间。1913年初，随着国会选举的结束、宋案的发生、关于善后大借款案的纷争，一系列重大或突发的政治事件，革命派与北洋派的矛盾再度升级至中央层面并迅速激化。

革命派与北洋派矛盾激化之导火索源起于国会选举。1913年初，国会两院选举告成，国民党在两院的席次虽均未过半数，但都远远超过其对手共和、统一、民主三党联盟，成为国会第一大党，国民党合法组阁、实现政党政治之前景似在眼前。国民党大选获胜之主要推手宋教仁为此兴奋不已，他在助选所到之处发表各种公开言论，主张实行议会政治，组织政党内阁，认为"为今之计，须亟组织完善政府；欲政府完善，须有政党内阁。今国民党即处此地位，选举事若得势力，自然成一国民党政府。"而且他一改往日"稳健"形象，责难政府"敷衍了事，以塞国民之责，不惜以万难收拾之局贻之后人，此则政府罪无可逭之处也"，自信"延聘医生之责任，则在吾国民党也"，大有实行民主政治舍我其谁之慨。而正因为如此，招致袁世凯和北洋派之嫉恨，因为一旦由宋教仁组阁，实践其政治理念，于袁世凯个人专制图谋十分不利，宋也因此而为袁所不容。何况宋富于理想，人格高尚，对袁世凯50万元巨款的金钱拉拢毫不动容，自称"退居林下，耕读自娱，有钱亦无用处"。①软的一手不见效，袁只能祭出硬的一手，宋既"非高官厚禄所能收买，乃暗萌杀意"，②企图以令宋在这个世界上永远消失之极端方式而一劳永逸地消除其对己之威胁。

1913年3月20日晚，宋教仁在黄兴等陪同下前往上海火车站，准备乘车回京，但突遭枪手袭击，血洒站台，送医院后经多方抢救无效，于22日晨去世，年仅31岁。宋教仁笃信西式政党竞争理念，自信"一生光明磊落，平生无宿怨无私仇"，对各种将不利于其之传言，认为"光天化日之政客竞争，岂容有此种卑劣残忍之手段"。临终前，由他口授，黄兴代笔，拟致袁世凯电谓："今国基未固，民福不增，遽尔撒手，死有余

---

① 陈旭麓主编：《宋教仁集》下册，446、458、463、426页。
② 中国人民政治协商会议湖北省委员会编：《辛亥首义回忆录》第1辑，58页，武汉，湖北人民出版社，1957。

恨。伏冀大总统开诚心,布公道,竭力保障民权,俾国会得确定不拔之宪法,则虽死之日,犹生之年。"表现出其追求民主政治之崇高理想。袁世凯接电后,褒扬宋教仁"奔走国事,缔造共和,厥功甚伟。迨统一政府成立,赞襄国务,尤能通识大体,擘画勤劳。方期大展宏猷,何意遽闻惨变。凡我国民,同深怆恻。"要求同时苏督程德全等"迅缉真凶,穷追主名,务得确情,按法严办"。

宋教仁被刺,于国民党是重大打击,在国民党大选获胜和宋教仁大有可能出任阁揆的背景下,此案发生于国民党不利之政治指向亦甚为鲜明。国民党和社会舆论于此反应十分强烈,要求迅获真凶,告慰故人。不过,此件看似毫无头绪之突发案件,其破获之速却出乎各方意料。宋教仁逝世的次日,公共租界巡捕房即因古董商王阿法提供之线索,缉获凶犯应夔丞,随后又缉获杀手武士英,并起获两名凶犯与内务部秘书洪述祖、国务总理赵秉钧之往来密电,案情被公诸天下。原来,国民党在大选中获胜后,赵秉钧即通过洪述祖收买上海流氓头目、时任国民共进会会长的应夔丞,准备对宋下手,因为"若不去宋,非特生出无穷是非,恐大局必为扰乱"。经过双方讨价还价,达成刺宋之举,由应夔丞手下之亡命徒武士英具体执行。3月13日,洪述祖致电应夔丞,告"毁宋酬勋位,相度机宜,妥筹办理"。次日应回电告"已发紧急命令设防剿捕"。18日,洪再电应"事速行"。21日应电洪告"匪魁已灭,我军一无伤亡"。这些往来函电说明刺宋实为事先布置之政治谋杀案。不仅如此,这些函电还表明袁世凯、赵秉钧与此案有着难以脱离的关系。洪述祖多次向应夔丞明示:"来函已面呈总理、总统阅过";"总统阅后,色颇喜悦"。可见刺宋与袁世凯、赵秉钧之联系。4月25日,江苏都督程德全和民政长应德闳对外公布了所有查获之函电证据,如时论所言:"宋先生游历各省,演说政见,间及现政府之腐败,袁、赵仇视益甚,遂生残害之心……初尚以毁坏宋先生之名誉而已,卒以宋先生无过可寻,不能达其目的;且见海内钦服宋先生之忱,迥非寻常可及,群隐以正式内阁相属,袁、赵暗杀之举,乃于此决。"①

---

① 徐血儿等编:《宋教仁血案》,26—28、139、285、329—335、454页,长沙,岳麓书社,1986。

有关宋教仁遇刺案,对于刺客其人并无疑义,但对于其指使者是谁,则不无各种说法,如有谓此案的发生出自革命党人的内部矛盾,甚至为陈其美所指使,等等。近些年来,有人重新讨论宋案,认为与袁世凯、赵秉钧无关,宋案真凶另有其人,很可能与陈其美有关。惟就现有资料显示的证据出发,从其客观影响立论,宋教仁之死,无论如何也是对袁世凯更有利,因为国民党大选获胜,宋教仁可能组阁的前景,直接影响到袁世凯对政局的掌控,使袁世凯的统治受到威胁,而革命党人内部即便有矛盾,当时也还未到你死我活的地步,更何况去自毁可能执政的前景。政治的本质是各个不同阶级和派别利益关系的调整,就此而言,袁世凯是宋案的最大受益者,再就其主观动机立论,也是袁世凯较革命党人更有杀宋的冲动,而非反之。所以,至少在目前可以发掘并确定的证据链中,在没有发现更有说服力的证据之前,袁党与此案的关联度显然更大,从案发后赵秉钧随即称病辞职,并坚拒赴沪出庭对质,亦可见其有"心虚"之处(不到一年后赵之不明不白的暴死更是蹊跷)。何况,以袁世凯之权谋及其掌握之资源和人脉,确非孙中山、黄兴可比,如果有革命党人与此案关系的明确证据哪怕是蛛丝马迹,更可为其所利用,岂能听之任之、置之不理。至于袁世凯对此案私下说过什么,是否真的"色颇喜悦",可否作为此案的证据,倒未必可全信。以袁这样老谋深算、久经历练之辈,一定知道这样做的利害得失,不会轻易在人前尤其是下属前喜怒形于色、直白道来,更何况是露出令人谋刺这样的马脚,而且以他的身份和地位,即便是做这样的事,也不需要他直接下令,有时是做个暗示,甚而是使个眼色,即有人为他"分忧"而心领神会去做的。说到底,与袁世凯相比,无论是孙中山还是黄兴,更不必说宋教仁,对于政治都还是有谦谦君子之风和思考单纯之处,理想高过权谋,又没有强大的实力支撑,在实际政治斗争中,还难与袁世凯相较量。

宋案经过真相被揭开,震动全国,也出乎袁世凯之意料,他因此而在政治上处于被动地位,赵秉钧也被迫于5月1日称病离职,由段祺瑞暂代总理。革命派及其领袖孙中山因此认识到,他们前所属意之袁世凯非民主守护神,而实为破坏民主之真凶,"政府长奸纵恶之罪,已有万不容恕者",痛恨"于此纵容杀人之政府"。革命派强烈要求审判宋案真凶洪述祖、赵秉钧,矛头直指袁世凯,双方围绕宋案之司法解决而你来我往,针锋相对,"去袁"亦逐渐成为国民党内的共识,革命派与北洋派的矛盾因此而骤然激化。

就在革命派与北洋派围绕宋案而进行政治角力时,善后大借款问题又为双方之矛盾火上浇油。民国成立后,因为政府财政十分困难,自南京政府到北京政府,都在谋求外国银行团的借款支持。但银行团借款除了附有各种经济条件外,还代表各自国家利益,提出若干有关中国国家主权的政治条件,使得以"善后"为名的借款有了强烈的政治意义。由于袁世凯主政北京,银行团向其提供借款,自然有利于其稳固统治。如果说在宋案前,革命派在一般意义上还不反对对外借款的话,那么在宋案之后,革命派与北洋派对决之势已成,任何于维持袁世凯统治有利的借款,都将对革命派不利,也就必然为革命派所坚决反对,更何况银行团为借款提出之种种苛刻条件,本身就为革命派的反对提供了最可利用的理由。

北京政府与银行团关于借款的谈判一波三折。银行团愿意提供借款的目的当然是为了捞取更多的利润,但其后台——各国政府对借款的支持则有更多的目的,他们更倾向于以借款支持他们心目中的强人袁世凯,稳定中国的形势,也为自己获取最大的政治和经济利益。为此,银行团在同意提供借款的同时,也提出了若干颇为苛刻的条件,其甚者为对事关中国国家主权的若干方面予以监督;尤有甚者,俄日两国还将借款与中国是否承认两国在东北和蒙古的特权相联系,银行团亦因此而成为列强实行对华支配政策的重要工具。由于银行团提出的条件过于苛刻,中外双方的谈判多次中断,舆论亦对银行团的要求表示强烈反对。后经中方的让步,"凡可迁就者无不迁就",谈判在1912年11月再次恢复,当年底双方基本达成协议。只是由于银行团在一些问题上不断节外生枝,协议迟迟未能签署。直到1913年4月,袁世凯为准备对革命派的武力行动,急于拿到借款,基本答应了银行团的条件,善后大借款才最终告成。4月26日,北京政府与英、法、德、俄、日五国银行团(美国于此前因顾虑银行团借款有违其"门户开放"之利益而退出)

正式签订《善后借款合同》。

善后大借款总额为2 500万英镑,偿还期限为47年,年息5厘,利息高达4 289万镑。扣除折扣(84折)后,中方实得2 100万镑,再扣除偿还到期外债、赔偿外人在辛亥革命中的"损失"共1 078万镑,中方实际可用款项不过1 000万镑有余,其中指定为裁遣军队用款300万镑,整顿盐务用款200万镑,当年4—9月政府行政费用款550万镑。在政府行政费中,陆军部、海军部和参谋本部用款约为180万镑,也就是说,袁世凯通过善后大借款可以直接使用的军费开支还不到借款总数的1/10。即便裁遣军队及其他行政费用可以部分挪用于军费开支,但考虑到此项借款使用监管之严格,其总数估计不会超出太多。这样,善后大借款对于准备以武力镇压革命派、需款急迫的袁世凯而言,其实际的经济支持其实有限,不过使他在对南方用兵时更多了些底气而已,但中国方面却为此付出了有损于国家主权的沉重代价。根据借款协议,此项借款的用途将由列强监督,中国的财政自主权因此而受到重要影响;由于此项借款由盐税作担保,因此又规定成立盐务署,其下设盐务稽核总所及各地分所,由中国总办挂名,列强提名人选出任会办,掌握实权。① 这样,列强就在控制了中国的主要税种——关税之后,又控制了中国另一具有稳定来源的主要税种——盐税。北京政府的收入主要依赖于支付各项有担保外债之后的所谓"关余"和"盐余",而动用关余和盐余均须通过列强控制的海关总税务司和盐务稽核所,从而使北京政府不得不仰列强之鼻息,看列强之眼色行事。②

---

① 王铁崖编:《中外旧约章汇编》第2册,北京,三联书店,867—893页,1959。
② 对于"善后大借款",过往研究比较偏向于批评其对中国主权的损害方面,近些年来的研究也注意到其规定之"监管"条款对中国盐务改革近代化的推动,使盐税成为一项稳定的收入,对其后改善中国的财政收支状况有益,并认为"监管"条款虽然苛刻,但也是债务人对债权人所负之义务。这样的看法自有其观察角度及其对历史的多样性认知,而且不独盐税,关税亦然,近代中国的其他一些"现代化"变革(如铁路交通和城市发展)亦然。但是,近代以来的中外关系确实是不平等的,列强以其强势压迫中国退让,甚至武装入侵,在许多方面严重侵害了中国的国家主权,为中国人所感同身受,疾呼抵御,追求国家民族的独立自由发展,又是完全正当的。因此,客观之技术层面的"进步",未必可以抵消主观之民族国家层面的"不平等",尤其是对中国这样广土众民、一统天下、有着悠久历史文明且长期居于文明中心位置的国家更是如此。这是认识近代以来的中外关系所不可忽视的方面。正是因为中国人在国家民族层面对"不平等"的切身感受,才有了近代中国中华民族主义的昂然兴起,有了声势浩大的废除不平等条约运动,有了波澜壮阔的反帝革命,并最终使中国摆脱了对于帝国主义依附性的半殖民地地位,实现了国家民族完全的独立自由发展,同时在这个过程中,构建了现代意义的中国国家性和民族性。这对于中国后来的发展具有至关重要的意义。

利用中国国内局势混沌微妙之机进行权益勒索一向为列强所好,善后大借款并非其始,更非其终。对外借款本为经济议题,借款条件的谈判,如折扣率、利率、担保、偿还等等,亦有其经济的考量,未可一概而论。但是,善后大借款的达成,除了经济方面的原因外,政治方面的原因亦不可忽视。毋庸讳言,列强与袁世凯经此而达成了某种形式的政治默契。在列强方面,"若欲中国不生内乱,复于外人之权利无损,惟有乘其危急,协力以制死命,俾其不能不听列强调度";在袁世凯方面,"宋案之后,政界风潮甚烈,袁氏位置摇动,然则可以保护个人之势力者,以经济为第一要素,故此次借款之忽成,其用意在保护个人之势力",以此得到列强的政治背书与经济支持。①

正是因为善后大借款的政治意义引起了革命派的高度警惕与强烈反对。黄兴通电认其未经国会讨论,"人民得坐政府以破坏约法、蹂躏国会之罪";并明确点出了善后大借款与当时政治形势的关系及南北决裂之必然:"今宋案证据已经发表,词连政府,人心骇皇,倘违法借款之事同时发生,则人心瓦解,大局动摇,乃意计中事。"孙中山亦通电各国,明确表示:"北京政府未得巨款,人民与政府尚有调和之望,一旦巨款到手,势必促成悲惨之战争";"用敢奉恳各国政府、人民,设法禁阻银行团,俾不得以巨款供给北京政府"。革命派控制的湘、赣、皖、粤四都督亦联名发出反对大借款通电。因为袁世凯并未将此次借款协议提请国会讨论,有违临时约法之规定,故国民党主要是以法律为武器,在国会内进行抗争。参议院正、副议长——国民党人张继、王正廷通电全国,表示"政府如此专横,前之参议院既屡被摧残,今之国会又遭其蹂躏,不有国会,何言共和,继等唯有抵死力争,誓不承认"。面对革命派的强烈反对,袁世凯一面声称借款案上年已经临时参议院讨论通过,此次"系按照前参议员表决之案,始行定议";一面又强硬表示:"借款一日不成,国本一日不定。此次合同签字,在势无可取消。"②在国会内部,反袁之国民党与拥袁之进步党就借款案多次激烈争辩,相持不下。虽然革命

---

① 黄季陆、罗家伦主编:《革命文献》第42辑,477—480页,台北,中国国民党中央委员会党史史料编纂委员会,1968。关于善后大借款的性质及意义,已有新的评价,可参阅贺水金《重评"善后大借款"》,载《江汉论坛》1995年第5期。

② 《民初政争与二次革命》上册,247—250、335—336页。

派的态度其后明显软化,并不坚持反对借款,而只坚持按法律途径,由国会履行通过手续,但仍不被袁世凯理睬。不久之后,南北决裂,武力冲突继起,各方关注之焦点转移,善后大借款虽未经国会正式通过而终成事实。

孙中山下野、袁世凯当政后,南北实现统一,中国出现了短暂的西式民主政治实验期。此时革命派和北洋派之间虽然有诸多矛盾斗争,但基本上是发生在宪政体制的框架内,循法律的途径解决。然袁世凯屡屡无视法律的举动,表明宪政体制的约束在军事强人实力前的弱势及其解决实际问题的无能。至1912年底1913年初,一系列重大事件的发生,导致革命派与北洋派的矛盾骤然激化,进一步冲击了本已十分脆弱的宪政体制。由于国民党在国会选举中获胜,作为袁世凯对立面的单一政党内阁呼之欲出,使袁备感威胁,故多方动作,力谋阻止国民党的政治崛起;袁之作为又直接威胁到以国民党为代表的革命派的生存空间,促使国民党改变其和平、统一、稳健、建设的主张,转而准备以武力对抗袁世凯;善后大借款之告成,使袁世凯自认有列强的支持,对国民党动武更有恃无恐;而国民党内部因宋案和袁之作为而生之怨恨亦日渐增长,"武力讨袁"、实行二次革命之议风生水起。民国成立不过一年有余,中国政治的发展已逸出宪政轨道,向传统的武力争胜方向急速滑行。

第三节　二次革命的发动与失败

宋案发生后,革命派与北洋派的关系势成水火,武力对抗已不可免。但前者一度举棋不定,其后仓促上阵,缺乏准备,且实力有限,领导不周;后者则早有图谋,武力财力有充分之准备,目标明确,指挥运用自如;两者相较,高下立现,革命派最后的失败并不令人意外。

宋案发生后,袁世凯和革命派的对立骤然激化,原先尚不十分明朗的政治局势趋向明朗,北洋派压抑以至最终消灭革命派的图谋昭然若揭,即使是原来热衷于议会政治和政党政治的国民党人此时亦认识到形势之严重。唯在如何应对此种形势之战略策略方面,革命派内部仍有明显的不同意见。1913年3月25日孙中山自日回沪后,连续召集在沪国民党领导人开会,讨论形势及应对之方。由宋案之发生,孙中山已认识到自己此前对形势判断之失误,因此主张诉诸武力,认为"袁氏手握大权,发号施令,遣兵调将,极称自由。在我惟有出其不意,攻其不备,迅雷不及掩耳,先发始足制人。且谓宋案证据既已确凿,人心激昂,民气愤张,正可及时利用,否则时机一纵即逝,后悔终嗟无及。"孙中山的武力讨袁意见得到戴季陶等国民党内部分激进派的支持。但国民党另一主要领导人黄兴则认为:"民国已经成立,法律非无效力,对此问题宜持以冷静态度,而待正当之解决",尤"以为南方武力不足恃,苟或发难,必臻大局糜烂"。黄兴之所以持此"法律讨袁"的意见,一因自民国成立,同盟会改组为国民党,其以往之革命性已大减,不少国民党人贪恋和平年代之官禄利益,不愿重上战场,再动兵戈;二因国民党当时确未有何准备,仓促上阵,结果难料;三因国民党缺少中央集权领导之权威,党员我行我素,不听号令(其后国民党议员在国会之表现即为明证)。黄兴本人之革命理想固无可置疑,其也并非不愿与袁决裂,但他的意见确实代表了国民党内相当一部分人的看法。在国民党实际控制的南方各省中,苏督程德全和闽督孙道仁本系旧官僚,政治态度依违不定,粤督胡汉民与湘督谭延闿受各种因素牵制,主张慎重行事,只有赣督李烈钧和皖督柏文蔚主战,但因实力有限,难以单独发动。这样,国民党从中央到地方在如何应对局势方面意见不一,孙、黄各执其见,又都有各自的理由及支持者,孙中山"格于众议,只好从缓发动"。

革命派既难下武力讨袁之决断,对于宋案和善后大借款案则除祭出"法律解决"之旗外而别无高招。宋案发生后,革命派报刊连篇累牍发表言论,主张依据法律,"严究主名,同伸公愤"。事实上,刺宋凶手应夔丞、武士英经租界会审公廨多次审讯,案情已经明朗,随后应、武两犯被移交上海地方检察厅,但就在审讯前一日,武士英忽于4月24日暴死狱中,不无令人起疑处。指使应、武犯案之内务部秘书洪述祖藏身于青岛德租界,无法引渡至沪受审;国务总理赵秉钧则公然蔑视上海地检厅之传票,以"旧疾复发"为由,拒不到沪受审;且赵、洪两人均公开为自己叫冤,声称与刺宋"无涉"。袁世凯还以近似狡辩之语气公开为赵辩护称:"甲乙谋杀丁,甲诳乙以丙授意,丙实不知。遽断其罪,岂得为公!""如欲凭应、洪往来函电遽指为主谋暗杀之要犯,实非法理之平。"①1913年5月底,上海地方审判厅开庭审理此案,被告赵秉钧、洪述祖未到庭,被告律师又以审理法官未获任命、不合规定为由,提出抗诉,结果此案未经开审即告搁置。宋案成了"公判不成,律师抗告,法庭冰阁,政府抵制,不但事实不进行,连新闻都没有"。② 对于善后大借款案,国民党前倨后恭,此时亦无意为难袁世凯,仅仅是要求提交国会通过以完成法律手续,甚而"以党格保证之,必予以追认"。然而对国民党如此求台阶以下的建议,袁世凯亦根本置之不理。亲历其事的邹鲁回忆说:"我向来抱着法律万能的观念,所以对于宋案,主张由司法解决,对于大借款案,主张由国会解决。到了现在,事实与理想完全相反,才

---

① 徐血儿等编:《宋教仁血案》,380页。
② 朱宗震:《民国初年政坛风云》,188页,郑州,河南人民出版社,1990。

晓得法律还没有到有效的地步。"①

法律解决不成，革命派一度又希望通过调停暂时缓和局势。1913年5月中旬，老革命党人谭人凤到京面见袁世凯，期望就缓和局势有所建言，以保持革命派对南方数省的实际控制为退步底线。谭在谈话中煞费苦心，对袁首告将辞其所任长江巡阅使职，次以求拨《四库全书》为编辑国学，以示并无他意，然后才绕到宋案与善后大借款问题。对此，袁世凯倒也不躲闪，而是摆出一副不屑的表情，直截了当地告诉谭：人谓我违法，我丝毫不违法。宋案候法庭裁决，借款听国会解决。国会议决要如何便如何，我何违法之有？谭人凤"见彼一派官话"，自觉"何必辩难，遂退回"。②调停之举又告不成。实际上，私下里袁世凯对革命党的态度更是刻薄，话也说得更难听。他对其亲信梁士诒等说：孙、黄等无非意在捣乱，我决不能以受四万万人财产、生命付托之重而听人捣乱者。彼等若有能力另组政府者，我即有能力毁除之。③

袁世凯之所以敢以如此咄咄逼人的态度对待革命派，并非一时冲动、故作豪言，而是精心准备、深思熟虑后之举措。自上年出任临时大总统之后，袁世凯即深知其与革命派之间不过是暂时的妥协，双方未来的冲突必不可免。在革命派领袖孙中山满足于民国告成、沉浸于实业幻想、奔波于一无成效的建设之际，袁世凯却早就开始了与革命派武力对决的实际准备。从思想信仰、历史传承至政治权谋、行事方式，袁世凯与孙中山都有太多的区别，孙中山在民国初年所表现的理想至上的谦谦君子之风与包容宽厚之做派，实不敌多年浸染于官场权谋之袁世凯的心狠手辣与机变手腕。

出于多年带兵的经历与实际政治经验，袁世凯信奉的是实力，尤其是军队被其奉为安身立命之本。因此，袁在民初当政后十分注意扩充军事实力，购置军火，加强训练，使北洋军保持随时可用的战备状态。北洋军本系袁世凯一手带出，在相当程度上可视为袁之私军，为了加强其在北洋军中的绝对权威，袁世凯还通过总统府军事参议

---

① 邹鲁：《回顾录》，50页，长沙，岳麓书社，2000。
② 《燕市燃犀录》，见1913年6月2日《民立报》。
③ 黄远庸：《远生遗著》下册卷三，123页，北京，商务印书馆，1984。

处传谕各镇军官:(1)袁总统为北方各军之父母,无论何人,有与袁总统反对者必出死力与之抵抗;(2)大总统有统辖海陆军全权,凡我军人,只知有总统,不知其他;(3)凡我军人当绝对服从总统命令。①通过从上而下的层层控制与灌输,袁世凯就在与革命派对决时,有了一支完全听命于他的精良军队,这也是袁世凯敢与革命派争胜的最大本钱。

其次,久经官场历练、富于机变权谋的袁世凯深谙合纵连横、纵横捭阖之道,在争取政治盟友方面,较革命派更为成功。如时人所论,袁"善利用他力,而已收其成功也,阳不居其名,阴则收其实,此袁氏之长技也"。②袁当政后,通过各种手段,在国会争取到以立宪派和旧官僚为主的进步党支持。北洋派与革命派的战争爆发前后,进步党扮演了为袁世凯在国会和舆论上摇旗呐喊之角色,声称:"中央政府为举国所公立,临时大总统为人民所公举,口徒之反抗,非反抗一二私人,乃反抗我中华民国。国家对于叛徒,有正当制裁之法,在院同人业经提案,促令政府迅速戡乱,以保统一而遏祸机。"③在地方,袁世凯在完全控制了北洋传统势力范围北方各省的同时,又争取到东北、西北、西南各省的支持至少是中立;原先革命派占有一定优势的浙江与四川,在袁的软硬兼施之下逐渐倾向于袁;尤其是袁世凯争取到地处九省通衢、据有重要战略位置,同时又是辛亥革命首义之地、具有相当政治影响的湖北的支持,鄂督黎元洪在袁的拉拢下,一再表示"唯知服从中央",从而使袁世凯在对革命派动武的前沿地带成功地撬开了一个重要缺口。

再次,袁世凯利用了社会各界,尤其是有产阶级怕乱求稳的心理,争取到他们及其代表的民意支持。民国成立后,有产阶级对政治的关心度和参与度实际并不高,他们更多的是关注如何在稳定的社会秩序下发展实业,同时保持个人人身与财产的安全。他们此种心态本身无可厚非,在近代中国的特定环境下,稳定的社会环境对经济发展的意义

---

① 李新主编:《中华民国史》第2编第1卷,上册,269页,北京,中华书局,1981。
② 黄季陆、罗家伦主编:《革命文献》第44辑,365页。
③ 《北洋军阀统治时期的党派》,249页。

确实远过于其他因素。但是革命派对他们所处的环境、发展的要求以及与此相关的怕乱求稳心态缺乏体认,在坚持反袁正当性的同时,并未对他们的利益诉求给予相应的安抚与实际的保证,反而在某种程度上加剧了他们的担忧。当全国商会联合会电请孙中山、黄兴等革命派领袖,表示"我商民初以脱离专制故,不惜生命财产赞助大举";当"人心渐定,商业亦有来苏之望,方冀次第建设,福利可期";唯"谣言四起,险象环生。迭接各省商会函电报告,商货停顿,市面凋零";要求孙、黄等"通电各省,表明素志,其有谋为不轨者,一体严拿,尽法惩治……俾大局日就平静,而我商界亦得忍痛须臾,力求恢复"。孙、黄等在复电中坚持,"苟有立心不轨,破坏共和者,众当弃之,断不宜姑息养奸,自贻伊戚";同时以"国民党乃系政党,其政纲早经宣布"为由,表示对"通电全国,恐转滋歧惑",实际拒绝了他们的要求。而当上海总商会致电袁世凯,请"以保卫商民、维持秩序为宗旨,无使我商业喘息余生,再罹惨祸"时,袁当即表示"愿商旅不惊、尘市不变,安居乐业为十年生聚之谋",并令各省"督饬军警竭力保护,如有匪徒借端扰乱,损害商人,惟该都督民政长是问。本大总统誓将牺牲一切,以捍卫我无罪之良民也。"①以此观之,有产阶级疏远革命派、亲近袁世凯并非偶然。他们的人数虽不多,但较之一般民众之沉默的大多数,他们以其经济地位和实力可以公开表达意见,反映社会动向,在革命派与北洋派争夺的实力天平上具有特殊的意义,可是革命派却因未能体认他们的心态与代表他们的要求而失去了他们的支持。

又次,革命总会带来一定的社会动荡,即使是得到大多数民众支持、推翻了清朝统治、进程相对温和的辛亥革命亦复如此。故革命之后一般民众的普遍心态都是望治心切,希望过安稳日子,上述有产阶级求稳怕乱的心态亦不过是社会上民众普遍心态的反映而已,这是可以理解的。但是,革命派对此却缺乏体认,误以为只要揭露袁世凯的专制暴行,登高一呼,即民众影从。然而事实却是,社会各界对革命派的讨袁

---

① 《民初政争与二次革命》上册,379—381页。关于"二次革命"前后有产阶级的态度及其与袁世凯政府关系的研究,可参阅丁日初《二次革命中的上海资本家阶级》,载《近代史研究》1985年第6期。李达嘉:《从"革命"到"反革命"——上海商人的政治关怀与抉择》《袁世凯政府与商人》,载《中央研究院近代史研究所集刊》第23、27辑。

之举普遍反应冷漠，更遑论支持。革命派舆论代言者之一的《民立报》有言："前次大革命之后，元气凋丧，民力疲极，并力恢复，犹虞不及，庸能再受莫大之损失乎？且社会心理，莫不翘首企踵以渴望太平之隆盛，一闻变起，心惊胆裂，寝食为之不宁，较诸前次革命时，闻兵变而色然以喜者，盖大相悬绝者矣。夫人民之厌乱既如此，则尚有谁敢为戎首，轻心发难乎？发难之后，谁肯附从之乎？此我国之无二次革命之余地可知。"①所谓民心如此，夫复何言。

最后，袁世凯在与革命派的斗争中较后者更善应用战略与策略。他在战略上先是有计划有预谋地收揽中央权力，拉拢非同盟会中间势力，削弱革命派的实力；在战术上，先以中央集权、架空责任内阁制，使革命派在中央权力格局中被边缘化，再以围堵地方，以控制经费逼迫革命派裁军，使革命派自断武力支柱。手法上，明示缓和，以和平、统一言辞和利益诱惑，争取有产阶级、社会各阶层和舆论，并以民主政治言辞反制革命派，声称："共和民国以人民为主体，而人民代表以国会为机关。政治不善，国会有监督之责，政府不良，国会有弹劾之例。大总统由国会选举，与君主时代子孙帝王万世之业迥不相同。今国会早开，人民代表咸集都下，宪法未定，约法尚存，非经国会，无自发生监督之权，更无擅自立法之理。岂少数人所能自由起灭，亦岂能由少数人权利之争，掩尽天下人民代表之耳目？"②同时暗作准备，加强武力，以待最后与革命派的决战。由此表现出袁世凯久经官场历练，富于政治经验与谋略，他以先中央后地方、先核心后边缘、外松内紧、步步为营之战略战术，"以其数十年军界上之积威、政界上之阅历、外交上之信用、社会上之宗仰"，逐步掌控了北京政局，形成直逼革命派根本之势。

当政治、军事、舆论等方面的准备逐渐就位之后，袁世凯对革命派不再示以怀柔，而是公开展示武力威胁。1913年5月3日，袁世凯发布总统令，声称：据报"有人在沪运动第二次革命，谆劝商家助捐求饷，反对中央"，据此明切宣示，昭告国民："本大总统一日在任，即有捍卫疆土，保护人民之责，惟有除暴安良，执法不贷。为此，令行各省都督、民

---

① 朱宗良：《二次革命声中之冷眼观》，见1913年6月1日《民立报》。
② 来新夏主编：《北洋军阀》（二），449、451页，上海人民出版社，1993。

政长,转令各地方长官,遇有不逞之徒,潜谋内乱,敛财聚众,确有实据者,立予逮捕严究。"其后直督冯国璋等袁系大将联名通电,指名攻击"黄兴、李烈钧、胡汉民等,不惜名誉,不爱国家,谣诼殄行,甘为戎首。始以宋案牵诬政府,继以借款冀逞阴谋。"声称:"倘有不逞之徒,敢以谣言发难端,以奸谋破大局者,定当戮力同心,布告天下,愿与国民共弃之。"①此举表明北洋派已准备与革命派摊牌,动武之势已成。6月9日,袁世凯以李烈钧"措置乖方""不称厥职""无术维持""不孚众望"为由,下令免其江西都督职务,任命黎元洪兼署领江西都督(后由江西护军使欧阳武代理)。随后,又在6月14日调胡汉民为西藏宣抚使,任命陈炯明为广东都督;30日调柏文蔚为陕甘筹边使,任命孙多森为安徽民政长兼署都督。袁世凯以免去革命派反袁中坚之赣、粤、皖督之举动,向革命派发起了公开挑战。

袁世凯免去革命派三督之命令既发,则其解决革命派之心已揭,此时是和是战,亟待革命派之决断。可是即便如此,革命派一时仍无背水一战之决心,尤其是掌握部队的实力军人多意态消沉。因此,袁之命令下达后,李烈钧、胡汉民、柏文蔚三人均表示遵令解职,革命派掌握的其他各省亦在观望中,即便是当初反袁最力的李烈钧也对形势发展表示出悲观,决定离开南昌去上海,柏文蔚也离开安徽省城安庆去了南京,欧阳武、孙多森由此得以顺利接任赣、皖省政,李纯指挥的北洋军亦因此在7月初开入赣北九江一带,占得了军事进攻的有利出发位置。

此时,革命派领袖孙中山认为已经退无可退,坚决主张起兵反袁。他在上海召集各方会议,主张即日发动反袁军事行动,但据陈其美回忆,孙"电令广东独立,而广东不听;欲躬亲赴粤主持其事,吾人又力尼之,亦不听之;不得已令美先以上海独立,吾人又以上海弹丸地,难与之抗,更不听之。当此之时,海军尚来接洽,自愿宣告独立。中山先生力赞其成,吾人以坚持海陆军同时并起之说,不欲为海军先发之计。……屡促南京独立,某等犹以下级军官未能一致逯。"所谓兵贵神速之机就在革命派的犹豫不决中渐渐流逝,也如陈其美在二次革命失败后所承

---

① 《民初政争与二次革命》上册,325—326、406—407页。

认,"吾人迟钝,又不之信,必欲静待法律之解决,不为宣战之预备。岂知当断不断,反受其乱,法律以迁延而失效,人心以积久而灰冷。时机坐失,计划不成,事欲求全,适得其反。""迨借款成立,外人助袁,都督变更,北兵四布,始起而讨之,盖亦晚矣。"①

虽然革命派对起兵讨袁事一直未能决断,但袁的举动实际已将革命派逼至无可再退之死角,或者缴械投降,就此退出政治舞台;或者起兵讨袁,觅得可能生机。经过孙中山与黄兴以及革命派领导人之间反复的沟通协商,他们最终达成了起兵讨袁之共识。在上海的李烈钧表示愿首先发难。1913年7月8日他秘密到达江西湖口,组织讨袁军司令部,任命林虎为左翼司令,方声涛为右翼司令,开始着手起兵准备。11日,李烈钧发出致江西各界通电,以"袁世凯违反约法,蹂躏民权,破坏共和,实行专制"为由,声明"回赣随同军界诸君,声罪致讨"。② 李烈钧毕竟在江西经营有年,影响仍在,他回赣后江西局面立为之变,讨袁之势已成。③

1913年7月12日,江西讨袁军林虎部与北洋军张敬尧部接战,打响了讨袁第一枪,革命派发动的二次革命亦以"湖口举义"为爆发之标志。当日,李烈钧在湖口宣布江西独立,并发布讨袁檄文谓:"袁世凯乘

---

① 《孙中山全集》第3卷,165页;第6卷,218—219页。
② 徐辉琪编:《李烈钧文集》,212页,南昌,江西人民出版社,1988。
③ 近些年来,有看法认为,面对与袁世凯的矛盾,孙中山不走体制内循法律解决的和平之路,率先发动武力反袁,"破坏"法治,使得其后的民国政治走上"背离"民主的武力争胜之路。这样的看法不符合当时的历史实际。就历史事实看,孙中山虽然主张发动武力讨袁,但在国民党内并未得到多数人的支持,相反,国民党的多数是主张法律解决的,但是,法律解决之路却走不通。宋案的法律解决,赵秉钧拒不出庭,国民党无可奈何;善后大借款案,国民党委曲求全,袁世凯自行其是;其他人出而调和,袁世凯不予置理。及至袁世凯免去国民党人担任的赣、粤、皖三督,北洋军已经南下之时,国民党也仍然没有下足决心,迟迟没有发动武力讨袁。此时此刻,对国民党而言,已经是人为刀俎我为鱼肉,除非国民党甘心完全缴械投降,否则只能起而反抗,这时如果还要求国民党求讲什么"法律解决",未免就有点不切实际,有点宋襄公式的"愚蠢"了。其实,恰恰是国民党太过讲求"法律解决",结果事与愿违,只能大败而逃亡。"法律解决",只能是在成熟的、有保障的、为大家所共同遵守的法治制度体系内才可以实行,问题是,当时的中国,并无这样的条件,而且如果有这样的条件,宋案也未必就能发生了。再从国民党和孙中山的对立面而论,袁世凯讲求"法律解决"、遵循法治理念、致力法治实践吗? 非也。民国初年的西式民主实验之所以不成功,恰恰是因为袁世凯不讲法不守法,而是以武力为依恃,追求个人说了算的帝王式统治。有国民党在政治舞台发挥作用,对袁世凯的独断专行多少还有约束,等到国民党的武力讨袁失败,被赶出政治舞台,按照袁世凯的说法,此时再无人和他"捣乱"了,他有了充分的施政自由度,有了充分的条件去实践以法治国、实践民主政治,但是,袁世凯的所为却完全是反其道而行之。他先是利用国会、逼迫国会选举他为正式大总统,然后立即解散国会,废弃"临时约法",集大权于一身,成为没有皇帝之名的皇帝,直至操纵舆论,自我拥戴,重行帝制,改元"洪宪"。事实说明,与孙中山相比,袁世凯既无民主政治的观念基础(孙中山有民族、民权、民生的三民主义),也无民主政治的实践动力(孙中山有军政、训政、宪政的民主三阶段论),袁世凯才是"法律解决"的抗拒者,法治建国的破坏者,民初民主政治实验未能成功的主要责任者。

时窃柄,帝制自为,绝灭人道。而暗杀元勋,弁髦约法,而擅借巨款,金钱有灵,即舆论公道可收买,禄位无限,任腹心爪牙之把持。近复盛暑兴师,蹂躏赣省,以兵威劫天下,视吾民若寇仇,实属有负国民之委托,我国民宜亟起自卫,与天下共击之。"①次日,江西省议会发出讨袁通电,并推李烈钧出任讨袁军总司令、欧阳武为都督(他以病为由未就职)。14日讨袁军发布宣言称:"袁氏帝制自为,务期破坏共和,与全国为公敌……是以率父老子弟,投袂奋起,不惜以微弱之赣,与专制恶魔对垒挑战,为全国创开战之始。"②

江西首举二次革命之义旗,使一段时间以来在袁世凯压迫下意态消沉的革命派声势复振,革命派控制或影响下的南方诸省,其后亦纷纷揭竿而起,加入讨袁战争,唯其间波折亦反映出革命派存在的种种弱点,为其最后失败埋下了伏笔。

尽管江苏都督程德全本非革命派,又曾一度加入章太炎主持的统一党,但因为南京是民国成立后临时政府的所在地,革命派影响较大。李烈钧湖口举义之后,驻守南京的各部队下级官兵主张立即发动讨袁,上级军官虽不甚积极,但在下级官兵的强烈要求下不得不改变态度,派人赴沪敦请黄兴出山指挥。黄兴出于革命大义与讨袁大局,毅然决然同意出任江苏讨袁军总司令,并于7月14日赴南京指挥讨袁军事。15日,黄兴与革命派将领至都督府面见苏督程德全,说服其参加讨袁,并以程德全、民政长应德闳和讨袁军总司令黄兴的名义发表通电宣布:今政府自作昏聩,激怒军心,致使吾苏形势,岌岌莫保。德全对于政府,实不能负保安地方之责,兹准各师长之请,本日宣布独立。③但程德全本无参加讨袁之决心,16日他以"旧病剧发"为由,离宁赴沪,实际脱离了讨袁阵营。

上海的地位比较特殊,行政上虽归属于江苏,但又是当时中国最重要的经济中心和通商口岸,且因租界的存在,实际具有相当的独立性。民国成立后,上海是革命派舆论的集聚中心,也是革命派领导人活动较

---

① 洪喜美:《李烈钧评传》,48—49页,台北,"国史馆",1994。
② 周元高、孟彭兴、舒颖云编:《李烈钧集》,166页,北京,中华书局,1996。
③ 黄季陆、罗家伦主编:《革命文献》第44辑,160页。

多的主要地区。经过革命派的动员与努力,7月17日陈其美以上海讨袁军总司令名义宣布上海独立,加入讨袁阵营。由于沪上为工商集中之地,工商界不欲上海发生战火,他们发起组织了上海保卫团,对南北两方进行调停,企图避免战火波及,维持地方安宁。但南北两方当时都没有退让之余地,他们的调停没有成功。

自柏文蔚离职赴宁后,安徽的革命派不甘就此束手,仍在分头进行讨袁举义的准备工作。7月15日,在范鸿仙的策动下,芜湖率先宣布独立,随后龚振鹏在正阳关响应,张汇滔在寿州响应。署理皖督的孙多森在省城安庆被独立地区环伺于中,自觉无实力与革命派正面抗衡,遂于7月17日宣布独立。但因其一贯的政治立场,孙多森此举被革命派视为假独立,旋即被逐离其位。27日,柏文蔚回安庆接任皖督。

广东一向是革命派的大本营,革命派在此有较强的实力,而且广东远离讨袁前线,一时不受袁军的威胁,可以从容布置。7月18日,接胡汉民任粤督的陈炯明宣布广东独立,加入讨袁阵营,同时宣布准备出兵援赣。

福建都督孙道仁虽在辛亥革命后加入了同盟会,但不过是随大流而已,并非真正的革命派。湖口举义后,孙道仁在第14师师长许崇智等人的压力下,于7月20日宣布与袁世凯断绝关系,既敷衍了革命派加入讨袁阵营之要求,又避免使用"独立"的提法,以留有退步。

湖南的革命派实力亦较强,但湘督谭延闿出身于前清立宪派,并非坚定的革命派,只是在湘籍革命派的活动与压力下,迟至7月25日才被迫宣布独立,加入讨袁阵营,准备出师入鄂援赣。

四川本为革命派占有一定优势的省份,但因不善经营,优势逐渐消失。川督胡景伊为共和党人,为谋个人权位而输诚于袁世凯,并严防革命派在四川的讨袁运动。经过革命派反复之工作,8月4日第5师师长熊克武在重庆宣布独立,并决定首先西进讨胡。

经过革命派的艰苦努力,自湖口举义的7月中旬至重庆独立的8月初,在20多天的时间里,共有7个省先后宣布独立,组成讨袁阵营,参加讨袁战争。这些省份基本上是革命派的传统势力范围,革命派有长期的经营和广泛的影响,但革命派并未争取到自己不占优势的省份加入讨袁阵营的事实,说明他们争取政治盟友的努力并不十分成功,在袁世凯大军压境之时,革命派实际处在较为孤立的境地;而且即使是上述宣布加入讨袁阵营的省份,其过程亦非一帆风顺,而是一波三折,屡有起伏,尤其是各省上层军政人物多不主张与袁完全决裂,在参加讨袁阵营时往往是三心二意,留有余地,可见革命派领导的讨袁阵营并非坚固无缺,一旦讨袁军事受挫,这样的阵营便有瓦解之虞。同时,更能说明革命派讨袁前景之不容乐观的是国民党国会议员的态度。国民党本为国会第一大党,讨袁军事又为国民党所发动,国民党籍国会议员理当在讨袁开始后宣布与袁世凯决裂,并在政治上声讨袁世凯,使其失去执政的合法性。国民党籍的参议院议长张继在二次革命发动后,亦电请全体议员"为保持立法尊严及言论自由"而"迁出北京,择地开议,以科元凶,而伸国法"。① 但是,除了少数国民党籍国会议员南下参加讨袁斗争外,多数国民党议员居然仍留在北京,与正在镇压国民党发动的讨袁战争的袁世凯合作共事,诚为二次革命过程中诡异而奇特的政治现象。如果国民党尚且无能力动员自己属下的党籍国会议员加入讨袁斗争,那么它又何以能够号令其他非党籍人士加入讨袁阵营。就实际而言,革命派当时确未能争取到反对袁世凯的广泛的社会支持,讨袁阵营的组成是非常仓促与脆弱的。不仅在政治上如此,在经济上,革命派也得不到支持,有产阶级的代表——各地商会基本站在袁世凯一边,除了芜湖商会为反袁捐助了12万元外,革命派即再未得到有产阶级的支持,即使是革命派控制的省份亦如此。② 如黎元洪在北洋军镇压了二次革命后所言:"各省商团预烛其奸,动色相戒。沪、粤两埠,开通最早,程度较优,故其拒绝暴徒亦最力。赣、浔、宁、皖商力较薄,曲从不甘,显拒不敢,卒因默示反对,使该党筹款无着,失其后盾。又如湘谋独立,亦因不得商会之赞同,故宣布最迟,取消最速也。"③

正因为革命派的讨袁斗争缺乏广泛的社会支持,革命派也就未能在讨袁过程中成立统一的、有代表性的、可以号令各方的指挥领导机

---

① 黄季陆、罗家伦主编:《革命文献》第44辑,13页。
② 虞和平:《商会与中国早期现代化》,301—306页,上海,上海人民出版社,1993。
③ 《黎副总统政书》卷二十九,4—5页,上海,古今图书局,1915。

构。更有些令人不明所以的是,革命派领袖孙中山除了在7月22日一天内发出三通致全体国民、国会两院和袁世凯的通电,要求袁世凯"早日辞职,以息战祸"外,再无其他明确的政治号召或表示。① 为了在政治上与袁世凯抗衡,革命派没有推出其公认的领袖孙中山或黄兴,而是通过设在上海的各省议会联合会推出岑春煊为讨袁军大元帅,请其"开府江宁,主持中枢"。且不说前清旧官僚出身的岑春煊与革命派素无历史渊源,革命派推其出山实在是令人匪夷所思之举;或许革命派是从争取政治盟友的考虑出发推举岑春煊,但就岑春煊的政治才能、素质和操守而言,也远非主持讨袁的合适人选。革命派推举岑春煊为讨袁领袖之举,是二次革命过程中又一诡异而奇特的政治现象。革命派连堂堂正正地推举自己的领袖孙中山或黄兴担当领导讨袁之举尚不敢为,可见革命派自己恐怕对此次讨袁亦无充分之信心。在这种情况下,岑春煊自然不愿为革命派可以预期之失败垫背,他在被推举后"持消极主义","迭次坚辞,未肯承认",始终未去南京就职。

革命派发动讨袁军事前后,袁世凯也在对镇压革命派的军事行动进行紧张的部署。1913年5月,袁世凯主持召开秘密军事会议,决定作战方针是:"第一期对于湘、赣、皖、苏作战,利用京汉、津浦两路线集中,以鄂省为主要策源地,并以海军策应沿岸,兼妨害敌军之集中。"② 袁之军事方针系以西线江西和东线江苏为重点(因二次革命时期的军事作战集中在东西两线,故又称为"赣宁之役"),利用运输便捷的有利条件,以速战速决态势结束行动,不使革命派武装有喘息之机。在政治上,袁世凯以民国法统的代表自居,对外表示自己对国民党"不惜屏声忍气,曲子优容";反诬革命派"煽乱","暗杀","暴烈进行","破坏民国"。7月21日,袁世凯正式下令:"政府为整肃纪纲、维持国本起见,不得不以兵力戡定";"本大总统躬承国民付托之重,值此变出非常,荡平内乱,责无旁贷";"用兵定乱,为行使约法上之统治权,民国政府当然有此责任"。③ 革命派之宣布"独立"与袁世凯之声明"定乱"表明双方

---

① 《孙中山全集》第3卷,66—69页。
② 《民初政争与二次革命》上册,395—397页。
③ 章开沅:《辛亥前后史事论丛》,497页,武汉,华中师范大学出版社,1990;1913年7月22日《政府公报》。

全面决裂,南北两军亦进入全面交战状态。

江西是讨袁军和北洋军西线交战的主要战场。北洋军首先投入江西战场的是李纯的第6师,他们处在优势赣军的包围中,阵势较为分散孤立。李烈钧利用北洋军的弱点,命令所部赣军于7月12日发起对九江一线北洋军的攻击,起初战斗颇有斩获,但因左翼林虎部和右翼方声涛部的协调不周,未能一鼓而下,扩大战果。此后,李烈钧指挥下的赣军两翼协调的问题始终未得真正解决,攻击成效大受影响。北洋军在稳住阵脚之后转入反攻,赣军军心开始动摇。在北洋军的攻击下,14日林虎的部队向后撤退,赣军左翼暴露出缺口。右翼方声涛部独木难支,16日亦开始向后撤退。开战尚不到一周,赣军已经失去了攻击势头,转入退却,此等情形对于亟须以胜利鼓舞士气的讨袁阵营而言是极其不利的。

7月16日,段芝贵出任北洋第1军军长兼江西宣抚使,统筹指挥江西作战,北洋军增援部队也陆续开抵江西,实力大大增强。李烈钧在退至吴城后,面对作战不利的情况,只能部署以退却防守,迟滞北洋军进攻,等待援军。但地处江西讨袁军事后方的湖南、广东两省,带兵长官对出兵援赣却都很不积极,援军迟迟不能成行,广东援军始终未出广州一步,湖南援军虽已出发,但动作缓慢,无法解赣军的燃眉之急。江西战场的形势已转为有利于北洋军。

7月23日,北洋陆海军协同作战,猛攻湖口。经过三天激战,于25日占领湖口,赣军士气再遭重创。此后北洋军继续向南推进,8月8日占据吴城。李烈钧退回省城南昌,着手整顿部队,调整防线,准备继续坚持。但北洋军攻势甚猛,赣军节节败退,16日李烈钧不得不率部撤离南昌,其后于9月初自长沙赴上海转日本。8月18日,北洋军张敬尧部进占南昌,赣军余部星散。至此,历时一月有余的江西讨袁作战全面失利。

在讨袁军事的东线主战场——江苏,冷遹指挥的江苏第3师首先抓住北洋军实力不济之弱点发起进攻,7月15日占领徐州以北之利国驿。此后,北洋军张勋部武卫前军、田中玉部巡防营、北洋第4师等部随后陆续自山东南进增援,北洋军实力较前大增并转守为攻。苏军方面,江苏第8师、第1师亦先后北上增援。一时在徐州附近形成南北两军的拉锯战局面,但北洋军毕竟实力超过苏军,并对苏军形成夹击态势,迫使苏军放弃徐州南撤,24日北洋军占据徐州。为了从速击败江淮讨袁军,袁世凯又任命冯国璋为北洋第2军军长兼江淮宣抚使,率部沿津浦铁路南下江淮,进一步增大了对江苏革命派的压力。

在革命派活动之腹地——上海,郑汝成指挥的北洋军利用革命派的疏忽在战前乘隙进据军事要地制造局,随即赶修防御工事,其后驻沪海军亦倒向袁世凯,这种形势对革命派非常不利。沪军迟至7月23日才发起对制造局的攻击,北洋军在海军炮火的支持下,抵住了沪军的进攻。南北两军围绕对制造局的争夺有多日激战,但沪军攻势渐颓,士气日落。当月底,北洋援军第4师一部由海军总长刘冠雄亲率舰队护送至沪,浙江都督朱瑞亦派出援军支援驻沪北洋军,沪军实力不济,被迫向沪郊退却。此后,沪军在钮永建指挥下坚守吴淞炮台,但在优势北洋军的包围下,沪军亦无力久守,8月13日被迫撤离,上海讨袁军事亦告失利。

作为讨袁军事东线的侧翼战场,安徽的战斗主要发生在淮北。安徽宣布独立后,柏文蔚回到安徽,在蚌埠组建司令部,指挥皖军沿淮河正阳关、寿州、凤台一线,与北洋军倪嗣冲的武卫右军对峙。7月底,倪嗣冲部开始进攻凤台,经数日激战,8月2日,皖军不支而南退。其后,倪军于5日占寿州,豫军于6日占正阳关。7日,柏文蔚的部下胡万泰等在安庆变节降袁,宣布取消独立,并发兵进攻都督府,柏文蔚无兵可用,只能撤出安庆,转往芜湖。安徽讨袁军后来在芜湖又坚持了一段时间,终因处境孤立,没有外援。8月28日,北洋军倪嗣冲部进占芜湖。至此,安徽讨袁军事完全失利。

自二次革命发动后,不过一月时间,江西、江苏与安徽的讨袁军事即基本失利,大大影响了讨袁阵营的稳定,尤其是江苏(包括上海)讨袁军事的失利,对讨袁阵营的不利影响更为直接与严重,因为南京和上海是革命派活动的主要政治中心。7月25日,前以"旧病"退居上海的苏督程德全公开通电,声明南京独立是冒用其名;次日又致电黄兴请其"取消讨袁名义,投戈释甲,痛自引咎,以谢天下",否则"既违全国公意,即系江苏公敌"。① 在南京指挥讨袁军事的黄兴到宁不及半月,尚未作出部署,便陷入内外交困之境。此时"徐州退出,上海退出,沪宁路断绝,鄂、浙及海军中立,而实附袁,清江浦方面,且突来北军,直冲镇江,粤、闽诸省均无援兵出发,滇、桂各省,又无声息,南京方面更苦饷弹两竭"。② 眼见无力挽救危局,黄兴在28日登轮离宁转日本,讨袁军事失去统一指挥。本对讨袁就不甚积极的苏军高级将领随即乘势取消独立,向袁世凯输诚。面对此种不利局势,在上海的孙中山亦无良策。列强控制下的租界当局,明显表示出支持袁世凯的态度,他们发布通告,明令不准以租界及其附近地带作为军事部署及策划地,并决议将孙中山、黄兴等人逐出租界。③ 在此情况下,孙中山于8月2日登轮赴粤,准备在广东继续坚持,但未及抵穗,即得知广东形势也在变化,上层军官多准备归顺袁世凯,即去广州亦无法挽回大局,无奈之下,只能转道改赴日本。

黄兴、孙中山相继离开南京、上海,讨袁阵营失去政治中坚,开始呈现瓦解之势。8月4日,粤督陈炯明见大势已去,离开广州去香港,广州各界先后推出苏慎初、张我权为都督,同时宣布取消独立。但袁世凯早有借此全面控制革命派根据地广东之图谋,他不为广东各界之举所动,任命忠实于他的前清旧军人龙济光为广东都督。龙指挥所部济军于11日进占广州,广东从此落入袁世凯的控制中。8月13日,湘督谭延闿和闽督孙道仁分别宣布取消独立及脱离北京政府之声明(湖南的激进革命派曾于9月9日再次发动独立,但被谭延闿镇压)。至此,参加讨袁阵营的六省联盟(四川未以省的名义参加讨袁),或在讨袁军事中失利,或主动退出讨袁阵营,讨袁阵营颓象尽显,只有南京和重庆两地的讨袁义举还在悲壮地坚持之中。

自黄兴等离开南京、独立取消之后,南京一直缺少有声望、敢负责的人士出面主持,情势混沌不明。程德全萌生退意,不愿再回南京主政;自徐淮战场退回南京的第1师和第8师,上级军官意志消沉,毫无战意,随时准备向接收的北洋军交待,下级官兵却在革命派的宣传鼓动

---

① 黄季陆、罗家伦主编:《革命文献》第44辑,169页。
② 胡绳武、金冲及:《辛亥革命史稿》第4卷,632—633页,上海,上海人民出版社,1991。
③ 陈梅龙:《陈其美传论》,229页,天津,天津教育出版社,1996。

下革命热情高涨,坚决反对取消独立,双方形成对立,指挥官又无法控制局面。激进革命派何海鸣、韩恢、詹大悲、戴季陶等不满讨袁就此罢手,赶到南京活动再举义旗。8月8日,何海鸣率人占据都督府,宣布二次独立,并推出第8师师长陈之骥为江苏都督。但是,陈之骥在当晚控制了何海鸣之后,又宣布取消独立,并亲赴江北北洋军驻地,向其岳父冯国璋求和。陈的做法引起下级官兵的广泛不满,10日晚,第8师与第1师部分官兵联合起事,拥何海鸣领头,于11日第三次宣布独立。陈之骥无法控制局势,遂离宁去沪。

南京第三次宣布独立,再举讨袁义旗,但其面对的局势却更加严峻。讨袁阵营此时已基本瓦解,革命派领导人多远走沪上甚至海外,政治、经济、军事各方面都不能给予南京任何实际的支持;南京讨袁军内部没有有权威、懂军事的领导人,讨袁军正、副司令何海鸣(兼第8师师长)、韩恢(兼第1师师长)均不长于军事,部队组织不全,准备不周,一度自居为都督的张尧卿也没有政治才干与号召力;冯国璋和张勋指挥的北洋军已到江北和宁郊,实力远远超过南京讨袁军。就是在这种实力对比悬殊、后援不继、前景难料的情况下,南京讨袁军的广大官兵以高昂的革命热情坚守南京,与进攻的北洋军反复搏杀,上演了一出二次革命期间最为有声有色、雄浑悲壮的战剧。

南京复行宣布独立后,已经进至南京近郊龙潭的张勋部武卫前军担当了进攻南京的主力角色。自8月14日起,张勋部开始攻击南京东郊门户各炮台,与守军在紫金山、天堡城、富贵山等处反复争夺,双方均有不少伤亡。南京守军主要是第8师和第1师的部分下级官兵,他们在没有统一指挥、缺乏补充、后援不济,又无任何官禄名利诱惑的情况下,以大无畏的精神和饱满的士气,对北洋军进行了英勇的抵抗。8月19日,安徽讨袁失利后退至芜湖的柏文蔚率其卫队到南京,被推为江苏都督兼第8师师长,但革命派内部始终不能形成坚强有力的领导核心,柏文蔚既受各方牵制,军事反攻亦未成功,对讨袁前景表示悲观,随即于25日离宁赴沪,后与其他革命派领导人走了同样的路,由上海转赴日本。何海鸣接任江苏都督兼第8师师长,再度接过南京讨袁的指挥权。

袁世凯对北洋军在南京攻城战中进展迟缓颇为忧虑,他令冯国璋等从速进军,令海军总长刘冠雄"设法护渡","会合海陆各军迅速荡平,切勿延缓,致牵动大局"。① 同时加派雷震春率北洋第 7 师由上海援宁,加入对南京的攻击。在海军舰艇和炮火的支持下,北洋军于 25 日晚在长江南京段的上游渡江,与张勋部会攻南京,但仍遭遇南京守军的顽强抵抗,26 日冲入城内的北洋军一部又遭败绩,被逼出城外。直到 29 日,北洋军在进行了充分准备后,调动第 3、第 4、第 5、第 7 师和张勋、徐宝山部,以压倒优势的兵力,从各个方向发起了对南京的全面进攻。在如此危急的情况下,以第 8 师为主的守城官兵"以枪炮从事,死力抵御"。经数日血战,9 月 1 日,北洋军各部终于攻入南京城内,散处城内各处的守军仍不言退,又与北洋军进行了一天艰苦的巷战。但因实力不济,抵抗逐渐减弱,北洋军终于在 2 日基本控制了全城,随后在南京"肆其抢劫之手段不已,更益之以屠民,于是金陵之人民,体无完肤,屋无余粮"。据海军总长刘冠雄电称,"张勋尤为无耻,以吊民伐罪之师而入城后,乃视居民为战利品,子女玉帛,任意携取,失中央之威信,起人民之恶感,使(某)党之言不幸而中。稍有人心,其愧悔当如何。而犹大言不惭,铺张战绩,至于请奖诸将,尤为前清恶习,同室操戈,仁人所不忍言,吾不知张勋是何居心,乃兴高采烈至于如是也。"② 在缺乏统一指挥和外来援助、困守孤城的情况下,南京讨袁军的下级官兵仍然表现出大无畏的英雄主义精神,抵抗、迟滞北洋军的进攻长达半月有余,为多数情况下表现不佳的讨袁军事涂抹了一笔浓重的亮色。于此亦知,由于革命派尤其是其领导人自身的弱点,革命派的各种潜力在二次革命中并未得到应有的发挥,各地讨袁军事多为匆匆发动,虎头蛇尾,稍遇北洋军进攻即以溃退告终,如南京守城战这样坚持到底的战例几乎难寻其二,失败已在预计之中。

在讨袁军事最后阶段的另一战场——四川,由于地处偏僻,组织不易,讨袁发动较东南各省慢了一拍,当 8 月 4 日熊克武在重庆宣布独立时,孙中山、黄兴等革命派领导人已经相继离开宁、沪,讨袁义举颓势已显。重庆宣布独立后,熊克武等决定出兵西进,讨伐川督胡景伊,首先

---

① 《冯国璋收电簿》,载《近代史资料》1962 年第 1 期。
② 黄季陆、罗家伦主编:《革命文献》第 44 辑,181—183 页。

改变四川局面,而北洋军也因远隔关山,无法立即赴川弹压,所以四川的讨袁战事起初表现为内战,与东南战场没有直接的关系。自8月中旬到9月初,讨袁军与胡景伊部主要在隆昌、泸州一带作战,各有胜负。为了支持胡景伊并缓解北洋军一时不能援川之困难,袁世凯在8月12日令鄂、陕、滇、黔四省都督派兵援川,其中滇、黔军自南路入川,对讨袁军构成较大威胁。在得到滇、黔援军的支持后,胡景伊部于9月初发起反攻,连占资中、内江、合川等地,逼近重庆。此时各地讨袁军事均告失败。熊克武见大局已不可为,9月11日离渝他往,次日援川黔军进占重庆。二次革命的最后一战以重庆失守而告结束。

由革命派发动的二次革命,是辛亥革命之后革命派与北洋派一系列矛盾冲突积累发展的必然结果,由其二次革命之定名,亦可见其与辛亥革命所要实现之目标与理想的继承关系。但革命派最终发动二次革命的事实本身,也说明他们原本希望通过辛亥革命建立民主共和国理想的破灭。自辛亥革命告成、民国创立之后,革命派便以建立西式民主政治为理想目标,尽其所能,在组党、舆论、施政各方面均有所作为,但他们轻视了长期专制的统治传统在中国社会所遗留的巨大影响,认为以一次革命的冲击就可以改造这样的社会环境,实行民主政治,这实在是过于天真了,何况这还是一次并不广泛、持久而深刻的革命。更重要的是,清末以来即日渐凸显其重要性的实力政治原则,尤其是军队的重要性,被革命派基本忽视。他们本来有机会也有可能建立一支自己统领的军队,管好自己的地盘,完善自身的实力,以此至少可与袁世凯周旋一番,但他们主动裁减了自己的军队,也没有在控制地盘方面做太多的努力。及至二次革命发动,面对袁世凯的优势军队,革命派方才为时已晚地感受到实力的重要。军队国有、政军分离、以政统军、党派竞争,是西式民主政治的基本原则,但是,在当时还不能成为中国政治的基本原则。革命派及其领导人缺乏实际的政治历练,空有良好的民主政治理想,而缺少实现理想的实力支撑,战略战术缺乏规划,行事方式有欠周密,组织涣散,领导软弱,没有基本的依靠力量,又不善于争取政治盟友,内部动摇不定,遇到挫折时多数人没有坚韧不拔的意志,投机变节分子亦复不少。因此,二次革命的失败并非偶然。

第四节　北洋军阀独掌北京政府

二次革命的失败,基本终结了自民国成立起始的一段短暂的西式政党民主政治实验期,北洋系军阀从此独掌北京政府,袁世凯则以其军事强人地位成为北京政府的主宰。他一方面下令在全国悬赏缉捕革命派领导人,在各地搜捕及镇压参与革命的主干力量,"构党狱以残异己,布鹰犬以钳舆论",革命党人"或以莫须有之事而被捕,或以一二字之微而见杀",造成一派政治肃杀气氛,以利于其个人专制统治;①另一方面论功行赏,先后任命自己的亲信张勋为江苏都督(后易为冯国璋),倪嗣冲为安徽都督,李纯为江西都督,刘冠雄为福建都督,汤芗铭为湖南都督,龙济光为广东都督,全面控制了南方各省。袁世凯曾对张勋有言:"两年来,我非驴非马,忍人所不能忍,受人所不堪受",②表示出他对革命派的极度怨恨。而在镇压了二次革命之后,袁世凯总算有了"出头"的感觉,可以此一展其个人之"宏图大业"了。他随即开始着手组建新的内阁班底,对各派政治力量分而治之;并筹划选举正式大总统,以使自己早日摆脱《中华民国临时约法》制度框架的约束与临时大总统的头衔,获得正式大总统名正言顺的执政名分及资源。

自宋案证据被公开后,国务总理赵秉钧即以生病为由请假,以躲避舆论责难及法律程序,国务总理一职由袁世凯手下的头号军事大将、陆军部长段祺瑞暂代。但国务总理对外毕竟是政府代表,考虑到文官治政的传统,也考虑到不予外界军人当政之责难,袁世凯仍在寻求他中意

---

① 王建中:《洪宪惨史》,81—82页,上海,上海书店出版社,1998。
② 来新夏主编:《北洋军阀》(二),431页。

的文官主政。他本属意其多年老友徐世昌,但因为国会议员的反对而不成,其后,他在1913年7月31日推出进步党人、曾任唐绍仪内阁财政总长的熊希龄组阁,一则因进步党为其镇压国民党的政治盟友,以此任命作为酬庸,以利他们继续为其所用;二则可以利用熊希龄的名流身份,显示其重视人才,以利其对外继续政治拉拢。

  时在热河都统任上的熊希龄受任组阁,一时使进步党人颇为兴奋,认为是实现他们的从政夙愿与政治主张之良机,自视甚高的进步党领袖梁启超甚至主动表示愿入阁任财政总长。可是,袁世凯提名熊希龄组阁,非有爱于进步党,无非是利用进步党为自己做事而已,故袁在提名熊组阁的同时,已经为他圈好了主要各部总长的名单,全部由其属意的北洋系人马担任,而财政总长一职也早就留给了周自齐,只有所谓"闲曹"——如农商、司法和教育总长,可由熊希龄自己提名人选。袁世凯此举无异给进步党人不切实际的政治幻想兜头浇了一瓢冷水。虽然熊希龄一再为梁启超力争,但袁世凯始终不松口,直到最后才给熊一点面子,同意他自兼财政总长,改任周自齐为交通总长。熊又提名进步党人梁启超为司法总长,汪大燮为教育总长,著名实业家张謇为农商总长,经国会通过后,9月11日熊希龄内阁正式告成,并被当时舆论称为"第一流人才内阁"。熊希龄也颇为此自负,自诩"此次拟选择有经验之国务员,与总统府划清权限,勉成责任内阁人员,当不顾利害,积极负责任"。梁启超是熊内阁的政治谋士,自诩"大政方针本出自予一人之手",自认可以借此一展身手。他为熊内阁起草了《政府大政方针宣言》,以"破坏之时告终,建设之时方始"为出发点,提出各项施政方针。其主要者为:外交方面,"开诚布公以敦睦谊","审时相机以结悬案";内政方面,重点整顿财政,严控预算,量入为出,修正税制,增加收入;建设方面,保护并奖励国内工商业,对外资实行开放,"谋自立以渐进于富强";政治方面,实行军民分治,取消行省制,改行道、县制;"整饬纪纲,齐肃民俗","以孔教为风化之本","养成法治国家"。[①] 熊希龄内阁的施政方针,体现出进步党人当政后希图有所作为的一面,果能实行,对

---

① 林增平、周秋光编:《熊希龄集》,502、545—561页,长沙,湖南人民出版社,1985。

改革弊政、发展经济、稳定社会或不无益处。但这个施政方针,多数停留在纸面上,因为进步党人没有实力推行这样的方针,政府的真正权力并不在他们手里,其下属各部门和地方各省份的要文公电均直呈总统府,而不报国务院。与革命党人在民初力图实现的民主政治理想相比较,进步党人的治国理念或许更多偏向于实务,但其与革命党人的距离并不如他们对革命党人的政治杯葛那么大,如对责任内阁制,两党的主张与实践颇有相通处。说到底,他们不过是从不同的立场,以不同的方式,表现出各自对民主政治的理解和追求。这大概也是后来他们能够携手发起反袁称帝的护国运动的政治基础。但不幸的是,他们在民初却未见及于此,而是互为针锋相对、有时甚至是势不两立的政治对手。进步党人在相当程度上充当了袁世凯消灭革命派的政治盟友,结果被老谋深算的袁世凯玩弄于股掌之上,不久之后也就"狡兔死,走狗烹"了。

拉拢进步党是袁世凯政治手腕的一部分,而分化国民党则是袁世凯政治手腕的另一部分。在二次革命前,袁世凯分化国民党的目的是削弱国民党的力量,瓦解国民党的反抗;而在二次革命后,袁世凯这样做的目的则主要是为了拉选票,因为国民党毕竟是国会中第一大党,袁要名正言顺地出任正式大总统,还需要国民党议员选票的助力。这就形成了二次革命之后十分怪异的政治现象。作为袁世凯的政治对手,一方面国民党领导人在被通缉和追捕,另一方面多数国民党议员却安坐于北京国会之中,照常出席议事,发表政治见解。不过这只能再次说明袁世凯政治手段之老辣高深与国民党人政治上之浅见短视。

二次革命前,在袁世凯的分化下,国民党内已经分裂出若干政治小团体,如由孙毓筠、王芝祥等主持的国事维持会,由刘揆一领导的相友会,由刘公负责的癸丑同志会,由景耀月等发起的政友会等。这些小团体的成立宗旨无不打着"维持时局""调和党见""不偏不倚"等旗号,实则削弱了国民党的实力与团结,对袁世凯更为有利(据称袁对政友会议员每人月付津贴200元)。二次革命爆发后,以参议院议长张继为代表的国民党激进派议员多数南下参加讨袁,但以吴景濂、张耀曾、谷钟秀等为代表的多数稳健派议员和少数激进派议员仍滞留于北京。此时,袁世凯一面以国民党议员支持"内乱"为名,下令逮捕冯自由、居正、褚辅成等人,并杀害了伍持汉、徐秀钧等人,对国民党示以警告;另一面又对国民党议员诱以如宣布与讨袁阵营脱离关系,"政府自当照常保护"。结果,留京国民党议员决定遵袁令办理,将黄兴、李烈钧等讨袁领导人从国民党除名,从而得以继续苟且于北京政治,参加国会和制宪、选举等活动,为袁世凯当政继续抬了轿子。

在镇压了二次革命、组建了新内阁、分化了国民党之后,袁世凯关注的头等大事就是选举正式大总统,因为只有由"临时"变为"正式",袁世凯才能心安,才能名正言顺地实行其个人专制统治。此时,袁世凯手握军权与实力,基本得到了列强的支持,而且国内没有政治对手,有产阶级与舆论均倾向于他,在竞争大总统职务方面,可谓无人与之争锋。但袁世凯仍不放心,因为此前国民党议员主张先制定宪法,后选举总统,理由是总统的地位和权力源于宪法,只有先定宪法才能赋予总统以合法权力,符合法治的精神。他们的主张得到了部分进步党人的支持,因此国会两院于 6 月底通过制定宪法案,并在 1913 年 7 月 12 日成立了宪法起草委员会,以天坛祈年殿为开会场所,开始议定宪草(通称"天坛宪草")。先制宪不仅将拉长袁世凯由"临时"而"正式"的大总统之梦,而且也不利于袁以正式大总统身份控制制宪,以扩大宪法中的总统权力,所以当国会决议先制宪、后选举,袁世凯即重袭故伎,发动拥袁议员、地方都督连续电致国会,要求先选总统、后定宪法,以"定人心、固国本"。此等所谓舆论反映的是袁世凯的意图,而进步党本为袁之政治盟友(此时国会两院议长均为进步党人),不能另持己见,改而同意先选举、后制宪,而国民党在二次革命失败后政治地位一落千丈,国民党籍议员实为在袁世凯手下讨饭吃,自然也不能抗拒。9 月 5 日和 8 日,国会两院先后以多数票通过了先选举、后制宪案。但袁世凯还担心再有差池,索性指使其心腹梁士诒拉拢一批人,在 9 月 7 日组成完全听命于他的御用党——公民党,宣言"以国家权力实行政治统一,增进人民福利为宗旨";然其实际则以"辅助政府"为号召,提出"正式总统未选,种种态度,不堪言状",故以促成早日选举正式大总统为依归。①

由于袁世凯的强力推动,选举正式大总统的步伐不断加快。1913年9月19日,宪法起草委员会完成《总统选举法》的起草,10月4日经国会讨论通过。而袁世凯已经实在等不及了,选举法刚刚通过,即决定于10月6日进行总统选举。正式出面竞选的候选人只有袁世凯一人,故其当选看上去似无疑问,但袁世凯要求的是万无一失,因此在选举当天,下令派出大批军警"保卫"国会,另组织不少便衣军警,以"公民团"名义包围国会,使国会议员入场后不能退出,以确保自己得到选举多数票。根据《总统选举法》的规定:大总统由国会议员以无记名投票方式选出,必须有议员总数2/3参加投票,以总票数的3/4决定当选人;如经两轮投票还无人当选,则以第二轮投票中的两位领先者进行决选,并以过半数票者为当选。②

10月6日,国会进行正式大总统选举。据统计,选举当天到会议员为759人,3/4多数票为570票。投票结果,第一轮袁世凯得471票,黎元洪得154票,孙中山、伍廷芳等也有得票。因无人得到法定当选票数,故进入第二轮投票,参加投票者为745人,结果袁世凯得497票,黎元洪得162票,袁离当选所需的570票仍有相当差距。袁世凯在占尽优势的情况下,通过两轮选举仍不能顺利当选,可见他事先的担心和布置并非过虑,而他胁迫议员投票的种种行径也加剧了议员的不满,使部分议员出于义愤而不愿投他的票,而黎元洪虽非正式竞选人,但几轮选举都得到相当的票数。第二轮投票过后,时已过午,议员饥肠辘辘,但因公民团把持国会进出通道,议员欲外出就餐而不能。有些公民团员还公然放话称:"今天不选出我们中意的大总统,就休想出院!"至此,袁世凯以暴力胁迫议员投票选举其出任总统之举昭然若揭,但议员被困在国会中,无论是积极反抗还是消极反抗均难以进行,只好又勉强进行第三轮投票,袁世凯终以507票的相对多数当选正式大总统(黎元洪得179票)。此时天已见晚,月上树梢,虽然国会选举场中灯火通明,

---

① 中国第二历史档案馆主编:《北洋军阀统治时期的党派》,281—283页,北京,中国档案出版社,1994。
②《现行法令全书·立法》,7—8页,上海,中华书局,1921。

但国会外的街市多已黯淡无光,于此种情境下完成之总统选举,倒也颇为形象地反映出此次选举之过程与袁世凯之心境。总统选出后,10月7日国会又进行副总统选举,结果黎元洪在719票中以610票的绝对多数当选。①

1913年10月10日,中华民国正式大总统就职典礼在前清皇帝登极大典之举办地——太和殿举行。袁世凯在就职誓词中称:余誓以至诚,谨守宪法,执行中华民国大总统之职务。在就职宣言中,袁自奉"向持稳健主义","应时势之所宜,合人群而进化";谦称将以"成败利钝不敢知,劳逸毁誉不敢计"的态度任职;虔诚声明:"余一日在职,必一日负责! 顾中华民国者,四万万人之中华民国也。兄弟睦,则家之肥,全国之人同心同德,则国必兴。"②无论袁世凯此时说的是什么,后来的历史事实已经证明,他说的这些话不过是虚应故事。或许他选择在象征意味甚浓的太和殿就职的事实本身,就说明了他的政治态度。此时袁世凯的心中所念,更多的恐怕不是民主与共和,而是专制与独裁。

通过所谓"选举"当上了正式大总统的袁世凯,志得意满,自忖已经得到"奉天承运"之授权,没有必要再与国会虚与委蛇了,他以废弃国会民主、实现个人专制为最终目标,对国会步步进逼,首先是在制宪问题上向国会发难。

袁世凯中意的政治体制,以总统权力扩大至无限为最佳。所以,袁世凯通过其御用的宪法研究会(杨度为会长)提交国会宪法起草委员会的"宪法大纲草案",明文规定大总统得不经议会同意而任命国务员,并有解散众议院之权。如照此办理,以总统权为代表的行政权自趋扩大,而以国会权为代表的立法权自趋萎缩,所谓西式民主政治三权分立、互相制衡的原则即在纸面上亦难落实,故此为不少国会议员所反对,宪法起草委员会议定的宪法草案仍以维持西式民主三权分立为基本精神。袁世凯对此十分不满,他就任正式总统还不到一周,便在10月16日向国会提出"增修约法案",企图索性绕过宪法,另起炉灶,彻底解决总统权限问题。他提出,《中华民国临时约法》关于大总统职权的规定限制

---

① 陶菊隐:《北洋军阀统治时期史话》上册,248页,北京,三联书店,1983。
② 会文堂编辑所编:《袁大总统文牍类编》,7—11页。

太多,"若再适用于正式总统,则其困难将益甚",故需要"增修约法",主要内容是大总统无须经过国会同意即可制定官制官规、任命文武官吏、宣战媾和及缔结条约,同时以一副悲天悯人的口气谓:"我国民喁喁望治之殷,且各挟其生命财产之重,以求保障于藐躬。本大总统一人一身之受束缚于约法,直不啻脊吾四万万同胞之生命财产之重,同受束缚于约法。本大总统无状尸位,以至今日,万万不敢再搏维持约法之虚名,致我国民哀哀无告者,且身受施行约法之实祸。"①袁世凯所提增修约法案的本质,与其早先提出的宪法大纲草案同一,均意在扩大总统权,缩小甚至取消国会权。

对于袁世凯提出的扩大总统权的增修约法案,国民党议员的反对自为当然,即便是拥袁的部分进步党议员,也认为总统权的无限扩大将威胁国会的地位,表示了消极抵制的态度,而且与部分国民党议员联合组成民宪党,"以贯彻民主精神,励行立宪政治为旨归";"有撼摇吾民主国体者,必竭全力以维持之保护之";"政府而逸出宪政常轨也,吾党认之为公敌"。②他们继续进行在原有框架内的制宪工作,此时"解散国会之风声已传播",宪法起草委员会"不得不以最短之时间",加速制宪进程,于 10 月 31 日完成《中华民国宪法(草案)》(又称"天坛宪草")11 章 113 条的起草工作,并经三读通过提交宪法会议。"天坛宪草"基本上仍坚持了责任内阁制的精神,对总统权有所约束,如国务总理的任命须经众议院通过,内阁对众议院负责,大总统发布命令须经国务员副署等;同时又迁就现实,对总统权有所扩大,如总统可以停止国会会议,可以经参议院 2/3 同意解散众议院,可以不经国会同意任命部长,可以在时机紧急不能召集国会时发布教令,但须经国会委员会议决并在七日内由国会追认。③"天坛宪草"表现出国民党和部分进步党人仍力图通过法制途径,限制袁世凯的个人专断,维持共和国的基本政治体制,但他们的努力在袁世凯的强力压迫下终告无效,"天坛宪草"最终也只能

---

① 荣孟源、章伯锋主编:《近代稗海》第 3 辑,59 页,成都,四川人民出版社,1985。
② 中国第二历史档案馆主编:《北洋军阀统治时期的党派》,306 页。有关民初制宪及民宪党的研究,可参阅曾业英《关于民宪党的几个问题》,载《近代史研究》1990 年第 4 期;张学继《民国初年的制宪之争》,载《近代史研究》1994 年第 2 期。
③《宪法草案全文披露》,见 1913 年 10 月 17—23 日《申报》。

以草案形式留名于民国制宪史。

宪法起草委员会拒绝政府派员出席及加速起草宪法之举,公开违抗袁世凯之意旨,为袁所极度不满,被他痛责为"削大总统及政府之威信,使对内对外均无以保其独立之精神,而为国会之役使,夫何足以当国民之委任之重寄,而维持国家之安全?且一经成立,永无提议改正之希望。前途危险,不可思议"①。因为宪法起草委员会以国民党及前国民党委员为最多(起草委员60人中,国民党8人,进步党7人,政友会9人,共和党6人,大中党6人,公民党7人,民宪党16人,无党派1人),②袁因此归之于"国民党人破坏者多,始则托名政党,为虎作伥,危害国家,颠覆政府,事实俱在,无可讳言。此次宪法起草委员会,该党议员居其多数,阅其所拟宪法草案,妨害国家者甚多"。声言:"本大总统受托付之重,坚持保国救民之宗旨,确见及此等违背共和政体之宪法,影响于国家治乱兴亡者极大,何敢缄默而不言。"果然,袁世凯即以此为由对国民党下手了。11月4日,他下令解散国民党,同时取消国民党籍国会议员的资格,理由是查获了"暴乱"首领李烈钧与国民党议员徐秀钧的往来密电,表明"此次内战,该国民党本部与该国民党议员潜相构煽","乱国残民,于斯为极"。③

袁世凯解散国民党并开除国民党籍国会议员之举实际具有双重目的,其一为消除对其统治的潜在威胁,因为尽管国民党议员已经表示"守法",与孙中山、黄兴等脱离关系,但他们毕竟与袁在政治上有相当的差异,他们在守法的同时仍将对袁的统治构成威胁,制宪之争即为例证;其二为一劳永逸地消除国会制度对其统治的现实阻碍,因为袁世凯早对国会制度对其个人专断之碍手碍脚非常不满,亟思废弃,而国民党为国会第一大党,开除了国民党议员之后,国会将因不足法定人数而无法开会,其作用当消失于无形。因此,袁世凯宣布开除国民党议员之后,在具体执行时之所以不仅收缴国民党议员的证书,而且还一并追缴所有前属国民党籍但已宣布脱离者的议员证书,自有其深意所在。最

---

① 李守孔:《民初之国会》,290页,台北,正中书局,1977。
② 张玉法:《民国初年的政党》,498—499页。宪法起草委员会委员之党籍各说不一,此处从张著。
③ 1913年10月30日、11月5日《政府公报》。

终被追缴证书的议员多达438人,超过国会议员总数870人之半,使国会因不足法定开会人数,只能自然停会。11月12日,袁世凯又下令取消各省议会国民党籍议员的资格,省级议会自此亦多因不足法定人数而无法集会,从中央到地方的各级议会活动全部停摆。

袁世凯通过取消国民党籍议员资格使国会因不足法定人数而无法开会,充分暴露出他借此废弃国会制度的用心,对此即便是拥袁的进步党议员亦无从为其辩护。他们向政府提出质问:"追缴证书徽章,直以命令取消议员,细按约法,大总统无此特权。不识政府毅然出此,根据何种法律?""政府确为惩治内乱嫌疑耶,则应检查证据,分别提交法院审判,不得以概括办法,良莠不分,致令国会人数不足,使不蒙解散之名,而受解散之实也。"① 熊希龄不敢违抗袁之意旨,居然答复质问说:"大总统于危急存亡之秋,为拯溺救焚之计,是非心迹,昭然天壤。事关国家治乱,何能执常例以相绳!"② 确实,袁世凯在当上正式大总统后,已不再需要国会这块"民主"的招牌,他废弃国会之心已定,对外界的批评、质问根本不予置理,决定另行组织政治会议,在政治体制方面另起炉灶,为己所用。

根据袁世凯所发命令,政治会议在中央由总统派出8人,总理派出2人,每部派出1人;在地方由每省派出2人,蒙、藏地方各派8人,共计80人组成;任务是"集众思,广忠益",讨论根本大计。政治会议的组成人员全由指派,实际参加者不是袁世凯多年之老下属(如杨士琦、梁敦彦、杨度),就是前清旧官僚(如李经羲、樊增祥、宝熙等),自然可为袁世凯控制,所谓"咨询"意见当然也就出自袁世凯之夹袋中。1913年12月15日政治会议开幕,袁世凯指定前清云贵总督李经羲为议长,张国淦为副议长。在开幕致辞中,袁世凯将民国成立后之状况论为"内政遂呈一极不稳固之现象","紊乱何堪设想",发出了"犹欲侈谈共和者,真不啻痴人说梦"之"高论"。他攻击革命派"成则把持大权,牺牲人民,败则席卷公款,逍遥海外",而人民被其"煽动","误认"平等、自由、共和之名与实;表白自己是不惜牺牲"一己之身命财产,以保护全国人民之生

---

① 谢振民编著:《中华民国立法史》上册,89—90页。
② 陶菊隐:《北洋军阀统治时期史话》上册,254页。

命财产"。因此为"巩固政府,整饬内政而伸张国力",则当"务以国情社习为准,勿徒高谈学理"。①袁世凯心目中的所谓"国情社习",无非是中国不适合民主而适合独断,因此他向政治会议提交的请求咨询案,也无非是其早在计划中的废弃国会、增修约法等案。政治会议是袁世凯的御用机构,作出的决议当然不会有违袁之意愿。1914年1月9日,政治会议上呈袁世凯,以国会"非政治良轨",请其停止国会议员职务。有了政治会议的"民意"表示,袁世凯遂于次日以国会"悉为挟持党见者所蹂躏,几酿成暴民专制之局"为由,下令将残留国会议员停职并解散国会;2月3日以"良莠不齐"为由,下令停办地方各级自治会;28日以"牵涉内乱嫌疑""办事鲜有成效"为由,下令解散各省省议会。此前,中央和各省议会已因不足法定人数而实际停止活动,但议会和议员的名分还在,名义上的议会制度还在,而此次袁世凯的议会解散令发布后,经过全国大选成立还不到一年的各级议会全部被解散,议会制度完全不复存在,袁世凯的行为也再没有任何民意机构之约束,他完全可以在政治上为所欲为了。

熊希龄内阁成立之初,是进步党在政治上最得意的时期,袁世凯要拉拢他们,国民党也要迁就他们。但随着时局的变化,进步党对袁世凯的利用价值渐失,袁对熊颐指气使,不假辞色,熊对袁则是来文照办,从无异议。根据《中华民国临时约法》的规定,国会解散令需要总理的副署,熊希龄当然不敢违抗袁之意旨,乖乖地在解散令上签了字,但他在为国会送终的同时,也在为自己的政治生命送终。附署国会解散令实为进步党人为袁世凯在政治上所做的最后贡献,此后他们对袁世凯基本失去了利用价值,被其遗弃也是必然。在袁世凯的操纵下,其下属首先鼓噪内阁制不合国情,要求赋予总统无限权能,同时又以接济饷项要求压迫熊希龄。熊知在此情况下无法再干,只好向袁世凯递交辞呈,而袁在一番虚情慰留后,于1914年2月12日准其辞职,任命孙宝琦暂代总理,进步党阁员梁启超、汪大燮其后也辞职离任。从此以后,内阁即为北洋派一家所把持。

---

① 徐有朋编:《袁大总统书牍汇编》卷首,29—31页,上海,广益书局,1926。

当选正式总统、镇压国民党、消灭国会、独占政府,袁世凯迈向个人专制统治之路程已顺利走完大半,还余下最后一个障碍就是《中华民国临时约法》。还在国会解散前,袁已向其提出增修约法案,但因国会的抵制未有下文。国会解散后,政治会议循袁之意,再度提出增修约法案,建议"特设造法机关,以改造民国国家之根本法",并于1914年1月24日通过《约法会议组织条例草案》。26日,袁世凯据此公布《约法会议组织条例》,规定设立约法会议,专事修改约法之工作;议员名额共计60人,其中每省2人,京师4人,蒙、藏、青海地方8人,全国商会联合会4人。议员虽由选举产生,但候选人全由政府也就是袁世凯提名,要求具备下列资格之一:(1)曾任或现任高等官吏5年以上而确有成绩者,(2)在国内或外国专门以上学校习法律政治之学3年以上毕业或曾由举人以上出身习法律政治之学而确有心得者,(3)硕学通儒富于专门著述而确有实用者。选举人的门槛也甚高,须具备以下资格之一方得参加:(1)曾任或现任高等官吏而通达治术者,(2)曾由举人以上出身而夙著闻望者,(3)在高等专门以上学校3年以上毕业而研精科学者,(4)有万元以上之财产而热心公益者。① 符合以上条件的选举人数量本身已很少,再加上其中不少人不愿参加这样的政治游戏,故实际投票者的人数更少。以如此少的投票者,再由政府严密监视,"选举"政府提名的极少数候选人,不过是场对外掩人耳目、以宣称其代表民意"合法性"的政治游戏而已,最后当选者57人基本上为袁世凯所控制,自为其意料之中。

1914年3月18日,约法会议开幕。前同盟会员、后改投袁世凯之孙毓筠出任议长,北京政府法制局局长施愚出任副议长,袁世凯的法制秘书王式通任秘书长,可以直接向会议传达袁之意旨。根据袁世凯向会议提出的"修改约法大纲七条",修改意见集中在消除"多头政治之弊",主要是增修后的约法应取消《中华民国临时约法》规定之大总统制定官制、任命官员及缔结条约须经议会同意的条文,增加大总统的紧急命令及处分权,限制立法机关的权限,增设咨询机关,规定不由国会而

---

① 谢振民编著:《中华民国立法史》上册,100—101页。

由专门机构制定宪法。约法会议之组成是清一色的袁党或闲人,对袁的提议不再有反对的声音,因此由施愚领衔起草的《中华民国约法》很快得以完成通过,5月1日由袁世凯公布实行,《中华民国临时约法》同时被废除。

《中华民国约法》(以下简称为"《约法》")共16章68条,开篇即规定:"中华民国由中华人民组织之","中华民国之主权本于国民之全体",人民享有身体、居住、财产、言论、结社、出版、集会、请愿、选举等项权利,此虽与《中华民国临时约法》之规定基本相同,但却被加上了"于法律范围内"或"依法律所定"的限定条件,从而在实际上限制了这些权利的实行。此《约法》在政治体制方面最大的特点,是将《中华民国临时约法》的责任内阁制改成总统制,明文规定"大总统为国之元首,总揽统治权";"行政以大总统为首长,置国务卿一人赞襄之"。不仅如此,《约法》对总统权几乎未设限制。根据其规定,大总统有权召集立法院,并经参政院同意,得解散立法院;可以不经立法院同意,制定官制官规,任命国务员,缔结条约,宣战媾和,发布紧急命令及紧急财政处分,等等。《约法》美其名曰为"大总统对国民之全体负责任",而所谓"国民之全体"却无法通过任何代表机关追究大总统的责任,所谓"负责"当然也就成了袁世凯的自说自话。《约法》规定成立的参政院,为"应大总统之咨询,审议重要政务",并在立法院未成立前代行其职权。参政院名为"咨询",却有权建议大总统不公布立法院通过的法律,并可以审定宪法,其成员基本出自大总统之提名,如此总统夹袋中的机构,又可为本已无限制的总统权再加一重保险。即便如此,袁世凯仍不放心,又在《约法》中对制定宪法和成立立法院的有关条文予以重重限制。关于宪法的制定,《约法》规定由参政院推举委员组成起草委员会,宪法草案须经参政院审定,再由大总统提交国民会议决定后公布,国民会议则由大总统召集、解散。经此层层限制,可以确保即便制定了宪法也不会拂逆袁之意旨。关于立法院的成立及权限,《约法》规定,立法院由各省选举之议员组成,名额为275人,职权为议决法律及预算,答复大总统的咨询,收受人民请愿等。但立法院议决的法律须受参政院的再审议,并可被大总统以具有重大"危害"或"障碍"为由而不公布,故其权限实际上十分有限。《约法》规定立法院对大总统有弹劾权,即当大总统有谋叛行为时,得以议员总数4/5以上出席,3/4以上通过,向大理院提出弹劾。但妙就妙在《约法》又规定大理院对弹劾案的审判程序以法律定之,而法律的公布与否又是由大总统决定的,这实际意味着大总统对于弹劾程序的启动具有主动权,从而在实际上使弹劾案成为几乎不可能。①

总体而言,《中华民国约法》以中央集权为主旨,限制普遍民权,扩大行政权,压抑立法权,而在行政权中又将总统权扩大到极致,使总统拥有了几乎不受限制的权力。此项约法的通过实行,使袁世凯必欲获得之无限制的总统权获得法理认可,他也因此可以名正言顺地"假总统政治之名,而行独裁政治之实"。辛亥革命留下的最主要的政治遗产、也是对袁世凯实行个人专制的法理约束依据——《中华民国临时约法》被正式废弃,当年袁世凯信誓旦旦遵守《中华民国临时约法》之誓言早被他抛到了爪洼国中。至此,两年多以前轰轰烈烈而起之辛亥革命,除了留下一个共和国的空壳之外,在政治层面几乎已经找不到什么印记了,而那些曾经领导过这场革命的领袖们,此时正以被"通缉"的身份羁留海外,反思着其间的经验教训。

历史上的一切独裁者都倾心于无限扩大自己的权力,并希望这样的权力永久为自己所有,袁世凯也不例外。他对赋予其几乎无限权力的《约法》仍不满足,《约法》通过后又在总统任期和继承问题上动脑筋,企望使自己可以在大总统位置上无限期坐下去,甚而传之于自己的后人。在袁世凯当选正式大总统之前,被他后来废弃的国会曾制定过《总统选举法》,规定大总统由国会选举,任期5年,可连选连任一次。本来,根据此项规定,袁世凯至少可以担任10年的总统,修改总统任期问题并非急务。但袁却并不以此为然,有了《约法》赋予总统的无限权力,袁当然不愿将这样的权力留给哪怕还只是在遥远未来的纸面上的竞争者,他企图尽快解决总统任期问题,以安己心。袁既有此心,当然不缺抬轿子的,也不用担心其想法不能实现。果然,1914年8月,参政院提议修改《总统选举法》,随后约法会议开始讨论此议,12月28日通过了

---

① 《中国大事记》,载《东方杂志》第10卷12号。

修改后的《大总统选举法》。此法规定,大总统任期10年,可无限期连选连任,从而使袁世凯得当终身总统;大总统选举会由参政院参政50人和立法院议员50人组成,但在大选之年如参政院认为政治上有必要时,得以2/3以上同意,决定大总统连任,说明袁世凯干脆连选举的形式过场都懒得走了。此法最妙之规定是,大总统继任者由现任大总统推荐3人,书于嘉禾金简,钤盖国玺,于大总统府特设金匮石室密藏之,金匮钥匙由大总统掌管,石室钥匙由大总统、参政院院长及国务卿分别掌管,非奉大总统令不得开启;当选举大总统之日,由现任大总统开启后,将所提名单交由选举会选举。① 约法会议讨论修改总统选举法时谓之"宜注重共和之精神",然此"共和"非彼"共和",此共和非民主选举而乃系"唐虞时代揖让之风",也就是将共和制下民国总统之选举赋予帝制时代帝王传承之意义。以此法之规定,则不仅袁世凯可成终身总统,而且他还可以将总统之位传于子孙,只要他在藏于"金匮石室"的提名名单上写下他的三个儿子甚或一个儿子的姓名即可。这部选举法可称世界各共和国选举法中之奇观,其间表现的已毫无民主精神,而只有专制气息,大概也只有经历了数千年帝制统治的中国,可以有投袁所好的投机者搞出这样一部不伦不类的总统选举法。不过历史是严酷而公正的,对袁世凯而言,总统确是"终身",只不过是一任未满的"终身"而已。

《约法》公布、总统选举法修改后,民国政治体制内即再无对袁世凯权力的约束规定,袁之权势大涨,可谓不是帝王胜似帝王。一直醉心于帝王气派的袁世凯开始了对国家政治体制的一系列"创新"改革,以此实践其个人专制统治。

在中央立法机构方面,根据约法会议制定的《立法院组织法》和《立法院议员选举法》(1914年10月27日由袁世凯公布),对立法院的选举人和被选举人都有十分苛刻的资格限制,如有勋劳于国家者,任高等官吏满1年以上者,硕学通儒,有商工实业资本1万元以上者,有1万元以上不动产者,八旗王公世职世爵,高等专门以上学校3年以上毕业

---

① 《法令大全·约法议会》,8—10页,上海,商务印书馆,1921。

者或任教员2年以上者等。① 以如此条件组成的立法院,权力有限,又有参政院的牵制,势将成为小众政治游戏的场所而非大众民主政治机构。但即便是如此从组成到权限都有严格限制的"民意机构",终袁世凯统治之世,却始终没有成立,而且所有与选举相关的机构都不复存在,于此亦可知袁世凯作为个人独裁者对民意与民主的极端抵触与反对。大总统的咨询机构——参政院于1914年6月20日成立(政治会议至此结束),出任参政的资格为:有勋劳于国家者、有法律政治之专门学识者、有行政之经验者、硕学通儒有经世著述者、富于实业之学识经验者。② 参政院由副总统黎元洪兼院长,汪大燮任副院长,参政70人概由袁圈定,主要由前清官僚、现任官吏以及需要安置的一些进步党人组成。由于立法院一直未成立,由参政院代行立法院职能,故其开会次数甚多,虽为闲曹实却忙碌,只不过这种忙碌是为袁世凯制造"民意"的抬轿子式的忙碌。

在中央行政机构方面,《约法》公布的当天,1914年5月1日,袁世凯下令撤销国务院,成立政事堂,由国务卿负责,承大总统之命赞襄政务。国务卿实为总统的幕僚长,只对总统负责,袁世凯大权独揽。担任国务卿的徐世昌为袁世凯多年的老下属,一向忠诚于袁,更无与袁争权之意,袁对徐做事也颇为放心,以徐"为其最满意之人"。徐对袁之忠诚与袁对徐之信任,使北京政府内部的政治关系较前平稳,也更有利于袁之个人专制。徐世昌之下,政事堂设左右丞以"赞助国务卿,与闻政务",左丞为杨士琦,右丞为钱能训。各部直隶大总统,为政务之执行机构。袁世凯又"本九品官人之法",于7月28日发布《文官官秩令》,将文官分为上、中、少卿,上、中、少大夫,上、中、下士三等九秩,分别对应特任、委任、荐任级官吏。

在中央军事机构方面,《约法》规定,"大总统为陆海军大元帅,统帅全国陆海军"。1914年6月,袁世凯下令成立"陆海军大元帅统率办事处",作为总统领导下的最高军事机关,成员由参谋总长、陆军总长、海军总长及其他特派之高级军官组成,参谋总长王士珍负责其日常事务。

---

① 1914年10月28日《政府公报》。
② 钱实甫:《北洋政府时期的政治制度》上册,10—11页,北京,中华书局,1984。

另于 7 月设将军府,位置解职赋闲之高级军官,以段祺瑞为建威上将军兼管将军府事务。统率办事处的权力并不限于军事,也在一定程度上参与中央及地方重要事务的决策,同时负责编练模范军,其中又以开办以训练军官为主的模范团为编练模范军之基础。模范团一期由袁世凯兼团长,自二期开始由袁之长子袁克定任团长。袁克定本与军事毫无瓜葛,居然出任训练军事精英的模范团首脑,于此透露出袁世凯不信任外人、准备传子,而透过模范团培养其接班基本班底之信息。

在地方行政机构方面,为避免地方权力过大及省长民选对其统治的威胁,袁世凯于 1912 年 10 月决定在地方行政机构采用省、道、县三级制,在省与县间加设道,废除原有的府、州、厅制,开始改道试行工作。二次革命被镇压后,地方行政机构改革再度被提上议事日程,1914 年 5 月 23 日,袁世凯公布省、道、县官制,省下设道,道下辖县,成为三级行政体制。地方行政官吏的设置为,省设巡按使,道设道尹,县设知事;巡按使管辖省级民政及巡防警备,监督省级财政及司法行政,由中央政府任命,实行军民分治,都督不得兼巡按使;道尹亦由中央政府任命,职权较为广泛,并可呈请任免县知事;县知事综理县务,其任命分考试与保荐,考试资格为曾任、简任或荐任官职满 3 年以上者及在国内外专门以上学校学习法律、政治、经济学 3 年以上并有文凭者。① 据统计,1914 年的 3 次考试共录取 1 921 人,保荐免试 300 余人,但全国县数不过 2 000 有余,非有县官出缺不能递补,因此被录取者往往不能及时分发补缺,所谓录取也不过名义而已。②

在地方军事机构方面,各省原有都督(省级)、都统(边疆省区,如热河、绥远、察哈尔)、护军使(内地省区如贵州,或重要地区如江北)、镇守使(军事要地,如徐州)等名义,前两者的数目是固定的,后两者的数目则各省不一。1914 年 6 月 30 日,袁世凯下令裁撤各省都督,改设将军,赋闲者加"威"字,在职者加"武"字,有特殊功勋者加"上将军",如昭威将军蔡锷,泰武将军靳云鹏,宣武上将军冯国璋等;原有各省都督有

---

① 《法令大全·官制》,119—123 页,上海,商务印书馆,1921。有关民初中央及地方政制的研究,可参阅翁有为《北洋政府政制的变乱及有关问题》,载《史学月刊》1999 年第 6 期。
② 李新主编:《中华民国史》第 2 编第 1 卷,下册,520 页。

实际带兵责任者改称"督理军务",承大总统之命并受陆军部和参谋部监察,如督理湖北军务段芝贵等。袁世凯实行地方行政和军事机构改革的目的,在于以设道缩小省级行政长官管辖的范围及权力;以军民分治虚化都督权力,不使带兵长官与地方行政权力结合,避免形成古时藩镇坐大局面,威胁其个人专制及家传部署。但实际情况非如袁之设计。晚清以来,地方长官权力的扩张已成不易之事实,兵为将有,将以兵贵,军权高涨,民权退缩,有势者问鼎中央,无势者退保地方,辛亥革命并未改变这样的局面,袁世凯当政走的就是这条路,他的下属自然也是照猫画虎、心仪于此。因此,所谓"都督"与"督理"之差别,不过易名而已,毫不妨碍督理仍然在其辖区内呼风唤雨,占山为王。即便是久经乱世之枭雄袁世凯,对此也是心知肚明,莫可奈何,逼之过甚,且有"逼反"之虑。故"都督"之名易为"督理"后不久,袁又有令谓,"所有督理军务各将军,略与原设都督职权相类",表示出他对现实的让步。①

二次革命被镇压后,袁世凯出任正式大总统,革命派暂时已不能对袁世凯构成威胁。其后袁世凯又通过改组政府、解散国会、制定约法等一系列动作,废弃了辛亥革命留下的政治遗产,完成了北洋军阀对中央和地方政权的全面控制。此后,袁世凯又在中央和地方军政制度方面进行了一系列"创新"改革,意图是加强其个人对政治的掌控,为其个人专制甚而世袭家传准备更充分的条件。袁世凯的系列改革不仅毫无民主共和风范,相反却散发出浓重的陈腐专制气息,明显表现出向帝制复归的意图。结果,在袁世凯当政下,满朝文武大员多为前清旧人,机构与官名亦处处陈腐习气。如时论所谓,此"乃承急激的革新之后,而生出大反动,故其所制定者,乃复古之政制";"往者南京政府时代,以旧为戒,事事求新;今则以新为戒,事惟复古"。② 但是,已经握有重权的袁世凯仍不以此为满足,当了临时大总统还要当正式大总统,当了正式大总统还要当终身大总统,当了终身大总统还要复行帝制,总之,非将全部国家权力转移到其个人手中并传之世代不能罢手。当袁世凯的行政改革接近完成之际,也就是他复行帝制呼之欲出之时。

---

① 1914年7月1日、8月1日《政府公报》。
② 柳隅:《新政制》,载《庸言》第2卷第5号,1914(5)。

第五节　民国初年的对外关系

近代以来,由于外国列强以强势压迫中国,在政治、经济、军事、文教各方面均有越来越大的影响,因此,对外关系在中国政治中的地位日渐重要,有时甚至成为统治者关心的头等大事,远远超过他们对国内问题的关注,因为诸多事实已经表明,如果中国统治当局得不到列强的认可,他们的统治权力将大受限制。正因为如此,袁世凯登台以后,将争取列强承认作为自己的首要任务之一,企图以此获取更多的执政资源。而以英、法、德、俄、美、日六国为代表的列强,在辛亥革命爆发后,就以"中立"为名,观望中国政局的变化,企图利用中国政治鼎革之际的动荡,巩固既得特殊权益,进而攫取新的权益。

老牌资本主义国家——英国在中国的经济利益最大。英国在华投资约占民初外国在华总投资的近30%,其在华主要势力范围——长江中下游流域又是中国经济最发达的地区。巨大的经济利益决定了英国对华政策的主要出发点,是尽可能维持中国的局势稳定,避免中国的内乱,以巩固并继续扩大英国的既得利益,而同时期欧洲形势的日渐紧张,以英国为首的协约国和以德国为首的同盟国两大对垒阵营即将来临的战争,也使英国没有更多的余力顾及中国。因此,英国支持在北京建立强有力的中央集权政府,军事强人袁世凯则适逢其选。由于英国在当时世界和中国的实力地位,其对华政策不能不影响到其他国家。

同处欧洲的法国和德国,一个是英国的盟国,一个是英国的对手,但是出于争夺欧洲的需要,两国的对华政策大体与英国一致,都不希望在中国被牵制更多的力量,希望避免将中国"引导到一个混乱局面上去的一些未成熟的或超出这个目标的政治企图自由发展",而将袁世凯视为"能使中国避免出现一个混乱时期的唯一力量"。①

进入20世纪,美国对华政策的主导面是"门户开放",即以其雄厚的经济实力,向中国渗透与扩张。因此,为了美国资本与商品更多地进入中国市场,美国的对华政策也与英国相似,希望中国的局势稳定,同时对美国有更大的开放,对袁世凯当政的态度较其他列强更为积极。美国金融企业家多主张尽快承认北京政府,美国众议院还在1912年2月29日通过提案,表示对中国新秩序的赞同。

与英、美、法、德在民初对华政策的相对"稳健"、力求使中国保持在袁世凯统治下的稳定局面相比较,日本与俄国的对华政策较为"激进",更富于进攻性和侵略性。日俄战争后,日本已成为东亚强国,其邻近中国的地理位置以及历史上与中国的长久关系,使其将中国视为对外扩张的天然对象,而中国的虚弱与内乱,将使其更为有机可乘,更进一步地刺激其侵略野心。辛亥革命刚刚爆发,1911年10月24日,日本政府就在关于中国问题的内阁决议中公然声称,日本在中国"占有优势地位","一旦该地区发生变乱,能够紧急采取应变措施的,除帝国而外,别无他国。这从帝国所处的地理位置与帝国的实力来看,已是不容置疑的事实,同时也是帝国政府对亚洲所负担的重大任务。"②这已清楚地说明日本企图排除其他列强、变中国为其独占殖民地的图谋。民国成立后,日本在承认、借款等问题上处处给中国设置障碍,逼迫中国出让更多的权益。而且日本在与袁世凯打交道的同时,也与革命派和其他各色政治人物广泛联系,使其在中国的政治斗争中处于各方均企图援引为支持的纵横捭阖、游刃有余的有利地位。日本军阀元老山县有朋有言,日本"不想要中国有一个强有力的皇帝,日本更不想要那里有一个成功的共和国,日本想要的是一个软弱无能的中国,一个受日本影响的弱皇帝统治下的弱中国才是理想国家"。③ 随着第一次世界大战的

---

① 巴斯蒂:《法国外交与中国辛亥革命》,载《国外中国近代史研究》第4辑,81页;《德国外交文件有关中国交涉史料选译》第3卷,213页,北京,商务印书馆,1950。
② 邹念之:《日本外交文书选译——关于辛亥革命》,110页,北京,中国社会科学出版社,1980。
③ K. K. Snum, *Japan's Attitude Towards the 1911 Revolution in China*, *Paper On Far Eastern History*, Series 21, 1980, p. 151.

爆发,欧美列强无暇东顾,日本对华侵略野心与行动更为扩张,对日关系已成为中国对外关系中需要处理的首要问题。

沙皇俄国在民初的对华政策与日本有相似之处,即"使中国保持衰弱地位,并坚决反对中国建立一个强有力的政府",而且注重与日本合作,"特别利用目前的有利时机,以便巩固自己在中国的地位"。[①] 1912年7月8日,俄国与日本订立第三次日俄密约,以东经116度27分为界(约为今北京、多伦、锡林浩特一线),将此线以东划为日本势力范围,以西划为俄国势力范围。与日本有所区别的是,俄国因为直接毗邻中国,所以更注重在与中国接壤的周边地区进行扩张,尤其是在外蒙古。但俄国关注的中心主要还是在欧洲,这又使其对华政策受到欧洲局势的牵制,不希望其主要力量陷在中国。

总体而言,民国初年列强对华政策有所不同——英、美、法、德更看重扶持袁世凯,继续获取中国稳定给它们带来的实际利益;而日、俄则更希望借中国内部政局变动之机,为本国攫取更多的直接利益。不过,列强在维持其在华既得权益方面的立场与行动仍基本一致,其在民初的对华政策大体上仍维持着合作局面。

民国成立后,中国对外关系面临的首要问题就是获得外国对新政府的承认。因为南京临时政府存在的时间不长,故承认与否尚不成为太大的问题。及至政府迁至北京,施政逐渐走上正轨,承认问题的重要性便日渐凸显。但列强为了以承认问题要挟中国满足他们的要求,各国驻京外交使节迟迟未向袁世凯就职表示觐贺并递交国书,使承认问题延搁不决,也使迫切需要通过承认而获得列强支持的袁世凯颇为此不安。在承认问题上,列强既有共同利益,如要求中国表现出履行国际义务的意志和能力,承认前清政府签订的所有国际条约之有效,保证外国在华特权利益,赔偿辛亥革命期间外国人的"损失",等等;也有各自的国家利益,如日本对东北铁路筑路权、俄国对外蒙古、英国对西藏的权益要求,等等。对于前者,袁世凯基本没有表示反对,但对于后者,袁世凯考虑到国人的反应与列强间关系等各种内外因素,尚不能完全满

---

① H. Crolyd, *Willard Straight*, New York, 1925, p. 421;张蓉初:《红档杂志有关中国交涉史料选译》,366页,北京,三联书店,1957。

足列强的要求,因此,袁世凯与列强关于承认问题的谈判进行得并不十分顺利。由于列强对承认问题采取了一致行动的原则,故袁世凯一时亦不能通过谈判在列强中打开个别承认的缺口。

因为美国以"门户开放"作为对华政策的主轴,更注重在中国获取普遍的政治经济利益,故其对承认问题的态度较其他列强更为积极,1913年初,美国国会就已通过承认中国新政府案,美国舆论也呼吁尽快承认中国新政府。当年4月中国正式国会开幕后,美国总统威尔逊认为承认时机已经成熟,决定承认中国新政府,并于5月2日通过美国驻华使节将承认国书递交袁世凯。此后,袁世凯通过镇压二次革命而控制了全国局势,列强也通过谈判而基本得到了他们希望得到的利益,承认问题终于在袁世凯正式就任大总统之际得到解决。10月10日,袁世凯在大总统就职宣言中正式向列强承诺:"所有前清政府及中华民国临时政府与各外国政府所订条约、协约、公约,必应恪守;及前政府与外国公司、人民间所订之正当契约,亦当恪守;又各外国人民在中国按国际契约及国内法律并各项成案成例已享之权利并特权、豁免各事,亦切实承认。"①英、法、德、俄、日等国政府亦同时对袁世凯就职表示承认与祝贺。

承认问题的解决,使袁世凯政府总算得到了列强的正式认可,但这并不意味着袁世凯可以在对外关系方面松口气,他仍然面临着诸多亟待解决的外交问题,其中俄国和英国分别对外蒙古和西藏提出的权益要求,使中国再次面临分疆裂土的严重局面。

位于中国北方的蒙古一直为不断向东扩张的俄国所觊觎。由于历史的原因,有清时期,蒙古已经分为外蒙古和内蒙古两部分。清政府在外蒙古的统治地位,因种种原因被不断削弱,外蒙古上层王公、贵族、喇嘛阶层与清政府日渐离心。俄国则通过一系列不平等条约,获得了在外蒙古的各种特权,开始向外蒙古全面渗透。1907年的俄日两国第一次密约,将外蒙古划为俄国的势力范围,此后俄国对外蒙古的渗透更为广泛。通过笼络、收买等方法,俄国在外蒙古的上层王公、贵族、喇嘛阶

---

① 中国人民大学法律系法制史教研室编:《中国近代法制史资料选编》,3页,北京,1956。

层中扶植了亲俄集团。辛亥革命爆发后,俄国认为侵吞外蒙古的时机已至,随即策动外蒙古亲俄集团首领于1911年11月30日宣布"独立",将驻外蒙古的清军和清政府官员驱逐出境。12月16日,外蒙古成立"大蒙古国",尊库伦活佛哲布尊丹巴为"皇帝",以"共戴"为年号,由车林齐密特任"总理"。

外蒙古"独立"完全是在俄国的扶植和支持下发生的。1912年1月,俄国外交部无视中国对外蒙古的主权,公然发表声明,要求中国不在外蒙古设立行政机构及不驻兵。对于外蒙古局势,袁世凯当政后的政策可谓和战两难,由于国内舆论的强烈反应及维持统治的需要,他不能听任外蒙古"独立",但因为外蒙古问题的复杂国际背景,加以迫切需要得到列强的承认,以及外蒙古地处偏远之地,自身实力不济,袁世凯一时又不能采取强硬立场。袁世凯曾经准备通过与外蒙古当政者直接谈判以解决外蒙古问题,他两次致电库伦活佛哲布尊丹巴,表示"但使竭诚相待,无不可以商榷,何必劳人干涉,致失主权"。[①] 但是,外蒙古"独立"运动的领导者已经形成为亲俄既得利益集团,他们自恃有俄国作后台,并不理睬袁世凯的谈判建议。袁世凯又曾准备出兵外蒙古,但俄国立即威胁说,如中国进兵外蒙古,俄当干涉。俄国的强硬态度迫使袁世凯只能一面令外交部声明中国对于蒙、藏等地拥有完全主权,外人不得干预;一面被迫转而寻求同俄国交涉解决外蒙古问题之道。而这也是俄国自外蒙古"独立"以来一直的要求,因为外蒙古毕竟是中国领土,其独立如无中国承认,则无法理依据,俄国的目的就是以俄中交涉,逼迫中国承认外蒙古独立的现实。

1912年11月3日,俄国强迫库伦当局签订《俄蒙协约》及其附约《通商章程》。《俄蒙协约》规定:俄国扶植蒙古自治,不准中国军队进入蒙境,不准华人移殖蒙地,未经俄国政府允许,蒙古不得与他国订立任何违背本约之条约;《通商章程》给予俄人广泛的权利,如在蒙境内自由居住、往来、经商、开垦,实行进出口免税,拥有治外法权等。[②]《俄蒙协约》使俄国在外蒙古获得了种种近似于殖民地的特权,使外蒙古实际上

---

① 《库伦风云大事记》,载《震旦》1913年第2期。
② 吴成章:《俄蒙协约审勘录》,北京,顺天时报馆,1915。

沦为俄国的保护国。对此,中国驻俄公使刘镜人奉令向俄方声明:蒙古为中国领土,没有与外国订立条约之资格,故对任何外国与蒙古订立之条约,中国政府概不承认。与此同时,北京政府外交总长梁如浩在舆论批评的压力下被迫辞职,前驻俄公使陆征祥接任外长。自1912年11月起,陆征祥与俄国驻华公使库朋斯基开始谈判解决外蒙古问题。俄国的基本立场是:中国不更动外蒙古行政制度,不在外蒙古殖民,承认蒙古军备警察之组织,由俄国调处规定中蒙交涉及领土范围事宜,承认《俄蒙协约》及其附约。中国的基本立场是:同意不改变外蒙古旧制,不于旧制外驻兵、设官、殖民,俄国应承认中国在外蒙古的完全主权及治权,不干涉中国在外蒙古的政策措施。双方在谈判中围绕各自的基本立场反复争执,俄国抱定"欲使外蒙恢复旧状万不可能"的蛮横态度,极力压迫中国接受其提案。当时正值袁世凯与革命派决裂前夕,在借款、承认、统一等问题上有求于列强处甚多,故规定交涉方针是力持和平主义,不愿与俄国决裂。在这种情况下,中俄双方于1913年5月20日达成协约草案,主要内容为:俄国承认外蒙古为中国领土完全之一部分,尊重中国旧有权利,不向外蒙古派兵,不殖民;中国不更动外蒙古之地方自治制度,许其有组织军备警察之权,拒绝非蒙古籍人殖民之权,以和平办法施用其权于外蒙古,同意《俄蒙协约》给予俄国的商务利益。[①]该协约草案的达成,使俄国除了作出一些形式和文字的让步外,实际上基本达到了谈判的预期目的,即在外蒙古排除中国的势力和影响,逐渐将外蒙古变为俄国的保护国,但俄国国内部分民族沙文主义者对草约规定"外蒙为中国领土完全之一部分"的条文仍不满意。中国方面,中俄草约在5月28日提交国会讨论时,遭到国民党籍议员的坚决反对,认其无异于断送外蒙古,同时提出若干修改意见,关键是外蒙古军警须受中国政府的节制。在草约交付表决时,众议院于7月8日通过,参议院则于7月11日否决。俄国方面对此极为不满,13日照会中国外交部,提出另行订约提案,明确要求中国承认外蒙古自治。此时袁世凯正忙于镇压二次革命,无暇顾及外蒙古问题,中俄交涉暂时停顿。

---

① 何汉文编著:《中俄外交史》,284—285页,上海,中华书局,1935。

在袁世凯镇压了二次革命之后,中俄关于外蒙古问题的谈判于1913年9月18日起重新恢复,新任外交总长孙宝琦负责此次谈判。俄国在谈判中提出了较前次所议草约更为苛刻的条件,尤其是要求将外蒙古列为其后与中、俄并立的签约方,在实际上赋予其独立国家的身份,同时不同意将外蒙古为中国领土一部分的表述列入正文。此时,袁世凯已无意继续坚持原先立场,遂同意了俄国的条件,并且为了避开国会审议手续,主动提议不以缔约而以换文方式订约。11月5日,中俄签字互换《中俄声明文件》五条,主要内容为:(1) 俄国承认中国在外蒙古之宗主权;(2) 中国承认外蒙古之自治权;(3) 中国承认外蒙古自行办理内政并整理本境一切工商事宜之事权,不驻兵,不派驻文武官员,不殖民,俄国对外蒙古亦不派兵、不干涉内政、不殖民;(4) 中国声明承认俄国调处,按照上述各条及俄蒙商务专款明定中国与外蒙古之关系。《中俄声明文件》还有另件四款,声明俄国承认外蒙古为中国领土之一部分;凡关于外蒙古政治、土地交涉事宜,中国政府允与俄国政府协商,外蒙古亦得参与其事。① 《中俄声明文件》基本满足了俄国对外蒙古的权益要求,并为其最终将外蒙古纳为其保护国创造了条件;而中国除了没有多少实际意义的所谓"宗主权"外,丧失了作为主权国家对自己领土——外蒙古的几乎所有重要权利。

根据《中俄声明文件》的规定,中、俄、蒙三方自1914年6月8日起,在外蒙古恰克图开始谈判,解决各项未决问题,三方争执的要点主要是关于铁路、邮政、税则、司法诉讼等方面的具体问题。中国方面本来希望通过谈判挽回一些利权,但袁世凯此时正在为如何应付中日关系的紧张尤其是日本后来提出的"二十一条"要求而大伤脑筋,指示代表可以用"彼有实事,我徒虚名"的方法向俄方让步。② 在袁"徒虚名"的方针指导下,1915年6月7日,三方签订《中俄蒙协约》,主要内容是:外蒙古承认《中俄声明文件》及另件,承认中国的宗主权;中、俄承认外蒙古自治,并为中国领土之一部分;外蒙古无权与各外国订立政治与土地关系之国际条约;哲布尊丹巴呼图克图汗名号由中华民国大总统

---

① 卓宏谋:《蒙古鉴》第5卷,11—12页,北平,普善印刷局,1935。
② 吕秋文:《中俄外蒙交涉始末》,117页,台北,"中央研究院"近代史研究所,1976。

册封,外蒙古使用民国年历,兼用蒙古干支纪年;中、俄承认外蒙古办理一切内政及与各国订立关于工商事宜条约之专权;中、俄不干涉外蒙古现有内政制度;《俄蒙通商章程》继续有效。① 《中俄蒙协约》确认了此前俄国在外蒙古获得的各项特殊权益并予以具体化,而中国除了得到并无多少实际作用的册封权及使用民国纪年外,在挽回权益方面几一无所获。

《中俄蒙协约》签字的当天,袁世凯宣布册封哲布尊丹巴呼图克图汗。6月9日,哲布尊丹巴致电中国政府,取消"独立"及外蒙古国号、年号,外蒙古在名义上"回归"中国。中国政府随后于库伦设办事大员公署,任命都护使;于恰克图、科布多、乌里雅苏台设佐理专员公署,任命佐理员。中国对外蒙古恢复了名义上的治权,但外蒙古亲俄疏华、离中国而去的倾向并未因此而得到根本的改变。几年之后,外蒙古即因中俄两国国内政局的变化而经历了由复归到再度脱离中国之路。

民国初年,在中国西南边疆的西藏,也上演了一场在英国策动下的自治闹剧。辛亥革命爆发后,西藏亲英分子发动藏军驱逐了驻藏中国军队及官员,随后藏军继续东进,到1912年中,攻陷川藏边多数县城,威胁到川、滇两省的安全,西藏与外蒙古同时成为民初事关中国国家主权的主要边疆问题。

袁世凯上台后,鉴于藏军进犯川边形成的威胁,决定实行剿抚结合、先剿后抚的对藏政策。川、滇两省地方当局则出于切身利害关系之考虑,对出兵平息藏军进犯的态度较为积极。川督尹昌衡率队于1912年7月自成都出发,西进川边;滇督蔡锷亦于同时派部队自云南北进川边。川、滇两军行动迅速而积极,到8月底基本收复了川边失陷各地,并准备向西藏进兵。此时,一直对西藏持有侵吞野心的英国公开出面支持西藏地方当局,干涉中国内政。英国驻华公使朱尔典在与袁世凯的会谈中,多次要求中国停止进兵,与西藏当局谈和,否则将不向中国提供借款。8月17日,英国正式照会中国声明:(1)英政府不允中国干涉西藏内政;(2)反对华官在藏擅夺行政权并不承认中国视西藏与内

---

① 国民政府蒙藏委员会:《中俄中英关于蒙古西藏约章合编》,1929;参见《中俄蒙三方恰克图会议记录》,见吕一燃《北洋政府时期的蒙古地区历史资料》,37—149页,哈尔滨,黑龙江教育出版社,1999。

地各省平等;(3)英国不欲允准在西藏境内存留无限华兵;(4)以上各节先行立约,英方将承认之意施于民国;(5)暂时中藏经过印度之交通应视为断绝。① 9月6日,朱尔典又在与外交次长颜惠庆的会见中公然威胁说,如果中国政府不令川、滇军停止进兵,英国不仅不承认中国政府,且将以实力助藏独立。英国以袁世凯迫切要求得到列强的承认和借款为要挟勒索之手段,作出如此赤裸裸的威胁举动,粗暴干涉了中国国家主权所及范围内之行动。但是,在英国的威胁面前,有求于人的袁世凯不敢再坚持先剿后抚的既定方针。8月30日,国务院电令尹昌衡:"切不可冒昧轻进,致酿交涉,摇动大局。"②此后,川、滇军基本上停止于怒江一线。虽然川、滇军的进兵未能完全达成预期目的,但毕竟大大缓和了因藏军进兵而引起的川边危局,稳定了川藏边形势,并构成了对西藏地方的军事压力,为中国争得了在其后中英西藏交涉中的一定地位,也遏制了西藏问题的继续恶化,使其最终未发展至外蒙古问题那般结局。

川、滇军停止进兵后,北京政府对西藏改剿为抚,"冀以怀柔之手段,牢笼藏人",对西藏"不施行新制,悉依旧法",同时恢复被清政府开革的达赖封号,并加封班禅。但是由于英国的阻挠,北京政府无法和达赖建立直接联系,西藏地方当局在英国的怂恿支持下,关闭了与北京政府的谈判大门,决议"若民国政府派兵来藏,藏人不能限止时,即请英人出面阻止,并以特别权利报酬英人"。③ 至此,北京政府只能转而与英国交涉解决西藏问题。

英国一直企图使西藏脱离中国,归属于其殖民地——印度。为此,英国不惜通过种种方法,在民国初年制造出所谓西藏问题,然后再要求与中国谈判,实现其对藏图谋。英国对藏政策的中心在于使西藏"名义上仍可保留在中国宗主权下的自治邦的地位,但在实际上应使它处于绝对依赖印度政府的地位,而且还应该成立一个有效机构,以便把中国和俄国都排挤出去"。同时期俄国对外蒙古扩张的得手以及北京政府

---

① 北洋政府外交部:《藏案纪略》,14页,北京,外交部印,1916。
② 《民元藏事电稿》,32页,拉萨,西藏人民出版社,1983。
③ 朱锦屏:《西藏六十年大事记》,44页,自印,1925。

表现出的软弱态度,也刺激着英国侵吞西藏的欲望,有如英印总督哈定所言:"既然俄国对蒙古政府的支持并没有随之以反俄浪潮,那么我们也没有理由猜想,英国反对把西藏划入中国会导致反英浪潮。"但是,对于与英国进行关于西藏问题的谈判,北京政府实际采取了拖延态度,因为它知道在当时的情况下,谈判的结果不会对中国有利。英国却容不得北京政府的拖延,1912年12月12日,英国外交大臣格雷授意朱尔典向中国提出:如果中国政府不在三个月内开始关于西藏问题的谈判,那么英国不仅不承认中国政府,而且将视1906年《中英条约》为无效,并将自由地与西藏当局直接谈判,支持建立和维护西藏的独立。对此,中国政府在12月23日复照英国声明:中国对西藏拥有全权,惟现时无意改西藏为行省,但亦不许其他一切外国干涉西藏内政;中国于西藏必须驻有军队,但非无限制;中英已两次订立关于西藏之条约,今无改订新约之必要;承认中华民国不能与西藏问题并为一谈。① 英国政府对中国答复之拒绝谈判西藏问题及订立新约十分不满,朱尔典公然威胁外交总长陆征祥:"不订约恐办不到。"北京政府终于屈从英国的强大压力,于1913年3月27日通知朱尔典,表示准备按照英国上年8月17日照会所提条件与英国谈判。其后,为了实现分裂西藏的图谋,英国又提出西藏应作为独立方参加中英谈判,虽然中方反对英方的提议,但在英国的压力下,最后仍被迫接受。

1913年10月6日,中、英、藏三方会议在印度西姆拉开幕。中国西藏宣抚使陈贻范、英印政府外交大臣麦克马洪、西藏地方当局首席噶伦伦青夏札代表三方出席会议。西藏地方当局代表首先提出包括西藏独立、中国不得派员驻藏等内容的协议草案,而且为西藏疆域划出了囊括青海和四川西部大片地区的界线。此等要求遭到中国中央政府代表的严正反对,陈贻范提出驳复条款七项,强调西藏为中国领土之一部分,中国可派驻藏长官及其卫队驻扎西藏,西藏于外交及军政事宜均应听命中国中央政府指示而后行。② 英国则以调停身份居间活动,企图得到于己有利的结果。

---

① Woodman, *Himalayan Frontiers*, New York, 1969, p. 149; F.O. 535/15, No. 44, 303.
② 北洋政府外交部:《西藏问题》,北京,外交部印,1916。

西姆拉会议进行过程中,中俄发表有关外蒙古问题的声明文件,英国方面由此受到"启发",1914年2月17日,麦克马洪提出将西藏划分为内藏和外藏的解决方案,要点是"承认外西藏业已成立的自治权,而中国于内西藏仍有若干权利"。3月11日,麦克马洪正式提出英方"调停"约稿,主要内容为:中国对西藏拥有宗主权并承认外西藏有自治权,所有外藏内政由拉萨政府掌理,中国不改西藏为行省,西藏不有代表于中国议院或类似之团体;中国于西藏不派军队,不驻文武官员,并不办殖民之事;英藏议订新通商章程;英国商务委员可于必要时随带卫队前往拉萨。草案将青海大部及四川西部均划入西藏,然后再划为内藏与外藏,外藏除了包括西藏的传统地域外,还包括了青海及川边的部分地区。① 此项"调停"约稿,使西藏得以中国内部的"自治"之名,行英国控制下的"独立"之实。但即便如此,北京政府鉴于外蒙古谈判成例可循,起初并未表示太多的异议,只是对于西藏划界问题坚持己见,遂使此后会议的争执焦点转为西藏(包括内外藏)划界问题。中方在西藏划界问题上,也是一退再退,从最初主张以江达为川藏界、当拉岭为青藏界,直到最后让步至:当拉岭以北青海地方及巴塘、理塘等地仍归中国完全治理;怒江以东及德格、瞻对、察木多、三十九族等地定为特别区域,不再添设郡县;怒江以西由西藏自治。② 唯英国仍不以此为满足,麦克马洪抄袭俄国故技,以增加"承认西藏为中国领土之一部分"文字的附件为诱饵,企图诱使中国同意英国提出的西藏划界方案。4月27日,英方提出西藏划界的最后修正案,条文基本照旧,并以不再与中方谈判为威胁,迫使中国代表陈贻范草签其上。

民国初年的西藏问题与外蒙古问题,有共同点也有不同点。其共同点在于都是英、俄为满足自身攫取中国权益之要求,利用西藏与外蒙古的特殊历史和环境而挑起,在逼迫中国谈判、签约、让权方面也用了同样的手段,走了同样的路。不同点在于,中国在外蒙古没有

---

① 吕秋文:《中英西藏交涉始末》,244—245页,台北,"中央研究院"近代史研究所,1974。
② *The North-Eastern Frontier, A Documentary Study of the Internecine Rivalry Between India, Tibet and China*, vol. 1, p. 104.

驻兵,内外环境又使进兵外蒙古为不可能之举,北京政府在外蒙古问题上没有说话的实力,只能接受沙俄的摆布;但西藏的情况有很大的不同,川、滇军民初西征,使中国在藏边打下了军事根基,虽不甚稳固,但毕竟还在中国手中,英方在西姆拉会议期间所划之内藏区域,相当一部分还有中国驻军,让中国主动从自己的领土上撤军并拱手送人,为北京政府于心不甘、于势亦不敢,这是北京政府在西藏划界问题上不肯轻易就范的重要原因之一。而英国的胃口又太大,坚持不在内外藏划界问题上作出必要的让步。因此,中英双方关于西藏划界问题的讨论终不得结果。1914 年 4 月 28 日,中国政府在接到陈贻范关于草签条约的报告后,立即去电声明:"执事受迫画行,政府不能承认,应即声明取消。"此后,虽然英方一再威胁中方:如不正式签约,英国"将自由地单独与西藏签约",但中国坚持不在划界问题上作出大的让步。7 月 3 日,英国与西藏地方当局代表签订《西姆拉条约》(内容基本同于英方 3 月 11 日"调停约稿"),陈贻范当即严正声明:"凡英藏本日或他日所签之约或类似之文件,中国政府一概不能承认。"[①]其后,中国政府又向英国驻华公使朱尔典,并通过中国驻英公使刘玉麟向英国政府表示了同样的立场。因为西藏地方是中国的完全领土,受中国中央政府的管辖,故西藏地方当局根本无权与外国订约,而中国历届中央政府也从未承认过《西姆拉条约》,所以在国际法意义上,该条约完全是非法无效的,对中国没有任何约束力。除此之外,麦克马洪和伦青夏札于当年 3 月 24 日和 25 日以秘密换文的方式,私下划定了西藏东部与印度的边界线,将西藏东部门隅、洛隅、察隅地区约 9 万余平方公里的土地划入印度,这就是中印边界东段所谓"麦克马洪线"的由来。西藏地方当局为中国中央政府辖下之地方机构,既无权与外国订约,也无权与外国划分国家的边界线,而且此事既未在西姆拉会议讨论,中国政府也根本不知道,更谈不上承认了。这完全是一条非法而无效的边界线。在民初中英西藏交涉的全过程中,中国政府严守国家主权立场,对于《西姆拉条约》及英藏谈判

---

① 北京大学历史系等编:《西藏地方历史资料选辑》,300—301 页,北京,三联书店,1963。

坚持不承认,终使英国无计可施,此举亦可谓开近代以来中国在列强压力下外交不妥协之先声,预示着民国外交变化之开端。

当边疆问题在民国初年的中国对外关系中暂告一段落时,中日关系又开始出现紧张局面。日本一直图谋利用中国政局变动之机,谋取侵略权益。还在北京政府成立后不久,日本即利用承认问题勒索中方,逼迫北京政府在1912年10月与日本就满蒙五路借款问题秘密换文,取得了在东北修筑四平至洮南、开原至海龙、长春至洮南铁路的借款权,以及洮南至承德、吉林至海龙铁路的借款优先权,使日本势力在东北进一步扩张。但日本并不以此为满足,还在寻求时机攫取更多权益,接踵而来的第一次世界大战为其创造了大好时机。

1914年6月,以英、法、俄等为协约国一方,德、奥等为同盟国一方,打响了第一次世界大战,欧洲主要列强均卷入战争,无力他顾,暂时放松了在中国的扩张活动,此种形势被日本认为是对华扩张之绝好时机。日本极端右翼浪人团体黑龙会在世界大战爆发后拟定了《解决中国问题意见书》,认为"目前是日本迅速解决中国问题最有利的时机。这样的机会是千载难逢的。现在行动不但是日本的神圣责任,而且目前中国的情况有利于实行这种计划。我们应该断然决定而且立即行动"。他们狂妄地宣称:"日本将负责保卫中国的领土,维持中国的和平与秩序。"他们还提出了若干具体的侵略主张(实为其后提出的"二十一条"之基础)。[①] 日本政府当然更不会迟疑,战争爆发后不久,即以加入协约国参战之名,行趁火打劫之实,并首先将目标瞄准了德国在华势力范围——胶州湾租借地及胶济路。1914年8月23日,日本以德国未答复其15日发出的令德军解除武装并交出胶州湾租借地的最后通牒为由,对德国正式宣战。随后,日军于9月初在据守胶州湾的德军后方——山东龙口登陆并节节推进,10月6日,不顾中国的抗议侵占胶济路西段起点济南,11月7日,攻占德国在山东之根据地青岛,占据了胶州湾租借地和胶济路全线。

第一次世界大战的主要战场在欧洲,本与中国的关系不大,但胶州

---

① 黄纪莲编:《中日"二十一条"交涉史料全编》,5—6页,合肥,安徽大学出版社,2001。

湾问题牵涉到中国,又使中国不能对这场战争完全置身事外。战争爆发后不久,北京政府于8月6日宣布"决意严守中立",其后又循日俄战争之前例,将胶州湾附近地域划为战区,听由日、德军队厮杀。北京政府也曾谋划与德国交涉或由中国直接出兵,收回胶州湾租借地,但英美对此态度消极,日本更是强烈反对。① 协约国方面为了争取日本的支持,对日本在华扩张举动抱着眼开眼闭之态度,致日本的行动更肆无忌惮。北京政府本已要求山东驻军对日军的行动不予抵抗,且对日本"给以行军利便,无不为力",只是对日军侵入胶济路西段的举动表示了异议。但日军却得寸进尺,不仅肆意扩大军事行动的范围,侵占全部胶济路,而且在军队所过之处对官民人等予取予求,同时强词夺理,声称"胶济为德路,与华无涉",为其后攫夺胶济路产业预留地步。②

日、德战事结束后,1915年1月7日和16日,中国两次照会日本,声明取消战区,要求日军撤离。但日本非但不理睬中国的要求,反而利用欧洲列强身陷战争之机,挟战胜德军之威,企图压迫中国就范,使其在山东攫取的权益合法化,同时彻底解决满、蒙等悬案,进而为独占中国创造条件。制造并解决悬案,由此扩大侵略权益,一向是日本的拿手好戏。早在两年前,日本外相加藤高明即有言:日本决心解决中日悬案。但"究竟在如何时机,想出如何名义,而与中国交涉,现虽难预料,然日本国民之决心则断然在此点"。如后之论者所谓:"今日缔一新约,既成事实的悬案甫获解决,明日违约扩张,又攫占新权益,构成新悬案。日本的违约扩张一日不停,悬案势将层出不穷,不达完全侵占满蒙,将永无底止。既夺满蒙,又势将及于华北,以至整个中国。"③正是日本的侵略行动,造成了民初中国外交的空前危机。

1914年11月,日本大隈重信内阁通过《对华交涉训令提案》,提出了对中国的"二十一条"要求。12月3日,日本外相加藤高明就此向驻华公使日置益发出训令。为使中国接受日本的要求,日本准备了软硬

---

① "中央研究院"近代史研究所编:《中日关系史料——欧战与山东问题》,60—61、70—71、95、226—227页,台北,"中央研究院"近代史研究所,1987。
② 王芸生编著:《六十年来中国与日本》第6卷,35、46、54页,北京,三联书店,1980。
③《六十年来中国与日本》第6卷,70—71页;李毓澍:《中日二十一条交涉》(上),1页,台北,"中央研究院"近代史研究所,1966。

两手,"充分考虑既采用适当引诱条件,又要在不得已时采取威压手段"。软的一手是:(1)对袁大总统之地位及其一身一家安全之保障;(2)对革命党及中国留学生之厉行严重取缔;(3)适当时机开议胶州湾之归还事;(4)袁大总统及有关系之大官奏请叙勋。硬的一手如日置益所建议:(1)在山东的军队留驻现地,施以军事威胁;(2)煽动革命党和宗社党,显示颠覆袁政府之气势。日置益还进一步提出:软可以提供借款并以金钱收买袁政府高官及操纵舆论,硬可以出兵镇压并占领津浦路北段。日本企图以此软硬兼施之法,逼袁就范。①

1915年1月18日下午,日置益在北京中南海怀仁堂向袁世凯面交"二十一条"要求,并告袁:"今次如能承允所提条款,则可足征日华的亲善,日本政府对袁总统,亦可遇事相助";要求"中国政府绝对的同意","切望即速全部同意",警告"万一迁延迟疑,恐将发生不虞的事态";要求袁"绝对保密,尽速答复"。"二十一条"要求分为五号,其主要内容是:

第一号,对山东的要求四款:(1)中国承认日本获得所有德国在山东依据条约或其他关系享有之权益;(2)山东省内及沿海土地岛屿,无论何项名目,概不让与或租与他国;(3)由日本建造烟台或龙口连接胶济路之铁路;(4)中国从速自开山东省内各主要城市为商埠。

第二号,对满、蒙的要求七款:(1)日本对旅顺、大连的租借期并南满、安奉铁路经营期展至99年;(2)日人在南满东蒙可为经营农工商业获得土地租借权和所有权;(3)日人得在南满东蒙任便居住往来,并经营商工生意;(4)中国允将南满东蒙各矿开采权许与日人;(5)中国如准许他国在南满东蒙建造铁路或以该地区课税抵押给他国借款时,应先经日本同意;(6)如中国在南满东蒙聘用政治、财政、军事各顾问,必先向日本商议;(7)中国将吉长铁路管理经营事宜委任日本,年限为99年。

第三号,对汉冶萍公司的要求二款:(1)俟将来机会相当,将汉冶萍公司作为两国合办事业,未经日本同意,所有该公司一切权利产业,

---

① 《中日二十一条交涉》(上),194页;《近代史资料》,1982(2),132—137页。

中国不得自行处分,亦不得使该公司任意处分;(2) 所有属于汉冶萍公司之附近矿山,如未经该公司同意,一概不准外人开采。

第四号,切实保全中国领土一款:中国允准所有沿海港湾岛屿概不让与或租与他国。

第五号,其他方面的广泛要求七款:(1) 中国中央政府须聘用日人充当政治、财政、军事等顾问;(2) 所有在中国内地所设日本医院、寺院、学校等,概允其土地所有权;(3) 须将必要地方之警察作为日中合办,或在此地方警察署内聘用日人;(4) 由日本采办一定数量之军械(譬如中国所需军械之半数以上),或在中国设立日中合办军械厂,聘用日本技师,并采买日本材料;(5) 将武昌至九江、南昌铁路及南昌至杭州、潮州铁路建筑权许与日本;(6) 福建省内筹办铁路、开矿及整顿海口(船厂在内),如需外国资本时,先向日本协商;(7) 允认日本人在中国有布教权。[①]

日本向中国提出的"二十一条",内容广泛,既有对日本一直视为其势力范围的满、蒙权益之要求,又有对刚刚强占的山东权益之要求;既有对汉冶萍公司、铁路筑路权等具体的权益要求,又有对土地所有权、布教权等一般性权益要求;表现出日本对华侵略扩张之急迫与贪婪。更严重的是,日本不仅提出了大量的经济权益要求,还提出了诸如聘用顾问、合办警察等事关国家主权根本的政治性要求,充分暴露了其利用时机、加速对华扩张、攫取各项权益、最终将中国变为其独占势力范围甚或殖民地的侵略野心。

正耽于帝制筹划中的袁世凯,对日本提出如此事关国运安危之要求事先并无预计,也就谈不上什么应对之方,"事前虽昧与察觉,交涉乍启,不免惊诧无措"。日本人的精明狡猾之处还在于,日置益以归国返任为由提出晋见袁世凯,甩开北京外交部,直接向袁提出各项要求,不使其留下推托回旋之余地;而且日本人号准袁心头所忧所虑,在袁筹划帝制之关键当口提出这些要求,对袁诱以"中国如欲改国体为复辟,则敝国必赞成云",使急于获得列强尤其是近邻日本支持其复行帝制的袁

---

① 《中日"二十一条"交涉史料全编》,20—22页。

世凯更难决断。袁世凯在收到日本的要求后数日间,连续召集国务卿徐世昌、外交总长孙宝琦、陆军总长段祺瑞、税务处督办梁士诒等集议,讨论如何答复日本的要求。由于中国所处之弱势地位和袁世凯的个人私心,袁无法强硬拒绝日本的要求,但又不愿因过于退让而为各方所责,故决定先适当拖延谈判进程,尽量与日本讨价还价,同时向外界透露日本要求,利用舆论与民意制日,并探询列强态度,企求"以夷制夷",以求最终对日本的要求既不完全拒绝,而又不过失国家主权。有如中国驻日公使陆宗舆所言:"总令其不先动兵,则所损尚可稍轻";"谈判以能磋磨期日为佳,总不令决裂为得计"。① 为此,袁世凯重召总统府外交顾问陆征祥出山,接孙宝琦任外交总长,负责对日交涉,并通过私下沟通与公开舆论,试探日本的态度,甚而直接告其军事顾问、日本人坂西利八郎:"日本国本应以平等之友邦对待中国,何以时常竟视中国形如猪狗!""对于要求条件,尽可能地让步,但办不到之事,终究不能办。此属无法之事。"②意谓日本对其不要逼之过甚。

但无论袁世凯作出如何姿态,日本咬定各项条件毫不松口。在日本的压迫下,中日关于"二十一条"的谈判于2月2日开始在北京秘密举行。日方代表日置益在谈判中首先表示:"本国政府之方针业经确定,内阁虽换,方针不变。本国政府以此次之要求,极为正当,必欲达到目的而后可。"他的谈判策略是"力求从速进行",首先要求中方表示对"二十一条"的总体意见,然后再对各项条件表示具体意见,以图浑水摸鱼,使中方接受危害最大的几项条款。中方代表陆征祥就日方所谓"力谋亲善"辩白言,"不必于此时提出条件,始得谓之亲善","初非待提出许多之条件始得达此亲善之目的也",实为婉言批评了日本的主张。他的谈判策略是逐条讨论,反复讨价还价,尽量拖延时间,以根据形势之发展,打消危害甚大的数项条款。③ 2月9日,中方提出对日方提案之修正案,对日方提案有较大修改,使日方颇为不满。日置益处于谈判第一线,领受日本政府的指示,态度强硬,动辄以停止谈判相要挟,必欲中

---

① 《近代稗海》第3辑,105页;李毓澍:《中日二十一条交涉》(上),235、278—279页。
② 俞辛焞:《辛亥革命时期中日外交史》,503页,天津,天津人民出版社,2000。
③ 《中日"二十一条"交涉史料全编》,41—43页。

方完全屈服而不罢休。中方代表陆征祥之上,袁世凯为谈判决策人,他通过外交次长曹汝霖传达旨意,直接指挥此次谈判。袁久经政坛风云而又富于权谋机变,深知日本此次提出要求之严重性与对中国国家主权之危害性,面对国内民众和舆论之强烈反弹,以及其他列强之虎视眈眈,不能亦不敢决断接受日本的全部要求。尤其是日本提出的第五号各项要求,牵涉方面甚广,对中国危害最大,虽有日置益不断咆哮于谈判桌前,企图压迫中方接受,并以增调日军来华为威胁,但中方仍坚持表示"碍难商议"。

　　日本提出的"二十一条"要求经披露后,国内反对的民意沸腾,集会抗议、成立组织、发出通电、抵制日货、征募救国储金等等,反日舆论和行动遍布国中。袁世凯亦思利用民气民意为对日交涉之后盾,起初对反日舆论和行动表示了适度的支持,甚至授意手下军政高官发出反日通电。但没有实力支撑的民意并不足以遏制日本的侵略野心,而日本对袁世凯内心之虚弱亦了如指掌,对袁仍步步进逼。为了缓解日本的压力,袁世凯只能重施近代中国统治者面对列强压迫时之故技——"以夷制夷",企望以此牵制日本的行动。在袁世凯的授意下,外交部参事顾维钧与在华有最多利益的英国和暂时置身于欧洲战事之外的美国驻华使馆保持着密切的联络,及时通告谈判情况,并将日本严格保密的第五号条款透露给英、美使节,以促使他们"慎重考虑,采取措施,防止中国给予日本以过多的利益而影响它在中国的既得利益"。① 英、美等国起初对日本向中国提出的"二十一条"第五号各款并不知情,认为日本的要求基本上仍关系满、蒙等日本传统势力范围,故表示支持或默认,但英、美在得知日本提出的第五号条款后(日本于2月20日向英、美通报),对日本未及时告知表示不满,对该条款对他们的利益有可能造成的损害表示关切。英国坚持其在长江流域的固有利益,美国则继续强调门户开放政策,英、美舆论亦对日本有批评,对中国表同情,对日本形成了一定的压力。

　　中、日关于"二十一条"的交涉,至4月中旬已就若干具体问题达成

---

① 《顾维钧回忆录》第1分册,123页,北京,中华书局,1983。

妥协,唯关于第五号要求,双方的意见始终无法一致。面对英、美的疑虑和压力,为了加快谈判进程,尽快获致成果,确保其所获侵略权益的法律化,日本在4月26日提出修正案,将若干要求由条约改以换文,形式上予以软化,对最有争议的第五号条款,删去了合办警察的条文,对聘用日本顾问改由中国自动声明;同时提出在适当时机将胶州湾以附加条件交还中国,以此诱惑中方上钩,但实则未损其所得。中方认为日方修正案"比较初次提案固有部分之让步",但仍有"与中国主权其他列强之条约上权利以及机会均等主义,均相抵触"处,遂于5月1日提出己方修正案,除对具体条件的修正外,对第五号要求坚持其"有损中国主权,违背条约及机会均等主义,故中国政府虽有十分尊重日本政府希望之意,然亦不能不顾全自国之主权与他国之成约";"深望日本政府鉴于中国政府最后让步之诚意,迅与同意"。日方见中方不愿轻易让步,决定使出最后的高压手段,5月7日向中方发出最后通牒,声明除第五号各项可于"日后另行协商"外,其他各项应"不加以何等之更改,速行应诺",并限48小时内"为满足之答复",否则"将执认为必要之手段"。① 中日双方谈判开始前,日本外务省曾在一份《日华交涉中注意事项》草案中说明,"以局部威压进行谈判,不若适时迅出全力以搏","随时应使中国彻底明了我坚持要求的决心","下定最后决心,动用威力"。虽然这份文件被标为"废弃之件",但日本在谈判中"所施展的种种手段,均一一见诸于这些文件之内"。② 此时,中日双方的谈判已到最后关头,日本为此不惜使出"动用威力"之招。

面对日本的强硬通牒和武力威胁,袁世凯并无高招,他所寄望的英、美支持,也是口惠而实不至。英美两国关心的只是本国在华利益,并无意与日本发生正面冲突。当日本的要求有所软化后,英国的态度随之改变,英国外相格雷训令驻华公使朱尔典告中国外交总长陆征祥:"日本最后提案颇为宽大,应即允诺,以谋求时局之妥协,将有利于中国",并警告如发生破裂和战争,"其结果将导致瓜分中国"。美国国务卿白里安也认为,日本"将希望条款(指第五号要求——引者注)基本上

---
① 《中日"二十一条"交涉史料全编》,39、141—142页;《六十年来中国与日本》第6卷,249、280页。
② 《中日二十一条交涉》(上),197—198页。

全部撤回,这是易于达成妥协之所在"。在此情况下,袁世凯既无实力支持,不敢冒对日决裂的风险,又时时念着称帝之举尚须看列强尤其是日本的脸色,只能作出对日妥协的决策。袁世凯的态度有如驻日公使陆宗舆所言:日本"决心谋我,形势已著,手段且甚恶辣。我国内外局势,万不宜战,英美又无力干涉,若待其兵临占地索赔,所损匪细,且恐横生意外,大局不堪设想"。在日本最后通牒时限到期前,5月8日下午,袁世凯在总统府召集副总统黎元洪、国务卿徐世昌及各部总长集议,通报谈判情况,讨论如何答复日本通牒。与会者多看袁之眼色行事,而袁已决策接受日本通牒,并谓日本删除第五号要求"深为铭感,日本政府如此宽大之度量,勿待最后通牒,即可解决"。①

5月9日,外交总长陆征祥和次长曹汝霖向日本驻华公使日置益递交了中方对日方最后通牒之复文,声明在日方4月26日提案的基础上,除对第五号条文"容日后协商"外,中方对其余条文"即行应诺。以冀中日所有悬案,就此解决,俾两国亲善益加巩固"。13日,袁世凯发布《大总统申令》谓:"嗣后中国所有沿海港口湾岸岛屿,无论何国,概不允认租借或让与。"实际满足了日本提出的第四号要求。25日,陆征祥与日置益签订《关于南满洲及东部内蒙古之条约》和《关于山东之条约》,并交换了关于旅大南满安奉路期限、东部内蒙古开埠事项、南满洲开矿事项、南满洲聘用顾问事项、汉冶萍事项、福建省事项、山东事项、山东开埠事项等13项换文(上述文件一般通称为"民四条约"),基本接受了日本的第一、二、三号要求及第五号中关于福建的要求,同时增加了关于交还胶澳之换文,日本承诺在战争结束后,以胶州湾全部开放为商港、设置日本租界等为条件,将胶州湾租界地交还中国。②

"二十一条"要求的提出,是日本侵略中国的必然产物,其对中国国家主权损害之重,开《辛丑和约》后之又一恶例。但中日有关"二十一条"交涉的更重要意义在于,日本"原是想一举宰制中国并独霸东亚,但也是激长中华民族运动最有力的鞭笞,这幕交涉遂成为近代中日两国关系恶化的大关键"。因为日本无视国际关系的基本准则,以武力威胁

---

① 《辛亥革命时期中日外交史》,509、526、528页;《六十年来中国与日本》第6卷,234页。
② 《中日"二十一条"交涉史料全编》,149、152页;《中外旧约章汇编》第2册,1100—1114页。

手段强迫中国接受"二十一条",虽然得逞于一时,却激起了中国国内强烈的反日浪潮与民族主义情绪,形成一波高涨的爱国运动,即便是最终对日妥协的袁世凯和北京政府,一时亦不能或不敢公然压制此等民族主义情绪之表现。由"二十一条"交涉而起之爱国反日运动,为其后五四运动爆发之预演,诚如论者所谓:"中国的民族主义情绪衰而复盛,成为二十世纪中国政治中一个决定性的推动力量,五四学生运动就是这股风气继'二十一条'时的反日运动后的一次更大爆发。""从这个角度看,可以说'二十一条'时期的反日运动正是承辛亥革命启五四运动的转折点。"①

中日"二十一条"交涉再次重复了近代中国外交之成例,即始争终让,最后以中国的妥协和权益之丧失而结束。负责签约之外交总长陆征祥对参政院这样解释:"我之实力,尚未充足";"一经决裂,必无幸胜";"大局糜烂,生灵涂炭,更有不堪设想者";"政府反复讨论,不得不内顾国势,外察舆情,熟审利害,以为趋避"。但不同的时代环境,还是给此次交涉留下了有所不同之结局。由于日本是挟武力以最后通牒方式强迫中国接受其要求,故此5月13日中国外交部就此次中日交涉发表声明,历数交涉经过及中国让步之不得已,强调:"中国不得不勉从最后通牒所开各节。如列强对于保持中国独立及领土完全暨保存现状与列强在中国工商业机会相等主义所订之各条约,因此次中国承认日本要求而受事实上修改之影响者,中国政府声明非中国所致也。""勉从"与"非中国所致"的说法,实际上为其后中国否认"民四条约"埋下了伏笔。"民四条约"签订时,国会已为袁世凯废弃,故该约未经国会正式通过批准,法律手续不周,亦为中国政府其后否认该约之理由。再者,"民四条约"签订不过一年,袁世凯即忧病而亡,由于中国政局的变动,其后之中国政府均不承认此约之有效。因此,当第一次世界大战结束后,中国在巴黎和会上以战争遗留问题而提出重审此约之议则顺理成章,理由为:该约"系强迫签订。该约虽经中国签字,然中国并不因签字之故,而失去其交由和会修正之权。盖中国之签订此约,实迫于日本最后通

---

① 《中日二十一条交涉》(上),前言,1页;罗志田:《乱世潜流:民族主义与民国政治》,96、99页,上海,上海古籍出版社,2001。

牒之迫压。当时中国所处之境遇,尽失其自由磋商之权,一切条件皆由日本所指定,中国不得有所提议也。"①其后有关该约存废之交涉历经波折,虽日本坚持其有效性,但中国政府始终不予承认,该约之履行亦因此而成空文,直到1923年3月10日,中国政府正式宣布废弃"民四条约"。

中日"二十一条"交涉由袁世凯决策进行,袁自应为此负首要责任。"就袁氏本人论,对于此幕交涉的决策与指导,固不能煞杀其正确之处,但为私欲所蔽,终入日人彀中。因袁氏帝制阴谋,早为外人窥破,日本抵隙蹈瑕,又无所不用其极,遂使此次交涉与帝制运动,始终存有错综而微妙的关系。其次袁氏最惧民党,视为腹心巨患,已与日本交涉经年,不惜牺牲利权,必去之而后已。日本虽明知民党断不为所用,仍虚张声势,以恫吓袁氏。双方各施权诈,从事周旋。""而最后一败涂地的仍为袁氏。"以袁世凯之老谋深算,当然不会不知道他在签订该约中之责任及外界之物议,故在1915年5月8日决策接受该约的高层会议上,袁"悲愤陈词,衣沾涕泪"谓:"我国虽弱,苟侵及我主权,束缚我内政,如第五号所列者,我必誓死力拒。"然"为权衡利害,而至不得已接受日本通牒之要求,是何等痛心!何等耻辱!"故"大家务必认此次接受日本要求为奇耻大辱,本卧薪尝胆之精神,做奋发有为之事业,举凡军事政治外交财政,力求刷新,预定计划,定年限,下决心,群策群力,期达目的"。②据称,袁还以"密谕"发交各级文武官吏,将其决策粉饰为"以保全国家为责任,对外则力持定见,始终不移,对内则抚辑人民,勿令自扰"。他自称日本"以最后通牒迫我承认,然卒将最烈四端,或全行消灭,或脱离此案。其他较大之损失,亦因再三讨论得以减免,而统计已经损失权利颇多,疾首痛心,愤懑交集"。告诫各级官吏"痛定思痛……日以亡国灭种四字悬诸心目,激发天良,摒除私见,各尽职守,协力程功。同官为僚,交相勖勉,苟利于国,死生以之"。不过有学者认为,此或为伪造文件,因为袁世凯在交涉过程中,"一面发布激昂文电,一面又

---

① 《中日"二十一条"交涉史料全编》,203、162、589页。
② 凤冈及门弟子编:《民国梁燕孙先生士诒年谱》,266—267、274—276页,台北,台湾商务印书馆股份有限公司,1978。

予否认,明处禁止,暗里主使,举措张皇,遂陷于日本的逼迫与民间反对的夹缝中,若干伪造的文献,即由此而来。"观袁世凯在交涉前后之表现,此说不为无因,而其在交涉过后重行帝制之举动,更有违当时的民意民气。"袁氏既然选择了对日妥协,已是'失之乎势',再欲'求之乎国',安能不'危'！于是有进步党、国民党等的'再造共和'的努力。"①

---

① 《中日二十一条交涉》(上),235、251—252 页;《乱世潜流:民族主义与民国政治》,97 页。

第二章
袁世凯称帝与护国战争

当袁世凯通过政治的与军事的方式确立其统治地位后,废弃共和,改行帝制,过一把专权独断的皇帝瘾,成为袁一心追求的目标。在其自认为已经摆平了北洋派的内部关系并得到了列强对其称帝的认可之后,袁世凯遂行帝制自为之举,洪宪帝制由此开场。以孙中山为领袖的革命派在二次革命失败后始终没有放弃反袁斗争,但因对形势及革命方法的认识不一,分裂为中华革命党和欧事研究会两支,且在一定程度上脱离了国内政治主流,失去了掌握反袁主导权的时机。与此同时,以梁启超为代表的改良派与袁世凯在政治上渐行渐远,当袁决意称帝后,他们毅然与袁脱离关系,发动讨袁护国战争。护国战争得到全国民众的支持与各政治派别的响应,成功地逼迫袁世凯取消帝制,并在袁败亡后,恢复《中华民国临时约法》(又称"民元约法")与民国二年国会(又称"民二国会"),以胜利而告结束。

第一节　袁世凯帝制自为

孙中山、黄兴等领导发动的二次革命失败后,革命党人横遭镇压,或流亡海外,或蛰伏国内,实力大损,暂时已无力与掌握了北京中央政权并控制了大部分地方省份政权的袁世凯相抗衡;其他各派政治势力,或风流云散,或为袁氏之附庸,舆论噤声,气氛肃杀。在这种情况下,袁世凯"气焰日高,以为大敌已去,莫可谁何。此后种种行为,肆无忌惮,视四万万人之中华民国不啻为一人一家之私产。故民二之后半期,实际已成变相之帝国。民四之帝制运动,其根本早竖立于此矣"。① 至1914年年中,随着国会废弃、立法体系重建以及中央和地方行政体制改革的基本就绪,袁世凯实已独揽大权,其头脑中早已有之的帝王思想复又发酵,在其个人野心的膨胀和左右亲信政客的鼓动下,由个人独揽大权开始,"政非旧不举,人非旧不用",步步迈向帝制自为之途。

袁世凯的政治生涯开始于晚清帝制时期,长期浸淫于帝王思想之中,帝王的无上权威与世袭特权对其有强烈的诱惑力。还在辛亥革命发生时,袁之左右已有人向其进言,乘乱得天下,以成就帝业。但格于当时的内外环境,袁还是选择逼退清帝、拥护共和,并因此而成为民国大总统。但就袁之内心思想与行为做派而言,他其实对民主共和既没有什么了解,也没有多少认同,相反,对帝制时代的种种言辞与做法,他倒是烂熟于心,极易上手,故再行帝制对袁并非偶然。只是在革命派力量仍然较强的民初,袁世凯即便有这样的想法,也还不能公之于众。因

---

① 《中华民国政治史》,37页。

此，当1913年3月有人上呈改行帝制时，袁当即发令痛批："此等鬼蜮行为，若非丧心病狂，意存尝试，即是受人指令，志在煽惑，如务为宽大，置不深究，恐邪说流传，混淆视听，极其流毒，足以破坏共和，谋叛民国，何以对起义之诸人、死事之先烈？何以告退位之清室、赞成之友邦？"①

二次革命失败后，随着袁世凯执政地位的不断巩固，他对帝制的态度显然有了变化，重行帝制的议论开始渐渐浮出水面。但是，令袁世凯颇为恼火的是，拥戴其称帝的舆论尚未形成，鼓吹清室复辟的舆论一时倒颇为嚣张。清帝退位后，部分前清王族（如前恭亲王溥伟、肃亲王善耆等）、遗老遗少（如前直隶提学使劳乃宣、湖南布政使郑孝胥等）、保皇党人（如康有为等），仍不忘往日荣华及前朝"恩典"，自居为"忠臣"，不时发表复辟言论，并得到一些别有图谋、唯恐中国不乱的日本浪人的支持。虽然袁世凯对前清旧臣颇为礼遇，但他们对袁的"篡位"仍耿耿于怀，颇有微词。1914年7月，前清学部副大臣刘廷琛在辞谢政事堂礼制馆顾问聘呈中明言："民主国与中国国情不适，已为众人所信。然袁公误自称帝，有悖初意，亦必为中国举国所不服。"故应"返大政于大清皇帝，复还内阁总理之任"。② 劳乃宣则在10月间刊行其所著《正续共和解》，认为袁"不忘故君，实为众所共见。特限于约法，不能倡言复辟。且幼主方在冲龄，不能亲理万机，亦无由奉还大政，故不得不依违观望以待时机也。"③名为恭维袁世凯，实则有迫袁拥清室复辟之意，一时间复辟言论甚嚣尘上。眼见这帮清室遗老的言辞实在太不成话，不仅影响社会观听，而且有碍自己称帝之计，袁世凯不能不出而平息。11月中旬，在袁世凯的授意下，各地军政要员及参政院参政员纷纷发表通电，声讨鼓吹复辟者为"淆乱国体，离间五族"，"惹起外患，酿成内乱"，要求"从重惩治"。据此，11月20日司法部发文，申明"国体定为共和，固永久无可更变。乃竟有无识顽民，倡为复辟之邪说，以冀动摇邦本，淆乱人心。""应即随时查拿，按照刑律内乱罪分别惩办。"23日，袁世凯以大总统名义发出《申禁复辟邪说》令，斥责倡言复辟者"谬托清流，

---

① 白蕉：《袁世凯与中华民国》，见荣孟源、章伯锋主编《近代稗海》第3辑，115—116页，成都，四川人民出版社，1985。
② 陈旭麓：《五四前夜政治思想的逆流——民国初年的反动复辟思想》，载《学术月刊》1959年第4期。
③《桐乡劳先生遗稿》卷一，37—40页，桐乡卢氏校刊本，1927。

好为异论,其于世界之大势如何,国民之心理奚若,本未计及";凛然宣称"民主共和,载在约法,邪词惑众,厥有常刑。嗣后如有造作谣言,或著书立说,及开会集议,以紊乱国宪者,即照内乱罪从严惩办"。①

经袁世凯此番雷厉风行的打击,鼓吹清室复辟的议论"烟消火灭,响绝声沉",一帮遗老遗少纷纷避走,复辟风潮销声匿迹。但这并不说明袁世凯将坚持共和,此举不过是为其个人称帝预留地步。果然,不数月之后,帝制之议再起,只是此次倡言的主角已经不是前清遗老遗少,而是袁世凯本人及其周围一干希图攀附之辈。

袁世凯称帝的风潮最初是以学理讨论的面目出现的。民国成立后,由于共和制在实行过程中的种种不如人意处,不时总有些共和制"不合国情"的言论出现,而且此等反对共和民主的言论不仅出于国人之口,也出自一些实行共和民主制国度的洋人之口,其中尤以袁世凯的法律顾问、美国人古德诺鼓吹甚力。1915年8月,古德诺发表《共和与君主论》,认为"中国数千年以来,狃于君主独裁之政治,学校阙如,大多数之人民,知识不甚高尚,而政府之动作,彼辈绝不与闻,故无研究政治之能力。四年以前,由专制一变而为共和,此诚太骤之举动,难望有良好之结果者也"。结论是"中国如用君主制,较共和制为宜,此殆无可疑者也"。② 古德诺此文为袁世凯总统府事先请其论共和与君主孰优之命题作文,而其熟谙袁之想法,兼以个人对中国政治的体认,发出君主优于民主之论并不奇怪。而无论其个人与袁世凯称帝的直接关系如何,此等出自在共和民主制下生活的知名人士的言论,为袁称帝提供了舆论助力则无疑义。

外人的言论毕竟不能完全由袁世凯操控自如,为了称帝的需要,袁开始组织自己的人马,制造称帝舆论,首当其选的是杨度。时任国史馆副馆长的杨度,对袁图谋帝制事先当有与闻,且又善察袁意,他主动向袁表示准备组织鼓吹帝制的机构,并以"学术自由"为辞,打消袁对此举可能引起外间反弹的担心。在得到袁的默认后,杨度快手快脚,于

---

① 《袁世凯与中华民国》,见《近代稗海》第3辑,119—120页。
② 中国第二历史档案馆、云南省档案馆编:《护国运动》,62—68页,南京,江苏古籍出版社,1988。关于古德诺与袁世凯称帝问题的关系,可参阅张学继《古德诺与民初宪政问题研究》,载《近代史研究》2005年第2期。

1915年8月23日在北京发起成立了袁世凯筹备帝制过程中最为知名的机构——筹安会。

最初列名筹安会理事的所谓"六君子",即杨度、孙毓筠、李燮和、胡瑛、刘师培、严复,颇为体现出袁世凯筹划为帝制造势之匠心与用意。袁不用旧官僚和旧帝制派,而用曾加入过同盟会并为反清革命干将而又在事后拥己的孙、李、胡、刘及学界名流严复,以此撇清自己与清室的关系,同时堵社会舆论之口。但他们在筹安会中多不过挂名而已,理事长杨度才是筹安会真正的核心人物,从理论鼓吹到实际策划,为袁世凯称帝出了大力。由杨度起草的《筹安会宣言》,打着关心国事的旗号,声称:"国家之存亡,即为身家之生死,岂忍苟安默视,坐待其亡。用特纠集同志,组成此会,以筹一国之治安。"其后,杨度又以《君宪救国论》成为为袁世凯称帝摇旗呐喊的头号吹鼓手,其行帝制的理论依据与古德诺同为一体,即中国"多数人民,不知共和为何物,亦不知所谓法律以及自由平等诸说为何义","人人皆知大乱在后",故"欲求富强,先求立宪,欲求立宪,先求君主",如此则"前清与民国之弊,皆可扫除矣。以此而行君主立宪,中国之福也"。杨度此论公然倡言帝制,"与规定之国体相反,在法实为大逆!共和政府竟容筹安会高唱异说,绝不干预,则上峰固赞成筹安会之活动矣,又何疑焉。"

筹安会主张重行帝制的言论既得到"上峰赞成",其公开发表后全国各地都出现呼应言论则不奇怪。急于攀附袁世凯的大小官僚,纷纷驰电主张实行君主制,所谓"公民请愿团"等民间拥戴团体也纷纷出现,其名称五花八门,无奇不有,甚而有乞丐请愿团亦堂而皇之地在请愿队伍中据有一席之地。1915年8月30日北京发至各省的密电称:"现所提议之计划,为各省分头遣送请愿代表,请愿书稿将于北京草成,而后于适要时,分电各省。"由此观之,这些所谓民意的实质究竟如何,但这些明眼人一望便知的把戏,却在一时间造成了实行帝制的"民意"基础。1915年8月30日和9月1日,袁世凯的御用机关参政院遂以民意为由,集议讨论各路"请愿团"的要求。但袁世凯可能是"做贼心虚"抑或准备未当,6日派政事堂左丞杨士琦到参政院宣达他的意见,一方面表示"维持共和国体,尤为本大总统当尽之职分",而"改革国体,经纬万端,极其审慎,如急遽轻举,恐多窒碍。大总统有保持大局之责,认为不合时宜";另一方面又提出,"大总统之地位,本为国民所公举","如征求多数国民之公意,自必有妥善之上法"。袁的态度其实非常明确,即他要做"多数国民之公意"推举的皇帝,而此时之"国民公意"尚不够"多数",故不能不有上述表示。如时人所论,"无非故作艰难,直逼出'民意'二字"。有了袁的表态,拥袁称帝的急进派不敢怠慢,当即捏合各请愿团合组"全国请愿联合会",19日向参政院请愿,要求召开国民会议,讨论并解决国体问题,参政院当即决定接受。有了这样全国性"多数国民之公意"为基础,袁世凯的态度也不再含糊,9月25日咨复参政院,决定于11月20日召集国民会议,解决国体问题。①

舆论及民意支持是袁世凯称帝不能不做的表面文章,但对一向信奉以实力行事的袁而言,称帝与否关键在实力而不在舆论,因此他更看重中央和地方军政大员以及列强对其称帝的态度,以为只要有了这些方面的支持,则称帝必无问题。

袁世凯当政后,通过镇压二次革命,广为任用亲信等,基本控制了北京中央政权以及全国大部分省份的地方政权。因此,当时从中央到地方的各级高官,基本为袁党及北洋派,他们出于攀附心理,希图进一步获取高位,对袁的称帝图谋多表示支持,其中政界的梁士诒、朱启钤、张镇芳、周自齐、袁乃宽等,军界的段芝贵、雷震春、江朝宗等,对袁的称帝图谋更是积极,大力拥戴,不遗余力。他们或上呈劝进,或公开请愿,一时间形成拥袁称帝的强大声势,致各级军政官员以为称帝即在目前,出于利害考量,亦纷纷或主动或被动地随大流表态拥袁,即便有些人内心对袁称帝不以为然,但在外间劝进压力下,也不敢明白表示自己的真实态度。

不过,拥袁称帝的主张一时固然成其声势,但从中央到地方,反对其称帝的也不乏其人。毕竟,在经过辛亥革命的洗礼之后,共和的观念已经深入人心,重行帝制很难得到思想舆论界主流的认可,其中以梁启超发表的言论为代表(见下节)。在北京政界和北洋派内部,也有不赞成袁世凯称帝的意见。如副总统黎元洪认为,称帝"障碍颇多,乱党既

---

① 上述两段引文均出自白蕉《袁世凯与中华民国》,见《近代稗海》第3辑,129—152、157—173、179、187、195页。

易于生心,外人尤难于承认",因此,"总统之号不宜变更,继承之法当为厘定",建议"莫若定总统世袭之制,既有君主之实而避其名","长治久安,莫善于此"。① 与黎元洪同为非北洋派的农商总长张謇、教育总长汤化龙先后辞职离任,表示对袁称帝无言的反对。如果说黎元洪等人的态度在袁世凯看来尚出自"外人",不足影响根本,而北洋派内部的反对意见则不能不引起袁世凯的注意。袁多年的老友、时任国务卿的徐世昌,对袁称帝态度游移暧昧,并未表示明确支持。在袁乃宽奉命向其游说后,徐不仅未给面子,反而在1915年10月坚请辞职。袁世凯无奈之下,只能任命陆征祥代理国务卿。更值得注意的是,在袁最为看重的实力派军人中,陆军总长段祺瑞和江苏将军冯国璋对其称帝事亦迟迟未有劝进表示,阳为回避,阴为反对。此前,1915年5月,由于对袁世凯以大儿子袁克定把持统率办事处、削弱其兵权表示不满,段祺瑞以身体不适为由请辞。5月31日,袁世凯令给假两月,请其"善自珍重",并令王士珍代理陆军总长(8月29日真除)。6月26日,袁又下令免去段祺瑞手下的头号心腹大将徐树铮的陆军次长职务,进一步削其羽翼。此举显然表示袁、段关系恶化,段祺瑞因此更不会对袁称帝表示态度。6月间,冯国璋进京谒见袁世凯,特意询及称帝诸事,袁以推心置腹之态告冯:"以余今日之地位,其为国家办事之权能,即改为君主,亦未必有以如此!……且自古君主之世传不数世,子孙往往受不测之祸,余何苦以此等危险之事,加之吾子孙也!……设他日有以此等事逼余者,则余惟有径赴外邦,营菟裘以终老耳。"②冯国璋闻听此言,真以为袁或一时不至于称帝,不料随即筹安会出笼,帝制言论甚嚣尘上,使他颇为惊异,对袁不露真言很是不满,开始对袁起离异之心,对称帝之举亦不作表示。在袁世凯派人反复游说后,冯国璋才对袁称帝勉强表示支持,但仍不十分积极。段祺瑞、冯国璋、王士珍三人被俗称为"北洋三杰",而段、冯尤为其中翘楚,两人一则多年领兵中央,一则主政极其重要的江南地方,他们对袁称帝的消极态度,反映出北洋派内部对袁此举并非如表面劝进那般一致,实力派自有其考虑,不过格于环境暂时隐忍未发。

---

① 李新主编:《中华民国史》第2编第1卷,下册,580—581页。
②《袁世凯与中华民国》,见《近代稗海》第3辑,113—115页。

争取列强的支持,也是袁世凯实现其称帝图谋的重要方面。但因为正在进行的第一次世界大战的影响,欧洲列强无暇东顾,除了在中国有重大经济利益的英国对帝制运动有较多关注外,其他各国对帝制运动的关注不多。对袁世凯称帝最为关注、并企图借机谋利的主要是对中国怀有侵略野心的近邻——日本。

袁世凯深知日本对其称帝的关键作用,因此在帝制运动发动之后,便多方打探日本态度,力求日本的支持,为此不惜在中日"二十一条"交涉中对日本作出重大让步。但日本侵略中国的野心和胃口并不以"二十一条"为满足,而且日本对于中国政治的了解与涉足甚深,一向是多方联络,同时支持各个派别,以使自己处于最有利的位置,轻易不会作出袁所期待之完全支持的承诺。在袁世凯筹划帝制的过程中,日本政府的态度阴晴不定,时而反对,时而赞成,使袁一时也摸不着日方的底。根据中国驻日公使陆宗舆向外交部的报告,日本首相大隈重信最初表示"只望中国有实力之政府以图治。现正渐见治安,似不须于名义多所更换"。袁世凯派出多人包括其日本顾问有贺长雄向日方疏通,说明"实欲极诚联日"。9 月 23 日,大隈告陆宗舆:"大总统如果诚意联日,日本国自努力为援助,可除一切故障。"大隈此言更多的是口惠而实不至,但袁世凯却以为日本将坚定支持其称帝。同时,由于日本表态的刺激,原先担心实行帝制将影响中国政局稳定从而影响其在华利益的英国,出于与日本争夺在华主导权的需要,对袁称帝的态度转趋积极,英使朱尔典特意告袁:"若国中无内乱,则随时可以实行。此系中国内政,他人不能干涉。"①英日两国的表态,使袁以为得到了列强对其称帝的背书,从而加快了称帝步伐。

经过一番运作,袁世凯自以为对内摆平了各方诸侯,对外得到了主要列强的支持,对于称帝可以放手进行。但所有独裁者都有共通的弱点,即个人主观意识膨胀,无视客观世界的变化,袁世凯亦难逃于此。一方面,他自信部署周全,已无人有实力可以反对其称帝;另一方面,其手下的造势活动又大大膨胀了他的自信,使他真以为广受万民拥戴,只

---

① 王芸生编著:《六十年来中国与日本》第 7 卷,3 页,北京,三联书店,1980;李希泌、曾业英、徐辉琪编:《护国运动资料选编》(上),14—15 页,北京,中华书局,1984。

等加冕登基。然则如时论所言,民众对此"心实非之,而口又不敢不是,心口相背,率天下人以假"。① 但所谓假作真时真亦假,一叶障目,难瞭大势,袁世凯称帝的命运实于其初即已底定。

自1915年8月筹安会成立起,帝制运动的进行便如火如荼,愈演愈烈。"此事肇议之初,虽由于下面之鼓动,亦实因上峰已暗示主张,故一经发布,即有沛然莫御之势。"由于反对舆论已被钳制与镇压,舆论一律,对帝制极尽赞美鼓吹,以至有了"悬崖转石不至地不能止之势"。② 在这种情况下,帝制派已经等不及循所谓正常程序办理,而极力鼓吹"立法贵简,需时贵短","尤以另设机关征求民意最为妥善"。③ 10月6日,参政院根据"民意",决定召开国民代表大会,"以国民会议初选当选人为基础,选出国民代表决定国体"。10月8日,袁世凯据此公布《国民代表大会组织法》,帝制运动由"学理讨论"转而进入实施阶段。为使称帝之举体现出"民意"基础,袁世凯作了缜密布置,梁士诒、朱启钤、段芝贵、杨度等以及袁世凯的大儿子袁克定直接参与其事,负责通盘谋划,向各地发出文电,指导进行,其中部分重要文电必经袁世凯过目后方可发出。为了操纵选举,袁世凯下令成立了办理国民会议事务局,专事所谓国民代表的选举及国民会议的召集等项工作。10月9日,国民会议事务局致电各省负责监督选举事务的巡按使,布置有关选举事宜,电称:"将来投票决定国体问题,必有全体一致之精神,方可以震动中外之耳目。然欲收此良果,必先于当选之人,悉心考究,确信其能受指挥,方入此选";"及之决定国体投票之时,并宜多派干员莅场督视,庶几就我范围";总之,"由贵监督随机应付。但望形式上无暇可指,既不过为法文所束缚,亦不显于法文相背驰,六辔在手,操纵随心,统由贵监督诸公会同担负完全责任,一切便宜办理。"此电确是不打自招,揭露出在袁世凯操纵下如何伪造拥戴其称帝的民意真相。大约袁世凯自己也知道其操纵选举民意的龌龊真相不足为外人道也,所以国民会议事务局两次发出密电,先是以此事"设或稍有泄漏,转蹈事机不密之嫌,而事关国

---

① 1915年10月11日《申报》。
② 李希泌等编:《护国运动资料选编》(上),10页。
③ 黄毅:《袁氏盗国记》,见来新夏《北洋军阀》(二),42—43页。

本,密件若传于道路,尤恐贻政治历史之污","务望特派亲信人员严密保管"。俟选举结束后,又干脆提出:"此项文电,无论如何缜密,终贻痕迹,倘为外人侦悉,不免妄肆品评,更或乘史流传,遂留开国缺点。中央再四思维,以为不如一律查明烧毁,庶足以清积牍而免遗憾。"电文要求各省"万望赶速缜密办理",无论中外各地方所来公私文电信函,一律由各省巡按使监督烧毁,其下发地方者,亦须查明件数,克期缴获,一同烧毁,并电告该局,以便查核。① 袁党急迫的灭迹之心于此暴露无遗,但历史的真相终无法掩盖,不等袁党完全销毁这些文电,反袁护国战争已经爆发,袁党操纵选举、伪造民意的文电亦很快被公之于世。诚如梁启超所言:"自国体问题发生以来,所谓讨论者,皆袁氏自讨自论;所谓赞成者,皆袁氏自赞自成;所谓请愿者,皆袁氏自请自愿;所谓推戴者,皆袁氏自推自戴。举凡国内外明眼人,其谁不知者。"②

无论其后的历史发展如何,至少在当时,由袁党操纵的国民代表选举还是在各省敲锣打鼓地开场。10月29日至11月21日,各省选出的国民代表先后举行决定国体的投票,在各省当局的监督下,全体赞成的结果可以想见。与此同时,各省当局又掀起了一波劝进热潮,劝进函电如雪片般飞至京师,对袁世凯极尽称颂之词,似乎非袁登帝位则苍生无救赎。12月10日,中央代表的投票亦告成。12月11日,参政院进行国体投票的总开票,结果共计1993名国民代表,既无人反对,也没有废票,全体如事先所预定,均"恭戴今大总统袁公世凯为中华帝国皇帝,并以国家最上完全主权奉之于皇帝,承天建极,传之万世"。随后,在杨度和孙毓筠的建议下,参政院当即草出推戴书上呈袁世凯,恭请袁"俯顺舆情,登大宝而司牧群生,履至尊而经纶六合"。袁世凯接到推戴书之后,当日即发出申令,首先表示"民国之主权,本于国民之全体,既经国民代表大会全体表决,改用君主立宪,本大总统自无可讨论之余地";非常明确地点出了可以接受废弃共和、改行帝制。但他接着又故作姿态,表示:"天生民而立之君,天命不易,惟有丰功盛德者始足以居之。本大总统从政垂三十年,迭经事变,初无建树,……今若骤跻大位,

---

① 黄毅:《袁氏盗国记》,见来新夏主编《北洋军阀》(二),59、63、68—71页。
②《饮冰室合集》专集三十三,99页,上海,中华书局,1936。

于心何安？此于道德不能无惭者也。"他在申令中不能不提及当年致力维护共和的誓词，称："民国初建，本大总统曾向参议院宣誓，愿竭能力，发扬共和，今若帝制自为，则是背弃誓词，此于信誉无可自解者也。"故最后称："本大总统既以救国救民为重，固不惜牺牲一切以赴之，但自问功业既未足言，而关于道德信义诸大端，又何可付之不顾，在爱我之国民代表，当亦不忍强我以所难也。尚望国民代表大会总代表等，熟筹审虑，另行推戴，以固国基。"袁世凯并非不想当皇帝，而是企图先洗刷自己背弃共和的事实，再为自己立贞节牌坊，并以"民意"的反复推戴增加其称帝的"合法性"。果不其然，一切都在按照袁的计划而行，参政院接到袁世凯的申令后，当晚又呈上第二次推戴书，肉麻地称袁有经武（编练新军）、匡国（镇压拳民）、开化（办理新政）、靖难（成立共和）、定乱（戡定叛乱）、交邻（和睦外交）之"功烈"，"迈越百王"，"荡荡巍巍"，"今兹创业，踵迹先朝，不无更姓改物之嫌，似有新旧乘除之感"。推戴书专门为袁背弃维护民国的誓词辩护称："前此之宣誓有发扬共和之愿言，此特民国元首循例之词，仅属当时就职仪文之一。盖当日之誓根于元首之地位，而元首之地位根于民国之国体。国体实定于国民之意向，元首当视乎民意为从违。民意共和则誓词随国体为有效；民意君宪则誓词亦随国体为变迁。今日者，国民厌弃共和，趋向君宪，则是民意已改，国体已变，民国元首之地位已不复保存，民国元首之誓词当然消灭。"结论是："我皇帝惟知以国家为前提，以民意为准的，初无趋避之成见，有何嫌疑之可言"。有了这份第二次推戴书，袁世凯以为"民意"的功夫已做足，12日他再发申令，恬言称："天下兴亡，匹夫有责，予之爱国，讵在人后？……前次掬诚陈述，本非故为谦让，实因惝悢交萦，有不能自己者也。乃国民责备愈严，期望愈切，竟使予无以自解，并无可逭避。第创造宏基，事体繁重，洵不可急遽进行，致涉疏率，应饬各部院就本管事务会同详细筹备，一俟筹备完竣，再行呈请施行。"①至此，袁世凯称帝的"法律"手续已当告完成。

1915年12月13日，袁世凯在北京中南海居仁堂得意洋洋地接受

---

① 黄毅：《袁氏盗国记》，见来新夏主编《北洋军阀》（二），47—55页。

了文武百官对其称帝之朝贺,开始以皇帝身份君临天下。还在袁称帝尚未通过国体投票前,内务部即在11月中旬开始筹备袁的皇帝登极事宜。12月1日,登极大典筹备处在北京举行开幕礼,由朱启钤任办事员长。12日袁世凯接受帝位后,19日即下令正式成立大典筹备处,筹备皇帝登极大典。12月31日,袁下令定新朝年号为"洪宪",决定自1916年1月1日起,将民国纪年改为洪宪元年。与此同时,袁世凯循过往开国帝王之惯例,大封群臣,12月15日封黎元洪为武义亲王,20日封徐世昌、赵尔巽、李经羲、张謇为嵩山四友,21日封冯国璋、张勋等为一等公,汤芗铭、李纯等为一等侯,张锡銮、朱家宝等为一等伯,朱庆澜、李厚基等为一等子,张怀芝、卢永祥等为一等男;同时重申清室优待条件继续有效。为表示其不似前朝帝王之守旧,袁世凯又下令:今后各级官员谒见时不必跪拜,改行三鞠躬礼;"凡我旧侣,及耆硕故人,均勿称臣";"所有从前太监等名目,着即永远革除,悬为厉禁。内廷供役,酌量改用女官。"①不过,就在袁世凯兴高采烈地筹备登极大典,希冀早日过上皇帝瘾时,反对其称帝的潮流正由暗而明、由潜伏而公开,不等其登极大典告成,护国战争的枪声已经在西南边陲的云南打响,袁世凯要考虑的已经不是如何当皇帝,而是如何压服反对派,保持自己统治的稳定了。

---

① 中国第二历史档案馆、云南省档案馆编:《护国运动》,142—148页。

第二节　革命派与其他派别的反袁斗争

自革命派发动的二次革命被镇压后,袁世凯一统天下,国内政治局势可谓万马齐喑,一派肃杀。曾经积极参加武力讨袁的革命党人,多遭当局追捕通缉,只能被迫流亡海外,即便是那些主张法律和政治解决的革命党人,也不见容于袁世凯,难有其政治活动空间,只能风流云散,各谋出路,有人退出政治,另做打算,有人意图隐忍,暂避其锋,也有人投靠袁党,甘为效力。一时间,革命党人的势力和地位均一落千丈,再度成为秘密活动的地下党。除了少数革命党人依托租界掩护,还在进行秘密的革命活动之外,多数革命党领导人及中坚分子在二次革命失败后流亡海外,主要是中国的近邻日本。1913年8月9日,孙中山与胡汉民等乘船到达日本神户,18日抵达东京。27日,黄兴等亦来到东京。在此前后,李烈钧、柏文蔚、居正、谢持、许崇智、钮永建、邹鲁、陈其美、戴季陶、朱执信等国民党领导人,均以各种方式到达日本,日本遂成为当时落难中的革命党人云集之地。虽然日本政府也担心大批革命党人在日本的活动会影响其与袁世凯政府的关系,但日本一向与中国各派政治力量建立联系以图其利的政策和做法,使其对革命党人在日本的活动或多或少采取了默认态度,再加上孙、黄等人在长期的反清革命期间于日本建立的诸多老关系与结识的诸多老朋友的帮助,也使得日本政府一时不便于对他们采取过激行动。革命党领导人由此在日本获得了暂时的喘息之机,虽然他们的生活因缺乏经济来源而十分艰苦,但毕竟躲过了袁世凯政府的追捕,而得以总结经验,整顿力量,寻求支持,决定方向,以备再战。

二次革命失败后,许多革命党人对前途悲观失望,认为袁世凯势头正盛,"以为其锋不可犯,势惟与之委蛇而徐图补救";"今已一败涂地,有何势力可以革命?"①如何总结革命失败的经验教训,鼓舞大家的精神士气,寻找继续革命的路径,是革命党领导人面临的首要任务。但正是在这个问题上,革命党领导人却出现了明显的意见分歧。

还在二次革命发动之前与进行过程中,革命党内部实际上已经有了不同意见,不过后来由于革命的发动,紧迫的战争行动掩盖了不同意见的分歧。而在革命失败后,过去的意见分歧不仅没有消失,反而因战争的失败以及总结失败的原因而进一步凸显。孙中山认为,革命失败的主要原因,一在党人"不服从",尤其是"全在不听我之号令",致各行其是,贻误时机;二在"无统一","党员虽众,声势虽大,而内部分子意见分歧,步骤凌乱,既无团结自治之精神,复无奉令承教之美德,致党魁则等于傀儡,党员则有类散沙"。因此,他认为"吾党之败,自败也,非袁败之也";"非袁氏兵力之强,实同党人心之涣";并对革命前途表示乐观。他还认为:"内地各处,其革命分子较之湖北革命以前,不啻万倍。而袁氏之种种政策,尚能力为民国制造革命党。""当此四方不错之时,内外交迫之际,不特应聚精会神,以去乱根之袁氏,更应计及袁氏倒后,如何对内,如何对外之方策。"②

与孙中山着重强调革命失败的主观原因相比,黄兴比较强调革命失败的客观原因,即袁世凯对发动战争早有图谋并有强大的实力,而革命党则是在缺乏准备的情况下不得已之战,故此"正义为金钱、权力一时所摧毁,非真正之失败"。正是基于这种对形势的客观分析,黄兴认为,革命失败后的情况较前尤盛,袁世凯的实力更强,而革命党"今无尺土一兵,安敢妄言激进",因此主张"决不轻言国事",等待时机,"蓄之久而发之暴"。③

究孙、黄对二次革命失败的经验总结及其对形势的看法而言,各有其侧重,亦各有其理由,很难说孰是孰非。平心而论,孙中山一向是革

---

① 《孙中山全集》第 3 卷,284 页;第 8 卷,434 页。
② 《孙中山全集》第 3 卷,75、89、92、213 页;黄季陆、罗家伦主编:《革命文献》第 5 辑,20、98 页。
③ 湖南省社会科学院编:《黄兴集》,357、398 页,北京,中华书局,1981。

命理想家和领导者,富于远见卓识,但有时难免太过理想,稍过超前;而黄兴是多年的革命实干家,勇于身先士卒,但有时难免看重实务,稍过持重。两人在反清革命斗争中"奔走海外,流离播迁,同气之应,匪伊朝夕",互补短长,相得益彰,可是却由于对二次革命失败的原因看法不一,连带对其前后革命的战略战术亦产生不同意见,牵连到彼此间发生了一些个人矛盾。孙中山对黄兴在二次革命前后的表现多有批评,责难黄兴幻想法律解决,贻误战机;开战后"措置稍乖,遗祸匪浅",并且不能坚持到底,结果"贸然一走,三军无主,卒以失败"。黄兴对孙的批评反应低调,并没有针锋相对地回应,而是自责"南京事败,弟负责任,万恶所归,亦所甘受"。[①] 本来,黄兴对孙中山的革命领袖地位是尊重的,而孙中山对黄的批评虽有过当之处,但以黄一向之为人,即使有所不快,也还不至于张大其实。但问题在于,孙、黄各有拥护与支持者,如陈其美、戴季陶、许崇智、朱执信等拥孙,李烈钧、陈炯明、柏文蔚、熊克武等拥黄,而当对革命失败的经验总结过多牵涉到对个人的批评时,难免使他们各自的支持者心有不满,而革命党领导人又没有及时认识到此事之后果而居间化解双方的矛盾,尤其是双方支持者的矛盾,致矛盾于有形无形中继续扩大,形成孙、黄间的隔阂与分离,也产生了对革命党人的不利影响。

由于对革命失败的原因和当下形势看法的不同,革命党人内部实际形成了两派,分别以孙中山和黄兴为首,在实行什么样的革命战略与策略方面,两派各有不同的认识和做法。孙中山"继续持积极主义,统率新旧同志,爰谋第三次进行,务以武力削彼暴政",为此他主张重新组党,继续发动武力革命。黄兴则主张从根本入手,整理党的队伍,光大党的主义,团结各方力量,立定长远规划,培养造就人才,徐图扩充发展。孙、黄的反袁革命目标其实并无二致,唯因对形势的认识不同,而致看法有别,但双方未能力谋沟通,孙中山且批评黄兴"不维始终之义,遂作中道之弃";"若公以徘徊为知机,以观望为识时,以缓进为稳健,以万全为商榷,则文虽至愚,不知其可"。[②]再加上各自支持者的互相争论

---

① 《孙中山全集》第3卷,166页;《黄兴集》,357页。
② 《孙中山全集》第3卷,147、166—167页;《黄兴集》,357页。

以至攻击,双方的裂痕不断扩大,终在组织上亦分道扬镳。

二次革命失败后的孙中山认为国民党已经失去革命性,组织涣散,各行其是,不能担当领导今后革命的重任,因此坚持重新组党。他将新党命名为中华革命党,拟其入党誓约为:为救中国危亡,拯民生困苦,愿牺牲一己之身命、自由、权利,附从孙先生,再举革命,务达民权、民生两目的,并创制五权宪法,使政治修明,民生乐利,措国基于巩固,维世界之和平,特诚谨矢誓:(1)实行宗旨;(2)服从命令;(3)尽忠职务;(4)严守秘密;(5)誓共生死。从兹永守此约,至死不渝。如有二心,甘受极刑。而且入党者必须有人介绍,立约宣誓,并按指纹为证。此项誓约虽然延续了孙中山一贯的三民主义革命主张,但其主旨在"党魁特权,统一一切,党员各就其职务能力,服从命令"。孙中山自信自己是革命领袖,有坚定的理想和信念,并将二次革命的失败教训归结为缺乏对领袖的服从,因此在组建中华革命党时,表示"欲为真党魁,不欲为假党魁,庶几事权统一",特别强调党员"必自问甘愿服从文一人,毫无疑虑而后可",并认此与"专制政体,实截然两事,不可同日而语"。但这种做法表现出自同盟会时期资产阶级民主组织原则的一定后退,以及向中国传统会社组织原则的某种复归,是其组党过程中最为人所诟病之处。也正因为如此,中华革命党在一些原来的革命党人心目中,失去了当年的理想主义色彩与民主精神,"近于专制","丧失自由",使他们不愿加入其中。尽管他们对中华革命党本质和孙中山良苦用心的理解不无偏颇之处,但孙中山强调中华革命党对其个人服从的做法,确实是妨碍其扩大组织并发挥作用的重用因素之一。①

1913年秋,孙中山发展陈其美、戴季陶等为中华革命党第一批党员,其后陆续在国内外建立组织,发展党员。因为孙中山在长期革命斗争中形成的领袖地位及其个人魅力,不少革命党人投身于其门下,党务逐渐有了起色。1914年7月8日,孙中山在日本东京主持召开中华革命党成立大会,对外正式打出了中华革命党的旗号(国民党海外各支部因筹饷等之需要仍可沿用国民党名义)。中华革命党拥孙中山为总理,

---

① 陈锡祺主编:《孙中山年谱长编》上册,852页,北京,中华书局,1991;《孙中山全集》第3卷,89、92、184页。

以陈其美任总务部长，居正任党务部长，许崇智任军务部长，胡汉民任政治部长，张静江任财政部长。成立大会通过了孙中山手书的《中华革命党总章》，提出以"实行民权、民生两主义为宗旨"，"以扫除专制政治、建设完全民国为目的"。孙中山认为，民国成立后，"反满"民族主义的任务已经基本解决，故在党章中未提民族主义，而将重点置于以民权主义反对袁世凯的专制统治，以民生主义解决民生困苦。这是孙中山提出中华革命党纲领时的一大失误，因为列强侵略中国而引发的民族主义情绪在民国成立后不是在削弱而是在增长，不能适时提出民族主义的口号与主张，实际也就不能引领时代潮流与民心民意，而且在日本加紧侵略中国，国内反日浪潮高涨之际，孙中山出于历史关系与现实考虑，一度还有"联日讨袁"设想，刻意强调反袁，而少提反对日本侵略，也不利于凝聚民心支持。① 为了实现革命目的，总章将革命进行程序分作军政、训政、宪政时期，其中军政时期"以积极武力，扫除一切障碍，而奠定民国基础"；训政时期"以文明治理，督率国民，建设地方自治"；宪政时期"由国民选举代表，组织宪法委员会，创制宪法"。在宪法颁布前，统为革命时期，"一切军国庶政，悉归本党负完全责任"。上述三个时期的划分，体现了孙中山的革命阶段论，也不无对中国国情之体认，但过于机械的时期划分，其实并不利于孙中山本所追求的民主制理想的实现。

中华革命党强调革命精神与服从义务，入党者"必须以牺牲一己之身命、自由、权利而图革命之成功为条件，立约宣誓，永久遵守"。同时又以党员入党先后分为首义党员（革命军起义前入党者）、协助党员（革命军起义后入党者）、普通党员（革命政府成立后入党者），三者的权利义务并不平等。革命成功后，首义党员为元勋公民，"得一切参政、执政之优先权利"；协助党员为有功公民，"得选举及被选权利"；普通党员为先进公民，"享有选举权利"。孙中山对党员作如此划分，本义或为鼓励大家早入党多入党，俾壮大革命声势，同时严格党员纪律，防制投机。但其以入党时间早晚机械地规定权利义务的做法（少数有功党员可经

---

① 关于此时孙中山与日本的关系，可参阅俞辛焞《孙中山与日本关系研究》，北京，人民出版社，1996。

10 人保证，追认为首义党员），却阻断了普通党员的上升之阶，阻碍了普通党员的进取心，反而妨碍了党外人士入党的积极性，非常不利于党的发展；而且党内等级制的存在，造成了党内的特权阶层，领袖及高阶党员高高在上，他们与普通党员之间的地位鸿沟，也不利于发挥普通党员的革命积极性。总章还规定"凡非党员在革命时期之内，不得有公民资格"，此为孙中山的革命程序论中最为矛盾之处。孙中山发动革命的本义，是建立共和民主制度，发扬民权，但这样的规定，却将绝大多数民众视为革命的附庸而非革命的参加者，甚而不予他们以基本的公民身份及权利，背离了孙中山发动革命的初衷，也表现出他在总结以往革命失败教训时的片面与误区。无论孙中山本人的革命理想多么高远，意志多么坚定，脱离了大多数民众，仅靠其个人或少数人的奋斗，是无法获得革命成功的，这也是孙中山与中华革命党其后未能率先发动反袁护国战争的重要原因之一。但是，中华革命党的成立，毕竟在革命低潮时期重新聚集了革命力量，先后设立了 18 个省支部及 39 个海外支部，人数最多时有万余名党员，公开树起了反袁革命旗帜，对于孙中山领导的反袁革命事业仍有重要的意义。

在中华革命党之外，那些批评中华革命党不够民主及不愿对孙中山个人宣誓效忠的部分革命党人，拥护黄兴为领袖，走了另外一条组党革命的道路。孙中山与黄兴之间，由于对二次革命失败的总结及对形势的认识不一，产生了一些矛盾，再加上各自支持者的互相论争，双方之间的裂痕日深。孙中山对黄兴不时有批评，致黄兴认为这是因为他"不赞成中山之举动，以是相迫，不但非弟所乐闻，且甚为弟所鄙视"。他既不完全认同孙中山的做法，又不愿因此而破裂革命阵营，眼见"同志之间意见日深，将自行削弱革命力量，给敌人以挑拨离间的机会"，因此一度对政治表示消极，认为"国事日非，革命希望日见打消，而犹自相戕贼若是，故日来悲愤不胜"。但黄兴对孙中山作为革命领袖的尊敬始终如一，认为革命党的领袖唯孙中山一人而已，并无另拉山头之意，也无与孙相争之意。当孙中山筹组中华革命党时，黄兴尽管不愿加入，但特意致函孙中山，表明"如有机会，当尽我责任为之，可断言与先生之进行决无妨碍"。①

1914年6月底,黄兴离日赴美,以避免卷入党内纠纷。其后,一些不愿加入中华革命党的革命党人亦自谋出路,如李烈钧赴法,钮永建赴英,柏文蔚赴南洋,李根源、程潜等进入早稻田大学学习。不过,那些仍然留在日本而又未加入中华革命党的人士因为意气相投,出于联络感情、互通信息的需要,经常相聚,讨论时局。在讨论过程中,李根源等提议成立组织,集合力量,研究问题,共图大局。经过一番讨论,决定将新成立的组织定名为欧事研究会,以讨论正在进行的欧洲大战的学理面目出现,以避免和中华革命党形成直接对立的两个政党。1914年8月,欧事研究会在日本东京成立,参加者主要是多年追随黄兴并与黄兴有较多个人关系的部分军人革命党人,如李烈钧、柏文蔚、陈炯明、熊克武、钮永建、林虎、程潜等,以及部分由前统一共和党与国民党合并后转为国民党的成员,如李根源、谷钟秀、吴景濂、张耀曾等。这两部分人在政治上本非完全一致,但都共同主张缓进,不主张在袁强我弱的形势下立即采取过于激进的革命行动。在反袁行动策略上,他们与孙中山坚持的武装斗争路线显有分歧,但在反对袁世凯统治的大方向上两者并无区别。当然,他们也不认同孙中山在组建中华革命党时要求立约按印的一些做法。

欧事研究会成立之初,发起人在其起草的"协议条件"中提出三项主张:(1)力图人才集中;(2)对于中山先生取尊敬主义;(3)对于国内主张浸润渐进主义。"浸润渐进"是该会的主要政治取向,但这不过是一种进行方法,而并非明确的政治主张。由此出发,他们反对以"激烈心理,逞一时之愤",主张"蓄远势毋狙于目前,计全局毋激于一部"。确实反映出欧事研究会对形势的认识以及不主张立即发动冒险主义反袁行动的缓进态度。欧事研究会奉黄兴为精神领袖。当该会成立时,黄兴尚在美国游历,应该会同人的敦请,黄兴表明个人对该会的态度是:"欧事研究会,本爱国之精神,抒救时之良策,主旨宏大,规划周详,其着手办法,尤能祛除党见,取人才集中主义,毋任钦仰。又承决议认弟为

---

① 《黄兴集》,355、358页;中国人民政治协商会议全国委员会文史资料研究委员会编:《辛亥革命回忆录》(一),212页,北京,文史资料出版社,1981。

本会会员,责任所在,弟何敢推辞?"①因此,虽然黄兴在欧事研究会中并未有领袖名分,但其在欧事研究会成员中实际的精神领袖地位却毋庸置疑。

中华革命党与欧事研究会虽同为反袁革命组织,但因为理念与策略之异,反袁活动的内容亦有不同。中华革命党着重在国内发动武装讨袁,自其成立之时起,陈其美、戴季陶、邱丕振等在东北,凌霄、李国柱、雷英、雷瀛等在湖南,夏之麒等在浙江,哈在田、韩恢等在江苏,范鸿仙等在上海,邓铿、朱执信、洪兆麟等在广东,先后策动多次武装起义,但均以实力不济而失败。根据形势的发展,为进一步组织与协调武装讨袁,1915 年夏,孙中山决定在国内分区建立中华革命军,并任命陈其美为东南军总司令(驻上海),居正为东北军总司令(驻青岛),胡汉民为西南军总司令(驻广州),于右任为西北军总司令(驻陕西三原),筹备大举发动武力讨袁。孙中山也注意到在袁世凯势力较为薄弱的西南发展力量的可能性,提出过"先从西南造我根据"的设想,并派吕志伊等在云南,张百麟等在贵州活动,但未及充分实施,即被以梁启超为代表的进步党人占据头筹。

中华革命党在国内发动的武装讨袁和地下组织活动,由于实力所限,一时尚未对袁世凯统治形成根本的威胁,真正使中华革命党在国内名声大振的,是其策划并实施的一系列暗杀行动及上海"肇和"舰起义。

广东将军龙济光效忠袁世凯,镇压革命党,为党人所痛恨。1915年 5 月,革命党人钟明光等潜入广州,筹划暗杀龙济光,但因其防范甚严,迟迟未能得手。及至 7 月 17 日,钟明光觅得龙济光外出巡视之机,向其投掷炸弹,但因其周围卫士群集,炸弹爆炸后卫士被炸死多人,而龙本人仅伤左脚,钟明光被捕后从容就义。

上海因租界关系是革命党人的活动中心之一,也是袁世凯的防备重点。上海镇守使郑汝成领袁命守上海,对革命党人极尽镇压之能事,亦成为革命党人暗杀的重要目标。1915 年 11 月,陈其美等在沪密谋策暗杀郑汝成的计划,在其可能途经之各处均伏下人员。10 日近中

---

① 《传记文学》第 34 卷第 5 期,64 页;《黄兴集》,388—389 页。

午,当郑汝成所乘汽车行至英租界北口苏州河外白渡桥时,潜伏的革命党人王晓峰与王明山连掷两枚炸弹,迫使汽车停驶,王晓峰遂上车开枪,将郑汝成击毙,并在桥头演说,宣传革命。王晓峰与王明山被捕后,于12月7日慷慨就义。革命党人受刺杀郑汝成成功的鼓舞,随后一鼓作气,在上海发动起义。陈其美、杨虎、吴忠信、蒋介石等经商讨后决定,首先运动驻沪海军起义,俾可进退自如,得手后攻制造局及吴淞要塞,立有根基之后再图扩大。由于驻沪"肇和"舰舰长黄鸣球支持党人,该舰率先同意响应起义,随后又得到了"应瑞""通济"两舰部分官兵的支持。12月5日下午,杨虎率人登"肇和"舰,顺利发动起义,但孙祥夫率领的另一路人马在登"应瑞""通济"舰时为租界巡捕所阻,致两舰未能同时响应。"肇和"舰起事后,革命党人随即以市内各处警察局为主要目标,发动进攻,但因人寡势弱,装备缺乏,经验不足,均为北洋军所败,此时只有"肇和"舰还在孤军奋战。为了尽快镇压革命党人的起义,新任淞沪护军使杨善德和驻沪海军司令李鼎新对"应瑞""通济"两舰官兵许以重金和官衔,诱其参加镇压行动。6日晨,两舰炮轰"肇和"舰,"肇和"舰仓促应战,力有不支,起义党人最后只能弃舰而走。刺杀郑汝成与"肇和"舰起义,是中华革命党在袁世凯称帝前发动的最有影响的武装行动,一时使袁世凯极为恼怒,陈其美也因此成为袁追杀的对象,并最终在1916年5月18日被袁世凯派出的刺客所杀。

中华革命党成立后,在困难的形势下,发展了组织,凝聚了力量,发动了一系列起义与暗杀活动,表现出孙中山和革命党人决不屈服袁世凯统治的坚定精神和坚强意志。然而这些起义活动基本上局限于小众之中,旋起旋败,缺乏大众广泛的支持与呼应,对袁世凯的统治无法构成根本的威胁。

与中华革命党相比,欧事研究会的反袁活动主要在积蓄力量,进行宣传,联络策动各个不同的政治派别,共同反袁。在国内,谷钟秀等在上海创设泰东书局,出版《正谊》杂志,从事舆论宣传活动。在海外,黄兴在美国大力进行反袁宣传,"将袁氏罪状节节宣布,使世界各国皆知袁氏当国一日,即乱国一日,欲保东亚之和平,非先去袁氏不可";并坚定地表示"将奋斗到底,使中国成为一个实至名归的共和国"。① 在东京,欧事研究会出版《甲寅》杂志,阐释民主原理,反对专制制度。值得注意的是,当孙中山一度幻想实行"联日反袁"时,欧事研究会却在"二十一条"交涉进行时一度幻想"联袁反日"。黄兴、李烈钧、柏文蔚、陈炯明等欧事研究会领导人曾联名发表通电,提出以国家利益为重,联合对外,暂时停止反袁活动,以使政府全力进行对日外交,所谓"国若不存,命于何革"。虽然他们的主张与孙中山似乎是南辕北辙,但实际上都反映出两者对内外形势认识的某种误区以及脱离民众、自身力量不足的无奈。及至袁世凯筹谋帝制的企图公开后,欧事研究会重又提出反袁革命主张,并有回国发动武装讨袁之议。1915年11月,李根源等由日本、钮永建等由美国分赴上海,与在上海的谷钟秀等讨论时局。他们认为,形势已经有了重要变化,袁世凯称帝之举实为倒行逆施,欧事研究会应该与其他各派采取一致行动,发动武装讨袁。此后,欧事研究会的反袁活动显然较前明显趋于积极。他们组织共和维持会,发表宣言,揭露袁世凯"悍然以暴乱蹂躏国会,撤销自治,改约法,弃国务院,政治大权,已俾君主";"今将饫羊共和之虚名,而欲去之,曲副君主专制之实";誓言"重念缔造共和之艰难,誓发鸿愿,力予维持"。他们发动舆论宣传,猛烈抨击袁世凯的倒行逆施行径,尤以他们在上海创办《中华新报》,"以促进民气,唤醒迷梦与袁氏精神上之宣战,可谓自此开幕,隐然系天下众望,而言论界得此雄鸡之鸣,亦渐有赓同调者矣。说者谓推倒满清,得力于民立报,摧灭洪宪,得力于《中华新报》,徇非过言也。"②

在西南武力讨袁的发动过程中,欧事研究会起到了特殊的作用。因为欧事研究会的不少参加者与进步党人及西南地方实力派有较深的历史渊源、较多的往还及共同语言,因此,欧事研究会较中华革命党更能够发挥对进步党人和西南地方实力派的联络鼓动作用。当袁世凯称帝的图谋公开化之后,欧事研究会在全力反袁的同时,也表示"不论各党派政见如何不同,不论他们以前与国民党有何种嫌怨,只要他们现在

---

① 中国国民党中央委员会党史史料编纂委员会编:《黄克强先生书翰墨迹》,288页,台北,1956;《黄兴集》,363页。
② 《文史资料选辑》第24辑,275页;《文史资料选辑》第48辑,15页;黄季陆、罗家伦主编:《革命文献》第47辑,45—48页。

反对帝制,肯出力打倒袁世凯的,都要与他们合作"。① 为此,欧事研究会派出不少成员潜回国内,前往各地联络力量,酝酿发动讨袁,尤以对云南最下功夫。欧事研究会成员、前赣督李烈钧曾在云南讲武堂任教,在云南军政界有广泛的关系,他先与滇督唐继尧信函往返,继派其过去的下属方声涛入滇策动。在云南起义发动前夕,李烈钧于12月17日到达昆明,协助蔡锷等发动讨袁大业,对云南首举义旗起到了重要作用。

欧事研究会的反袁态度复趋积极,拉近了他们与中华革命党的距离。当此之际,革命党人内部要求捐弃前嫌、联合反袁的呼声日起,认为"当兹国势危殆,吾党仍分缓急两派,各自为谋,实于国家大大不利。宜设法早日团结一致,共谋国是,庶不致被内奸外患所乘"。本此之旨,中华革命党的冯自由、欧事研究会的章士钊等于1915年夏赴东京,向孙中山阐述"主张本党各派大团结,以推翻袁世凯拥护共和之意见",并"商榷合作办法"。孙中山表示"本人始终如是主张","绝无成见"。②黄兴亦主动表示愿与孙携手合作,共谋反袁。此后,欧事研究会与中华革命党在组织上虽仍各有系统,但在共同的反袁革命目标之下重新团结合作,双方过往关系之裂痕得到相当的修复。

与革命党人在二次革命失败后始终如一的反袁世凯立场相比较,进步党人对袁的态度则经历了明显的变化过程。以梁启超为精神领袖的进步党人,自民国成立后一直是袁世凯的支持者,并且在一定程度上主动扮演了替袁摇旗呐喊的角色。革命党人在民初政治的失败,固因其政治弱点所致,但与进步党人的拥袁致革命党人势单力孤亦不无关系。梁启超的学生蔡锷曾经坦承:"暴烈派之失败,虽以兵力为之,而进步党之鼓吹社会扶助政府者,其功亦诚不小。"③进步党人之所以如此,与他们信奉的改良主义政治观有关,他们担心革命引发社会动乱,希望经由一定的威权政治过程,实现资本主义民主政治的发展,因此,即使是二次革命失败后袁世凯采取了一系列废弃共和与民主制度的举措,进

---

① 《辛亥革命回忆录》(一),215页。
② 冯自由:《革命逸史》第3集,383页。
③ 曾业英编:《蔡松坡集》,768页。

步党人仍隐忍未发,寄望未来,梁启超且以"开明专制"的说辞为袁辩护。但令进步党人非常失望的是,袁世凯并未以威权促进民主,相反却以威权为个人专制开路,直至上演称帝的闹剧。事实使进步党人抛弃了对袁世凯的幻想,他们感叹当年对于国民党"所唱之激说,断然反抗之",然"抚今追往,转不得不叹赏曩时国民党勇气青年者流,果有先见之明,贤于吾辈万万也"。① 进步党人与袁世凯在政治上已渐行渐远,梁启超即为其代表。

杨度的《君宪救国论》出笼后,以梁启超的聪明和敏感,不会不知其后的背景,但他仍不顾袁世凯的利禄诱惑与恐怖威胁,于1915年9月初毅然发表《异哉所谓国体问题者》,并在发表前修书致袁世凯,明告"近顷变更国体之论,沸腾中外……谬倡异论者,徒见其利,未见其害,轻于发难,实恐摇及大局。窃不敢有所瞻忌,辄为一文,拟登各报相与商榷匡救,谨先录写敬呈钧览。……独念受我大总统知遇之深,若心所谓危而不以告,殊违古人以道事上之义。"他在文中论述了所谓国体与政体问题的异同,认为"立宪与非立宪,则政体之名词也。共和与非共和,则国体之名词也。吾侪平昔持论,只问政体,不问国体,故以为政体诚能立宪,则无论国体为君主为共和,无一而不可也。政体而非立宪,则无论国体为君主为共和,无一而可也。国体与政体,本截然不相蒙。谓欲变更政体,而必须以变更国体为手段,天下宁有此理论!"他又道出了君主制不可复的浅显道理,即"我国共和之日,虽曰尚浅,然酝酿之则既十余年,实行之亦既四年。当其酝酿也,革命家丑诋君主,比诸恶魔,务以减杀人民之信仰,其尊严渐褻;然后革命之功乃克集也。而当国体骤变之际与既变之后,官府之文告,学校之教科,书报之言论,街巷之谈说,道及君主,恒必以恶语冠之随,盖尊神而入溷廁之日久矣!今微论规复之不易也,强为规复,欲求畴昔尊严之效,岂可更得?"因此他的结论是:"今日对内对外之要图,其可以论列者不知凡几,公等欲尽将顺匡救之职,何事不足以自效?何苦无风鼓浪,兴妖作怪,徒淆民视听,而贻国家以无穷之戚也!"如梁启超所言,他发表此文"实不忍坐视此辈鬼

---
① 李希泌等编:《护国运动资料选编》(上),78页。

蜮出没,除非天夺吾笔,使不能复属文耳",表现出其"以今日之我否定旧日之我"的勇气精神。梁启超此论既出,反对帝制的立场义正词严,而且以其过往之名声及多家报纸转载之效应,更易引起社会关注,一时间街谈巷议,反对帝制者深受鼓舞。进步党人由"非袁不可"到"非去袁不可"的转变,对反袁阵营的形成与袁世凯的败亡有重要的意义。诚如论者所谓:(1)进步党的领袖,与北洋派的文武要人夙通声气,可以摇动北洋派拥袁的础石,纵不能使北洋派人物积极地反袁,至少可使那消极反袁的益趋于积极;(2)进步党的领袖,夙以稳健两字博得惰性国民的同情,现在转为积极反袁,使许多人知道反袁不是革命党的多事了;(3)进步党在旧势力方面,既可以与官僚复辟派人发生关系,在新势力方面,又可以与国民党的温和派连为一气,而国民党的温和派自然与激进派可以联络的,因此进步党人与激进的国民党人也一时成了朋友。于是,各种消极、积极的反帝制势力,不知不觉地形成一条不自然的联合战线。①

---

① 白蕉:《袁世凯与中华民国》,见《近代稗海》第3辑,157—173页;李希泌等编:《护国运动资料选编》(上),74—75页;李剑农:《戊戌以后三十年中国政治史》,217—218页。

第三节　护国战争的爆发及各地响应

袁世凯称帝的图谋进入实施阶段后,中华革命党与进步党不仅在言论上表示坚决反对,而且开始以不同的方式,通过不同的途径发动武装反袁。与中华革命党的暗杀活动和独立起义相比较,进步党运动西南地方实力派起事的活动更为成功也更为有效。

在进步党运动西南地方实力派发动武装反袁的过程中,蔡锷扮演了关键的角色。蔡锷是辛亥革命时期云南反清起义的领导者,自袁世凯当政后,他一直对袁表示支持,在二次革命爆发后,他通电责难革命党"是不啻以国家为孤注,以人民为牺牲,谓为叛罪,其又奚辞!"要求对"为首发难之人,不能不按法惩治,以为破坏大局者戒"。蔡有雄才大略之志,为人正派清廉,袁世凯有意利用其能力,但对出身非北洋正统的蔡锷又不能完全信任。1913年10月,袁世凯调蔡锷进京,貌似重用,但就袁委蔡担任的政治会议议员、参政院参政、统率办事处成员、全国经界局督办等职而言,多为闲曹,并不能充分发挥蔡的才干。蔡锷似乎对此也没有什么异议,而是兢兢业业,恪尽职守,对袁"竭忠尽智"。及至袁世凯称帝议起,进步党人方才认识到以往拥袁之非是,梁启超公开发表反对称帝的言论,而蔡锷13岁即在长沙时务学堂从梁就学,有师生之谊,到北京后,与梁"日夕过从",对梁的意见极为尊重。梁启超回忆:"当筹安会发生次日,蔡君即访余于天津,共商大计。余曰:余之责任在言论,故余必须立刻作文,堂堂正正以反对之。君则军界有大力之人也,宜深自韬晦,勿为所忌,乃可以密图匡复。"据蔡锷所称,他与梁启超"反复讨论国家前途及吾侪所以报国之道",认为当年"徒以顾全大局,投鼠忌器之故,甘牺牲一切,与之(袁世凯)勠力。一年以来,假面既揭,丑形暴露"。"今当举国鬼气沉沉之时,非有圣贤之心,豪杰之行,孰敢赴此大义?吾侪所欲为之事,虽为举天下人人所欢舞以迎,而亦为举天下人人所莫敢倡导,故必须自动以待景从。"他们"讨论既熟,询谋金同",决定"分途趋功。而植基之谋,首在南服";达成了一旦袁决意称帝即准备发动西南进行武力声讨之共识。①

蔡锷反袁之意已决,但为了不引起袁世凯的注意,他刻意保持低调,1915年8月25日率先手书签名"主张中国国体宜用君主制"。其后,蔡锷频频邀约军界同人发起拥袁称帝的倡议,并照常入值,办理公务,似与当时反对帝制或对帝制表示消极的军政界人士不沾边;然而正如其过后所言:"国体问题,在京能否拒绝署名,不言而喻。若问良心,则誓死不承。"为此,他在给滇、黔当局的电文中已经有所暗示,请他们"务望稳静,以靖地方";"事机迫速,尚望加意镇慑防范,俾免意外";"言出其位,明哲所戒。一切希慎重。至公事,容徐图之。""凡各军队官长,尤应时刻留心"。这些都表明蔡锷已经意识到与袁之决裂恐不可免,已着手在西南地方预为布置。虽然蔡锷对帝制阳示积极,但袁世凯仍不放心,10月中旬,袁得报云南有人反对帝制并与蔡有涉,即令军警借口至蔡宅搜寻证据。蔡锷知袁世凯称帝之意已决,北京不可久留,即与梁启超等密谋,决定潜回云南发动讨袁。为了在袁世凯的监视下脱身而去,蔡锷颇费了一番脑筋。10月底,他以喉病为由,向袁请病假获批。期满后又以病势加剧为由,请求续假赴天津就医。素称老谋深算的袁世凯"派人察视,见渠时赴病院,时或不往",不疑有他,而蔡"旋移德义楼,由该楼茶役夜间送其登火车站",在袁的眼皮底下堂而皇之地出京到津,脱离了袁的直接监视。11月中旬,蔡锷乘隙由天津登轮赴日,并于22日上呈袁世凯称:"现在假期已满,病仍未愈,惟有仰恳俯赐矜全,准予续假三月,俾得迁地疗养,并请派员代理,免旷职务。"此呈摆明将一去不返,不过此时蔡锷已脱离袁世凯之管辖范围,袁对蔡已是鞭长莫及,只能送个顺水人情,给假两月,令其"一俟调治就愈,仍望早日回国,

---

① 曾业英编:《蔡松坡集》,727页;李希泌等编:《护国运动资料选编》(上),79—81、89页。

销假任事,用副倚任"。①

12月初,蔡锷到达日本东京。他以"周历南北,痛心召侮,无地不然",而有电致袁反对帝制,但仍"切词披布腹心",不过"未蒙采纳"。眼见袁之称帝再无挽回余地,蔡锷亦按前计而行,乘轮离开日本,经越南海防登陆,由滇越铁路前往云南。袁世凯得报后,即电滇督唐继尧,"准以全权便宜处理。无论何人,但有谋乱行为,立置于法,事后报明,毋庸先行请示。"对于蔡锷等入滇,"应严密查防"。② 但此时唐继尧已决定投身反袁,他派人沿途保护蔡之安全,护送蔡锷一行于19日安抵昆明,讨袁起义的大幕由此而徐徐拉开。

讨袁起义首发于云南并非偶然。云南地处西南边陲,为袁世凯当政后北洋势力所不及之少数省份之一,且地理环境偏僻,袁世凯一时鞭长莫及;云南军队实力尚可,且从编制、武器、教育等方面均自成体系,又受过辛亥革命的熏陶,各级军官或为革命党人,或与革命党人有较多关系;云南将军唐继尧参加过同盟会,又是蔡锷一手提拔的下属,比较可能接受反袁鼓动;因此,进步党人在准备发动武装讨袁时,首先将工作重点放在云南,而欧事研究会也对发动云南讨袁出力甚多。

当袁世凯称帝的图谋公开之后,以昆明《觉报》为代表的云南舆论界首先发出反袁之声。除了批驳筹安会的帝制言论外,《觉报》甚而几近于公开批驳袁世凯,责"信誓旦旦不许帝制复活之×××,对此紊乱国宪之妖人,不惟不予以刑法制裁,甚至闻以大宗款项补助筹安会经费,司马昭之心,路人皆见之"。其后,滇中军界亦因袁图谋称帝而"愤慨异常",开始涌动反袁浪潮,起初自为组织,经过热心者的居间联络,"军界全体已隐有共同一致之轨道矣"。③

云南起义的关键在唐继尧。唐继尧参加过辛亥革命,蔡锷离滇北

---

① 曾业英编:《蔡松坡集》,810—811、817—819、837、845页;李希泌等编:《护国运动资料选编》(上),92页。关于蔡锷离开北京的前后经过,后人多有传言是得到了北京名妓小凤仙的帮助,并经不断演绎而成曲折故事。不过,其间颇多穿凿附会之处,不可尽信。可参阅史鹏等编《近世中国十大社会新闻》,长沙,湖南人民出版社,1987;曾业英《蔡锷与小凤仙:兼谈史料辨伪与史事考证问题》,载《近代史研究》2009年第1期。
② 曾业英编:《蔡松坡集》,851页;李希泌等编:《护国运动资料选编》(上),110页。
③ 李新主编:《中华民国史》第2编第1卷,下册,706页;李希泌等编:《护国运动资料选编》(上),104页。

上后继任滇督,他虽曾拥袁并在云南镇压革命党,但他毕竟非北洋正统出身,与袁世凯也没有太深的关系,因此自进步党人策划武力讨袁之始,即将唐继尧列为大力争取之重要对象,滇中军界亦不断向唐说项,促其领衔讨袁。唐"言决不愿向袁氏称臣;惟虑云南一省,势力单薄。羽毛不丰满者,不可以高飞,若能为联络数省,则愿牺牲一人,以从国人之后"。9月11日,唐"召集军界中坚诸人密议",决定积极提倡部下爱国精神,准备武装,预备作战,严守秘密。10月7日,唐"复召集军界诸人议定起义时机",决定在中部或西南有一省可望响应并得海外接济饷糈时即可发动,但如上述时机未出现,"本省为民国存亡,争持人格计,亦须起而反抗"。随后根据形势的发展,11月3日唐与"军界中坚诸人,议定外须虚与委蛇,内须严防奸细煽惑军心等件。然深虑滇省以一隅而反抗全局,其兵力器械,皆应早为筹划。借增防为名,扩充军队。其扩张之策:(一)召集退伍士兵,(二)召集赋闲军官,(三)编练警卫二团,(四)招添讲武学员,(五)添练新兵,(六)征补各团营缺额,(七)筹备军需军械。复以滇省发难之后,如无声援,恐势孤力弱,议定对外之策有四:(一)密与贵州军界约,(二)招纳海内外同志,(三)派员赴各省联络,(四)派员侦察各省军情"。11月23日,唐发布饬令,以"整饬武备"为由,令"历年以来,凡曾在各军队充任中下级官长,或因过撤销差使,或因故自请长假"者,"限十日内详保来署听候定期查验。如果才质可取,过差可原,即应分别酌予任用,俾得及时自效;其有赋闲日久,学术荒疏者,应令补习学术,亦著听候传取入校,授之相当教育,以备异时补充之选。"其后,当袁世凯动员各地军政长官操纵国民投票之电下,唐继尧"以彼制造假民意之伪电,足为盗国之铁证,将执此以告国人,彼虽狡诈,殆百喙莫辩矣。于是积极进行准备,然外仍表示镇静,与袁氏为表面上之敷衍"。① 应该说,唐继尧对讨袁虽非始作俑者,但他对此自始即未表反对,其有某种担心顾虑亦可理解,当袁称帝图谋公开后,唐继尧尽力准备讨袁,在武力讨袁的发动过程中,唐的作用自应予充分肯定。

---

① 李希泌等编:《护国运动资料选编》(上),105、109页。

1915年12月中旬,各方讨袁志士云集昆明,云南政局显现出一派山雨欲来风满楼之势。14日,云南巡按使任可澄致电袁世凯,请其"立下取消帝制之命",或"申明延期,俟数年后斟酌国势,再议实行",俾使"乱党无可借口,外人无从置词"。① 但正在称帝兴头上的袁世凯未予置理,至此,讨袁起义的爆发已不可避免。

蔡锷到达昆明后,会同唐继尧等对讨袁起事进行了周密的布置。首先,他着手集结兵力,并部署其向川边秘密运动,准备起事后即对川边北军主动发起攻击,以收出其不意之效;随后,他又与黔、川故旧及有意参加讨袁者广为联系,促他们参加讨袁,以便在云南起事后不至陷于孤军境地;同时,他还与已经在12月18日抵沪的梁启超保持密切的联系,希望通过梁的运作,在起事后与各方结成广泛的反袁联合阵线,以使讨袁得以成功。蔡锷与唐继尧等本拟在出师川、黔后"始行宣布举义",然"以外交及各种之关系迫不可缓,促唐公速举。而袁政府亦严电唐公查缉蔡君,风声大起,迟恐生变";梁启超亦因得报袁将再向日本让步以使日本承认帝制,及冯国璋有意加入反袁阵营,特于此时来电"促其早发"。② 故21日蔡锷与唐继尧等云南省内外军政界领袖共同议定起事之举,决定实行先礼后兵,先由唐继尧和任可澄联名电请袁世凯取消帝制,如其不予满意回复,即发动武力讨袁。对于讨袁军事名义,决定以"护国军"名之,以示护卫民国之意;对于讨袁领导机关,决定:"恢复都督府,召集省议会,组织略如元、二年旧制。出征部只设总司令部。原议设元帅府暂从缓,盖欲力事谦抑,以待来者。"③对于由谁出任都督,蔡锷本为众望所归,但唐继尧虽表面谦让,而实际上并不愿蔡重担此职,以影响自己的地位,蔡亦知唐之心思,为了讨袁大局,坚决推辞滇督之任,而任护国军主力第1军司令,领兵北征四川;唐亦顺水推舟,接受滇督之任,并兼护国军第3军司令,留守昆明,担当后勤;李烈钧任护国军第2军司令,领兵东出广西,以为侧翼策应。

1915年12月23日,唐继尧和任可澄如约发出致袁世凯电称:"自

---

① 李新主编:《中华民国史》第2编第1卷(下),711页。
② 李希泌等编:《护国运动资料选编》(上),90、107页。
③ 《四川文史资料选辑》第3辑,59页;曾业英编:《蔡松坡集》,880页。

国体问题发生,群情惶骇,重以列强干涉,民气益复骚然。佥谓谁实召戎,致此奇辱,外侮之袭,责有所归。乃闻顷犹筹备大典,日不暇给,内拂舆情,外贻口实,祸机所蕴,良可寒心。窃维我大总统两次即位宣誓,皆言恪遵约法,拥护共和,皇天后土,实闻斯言,亿兆铭心,万邦倾耳。……食言背誓,何以御民?纲纪不张,本实先拨。以此图治,非所敢闻。……比者,吏民劝进,代表议决,拥戴之诚。虽若一致,然利诱威迫,非出本心,作伪心劳,昭然共见。"电文请袁将杨度等首祸之人"即日明正典刑,以谢天下,焕发明誓,拥护共和。则大总统爱国守法之诚,庶可为中外所信,而民怨可稍塞,国本可稍定。"并以"此间军民,痛愤久积,非得有中央永除帝制之实据,万难镇劝",限令袁世凯于25日上午10时前答复。至限期届满,袁世凯未有回复,唐继尧、蔡锷、任可澄、刘显世(贵州护军使)、戴戡(曾任贵州巡按使,时任参政院参政)遂联名于25日发出对全国通电①,责袁世凯"蔑弃约法,背食誓言。拂逆舆情,自为帝制。卒召外侮,警告迭来……狡拒忠告,益善逆谋……既为背叛民国之罪人,当然丧失元首之资格"。宣示:"今已严拒伪命,奠定滇、黔诸地,为国婴首,并檄四方,声罪致讨";"所望凡食民国之禄,事民国之事者,咸激发天良,申兹大义"。云南由此宣布对袁世凯政府独立,正式打出了讨袁护国的旗帜。随后,唐继尧、蔡锷等又联名向各省当局发出数封讨袁通电及发布讨袁檄文,意图争取各省的响应。通电及檄文揭露袁之"丑行凉德""寡廉鲜耻",宣誓"但有进死,更无退生,非达到还我共和民国之目的不止",请各省当局"深谅热忱,共兴义举",并以"义师之兴,誓以四事":一曰与全国民勠力拥护共和,使帝制永不发生;二曰划定中央、地方权限,图各省民力之自由发展;三曰建设名实相符之立宪政府,以适应世界大势;四曰以诚意巩固邦交,增进国际团体上之资格。为了取得各国对讨袁之举的支持、理解,至少是中立,唐继尧与任可澄又于31日照会各国驻华使节,声明:(1) 帝制问题发生以前,民国政府及前清政府以前与各国所订结之条约继续有效,赔款及借债,均仍旧担认;(2) 本将军、巡按使势力范围内居留之各国人民,其生命财产,力任

---

① 刘显世虽列名于通电中,但他此时还未最后下定决心加入讨袁阵营,故又致电北京政府声明此"系由滇冒列,显世绝不负责"。(《护国运动》,第385页)

保护;(3)自帝制问题发生以后,袁世凯及其政府与各国所订结之条约、契约及借款等项,民国概不承认;(4)各国如有助袁政府以战时禁制品者,查出概行没收;(5)如各国官商人民有赞助袁政府为防害本将军、巡按使之行为时,即反对之。① 至此,云南完成了讨袁起义的动员、准备与公开宣布等步骤,在继续通过各种方式对袁世凯进行口诛笔伐的同时,将讨袁重点放在了武力方面,由蔡锷领兵北进四川,发动讨袁战争,企望以此动摇袁世凯统治的武力基础。

根据梁启超与蔡锷等早先多次讨论的结果,"决议云南于袁氏下令称帝后即独立,贵州则越一月后响应,广西则越二月后响应,然后以云、贵之力下四川,以广西之力下广东,约三四个月后可以会师湖北,底定中原。"②实行此计划之关键为拿下四川,因为在西南诸省中,黔、桂两省已经与云南暗通款曲,响应不过迟早而已,唯有横亘于西南中心的四川由袁系军队把持,如果不能拿下四川,则滇省孤悬边陲,出路受阻,难成大举,而黔、桂之响应亦将受其影响;何况滇、黔均为弱省,产出有限,难以久持,而四川号称天府之国,地利物产均利于长期坚守,故对首先进攻四川的计划,护国军内部并无不同意见。担任进攻四川的是蔡锷统领的护国第1军,其中他亲率赵又新、顾品珍二三梯团为中路,主攻川南叙永、泸州,目标为重庆,以控制进出川的水路门户,得军事之利;刘云峰一梯团为左路,主攻川南重镇叙州(今宜宾),威胁省会成都,得政治之利;俟贵州刘显世加入后即以黔军为右路,经黔北攻綦江,与中路合攻重庆。12月底,各部陆续出发,但是因发动提前,准备不及,"军队分驻地相距辽远,交通复极不便,动员集中,极为濡滞",部队行动未如预期迅捷。③

护国战争南北两军(此处南军指讨袁军,北军指袁系北洋军)最早的接战发生在1916年1月中旬。护国军中动作最快的左路刘云峰部,在1月17日与北军川南镇守使伍祥祯部接战,连战皆捷,于21日进占叙州,完成了第一步作战计划。随后,中路前锋董鸿勋支队兼程北进,2

---

① 中国第二历史档案馆等编:《护国运动》,180—191、311—312页。
② 李希泌等编:《护国运动资料选编》(上),89页。
③ 曾业英编:《蔡松坡集》,880页。

月初与已加入讨袁阵营的川军刘存厚部接上关系,两军合力进至泸州城下,讨袁军声势颇盛。此时,袁世凯派出的北军增援部队吴佩孚部已经兼程到达川南,北军兵强械精,对护国军形成较大压力。2月9日,泸州守军出城反攻,得吴佩孚部在外接应,护国军遂自泸州城外后撤,与北军在纳溪形成对峙局面。由于北军在实力上占有优势,护国军转攻为守,态势渐趋不利。据蔡锷所言,护国军出滇时约9 000人,历经战役后所存不足5 000人,其中义勇队近千人,"战斗力尤弱",刘存厚部"临战则莫名一兵,近因我军大捷,不免见猎心喜,然欲其协同作战,似所难能,只能陈兵以张虚势";"所最苦者,弹药未能如时到手,每难收战胜之效。老兵伤亡,无已练之兵补充,致战斗力因而日弱"。如此,则两军"旷日相持,敌能更番休息,我则夜以继日;敌则源源增加,我则后顾难继。言念前途,盍胜焦灼"。2月28日,蔡锷亲临前线,督队"举全力猛攻"。据他所称,"逆军阵线,已成锐角形,其正面尚依然未动。良以地形艰险,守易攻难。现决必继续猛攻,如能击溃,可望转危为安。"但经连日苦战,护国军"子弹不给,士气不扬,疲劳太甚",前线将领多主"非暂退不足以全师,议节节防守,俟子弹续到,元气稍固,再行进取"。蔡锷虽"期期以为不可。退却之命,缮定不发者屡日。"但他"默察将士情状,其精神似甚颓丧",兼以"各方面煎迫多端","遂不得不以退为进",3月6日决定自纳溪后撤。① 此前,右路军戴戡部于3月1日自重庆南岸门户綦江后撤,左路军刘云峰部于3月2日退出叙州,讨袁军事暂时受挫。经过一番休整,3月中旬蔡锷统率部队再对泸州发动进攻。

与四川战事同时,北军马继增部在湖南西进湘西,企图先入黔后图滇,与护国第1军右路军东路司令王文华部在湘黔边境一带接战。护国军颇有斩获,2月6日占洪江,14日占芷江,17日占麻阳,29日马继增因担心无法以此向袁世凯交差而自杀。此后,周文炳督率北军反攻,于3月6日重占麻阳,随后复占洪江与芷江,王文华部则以分散的游击战法与北军相持。

护国第2军由李烈钧率领,辖张开儒的第一梯团和方声涛的第二

---

① 中国第二历史档案馆等编:《护国运动》,210—212页。

梯团,本计划东出广西,再进广东。但广东巡按使兼陆军第1师师长龙觐光先行一步,早已在袁世凯的命令下督率部队入桂,继之分路大举进攻云南,与第2军迎头相遇。3月初,两军在滇东接战,第2军屡获胜利,克服滇东失守各地,继在黔军、桂军的配合下,于3月中旬包围龙觐光在桂西北的司令部所在地——百色,迫使龙于17日通电宣布辞去袁世凯所委云南查办使职。

自护国战争爆发到1916年3月中旬,护国军的进军有得有失。战事之初,护国军全线进军,攻城占地,声势颇振。后因军力占优势的北军的增援,护国军遭遇强敌,转攻为守,但防线得以保持,基本上与北军处于相持状态,而在局部战场仍有攻势。不过,军事形势的发展变化只是讨袁护国运动的一方面,在另一方面,讨袁战事爆发后的全国政治形势正在发生变化,讨袁护国阵营在不断壮大,西南边陲的贵州与广西率先响应云南举义,中华革命党也在各地发动讨袁武装起义,对袁世凯政权的稳定形成了强大的冲击。

首先响应云南独立的是贵州。贵州护军使刘显世早与蔡锷密为联系,准备与云南同时举义,宣布独立,"继以该省准备一切颇需时日,各省意存观望,甚至倡言立异;加以袁政府之虚声恫喝,龙建章(贵州巡按使)之暗中把持,心志为之沮丧,未敢同时宣布。然一切部署,仍着着进行。"①云南宣布独立后,贵州各界议决"为身家计,为地方计,为国家前途计,皆非先由本省亟谋自立不可。群情一致,洵谋佥同。公推我公(刘显世)为贵州军都督,与各省联合一致。""各界即举代表,共数百人赴护军使署,恳求承认。刘公再四思维,始从各界之请。谓袁项城舍总统而为天子,是以天下自私,反对者首在云南,我黔欲求治安而不得,以迭电中央,欲幸免兵祸而不能,今日诸公又以极大且重之责任加诸我辈军人,愿与父老昆季共生死。虽成败利钝不可预卜,但有一弹一刀,决不使其存在。"1916年1月27日,刘显世宣布"俯顺舆情,宣布独立",以此"保守疆土,整备兵戎,以待联合各省义师,共诛独夫,巩固民国"。② 贵州独立后,刘显世自任都督,并派王文华率部加入护国第1军右路军,自

---

① 曾业英编:《蔡松坡集》,880页。
② 李希泌等编:《护国运动资料选编》(下),339—341页;《护国运动》,391—392页。

黔东进攻湘西。贵州率先响应云南讨袁起义,为讨袁护国阵营平添重要助力。

继贵州之后,广西亦加入讨袁阵营。桂督陆荣廷本非与革命党一路,二次革命前后曾在广西卖力镇压革命党,又与袁的忠实拥护者、粤督龙济光结下儿女姻亲,通过龙济光,自然与袁又搭上了进一步的关系。但袁世凯始终有强烈的北洋团体派系意识,对非北洋系的官员,尤其是在地方当家的官员,总是不太放心。袁在称帝前,1915年7月派王祖同为广西巡按使,另调陆荣廷之子陆裕勋为总统府侍卫武官,既在广西安插了自己的人马,就近监督,又在北京留下了人质,遥控钳制,袁的如此做法摆明其对陆荣廷不放心,也使陆深怀不满,但因为实力所限,此时的陆荣廷还不敢有所动作。时人所论:"帝制议起,公独守缄默,告病假两月。当时议者,多疑公为反对帝制之一人,及销假后,公一变态度,迭电北京,颇多鞠躬尽瘁语。"及至"滇中豪杰谋发难,派人说公,公极表赞同,但以财赋无可恃,请迟以待之,允予中立"。故云南独立后,陆荣廷明面上非但未予响应,而且连续发出通电,声讨云南"祸国殃民,天下所弃",并称"迭进忠告,俱不采纳,经已整饬戎行,请伸天讨"。1916年1月18日,又通电明确否认广西独立传言,自称"绝非乱党所能煽惑",并"吁请今上早登大位,声罪致讨",暗中则预为准备,"不允北兵入境",筹划饷械,征召兵员。2月18日,梁启超致电陆荣廷,以"敌焰太张,大局久悬未定",如"得将军一举手、一投足,则天下之势,将有所判";唐继尧亦致电陆荣廷,询以"究竟尊处发表当在何时?将来进行方略何似?急愿得闻其略";言语间对陆荣廷迟迟未能发动有所质疑。3月7日,袁世凯任陆荣廷为贵州宣抚使,令其对"剿抚事宜,悉心筹划"。为免滇、黔之疑问,9日,陆致电唐继尧,表示愿"从滇黔义师后,共讨国贼"。15日,陆荣廷发表通电,责袁世凯"玩五族于掌股,希万世之帝王,此而可忍,宁谓有人?及今不图,其何能国?"宣示"誓除专制之余孽,重整共和之约法。除联合滇、黔声罪致讨外,敬告各省文武忠勇志士,协心戮力,诛彼民贼"。① 广西宣布加入讨袁阵营,使西南

---

① 李希泌等编:《护国运动资料选编》(下),375—376、382—383页;《护国运动》,398—402页。

滇、黔、桂三省联为一体,改善了护国军的战场态势,也稳固了讨袁阵营的军心士气,袁世凯政府因此而陷入更大的危机之中。

当云南举义、护国军出动讨袁之际,一直坚持进行反袁武装斗争的中华革命党人也在各地积极发动讨袁武装起义。云南举义当日,1915年12月25日,孙中山得知消息后,即致电各地中华革命党支部及其领导人,急谋筹款发动,其后他又认为:"既有首难,则袁之信用已破。此后吾党当力图万全而后动,务期一动即握重要之势力。"关于中华革命党的起事方向,孙中山认为:"云、贵独立后,鄂、赣、苏、杭等处均准备发动,其中虽稍有拽破,然势力仍在,元气无伤。但长江一带,敌屯重兵,且有津浦、京汉两线运输之利,急与争衡,过费资力。刻下决注全力于粤省,旁及福建。闽、粤一下,与云贵打成一片,南方局势,已足自活,沿江各省,自然动摇。至于北方经营,现亦大有头绪,陕西革军,断难扑灭,而内蒙马贼,与乎宗社党徒,大足为吾党牵制,使北兵不能多数南下。南方军械补足,即图大举北发。"①在孙中山的部署下,中华革命党在各地领导发动了一系列反袁武装起义。

1916年2月5日,朱执信率部分中华革命党人在广州近郊石湖发动起义,因遭龙济光派兵镇压而于9日后撤。3月7日,朱执信又率领部分中华革命党人占据"永固"号客轮,袭击北军"肇和"舰,并攻击黄埔岸边的陆上炮台,惜又因北军反击而未成功。2月18日,蔡济民发动驻守在湖北武昌南湖的马队和炮队起义,但未得他部响应,在王占元的镇压下失败。21日,杨王鹏等在湖南长沙发动起义,袭击湖南将军汤芗铭处所等处,因未得军队响应而失败。3月12日,湘西北永顺地方保安队和乡团武装在中华革命党人的运动下宣布起事,其后活跃于湘西北永顺、桑植、大庸等地。四川不少地区也有中华革命党人发动的起义,1916年4月,散处四川各地的讨袁军合组中华革命军四川司令部,由石青阳出任司令。中华革命党还在山东组织了以吴大洲为司令的中华革命军山东司令部和以居正为总司令的中华革命军东北军司令部。两部开始军事行动的时间较晚,但取得的成果较大。1916年5月,吴

---

① 《孙中山全集》第3卷,220、237页。

大洲部占周村,居正部占潍县,这是中华革命党在护国战争期间取得的较为明显的军事胜利。但就护国战争的全过程而言,中华革命党在军事方面并不占据主要地位,他们所发动的基本上仍是规模不大的武装起义,且散发于各地,最后多被北洋军镇压,不能形成大规模发动的势头,也不能组成成建制的正规军队。这与中华革命党缺乏有国内根基的组成方式与活动方式有关,也与孙中山袭用辛亥革命前反清武装起义的经验有关。中华革命党发动武装起义的方式与结果,虽然牵制了袁世凯的兵力调动,支援与配合了护国军的军事行动,但无法在根本上威胁袁世凯的统治,反袁军事行动的主要承担者只能是参加讨袁的西南各省尤其是云南省的正规军队。因此,中华革命党虽然始终坚定不移地高举反袁旗帜,但在护国战争爆发后,却因种种原因游离于讨袁阵营的主流之外,基本上未能取得讨袁阵营的领导权。

第四节　袁世凯的末路

云南首举讨袁义旗,对正沉浸在皇帝梦中的袁世凯是一大打击,但因云南地处偏远,实力有限,贵州、广西等西南各省又未在同一时间响应,云南举义起初显得有些势单力薄,故袁世凯对云南起事尚不以为然,以为用政治压力和军事镇压双管齐下的方法,不难在短期内平定云南事变。

1915年12月25日,在云南对袁世凯发出的最后通牒到期日,袁世凯没有直接回复,却由政事堂回电唐继尧与任可澄,以云南以前"两次来电,均吁请早定大位";唐继尧又致两电,言"宗旨夙定,布置周密,但得生命不受危险,绝不至有变故发生"为由,回复唐、任称:"今据来电,语多离奇,事隔三日,背驰千里,本政事堂实不信贵处有此极端反复之电,想系他人捏造,未便转呈,请另具印文,亲笔签名,迅速寄京,以便核转。"次日又致电唐、任,逐条反驳云南通电各点,并称:"凡我爱国君子,当摒除私见,消灭意气,同心协力,共谋强固,纵有政见不同,尽可从容讨论,倘专逞私意,轻举妄动,是本无干涉而自招之,本无外侮而自启之,本无奇辱而自求之,倾覆国家,为虎作伥,天下后世,将谓之何?尤可异者,立限答复,率部待命,慢上藐法,服从全无,倘滇之军民相率效尤,官将何以驭下,变恐生于肘腋,明哲当不出此,请唐、任两公转示发电之人。"此两电对唐继尧领衔云南起事故作不理,却煞有介事地发电请唐转示通电之人,不过显示其掩耳盗铃之可笑而已。果然,当云南讨袁已广为天下周知,事无可瞒之时,袁世凯亦只能图穷而匕首见,祭出镇压之招术。12月29日,政事堂奉申令,以参政院奏称唐继尧等犯有

"构中外之恶感""违背国民公意""诬蔑元首"罪,各省先后来电,咸称唐继尧等"通电煽乱,请加惩办",对唐继尧、任可澄"均著即行褫职,并夺去本官及爵位、勋章,听候查办";"蔡锷行踪诡秘,不知远嫌,应著褫职多官,并夺去勋位勋章,由该省地方官勒令来京,一并听候查办"。同日,任命滇军第1师师长张子贞暂代督理云南军务,第2师师长刘祖武代理云南巡按使。但张子贞与刘祖武未受官禄诱惑,1916年元旦列名于云南军政界之讨袁檄文,袁世凯分化利诱云南地方官员的图谋未能实现。随后,袁世凯下令派曹锟为总司令,马继增为第一路司令,张敬尧为第二路司令,"督率各师,扼要进扎,听候调用",其他"近滇各省将军、巡按使,一体严筹防剿,毋稍疏忽"。北洋军第6、7、8师等部先后南下,主力入川,与护国军交战,一部经湘西黔边对云南形成包围之势。袁世凯认为,以此则护国军"当不难指日荡平"。①

随着黔、桂两省先后加入讨袁阵营,袁世凯的称帝之举亦由虚假的"万民欢呼"而成真实的众矢之的,北洋军的军事讨伐行动又不能在短期内从根本上击败护国军,袁世凯显然面对着非同一般的军事、政治压力,其称帝步伐也开始明显放缓。1916年1月1日,民国国号由袁世凯下令更为"洪宪元年",但登极大典却迟迟未能举行。虽然仍有一些邀功取宠之辈,如李纯、陆建章、龙济光、汤芗铭、张怀芝等出于个人名禄的考虑,请袁不顾反对,早登帝位。但在讨袁阵营的公开起事及镇压行动迟迟未竟全功的情况下,即便是早就想过皇帝瘾的袁世凯本人,似乎也不再有勇气遽登大位。1916年2月23日,袁世凯以政事堂奉申令的名义下令称:"现值滇、黔倡乱,惊扰闾阎,湘西、川南一带因寇至而荡析离居者,耳不忍闻,痛念吾民,难安寝馈。加以奸人造言,无奇不有,以予救民救国之初心,转资争利争权之借口,遽正大位,何以自安,予意已决,必须从缓办理。凡我爱国之官吏士庶,当能相谅。此后凡有吁请早正大位各文电,均不许呈递。"②袁世凯之所以如此,表面上是为"救国救民",但实则出于心虚,表现出在各方反对下,他本人对帝制前途也没有多少把握。但他如此做法,并不能缓和社会各界对其称帝的

---

① 1915年12月28日、30日《政府公报》。
② 1916年2月24日《政府公报》。

反感与厌恶,更关键的是,袁世凯本来以为已经摆平的北洋派内部关系和对外关系均开始出现对其不利的重要变化。

对于袁世凯的称帝之举,虽然其周围有不少人贪图建立新朝之功以为己牟利而大力劝进,但在北洋派内部实际上是有不同意见的,尤其是袁手下的两员领兵大将段祺瑞和冯国璋出于种种考虑,对袁称帝态度消极,只是在对袁称帝的一派劝进气氛中,他们没有公开表示自己的意见,而袁世凯出于对自己一手创立的北洋派系领袖地位的自信,没有对段、冯刻意表示安抚,相反却将段弃置闲散,对冯也不说真话,更增加了段、冯两人的离心力。当云南发动讨袁、战场形势一时又处于胶着之际,北洋派的内部关系开始发生微妙的变化,袁世凯的声威在下降,段、冯等人的说话分量在增加,北洋派的内部裂痕与矛盾在扩大,而这对于亟图集中北洋军力镇压讨袁阵营的袁世凯是非常不利的。

段祺瑞离开陆军总长之任后,暂时韬光养晦,对于政治态度消极,以避袁世凯之猜忌,似乎在袭用当年袁为清廷开革后之故伎。云南发动讨袁之后,袁世凯曾有意请段祺瑞出任援军总司令,领兵出征,但为其婉拒,实际表示了他的态度。段如此不给袁面子,袁也无可奈何。但段祺瑞身处京师,没有实权,在袁世凯的眼皮底下,尚不敢表示太过,只能等待时机。而身处江南、大权在握的冯国璋,则表示出较段远为积极的态度,与讨袁阵营各方自始即建立起某种关系,对袁表现出明显的异心。讨袁阵营方面体察到冯国璋态度的变化,也将其列为策反的重要对象。蔡锷在发动起义前,已将冯列为对讨袁"早已决心,业作准备"之列。袁世凯此时也对冯国璋不太放心,1915 年 12 月 18 日任其为参谋总长,以明升暗降之举图削其兵权,这又进一步刺激了冯国璋的异心。对袁的任命,冯称病不接,同时与讨袁阵营加紧联系,准备在时机成熟时加入。随着讨袁阵营的扩大,袁世凯称帝难以为继,冯国璋的态度更趋向于讨袁一方。1916 年 3 月,他对唐继尧派出的联络人李宗黄明确表示赞同恢复共和,同时将联络长江各督联合表示态度,并实行军事中立。果然,3 月 21 日,冯国璋即联合江西将军李纯、山东将军靳云鹏、浙江将军朱瑞、长江巡阅使张勋联名密电袁世凯(即"五将军密电"),要求取消帝制,以平滇、黔之气,给了袁重重一击。① 至于其他北洋派掌握省份的官员,态度亦多如此,在袁世凯得势时表示拥戴,当袁世凯显露败象时首鼠两端,及至袁世凯败局已定时则又加入讨袁阵营,所谓"墙倒众人推"是也。总之,原本状似稳固的北洋派,在袁世凯称帝触动各方利益格局、引发众多反对的情况下,内部关系发生明显变化,不少部将对袁世凯离心离德,袁渐渐失去了掌控北洋团体与全国局势的能力。

袁世凯称帝面对的外部关系也发生了不利于袁的重要变化。以当时中国所处的弱势地位,如果没有列强的支持,袁世凯称帝即无底气,而由于欧美列强正陷身于世界大战,故中国的近邻日本对袁世凯称帝的态度最为关键。在"二十一条"谈判期间,为诱使袁世凯同意日本的条件,日本曾经有意无意作出不反对袁称帝的暗示,其实这不过是日本的外交谈判策略,不能当真。可叹的是袁世凯的帝制梦使其利令智昏,误以为能得到日本的支持,可是正当其加紧操办恢复帝制时,自诩"与中国利害关系重大"的日本,担心袁称帝将使中国政局不稳,而"不能不深虑之"。为了在中国攫取更大的利益,日本遂明确表态不支持帝制。1915年10月28日,以日本为主,联合英国与俄国(10月30日法国参加,11月12日意大利参加),向袁世凯提出劝告称:"中国组织帝制,虽外观似全国无大反对……而详察中国之实状,觉此种外观仅属皮毛而非实际,此乃无可讳饰者也。反对暗潮之烈,远出人意料之外,不靖之情,刻方蔓延全国。……若总统骤立帝制,则国人反对之气志将立即促起变乱,而中国将复陷于重大危险之境,此固意中事也。……若中国发生乱事,不仅为中国之大不幸,且在中国有重大关系之各国,亦将受直接间接不可计量之危害……甚望中华民国大总统听此忠告,顾念大局而行此展缓改变国体之良计,以防不幸乱祸之发作。"日本的举动完全出乎袁世凯的意料,使其措手不及,但因其称帝正在势头上,故帝制运动并未因日本等国的表态而停止。在11月1日,北京政府答复称:"中国帝制之主张,历时已久……如专力压制,不独违拂民意,诚恐于治安

---

① 李宗黄:《云南首义身历记》,载《传记文学》第14卷第3期;"中华民国史事纪要"编辑委员会编:《中华民国史事纪要》,1916年3月22日,台北,"中华民国史料研究中心",1971。

大有妨碍,政府不敢负此重责,惟有尊重民意……倘因国是迁延不决酿成事端,本国人固不免受害,即各友邦侨民亦难免恐慌。……现在各省均加意防范,凡中国法权不到之处,尚望各友邦始终协力取缔,即该乱人等亦必无发生乱事之余地矣。"但日本并未就此罢手,其后连连对袁世凯发出进一步的警告,袁此时虽已感到列强的压力,但遽然停止实不甘心,因此又告各国使节,其实行帝制为"民意","必须筹办",但将择合宜时间举行大典,以此平息各国之担心与反对。①

1915年12月12日,袁世凯接受帝位,而列强则并未接受此事实。15日,日、英、俄、法、意五国公使向袁世凯再次提出联合劝告,声明"对于将来形势如何转移,仍旧持其静观厥后之态度"。10天之后,云南发动讨袁举义,印证了日本对袁世凯称帝将造成政局不稳的担忧,日本当局对袁称帝的反对态度从此更为明朗,日本民间舆论的反袁态度更为积极,甚至有论谓:"中国此次动乱之责任,全在袁政府之秕政。吾人认为各省为了诛除袁世凯之僭窃帝位而举兵,乃中国国民之正当行动,务期尽速迫袁引咎而退。"1916年1月,袁世凯派财政总长周自齐赴日,明为庆贺日本大正天皇加冕,暗则有意寻求日本对其称帝的支持。日本政府"初甚欢迎,声明待以国宾之礼",但等行期将近,15日"忽声称该国皇室有不便,请缓行期"。19日,日本政府内阁会议通过声明,警告袁政府不得忽视南方的动乱而实现帝制。21日,日本外相石井会见中国驻日公使陆宗舆,"严词警告中国政府,延缓帝制。如不听,则出自由行动,派驻中国要地。一面认云南为交战团体,一面宣告中国现政府妨害东亚和平。"随后,日本根据中国国内形势的发展,又在3月7日由内阁通过决议,决定等待一最适当时机,承认"南军"为"交战团体";日本民间帮助反袁活动者,日政府虽不公开奖励,但予以默认。② 日本此举对袁世凯可谓釜底抽薪,而且充分暴露出其唯恐中国不乱,同时利用中国内部政局变化图谋扩大日本在华利益之用心。与此同时,日本各派政治势力纷纷插手中国政治,对反袁各派或提供款项,或派出顾问,或予以其他支持,直接、间接均不利于袁世凯继续维持其统治。

---

① 黄毅:《袁氏盗国记》,见来新夏主编《北洋军阀》(二),75—79页。
②《护国运动》,676页;《中华民国史事纪要》,1916年1月21日、3月7日。

帝制运动进行至此,袁世凯面对各方的强烈反对,颇有骑虎难下、难以为继之感。除了西南已经举起反袁义旗、列强对袁世凯称帝不予支持外,其称帝在国内所遇之阻力,如论者所谓主要有三点:(1)财政困难。袁世凯政府耗于筹措帝制之费,保守估计约为6 000万元,其来源则在借款、中交两行本金、救国储金及各项税款。云、贵义起后,军需浩繁,而向美、日筹借款项均未成功,财政面临枯竭。(2)部属疏离。帝制议起后,夙为世凯亲信者如段祺瑞不表附和,冯国璋等则持违拗态度,滇黔桂三省既已先后独立,诉诸武力,而陈宧、汤芗铭等亦揭反袁旗帜;其他部属或以言谏,或以身退,袁氏渐有"独夫"之感。3月21日,五将军复以密电要求撤销帝制,情势所迫,别无选择。(3)舆论抨击。帝制之议初起时,劝进文电屡见,持异见者亦不乏其人。云、贵起义后,反帝制之言论及劝其退位之文来势汹汹,如《中华新报》《民国日报》《益世报》等持论迫使其不得不急流勇退。①

在帝制运动面临进退两难的困局之际,1916年3月15日广西宣布独立,讨袁阵营声势日壮,"袁世凯因内外交迫,即与部属研讨应付之方,朱启钤、梁士诒表示反对取消帝制,认为一旦撤销,威信俱失,且地位亦难望保留"。17日,袁世凯召梁士诒见面,以"形势日蹙,顿萌悔意",商讨撤销帝制事,梁虽不以为然,但袁告:"事已至此,吾意决矣!"决定分步骤撤销帝制,由徐世昌与段祺瑞分掌中央政治与军事,冯国璋负责中原军事,陈宧与护国军谈判言和,梁士诒以私人情谊请梁启超疏通西南,再请康有为劝梁启超罢手。袁还故作清白地表示:"倘有法能令国家安定,吾无论牺牲之何地步,均无不可者。"21日,袁世凯召集国务卿及各部总长开会,赋闲在家的徐世昌与段祺瑞亦到会,正式决定取消帝制,并任徐世昌为国务卿。22日,政事堂发出袁世凯之申令,百般为自己辩解称:民国肇建,"忧国之士,怵于祸至之无日,多主恢复帝制,以绝争端而策久安。癸丑以来,言不绝耳,予屡加呵斥,至为严峻。自上年时异势殊,几不可遏……予更无讨论之余地。……当随民意为从违,责备弥严,已至无可诿避,始以筹备为词,藉塞众望,并未实行。及

---

① 《中华民国史事纪要》,1916年3月22日。

滇、黔变故，明令决计从缓，凡劝进之文，均不许呈递。……乃国民代表既不谅其辞让之诚，而一部分之人心，又疑为权利思想……予实不德之人，何尤苦我生灵，劳我将士，以致群情惶惑，商业凋零。"申令明文称："著将上年十二月十二日承认帝位之案，即行撤销，由政事堂将各省、区推戴书一律发还参政院代行立法院，转发销毁，所有筹备事宜，立即停止。"①次日废止洪宪年号，仍以"中华民国五年"行之，并任段祺瑞为参谋总长。至此，一心想当皇帝的袁世凯在兴高采烈地接受帝位之后，又于形格势禁之中万般无奈地撤销帝制，从1916年1月1日改元洪宪到3月23日废止，袁世凯的皇帝梦总共做了83天，皇帝的威仪做派，对袁而言真正是春梦一场。

袁世凯被迫取消帝制，是护国战争和讨袁阵营的重大胜利，但袁世凯的皇帝梦破灭了，权力欲却依旧，他在下令撤销帝制的申令中，除反复辩白，将实行帝制归因于"民意"外，还恬言称："今承认之案，业已撤销，如有扰乱地方，自贻口实，则祸福皆由自召，本大总统本有统治全国之责，亦不能坐视沦胥而不顾。"② 于此一笔点出自己大总统的身份，企图仍旧把持大位，故袁取消帝制后的国内政治形势并未立见缓和，袁世凯的地位问题成为南北双方矛盾的焦点。

3月30日，北京政事堂和统率办事处致电护国军将领蔡锷、唐继尧、陆荣廷、刘显世，先是大言不惭地声称："帝制发生，实非元首本意，当日群言蜂起，元首尚认为不合时宜，乃中外有力之人，群相推戴，诸公亦同在赞成之列，勉强承认并未正位。滇省发难，致动干戈，元首既有罪己之文，吾辈亦负冈上之责，即诸君以为共和不宜改变，初亦可直言无隐，弭祸无形。迨事发而舒之以兵，已伤国家元气。"继又悲天悯人地表示："大总统不忍生民之祸，且深体诸君维护共和之忱，下令撤销，痛自引咎。在诸君目的已达，帝制永无复活之期。而外顾民生，渔利纷乘，哀鸿遍野，阋墙御侮，正在此时。若以爱国始，而以祸国终，诸君明达，当不其然。务望诸君罢兵息民，恢复元气。"袁企图继续赖在大总统

---

① 《中华民国史事纪要》，1916年3月22日；凤冈及门弟子编：《民国梁燕孙先生士诒年谱》，330页；1916年3月23日《政府公报》。
② 曾业英编：《蔡松坡集》，1004页；1916年3月23日《政府公报》。

之位的用意自为讨袁阵营所知。梁启超认为:"袁氏图帝不成,乃欲更保总统,反复无耻,至于此极。威信坠地,中外共弃,岂复能有统治国家之力。"如不于此时逼其退位,则"必将衔恨报复,权既复归于彼,势且听其鱼肉",因此坚持其必须下台。梁的看法成为讨袁阵营的共识。3月31日,蔡锷在致梁电中认为:"袁逆以兵事失败,外交逼紧,财政困穷,人心鼎沸,不得已而取消帝制,以为目前缓和人心,将来复可卷土重来之计。吾侪亟宜趁此时联络各省,迫袁退位,照约法以副总统摄职,仍召集国会行正式选举。"唐继尧、刘显世、陆荣廷等亦表赞成。此时讨袁阵营已不再承认袁大总统地位的合法性,不再与袁直接打交道。4月2日,蔡锷径电黎元洪、徐世昌和段祺瑞:"祸源不清,乱终靡已。默察全国形势,人民心理尚未能为项城曲谅。凛已往之玄黄乍变,虑日后之覆雨翻云。已失之人心难复,既堕之威信难挽",明言要袁"洁身引退"。18日,由唐继尧领衔,护国军领袖以军政府名义发表一、二号宣言,认"袁世凯谋叛罪之成立既已昭然,即将帝制撤销,已成之罪固在";宣言袁世凯"自民国四年十二月十三日下令称帝以后,所有民国大总统之资格,当然消灭";"所遗未满之任期当然由副总统继任","恭承现任副总统黎公元洪为中华民国大总统"。① 中华革命党和欧事研究会也强烈反对袁世凯保留总统地位。4月15日,黄兴发表通电,宣示其"不去袁逆,国难无已,望力阻调停,免贻后累"的主张;5月9日,孙中山发表《讨袁宣言》,责"袁氏今日,势已穷蹙,而犹徘徊观望,不肯自归于司败,此固由其素性贪利怙权,至死不悟";提出"今日为众谋救国之日,决非群雄逐鹿之时,故除以武力取彼凶残外,凡百可本之约法以为解决"。② 但由于护国战争主要是由进步党人推动西南地方而发动,因此已经起事的滇、黔、桂三省仍然为讨袁阵营的主力,他们一方面继续推动其他各省加入讨袁阵营,壮大讨袁力量;另一方面也在筹备成立一定形式的联合政务机构,以使讨袁阵营形成统一领导,用一个声音对外发言;总的目标是逼袁世凯退位下台,另组中央政府。

---

① 黄季陆、罗家伦主编:《革命文献》第47辑,269页;《护国运动资料选编》(下),469—470、538—539页;曾业英:《蔡松坡集》,1008、1017页。
② 湖南省社会科学院编:《黄兴集》,425页;《孙中山全集》第3卷,285页。

广东和浙江的独立是袁世凯取消帝制后讨袁阵营所获之重要成果。陆荣廷宣布广西独立后,为了保证广西的安全,并向广东扩张自己的势力,一直在考虑如何将广东将军龙济光拉入讨袁阵营。他一方面利用在自己手中的龙觐光劝说其兄龙济光,一方面摆出如果广东不从则难免一战的态势。已经宣布独立的滇、黔两省主事者唐继尧和刘显世,讨袁阵营的"军师"梁启超,以及龙济光任前清广西提督时的上司、前清两广总督岑春煊等,也在努力说动龙济光加入讨袁。龙济光本非北洋出身,因效忠袁世凯而受重用,但这种效忠并非一成不变,随着袁绝对威权地位的下降,龙济光对袁的效忠也在变化,何况中华革命党在广东发动的讨袁起义也在威胁着龙济光的地位,3月底潮汕驻军已宣布独立。龙济光于内外交困中,被迫于4月6日宣布广东独立,并自任都督。

继广东之后,浙江亦实行独立。革命党人在浙江军队中颇有势力,袁世凯称帝之后,革命党人在浙江军队中积极活动反袁,浙军中的理想正义之士亦起而呼应,形成了浙军中的反袁潮流。1916年4月12日,王文庆等运动浙军起义,浙江将军朱瑞望风而逃,巡按使屈映光在军、绅、商各界的推举下,以兼浙军总司令名义下令维持秩序,但并未正式宣布独立。袁世凯因于14日加屈映光将军衔兼署督理浙江军务。浙军中的革命党人对此种维持秩序的"独立"颇为不满,5月6日推出嘉湖镇守使吕公望为浙江都督,浙江正式宣布独立。粤、浙先后宣布独立,讨袁阵营的势力范围自西南一隅向华南、东南重地扩展,袁世凯的日子更难过了。

与讨袁阵营扩大的同时,如何组建统一的领导机构与袁世凯政府相抗衡,也在讨袁阵营一方紧锣密鼓地酝酿之中。

云南发动讨袁战争之初,目标主要在反对袁世凯称帝的"护国",并没有特别明确的政治规划。1915年12月31日,唐继尧、蔡锷等在讨袁通电中提出勠力拥护共和、划定中央地方权限、建设名实相符之立宪政府、以诚意巩固邦交等四项主张,至于具体如何进行则未见规划。随着加入讨袁省份的增多,讨袁阵营一方组建统一领导机构、规划统一政治方略的迫切性因此而凸显,而且由于袁世凯取消帝制后,仍不愿退位下台,也使讨袁阵营需要以统一的声音对外发言,显示自己的力量,表明自己的主张。加以讨袁阵营的主要军师梁启超对规划政治有强烈的愿望,眼见这是实现自己理想的好机会,自然不愿轻易放弃。讨袁战事发生后,梁启超在上海不断与西南及反袁各方联络,1916年3月,他在赴桂途中又与各方商讨,决定首先拥黎元洪为袁世凯退位后的国家元首,同时"速谋发展实力,至少须以先达扬子江流域为第一步,俾南方位置日益巩固,然后居间转移之,段(祺瑞)、冯(国璋)始有所恃,以与袁氏周旋"。随后,梁启超又起草了拟成立的军政府宣言、布告、条例和致黎元洪电、致公使团电等文件,并派人征求唐继尧和陆荣廷的意见。唐继尧复函表示:"组织军务院条例诚为过渡时代不二办法,均可照行;所尚待研究者,地与人之问题耳。现在成、渝未下,我之范围只滇黔桂三省,究以何者为合宜?抚军长一职,究推何人为适当?同人几经研究,均尚未得正确之解决。仍恳先生与干公(陆荣廷)切商提出,再征求各方面意见,方能确定。"①

梁启超的政治规划为讨袁阵营所接受,而出于政治影响与交通联络等方面的因素考虑,未来的政治机构以设在广东最为理想,但此时在广东内部,因为龙济光与民军的冲突,形势不稳,龙济光亦不愿因此政治机构的设立而影响自己对广东的统治。梁启超只好退而求其次,提议先设立两广护国军都司令部,以岑春煊为司令,先将粤、桂两省的军政事务统辖于司令部之下。因岑春煊的资历及其在前清年间与龙济光的上下级关系,龙不方便表示异议,但仍未同意将司令部设在省城广州。1916年5月1日,两广护国军都司令部在广东肇庆成立,梁启超出任参谋,章士钊为秘书长。护国军方面的跨省级政治机构由此产生,其职权进一步扩大至西南独立各省亦顺理成章。5月7日,在梁启超的筹划之下,已经独立的滇、黔、桂、粤四省都督以护国军军政府的名义宣布:"暂设一军务院,直隶大总统,指挥全国军事,筹办善后庶政。院置抚军若干人,用合议制裁决庶政。其对外交涉,对内命令,皆以本院名义行之。俟国务院成立时,本院即当裁撤。"《军务院组织条例》规定,抚军以各省都督或护理都督,两省以上联合军都司令,都参谋,及各独立省确已成军有两师以上之军总司令任之;凡新取得前项资格者,同时

---

① 李新主编:《中华民国史》第2编第1卷(下),797—798页。

取得抚军资格;军务院由抚军互选抚军长、副长各一人,置政务委员会,分掌各项政务,置各省代表会,由各省都督派两员出席,以备咨询。至于军务院抚军长人选,因唐继尧有意于此,而"以滇省首义之勋劳,自非蓂公(唐继尧)莫属,黔、桂、粤当无异辞。惟为交通计,其地点似不能不在粤。蓂公既不能来粤,拟增设副长摄职,推西林(岑春煊)任之。"8日,军务院在肇庆成立,唐继尧任抚军长,岑春煊任副长代摄抚军长,刘显世、陆荣廷、龙济光、梁启超、蔡锷、李烈钧、陈炳焜、吕公望任委员(后又增补罗佩金与戴戡),梁启超任政务委员会委员长。从军务院的人员组成看,可知其基本是在进步党人影响下、由西南地方军人控制的权力机构。军务院最主要之诉求,除要求袁世凯下台外,即为恢复国会和约法,宣布"此次举义之真精神,一言蔽之曰:拥护国法而已。国会既为约法上最主要之机关,且为一分法律所从出,若不速事规复,则庶政安所推行。为此,通告各省国会议长诸君,迅速筹其开会秩序及地点,俾一切问题得以解决,各种法定机关得以成立"。① "护法"由此而成为护国军的政治纲领。

军务院的成立,使讨袁阵营有了统一的领导机构,希望以此"内部自能统一巩固,迅图发展","四省以实力盾其后,外交从旁赞助,可集大勋"。军务院的实际权力基本掌握在进步党人和西南地方军人手中,其中以唐继尧、陆荣廷为其实力中心,梁启超为其政治谋划,岑春煊为其对外代表,坚决反袁的中华革命党人则因种种原因而被排除在军务院组织之外。因此,军务院在讨袁阵营的代表性方面有所欠缺,但其成立表明讨袁阵营"非去袁不可"的决心,使袁世凯失去了政治上的回旋余地。正因为如此,孙中山并不因中华革命党人在军务院中无人代表为忤,而是表示"约法者,民国开创时国民真意之所发表,而实赖前此优秀之士,出无量代价以购得之者也。文与袁氏,无私人之怨,违反约法,是愿与国民共弃之。与独立诸省及反袁诸君子,无私人之惠,尊重约法,则愿与国民共助之"。② 孙中山与军务院都强调了约法的重要性,在他们看来,所谓"约法"当然是民国元年南京临时政府颁布的《中华民国临

---

① 《护国运动》,358—359、367 页;李希泌等编:《护国运动资料选编》(下),539 页。
② 李希泌等编:《护国运动资料选编》(下),530 页;《孙中山全集》第 3 卷,284 页。

时约法》(又称"民元约法"),但因他们在各种声明中并未明言及此,而袁世凯统治时期还颁有袁记"约法",从而为推倒袁世凯后的南北"约法"之争埋下了伏笔。

护国军军务院的成立,对企图继续赖在大总统之位的袁世凯而言,实在不是个好消息,而对袁世凯来说更糟的是,他即便企图继续与护国军对抗,但随着形势的变化,他也渐渐失去了这样做的本钱,因为北洋派内部的裂痕和矛盾正随着外部形势的变化而继续扩大与发展,忽喇喇如大厦倾,袁世凯不得不面对早先他根本没有想到的众叛亲离的局面。

袁世凯手下的两员实力派领兵大将——段祺瑞和冯国璋自始即对袁称帝态度消极。俟袁宣布取消帝制后,两人听任袁下台以为己牟利的态度更趋公开,令袁大为恼怒,然时移势易,袁此时不仅不能惩处段、冯,相反还得尽力羁縻,求他们继续为其卖命,以保住其大总统之位。

因为讨袁阵营拒绝与袁世凯打交道,而段祺瑞因其对袁称帝的消极态度而为讨袁阵营所看重,袁世凯想搬出段祺瑞担任国务卿,取代无能为力的徐世昌,与护国军谈和。但段祺瑞却效袁辛亥年之故伎,提出须将政事堂改为责任内阁制,他方可接任,以此擢权之心一目了然。袁于无可奈何中只能于1916年4月21日下令"委任国务卿总理国务,组织政府,各部总长皆为国务员,同负责任,树责任内阁之先声,为改良政治之初步"。22日任段祺瑞为国务卿,组成责任内阁(5月8日,复改政事堂为国务院,国务卿复称"国务总理")。段祺瑞上台后,"即电致南方,谓责任内阁已成,名为总统,实则虚位,请派代表来京,与祺瑞等直接媾商,俾得早日解决,存亡关头,在此一举。又以南方疑于内阁组织,更电晰五事:(一)确系过渡性质,非军枢性质;(二)对各方面均负责,非专对总统负责;(三)既负完全责任,即有特别政权,并不受总统及他方面牵掣;(四)并非抛弃国会,为国会未能仓促成立;(五)南方要人不肯来京,因暂由在京人员遴选。"段祺瑞的打算是通过与南方谈判,既逼退袁世凯,又使自己接掌北京政府。他与讨袁阵营在逼退袁世凯方面目标一致,但对袁退后的建政目标并非一致,只是当时因为逼退袁世凯的共同目标尚未达成,双方的分歧亦未显露。不过,久经宦海的袁世凯对段祺瑞当然不会完全放手,即便在实行了责任内阁制后,袁世凯始终把持军权,"无意于退,初以为借段之力,可以媾和,继见南军坚持退位,不为段转移,而段又颇赞成之,对于军权转移,多方搪塞,所请三机关(总统府机要局、统率办事处、军政执法处)之裁撤,终未实行,且暗嘱梁士诒以掣其肘"。同时"密令前敌各路备战,仍继续募兵"。① 在袁世凯的钳制下,段祺瑞一时不能大展身手。

身处江南重地的冯国璋一直与讨袁阵营有联系,与袁世凯已是貌合神离。1916年4月12日,进步党人孙洪伊在致冯国璋函中为其分析形势为:"南方全局大形活跃,即北方亦渐呈摇动之象。袁氏计穷力竭,决不能收拾已去之人心,退位之说只有时日问题,万无挽回之望,稍明大势者,皆能了然。"因此孙洪伊向冯国璋建议:"目前事机已熟,公必有正当之表示,而后足以慰一般之舆情。且民国再造,万机待理,必有适当之地方而后足以处置全国之事,以公所负责任与南京所处地位,皆今日举国之人所属望所殷者,公有一举动,则长江流域皆将闻风响应,而国家大事举付托于麾下,以决从违。"此函对形势的分析和对冯地位之恭维,颇能打动冯心。16日,冯国璋在致袁世凯电中,即请其"推让治权,开诚布公,昭告中外。对于未变各省者,不必抽派军队,致启嫌疑。前敌战事已停,亦宜规划收缩,毋庸加增兵备"。冯致袁电尚有所隐晦,但他在同日致段祺瑞、徐世昌电中则直言不讳地说:"帝制发生,未及数月,以致舆论大变。从前原案,虽亦撤销,初无裨于毫末,岂群情趋向,转移无常,实缘威信既堕,人心已涣,纵挟万钧之力,难为驷马之追。"他抱怨袁世凯对其"因间生疏,因疑生忌。倚若心腹,而密勿不尽与闻,责以事功,而举动复多掣肘……亦恐应者无人,则大总统孤立寡援,来日殊不堪设想"。25日,冯又在致各省将军电中明白表示,"首在与各省联络,结成团体";"总期扩充实力,责任同肩,对于四省(滇、黔、桂、粤)与中央,可以左右为轻重"。"我辈操纵有资,谈判或易就绪。若四省仍显违众论,自当视同公敌,经营力征;政府如有异同,亦当一致争持,不少改易,似此按层进步,现状或可望转机。"此电将冯国璋企图以其特殊地位而在南北之间拥

---

① 1916年4月22日《政府公报》;李希泌等编:《护国运动资料选编》(下),651—652页。

兵自重、左右逢源、图谋其利的心态表露无遗。果不其然,28日冯致电唐继尧等,表示已请黎元洪、徐世昌、段祺瑞、王士珍代陈袁世凯:"请敝屣尊荣,早作退计。一面电致未独立之各省将军,预备联名入告,共任调停。"此电主张附和了讨袁阵营的要求。随后他又在5月1日提出八项主张,其中关于南北相争焦点之袁世凯地位问题,提出:"大总统固已失其地位,副总统名义,亦当同归消灭";"今舍去大总统而以副总统行使职权,牵入约法条文,殊于事实不合。不如根据清室交付原案,承认袁大总统对于民国应暂负维持责任……一面迅筹国会锐进办法,提前召集……未来之大总统可以依法产出,而实行内阁制,组织新政府,皆得次第建设。"冯国璋以此敷衍了袁世凯的主张。可这还不足以彰显冯国璋之重要地位并实现其谋权心思。5月6日,冯国璋到徐州,与"辫帅"张勋及长江巡阅副使倪嗣冲相商,决定请未独立之15省派代表到南京集议,"共图进止",明白摆出其盟主姿态。

5月18日,由冯国璋主持的未独立各省代表会议在南京开场。由于冯国璋主张"准袁满任",故袁"喜冯氏之助己也",为了保住自己的大总统权位,会前特许冯三端:(1)和局之解决,准其有自由断决之权;(2)政府关于和局提出之议案,准其有酌核之权;(3)和局不成,倘出以决裂,准其有参与重要军政之权。但会议的结果却不完全似袁世凯之预期。在第一天的会议上,首先发言的山东、湖南、山西代表均主袁退位,"各代表相继和之,主退位者占多数"。冯国璋以"此条关系重大,未可冒昧表决,宣告散会"。当晚,拥袁派倪嗣冲亲率卫队三营至宁,并在第二天的会议上发言,反对操之过急,主张徐图补救,依法律手续和平嬗递。直隶与张勋的代表随后发言附和倪之意见。而山东代表仍然反对,其他代表则有"变作模棱两可之语"者,"甚有昨日主张退位者,今日忽主张不退位"。第三天的会议,湖北、湖南、山东代表仍"主张袁速退位,以保治安,其他代表无言"。冯国璋最后"谓总统本应退位,惟宜向国会辞职,本会碍难建议",算是结束了在这个问题上的争执。22日,会议在冯国璋主导下通过致独立各省电,以"总统问题,关系国家存亡,既非五省片面所能主张,亦未便以十五省之心理为依据,亟宜研究妥善办法,以救危亡";提出以南京为集议地点,双方各派代表,"公同研究,议决实行。"但独立各省对冯的主张不"领情",拥袁派张勋则电责会议"受人摆弄,暗中串合,故与南方诸省同其声调"。冯国璋本企图在两方面得利,但实际却是两面不讨好,只能在 30 日宣布结束会议,同时继续与护国军方面保持联络,寻觅迫袁退位之方。

袁世凯本对冯国璋召集的会议抱有期望,结果却使其非常不满。他在私下里对与段祺瑞、冯国璋并列为"北洋三杰"的王士珍说了心里话:"今日大事破坏,皆我自己失计。……滇、黔反侧,远在边地,尚非紧要,浙、粤之变,余亦另有把握,冯乃我手下最有力量之人,彼竟公然宣布叛言,遂是各省皆为摇动,大事益为棘手,令予进退维谷。"但此时的袁世凯自认为还不到濒于绝境之时,他手中仍有武装本钱,对段祺瑞、冯国璋的"背主"之举亦筹有对付之计,故他亦告王士珍:"至退位之法,予筹之已熟,即求优待条件,亦甚易易,但由冯、段等挟持而退,或挟持而留,人必以魏晋故事相讥笑,予岂肯为之? 此次南京会议,明为北方势力,实不啻由予手中攘夺大柄,其结果予早洞悉,曾筹有对付彼二人之计。最可笑者,冯国璋以南京为负固之地,添兵于前,调兵于后,纵令南京成为金城汤池,总不能以南京为都城,余终不令冯坐享成功,届时离去南京,猛虎失势,为力无几,即令不然,段、冯二人亦必堕其信用,无发言价值,况财政一端,亦足制彼等死命乎!"①

然而,就在袁世凯仍以为自己有本钱与独立各省周旋之际,陕西、四川、湖南等他自认为对其绝对效忠省份的独立举动给了他一次又一次的打击,整个政治局势实有急转直下之势。

陕西将军陆建章对袁世凯一向"忠心耿耿",南方讨袁起义发动后,陕西在革命党人运动下,民军蜂起,陆建章的镇压举动未收效果。5 月 9 日,陕南镇守使陈树藩宣布独立,自任护国军总司令,联合民军准备进攻西安。在各方强大压力下,陆建章无力抵抗,只能与陈树藩言和,交出陕西权柄。16 日,陈树藩进入西安,出任陕西都督,陆建章被礼送出境。

如果说陕西独立是陆建章迫于无奈而交权,那么其后四川、湖南的主动独立更使袁世凯气恼不已。四川将军陈宧本任参谋次长兼袁世凯

---

① 以上三段之引文均出自李希泌等编《护国运动资料选编》(下),642—661 页。

的军事核心机构——统率办事处办事员。1915年3月,陈奉命带兵入川,以加强北洋军对西南的控制,表明袁世凯对其信任有加(1915年8月任四川将军)。护国战争爆发后,护国军入川作战,陈宧独当其冲,虽然在北洋援军的支持下,交战双方的战线得以稳定,但陈宧仍然感到护国军的强大压力。随着全国讨袁阵营的扩大和政治形势的变化,陈宧对袁世凯的忠诚度显然在动摇。1916年3月袁世凯被迫取消帝制后,陈宧随即在3月30日向护国军方面提出停战议和建议,并称其"意在倒袁行联邦制,而举冯(国璋)、段(祺瑞)、徐(世昌)为总统,并谓已派人联络湘、鄂、赣三省,已得赞同"。31日蔡锷复电陈宧,同意停战一星期,因为北洋军对护国军仍有优势,护国军"非得新援及将器械、人员弹药补充完满,决难移转攻势"。此次停战期满后经两次延长各一月并扩大范围至湖南,实际上护国军与北洋军自此以后便基本未发生战事。与此同时,陈宧提出其议和条件,"最要之件为须仍一致承认今大总统",而讨袁阵营对此绝难同意,如梁启超所言,"袁不退,对京无调停余地",双方和议没有结果。尽管如此,护国军一直没有放弃劝说陈宧独立的计划,并通过陈属下的旅长冯玉祥、伍祥祯等"迫陈宣告独立"。此时,政治形势的变化已经明显不利于袁世凯,陈宧的心思始有变化,在内外压力之下,态度明显动摇。5月3日,陈宧致电袁世凯,告其在与护国军方面议和时"争执主要之点,欲得钧座退位。使此退位之说仅出于首事诸人一部分之口,则转圜犹易为力,乃首事诸人如是云云,主持清议诸人复如是云云,甚至举国人之心理亦如是云云,于此可察大势之已去,人心则已失,虽有大力者,亦不能逆天以挽之矣。"因此,陈宧向袁建议,"退而兵罢,兵罢而国安",同时保证"应如何优待条件,宧与各省疆吏亦必力争以报";否则,"若再迁延时日,则分崩离析之祸今已见端,后患之来,则宧之所不忍言者"。陈宧此电通报北京及各省后,袁虽表示"实获我心",但迟迟不见付诸实施,而四川省内外"迫陈独立甚急",陈"以各方面之种种胁迫,使之不得不发"。5月22日,陈宧被迫发布《独立文告》称:"本都督前曾一再电请袁大总统退位……乃迁延至今,迄未得明确之答复,是袁氏不念川民之疾苦,且先自绝于川。本都督因民之不忍,不能不代表川人与袁氏告绝,于二十二日通电京外,正式宣布与北京袁政府断绝关系,袁氏未退位以前,以政府名分处分川事者,川省皆视为无效。"①

继四川独立给袁世凯重大打击后,湖南的独立又给了袁致命一击。与陈宧相似,湖南将军汤芗铭也曾是袁世凯的忠实拥护者。袁被迫取消帝制后,汤还在1916年4月4日发表通电称:"资格信望足以包举全国者,今大总统外更无第二人。尊重其固有地位,正所以维持国家。"声称如护国军方面"不顾国家之存亡,不顾人民之痛苦,固执己见,妄肆要求,则匹夫有兴亡之责,军人凛服从之义,誓当激励所部,以备前驱,决不任彼辈之毒也而祸国也"。但在迅速演进的讨袁政治形势中,湖南的形势亦在变化,各地纷纷声明独立,即便是湖南派往南京参加冯国璋主持的未独立15省会议的代表也在会上公开主张袁退位,汤芗铭实已难照原样统治湖南。他的态度随之有了明显变化,并通过其兄、进步党首领汤化龙,与讨袁阵营搭上了关系。5月29日,汤芗铭发布《独立布告》,声明"鉴于时势之必要,于本日脱离袁政府宣布独立"。同日发出致袁世凯电,声称:"芗铭虽有知遇私情,不能忘国家之大义。前经尽情忠告,电请退位息争,既充耳而不闻,弥抏心而滋痛。大局累卵,安能长此依违?将士同胞,实已义无反顾。但使有穷途之悔悟,正不为其豆相煎。如必举全国而牺牲,惟有以干戈相见。"②

如果说西南各省的独立起事或多或少还可为袁世凯所预计,那么一向对袁唯命是从的陈宧和汤芗铭的"背叛",则给了袁非常大的打击。据称,袁世凯收到陈宧独立电后,"阅后半日,未出一言。由是则发显病情两次"。而当汤芗铭独立电到后,袁"大失常态,面带愁容"。③ 故时人以"二陈汤"(陈宧、汤芗铭)形容四川、湖南独立对袁的打击或有可信之处。

图谋称帝之际的袁世凯尚不到60岁,又有良好的生活、医疗条件,平时并未显露出体弱多病的征兆。但自宣布称帝后,西南起事,列强警告,所谓"内忧外患"纷至沓来,袁的心思沉重,且终日伏案处理各种要务,不堪辛苦而又高处不胜寒,无亲近可言之,内心郁闷无法排解,健康

---

① 李希泌等编:《护国运动资料选编》(下),475、483、494、612页;曾业英编:《蔡松坡集》,1095页。
② 李希泌等编:《护国运动资料选编》(下),618、621—624页。
③ 李希泌等编:《护国运动资料选编》(下),667页。

状况自然下滑。及至被迫取消帝制后，本以为尚可继续维持总统之尊，岂料讨袁阵营不依不饶，非使其退位不可，原本为其亲信的官员人等，见其大势已去，亦纷纷自寻出路，背其而去，使其切身感受到孤家寡人之世态炎凉，精神上更受打击。加之其家庭内部，早先因立谁为"太子"和给谁以"妃""嫔"名义而致兄弟反目、众妾争风，更加重了袁的精神负担。自其决定取消帝制后，袁世凯的体力与精力开始明显不济，"大约即受肝疾"。随着讨袁阵营的壮大，形势日渐对其继续维持总统地位不利，袁的病情亦迅速发展恶化，5 月中旬以后，他的体力已经衰弱到无法外出，只能在住处办公、会客，强撑病体，维持着局面。其后冯国璋召集的南京会议"未即如愿，不无忧闷"；陈宧宣布独立后，"实则病重矣"；汤芗铭宣布独立，"词多不驯，愤急兼甚"。但即便如此，他仍然不愿放弃自己的权力。5 月 29 日，袁世凯以大总统名义发布《帝制议案始末告令》，追索实行帝制之前后经过始末，声称其对于帝制"不肯轻听急迫之请求，而兢兢以正确民意为从违，尊重国民主权之心，固可大白于天下"；"不欲以帝位自居之心，昭然可见"，而且"借词筹备，不即正位者，盖始终于辞让初衷未尝稍变也"。他责难"今之反对帝制者，当日亦多在赞成之列，尤非本大总统之所能料及"；而且自诩："万方有罪，在予一人，苦我生灵，劳我战士，群情惶惑，商业凋零，抚衷内省，良用矍然。是以毅然明令宣示，将承认帝制之案，即行取消，筹备事宜，立即停止。"①然而袁世凯的身体已经不能支持他的权力欲望了。进入 6 月后，袁的身体一天不如一天，到 5 日其病已是名医束手，无力回天。在弥留之际，袁世凯召见段祺瑞、王士珍、徐世昌等入室，简单交待后事。1916年 6 月 6 日上午，59 岁的袁世凯因内外交困、疾火攻心、忧惧而亡。

袁世凯之死，使其退位问题自然消失。6 月 6 日袁死当天，国务总理段祺瑞即以 1914 年袁世凯政府制订的"约法"作为法统依据，以《大总统告令》形式，宣布"国事至重，寄托必须得人，依约法第二十九条大总统因故去职或不能视事时，副总统代行其职权，本大总统依照约法宣告，以副总统黎元洪代行中华民国大总统职权"。7 日，黎元洪据此"依

---

① 李希泌等编：《护国运动资料选编》(下)，667 页；1916 年 5 月 30 日《政府公报》。

法接任中华民国大总统职权"。① 由此而引起南北双方的约法之争。

对于袁世凯退位后由黎元洪接任大总统,南北双方早有共识,并无异议,但是对于段祺瑞以袁记"新"约法为黎元洪接任之依据,以袁世凯"遗命"之《大总统告令》为总统交接方式,护国军方面则坚决反对。6月8日,实际主持军务院事务的抚军副长岑春煊致电各独立省份都督及护国军长官,详加说明护国军方面的立场与态度:"袁世凯身死,由黎副总统继任,乃根据民国二年十月四日宪法会议所宣布之《大总统选举法》第五条,义军屡本此以宣言,实亦全国所共认。乃北京国务院鱼电称,依约法第二十九条,宣布以副总统黎元洪代行中华民国大总统职权等语。查该电所指约法,乃民国三年五月一日所公布、约法会议所修改。夫袁世凯以非法解散国会,别以己意召集所谓约法会议,议改大法,机关既不正,所修法案应归无效。黎大总统出承大位,本国法程序之所当然,决非袁世凯一人之私法所得傅会。且继承与代行职权大有区别。……若依据后起不正之法改为摄权,不仅于义军信誓有关,而大局或因此别生纷扰。"13日,岑春煊、陆荣廷、汤芗铭、陈炳焜联名致电黎元洪,明确提出护国军方面的四项主张:(1)我大总统及时承位,乃继任,非代行职政;(2)南军政府迭宣言拥护约法,乃指民国元年之民定约法,非民国三年项城改定之约法;(3)国会为民国根本法所由产生,项城以非法解散,今应恢复国会;(4)民定约法既复,应请我大总统依据约法,指定总理,组织新内阁,交由国会同意。电称:"只须本此以行,万事俱迎刃而解。"护国军的意见得到孙中山领导的中华革命党的响应。6月9日,孙中山在《规复约法宣言》中表示:"今若举国人遵由神圣之约法,泯绝内讧,洵可为百世之模范。……今求治无他,一言蔽之曰,反其道而已。庶事改良,或难骤举,至于规复约法,尊重民意机关,则唯一无二之方"。更使段祺瑞感到压力的是,同为北洋系、又是北洋军大佬的冯国璋,也提出恢复旧约法即民元约法的主张。他在15日给黎元洪和段祺瑞的电报中提出:"新约法为总统制,今日已不适用,当时制定又未按照定程修改,在民国法系为非正统。……现在舍临时约法外,则无根本之法,舍恢复临时约法外,即别

---

① 中国第二历史档案馆等编:《护国运动》,740—741页。

无可以遵法之道,此节似已无待再计。"①

　　面对各界主张恢复旧约法即民元约法的压力,初掌北京政治大权的段祺瑞表示:"复行元年约法,政府初无成见,所审度者,复行之办法耳"。他不主张由政府以行政命令恢复,以其"为各派法理学说所不容,贸然行之,后患不可胜言",提出由各省推举三名旧国会议员,到京开会议决,名为尊重民意,实为企图以此拖延恢复旧约法的日期,自然为独立各省所反对。正值此时,驻沪海军在原总司令李鼎新的领导下,于25日声明加入护国军,并谓在恢复民元约法前,"不奉政府命令"。海军此举对护国军阵营坚持恢复民元约法的举动是有力的声援。为避免事态扩大,段祺瑞决定暂行让步。29日黎元洪发出《大总统申令》,明言:"宪法未定以前,仍遵行中华民国元年三月十一日公布之临时约法,至宪法成立为止。其二年十月五日宣布之大总统选举法,系宪法之一部,应仍有效"。同日公布裁撤参政院,于8月1日召开旧国会会议。②

　　南北约法之争,以南方护国军阵营的胜利而告终,南北统一问题亦因此而提上议事日程。此前,6月7日,陕西都督陈树藩率先宣布取消独立。接着,川督陈宦和粤督龙济光分别在8日和9日宣布取消独立。作为护国军方面主要的政治策划者,梁启超虽坚持恢复旧约法,但并不主张与北方在政治上长期对抗,就政治立场而言,他当时更愿意与段祺瑞打交道,而非与一直提倡革命的孙中山合作,而且他还抱有在段祺瑞主导下的北京政府中发挥政治作用的强烈期望,故其急于与段妥协,以开创政治新局。在袁世凯病逝的次日,梁启超即于6月7日电致独立各省提议:"收拾北方,惟段是赖,南省似宜力予援助,毋令势孤,更不可怀彼我成见,致生恶感。"而一俟段祺瑞同意恢复旧约法及国会,梁启超即表示护国军目的已成,军务院应尽早撤销。梁启超的意见得到多数护国军领袖的响应,但军务院正、副抚军长唐继尧和岑春煊出于个人利益的考量,却另有想法,他们主张应俟国会召开、正式内阁成立后再撤销军务院,以此与北京政府在政治上讨价还价。不过梁启超相当坚持

---

① 李希泌等编:《护国运动资料选编》,671、681页;中国第二历史档案馆等编:《护国运动》,748—750页;《孙中山全集》第3卷,305页。
② 中国第二历史档案馆等编:《护国运动》,752—757页。

自己的意见,认为段祺瑞"应付时局,虽多未协机宜,超亦尝屡电责备,然此公宅心公正,持躬清直,维持危局,非彼莫属,其举措不满人意之处,实缘眼光稍短,非怀恶意。现有数派人专以排彼为事,无非欲达个人权利目的。此公若被挤去,北军人人自危,大局将不可问。且彼赋性澹泊,岂虑把持?协力渡此难关,俟国基定后,各政客岂患无机会以自表现?"在政治上追随梁启超的蔡锷,也对段祺瑞接任北京大政寄予希望,认为"继任之人,以段芝老(段祺瑞)之资望、勋业、道德、经验,人无间言",并提议"暂以黄陂继任,随即召集民国二年参、众两院议员,选举正式总统,并一面设法务使芝老当选。……届时锷当与滇、黔、桂、粤诸当道力为斡旋,当无不谐"。在梁等坚持催促之下,唐继尧与岑春煊的意见孤掌难鸣,最后只能接受梁之提议。7月14日,由军务院抚军长唐继尧领衔,副抚军长岑春煊及委员和独立各省都督(据称"多有事前未及备知"者)联名发布布告称:"今约法、国会次第恢复,大总统依法继任,与独立各省最初之宣言,适相符合。虽国务员之任命尚未经国会同意,然当此闭会时,元首先任命,以俟追认,实为约法所不禁。本军务院为力求统一起见,谨于本日宣告撤废,其抚军及政务委员长、外交专使、军事代表均一并解除,国家一切政务,静听元首、政府、国会主持。"①其后,西南独立各省亦表示取消独立,听命于中央政府。

袁世凯败亡,黎元洪继任大总统,军务院撤销,独立各省取消独立,南北复归统一,护国战争由此结束。就其反对帝制、维护共和的基本政治目标而言,护国战争可谓胜利结束,其最大意义在于,在"护国"名义之下,共和制成为国人普遍的共识,而帝制已经不可能再发生于中国,无论是袁世凯的称帝之举,还是其后张勋拥前清废帝复辟之举,注定都将是短命的。护国战争同时以"护法"的名义,在形式上恢复了民元约法和国会制度,无论其实际意义如何,也是与共和制民国有密切联系的。因此,护国战争对于在中国这样有数千年帝制历史的国度确立共和制度具有积极的意义。之所以如此,除了历史客观演进的要求外,与进步党人的努力与活动也是分不开的。进步党人对袁世凯称帝前后的

---

① 李希泌等编:《护国运动资料选编》(下),692、735—736、746页;曾业英编:《蔡松坡集》,1083页;黄季陆、罗家伦主编:《革命文献》第47辑,533页。

形势与人心有较为准确的判断,有合理可行的战略战术,有处于自己影响下的实力地盘,成功地策动了西南地方宣布独立,发起讨袁护国战争,并在实战中不断扩大讨袁阵营的阵容与声势,最终达成其政治目标。相比较而言,尽管孙中山及其领导的中华革命党一直是坚定的反袁革命派,但他们固执于传统的依靠少数人起事的单纯、定点、冒险的武装起义方式,没有自己的实力地盘,也未能争取更多的地方实力派支持,在讨袁阵营中处于被边缘化的尴尬境地,表现出革命派的主观设想未能完全适应客观形势的变化要求。但是应该注意的是,护国战争提出的政治目标与口号——护国与护法,实际与革命派当年发动的辛亥革命与二次革命的政治诉求一脉相承,说明孙中山领导的革命派与梁启超为代表的改良派,在政治上仍有其共通性,并非如一些时人或后人认知的那样水火不容,他们都以其各自的方式贡献于近代中国政治的转型与建设。何况,共和观念的深入人心固得益于护国战争之功,而孙中山等革命派当年于艰辛困苦中筚路蓝缕,发动辛亥革命,维护共和民国,宣传发动反袁仍功不可没。

不过,就护国战争胜利后的中国政治格局与形势而言,其基本政治面并无根本的变化,北洋系仍掌握着中央权力,民主仍为共和制下之虚饰,孙中山及革命党人仍不能不为理想而奔波。更糟的是,北洋系的分裂与地方军阀势力的抬头,非常不利于中国的统一与现代化转型,并将对当时及其后的中国政治产生重要的影响。诚如时论所言:"革命之目的,在巩固共和,刷新政治,使国家循文明进化之轨道,使人民有自由活泼之精神,非单纯讨袁,如古昔之清君侧,如个人之报私仇比也。……然全国之政象,倘仍旧观,共和之真际,犹未确立,则革命之目的,仍可谓无丝毫达到,前门拒虎,后门进狼,则不如不拒以待时机之为愈。……如此,讨袁之目的虽达,而革命之目的终不得达,是非更大扫除,再次革命,恐所谓国利民福,仍无着也。夫天下重器也,革命危事也,今乃因去恶不尽,为德不卒,至将天下重器,一摘再摘,岂吾人救国之志所忍言,亦岂国人厌乱之心所能任。"①

---

① 黄季陆、罗家伦主编:《革命文献》第 47 辑,619—620 页。

第三章
军阀纷争与南北对峙

　　袁世凯称帝败亡之后,民国进入了军阀纷争与分裂动荡的年代。这首先表现为北洋军阀的分裂,皖、直、奉三大派系互相争夺中央政权,导致北京政治动荡不已;其次表现为中央与地方的分裂,因为中央政权的软弱而使地方军阀坐大,各行其是;再次表现为南北分裂,南方各省自成阵营,其中既有孙中山与革命党人的反军阀斗争,也有地方实力派的自主自立。北洋军阀督军团干政的结果,使张勋乘机拥清室复辟,但旋因其不得人心而败。其后,皖系控制北京政府,废弃旧国会,改选新国会,另选大总统;而孙中山南下打出护法旗帜,坚持临时约法的精神与原则,结合西南各省与北洋军阀对抗,但因地方实力派的牵制而受挫折。南北进入分裂对峙状态后爆发了战争,但战争的结果是双方均不能战胜对方,因此而有南北议和,却又因双方政治主张的对立而宣告失败,民国政治仍处于分裂状态中。

第一节　军阀纷争的肇始

袁世凯败亡,黎元洪继任,共和重张,法统复归,民国政治状似复入正轨,但实际上,后袁世凯时期的民国政治却与袁当政时的民国政治有了相当大的差异,其最主要的表现:一是北洋军人派系的分裂,北洋系逐渐分裂为三大派系——以段祺瑞为首的皖系,冯国璋、曹锟、吴佩孚为首的直系,张作霖为首的奉系,各系内又因出身、利益及人际关系的差别而形成不同的小派(如直系的津、保、洛派,奉系的旧派与新派),由于缺少了袁世凯那样可以号令北洋全军的强人老大,北洋各系间遂为派系与个人利益而纵横捭阖,你争我夺,争夺焦点在北京中央政权,直接导致北京政府的政治动荡,内阁更易频繁,阁揆与总长有如走马灯般更替,真是"乱哄哄你方唱罢我登场",难以有统一而稳定的内外诸政策;二是中央与地方的分裂,由于北洋系的分裂,各系在其所占地盘自行其是,而非北洋系控制的省份,也因中央政权的软弱而觅得更大的自治空间,在地方实力派的掌控下,对中央号令或阳奉阴违,或干脆不予置理,地方实力派强时可进窥中央,弱时则退而自保,而无论进退,中央均难以控制地方;三是南北的分裂,讨袁护国战争直接造成南方多各省的反袁联合阵线,后袁时期,这些省份的当权者因地域和利益关系的相近,对北京政权仍不时处在对立面,俨然自成势力范围,而孙中山因从事革命斗争的需要主动或被动与南方实力派的结合,又给南方阵营构建了与北京政权不同的以"护法"为中心的政治语境,凸显出南北双方的政治差异,并因此而在一定阶段形成了南北双方各自的法统与政权。因此,后袁世凯时期的中国,总体而言进入了中央政权内部、中央与地方之间、南北之间的政治纷争年代，民国政局在军阀纷争的作用下，似无规律可循，而成混沌之势。

当袁世凯败亡之初，南方阵营因为讨袁目的已达，对北京政府表示了一定的支持，而刚刚掌握北京政府权力的段祺瑞亦为拉拢南方阵营、巩固自身势力起见，在政治上作出惩办帝制祸首、废除袁记机构法令等一系列姿态，南北双方之间因讨袁而形成的剑拔弩张的对峙局面一时有了较大的缓解。在宣布恢复旧约法、召开旧国会前后，北京政府先后下令撤销陆海军大元帅统率办事处、京畿军政执法处，废除各省将军、巡按使名号，改称督军、省长；释放因反袁及反帝制被关押的政治犯；解禁因反袁及反帝制被查封的报纸；废止与帝制有关的《颁爵条例》《惩办国贼条例》《文官官秩令》等法令；惩办杨度、孙毓筠、梁士诒、周自齐等帝制祸首（实际因他们已逃离北京而使惩办流为空谈）等。

除了恢复旧约法及旧国会之外，南方阵营还看重北京新内阁之组成，因为这关系到新的权力格局与权力分配问题。6月29日，黎元洪任命段祺瑞为国务总理，对此南方阵营未表异议，因就实力、资历和人望而言，段祺瑞实为不二人选。但对于新阁的组成，南方阵营有自己的考虑，并与黎元洪、段祺瑞反复商讨。应该说，在挑选新阁人选方面，段祺瑞作了相当让步，除了国务总理兼陆军总长由段祺瑞自兼外，前国民党系有四人（外交总长唐绍仪、财政总长陈锦涛、司法总长张耀曾、海军总长程璧光），[①]进步党系有三人（内务总长孙洪伊、教育总长范源濂、农商总长谷钟秀），而接近于北洋系的只有交通总长许世英一人。尽管内阁总长的实际权力受到实力派军人的牵制，而且段祺瑞以其北洋派系为基础基本掌控了内阁的施政决策大权，但此次内阁的组成还是在一定程度上体现出讨袁胜利的成果，与以往北洋系成员包揽内阁总长的状况有了一定的区别，或多或少又有了民初"混合内阁"的影子。8月1日，旧国会参众两院如期在北京复会。21日和23日，众议院和参议院先后以绝对多数通过追认段祺瑞为内阁总理案，9月1日和4日

---

① 此时中华革命党和欧事研究会等自国民党分立而成的组织，多半已停止活动，但他们的成员仍然因其大体相同的历史渊源和思想倾向，在国会等政治舞台结合为各种团体并对外发声，本处及其后所称之"国民党"，为包括中华革命党和欧事研究会等组织的泛国民党系的通称。

又以绝对多数先后通过内阁阁员名单，10月30日选举冯国璋为副总统（仍兼江苏督军，在南京任职，未至北京）。至此，袁世凯死后北京中央政权的改组善后工作告一段落。

在地方善后方面，段祺瑞的做法却与对北京中央政府的改组有很大的不同。一是他对由北洋系担任军政长官的各省几乎未作更动，只是将将军、巡按使的名号改为督军、省长而已，从而确保了北洋系对大多数省份的控制，也有利于凝聚北洋团体的派系意识，同时亦反映出段祺瑞对掌握地方实力的看重，因其在当时更具实际意义，但这种强地方而弱中央的做法，不利于强化后袁时期已趋弱势的中央权力，北京政府对地方控制力的式微渐成事实；二是对南方各省军政长官的安排，迁就了地方实力派与进步党势力扩张的事实，除原任唐继尧、任可澄和刘显世继续担任云南督军、省长和贵州督军外，还任命蔡锷为四川督军兼省长，陆荣廷为广东督军，朱庆澜为省长，陈炳焜为广西督军兼省长，戴戡为贵州省长，吕公望为浙江督军兼省长（1917年1月改任北洋系杨善德）。这其中的唐继尧、刘显世、陆荣廷、陈炳焜代表了西南地方实力派，而蔡锷、戴戡则是进步党人扩张势力范围的主要寄托。

进步党及其领袖人物梁启超有强烈的政治企图，但在民国成立后军阀武力当道的情况下，梁启超对进步党人没有实力地盘为依托的苦处深有体会，认为"吾侪自命稳健派者，失败之迹历历可指也，曾无尺寸根据之地，惟张空拳以代人呐喊，故无往而不为人所劫持，无时而不为人所利用"[①]。护国之役爆发，进步党人插足西南，为梁启超谋划建立实力地盘提供了难得的机会。但唐继尧、刘显世、陆荣廷等西南地方实力派参加护国之役的主要目的是维持自己的地盘与统治，并不愿在政治上听命于梁启超，梁也小心谨慎，避免在滇、黔、桂发展进步党的势力，以免得罪地方实力派而于己不利，他只能将进步党建立实力地盘的主要希望寄托于蔡锷督川与戴戡长黔。

四川方面，因陈宦宣布独立后与继续效忠袁世凯的川军第1师师长周骏互争都督之位，被周骏赶出四川，而蔡锷于他们相争之际率护国

---

① 梁启超：《盾鼻集》卷一，13页，上海，商务印书馆，1917。

军进抵成都,又将周骏赶走,段祺瑞遂被迫将川督之位授与蔡锷。但对位居南北冲要的湖南(汤芗铭宣布湖南独立后不为护国军所接受并被赶走),段祺瑞不肯交由进步党人掌管,他任命被周骏赶出四川的陈宦为湘督(后因各方反对未成),企图在此沟通南北的交通要道留下北洋系的班底,同时任命戴戡为贵州省长。虽然梁启超的图谋未能完全实现,但是蔡锷督川,戴戡长黔,加之进步党人在北京政府中获得了几席部长职位,也使梁启超的政治抱负大张,思有成为现实之可能。但不幸的是,蔡锷在护国战争爆发前即身染喉疾,战争期间辛苦劳顿,更加剧了病情,接任川督后不久即难以履职,1916年8月不得不辞职离川,赴日治病,11月8日在日本福冈病逝。戴戡在贵州省长任上亦受刘显世牵制,不能有所作为,故蔡锷离川后戴戡又被进步党人推为四川省长兼军务会办,企图继续为进步党保有四川地盘。但戴戡的实力与才干均有限,虽然在1917年4月,他利用川滇军在四川争斗的鹬蚌相争之机,得渔翁之利,成为四川督军,但旋为川军将领刘存厚所败。至此,梁启超和进步党人以实力据有地盘的想法完全落空,他们只能继续在国会中相与周旋,在北京政府中谋取职位,说到底也只能是分享北洋军阀政治分赃后的一杯残羹而已。

与进步党人在护国战争胜利后的积极进取相比较,国民党人在护国战争胜利后的表现却颇为低调。孙中山对袁世凯败亡之后的时局一度"颇具乐观",认为"若今后南北各执权者能一秉至公,尊重约法,拥护共和,去其争位夺权之私心,革其武人干政之恶习,以爱国之真诚、和平之精神,致力于奠定国基、建设国政之事业,则袁死而中国真可大治"。他对段祺瑞接任北京政府亦寄予某种期望,并亲函致段祺瑞表示:"帝制发生,尤能以大义自持,冒犯险难,始终不变,大局已定。……今日天下汹汹,扶危定倾,又唯执事是赖,此文所倾服不置也。……愿执事翊赞当机,不为莠言所惑,重陷天下纷纠,亦文之望也。"为了表示与北京政府合作的诚意,孙中山主动致电各地中华革命军将领,认为"今者袁死黎继,我辈革命之目的物不存,则革命军亦无从继续";应顺应国民心理,对执政者"暂为监视"。由于孙中山的坚持,各地的中华革命军先后解散,革命党人再次失去了自己直接统领下不多的武装力量。

1916年7月,孙中山决定,中华革命党总部及各地支分部"一切党务亦应停止"。孙中山之所以如此考量,在于他又重蹈民国初建之际的认识覆辙,即"破坏既终,建设方始,革命名义,已不复存",革命党人应将主要精力用于国会合法斗争并制定良善宪法。① 从表面上看,国民党人在护国战争结束后得到了相当的政治地位,在北京中央政府中占据着最多的部长席次,但即便是进步党人亦知,在北洋系武力独大的情况下,所谓政府部长席位不过是无根之木,因此力求在地方获取实力和地盘,而国民党人在获取实力和地盘方面似乎并无积极举动。在改组后的北京政府最初任命的各省军政长官名单中,国民党人没有得到一个省份。后来因为段祺瑞任命陈宧为湖南督军兼省长,不为护国军方面所接受,经南北双方的交涉和妥协,段祺瑞任命湘籍闻人、南北方都可接受的谭廷闿为湖南督军,因为谭延闿曾隶属于国民党,他的就职使国民党人在名义上总算占有了一省地盘,但谭在政治上与国民党内的革命派保持着一定距离,湖南也因此而成为南北方争夺的焦点之一。

　　无论是进步党人,还是国民党人,也无论是积极进取还是消极观望,客观而论,他们在袁世凯败亡之后的北京政坛并不占据主要地位,能够在北京政坛呼风唤雨、颐指气使、以北京政治主人自居的,还是手中握有枪杆子的北洋系军人。

　　北洋系自袁世凯小站练兵而起,势力不断扩张,并由军而政,逐渐发展成为以北洋军为基础、以袁世凯为中心的军事—政治集团。清朝覆灭、民国成立之后,袁世凯以此为资本,因缘际会,出任大总统,北洋系因此把持着中央与多数地方政权,其内部围绕袁为中心,形成较为稳定的上下尊卑关系及派系团体意识,维持着大体平衡的权力秩序。但由于袁世凯的猝死及其政治生涯后期在接班人问题上的私心,北洋系在袁之后未能产生新的众所公认的领军人物,而是很快分裂为皖、直、奉三系,其中以段祺瑞为首的皖系在后袁时期暂时以其实力和人脉关系控制了北京政局。

　　段祺瑞自袁世凯在天津小站练兵之始即加入北洋军,为北洋军元

---

① 《孙中山全集》第3卷,303、311—312、333、365、371页。

老之一。袁世凯亦对其信任有加,倚为左右手,在民国成立后畀其以陆军部长职,为其掌管军权。但段对袁称帝不以为然,未予劝进,而袁不仅对段反对其称帝大为不满,同时为传子之目的,亦不容段再掌兵权,故自其开始酝酿称帝后,即将段弃置闲散,两人过往之亲密关系名存实亡。及至袁称帝失败,迫于形势又重新起用段祺瑞,并授其组织责任内阁,但此时段已另有想法,并规划后袁时期之政治,而袁亦不甘完全放权于段,两人关系仍是貌合神离。袁死之后,段祺瑞因其所任之国务总理位置及其在袁称帝时之"清誉",一时成为南北各方均认可之收拾残局处理善后中心所在。而且段祺瑞长期在北洋军任职,门生故吏遍布北洋军上下,他们被视为段之部属,在袁死后奉段为主。袁世凯当政时期的一些政客,也在袁死后另寻后台靠山,集结在段之周围,形成可为段所用的官僚政客集团。这样,段祺瑞不仅在袁世凯死后掌握了北京中央政府的实权,而且还掌握了相当数量的军队并控制着从北到南的数省地盘,在北洋系中形成了以他为首的皖系(因段祺瑞为安徽人,故以皖系名之),在北京政府中期政治中起着关键作用。

  北洋系中分化出的另一实力派系为直系(因其首领冯国璋为直隶人而名之)。直系首领冯国璋亦为北洋元老,与段祺瑞并列为袁世凯的亲信大将,也与段同对袁称帝表示不满。后袁时期,冯国璋以副总统和江苏都督的身份继续占据着富庶发达之地江苏,其部属王占元和李纯出任鄂督与赣督,以长江流域为轴心,形成以直系名之的势力范围。因对段在袁死后的急速扩张势头不满,"冯在此时已滋不悦,遂联络长江各督,扩充其势力。段虽赞成共和,而不接近民党。民党乃转而趋冯,选冯为副总统。"及至冯到北京就职前后的种种复杂关系,"冯、段渐水火矣"。[①] 但冯国璋的为人不似段祺瑞那般咄咄逼人,因此较易为各方所接受,也可以在一定程度上为段所容忍。冯因早死而未在直系中形成如段祺瑞在皖系中那般权威。军事上颇具实力与战功的曹锟与吴佩孚,在冯之后渐渐崛起为直系新的掌门人,他们以武力为后盾,插手北京政治,与皖、奉两系争夺对中央政府的控制权,直至以总统贿选而在

[①]《近代稗海》第4辑,11页。

政治上声名狼藉,又因武力失败而退出对北京中央政权的争夺。

北洋系中分化出的又一实力派系为奉系(因其首领张作霖为奉天人而名之)。张作霖借辛亥革命之机,崛起于东北,以奉天为基地,将势力范围逐渐扩张到东北全境,形成奉系集团。奉系首领并非直接出身于袁世凯小站练兵,与袁的私人关系相对疏远,在相当时间里,也不被视为北洋系正宗,其所处地域又相对隔离,故在一定时期内,奉系主要固守于关外,发展其自身势力,未参与对北京中央政权的争夺。及其势力发展壮大之后,才开始将触角伸入关内,在直皖两系之间左右逢源,先是联直打皖,后又联皖打直,成则进居中央,败则退保关外,直至自成格局,在北京政府后期政治中发挥着关键作用。

除了北洋系军人集团外,西南地方实力派亦为后袁世凯时期不容忽视的军事派系集团。西南地方集团以川、滇、黔、粤、桂、湘为范围(此处的"西南"是当时约定俗成的政治概念,如以地理位置论,至少广东和湖南并非西南),以地方军队为主力,政治上自成其势力范围,长期与北京中央政权格格不入,另行其是。在西南各省中,贵州的实力十分有限,四川则长期困于省内军阀混战。湖南的情况较为特殊,因其为南北交通要道,故一直为南北必争之地,自1917年8月北洋军南下到1920年6月张敬尧被逐,湖南基本上处在北洋系的控制下,此后则在"湘人自治"的口号下,处在相对独立的地位,政治上不时依违于南北之间。广西和云南保持着相对稳定的政治局面,其掌权者陆荣廷和唐继尧颇具政治野心,时时以西南地方的政治代言人自居,陆以广西为基地,力图控制广东,影响湖南;唐则以云南为基地,亟图控制贵州,再向四川扩张。但西南多数省份地处偏远,经济落后,总体实力无法与北洋系较量,地方实力派自知在自保之外根本无力问鼎中央,只是他们的政治表态对于南北相争和北洋系内部相争不时起着一定的作用。广东在其时政治格局中的处境颇为微妙,虽然它因地利而成为西南政治中心,但也正因如此而成了西南各方争夺的中心,政治局势不时处在动荡之中,更重要的是,孙中山与革命党人在广东有长期的经营,并视广东为当然的革命根据地,他们与西南地方实力派在政治上看法不一,分合不定,其间之矛盾斗争加剧了广东局势的动荡。由于孙中山和革命党人的不懈努力,广东在20世纪20年代中期已经成为国民党的革命基地,广西随之加入,此后的两广与西南地方实力派在政治上显非同路,不应再被视为西南地方集团的成员。

无论如何,当袁世凯败亡之初,北洋系的分化正在形成之中,阵线尚不十分分明,内部派系矛盾的表现也还不突出;在南北方之间,因为孙中山和革命党人对政治暂时消极,西南地方实力派则忙于瓜分及稳固其势力范围,南北矛盾亦暂时不显。作为国务总理,段祺瑞本有较大的空间和余地处理北京政治,但出其所料的是,在责任内阁制下权力本受限制的大总统黎元洪却与他在许多问题上发生了激烈的矛盾冲突,形成以黎元洪为代表的总统府和以段祺瑞为代表的国务院互为对立面的府院之争。为了使矛盾的解决于己有利,府院双方又各自拉拢、争取支持者,黎元洪得到国民党人和西南地方实力派的支持,段祺瑞则得到北洋系军人和研究系(进步党在1916年以后分化而成)政客的支持。其后,黎、段双方的矛盾又因中国是否参加第一次世界大战的纠葛而引入美、日矛盾的国际因素,致双方矛盾更加复杂激烈而多变,进而导致北京政局的不稳,并以最终解散国会和内阁,演成清室复辟闹剧而收场。

根据《临时约法》的规定,大总统和国务院的职权各有分工,大总统的权力除了受国会的制约外,主要受到发令须经内阁成员副署规定的限制。黎元洪出任大总统很大程度上是因缘附会,并无实际政治力量为依托。正因为如此,段祺瑞及其下属也没有太拿他当回事,认为他"老实,易于妥协","既无势力为后盾,一旦继居高位,自易于对付",[①]何况段还有责任内阁制为借口。如果黎元洪上任后安于当个"太上皇"式的大总统,黎、段两人应可相安无事。不料黎元洪却不甘无所事事地当个空头总统,而愿意对政治表示自己的态度,结果黎以大总统身份干政,而段以责任内阁制搪塞,双方关系迅速恶化,加以其周围人的鼓动说辞,两人关系更是到了水火不容之地步。

黎元洪与段祺瑞的关系首先因徐树铮而起龃龉。徐树铮长期追随

[①] 杜春和编:《张国淦文集》,202页,北京,燕山出版社,2000。

段祺瑞左右,为段所最亲信的谋臣,段组阁时拟任其为国务院秘书长,但因其为人跋扈而为黎元洪所坚拒,后因总统府秘书长张国淦的说项才勉允其请。徐树铮上任后对黎更没有好脸色,"每日进府盖印,不发一言。某日因山西省同日更动三厅长,黎偶问及是何原因(其实阎锡山来呈请简,各有缘由,不难简单陈述;且简任官之任免,须经过阁议,徐亦完全接头)?徐竟率对以'总统但在后页年月上盖上印,何必管前面是何事情。'黎当时大为难堪,表示以后不愿再见徐之面。"其后,前进步党人、后靠向国民党的丁世峄出任总统府秘书长,援引同党、内务部长孙洪伊"极力在府方布置势力",与段祺瑞、徐树铮"几乎无事无时不冲突,短兵相接,日在火并之中"。1916年8月26日,段祺瑞具呈黎元洪称:"国务院呈请阅核文件,关系重要,逐日由祺瑞指示办法,交由秘书长徐树铮躬自呈递,于奉阅核印后,仍自赍回,未便假手他人,致生歧误。除训令该员禀遵办理外,理合呈报大总统鉴核。再该员伉直自爱,不屑妄语,其于面对时凡有声明为祺瑞之言者,祺瑞概负全责。"此呈给了黎元洪一些面子,并为徐树铮有所辩解及担责。30日,黎元洪慰留请辞的孙洪伊,双方矛盾表面似有缓和,但并未根本解决问题。此后,丁、孙两人"联合各方包围黎及其左右,作倒阁攻势,以孙代段。然以段之个性更强,又岂肯屈于孙?有人屡示意于孙,孙不辞。又有孙在内务部任内不依法而被裁撤之人员控之于平政院,孙不为所动。最后终至将拟孙免职命令送府,而黎拒绝盖印"。丁、孙两人的举动得到了国会中部分议员的支持,而黎元洪实亦乐观其成,但黎没有实力去段、徐,最后不得已在北洋大佬徐世昌的调停下,11月20日以黎元洪下令同时免徐树铮和孙洪伊职的方法暂时缓解了府院之争。①但黎元洪与段祺瑞两人经此番斗争而结怨甚深,彼此间更无好感,两人关系不久即因参战之争而至极度恶化之境地。

府院之争延伸到国会方面,表现为国民党人和进步党人各自之抱团争斗。国会复会后,国民党议员主要分化组合为三大派系,以张继、谷钟秀、吴景濂等"稳健派"组成的客庐系,有议员二百数十人;以林森、

---

① 《张国淦文集》,209、243—244页;1916年8月29日《政府公报》。

居正、褚辅成等"急进派"组成的丙辰俱乐部,有议员数十人;从进步党分化而出的孙洪伊、丁世峄、温世霖等组成的韬园系,有议员数十人。三派因在制宪问题上意见相近,故联合组成"宪政商榷会","以拥护宪法,巩固共和,发展平民政治为宗旨",在国会两院有议员近 400 人,俨然国会之主宰。但"三系之结合,各有其背景主张,并无共同之权利义务作结合基础,欲其保持长久性之团结,至为困难"。①大体而言,三派"对于宪法问题之意见,主张采用两院制,规定省制大纲(眼目在省长民选)于宪法,殆以地方分权主义者自期也。对于段内阁,客庐派则主张拥护,丙辰俱乐部、韬园两派则主张破坏。两派极不相容。"加以"三系内部,破绽层见叠出,结果遂非至于分裂不止"。其后因在选举副总统问题上意见不一,客庐系的谷钟秀等主张选陆荣廷,后成立政学会;吴景濂等主张选冯国璋,后成立益友社;丙辰俱乐部与韬园系则合为民友社。国会中的进步党人,则主要分化为汤化龙等组成的宪法讨论会和梁启超、王家襄、林长民等组成的宪法研究同志会,后为对抗国会中的国民党议员,两派合组宪法研究会(此即为在北京政府时期颇为活跃的研究系之由来),有 150 余名议员,"其政纲主张采取中央集权主义,废两院制为一院制,省制不规定于宪法,对段内阁取一贯拥护态度,其党员胥抱渐进主义,训练且普遍而周密,故其结合牢固,他党无能并肩于同时者。"②宪法商榷会(下文简称为"商榷系")和研究系主要是在制宪问题上意见对立,前者主张分权,后者主张集权,本来这不过是政见不同,但在当时情况下,前者代表了南方阵营的利益,而后者反映出北京政府的意见,政见不同上升为南北阵营的政治斗争,再由于府院之争的存在,黎元洪引前者为己援,段祺瑞则以后者为盟友,进一步激化了双方的矛盾。从 1916 年 9 月到 1917 年 4 月,国会在审议被袁世凯废弃的"天坛宪草"时,商榷系与研究系意见严重对立,数次投票均未通过,结果制宪未成而督军团干政乱起,北京政坛呈现山雨欲来风满楼之势。

客观而论,袁世凯称帝的失败表明,共和民主理念已在不长时间里

---

① 黄季陆、罗家伦主编:《革命文献》第 48 辑,250 页;存萃学社编:《政学系与李根源》,9 页,香港,大东图书公司,1980。
② 谢彬:《民国政党史》,66—70 页,上海,学术研究会,1925。

成为国人接受的共同价值理念,约法与国会在后袁时期的恢复,也为民国政治复入正轨创造了一定的条件,商榷系与研究系基本上可视为同属民主派,在共和民主制度建设方面虽有意见不一,但未必有本质差别,两派成员中的许多人又是满腹经纶、饱读经典、游历中西之士,他们本可平心静气地讨论问题,探究如何制成合乎国情与实际的宪法,以此大力推动共和民主制度建设,为民国开新风。然而两派计不出此,反在制宪问题上纠缠不休,缺少探究理论、结合实际、推己及人的风格与气度,在讨论中形成恶斗,甚而演成全武行,并各自寻求军人实力派的支持,表现出国会议员严重的政客化、意气化以及利益集团化倾向,而这一倾向其后的恶性发展,更使国会几乎成为议员派系及个人利益之争的秀场,徒有民主之名,而无民主之实,不仅与社会和民众脱节,而且给社会和民众留下了恶劣的印象,反证出以国会制为代表的西式民主制引进中国后之水土不服,也为国会之运作留下了相当的负面影响。

至于民主派内部的矛盾斗争,以梁启超为领袖的研究系似应承担更大的责任,因为他们提出的集权和拥段主张在当时更有利于北洋军人集团,而北洋军人集团的当政显然不是共和民主制度的常数而是异数。在袁世凯当政时期,梁启超即一度拥袁而反对国民党,当其毅然投入领导反袁护国战争并获胜后,并未汲取早先的经验教训,又在后袁时期一度拥段,与北洋军人集团结为某种政治盟友关系。梁启超如此做法,或有其政治考虑,也使研究系一度在北京政府中得到了一定的政治地位,但究其思想理念,梁启超与北洋军人集团本非同路,两者之间的政治联盟必然是短命的,然而却大不利于共和民主制度建设,最终也不利于其自身及其同路人的政治发展。从他在学术上多方面的卓越贡献可知,梁启超是非常人可及的绝顶聪明人,同时他也是横跨晚清、民国两个时代而又极具政治抱负的政治人物,惜乎在政治上,梁的眼光似不无短视之处,他与孙中山本可作为同一战壕里的战友而反清反军阀,贡献于中国的共和民主制度建设,但事实上,梁却往往选择成为孙的政治对手而放过了他们共同的敌人。结果,当孙中山成为近代中国杰出的政治家时,梁启超在政治上只能是"稍逊风骚"。

第二节　督军团干政

袁世凯当政末期,冯国璋曾与张勋共同发起邀请未独立各省代表在南京会议,后因各省意见不一而结束。袁世凯死后,对南方讨袁颇为不满的张勋,即邀北方直、晋、豫、皖和东三省代表前往其驻节所在地徐州,"对于国家前途,应取何种政策,始为正当精确,自非固结团体,一致进行,不能期于永久。用特派人到宁,邀请诸公到此小住,以便筹商"。1916年6月9日,由张勋主持的徐州会议开始举行,张勋在会上提出"要纲"十条,主旨为要求南方各省"取消独立,倘若固执成见,仍以武力解决";"绝对抵制迭次倡乱一般暴烈分子,参与政权";矛头所向当然是孙中山领导的革命党人。张勋还提出"严整兵备","维持国家秩序","固结团体,遇事筹商,对于国家前途,务取同一态度",实即主张北洋"团体"一致对外,并摆出"盟主"的姿态。与会代表多为北洋守旧派,对张勋之意"非常佩服",又以"固结团体,必须公推一望资隆重之人为领袖,遇事电商,始易联络。且以为必须设立一固定机关,设法令各省或留一人在徐,听候续议,或随后召集,以为永久之局,不可便令结束"。对此,张勋自"当仁不让","望各代表回省,致意各本长官,务令团体固结,一致进行,果利吾辈,本上将军无不力任其难"。会议通过了"要纲",并初步形成了各省督军代表会议的形式,为其后所谓"督军团"的出现预为地步。张勋为北洋守旧派的代表,民国成立后仍自认不忘前朝,所部士兵留辫,被时人称为"辫帅",实为其时之政治"另类"。他在北洋派系中并非中坚人物,但北洋派系中不少守旧派"睹新政府之改组,旧国会之召集,深惧不利于己,有所动摇,于是密电往还","愿奉张勋为首领",一时造就了张勋的地位。

9月21日,安徽督军张勋和省长倪嗣冲召集山东、奉天、吉林、黑龙江、江苏、河南、湖北、江西、福建、山西、直隶、广东、甘肃13省区督军、省长代表,举行第二次徐州会议,①决定"为防止暴乱分子私揽政权而设""各省区联合会",并通过12条纲领,其主旨为强调"团体"利益,大要为:"巩固势力,拥护中央";"国会开幕后,如有借故扰乱,与各省区为难者,本团体得开会集议,为一致之行动,联合公讨之";"各方面如为妨害国家统一之行为,及对于政府有非理之要求,为公论所不容者,本团体即以公敌视之";"本团体以外各省区,如有反抗中央,破坏大局者,本团体即辅助中央制服之";"各方面对于本团体,如有存心破坏,及谋所以减削本团体之势力者,本团体当协力抵制之"。因为"各省区联合会"是以各省督军代表参加的形式而组成,故又被外间称为"督军团",他们动辄发表意见,指斥国会,声讨政敌,党同伐异,成为北洋军阀干政的极端形式。此次会议"公推"张勋为"领袖","遇有重要事体发生,应行主持争执,不及往返电商者,径由张上将军代为列名"。有了如此"正式"的授权,更使张勋在对外发言时肆无忌惮,"定盟后,张勋乃益自负,于是干涉国会,攻讦总长之电,迭发而无顾忌,政府忍之。更厉声请解散国会,否则出于横决,亦所不辞。"②

对于督军团,段祺瑞用以反黎元洪与国会(主要是国民党议员)并牵制冯国璋,张勋则阳为北洋团体利益,阴以复辟清室为谋,两人各有考虑,互为利用。段祺瑞在公开场合对督军团也不无批评,但私下里又与张勋有不少往还。然就段祺瑞的个人态度,"生平最看不起两张"——张勋和张作霖,但"想学袁利用张勋的故习,在冯、段争北洋领袖互不相下之局势下,利用他掣冯的肘,在西南声势夺人的局势下,利用他对抗西南"。对张的作为"表面发怒而私心欢喜,因为骂国会和西

---

① 胡平生:《民国初期的复辟派》,153—154页,台北,台湾学生书局,1985。参加省区各说不一,《中华民国大事记》"1916年9月21日"条载有浙江、绥远、察哈尔、热河,而无福建、山西、广东、甘肃;《中华民国史事纪要》同日条则无山西。因为此时广东督军龙济光已被桂军赶走,陆荣廷出任粤督,故龙虽派人参加会议,但可否称为一省代表则颇成疑问。1916年9月29日《顺天时报》所登《徐州会议之派别观》一文,对参加会议的省区代表未载广东而载陕西。

② 黄季陆、罗家伦主编:《革命文献》第47辑,560—564页。

南政客正中他的下怀"。于是,"一个粗犷武夫俄然变成了督军团的独裁者,他得意忘形之余,莫说北政府不在他眼下,西南不在他眼下,连参加同盟的各省盟友也都不在他眼下。他个人的意见就是团体的意见,莫说事前不征求盟友的意见,如果事后有一个盟友的同意电报到迟了一步,他就骂那个盟友不够朋友,侵犯了他盟主的尊严。"① 机缘所至,督军团和张勋一时为政坛所瞩目。

以张勋领头的督军团干政的重点是攻击国会与国民党人。9月2日,张勋以上海租界破获的一起烟土案为由,诬蔑国民党人、司法总长张耀曾"贩土营私,丧权辱国,罪状卓著,无可讳言";"众议员等,党同伐异,一味盲从,而尤失其代表人民之资格";"应请我大总统尊重国权,征求舆论,令张耀曾暂缓赴任,并由法庭提起公诉,彻底追查";并声称"勋敢代表大多数之国民曰,此等阁员,此等议员,我辈国民断难承认"。13日,张勋等七省督军又联电要求罢免张耀曾。张耀曾为此愤而辞职,经多方慰留而后留任。25日,张勋、倪嗣冲等33位北洋军政长官又联名通电,攻击拟北上就任的外交总长唐绍仪"学识凡庸,材知猥下","典绩无称,瑕疵丛集","至于外交经验,则除谙通善应酬外,更无表见";威胁如"使其仍长外交","则勋等于唐就职以后署名签押之件,势必一律不敢闻命"。在督军团的公然威胁之下,唐绍仪被迫坚请辞职。② 对于督军团"此等肆无忌惮之行动",舆论有强烈的批评,认为"政府置若罔闻,既不禁止徐州会议,又不押收散布之传单,一若任武夫之跋扈,奸人之跳梁,而视为无足介意者,诚不知政府是何居心?无怪近日谣言四起,谓徐州会议、天津公民大会,均为段总理及其部下与帝制余孽协力压服民党之作用"。

督军团的闹腾,使大总统黎元洪也觉有失面子。9月29日,黎发布训令,责"少数之人,每囿一偏之见,或阻众集议,凌轶范围;或隐庇逋亡,托名自固,甚且排斥官吏,树植党援。假爱国之名,实召亡之渐。盱衡时局,良切隐忧";希望他们"幡然自省,若仍不顾大局,一意孤行,国

---

① 陶菊隐:《督军团传》,16、19页,上海,中华书局,1948。
②《张勋反对阁员议院之电报》《七省督军联电请罢张耀曾》《张勋等反对唐绍仪之原电》,见1916年9月6日、17日、30日《时报》。

法具存，公论胥在，本大总统为捍卫国家计，亦不能不筹所以善其后也。"①

由于社会各界的强烈反应及国会议员提出查办张勋案，段祺瑞也不能不有所表示，对张勋和督军团有所告诫；加之张勋与冯国璋因江苏督军之争本有心结，而张勋以督军团名义之跋扈，对冯出任副总统之反对，也使冯颇为不满。9月下旬，督军团发出反对唐绍仪任职的通电，倪嗣冲未得冯国璋等允可，即代其列名，冯国璋即以此为由，联合与其亲近的江西督军李纯和湖北督军王占元，在10月上旬通电声明与己无关，实际脱离了督军团的活动。其后，新任直隶督军曹锟和山西督军阎锡山也退出督军团的活动，使督军团和张勋干政的势头有所收敛。

但是，政治盟友的组合在后袁时期可谓变动不居，并无常形。徐树铮和孙洪伊被免职后，府院之争状似缓解，实则仍存，黎元洪以国会尤其是国民党议员为援，不时给段祺瑞制造难堪；段祺瑞则筹谋解散国会，赶走黎元洪，以从根本上解决府院之争。出于北洋系军人党同伐异的派系特性，段祺瑞和冯国璋在这个问题上的意见基本一致，而督军团和张勋又是他们可以利用和依靠的重要力量，因此，冯国璋和张勋间的不和很快又有所化解，督军团的活动在一度收敛之后复又开始活跃。

1916年12月27日，冯国璋和张勋联合21省军民长官发表通电支持段祺瑞，"深信我总理之德量威望，若竟其用，必能为国宣劳"；指责国会复会后"纷呶争竞，较胜于前，既无成绩可言，更绝进行之望。近则侵越司法，干涉行政"；威胁"设循此不改，越法侵权，陷国家于危亡之地，窃恐天下之人忍无可忍，决不能再为曲谅矣"。1917年1月初，张勋和倪嗣冲以为冯国璋祝寿为名，邀集各省督军代表及段派徐树铮等于9日在徐州开会，即第三次徐州会议，提出请总统罢斥佞人，取缔国会，拥护总理，淘汰阁员，促成宪法等项主张，公开"打击黎和支持段"。② 这预示着督军团仍将以种种名义兴风作浪，干预政治。果不其然，其后由于中国参战问题府院争执风波加剧，给了督军团又一次表演的舞台和机会，并造成北京政坛的剧烈震动。

---

① 《唐绍仪之辞职》，见1916年9月27日《顺天时报》；1916年9月30日《政府公报》。
② 陶菊隐：《北洋军阀统治时期史话》上册，530—531页。

有关中国参战问题之争事起于1917年初。本来中国在1914年第一次世界大战爆发后不久即宣布实行中立,置身于战事之外,因为有不少人认为,中国没有现实的需要卷入这场发生在万里之外,与己无甚关系的列强之间的战争,何况以中国羸弱的国力也确实不可能卷入这场需要耗费无数物力、财力、资源的战争。除了日本借向德国宣战之机侵入山东,与德军有不到3个月的战争行动之外,第一次世界大战与中国的直接关系并不大。但是,在欧洲主要列强几乎都卷入战争而暂时无暇顾及中国的情况下,对战争卷入不深的日本和尚未参战的美国却因此而有余力加强对中国的影响力,并在不同程度上直接卷入了中国政治之争,由此构成了参战之争的大背景。

1917年初,美国因为德国进行的无限制潜艇战触及其经济与国家利益,于2月1日宣布与德国断交,并酝酿对德国宣战。美国驻华公使芮恩施随后领受政府指示,游说中国政府采取同样立场,意图以此加强美中关系,扩大美国对中国的影响力。本来反对中国参战以保持自己攫取并独占的德国在华利益的日本,在得知美国的态度后,一改其原先的立场,主张中国参战;不仅如此,日本还进一步提出以借款方式向中国提供参战经费,中国可缓付庚子赔款并提高关税以应战争之需等,以此保持并加强对中国政治的控制力。① 2月间,日本首相寺内正毅的代表西原龟三来华,就此与北京政府接触,但是,日本同时还在私下里与英、法、俄等国协商,得到他们对日本于战后继承德国在山东权益的保证,大国之间的妥协交易一向不在意被交易的弱国利益,日本由此得到了既要加强对中国的影响和控制,又保持其独占在中国获得的侵略权益的结果。但日本态度的改变触动了美国的敏感神经,美国担心日本以其与中国的近邻关系通过中国参战而加强其在中国的地位,改由主张中国参战为不主张中国立即参战。中国参战问题由此成为美、日博弈的格局并直接影响到中国政治。

在中国国内,对参战问题本有不同看法,信奉现实主义的职业外交家们,如驻美公使顾维钧等,主张中国参战,认为"为使山东问题获得妥

---

① 来新夏主编:《北洋军阀》(三),327、330—331页,上海,上海人民出版社,1993。

善解决，为在战争结束时提高中国的国际地位，中国必须参加协约国"。应该说，他们的看法是基于对世界大势的敏锐观察，是有其出发点的，也是符合中国国家利益的，只是他们对于列强间牺牲中国利益的交换妥协的勾当当时还未必知晓，事后则表现出强烈的抗争。但是，参战问题并不全然如他们所见之如此单纯，其间还有颇为复杂的政治考量。由段祺瑞主导的北京政府准备参战的目的不可避免地带有为北洋派系尤其是为皖系谋利的色彩，图谋以参战而获取日本的金钱、军械援助，壮大己派力量，从而遭到与院方龃龉不断的府方黎元洪的反对。同时，以国民党系议员为主导的国会，担心段祺瑞借参战为名获得各项物质资源，不利于己，也站在黎元洪一边反对参战。在这种情况下，主张参战的一方自然以日本为奥援，而反对参战的一方则企求美国的支持。参战与否本来是在国际格局演变中如何争取中国国家利益最大化的对外问题，却与中国国内政治纷争相纠葛，并以美日两国博弈为背景，演化成中国内部的政治问题。就外交而论外交，顾维钧等的看法具有合理的出发点，中国参战当有其意义，虽然欧洲战事是帝国主义之间的争权夺利之战，但是中国参战毕竟可以借此获得若干国家利益，如废除德奥在华特权等。但是，在内政层面，因为中国参战与日美两国对华政策的纠葛，又可能打破中国国内政治中微妙的派系平衡，引起派系间和南北间的不同反应，并发展为激烈的政治斗争。于此亦反映出近代以来中国内外矛盾关系之复杂多变。外交影响于内政，内政又作用于外交，在一战时期中国参战问题上有淋漓尽致的表现。①

　　随着中国参战问题的提出，本已有所缓和的府院之争又趋激化。1917年2月9日，中国政府向德国提交照会，以德国实行的无限制潜艇战"违背现行之国际公法，而妨害中立国与中立国，及中立国与交战国之正当商务"，因此提出"严重抗议"，并表示如"抗议无效，本国甚为惋惜，迫于必不得已，势将与贵国断绝现有之外交关系"。② 19日，德国复照拒绝中国的抗议。3月3日，北京政府国务会议以延期10年偿还

---

① 关于中国参战问题的最新研究成果可见王建朗《北京政府参战问题再考察》，载《近代史研究》2005年第4期，其中对中国参战问题的利弊得失及参战前后的政治纷争有平实之论。
② "中华民国史事纪要"编辑委员会编：《中华民国史事纪要》。

庚子赔款永久撤销德奥赔款、关税实征7.5%、裁厘金后实征12.5%、解除《辛丑条约》对中国不得在天津周围20里内驻兵的限制,并解除各国驻兵使馆及京津铁路之约束为先决条件,通过对德绝交案及《加入协约国条件节略》。不料,当次日段祺瑞到总统府请黎元洪在公文上签字盖印时,黎却以此事须先经国会讨论通过为由拒绝。据冯国璋所记,黎元洪与段祺瑞两人在见面时对于参战问题互不相让,唇枪舌剑,黎元洪"非先得国会同意不可。段总理言宣战媾和国会议之,今则先与与国政府通意见耳。果宣战者,自当交议。大总统曰:此宣战之先声也,宣战媾和,为大总统特权。段总理乃起谢曰:约法为责任内阁制,大总统既操特权,不以祺瑞为能负荷者,祺瑞惟有辞职,不敢肩此重任。即辞出"。① 段祺瑞怒而辞职赴津,北京政坛顿失中心,以黎元洪的实际地位,难以应付此等突然变局,旋又被迫于6日接受副总统冯国璋的调停,请段祺瑞回京复职,并商订其复职条件为:(1)阁定外交方针总统不加反对;(2)阁拟命令总统不拒盖印;(3)阁训电各使、各督军省长,总统不加干预。② 此次府院之争以黎元洪退让、段祺瑞获胜而了结。10日和11日,国会众参两院以331票对87票和158票对35票的压倒多数,通过对德绝交案。14日,大总统黎元洪下令中国与德国断绝外交关系,两国公使其后各自离境归国,中国随之接收了天津、汉口德租界,停付德国庚子赔款,接收德国在华轮船及其他有关军用财产,封存德国在华公产,获得了加入协约国阵营的一些利益。

虽然如此,对于中国参战问题的争执并未止息。国会内拥段的研究系和拥孙的部分国民党系议员对参战问题态度两歧。3月9日,孙中山在国会讨论对德绝交案前致电国会两院,认为:"加入之结果,于国中有纷乱之虞,无改善之效,则头等国之想象,恐未可几。……且欧战本为利害之争,我国事与彼殊,不必以人道为由,自驱笠入。"③上海总商会等工商团体以及唐绍仪、章太炎、康有为等社会闻人亦反对参战。他们的态度使在府院之争中处于劣势的黎元洪可引为援手,加以国会

---

① 章伯锋:《皖系军阀与日本》,67—69页,成都,四川人民出版社,1988。
② 李新总主编:《中华民国大事记》,1917年3月6日、8日,北京,中国文史出版社,1997。
③《孙中山全集》第4卷,18页。

内反对参战的声音占了上风,故在对德绝交之后,参战问题迟迟不能决定,再次形成以黎元洪和国会为一方,以段祺瑞和内阁为另一方的府院相争局面。

对于黎元洪和国会联手阻挠参战案的通过,段祺瑞非常恼怒,为了压服反对意见,他以北洋团体为后盾,在4月25日召集各省督军代表会议,讨论对德外交问题,疏通对参战有不同意见者。结果到会的7位督军、2位督统、1位省长、16位代表,多数支持参战。段的做法无异使所谓"督军团"干政合法化,而且使往局限于部分省份的督军团成员几乎扩大到所有北洋系当政的各省。在得到督军团的支持后,段祺瑞愈加坚持参战,愈加对国会采取高压态度。5月1日,阁议通过参战案,黎元洪为抵挡段祺瑞的压力,决定将参战案提交国会讨论,以谋利用国会延迟此案的通过。8日,国会众院秘密讨论参战案,国民党系议员仍多表示反对,决议再提交全院委员会讨论。10日,当众院举行全院委员会讨论参战案时,忽有数千人手持各种"公民请愿团"招牌围困会场,迫令通过参战案并殴辱议员,同时威胁称:"如再不能开会,即请政府下令解散,若政府不肯,我等用火将议院烧却。"议员对此深为愤怒,决定搁置对参战案的讨论,请总理、内务、司法总长到场接受质询。直到当晚段祺瑞到场,下令京师警察总监吴炳湘派警员驱散"公民团",被围困了一天的议员们才得以离院回家。如国会议员通电所言:

> 民国成立以来,北京公民团凡三见,一见于癸丑选总统,再见于乙卯请愿劝进,皆系当局主使,通国皆知。此次于政府所在地聚众数千,威迫议会,殴打议员,为时至十二点钟之久。政府既不防范于先,又不即行驱散于后,巡警陆军鸠行鹄立,对于现行犯罪之暴徒,任其肆行无忌,毫不过问。暴徒之执重要职务者,皆系军人。此中究竟何人主使,当为国人所共见。①

---

① 《中华民国史事纪要》,1917年5月10日。

北洋军人公然指使"公民团"威胁国会的举动,激怒了国会及内阁中的国民党系成员。内阁农商总长谷钟秀、司法总长张耀曾和海军总长程璧光宣布辞职,外交总长伍廷芳潜行离京,以表示对军阀干政的抗议。他们的辞职离职举动使内阁会议的参加者已不合法定人数,19日当众院再行讨论参战案时,国民党系议员褚辅成即以此提出俟内阁改组、符合法定人数后再议此案的动议,得到多数同意,参战案的表决再度搁浅。

国会两度讨论参战案未能通过,使段祺瑞大丢颜面,他决心蛮干到底,以解散国会的方式解决问题。19日,由吉林督军孟恩远领衔,联合8位北洋系督军、省长及其他督军的代表,上呈黎元洪,以对制宪条文扩大国会权力不满为由,声称:"今日之国会,既不为国家计,是已自绝于人民代表资格,当然不能存在。……惟有仰恳大总统权宜轻重,毅然独断。如其不能改正,即将参众两院即日解散,另行组织。"21日,黎元洪召见孟恩远等,告以总统解散国会没有法律依据,唯有段去职方可解决时局问题。督军团见逼迫黎解散国会之举不成,当日在段祺瑞宅开会,决定采取更激烈的行动,北京政坛已是山雨欲来风满楼。①

因参战案所致之总统府、国务院、国会、督军各方矛盾关系发展至此,黎元洪虽颇难应付,但也无法后退。他在亲信及左右的鼓动下,采取果决行动,于5月23日下令免去段祺瑞的国务总理职,任命外交总长伍廷芳代理其职。为了避免更大的政治震动,黎元洪通电各省,解释免段职的原因是:"日来阁员相继引退,政治莫由进行,该总理独力支持,贤劳可念。当国步阽危之时,未便令久任其难","仍冀内外一心,共图国是"。因为黎元洪对段的免职令由伍廷芳副署而未经段祺瑞之手,故段亦发表通电,声明此令未经副署,将来地方及国家,因此生何影响,一概不能负责。② 段祺瑞自恃手中实力在握,却遭黎元洪免职之辱,自然不能甘心,遂离京赴津策划解散国会并倒黎,以图重起,而张勋则因缘际会,粉墨登场,策动了清室复辟的一场闹剧,北京政治一时陷入无序的纷争之中。

---

① 《中华民国史事纪要》,1917年5月19日。
② 《东方杂志》第14卷第7号,196页;黄季陆、罗家伦主编:《革命文献》第7辑,29页。

第三节　清室复辟的闹剧

民国成立、建立共和体制后,少数不能忘情于清室的复辟派仍然在活动,其中包括以前清王室成员恭亲王溥伟、肃亲王善耆等为代表的宗社党人,以前清官吏如直隶提学使劳乃宣、湖南布政使郑孝胥等为代表的遗老派人士,以由维新派而蜕变为保皇派的康有为等为代表的保皇党人。他们多住在北方的天津、大连、青岛等城市,同声相求,同气相应,鼓吹复行帝制,并以拥清废帝溥仪复辟为号召。但是,除了宗社党人曾在某些日本人的支持下于民初在满蒙地区发动过武装叛乱并很快失败之外,多数复辟派只能撰文立论,发"思古"之幽情,表"忠君"之忠心,既没有实力行复辟之事,在社会上的影响也不大。真正有实力、有影响而致力于拥清室实现复辟的,是驻节徐州的长江巡阅使张勋,他不仅有复辟的理念,而且掌握着一支武装,有复辟的实力,所部在民国成立后仍然留发,被时人称为"辫军",他本人也以"辫帅"自居。但即便如此,在民国成立后的共和体制制约下,张勋拥护复辟的主张也很难付诸实践。只是在府院之争激化,黎元洪、段祺瑞互不相让而又都想利用张勋为己方之援的情况下,才给了张勋实现自己复辟主张的机会。一方面,张勋与段祺瑞等北洋军人在政治态度、心理情感等方面更为接近,本来看不起张勋的段祺瑞也不时对他有所恭维,并通过下属与他保持关系,拉拢感情;另一方面,因为德国皇室对复辟派曾表支持,故张勋对中国参加对德作战并不积极,这似乎又给了黎元洪拉拢张勋的机会。当黎、段围绕参战等问题的矛盾激化后,双方"各挟私意以相争",竞相拉拢张勋为己用,一时间,坐镇徐州的张勋似乎成了"各界倾仰"之解决时局的中心人物,图谋利用复辟而谋个人私利的一些军政界人士如雷震春、张镇芳等,亦于此时鼓动张勋称:"黎、段两人断难并立,趁此机会,厉兵秣马,可以定乱为名,收服人心,借图大计。时不可失,机不可缓。……中央麻木不仁,无力压制。似此政府,几类东周,有建义旗者,谁不响应?各省督军亦有赞助者。"①如此一来,本已有心拥清室复辟的张勋也抛开了原先之观望态度,摆出一副应召进京"调停"黎、段之争的跃跃欲试之态,而其着眼点当然在于拥清室复辟,这在当时已是道路传言纷纷,所谓司马昭之心路人皆知也。

1917年5月21日,因黎元洪不肯解散国会,督军团头目纷纷离京,其中皖省长倪嗣冲、鄂督王占元、闽督李厚基、鲁督张怀芝、豫督赵倜等及其他各督军代表南下至徐州,23日由张勋主持召开第四次徐州会议。其间,黎元洪免段祺瑞职的消息传来,"众愈哗",群谋利用张勋倒黎以"泄愤"。张勋却以为时势非己出山不可解决,摆出架子扭捏作态称:"诸君既欲泄愤,则非兵力不可。然以何名义而兴师乎?既无名义,则只得听之耳。"见张勋不愿轻出,众人又谓张:"公意必在复辟,余等誓从公后。"张勋闻之正中下怀,立称"既若此,大善。然此事非空言,且须坚定不渝。"众以为然,乃定约署名而去,进行计划为解散国会、迫黎退位、再行复辟。代表段祺瑞参会的徐树铮对复辟图谋并未明确表示反对,他甚而对张言:只求达到驱黎目的,一切手段在所不计,表现出军阀毫无政治信义的十足流氓姿态。然据时论所言:

> 各督军之所以必趋徐州者,以欲达决政治上他种之目的,势不能不有需于张勋之助力。而张勋则挟一复辟之心,以为此殆天假之缘,正可以是为交换之条件。于是于会议之时微露其意,与议者与张勋于复辟一事,虽未闻何等正式之许可,然亦未闻严为拒绝。盖各督军以此事决非今日所宜行,而张勋一人之力亦必不足以达其蕲向,故姑听其自为呓语。而张勋则自以为时机已熟,赞助有人,谋逆之心,因而益亟。②

---

① 《近代史资料》总35号,44、50页。
② 胡平生:《民国初期的复辟派》,168—169页。

张勋在徐州会议上得各省督军支持之表态后,即于24日发出致黎元洪电,以"民国适用责任内阁制,凡任免官吏,向由国务院发出,非由国务总理副署,不能发生效力"为由,指责黎元洪"逾越职权,擅发通电,宣布命令,殊属创举,当然不能认为有效。共和国家首重法制,如果任意出入,人民将何适从?中央现既首先破坏法律,则各省惟有自由行动";并威胁:"如无持平办法,必将激生他变。"①所谓"他变",当然是向黎暗示军阀独立、各行其是的可能性。果不其然,29日,安徽省长倪嗣冲率先发表通电称:时局为"群小揽权,扰乱政局,议员乘机构衅,日事纷扰,派别竞争,权利攘夺,正人则多方沮抑,党人则尽力疏通,以致贿私之案,屡见迭出,几于政府一空。所订宪法,议员专制,险象环生,实堪浩叹。为大局计,为小民计,非筹解决方法,不足以拯危亡。"宣布"自今日始与中央脱离关系"。其后,北洋系控制的河南、浙江、奉天、陕西、山东、直隶、黑龙江等省督军、省长亦先后宣布"独立"。6月2日,"独立"各省在天津设立"各省军务总参谋处",下设军事、军机、军需等部,以雷震春为总参谋,对外发表通电,声称此举实为"内之将有分崩离析之虞,外之已成四面树敌之势,若不急图,国将不国";并称"各省意在巩固共和国体,另订根本大法,设立临时政府临时议会,其详细办法,当与各省公同商订。但求有利于国,决非有他。"②至此,督军团公然倡乱之势已成,在段祺瑞的暗中默许与徐树铮的积极运作下,各省军务总参谋处俨然成为与北京政府相对立之"临时政府"机构(但未得列强支持),摆出了与黎元洪分庭抗礼之势。

此时,北京政坛处在一片混乱之中,政府几无人负责,国会亦因拥段的研究系议员出走而处于残缺不全的状态。5月25日,黎元洪在游说北洋元老徐世昌和王士珍出山为其担责不成的情况下,任命清末曾任云贵总督的老官僚李经羲出任国务总理,意图组成完全内阁,抵御段派压力。但在天津赋闲的李经羲在北洋军人"独立"的喧嚣声中,自觉无力转圜,一直怯于进京就职。黎元洪无奈,只能提出请张勋进京,"磋议调停之责",并请徐世昌"合力匡救",同时允修改约宪法,解散国会,

---

① 陶菊隐:《北洋军阀统治时期史话》中册,579页。
② 黄季陆、罗家伦主编:《革命文献》第7辑,33页;《中华民国史事纪要》,1917年6月2日。

表示"总统地位,决不留恋,能及早调停就绪,即当洁身引去"。6月1日,黎元洪发令,以张勋"功高望重,至诚爱国"为由,着其"迅速来京,共商国是,必能匡济时艰,挽回大局"。① 此举实为黎元洪饮鸩止渴、引狼入室之失策,惟在当时,手中没有实力而又受制于北洋武人的黎元洪也只能抱所谓"死马当活马医"的心态侥幸一搏,张勋拥清室复辟之大幕由此徐徐拉开。

张勋入京前,北京已是"讹言蜂起,一夕数惊"。黎元洪曾在6月6日致电徐世昌、段祺瑞和李经羲,请他们转告张勋:"毋庸多带军队。如军队业已启行,亦请暂在天津以南驻扎,庶不致人心摇动。"然张勋就是要带兵进京摆威风。6月7日,怀抱"天下汹汹,舍我其谁"心态的张勋,率所部10营兵力数千人马浩浩荡荡由徐州乘车北上。8日,张部到达北京,京城市民与闻"辫军"入城,群抱好奇之心以迎之。据记者描述,张军士兵"蓝衣赤帽","辫发长垂,颇有古风",所持之军帜样式"与予见于某戏园者略相似,外有长枪数杆,曾于三国志绘图中见之,大刀数口,我国数千年来之宝物也"。张勋未随其部进京,而是在天津与有关各方会见,提出条件,筹划复辟之举。他向黎元洪提出的"调停"条件是:解散国会,修改约法,惩办总统府若干职员,政治权尽移内阁,不使现议员制宪等,得黎首肯;同时又向段祺瑞等提出复辟主张,段"虽面未表示,亦未拒绝"(据张勋言,他到京后复派代表与段相商,段告"解散国会推倒总统后,复辟一事,自可商量")。② 此时,段祺瑞要借张勋推倒国会、赶走黎元洪,黎元洪则希图借张勋以自保,张勋却以拥清室复辟为己任。本无交集之三方各有所求,并形成以张勋为主角,黎元洪、段祺瑞各捧其场的一幕活剧。

张勋所部进京后,段祺瑞隐身于天津作幕后活动,大戏的前台暂时留给了张勋和黎元洪。张勋以逼迫黎元洪解散国会为担任"调停"的基本条件,国会本为黎元洪与段祺瑞相争的基本依靠,前此督军团要求解散国会的主张一直为黎所拒,但如今在张勋的武力胁迫下,黎元洪无所

---

① 《中华民国史事纪要》,1917年6月3日;黄季陆、罗家伦主编:《革命文献》第7辑,36页。
② 章伯锋、李宗一:《北洋军阀》(三),471页,武汉,武汉出版社,1990;《张勋北上之八面威风》,见1917年6月11日《中华新报》;李剑农:《戊戌以后三十年中国政治史》,267页,北京,中华书局,1980。

依靠,不惜自毁长城,同意解散国会,同时希冀以此换取张勋的支持,在府院之争中赢得头筹。不过,解散国会的命令须由总理副署,而代理总理的伍廷芳却坚拒副署此等违法宪命令。不脱军阀本色的张勋闻知后在天津大发威风,说"这种命令,要副署何用,只管从速发布"。① 此时的黎元洪已经感觉到请张勋进京"调停"实为请神容易送神难,但又无法再作退步,只能另谋途径,于6月12日先免伍廷芳职,后任北京步军统领江朝宗暂代总理,再由江朝宗副署解散国会令:"参众两院组织宪法会议,时将一载,迄未告成,现在时局艰难,千钧一发,两院议员纷纷辞职,以致迭次开会,均不足法定人数,宪法审议之案,欲修正而无从,自非另筹办法,无以慰国人期成之喁望";"本大总统俯顺舆情,深维国本","将参众两院即日解散,剋期另行选举,以维法治";"此次改组国会本旨,原以符速定宪法之成议,并非取消民国立法之机关"。大概黎元洪自己也知道,以"俯顺舆情"和"以维法治"名义解释其解散国会之举实在太过牵强,故在同日致各省通电中,黎元洪又对此举作了进一步的解释,称其为"皖奉发难,海内骚然。众矢所集,皆在国会,请求解散者,呈电络绎,众口同声。元洪以约法无解散之明文,未便破坏法律,曲徇众议,而解靖难,智勇俱穷,亟思逊位避贤,还我初服。乃各路兵队,逼近京畿,更于天津设立总参谋处,自由号召,并闻有组织临时政府与复辟两说。人心浮动,讹言繁兴。安徽张督军北来,力主调停,首以解散国会为请。迭经派员接洽,据该员复述,如不即发明令,即行通电卸责,各省军队自由行动,势难约束等语。……亡国之祸,即在目前。元洪筹思再四,法律事实,势难兼顾,实不忍为一己博守法之虚名,而使兆民受亡国之惨痛。为保存共和政体,保全京畿人民,保护南北统一计,迫不获已,始有本日国会改选之令。"② 尽管如此,黎元洪也很难为其屈从军阀、解散国会的违法宪举动辩白,如其自称,此举实可谓"内疚神明"。如果说,在袁世凯称帝时黎元洪的消极抵抗为他赢得了一定的声誉,则其下令解散国会却是他政治生涯中显见之污点及其后为世人诟病之处。不过无论如何,黎元洪解散国会的命令使张勋如愿以偿,并为其进

---

① 李剑农:《戊戌以后三十年中国政治史》,267页。
② 黄季陆、罗家伦主编:《革命文献》第7辑,37—38页。

京拥清室复辟铺平了道路。14日,张勋得意洋洋地偕黎元洪任命的国务总理李经羲等自天津乘车到北京,随后即开始谋划拥清室复辟之举。

国会解散,张勋进京,22日李经羲内阁成立,"独立"各省取消"独立",各省军务总参谋处也在李阁成立的当天撤销,北京政局的混乱局面似有缓解。不过,表面的暂时平静之下却涌动着方向相异的政治暗流。张勋进京后,16日即秘密前往紫禁城"觐见"前清废帝溥仪,表示出拥其复辟的决心。段祺瑞等与张勋实已分道扬镳,正在等待时机再起,而讨伐复辟则是最好的借口并可得社会各界的支持。有鉴于此,段祺瑞等在天津一方面密谋策划,一方面对张勋阳示支持,甚而有意无意地纵容其复辟之举,以为己利。就政治眼光以及对社会和公众心理的把握而言,同为武人的段祺瑞与张勋相比较,毕竟还是段较为"趋新",而张更为"守旧";而就20世纪中国社会心理的大环境而言,"新"总是胜于"旧",故张勋复辟之失败及段祺瑞讨伐复辟之成功其实在事件发生之前或已可概见。

张勋拥清室复辟,除了其本人的守旧思想理念之外,以郑孝胥、康有为等为代表的前清遗老和保皇党人也起了推波助澜的重要作用。他们捧张是"进有万全,退无一是;进有不世之功,退有不测之祸。孰得孰失,不待智者而决矣";"正宜立建龙旗,宣言复辟,使薄海远近,望风兴起,忠义奋发,必将天旋地转,旦夕遂定"。① 当张勋在北上途中滞留天津时,康有为即去函,告其"从来非常之事,同盟既定,发于旦夕,令人措手不及,不得不服,若久则变生,则支离蔓延,不可收拾矣。故五日之书,请直抵丰台,立办大事,而请勿驻津为避此也。……今外交安稳,亟应正名,迟则恐别有事变,益艰难矣"。在他们的鼓噪之下,张勋进一步坚定了拥清室复辟的决心。6月28日康有为到北京,立即与张勋和复辟派诸要人开会,最后决定了拥清室复辟的计划。时论所谓"大帅(张勋)入都,共和已危,然尤得保存一线,圣人(康有为)一到,乃连根尽去,甚矣!圣人之可畏较大帅为尤烈也"②。于此形象地凸显了康有为在复辟中的重要地位和作用。

---

① 《近代史资料》总18号,111—112页;总35号,74—75页。
② 胡平生:《民国初期的复辟派》,219—221页。

6月30日晚,张勋召集负责维持北京治安的军警界要人——陆军总长王士珍、步军统领江朝宗、警备司令陈光远、警察总监吴炳湘等,告知复辟计划。张谓:"近数年中,余屡欲至京,以实行余蓄意已久之事。此次自徐起行,即已预行筹划,至津后,向各方面探询意见,则谓万不能行,为人心所不欲,余闻之颇灰心。然至京后,又觉勇气勃勃,现在则已决计为之。质言之,余将扶宣统帝复位,诸君赞成否?王(士珍)、江(朝宗)二人言曰:此事可做,但要看外省情形。张曰:外省同情。王、江复曰:慎重些好。张曰:然则你们反对?王、江急曰:并不反对。张曰:然则签名。又高声曰:今夜来者,不签名,不能出门。王、江以下各人,遂无言签名矣。……复令江朝宗开城,放辫兵入城。江请以天明,张不许,怒言曰:有不许开城者,今日亦不准出门。王遂令江用电话饬令放入城内。"随后,张勋换上前清蓝袍黄褂官服,顶戴花翎,率康有为、王士珍、江朝宗等至紫禁城前清废帝溥仪寝宫,上奏称:

> 共和实行以后,上下皆以党贿为争端,各便私图,以贪济暴,道德沦丧,民怨沸腾,内外纷呶,迄无宁岁……列强之世,非建设巩固帝国,不足以图存,此义近为各国所主张,尤深合吾民之心理。……外察各国旁观之论,内审民国真实之情,靡不谓共和政体,不适吾民……臣等反复密商,公同盟誓,谨代表二十二省军民真意,恭请我皇上收回政权,复御辰极,为五族子臣之主,定宇内一统之规。臣等内外军民,誓共效命,竭忠保佑皇室,伏恳我皇上大慈至德,俯允所请,天下幸甚。所有国本动摇,人心思旧,合词吁请复辟各缘由,谨恭摺具陈,伏乞皇上圣鉴,巡示施行。①

如果说1909年登基时只有3岁的溥仪毫无对世事之觉察而纯为他人手中的木偶道具,那么1917年张勋拥其复辟时11岁的溥仪,虽然已经有了对前朝先人"文治武功"和皇帝无上威权的眷恋,但毕竟年龄仍小,加以终日深处宫中,仍然没有多少政治意识与历练,基本上还是

---

① 胡平生:《民国初期的复辟派》,229页;黄季陆、罗家伦主编:《革命文献》第7辑,51—52页。

他人手中的木偶道具。溥仪在复辟后所发上谕,多系他人起草,其本人不过钤章盖印、照本宣科而已。溥仪所发复辟上谕宣布:"于宣统九年五月十三日(1917年7月1日)临朝听政,收回大权,与民更始。"并将所有应兴应革诸大端,条举如下:一、钦遵德宗景皇帝(光绪帝)谕旨,大权统于朝廷,庶政公诸舆论,定为大清帝国宪法,列为君主立宪政体;二、皇室经济,仍照所定每年四百万元数目,按年拨用,不得丝毫增加;三、禀遵本朝祖制,亲贵不得干预政治;四、实行融化满汉畛域,所有以前一切满蒙官缺已经裁撤者,概不复设,至通婚易姓等事,并著所司条议具奏;五、本日以前凡与东西各国正式签订条约及已付债款合同,一律继续有效。六、民国所行印花税应即废止,以纾民困,其余苛细杂捐,并着各省督抚查明奏请分别裁撤;七、民国刑律,不适国情,应即废除,暂以宣统初年颁定现行刑律为准;八、废除党派恶习,其从前政治罪犯,概予赦免;九、凡我臣民无论已否剪发,应遵照宣统三年谕旨,悉听其便。①

溥仪复辟后,以张勋之意陆续大封群臣,计封黎元洪为一等公,徐世昌为太傅;张勋、王士珍、陈宝琛、梁敦彦、刘廷琛、袁大化、张镇芳为内阁议政大臣,冯国璋、陆荣廷为参与议政大臣;梁敦彦为外务部尚书,张镇芳为度支部尚书,王士珍为参谋部尚书,雷震春为陆军部尚书,萨镇冰为海军部尚书,朱家宝为民政部尚书,沈曾植为学部尚书,劳乃宣为法部尚书,李盛铎为农工商部尚书,詹天佑为邮传部尚书,贡桑诺尔布为理藩部尚书;徐世昌为弼德院院长,康有为为副院长,瞿鸿禨、升允为大学士,张人骏、周馥为协办大学士;张勋为直隶总督北洋大臣,冯国璋为两江总督南洋大臣,陆荣廷为两广总督;各省督军改称巡抚,人选多仍其旧。这些被任命的官员大多为前清旧臣,尽管复辟给了他们显赫的头衔,但他们中的多数人仍然在观望形势,不敢遽然到任就职,但也有一些亟图谋官复职的前清官吏和遗老遗少相率进京凑热闹,他们"皆翎顶辉煌,衣冠楚楚,身穿开气亮纱袍者有之,加补服者有之,即东西车站每次抵京之火车,所满载来之客,亦皆须发皓然之老翁,有识者

---

① 黄季陆、罗家伦主编:《革命文献》第7辑,52—53页。

则指于道旁曰:此某尚书也,此某侍郎也,某巡抚也,某关道也,某翰林编修也。彼辈携手下车扬扬得色,而一时西河沿打磨厂一带之旅馆客寓,大有在坑满坑、在谷满谷之慨,可谓热闹极矣"。①时人亦有言,复辟后北京城内有"三多",即"沿城一带辫子多,城厢内外黄龙旗多,伪宫门外红顶子多"。这些描述为后人形象地画出了复辟当时一些前清遗老遗少的众生相。

张勋在拥清室复辟的当日,曾在其南河沿住宅对记者言:"民国成立以来,纷扰不绝,生民罹涂炭之苦,皆由共和不适于中国,故遍商同志,断行宣统复辟以救国危,决非为予个人之名誉。且予力极微,此事亦非一人所敢擅举,京内外赞成者颇非少数,殊如冯国璋、陆荣廷已相互联络,故两广及江苏方面,似不足忧,其余山东、直隶、山西、河南亦赞成此举。黎大总统虽不愿辞职,然彼已得一等公爵,当无何等施为。仅段祺瑞反对此事,彼今毫无兵力,不足为念。"②然而,事态的发展却全不似张勋此番言大而夸之论。清室复辟的消息传出后,除了一些前朝遗老遗少感到欢欣之外,全国上下各界非但没有什么"同情"之声,倒是反对声随处可闻,舆论口诛笔伐,民众淡然对之,即使是经溥仪上谕任命的官员多半也无动于衷,置之不理,只有被任命为民政部尚书的前直隶省长朱家宝向溥仪上折"谢恩",说些"天道无往而不复,民心经乱而思平"的昏话。

张勋拥溥仪复辟之后,此前连续下令改组内阁、解散国会的黎元洪,总算吃到了和军阀与虎谋皮的苦头,不过黎元洪此时虽无力对抗张勋的举动,但尚能坚守维护共和的立场底线,拒绝拥戴复辟。7月1日,黎元洪发出通电,反驳张勋捏造其有"奏请归政"之上折,声明"受国民付托之重,自当始终民国,不知其他",对复辟"誓不承认"。2日,黎元洪又致电冯国璋,以自己"不能执行职权,民国势将中断",请冯代行大总统职权,并任命段祺瑞为国务总理,请他们"迅即出师,共图讨贼,以期复我共和,而救危亡"。为避免再遭张勋的胁迫,2日晚黎元洪潜入北京东交民巷日本公使馆,寻求"政治避难",得到使馆的同意。及至

---

① 胡平生:《民国初期的复辟派》,228页;荣孟源等《近代稗海》第4辑,248页。
② 《宣统复辟民国告终》,见1917年7月2日《顺天时报》。

复辟失败后,黎元洪于14日移回东厂胡同原宅,但已无颜再谋复职,遂发表通电称:"此次因故去职,负疚孔多,以后息影家园,不问政治",暂时离开了北京政治舞台。①

其实,不待黎元洪发令,段祺瑞已在筹划起兵讨伐张勋。复辟消息传出后,全国各界多表反对,北洋实力派军人观察形势后对复辟亦不表赞成,并发出一片反对之声。而坐镇津门、拥有武装实力的段祺瑞,对此早有准备,视此为自己复出的机会,复辟实行之后,段即与其部下紧张策划,准备发动讨伐张勋的战争。7月3日,段祺瑞发出讨逆通电称:

> 张勋怀抱野心,假调停时局为名,阻兵京国,至七月一日,遂有推翻国体之奇变。窃惟国体者,国之所以与立也,定之匪易,既定后而复图变置,其害之中于国家者,实不可胜言。且以今日民智日开,民权日昌之世,而欲以一姓威严,驯伏亿兆,尤为事理所万不能致。……今张勋等以个人权利欲望之私,悍然犯大不韪,以倡此逆谋,思欲效法莽卓,挟幼君以制天下……横逆至此,中外震骇。若曰为国家耶?夫安有君主专制之政而尚能生存于今之世者,其必酿成四海鼎沸,盖可断言。而各友邦之承认民国,于兹五年,今覆雨翻云,我国人虽不惜以国为戏,在友邦则岂能与我同戏者?内部纷争之结局,势非召外人干涉不止,国运真从兹斩矣。若曰为清室耶?清帝冲龄高拱,绝无利天下之心,其保传大臣,方日以居高履危为大戒。今兹之举,出于逼胁,天下共闻。……祺瑞罢斥以来,本不敢复与闻国事,惟念辛亥缔造伊始,祺瑞不敏,实从领军诸君子后,共促其成。既已服劳于民国,不能坐视民国之颠覆分裂,而不一援。

通电号召各将"戮力同心,戡兹大难",表示"祺瑞虽衰,亦当执鞭以从其后也"。4日,段祺瑞又与冯国璋联衔发出通电,将张勋拥清室复辟归为"八罪",声明"今已整率劲旅,南北策应,肃清畿甸,犁扫逆巢,凡我同

---

① 黄季陆、罗家伦主编:《革命文献》第7辑,58—59、62、78页。

胞,谅同义愤,伫盼云会,迅荡霾阴"。① 在全国各界同声反对清室复辟的情况下,段祺瑞的讨伐举动颇为彰显出其吊民伐罪的"正义性",并置张勋于背叛民国之叛逆境地,从而占据了讨伐张勋的政治制高点。

1917年7月6日,在南京的冯国璋以黎元洪"因故不能执行职务",兹依《大总统选举法》宣布"代理"大总统职权,同时"电商段总理在津主持,并急图进兵规复京道",表示"一俟军事布置妥帖,即当北上"。此时的段祺瑞又有了总理的合法地位,踌躇满志,一朝权在手,便把令来行,6日他在天津设立国务院办公处,处理各项政务,发出对张勋的通缉令,以其"动摇邦本,沦陷神京,罪恶贯盈,薄天同愤",下令"即褫去本职,并褫夺军职、勋章、勋位,著传知前敌各军严拿务获,尽法惩治"。②

段祺瑞决定发动讨伐战争后,以天津近郊的马厂为其司令部所在地,自任"讨逆军"总司令,军事部署为李长泰的第8师和冯玉祥的第16混成旅在东线沿津浦路,曹锟的第3师和范国璋的第20师在西线沿京汉路,两路会攻,进军京城。7月4日,段祺瑞督率"讨逆军"在马厂誓师,其后东西两路"讨逆军"分别与张军接战。张军实力自无法与段军相较量,双方交火后,张军迅即后退。7日,"讨逆军"已进至北京近郊军事与交通要地丰台,张军被迫退守城内。为了威慑张军,"讨逆军"在进攻中动用了几架飞机投弹,创下飞机在中国被运用于战争的较早记录。

张勋随带"辫军"入京拥戴清室复辟,本以为自己有实力,也有北洋实力派军人的支持,或者至少是不反对的默契,但他实行复辟之后的情况却完全不似其预期,可谓不知己亦不知彼,既无勇也无谋,实为单打独斗的蛮干。张勋可以不在乎舆论的口诛笔伐,却不能不在乎北洋军人的武力反对。复辟实行后几无实力派支持的现实,使张勋也不能不为自己预留后路。7月5日,张勋致电上海各报馆并转各省督军等,公开复辟实行前后之经过:

---

① 黄季陆、罗家伦主编:《革命文献》第7辑,63—64、72—73页。
② 孙曜编:《中华民国史料》,374、380页,上海,文明书局,1929。

变更国体,事关重大,非勋所独能主持,谁非清朝臣子,各有应尽之责。数年以来,密谋进行,全仗众力。去岁徐州历次会议,冯(国璋)段(祺瑞)徐(世昌)梁(启超)诸公及各督军,无不有代表在场;即勋此次到津,徐东海(世昌)、朱(家宝)省长均极端赞助;其余各督军,亦无违言。芝老(段祺瑞)虽面未表示,亦未拒绝。勋到京后,复派代表来商,谓只须推倒总统,复辟一事,自可商量。勋又密电各方面征求同意,亦皆许可,函电俱在,非可讳言。现既实行,不但冯、段通电反对,并朝夕共谋之陈光远、王士珍,首先赞成之曹锟、段芝贵等,亦居然抗颜反阋,直逼京畿,翻云覆雨,出于俄顷,人心如此,实堪浩叹。孤忠耿耿,天日可表。虽为群小所卖,而此心至死不懈。但此等鬼蜮行为,不可不布告天下,咸使闻知,以免混淆黑白。①

张勋此电发出后未得北洋阵营内部的反响。此时的张勋因复辟倒退之举而为千夫所指,已成北洋阵营独占中央政权的道义负担,无论是出于因应社会舆论的需要,抑或仅仅是维持北洋集团的派系利益,他本来的同党都不能也不会对他表示支持。因此,尽管张勋公开发出"同属北派,何忍同室操戈"的感叹,他的"北派"同僚也没有就此收手,所谓墙倒众人推,此其谓也。

因为既无法抵挡"讨逆军"的军事攻势,又没有其他实力派的支持,复辟刚刚一周,张勋即感觉再无力支持,请驻京公使团调停之议又不得回应,相反,公使团却对"讨逆军"给了不少实际的支持,同时要求张勋所部解除武装。张勋在内外交困之中,7月8日被迫辞去溥仪所委各职,将政务暂交王士珍处理。张勋还想保住其定武军编制,退回徐州,但为段祺瑞所拒。此时,复辟阵营内部已是人心动摇,惶惶不可终日。8日,张勋的亲信阮忠枢致函徐世昌谓:"现在事已至此,绍轩(张勋字)亦知为人所愚,但一发难收,追悔无及";请徐"命驾来京,出而调停,清室之福,大局之幸,亦绍轩之所托庇也"。② 但未得徐之回应。9日,主张复辟甚力的度支部尚书张镇芳和陆军部尚书雷震春在企图乘车外逃

---

① 黄季陆、罗家伦主编:《革命文献》第7辑,75页。
②《阮斗瞻致徐东海电》,见1917年7月11日《顺天时报》。

时,于丰台车站被"讨逆军"查获逮捕。10日,记者再访张勋,见其"眉目之间颇露愤慨不满之色,与旬日前喜不自胜之容貌,似相径庭"。但张勋仍指责段祺瑞等"不过借词以攻予,予安能受?"强调"予所希望者,只皇上依然践位,其他无论何等条件,均甘坐受";又虚张声势地声称:"若段不容予之主张,予当率我数千健儿,为国家、为皇上决一死战。外间闻有予已潜逃之风说,予有何潜逃之必要,即一战而授首,亦最痛快。"①此时"讨逆军"方面由于陈光远第12师和张永成第11师的加入,声势更盛,对张军形成压倒优势,张军上下"以势穷力蹙,无不垂头丧气"。12日,"讨逆军"分三路向北京发动总攻,张军军心涣散,几乎没有像样的抵抗,至午即败,前此大言不惭"一战而授首"的张勋也没有勇气实践己言,而是仓皇避入荷兰使馆,讨伐张勋复辟的战争至此以胜利而告终。②

张勋拥戴清室复辟,是继袁世凯称帝改元"洪宪"之后、民国成立以来又一次企图复行帝制的举动,但其较袁世凯称帝更为短命的失败历程也充分说明,在有两千余年帝制历史的中国,经过了辛亥革命的洗礼,共和民主制优于君主专制已经在短短数年间成为多数国人的共识。尽管民国年间的共和民主制暴露出种种不足之处,名不副实处甚多,但其在形式上的至高无上地位仍然为多数国人所共认。即便是手握枪杆子的军阀武人,多数情况下对此也不敢公然冒犯。在这样的多数民意趋向之下,无论是建立新朝还是复辟旧朝的复行帝制之举,都不可能成功,张勋拥戴清室复辟事件也就成了君主制在中国最后的回光返照。诚如时论所谓:"霹雳一声,清廷复辟。凡属爱国男儿,无不奔走呼号,以图恢复我灿烂之共和民国。""报馆为代表舆论之机关,规其主张即知民心之向背。……此次复辟,外埠如沪上、天津、武汉等处,无不以三寸之管口诛笔伐,痛斥叛国,即在张勋势力范围内之北京,如顺天时报、益世报、英文京报等亦皆掉舌挥毫痛詈张勋为逆贼,斥复辟为妄举,此则有外势,故敢怒而又敢言者也。若敢怒而不敢言者,于复辟翌日停版不

---

① 《誓死酬志之张勋》,见1917年7月11日《顺天时报》。
② 复辟失败后,张勋等复辟首要被通缉。1917年11月,张镇芳、雷震春被判无期徒刑,旋于1918年2月被释放;1918年3月,洪宪、复辟被通缉案犯均被赦免;10月,张勋被赦免。

刊者有十余家,曰东大陆报、公言报、国民公报、大中报、大信报,其余惟北京日报、甲寅报、亚东新闻等四五家,尚如鲁殿灵光,岿然独存,其持论亦是中立态度,无恭维复辟之辞,此可征人心之向背矣。"①于此亦可体认,所谓共和民主制不适于中国的论调,更多的时候不过是当政者为把持权力而出于私心的"自慰",并非真实民意的反映;相反,对共和民主观念的共同体认,却是民国成立以后国人思想理念中最重要的变化之一。

---

① 《近代稗海》第4辑,139页;胡平生:《民国初期的复辟派》,318页。

第四节　皖系控制的北京政府

张勋拥清室复辟失败，北洋派重掌北京政治。7月14日，段祺瑞重回北京，担任国务总理，组成以亲信下属为主，并得到研究系相助的施政班底。代理大总统冯国璋将自己信得过的李纯安排为江苏督军，陈光远安排为江西督军，并与原任湖北督军王占元形成准同盟关系，使自己不虞后方为他派所占。其后，于8月1日到达北京，担任代理大总统。由此形成冯国璋和段祺瑞合作主导北京政治的新格局，他们首先通过的政治决定，就是在8月14日发布"布告"，正式宣布自当日起对德国和奥匈帝国"处于战争地位。所有以前我国与德奥两国订立之条约，及其他国际条款国际协议属于中德中奥之关系者，悉依据国际公法及惯例，一律废止。"①此时，既无大总统的反对，也无国会的掣肘，北京政府的宣战布告结束了此前一度酿成轩然大波的是否参战之争。

清室复辟失败后由冯国璋、段祺瑞合作共治的北京政府，冯、段各有军事实力与派系相依托，但以段祺瑞为首的皖系，无论就实力资源还是就名望人脉，都超过以冯国璋为首的直系；皖系首领段祺瑞在北京经营有年，政治手段游刃有余，党羽四布，又得到日本的大力支持，表现强势，而冯国璋由地方初入京城，对北京政治和外交关系尚不熟稔，部属又多在地方任职，处事相对低调；更兼段祺瑞自认为"再造共和"之功臣，对政治颐指气使，高调出击，一时

---
① 1917年8月14日《政府公报》。

间北京政治成为皖系施展身手的舞台,北京政府也基本为皖系所把持。但皖系及其首领段祺瑞如此作为的后果之一,也使自己处在内外各种矛盾的中心位置,成为各方发泄其不满与反对意见的焦点,所谓月满而亏,皖系独断北京政治的势头时间不长即受到北方直、奉两系的联手抵制和南方"护法"阵营的强烈反对,南北对立与北洋派系内部的矛盾牵制着皖系的政治作为,北京政治仍然处在动荡不安之中。诚如时人所论:

> 段祺瑞为今次光复之首勋,对于共和国家,其功绩之伟大,正与黄兴、蔡锷等相比肩。然诚回顾细思之,时局糜烂至于此极者,其责任实荷于段氏之一身也。盖段氏前在总理职务内,曾提出宣战问题,压迫议会,招致督军,蹂躏约法,徐徐进行,遂致酿成厉阶。故以公平之眼光观之,则段氏前后之行为,实不啻自召乱而自弭乱者也。虽光复之业素著,殊觉黳晕而乏赫赫之光辉,是以西南各省不肯服从新政府。旅居津沪之议员等,亦连盟而主张反对,南北离睽之情形已如斯,则段氏纵欲以讨逆之余威,组织内阁,统一天下,号令四方,恐不能行,不待智者而自明也。①

皖系在清室复辟失败后得以基本控制北京政府,除了依靠其武装支撑外,还与两大因素直接相关,即外有日本的支持,内有政客的拥戴,从而获得了较其他派系更多的物质资源与更广的人脉关系,有利于其控制北京政治。

皖系与日本的关系在北洋各派系中颇为引人注目。北洋各派系在北京当政时期,出于壮大自己、削弱对手的需要,总是力图与列强建立起这样那样的关系,得到列强的援助,但在北洋各派系中,与列强关系最为直接、对其派系发展最为有利者当数皖系与日本的关系。②

段祺瑞重登北京政治舞台之际,正值寺内正毅担任日本首相,寺内虽出身军方,但其上台后的对华政策却较其前任大隈重信为"温和",提

---

① 《近代稗海》第4辑,205页。
② 关于皖系与日本关系的综合研究,参见章伯锋《皖系军阀与日本》,成都,四川人民出版社,1988。

出"尊重并拥护中国的独立和领土完整""增进两国间友好关系""尽可能和各国保持协调"的对华"新"政策。为此,日本还和其在远东太平洋地区的竞争对手美国在 1917 年 11 月 2 日订立"蓝辛—石井协定"(蓝辛时任美国国务卿,石井菊次郎时任日本特使),美国承认日本在中国享有"特殊利益",美日重申在中国尊重"门户开放""机会均等"原则。这当然并不说明日本改变了其以侵略中国为中心的"大陆政策",而是不同的日本政治家在对华政策的策略和形式上的不同考量,即担心对华"硬"扩张的"霸道"政策激起中国国内的反日民族主义情绪和欧美列强的反弹,而改行对华"软"扩张的"王道"政策,以图以较为"柔和"的方式,在华扩张日本的利益。但是,寺内的对华"新"政策仍然强调"努力使列强逐步承认帝国在中国的优越地位",对满洲和内蒙古应扩大日本的"特殊利益",对福建确保"特殊关系",对山东"设法使德国战前在该省所享有的一切利权归于帝国所有",其实质仍不脱日本在袁世凯时代提出的"二十一条"要求之框架。不过,寺内对华"新"政策在公开表现上的相对"柔和""温和"的一面,却可为二次复出后正欲争取列强支持而稳固自身地位的段祺瑞所利用,而在段的左右亲信中,不乏与日本有较多往还、在情感方面较为亲近日本的政经两界人物,其中尤以段内阁的交通总长兼财政总长、交通银行总理曹汝霖等为代表,他们在推动段祺瑞建立与日本的密切关系方面起到了重要作用。

1917 年 1 月,段祺瑞授意其下属吴光新、傅良佐、靳云鹏等会见日本驻华公使林权助等人,向他们解释段祺瑞准备"认真与日本合作",但"唯一障碍即国民党",因此"正拟积极消除中日两国之间的误解,诚意实行友好合作,因而希望谅解其苦衷,并予以相当帮助"。段的表态正中企图以"软"手段加强在中国地位的日本之下怀,寺内内阁的对华"新"政策由此也有了着力点。寺内正毅当月在日本国会公开声明:"对于中国,应从东亚大局着眼,信孚相倚,有无相助,竭力贯彻敦厚邻谊之道。"1917 年 7 月,段祺瑞复出组阁,他对正在中国活动的日本人西原龟三说:"将来一切施政,当按预定方针进行。中日两国如欲加紧协作,确保亚洲的和平和安宁,舍此当无更好的时机。本人将一本至诚,为此目的而努力,希望我们的友谊能有进一步的发展。"

段祺瑞的态度立即得到了日本的回应。20日,日本内阁通过决议,宣称将"给予段亦予以相当友好之援助,以期中国时局的稳定,同时设法解决时至今日之中日两国间若干悬案,实为得策"。1918年2—3月,日本外务省在其拟订的《日中同盟缔结之意义》文件中,将日本力图控制中国的对华政策的底蕴表述得更为直白:

> 帝国外交之中枢为对华政策,对华政策之要谛,其归结点即是日中在政治上及经济上的紧密联盟。……根据日中同盟,帝国将取得绝大利益,即在军事上以协同作战为理由,可在中国领土内之必要方面,自由出动帝国的军队,而且在军事上当然以相互支援之名义,参与编练中国军队;尤为重要的是有利于我控制掌握军火制造的原料。在政治上,基于同盟关系,积极参与内政,以便于从各方面扶植帝国的政治势力。在经济上,以同盟协作之名,开发其丰富的资源,努力开拓市场,以利于帝国经济的发展。①

寺内上台后,为了实行其对华"新"政策,特别注重密切对华经济关系,图谋从经济入手控制中国,再达在政治上控制中国的目的。在密切对华经济关系方面,寺内内阁最重要的举措是大量提供对华借款,其中尤以经日本商人西原龟三经手提供的数次借款最为知名,后人遂以"西原借款"名之。西原在寺内担任朝鲜总督时期与其结交,1916至1918年间曾6次访华,对日本如何在东亚扩张并确保其利益有浓厚的"兴趣"与深入的"思考",他和时任寺内内阁大藏大臣的胜田主计,都是寺内对华"新"政策的倡议者与支持者。他们认为,日本对华提供借款应"避免过去那种以获取权利为主,赤裸裸地强迫中国接受的态度。先以稳妥条件提供贷款,在增进邦交亲善的同时,采取促其主动向我提供有利的权益的手段"。之所以如此,是因为他们认为,日本"各种工业所需原料均可仰给于中国,其制成品亦可以中国为市场。融合日华经济为一体,明显为我帝国确立自给自足之策"。说到底,他们主张提供的对

---

① 以上四段引文见章伯锋《皖系军阀与日本》,11、44—45、56—57、167—168页;《近代史资料》总38号,146页;总45号,171页。

华经济借款,本质上仍具有企图以此控制中国、变中国为日本附属国的政治意义,如胜田主计所言,"帝国欲掌握其经济支配权,须垄断独占管理其财政,占据其交通,徐图开发其产业,以充实帝国国民经济"。① 他们所关注的仍是如何实现日本国家利益的最大化,"西原借款"就是在这样的背景下得以实现。

日本的对华"新"政策与借款提议,与正陷于财政困难而迫切需要得到资助的段祺瑞政权一拍即合。北京政府的财政状况一直不佳,段祺瑞当政时期,每月收入大约为1 200万元,而支出则需2 000万元,因此,"苟无大借款以撑此局面,财政将生绝大波澜",除非"速得款项救急之外,绝无其他办法";但"发行内国公债,则旧公债尚未整理,续募为难。借外债则有四国银行团之约束,缓不济急,且不易磋商"。此时日本主动提出对华借款,当然为段祺瑞政权所欢迎。②

由于日本和段祺瑞政权各有所求,西原借款的达成较为顺利,从1917年1月到1918年9月的不到2年间,经西原龟三之手或参与,共签署8次借款合同,总计14 500万日元。除了由西原经手的日本对华借款外,寺内当政时期还有善后借款垫款3 000万日元、军械借款3 208万日元等多笔数额较大的对华借款。寺内在任期间,日本对华借款总额为38 645万日元(约为寺内内阁成立时日本对华借款总额12 000万日元的3倍有余),其中对中央政府借款27 986万日元(占总额的72%),对地方政府借款1 857万日元(占总额的5%),对企业和个人借款8 802万日元(占总额的23%)。③

上述这些借款主要是流向由段祺瑞当政的北京政府,名目虽多为改善中国银行、电信、铁路、矿山、救灾等状况的经济性借款,但实际主要用于垫付段祺瑞政权的各项日常军政开支(估计在70%左右),用于经济方面者寥寥无几,实为政治借款。其中的参战借款和军械借款,更是直接为段祺瑞编练参战军、扩大皖系实力、对南方动武所用。段祺瑞以中国宣战后准备参加第一次世界大战为由,利用日本借款编练了参

---

① 《近代史资料》总45号,157、211页;吴东之主编:《中国外交史》(中华民国时期),56页,郑州,河南人民出版社,1990。
② 《近代史资料》总38号,153、174页。
③ 杜恂诚:《日本在旧中国的投资》,428、430页,上海,上海社会科学院出版社,1986。

战军三个师两个混成旅,并购买日本军械计步枪12.5万支、子弹7 550万发,机枪372挺、子弹1 577万发,山炮316门、炮弹11.9万发,野炮228门、炮弹9.6万发,榴弹炮27门、炮弹0.3万发。实际上,这支所谓的"参战军"没有用于对外作战,而是以段祺瑞为首的皖系用为压服异己力量之内战利器。如段之亲信徐树铮所言,"我北军权势消长,与日本寺内内阁利害相通",对方则以段祺瑞"为政局之中心,遇事力尽友谊援助"。① 就当时日本向段祺瑞政权提供的借款数量之多、支持之巨、双方关系之密切,徐树铮此言并不为虚。当然,日本之所以愿意提供数额如此巨大的对华借款,完全不是为了帮助中国,也并非厚爱于段祺瑞,衡量其借款动机与效果,不过是为了日本的自身利益,企图通过提供借款控制段祺瑞政权,以此影响中国政局,并获取中国的经济资源和在华特权。

更有甚者,在寺内在任的最后一天即1918年9月28日,日本一气向北京政府提供满蒙四路借款、山东二路借款和参战借款共6 000万日元,而在此前日本外相后藤新平致中国驻日公使章宗祥的照会中,就此提出其在山东利益的诸项要求,其中有日本在青岛驻兵、中日"合办经营"胶济铁路之主张,章宗祥在24日的复照中对此"欣然同意"。日本此举为其在巴黎和会期间企图继续保有在山东攫取的德国利益埋下了伏笔,尽管章为自己辩解,谓此等说法"不过外交文书上之套语",实则章宗祥的答复使中国在讨论此问题时处于不利地位。难怪日本首相寺内正毅下台后十分得意地说:大隈内阁向中国要求签订"二十一条",惹中国人全体之怨恨,日本却无实在利益;而他在任期间,借与中国之款3倍于从前之数,其实际上扶植日本对于中国之权利,何止十倍于二十一条。但是也应该注意到,西原借款在日本国内引起的反应并不尽是赞扬,因为其借款条件较为宽松,借款担保品多不切实,因此在借款到期而中方又无力归还时,缺乏有效的追索手段,多数款项有去无回。不过,力主提供此项借款的当事人胜田主计以后倒是说了心里话:"本金收不回,利息拖延,从个人贷款的角度来看是大问题,但如站在国家

---

① 裴长洪:《西原借款与寺内内阁的对华策略》,载《历史研究》1982年第6期;中国科学院近代史研究所近代史资料编辑组编:《徐树铮电稿》,2页,北京,中华书局,1962。

大局立场,从政策方面来考虑,未必是大问题。"①

除了西原借款之外,段祺瑞当政时期,日、皖密切关系的又一重要方面为"中日共同防敌军事协定"的签订。俄国十月革命爆发后,初时国内形势较为混乱,并发生了大规模的内战,日本亟欲联合其他列强借机出兵干涉,谋求向俄国远东地区扩张。然因其出兵俄国需要借道中国的东北,故日本极力怂恿段祺瑞与其订立相关军事协定,得到了企图依靠日本为其后台的段祺瑞的响应。1918年3月25日,中国驻日公使章宗祥与日本外务大臣本野一郎换文,双方同意中日两国政府应就"共同防敌"问题进行协商。5月16日,中日签订《陆军共同防敌军事协定》,19日签订《海军共同防敌军事协定》。9月6日签订《关于陆军共同防敌军事协定实施上必要之详细协定》,从而构建了所谓中日"共同防敌"的基本框架。上述协定规定:中日两国军队实行共同防敌行动;在军事行动区域内,中国地方官吏对于日军须尽力协助,双方军队互派职员联络,共谋运输、通信、卫生、技术、情报及其他作战必须事项的便利,互相供给兵器及军需品;为军事行动之目的,双方得利用中东路,并设立协同机关处理有关事务,南满路之运输由日本担当,等等。②这些规定在当时是秘密的,未向外界公开。协定的签订,使日本军队得以"合法"地通过中国东北侵入俄国远东地区,不仅侵犯了俄国的国家主权,也有损于中国的国家主权,尤其刺激了日本进一步觊觎东北的野心。

1918年8月,日本军队经东北侵入俄国,占据了俄国远东地区的若干地方,并支持盘踞远东地区的白军力量与红军对抗。在此过程中,日军占据了中国东北北部的若干重要城市,如哈尔滨、齐齐哈尔、满洲里等,侵犯了中国的国家主权。第一次世界大战结束后,日本军队虽然失去了所谓"防敌"的借口,但仍赖在俄国远东地区不走,直到盘踞俄国远东地区的白军在红军的打击下失败后,日军才开始陆续撤出,"中日共同防敌军事协定"也在1921年1月27日被废止。

---

① 《中日"二十一条"交涉史料全编》,570页;《日本在旧中国的投资》,430—431页;《近代史资料》总45号,201页。
② 《中外旧约章汇编》(二),1352—1353、1365—1369、1403—1404页。

在国内政治方面,段祺瑞纠集了一帮政客围绕于其周围,先是有梁启超为首的研究系之大力支持,后又有一班政客组织的安福系集团之鼎力拥戴,为其控制北京政治创造了较为有利的条件。

段祺瑞与研究系的关系,在他复出之后的一段时间,可谓"蜜月"时期。1917年7月段复出组阁后,以研究系首领汤化龙为内务总长,梁启超为财政总长,林长民为司法总长,一时使研究系诸人大为兴奋,认为"今段阁虽非政党内阁,然重要之部多属诸我,是明系以本党为主干",正可以此"诱导现势力,使进循宪政轨道,借以确立政治中心,维持社会秩序"。因此,研究系在段祺瑞复出后组织内阁、筹选国会等方面,均予以大力支持。然段祺瑞对研究系不过利用以钳制国民党而已,并无倚其为政治中心之意,更担心如果任研究系发展,"难免悉受其挟制,是去一国民党不啻又来一国民党"。其手下头号大将徐树铮对研究系入阁并企图"诱导"政治尤为不满,认为"我辈冲锋陷阵,始奏肤功,结果乃为几个文人造机会","对梁(启超)、汤(化龙)衔恨甚深",且其"性尤倔强,凡有主张,不达不止"。

就研究系而言,梁启超等毕竟有自己的政治理念,"亦自有其怀抱,非能如一般官僚惟命是听",不甘完全随段祺瑞等军人首领的政治步调起舞,"其所取政策,即系与现有势力相结合,意欲乘机而指导之、改造之,使成为我国之中坚力量,以求安定一时之社会秩序,并徐图发展。故彼之所谓结合,亦有其一定限度,与一味附和者不同,苟一旦越此限度,则彼即不能不顾及自己之立场而立与离异"。如研究系对皖系主持的"西原借款"即持反对态度,故段祺瑞与梁启超、皖系与研究系"彼此关系亦渐与从前不同","感情乃日趋疏隔"。结果,"选举本应归内务部主持,而新国会选举乃全由徐树铮等暗中操纵,内(政)汤(化龙)几不能过问;借款本应由财政部主管,而对日借款乃由曹汝霖辈秘密办理,财(政)梁(启超)几不得与闻。名为阁员,实则等于虚位,选举犹在其次,而借款则关系国脉,势不能无言,言而不听,势不得不求去。若辈乃更借此而指为有意拆台,段亦深信不疑,于是此一方则恶意慰留,而强使之分谤,而彼一方则力表不与合作,以求外间谅解。"至11月22日段祺瑞二次下野,研究系诸总长随之而去,从此结束了双方关系的短暂"蜜月期",所谓"表面若相终始,而精神则早已分离矣"。① 及至1918年3月,段祺瑞三度复出组阁,舍研究系而不用,在政治上着重运用以安福系为代表的政客集团,研究系此后基本失去了参加政府的机会。

所谓安福系,是皖系控制北京政治时期出现的依托于皖系军人支持并为皖系军人政治服务的政客集团。一方面,段祺瑞在复辟失败后复出,亟思有人在政治上为其呼朋引类,摇旗呐喊,壮大己方声势,控制政治局面,而研究系显非段祺瑞所可得心应手运用者;另一方面,一些政客闻人不甘寂寞,迫切希望得到权势者的支持,结党营私,打压他派,分肥政治资源,图谋个人私利。因此,段祺瑞与这班人之间各有所需,各图其利,促成了所谓安福系这一政治派系集团的出现。

据时人所述,"安福俱乐部组织之初,系民国六年(1917年)八月在(北京)安福胡同梁(式堂)宅,主持者王揖唐、曾云沛(毓隽)诸人。当时不过一寻常俱乐部耳。请宴叫妓,皆用安福胡同梁宅名义……其后徐树铮因军事失败,转而谋政治上竞争,以巨款收买议员。王揖唐为贩客老手,即以安福胡同梁宅为收罗场。于是,安福胡同内,车如流水马如龙,人如蚁附门如市,极一时之盛,俨然成一党之机关部。"安福系名目于此渐成。其后随着段祺瑞一意决定废弃旧国会,改选"新"国会,安福俱乐部遂成为皖系包办、操纵选举的枢纽机构,附从者愈众。1918年3月7日,王揖唐、王印川、刘恩格、曾毓隽等安福俱乐部中坚人物在梁宅集会,正式决定成立安福俱乐部,之所以不以党名,盖因"自袁氏解散国民党后,政党遂为政府所忌,而洪宪之筹安会,又为国人诟骂,故不敢明目张胆结合政党"。但安福俱乐部的组织机构与一般政党并无二致,其下设干事部(主任王揖唐)、评议会(会长田应璜)、政务研究会(会长李盛铎),部下设课,课下设股;内部定期集议,对外统一表态,虽无政党之名,似有政党之实,而且"挟金钱魔力,大有一日千里之势,局面亦渐扩张"。而究其实质,不过为一些政客图谋私利之结合,而实为皖系可以运用之政治工具。如时人论:安福系"除拓殖议员外,无足纪述者";"本无党纲,亦非有政策主义号召结合,只以三数军人政客,欲增长一部分

---

① 以上二段引文见刘以芬《民国政史拾遗》,10—11、17页,上海,上海书店出版社,1998。

势力,慷慨解囊,制造多数议员,谋运用新国会之便利,以逞其雄踞政权之野心。王揖唐主持于外,曾云沛主持于内,拥戴一徐树铮指挥一切,如斯而已。两年以来,该部虽乘时发达,而各省不设一支部,除议员外,不招一党员。……称之为政党,未免过于抬举矣。安福部切近之要图,在选举总统。后来之目的,在组内阁,握政权,谋私利。"即使被安福俱乐部视为可以"指挥一切"的徐树铮,实际上也看不起这班政客,他曾在私下里吐露心声说:"余之设此部也,实欲置总统于余之肘腋之下。天下督军从我者留,叛我者黜,惟余之马首是瞻,余斯愿足耳。""余持金钱以驱策之,不患彼辈不为我用。且彼辈所希望者富贵耳,利禄耳,余将使之尽满其欲,又何为不余是从耶?"①

外有日本的借款支持,内先有研究系后有安福系政客集团的拥戴,加以在北洋军人派系中的长久资历与广泛人脉,以及推倒复辟"再造"民国之"功",段祺瑞在1917年7月复出之后,显然较其他北洋军人派系领袖有更多的资源及资望可加利用。他本人也踌躇满志,着手以其个人和皖系派系的意愿改造北京政治。其最重要的步骤,就是废弃旧国会,筹组"新"国会,控制国会为其政治运用之工具,再以此逼退冯国璋,拥立徐世昌;确保以其为首的皖系军人集团的政治优势地位。而在段祺瑞和皖系基本掌握了北京政治资源的情况下,无论段祺瑞本人在朝还是在野,都可以基本控制北京政局。

段祺瑞当政时期,在制宪、参战、府院之争等方面,与国会多有争执,并受国会掣肘,不能自由行事,故其对国民党人居多数的旧国会衔恨甚深,复出后亟欲废弃,重组可由己派控制操纵之"新"国会。

1917年7月24日,北京政府国务院通电各省,认"组织立法机关,实为最急之务",但如何组织立法机关,时有不同意见。首为恢复旧国会说,而旧国会既经明令解散,"断无重新召集之理",且其"威信既失,精神不存,假令恢复,徒滋纷藉";次为改选说,"虽持之有故,而行之实难。盖选举程序,繁重万分,调查宣布,必非一时所能竣工。加以初选复选之期,则国会之成立,为期尚远。若仓促集事,必蹈元年调查虚诬

---

① 《近代稗海》第4辑,339—341页;彭明、周天度主编:《中华民国史》第2编第2卷,252页,北京,中华书局,1987。

之弊。而且人数过多,权限不明,规制未善,言者多口。苟假一时之便利,将贻日后之纷争";再次为改组说,"减其额数,严其资格,则所选必为良材,而议事庶遵轨道。然改组国会,必先改国会组织法,尤必先有提议改组并制定法律之机关,其职权又必为法律所许可者。否则高言改组,不生法律效力,且其迁延时日,较改选殆又过之"。通电提出:"国会之职权,乃由约法上之参议院递嬗而来,有参议院行使立法职权,即无异于国会之存在,是与约法精神共和本旨,皆不违背,且人数无多,选派由地方自定,依据约法,可以迅速成立。救时之图,计无逾于此者。""总之宪法未定之前,约法为根本大法,依据约法以召集约法上之参议院。依据约法上参议院之职权,以解决制宪修正国会组织各问题,则事事守法以行,于政治上始得平允,于法律上不生矛盾。"段祺瑞如此主张,自然为不喜国民党人居多数的旧国会的北洋军人集团所拥护,而成立临时参议院的动议,本为研究系所赞成,他们认为,"旧国会不良,由于国会组织法不善,倘不先组织一种过渡机关,将国会组织法修改,仍用旧法选举新国会,未有不蹈旧国会覆辙者。"此时正值研究系与皖系和段祺瑞合作的"蜜月期",研究系有人甚而肉麻地提出,"现在复生之中华民国,乃由段祺瑞手造之另一中华民国,非复从前之中华民国,是旧国会断无恢复之理。"①

由于军政两界的多数拥护,废弃旧国会,成立临时参议院,筹组"新"国会的主张占了上风。此时,只有孙中山和革命党人坚持维护由《中华民国临时约法》传承的民国法统,而南方粤、桂、川、黔、滇等省地方实力派出于维护自身利益的考虑,也主张维持旧国会,他们共同打出"护法"旗号,在南方另组非常国会与护法政府,与北京政府对抗(详见下节)。

1917年9月29日,冯国璋以代理大总统身份发令,以"选举国会议员为第一要义",而"赞成先设约法上参议院者,已居全国之大多数",故"折中于两者之间,一面令内务部筹备国会选举,一面按照约法,由各省选派参议院议员。但参议院仅以修正国会组织法为限度,而其他职

---

① 《东方杂志》第14卷第9号,208—209页;《近代稗海》第4辑,338页。

权,乃待诸正式国会执行"。同时下令内务部筹备国会选举,并由"各行省蒙藏青海各长官,仍依法选派参议员,于一个月内到京,组织参议院,将所有应行修改之组织选举各法,开会议决。"①随后,各省区分别选派1至5位议员到京,11月10日,由此产生的临时参议院在北京举行开幕式,冯国璋和段祺瑞均莅临致辞,并将修改国会组织法与选举法作为临时参议院的主要任务。11月14日,安福系的王揖唐当选为临时参议院议长。12月14日,北京政府将修正之"国会组织法"和"参众两院议员选举法"咨送临时参议院,其主要修正之处为:(1) 参议院组织由前定之地方代表制改为由学术代表、事益代表、勋绩代表、满蒙回世爵互选议员、高等行政司法官选举议员、华侨代表组成;名额由前定之地方选举 220 人、各界别选举 54 人共 274 人,减少为地方选举 138 人、各界别选举 30 人共 168 人(减少近 40%)。(2) 参议员由原省议会及界别选举会选举,改由地方选举会和(中央)界别选举会选举;提高参议员选举人资格,地方选举人资格为曾在高等专门以上学校毕业任事满 3 年、或曾任中学以上学校校长及教员满 3 年或有学术著述及发明经主管部审定、或曾任荐任官 3 年简任官 1 年及受勋位、年纳直接税百元以上或有不动产 5 万元以上者;(中央)界别选举人资格为曾在国立大学或外国大学本科毕业任事满 3 年、或曾任国立大学校长及教员满 3 年或有学术著述及发明经主管部审定、或退职大总统副总统国务员及曾任特任官满 1 年及受三等以上勋位、年纳直接税千元以上或有百万以上财产经营农工商业、华侨有百万以上财产、满洲及回部王公。(3) 减少众议员名额,由每 80 万人选举 1 人(共 556 人),改为每百万人选举 1 人(共 378 人),蒙藏青海由选举40人改为28人,总数由 596 人减为 406 人(减少近 30%),选举区域在各省及蒙藏青海之外,增加京兆、热河、绥远、察哈尔、川边区域。(4) 提高众议员选举人资格,将原定年纳直接税 2 元或有不动产 500 元以上者,改为年纳直接税 4 元或有不动产千元以上者。②

---

① 《中华民国史事纪要》,1917 年 9 月 29 日。
② 《东方杂志》第 15 卷第 3 号,191—205 页;谢振民编著:《中华民国立法史》,146—148 页,北京,中国政法大学出版社,2000。谢著中称众议员选举名额为 355 人,似有误。

临时参议院对国会选举规定作出的上述改动，主要体现了段祺瑞和皖系主导改造北京政治的意图，即通过大幅度减少国会议员的名额、提高选举人的参选资格、改变选举方式，便于其操纵选举，从而"选"出既可有"民意"招牌而又代表其利益的国会，最终达到使军人统治名正言顺的"合法化"结果。

1918年2月17日，代理大总统冯国璋公布《修正中华民国国会组织法》《修正参议员选举法》《修正众议员选举法》；3月6日，又下令于5月20日举行众议员初选，6月10日举行复选，6月20日举行参议员选举。此后，所谓第二届国会议员选举即在全国范围展开，但南方粤、桂、川、黔、滇五省因为"护法"关系，湖北、湖南、陕西三省因为战争关系，均未举行选举。3月7日刚刚成立的安福俱乐部，在国会议员选举中大显身手，他们在皖系军人的实力支持下，四处活动，金钱收买，封官许愿，以利相诱，以权相胁，违法作弊的各种手段无所不用其极，选票价格有多至数百元者。皖系实权人物徐树铮则居间操控，联络各方，督促进行，以为"选举定，然后大局有着落，诸事可通盘另筹"，因此"分电各省区长官，令照所开议员候选人名单，设法选出，同时并嘱中央要人之隶各省籍者，令电各该省有力人士，从旁协助"。为了确保"新"国会掌握在己派之手，皖系军人和安福系政客频向因列名袁世凯称帝祸首而被通缉的交通系首领梁士诒示好，得其款项支持，而对他们的前政治盟友，具有一定民主理念的研究系则不加理会，并多方限制其参选活动。对于研究系之参选人，"能买收则买收之，认为万不可能，则极力排斥之"；"对于研究系之忠实分子而曾任旧国会议员者，则另开一单，密令各省区特别注意，不许选出。"徐树铮恨研究系对国会选举因"不得由彼垄断，即亦随事作梗"，"不愿见政府办成新会。始以为彼辈不出任事，政府选举必难足数，到处声言，以懈地方之志。"故认"该党野心不死，万不可引虎入室，致坏全局。"[①]结果，研究系在此次选举中惨败，只得20余席，不过当选议员总数的5％左右，完全失去了过往在国会中的影响力。此后，作为民国初年有影响的政党—政派，在研究系（进步党）的头

---

① 刘以芬：《民国政史拾遗》，13—14页；《徐树铮电稿》，149—150、277页。

面人物中,梁启超声明不再参加政治活动,汤化龙于1918年9月1日在游历北美时遇刺身亡,林长民于1925年12月24日死于郭松龄反张作霖之战,王印川投靠了安福系,陈国祥、刘崇佑等在国会中的影响力亦不如前,研究系政治人物可谓风消云散,不复民初一时之盛。作为一个政治派系,研究系此后基本退出了北京政治舞台。

时人曾对研究系之出尔反尔、唯利是图但终归失败、无所归依的历程曾有颇为独到的论述:

> 民国二年,该派以在会议不能占得多数,乃主张解散国会,熊秉三(熊希龄)、梁任公乃以阁员署名于解散命令者也。其时该派与国民党势不两立。厥后,国民党失败,该派亦不为袁氏所喜,洪宪之际,乃复与国民党合而图袁。及袁败,主张恢复旧国会者,则为该派首领汤济武(汤化龙)所主持。迨国会恢复,又与国民党积不相能,既合复离。仍以在国会不能得多数之故,依然以全力破坏国会,缺席以牵制也,辞职以撤台也,凡力之所能施,谋之所能及,惟以牺牲国会为宗旨。督军团兴,要求解散国会之煌煌大文,皆出于林宗孟(林长民)之手笔,此尽人皆知者。……未几,汤、梁、林相继入阁,积怨之结果,非常国会遂产生于广州矣。……至法律问题,反对以旧法召集新国会,而主张召集临时参议院,修改选举法者,亦该派唯一不二之政策也。迨临时参议院竞争议长失败后,复主张牺牲临时参议院。湘事失败,合肥下野,则借张仲仁(张一麐)之奥援,转而依附河间,对于合肥则反眼下石。去岁选举失败,又主张牺牲新国会,以谋和平。世人谓有研究派即无国会。因该派失国人之同情,选举结果,决不能占多数,则必设法破坏国会。证之前事,诚非刻论。……昔日是耶,今日是耶,朝三暮四,覆雨翻云,志在觅食耳。

后人亦对研究系的命运有精辟之论谓:"民国以来,书生集团之依附实力派者,往往徒供利用,卒受排挤,或诱之分化,务使一无存在之价值,固不独研究一系为然也。"①

---

① 中国科学院近代史研究所近代史资料编辑组编:《一九一九年南北议和资料》,279—280页,北京,中华书局,1962;沈云龙:《徐世昌评传》,326页,台北,传记文学出版社,1979。

由于前期的运作,安福系在国会选举中获得压倒性胜利:在国会参议院147席(总额168席,南方粤、桂、川、黔、滇省及川边地区21席未选)和众议院325席(总额406席,南方81席未选)——共计472席中,安福系获330余席,交通系获120余席,研究系获20余席,安福系完全控制了国会。① 1918年8月12日,中华民国第二届国会即"新"国会(因其为安福系包办,故又称"安福国会")在北京开幕,临时参议院从此解散。20日,安福系首领王揖唐当选众议院议长(其后刘恩格当选副议长);22日,交通系首领梁士诒当选参议院议长,朱启钤当选副议长。

国会选举告成,安福系在国会独大,意味着皖系可以将国会作为政治运用的工具,其下一步举动就是改选总统,以达完全控制北京政治的目的。

冯国璋在袁世凯败亡后出任副总统,又继黎元洪担任代理大总统,实际上是北洋派系妥协的产物。就政治实力、个人资历、人脉关系、社会影响等方面而言,后袁时代可以出任大总统的人物,无非袁时代的副总统黎元洪,北洋派军人首领段祺瑞、冯国璋,北洋资深政客徐世昌,革命党领袖孙中山等数人而已。孙中山既以革命、护法为己任,自然不会加入北京政府的总统竞争;黎元洪因缘际会,由袁世凯时期的副总统而登上后袁时期的大总统之位,但在张勋的压力下解散国会,致清室复辟,使其主观上无颜再复任总统,何况他已请冯国璋"代行"大总统职权,权柄既已交出,客观上亦无法再复任。因此,清室复辟失败后北京政府大总统的竞争者实际只有段祺瑞、冯国璋和徐世昌。段祺瑞虽有较强实力、较深资历、较广人脉和较大影响,但考虑到北洋派系间的平衡以及责任内阁制体制,他更愿居于享有实权的总理位置,因此顺水推舟,在黎元洪下台后,将大总统职位让与副总统冯国璋,自居国务总理之位,也算是名正言顺之举。当时"在一般人心里,以为冯、段本是同学,如尔汝昆弟之交,必可朝夕会面,脱略形迹,时局症结所在,无不可以推诚披臆,互相谅解,不但以前府院之争不致重演,而大局之解决,亦颇有希望,而不知有大谬不然者"。冯国璋亦自称:"余与芝泉为数十年

---

① 彭明、周天度主编:《中华民国史》第2编第2卷,264页。同页称出席国会首次会议的众议员有358人,似有误,因当选众议员总人数不过325人。

心腹之交,彼此都互相信任,此后对一切政务决定,听候内阁完全负责,毫不干预。"①唯冯到北京就任后,以其依托的直系军事实力仍对段祺瑞完全控制北京政府构成了一定的阻力,加以总统府和国务院之间在责、权、利方面固有的矛盾关系,使冯、段的个人关系并不十分融洽,明争暗斗之举不断发生,再度上演了府院之争的一幕。

南方打出"护法"旗号之后,北洋派对南方用兵,依靠的主力是直系军队,而冯国璋的地盘主要在长江流域,对于向南方用兵动武并不积极,甚而与南方护法阵营还有一定的联系(冯之出任副总统即曾得到部分国民党议员的支持),因此对段祺瑞的"武力统一"政策有所牵制。1917年11月,在湖南前线的直军主动后撤(南北战争详见下述),直系各督要求停战议和,使直皖矛盾趋于表面化。在此打击之下,段祺瑞被迫于11月20日提出辞职,22日被冯国璋明令免职。冯国璋看似在府院之争中占据了上风,但段的实力仍在,冯的日子并不好过,甚而一度找不到人接任段的总理职(在段之后代总理的汪大燮只同意代理一周),幸好北洋元老王士珍在其恳求下答应出山帮忙,才使冯免了去段后无人接任之尴尬。其后,段祺瑞一方面策划进行国会选举,图谋在控制国会后,以总统任期届满须改选的名义赶走冯国璋;一方面引奉军入关(1918年2月,徐树铮赴奉天请张作霖派奉军入关声援本派),对冯施以军事压力。冯国璋无奈,只能亲访段祺瑞,谓"时事多纷,非老弟再出不可。闻外间意思托东海来说。其实我辈几十年老弟兄,若待东海来说岂不生分,故特自己跑来"。冯给了段莫大的面子,段也颇为自得,"闻我辈兵事进行,辄欣然喜,闻左右劝其避嫌,辄露不悦之色。"②1918年3月23日,冯国璋任命段祺瑞为国务总理,这是段在后袁时期第三度担任此职。

段祺瑞三度复出后,与冯国璋的矛盾日积月累,难以调和,"不特于军事意见不一致,而于政治上之斗争亦至剧烈。盖冯派之意见,以冯弃去苏督之肥仕,来就一年任期之代席,区区之忱,实希望扶正,故远交桂粤,近抚赣鄂,以冀压倒段派。在段派意见,则以段氏三造共和,功高

---

① 《张国淦文集》,207页;公孙訇编著:《冯国璋年谱》,106页,石家庄,河北人民出版社,1989。
② 《徐树铮电稿》,40、45页。

寰宇,亟应正位,荏抚中原。急功好事之徐树铮,且以未来之总理自命。然必推倒冯氏,乃可取而代之。"①故段复出后,去冯已成其主要目的,因为只有去冯才能使皖系完全控制北京政府。而根据1913年10月公布的《大总统选举法》,大总统任期为5年,自1913年10月10日袁世凯出任大总统起,本届大总统任期到1918年10月9日届满,这给了皖系改选总统的"法理"依据。

"新"国会在8月成立后,皖系即开始操办总统选举,赶走冯国璋成为皖系和段祺瑞不言自明的直接目的。至于去冯后由谁出任总统,段祺瑞考虑到南方的强烈反对和北洋派内部的关系,于8月31日发表通电,明确表示:"祺瑞赞襄无方,未能早纾国难,上负大总统知人之哲。今幸国会告成,已议决组织大总统选举联合会,实为我国第一次改选大典,元首改任之时,即政局重新之会,祺瑞自应及时引退,遂我初服。"代理大总统冯国璋进京后久处皖系压迫之下,虽不无再干之心,但又感觉坐在大总统位上之无趣,不愿再看人脸色,听人摆布,故亦萌引退之心。8月12日,他在"新"国会成立后亦发表通电,表示"今者摄职之期,业将届满,国会开议,即在目前,所冀国会议员,各本一良心上之主张,公举一德望兼备,足以复统一和平者,以副约法精神之所在,则国本以固,隐患以消。……若谓国璋有意恋栈,且以竞争选举相疑,此乃局外之流言,岂知局中之负咎? 盖国璋渴望国会之速成,以求时局之大定,则有之,其他丝毫权利之心,固已洗涤净尽矣"。不过,段祺瑞表示退位是以实际控制北京政治为筹码,名不副实;而冯国璋的退位则是以退出北京政治舞台为代价,两者的政治实力和手腕仍有高下之分,诚如时人所论:

> 冯之副总统,本为旧国会所选举,乃亦主废弃旧国会,已为失策;而对于新国会又太无布置,致其选举全为安福系所操纵。迨新国会召集,冯继黎之总统任期适已届满,势除拱手让人外,自属一筹莫展。……最终虽与段同时下野,稍解愤恨,然段一面则拥有所谓参战军,一面则握

---

① 凤冈及门弟子编:《民国梁燕孙先生士诒年谱》,418页。

有所谓新国会,隐然居于太上内阁地位,而冯则悄悄隐去,从此与政治绝缘,岂非失败之甚耶?冯素以狡猾见称,与段刚愎性格迥不相侔,此次乃堕入段派术中而不之觉,此亦足见武人思想究属简单,不能了解政治战之作用,而当时冯幕府之无人才,亦不难于此窥见矣。①

皖、直两系首领既均有退出总统竞争的表示,则大总统之位非北洋老官僚徐世昌莫属。自晚清至民国,徐世昌久居官场,长袖善舞,各方笼络,随机应变,以其和各派的历史渊源和人脉关系而周旋于皖、直、奉系与南北之间,使各方皆认其可接受而不以其为敌,成为当时缓和皖直矛盾和南北对立的不二人选。当然,徐世昌得以在总统选举中出线,主要还是得到了其时控制着北京政治的皖系的赞同。"安福系本拟举段,因系继冯之后,恐引起直系不快,且段本人亦不愿舍去实权,而取得徒拥虚名之总统。故几经研讨之后,乃以畀诸徐世昌,以徐与北洋系关系甚深,平日与直、皖之间尚无所偏倚,又系文人,举任总统,既可平直系之心,而于己系亦无力能加牵掣也。"尤其是徐"手无兵权,当能事事赞可,不为本派所梗也"。因此,皖系认为"选举总统,当以东海为最适宜"。② 此后,皖系即开始紧锣密鼓地筹备总统选举事宜,8月27日和29日,安福系议员分别在众、参两院提出速行总统选举案;31日,两院联席会议决定在9月4日进行总统选举。结果,9月4日出席国会总统选举会的参议员有131人,众议员有305人,在总计436张选票中,徐世昌得425票,几近全票。徐世昌以国会议员超过总人数2/3出席,超过出席者3/4同意,当选为中华民国第二任大总统。皖系干将徐树铮事后电告北洋各省督军,得意洋洋地声称:"本日选举,天气清和,人心静穆。议场秩序雍容,投票整肃,不崇朝而国本以定。院外警备比之常会,不过于照例警察外,多悬彩旗,以昭盛典。外人参观者,院内外均同声赞美,且谓既无武力作用,又无金钱关系,在历史中殊不多见云云。"③时人论此次选举之结果为,徐世昌"与北洋系关系甚深,其地位

---

① 《中华民国史事纪要》,1918年8月31日、12日;《民国政史拾遗》,20页。
② 《民国政史拾遗》,15页;黄征、陈长河、马烈著:《段祺瑞与皖系军阀》,152页,郑州,河南人民出版社,1990。
③ 《徐树铮电稿》,333页。

仅亚于袁世凯，……其心目中只有一袁氏，袁死便不作第二人想。然彼究系文人，无军权在手，不能不让冯、段先著祖鞭。洪宪变后，徐蛰居故乡，一若忘情政治，实则无日不在沉机观变，冀乘时崛起，以偿其多年之夙愿也。……其后冯、段龃龉，徐居间执言，又能不涉偏颇，故终造成冯、段同时下野拥徐出山之局"。而在外国人眼中，如北京民国政府顾问、深谙中国政治游戏规则的莫理循所言，徐世昌"做总统实在不合格"，因为他是"一个头脑中没有共和思想的人"，并将他与徐世昌的会见形容为"从未经历过比这更愚蠢的会见"。①

徐世昌在大总统选举中的顺利当选可谓波澜不惊，然而其后之副总统选举却是一波三折。副总统虽无实权，但毕竟是北京"大位"的象征，而且在总统缺位的情况下，仍有其接任意义，故掌握实权的北洋系军人从未考虑将副总统之位让予外人。而在北洋系首领中，段祺瑞与冯国璋既已退出总统之争，自然不会再来争无实权的副总统，较段、冯低一辈的奉系首领张作霖和地位正在上升的直系将领曹锟就成为副总统的有力竞争者。本来，掌控北京政治的皖系曾经考虑将副总统一席给予出兵入关助己的奉系张作霖，但考虑到曹锟的直军是对南方用兵的主力，且其为北洋正宗出身，故以曹锟担任副总统以诱其大力"南征"的主张渐在皖系中占了上风，而张作霖自知其非北洋正宗，实力亦有不济，对副总统位置的要求不似曹锟那般迫切，多半是以此要挟得到更多的实利。因此，在6月中旬有北洋各派军人首领参加的天津会议上，曹锟极力主张讨论总统问题，以为自己出任副总统预留地步，与会者则同意副总统以曹锟"为最适宜"。② 其后，皖系为此向张作霖多方"疏通"，并在徐世昌当选后，于9月7日由北京政府任命张为东三省巡阅使，使其成了名副其实的"东北王"，张作霖既得实利，也就不再以副总统问题为难皖系，曹锟之出任副总统似成定局。

但是，就在皖系紧锣密鼓操办副总统选举时，却遇到了国会方面的反对。在国会中占有50余席的旧交通系(以梁士诒为首领)不同意由

---

① 《民国政史拾遗》，21页；[澳大利亚]西里尔·珀尔著：《北京的莫理循》，檀东鍟、窦坤译，524、527—528页，福州，福建教育出版社，2003。
② 《一九一九年南北议和资料》，434—437页。

曹锟出任副总统,这倒不是因为旧交通系和曹锟个人有什么恩怨,而是他们不满皖系独占北京民国政府的权力,同时又扶植新交通系(以曹汝霖为首领)而有损己派利益的做法,故以此向皖系示以颜色。他们提出的理由冠冕堂皇,即南北正处在交战状态中,为了缓和双方关系,应将副总统位置暂时空置,以待和平实现后留给南方人士(如两广巡阅使陆荣廷)担任,以促进南北和解。梁士诒有致北洋各军人书云:

夫主张速选者,本谓选出曹使,则北洋系固结可期。士诒忝厕北洋有年,北洋系之固结,迩年来竭力经营,未尝稍懈。然士诒爱北洋系,而尤爱国家;且爱国家,即所以爱北洋系也。夫主张速选,以固结北洋系者,惟知固结北洋系,而不知因此足令国家分裂。曷言乎足令国家分裂?今日大总统已下令劝和,全国士商,多求罢战,是和平统一已为全国心理所同趋,苟无意外之阻力发生,则和平统一,当可告成。今若速选曹使为副座,则全国士商不免大起猜疑,将谓中央又复主战,而西南人士,必以为故表对敌之意,是使已熟之和平,终于无果。此足令国家分裂之理由一也。西南对于主座之个人,本是同钦共仰,惟对于主座之选举,犹以违法相攻,今若选曹使为副座,则彼等必合个人与选举而并攻之,其终也必至危及主座,若是则政局愈纷,去和平统一愈远矣。此足令国家分裂之理由二也。副座未选之前,则西南犹怀或归己得之望,此望未绝,则和平统一之机尚存;若一旦选出,则此望遂绝,而彼等必自行选举,若是则南北分立之局以成,而和平统一,终于无望。此足令国家分裂之理由三也。有此三理由,故士诒终始主张缓举为有益于时局也。①

对于梁士诒此番打着"爱国家"名义的言辞,北洋军人亦不便公开反对,而梁和旧交通系的主张又得到了在国会中有20余席的研究系议员的支持。本为皖系支持者的研究系此时因对皖系的种种做法表示失望而与其分道扬镳,他们反对皖系的主张并非意外,他们和旧交通系议

---

① 《民国梁燕孙先生士诒年谱》,442—443页。

员联手反对推举曹锟为副总统,为皖系以副总统选举拉拢直系并借此继续"南征"、同时控制北京政治的设想投下了浓重的阴影。如时人所论,皖系认为"副总统一席,更属虚位,决以与直系第二位之曹锟,以表示己之宽宏大量,并借以离间冯、曹,使不至联为一气,多生阻力,此固属该案之如意算盘"。但"研究系自不肯与之合作",而梁士诒"与徐树铮恶感极深,又忌曹(汝霖)之后来居上,因而对安福系力持反对态度。其实研究系与旧交通系均非有甚不满于曹锟,只以不甘令安福系如愿相偿,故必加以破坏。其表面理由,则以南北虽暂时分立,然阋墙之争,终宜言归于好,今总统既属北人,自应以副总统留畀南方,庶于将来议和时,较有回旋余地,若一并举出,不啻闭和平之门,使南北长此相持,殊非国家之福。其言颇为正大,安福系苦无以难之"。①

根据《大总统选举法》的规定,选举副总统需要有国会两院 2/3 以上议员出席以及出席者 3/4 以上同意,方符合法理效力。以当时国会两院实有议员总数 574 人计,2/3 多数至少需要 383 票,而安福系与新交通系两派议员总数有近 400 人,按理而言,如果他们充分动员,应该能够得到满意的结果。然而安福系也罢,新交通系也罢,多为个人之间意气相投的结合,并非组织十分严密的党派集团,其成员亦变动不居,个人主张又不完全一致,其中也有部分议员不赞成推举曹锟为副总统,使皖系的政治主张不能得到强力推行。还有一个不能不提及的因素是,民国成立以后的国会政治历经几次变故,已由民主选举的代议机构渐渐变质为派系斗争的舞台和议员争名逐利的场所,"新"国会议员选出后,许多新"当选"议员为竞选的投入是希望通过国会活动得到回报的,选举更是他们心目中的敛财途径,何况他们认为已经在大总统选举时给了政府面子,则副总统选举政府无论如何应有所"表示"。但北京政府的财政十分困难,曹锟又自认当选为当然,不肯出钱,因此也使部分议员不愿出席投票。时论评之为:

> 推多数议员所要求之人物,虽要具备如何之条件,然其所谓条件

---

① 《民国政史拾遗》,15 页。

者,非必具有如何之经验,如何之声望,如何之能力,唯在能出多数金钱购买议员之高价票而已。盖若辈多数议员当选之际,所糜之运动费为额甚巨,因此固不仅希冀将来出席后,关于正副总统、正副议长等之选举得以卖票,收回所消费之资本,且希望于本息以外得巨额之利益也。孰知到会后关于大总统、正副议长之选举并未偶获一文,大失所望。损害既巨,故不能不另图补救方法,于是若辈收回资金之希望,遂全移于副座选举问题上。故安福俱乐部之预选会,明知段祺瑞之不愿就副座之职,而多数议员仍投段氏之票。现下此辈欲卖票之议员,已公然语人曰:副总统不问为段祺瑞,为冯国璋,为曹锟,或为张作霖,至少非出数千元购一票则决不投票。……曹氏则声称不能出运动费,……段祺瑞固希望曹锟为副座,但无支给运动费之能力,副总统选举之难,实不外此一点。①

由于种种因素的作用,副总统选举在国会中因无法凑足法定人数而难产。9月4日大总统选出,5日进行副总统选举,到会议员不足百人,选举流产。10月9日,又举行第二次副总统选举,出席议员数338人,仍不够法定人数,选举再度流产。10日徐世昌就大总统职,16日第三次进行副总统选举,出席议员数较上次还少,只有271人,选举仍流产。此后,时移势易,副总统选举不再是各派关注的中心问题,从此再未举行,总统府也就成了大总统唱独角戏的舞台(直到1924年大总统曹锟下台,北京政府一直没有副总统)。

副总统选举的流产,表明即使是处在政治鼎盛期的皖系也无力完全控制北京政局,派系纷争是影响北京政治的重要因素,北京政府本质上仍是弱政府;而国会政治的变质使其在北京政治中的地位不断弱化,在社会舆论及民众中的公信度不断下降,国会既不能成为民主的一极而约束军阀所为,则其只能成为议员个人的名利秀场,直至贿选公行,声名狼藉,成为其最终被解散的重要原因;曹锟未能如愿当上副总统,则使其对皖系心怀怨怼,10月16日第三次选举失败的当天,曹锟即

---

① 《副座难产之真因》,见1918年9月21日《顺天时报》。

"称病"离京回津"静养"。曹锟的态度不能不使直皖关系趋于恶化,而当1919年12月28日冯国璋病故之后,"曹氏坐镇畿辅,势力雄厚,又有吴佩孚百战健将驻军湘南,遥为呼应";"加以曹氏素恶段派专政,吴氏以转战湘中克复岳、长之伟绩,反令张敬尧安居湘督之位,尤愤不能平。于是曹氏所未便宣言者,以及吴氏自欲发其牢骚者,遂一再通电丑诋安福系及徐树铮之罪恶。由是曹氏俨为直派领袖,而两派又积不相能矣。"①

1918年10月10日,徐世昌在北京中南海怀仁堂就任中华民国第二任大总统,代理大总统冯国璋同时去职。徐世昌在"就职宣言"中称自己"忧患余生,备经世变,近年闭户养拙,不复与闻时政,而当国是纠纷,群情隔阂之际,犹将竭其忠告,思所以匡持之"。他以解决时局纠纷、实现南北统一为要图,表示将"以救民救国为前提,极愿以诚心谋统一之进行,以毅力达和平之主旨。果使阋墙知悟,休养可期,民国前途,庶几有豸"。②

徐世昌上任后准段祺瑞辞去国务总理职,任命内务总长钱能训兼代国务总理,但内阁的关键职位仍由皖系把持,皖系还通过安福系控制着"新"国会。最关键的是,段祺瑞仍以参战事务处(1919年7月改称"边防事务处")督办的名义控制着皖系军队,"一方面拥参战军实力,一方面挟安福系大多数议员,其关于重要问题,大半一意孤行,有时府方亦不得不勉强对付之。如钱阁者,更不在其心目中也。"段祺瑞还通过其头号亲信、国务院秘书长徐树铮控制着北京政府,徐"在国务院事事干涉,无论何项政务,不经小徐寓目,即片纸只字,亦飞不出国务院大门"。故北京民国政府总理"其实不过执监印承发之役,为小徐之主使而已"。如时人所谓:"段祺瑞为出头露面之徐树铮,徐树铮为自形随影之段祺瑞;非徐树铮不能成段祺瑞之恶,非段祺瑞不能为徐树铮所用。"③在这样的情势下,皖系仍然主导着北京政治,而北洋系内部的派系矛盾以及南北矛盾也在不断发展之中,对于"新"国会的召开和徐世

---

① 《近代稗海》第4辑,15页。
② 《中华民国史事纪要》,1918年10月10日。
③ 《张国淦文集》,274页;《段祺瑞与皖系军阀》,154、179页。

昌的就任,不仅南方护法阵营不予承认,即便是北洋系内部的直系也不是十分赞成,结果是南北对峙依旧,地方独行其是,国内政治局势仍处于混沌矛盾之中。

第五节　南北对峙与护法运动

南北分裂对峙发端于辛亥年(1911年)的武昌起义,此后即成为民国年间不断上演的政治剧。南方是革命党人策划革命的发源地,革命党势力相对较有根基,而北方则是北洋系军人的大本营,不容他人染指,南北对峙往往有革命与保守的含义;民国成立后地方势力渐趋坐大、中央控制渐趋式微的情势,则为南北对峙加入了中央与地方争权的因素;南北自然地理状况与经济社会文化环境差异造成的地域差别,也使南北对峙确有其客观的可能;更兼民国时期的派系纷争,政治动荡,政治家成王败寇,进则雄心勃勃问鼎中央,退则依附势力自保一方,亦使南北对峙成易消难。清廷垮台前的南京临时政府对北京清政府和袁世凯称帝时期的南方护国军政府对北京袁世凯政府,是南北对峙的两次表现,但这两次对峙的时间不长,即因清帝退位和袁世凯败亡而结束,南北复归统一。而自1917年张勋拥清室复辟失败、段祺瑞再度当政之后,废弃旧国会,成立"新"国会,选举大总统,使南北围绕新旧国会存废、以谁执民国"法统"正宗为主题的争执发展为公开的分裂与战争,"护法"成为南方在较长时期里的政治动员口号,南北对峙亦发展为政治的常态,持续多年。直至"护法"式微,代之以国民革命兴起,北伐战争发动,北洋政权最终垮台,南北才又复归名义上的统一。其间之政治发展,固复杂多变,然在"护法"口号下,以孙中山为领导中心、以国民党势力为基础、追求实现全国统一与共和民主、具有革命意义的"护法"和以西南军人政客为中心、以西南地方势力为基础、谋求地方和派系利益、具有地方分治意义的"护法",是南北对峙中南方纠缠交织、并行重叠的两条政治发展线索与两大政治演进旋律。

作为毕生以革命为职志的政治家,孙中山虽然在民国成立与护国战争后均对政治表示避让与消极,但他仍然有着近于职业的政治敏感和强烈的革命进取心。1917年初,当北京政治因中国参战问题而复趋动荡,随之督军团干政,国会政治处于风雨飘摇之中,孙中山即以其政治敏感表示反对中国参战,反对军阀干政,并为此在南方预为布置。5月,他致电云南督军唐继尧,告以黎元洪请张勋调和,"是即降于叛党","若不投袂急起,与川和好,联合出师,非独民国沦亡,将来蚕食所及,西南亦无以自保。及今早图,庶无后悔。"6月8日,孙又致电两广巡阅使陆荣廷等,明示"国会为民国中心,宪法为立国大本,公等既忠诚爱国,拥护中央,即应以拥护国会与宪法为唯一之任务。今日法律已失制裁之力,非以武力声罪致讨,歼灭群逆,不足以清乱源、定大局"。他还在致友人书中坦承自己的心迹:"现值时局已非,共和国家被倪逆(倪嗣冲)等推倒,刻以挽救为重,须俟共和恢复,当继办民生。"①此时,海军总长程璧光有感于共和受胁,向黎元洪进言南下又不得其回应,遂自行南下,于6月9日抵沪,向孙中山表示愿为前驱,成为孙可依靠的基本力量(7月21日程璧光率第一舰队林葆怿部离沪南下广东)。因为孙中山"深深觉得没有武装力量,不足以与北洋军阀对抗斗争,无由贯彻救国救民的宗旨。所以他几次与当时在上海的海军总长程璧光磋商,希望海军也参加护法的行列"②。由于历史的原因,民国海军官兵主要是广东、福建两省籍人,其中的广东人出于地域、感情等因素,较为偏向于孙中山,程璧光即为孙的香山同乡,海军由此成为孙中山护法的基本依靠力量与此亦不无关系,这也反映出地域因素在民国政治中的重要作用。

张勋入京、国会解散之后,国会议员纷纷南下上海,孙中山亦加紧谋划未来的政治行动,并重新发动讨袁成功后本已基本停止活动的中华革命党海外各支部,"迅速筹备款项,以便协助本部维持共和之用。

---

① 《孙中山全集》第4卷,100、102、105页。
② 中国人民政治协商会议全国委员会文史资料研究委员会编:《辛亥革命回忆录》第1集,27页,北京,文史资料出版社,1981。

所有各地筹饷局长及委员,应即照旧执行职务。"至于如何处理未来的政治问题,孙中山本拟迎黎元洪南下上海,以此为维护共和的基地,但因黎不愿南下,上海又离北方较近,临江靠海,交通发达,情况复杂,不易据守;而广东是革命党起家地之一,有长期经营的基础,一些粤籍革命党人因共同的地域、感情因素在此可得支持,且离西南各省较近,不少革命党人又与西南各省军政官员有较多的个人关系,便于互通声气互相支持。6月20日,粤督陈炳焜、桂督谭浩明通电宣布,在"国会未经恢复以前,所有两广地方军民政务暂由两省自主",也为孙中山南下广东提供了方便。孙中山权衡利弊,最后决定以广东为护法基地,俾得重张旗鼓,再上革命征程。7月1日,张勋拥清室复辟,孙中山即于4日连发两电,一致国会议员,认为"此次时局陡变,暴力之下,已无国会行使职权之余地,亟应全体南下,自由集会,以存正气,以振国纪";一致桂系陆荣廷和桂、粤、湘、滇、黔、川省督,提议"时势迫亟,民国不可一日无主。唯西南六省,为民国干净土,应请火速协商,建设临时政府,公推临时总统,以图恢复。一面先行通电拒绝冯氏代理,以免人心淆惑。非常之事,不容拘牵法律,静待国会选举,数省公认,即为有效"。随后,孙中山于6日离沪南下,19日到达广州。虽然在孙中山南行途中,清室复辟已经失败,但因段祺瑞复行视事后,不提恢复"临时约法"与国会,而一意另起炉灶,重新进行国会选举,重组北京政治架构,从而进一步坚定了孙中山的护法决心。19日孙中山致电段祺瑞,责其"为一人保固权位,以召滔天之灾。足下奖成此患,岂得不为追究?"告其"若以小腆易败,据为大勋,因势乘便,援引帝党,擅据鼎钟,分布爪牙","凡我国民,亦不能为辅助矣!"同日,孙中山又致电各地国会议员,以"前之倡乱坏法者,又假借反对复辟、拥护共和之名,以图自固"为由,望国会议员"自行集会于粤、滇、湘各省,择其适当之地以开议会,而行民国统治之权。如人数不足,开紧急会议亦可,责任所存,万勿放弃"。24日,孙中山致电陆荣廷,明确表示:"国会者民国命脉所存,托名民国,独去国会,则凡百措施皆为背法。彼叛人既不利有国会,我护法者必当拥护之。"①于此表明,孙中山

---

① 《孙中山全集》第4卷,106、110—111、117—118页;《东方杂志》第14卷第7号,201页。

此次并未如民初清帝退位和袁世凯称帝败亡后那样对政治暂取消极态度,而是重新表示了政治上的积极进取精神,希望通过坚持"临时约法"和国会制度的护法行动而恢复共和民主的民国真谛。

自国会解散后,已经有不少国会议员陆续出京南下。当孙中山提出护法主张后,离京议员中的国民党系议员、对军阀政治不满的议员,以及一些怀抱各种个人企图的议员纷纷南下广东。但因南下广东的议员人数不及国会开议的法定人数,因此而有不开国会正式会议另开非常会议的主张。8月19日,孙中山召集国会议员130余人在广州聚会,认为"段据北京政府,力向护法各省用兵,对外复发布向德奥宣战,吾人内为护法各省之团结,外为行独立自主之外交,非组织政府不可。人数虽未足法定,惟值非常事变,可先开非常会议,组织政府,以资应付"。① 此诚为特殊情势下的"应变"之举,但也带来了其后国会议员"合法性"问题的一系列争议。

经过一系列筹备工作,8月25日,到粤国会议员在广州召开国会非常会议,孙中山在会议开幕祝词中,希望议员"扬谠论,纾嘉谟,建设真正民意政府"。29日,国会非常会议通过"组织大纲",决定其任期至"临时约法"完全恢复效力时为止。31日,通过《中华民国军政府组织大纲》,决定"为戡定叛乱,恢复临时约法,特组织中华民国军政府";规定军政府设大元帅一人,元帅二人,由国会非常会议选举之;临时约法之效力未完全恢复以前,中华民国之行政权由大元帅行之;元帅协助大元帅筹商政务。② 国会非常会议和军政府"组织大纲"为广州非常国会和军政府的建立创立了法理依据,同时亦突出了其临时性和非常性的特点,不过因为孙中山的革命征程并不如其当初设想的那般顺利,故虽其后广州国会和政府的名称时有变化,但"非常"的名义却伴随孙中山的政治生涯而不断延续,直至其辞世也未能完成由"非常"而"正常"的过渡,孙中山统一中国、实行民主的政治理想在其有生之年终未告成。

1917年9月1日,国会非常会议以84票(出席者91人)选举孙中

---

① 《中华民国史事纪要》,1917年8月19日。
② 《孙中山全集》第4卷,133页;中国第二历史档案馆等编:《护法运动》,413—414页,南京,江苏古籍出版社,1988。

山为中华民国军政府大元帅。孙中山在当日下午举行的大元帅授印礼上致答词时言:"任职以后,唯当竭股肱之力,攘除奸凶,恢复约法,以竟元年未尽之责,雪数岁无功之耻。"同时发表就职宣言,表示"誓竭真诚执行国会非常会议所授予之任务,勉副国会代表国民之期望"。① 9月2日,国会非常会议又选举唐继尧、陆荣廷为元帅。11日,孙中山任命伍廷芳为外交总长,孙洪伊为内政总长,唐绍仪为财政总长,胡汉民为交通总长,张开儒为陆军总长,程璧光为海军总长,章太炎为大元帅府秘书长,李烈钧为参谋总长,林葆怿为海军总司令。至此,军政府成立的程序过程与行政班底的搭建工作均告完成,南北各有国会与政府的分裂对峙成为事实。

护法军政府成立后,孙中山一方面否认北京国会及政府的合法性,一方面筹划军事北伐计划,争取各地方实力派的支持,希望从法理与事实两方面对北京政府形成压力。9月18日,孙中山发表通电,痛责"段祺瑞主使叛党,蹂躏约法,解散国会",表示自己"于拥护约法,维持国会,实具牺牲之精神,则除依照《军政府组织大纲》,非至约法完全恢复、国会职权完全行使时,断不废止。其有袭段祺瑞故智,敢与约法、国会为仇者,一息尚存,岂容坐视"。② 在争取地方支持方面,除了参加"护法"的西南六省外,南方的湖北、浙江和北方的河南、山东、陕西等省均有支持孙中山护法的武装起事。

但是,护法军政府成立后,其内部仍然存在多重矛盾,孙中山的地位并不稳固。孙中山成立护法军政府,除了对外张扬民主与法治的旗帜外,内部则主要依托于西南地方实力派。在保持西南各省独立性、不使北洋系染指方面,孙中山与地方实力派有共同语言,也可以得到他们一定程度的支持;当北洋系及北京政府对西南压迫过甚,如派大军"征讨"、不得各省同意而任免官吏时,地方实力派出于维护自身利益的需要,也屡有抗争,直至与北洋军武力相向(有关南北战争的情况见下节)。但孙中山力图统一中国、实行民主政治的高远理想及其行事时不无激进操切的做法,与地方实力派割据地盘、维护实利、稳定为先的意

---

① 《孙中山全集》第4卷,136—137页。
② 《孙中山全集》第4卷,184—185页。

愿有相当的矛盾。孙中山与地方实力派之间既协调又矛盾的磕磕碰碰的复杂关系自军政府成立后即交错发展，始终不能磨合成基于共同理想与利益的稳定的政治联盟，而只能是在遇事时对北洋系和北京政府保持一定的共同立场而已。加以广东虽为革命党长期活动之地，但孙中山在此并无直接掌控的部队，在讲求实力原则尤其是"有枪即为王"的民国政治环境下，孙中山之不为实力军人看重亦为常事，孙曾坦承"军府既无实力，无从发言"，"仅有外形，毫无实力"。孙在广东主要依靠海军，但是，因为经费等现实问题需要得到地方实力派的相助，南下海军的态度亦不能完全倾向孙中山，而不时依违于孙与地方实力派之间。1918年2月26日，军政府海军总长程璧光在广州海珠遇刺，不幸身亡①，南下海军从此失去领导重心，孙中山也无法再倚为支持。军政府陆军总长张开儒有言："军政府类似虚设，大元帅徒负空名，两元帅就职迁延，各总长意存观望。"②这种情况不能不影响到军政府的权威和工作效率。

孙中山在广东组建军政府时，西南地方实力派中最具影响力及实力的领袖人物是桂系首领、两广巡阅使陆荣廷和滇系首领、云南督军唐继尧，其中由于桂系自讨袁成功后即实际控制着广东，故桂系对护法的态度对孙中山更有关键意义。当皖系主导北京政府下令对护法阵营施以武力"讨伐"及政治压迫，于1917年10月27日免桂系广东督军陈炳焜职，又于11月8日免桂系首领陆荣廷两广巡阅使职，桂系对此表示"愤怒"，拒不接受其命令，并派出军队援湘。但即便如此，桂系对孙中山开府广东并不很赞成，因为陆荣廷早以"两广王"自居，唯恐他人分享其在广东富庶地区的利益，更不愿孙中山重回广东，以大元帅名义架在自己头上号令西南阵营，故其对孙中山即便是表面的敷衍亦颇为不甘。

9月4日，陆荣廷与广西督军谭浩明致电孙中山和非常国会议员，主张"应以总统复职为先务之急，总统存在，自无另设政府之必要，元帅

---

① 关于此案究为谁所主使，有桂系陆荣廷主谋和革命党朱执信布置两说，但两说均为时人后来的回忆，并无更为确切可靠的史料证实或证伪。(陈锡祺:《孙中山年谱长编》上册，第1102—1103页)所谓"疑案"，是历史研究中不能完全避免的，因为没有确凿无疑的史料证实或证伪，则只能多说并存，留待后来的研究。

② 《孙中山全集》第4卷，236、290—291页；《孙中山年谱长编》上册，1100页。

名称,尤滋疑义,易淆观听"。尽管孙中山在致陆荣廷电中,推称其"为国长城,西南半壁,视公马首",但陆仍不愿附孙。他在致唐继尧电中谓:"粤另组政府,殊难惬人意。此间事前已复电劝其审慎,未蒙采纳,则已发生,亦且置之。"广东督军陈炳焜更是公开反对设立军政府,认为"建立临时政府不符合宪法,在有总统行使职权的情况下,没有必要再选一个特别的大元帅"。在桂系实际控制广东的情况下,他们的如此态度使孙中山作为大元帅在实际办事时举步维艰、屡屡碰壁,令不出都门之外。桂系对孙中山"欲以士敏土厂为大元帅府,此至微之事也,桂系则多方阻挠之。又令电报局对大元帅府发电,不得用头等,不得挂账,只能以现款发四等电";军政府"因对外关系,对沙面领事团有所交涉,而桂系之交涉员不为承转"。孙中山对此虽颇为不满,但亦无可奈何。①

为了应付桂系对其开府广东的阻挠与限制,孙中山重点争取云南督军唐继尧,企图借其力量与声望,平衡桂系的力量,抗衡桂系的跋扈。但唐继尧自度其实力有限,政治企图亦有限,其主要意图始终是立足云南,控制川、黔尤其是四川。他在孙中山开府广东前即提出,"川事于中作梗,不先戡定,终难免内顾之忧。思惟北征,宜先靖蜀。靖蜀所以固西南团体,西南局势巩固,乃能以提挈进行";"决以全力先行收川"。与陆荣廷不同的是,唐继尧对孙中山表面上不无敷衍,并希望借重孙之威望助其图川,但实际上仍保持一定距离,始终不愿就军政府元帅职,并在私下里致电梁启超解释其参加护法缘由为"中央对滇,迄无诚意";段祺瑞"极意扼滇","愈逼愈紧,几令滇无以自处";②故对护法"明知立论太高,势难办到,惟既决意反对合肥(段祺瑞),不能不从大题目说起,非有厚于某党也";"乞将苦心告之。至河间(冯国璋)代行职权,法律所许,此间当然承认,幸便中陈明,勿滋误会为要"。又密电广东方面表示:"中山举动,本嫌唐突,惟既已发表,似毋庸积极反对。有彼在,则对

---

① 《孙中山年谱长编》上册,1055—1057页;《革命文献》第7辑,18—19页。
② 护国之役后,唐继尧认为北京政府对其"功高不赏,祺瑞使人赐勋力,犹诚以少年去骄。未几,继尧所举教育总长王九龄过沪,竟发其运烟事,抵九龄罪。祺瑞左右为谋,倾险若斯"。四川内战爆发后,唐继尧亟欲以巡阅使名义入川以控之,但段祺瑞令其妻弟吴光新为长江上游总司令兼四川查办使,率军入川,更令唐不满。见杨维真《唐继尧与西南政局》,151—153页,台北,台湾学生书局,1994。

内对外亦有一种助力,将来取消亦得一番交换之利益,故此间虽辞元帅,未言其他,以免内部太形分歧,反授人以隙也。"为了争取唐继尧的支持,孙中山除不断致电通报情况、予以推重之外,还特派大元帅府秘书长章太炎前往云南促驾,请其对唐"及时开陈,并约川、滇、黔各将领一致推戴",期望以此使"西南护法根本上不致动摇"。但唐仍不为所动,始终不愿就元帅职。①

陆荣廷和唐继尧对护法和孙中山的态度说明,尽管他们也以"护法"为号召,但与孙中山对护法的追求并不一致,而缺乏武力支撑的孙中山虽然打出了护法旗号,却在政治上难有大的作为。孙中山对此亦渐有认识,他曾在通电中有言:"元帅及各部总长多逊让未就……西南护法诸军又未能毅然赞助国会所组织之军政府,乃彷徨歧路,无所适从。世界各友邦见我主张拥护国会者,尚不能服从国会,更疑我护法之战争为割据争雄之举动。内不能示国民以趋向,外不能得世界之同情。是非不明,国是不定,国家危险莫大乎此。"追随孙中山南下护法的邵元冲亦有持平之论:"军政府成立后,其对外之能否发展,与唐继尧、陆荣廷之态度,至有关系。盖唐以滇黔为根据,陆则以粤桂为根据。苟若唐、陆能有护法决心,对军政府表示拥护,则团结西南,出师讨逆,事本非难。无如当时唐继尧方作其川滇黔巡阅使之迷梦,竭力发挥其大云南主义,以从事于四川之侵略,对军政府取观望态度。总理(孙中山)虽屡电促其就元帅职,亦无确实表示。陆荣廷则本不赞成总理护法之举者,惟利用护法之名,可以宣告两广自主,可以专擅军民财政,可以自由开赌及贩卖鸦片,故亦依违其间,而对军政府之进行,则竭力压迫。"北洋军阀方面亦认孙中山"实力单薄,乌能成事。即幸而成焉,亦断断不能持久"。②

1917年11月,在陈炳焜被北京政府免职后,桂系决定由广惠镇守使莫荣新暂代广东督军。莫上任后与孙中山的矛盾有增无减,他曾十分蔑视地说:"孙某之政府,空头之政府也,彼无兵无饷,吾辈但取不理

---

① 《护法运动》,37—38、51、423页;《孙中山全集》第4卷,268页。
② 《孙中山全集》第4卷,349—350页;黄季陆、罗家伦主编:《革命文献》第49辑,16—17页;《近代史资料》,1978(1),42页。

之态度,彼至不能支持之时,自然解散而去。"孙中山为了组建自己的武装力量,派人去广东各地招兵,但被莫荣新强力阻止,数十名招兵人员被捕杀。此事使孙中山极为愤怒,忍无可忍。1918年1月3日,孙中山致函莫荣新,要求莫承认军政府和其本人的地位及军事统率指挥权,并由军政府任命广东外交官员。当晚,孙中山率海军"同安""豫章"两舰,炮击位于广州观音山的督军署,以示对莫荣新的警告。1月9日,孙中山在广州各界茶会上解释其炮轰督军署的初衷是:"当陈炳焜督粤时,曾致电唐继尧,谓听军政府自生自灭。果其听之,犹可言也。今则愈逼愈紧,只许自灭,不许自生。如军政府欲行其职志,而事事掣肘。"故"炮击督署之事,实所以表公道、伸不平,而使军政府自辟其生路者也"。但即便是孙中山如此激烈的行动,也不能改变实力派军阀"掣肘"的事实,他也只能自下台阶,谓"莫督军勇于觉悟,绝不还炮,事后又承认军政府所要求之条件。是军政府既有生路,复何苛求之可言?且我对于莫督私交向来颇好。彼督未久,所行政令亦无劣迹可评"。① 实际上,莫荣新除了在口头上对孙表示歉意外,并未接受孙中山提出的各项条件,双方的矛盾关系依然如故。

在孙中山与西南地方实力派的矛盾关系中,地方实力派掌握着兵权与各省政权,得以自行其是,但孙中山有军政府大元帅身份,名义上仍为护法各省领导人与对外代表,是地方实力派对外打交道时难以绕过的"障碍",故他们亟思改组军政府,废弃孙中山的领袖地位。陆荣廷、唐继尧等首先提议设立西南各省联合会,以分孙中山之权,唐继尧对此主张尤力,而孙中山出于争取地方实力派支持的需要,也曾对此表示赞成。1917年11月4日,军政府总长唐绍仪、伍廷芳、程璧光等在广州集议组织联合会事,14日孙中山致电唐继尧、陆荣廷,表示"西南局势涣散,若无具体之联合,恐不足以资抵抗。……宜即时发起西南联合会议,务期联合西南各省为一大团体"。但是,孙中山在军政府之下成立联合会的初衷与地方实力派以联合会分军政府和孙中山之权的本意并无交集。根据其后公布的《中华民国护法各省联合条例》及《护法

---

① 黄季陆、罗家伦主编:《革命文献》第7辑,19页;《孙中山全集》第4卷,291页。

各省联合会议组织条例》的规定，联合会议由参加护法自主各省、海军及经联合会承认的未完全自主省份的护法各军和各战区联合军派出的代表组成，具体办理共同外交，订立契约；监督共同财政，办理内外公债之募集；统筹军备，计划作战；议决停战议和事件；裁决各与省争议事件等。联合会议设军事、外交、财政、议和总代表，凡联合会议所议决或裁决事件，由各总代表署名公布执行；设军事、外交、财政、议和参赞若干员，由各总代表分别聘任。① 这两个条例无一字提及军政府，但根据上述规定，其组织架构及权力实际具有政府的地位与作用，实际上成为平行于军政府的又一政府机构，其成立无非是满足地方实力派阳为团结对北、阴为架空孙中山以分其权的目的而已。诚如军政府陆军总长张开儒所言："其表面虽似省政府联合之过渡机关，而其用意在：第一步推翻军政府，第二步推翻旧国会组织，名虽为联合会议，其内容实为合议政府。其议事条例，实为第二国会。此种非鹿非马之会议，如不经国会通过，则为非法会议，与叛督之天津会议又何以异？如经国会通过，则国会曾产生一军政府，断无再产生一联合政府之理由。即使国会违法通过，则是起义各省，有两个政府，试问国人及友邦将何所适从？"也正因为其在"护法"政治架构下的"合法性"问题，"护法"联合会遭到了非常国会、军政府和孙中山数方的反对，非常国会议员以其"易与国会权限淆混，颇有疑问，……多表示不赞成之意"；孙中山认为其"实无异又一督军团会议，其非法与北洋督军团会议相同"。② 故联合会虽于1918年1月15日在广州成立，但实际未能发挥作用。③

西南地方实力派通过成立各省联合会以分孙中山之权的谋划虽未成功，但他们不甘于此，又企图通过改组军政府而达其目的，并说动伍廷芳、唐绍仪、程璧光三总长及部分国会议员附和他们的提议。1918年2月2日，伍廷芳等邀请孙中山和粤督莫荣新集议改组军政府事，此

---

① 《孙中山全集》第4卷，237页；《东方杂志》第15卷第2号，212—213页。
② 《护法运动》，472页；《孙中山年谱长编》上册，1095—1096页。
③ 护法各省联合会成立时，推岑春煊为议和总代表，伍廷芳为外交总代表，唐绍仪为财政总代表，唐继尧、程璧光、陆荣廷为军事总代表，其中除岑春煊因在上海赋闲而积极于此外，伍廷芳、唐绍仪、程璧光格于其军政府总长身份不愿太过介入，陆荣廷和唐继尧也因各方反对未到广州。《中华民国史》《中华民国大事记》《中华民国史事纪要》等论著均以1918年1月15日为联合会的成立日，唯《孙中山年谱长编》以1月20日为其成立日。

时孙中山仍对坚持护法存有一定希望,且其势单力孤,故对改组事未坚持反对。但根据《中华民国军政府组织大纲修正案》的规定,对军政府的组成与议事方式作出了重大改变,即"将军政府原采之单独制,改为合议制,改大元帅一职,为政务总裁若干人,组织政务会议,地位平等,责任同负",从而剥夺了孙中山原有的以大元帅名义统领政府的职权。至此,孙中山无法再表示沉默。4月10日,非常国会通过将改组军政府案交付审查的动议,次日孙中山即约全体议员至军政府谈话称:

军政府视国会如父君,国会之所决议,军府无不服从。顾如昨日所提议之改组军政府,为军政府本身之存亡问题,而国会事先绝未征求军政府意见,径行提议而付审查,揆之事理,宁得为平?且以法律而论,约法规定为元首制,今乃欲行多头制。又军政府组织大纲明明规定本大纲于约法效力完全恢复、国会完全行使职权时废止。无修改之明文,今日何以自解?……故今日余个人对于改组一事,根本反对,即于改组后有欲以余为总裁者,亦决不就之,惟有洁身引退也。

吴景濂等辩称:"改组之议,并非为不信任军政府及大元帅,本意盖在多扩充军政府实力,譬之商铺之增加资本,以图发达。"13日,非常国会又派褚辅成等向孙中山征询对军政府改组之意见,孙中山再次表示:对改组"始终反对,以法律上万难通融也。苟不论法律而论事实,则余无不可委曲求全者。若国会必以联陆为有利者,则余虽亲至南宁梧州晤之,或以大元帅让之,皆无不可,是可见余非争一己地位者矣"。①

此前,孙中山还本其"护法必须联唐"之旨,极力联络唐继尧,希望他能赞成自己的主张。2月23日,他致电正在云南的章太炎云:"军政府能巩固与否,不特为民党之死活问题,亦实民国存亡之所系。望联合川、滇、黔同志,尽力主持,倘蓂帅(唐继尧)能就职,则一切问题解决过半。"3月13日,他亲电唐继尧,请"务望勉抑谦让,以国事为重,慨任艰难,克日就职。则声闻所布,民气倍振,外交既易磋商,战士益将奋励,

---

① 黄季陆、罗家伦主编:《革命文献》第49辑,394页;黄季陆、罗家伦主编:《革命文献》第7辑,23页。

一切困难,迎刃而解。大局转机,实在于此,惟熟筹而力断之,国事幸甚"。4月2日,他再电唐继尧,解释"改组军府之议,中多变幻,文前虽同意,后竟为他力所阻";担心"军府朝撤,粤局夕变;滇、黔、川军未出武汉,而桂军或已言和,有始无终,能不寒心!"声明"护法之唯一主张,在恢复旧国会,并使之完全行使职权,无论改组内容如何,此主张绝对不能有所牺牲,必须一致坚约,始可共议改组";并推重唐称:"民国前途,希望惟在执事一人,尚冀毅力首出担当,则桂人自难立异,而他省亦可景从。苟达护法目的,文无不可退让。"但唐继尧不仅对此没有积极回应,而且道路传闻其密电西南各省,提议"护法各省亟应组织统一机关,现在办法宜遥戴黎(元洪)、冯(国璋)为大副总统,或认冯为代理大总统;在南方组织军务院或国务院,以行使职权,推岑春煊为国务总理",请孙中山"游历各国,办理外交",①实际呼应了桂系图谋架空孙中山的主张。至此,孙中山以其单薄之实力,已无力推翻地方实力派改组军政府之成议,只能毅然辞职,以示抗议。

  1918年5月4日,非常国会通过《修正军政府组织法案》,孙中山即于当日提出辞职,并通电声明:"吾国之大患,莫大于武人之争雄,南与北如一丘之貉。虽号称护法之省,亦莫肯俯首于法律及民意之下。故军政府虽成立,而被举之人多不就职,即对于非常会议犹莫肯明示其尊重之意。内既不能谋各省之统一,外何以得友邦之承认?……文之所以忍辱负重以迄于今者,良以任责无人,非得已也。……文本匹夫,无拳无勇,所以用其全力以拥护非常会议者,其效果亦既如是,庶乎可告无罪于国人。兹仍愿以匹夫有责之身,立于个人地位,以尽其扶助民国之天职。"18日,非常国会通过《修正中华民国军政府组织大纲》,将元帅制改为合议总裁制,复通电全国,称此次改组为"鉴于时局上之要求,而共认军政府改组之不可缓久矣",并称仍以"回复约法之效力,维持国会之尊严,建设统一之基础,促进宪法之成立"为其目的。20日,非常国会选举孙中山、唐绍仪、伍廷芳、唐继尧、林葆怿、陆荣廷、岑春煊

---

① 《孙中山全集》第4卷,353、393、428—429、442—444页;黄季陆、罗家伦主编:《革命文献》第7辑,23—24页。

为总裁,随后又推岑春煊为主席总裁。① 21日,孙中山离穗赴沪,临行前通电表示:"民主政治赖以维系不敝者,其根本存于法律,而机枢在于国会。必全国有共同遵守之大法,斯政治之举措有常轨;必国会能自由行使其职权,斯法律之效力能永固。所谓民治,所谓法治,其大本要旨在此。……国人既知护法为急务,则务以贯彻终始。"孙中山仍坚持以"临时约法"和旧国会为本的护法主张,但与西南地方实力派之间亦未完全决裂,而留有一定的回旋余地。7月5日,唐继尧、陆荣廷、岑春煊、伍廷芳、林葆怿宣布就总裁职。孙中山亦于当月复函非常国会,表示"改组军政府一案,已成过去问题",自己"始终尊重国会,因而尊重贵会议。是以当选证书已经收受"。同时又致函伍廷芳、林葆怿、唐继尧、吴景濂等,表示:"一息尚存,不忘救国。惟鉴于孤立无援之苦,诚不欲再蒙居先之诮,然亦当请从诸君之后,聊尽声援之责。"9月18日,孙中山派徐谦为其全权代表驻粤,处理与军政府有关事宜,从而保持了与军政府的正常联系,也为其后他再度南下广东护法打下了一定基础。②

孙中山是中华民国的创立者,在其成长与革命生涯中,曾长期驻留于西方,耳濡目染于西方民主制度,认为"民主主义为世界自觉国民信奉之正义,议院政治为近代国家共由之正轨",故其毕生致力于在中国建立完善的共和民主制度,欲"纳举国之人于法轨,以自进于文明"。孙中山视民主法治为建国目标,认为"约法为民国命脉,国会为法律本源。国会存,则民国存;国会亡,则民国亡。……民国精神既在于斯,则拥护民国之志士仁人,更应以此为唯一之标帜"。故其在段祺瑞决定另行召开国会、另立政治架构之际,毅然以"护法"为号召而南下广东,在"二次革命"和"讨袁护国"后重新踏上革命征程。以孙中山的政治地位、个人资历和其崇尚影响,他本可以元老身份安享生活,却不辞辛苦,奔走各

---

① 岑春煊自讨袁成功、护国军政府解散后即在上海闲居,颇思重新出山,因其在清末担任两广总督、督办广西军务时与时在广西巡防营任职的陆荣廷的老关系,而为陆所看重,引入其任职,俾便控制军政府。而"国会一部分人暗主与北方军阀妥协,改选岑春煊为总裁而排斥孙先生,谓陆荣廷为岑旧部,非若孙先生与陆不能合作,故护法目的不能速达。多数议员为此言所惑,改组案遂以成立。"岑春煊久でおり場,只有四方讨好、八面玲珑之做派,并无共和民主之理念,他一面担任军政府总裁,一面又出任北京政府高等顾问,月领伕马费3000元。"时北政府财政亦困,各职员俸给多按差干成发给,惟岑氏按月使人在伪公府领伕马,必以实数,不肯丝毫短折,徐氏亦特优遇之。"(黄季陆、罗家伦主编:《革命文献》第49辑,469页;黄季陆、罗家伦主编:《革命文献》第7辑,25—26页)于此亦可知其为人如何。
②《孙中山全集》第4卷,471—472、480—481、492—493、503页。

地,孜孜于共和民主事业,在一定程度上推动了民国政治的进步,也确实以其个人影响而有相当的号召力。但孙中山面对的民国政治现实却是"官僚得志,武人专横,政客捣乱,民不聊生"。孙中山既无有力之组织,更无实力之武装,也没有提出可令广大民众为之努力奋斗的政策主张,只能周旋于实力派之间,借重他人之力,甚而其努力维护的旧国会,亦未必在政治上追随于其后,故其屡屡受挫实非意外。此次孙中山南下广东领导护法,为时不到一年,实际成效有限,最后仍为地方实力派排挤,致其有名无实,确令其对政治现实颇为失望。有言"去粤日久,有同寄寓,军权吏治,失所挟持,所以直任而不辞者,既恃公理,亦恃大多数之后援耳。艰难支撑一年之久,孑然无助,徒为亲厚所痛,仇雠所快,终至于解职以去";并责地方实力派"所谓护法,恒与文异,始不过徒饰护法之词,未尝以一纸书为国会谋恢复。……迹彼用心,只欲分中央专制之权,俾彼得专制于二三行省。"但孙中山的可贵之处恰在于,他并不为一时失败所挫而放弃斗争,他始终追求其服膺之理想与信念,故其明白声明,自己的"救国主旨,未尝或息。……近虽屡遭挫败,而得百折不挠"。值得注意的是,经过此次护法的挫折,孙中山"益感救亡之策,必先事吾党之扩张,故亟重订党章,以促党务之发达",①因此有1919年10月重新改组中华革命党,成立中国国民党之举。

更值得注意的是,1917年俄国十月革命的胜利,为孙中山打开了新的眼界,使其注意到实行别种政治途径的可能性。1918年夏,孙中山致电苏俄领导人列宁和苏维埃政府:"中国革命党对贵国革命党所进行的艰苦斗争,表示十分钦佩,并愿中俄两党团结,共同斗争。"从而也预示着未来孙中山实现政治道路转向的可能性。总之,孙中山在此次护法受挫后,虽仍未放弃其护法主张,未放弃经由法制途径解决民国政治问题的方式,但其思想确在发生一定的变化,其原有之激进革命的想法渐趋上升。1919年10月8日,孙中山在上海寰球中国学生会以"救国之急务"为主题发表演说,明言"救国的办法有二:一是维持现状,一是根本解决"。所谓"维持现状",就是维持旧国会,但如其不能达到,则

---

① 《孙中山全集》第4卷,349—350、499—450、537页;第5卷,132、143、147—148页。

只有"根本解决",即"南北新旧国会,一概不要它,同时把那些腐败官僚、跋扈武人、作恶政府,完完全全扫干净它,免致它再出来捣乱,出来作恶,从新创造一个国民所有的新国家,比现在的共和国还好得多"。他坦言:"民国元年那一班革命党人,以为把满清政府推倒,就算革命成功了。这就是没有根本解决的觉悟,所以闹成今日这样田地,其实革命仅做了一半功夫,还没有大成功。"[①]当然其中应该也包括他本人当年的"觉悟"不够。可以说,民国的政治环境催生了孙中山"根本解决"的想法,只是需要有适当的机遇和条件,有主客观环境的结合,方可使其由思想变为行动。

---

① 《孙中山全集》第4卷,349—350、499—450、537页;《孙中山全集》第5卷,132、143、147—148页。

第六节　护法战争与南北议和

自张勋拥清室复辟失败后,段祺瑞在北京当政,废弃国会,对南方态度强硬,并不惜以战争相威胁;孙中山在广东开府,声明护法,另谋革命道路。1917年9月29日,北京政府代总统冯国璋以孙中山等召开非常国会、成立军政府,"擅发伪令,煽动军队","联络马贼,预备起事","紊乱国宪,逆迹昭著"为由,下令对南方国会和政府成员"一体严缉拿交法庭依法讯办"。10月3日,广东军政府大元帅孙中山亦发出通令,缉拿"首逆"段祺瑞等,"有能擒斩以献者,本大元帅当视厥等差,予以厚赏"。① 南北双方对峙局势已成,且各有坚持,各不相让,解决矛盾的出路非政治可为,而依赖于军事相争。尤其是段祺瑞控制的北京政府,自恃军事实力,以武力"统一"为己任,出动北洋军南下,"讨伐"南方护法阵营,南北战争(史称"护法战争")由此爆发,这是辛亥年(1911年)清军南下和癸丑年(1913年)北洋军南下导致的南北战争之后,南北间又一次武力相争。

此次南北战争的主战场是湖南。因为湖南地处南北冲要,北洋军欲南征广东,护法军欲北进中原,均必先经湖南,方可收"统一"全国之功。南北双方对此的认识基本一致。徐树铮致吴佩孚电中有言:"盖欲定大局,非谋统一不可,欲谋统一,非川、粤同受政府节制不可。以川较粤,川可稍缓,而粤宜急,粤定川或随之而自定。我之争湘者,为图粤计耳。粤不定,湘即危,湘有事,鄂亦不安,大局则时有摇动之虞。"陆荣廷

---

① 《中华民国大事记》,1917年9月29日;《孙中山全集》第4卷,209—210页。

则认为："湘省为两粤门户，又系滇黔咽喉，湘失则西南腹背受敌，不特进取之机全无，且（北军）得湘实足以制西南之死命而有余。"①因此，段祺瑞复出后不久，即在1917年8月任命陆军部次长傅良佐接谭延闿为湖南督军，并调派北洋军第8、第28师入湘，摆出先声夺人之势。9月9日，傅良佐到长沙上任，北洋第8、第20师随后陆续抵达湖南，第8师师长王汝贤与第20师师长范国璋分任北军正、副司令，随即开始着手筹划进攻在湘南的护法湘军。护法阵营方面，虽然对政治问题的看法不一，但在保持湖南独立、不为北军所陷方面仍有共识。湘督易人的命令发表后，陆荣廷即于8月16日致电西南各省称，"湘督易人，北方疑忌西南之心已昭然若揭。唇亡齿寒，急应力图对付。"9月18日，湖南零陵镇守使刘建藩和驻衡阳的湘军第1师第2旅旅长林修梅通电宣告自立，"与段政府脱离关系。一切军务政务，均与海军、两广、云南各省一致进行。"②9月21日和10月9日，孙中山在广州两次主持召开军事会议，决定派驻广东北江的滇军第3师援湘；陆荣廷亦于10月初在两广军事会议上决定由桂督谭浩明统领两广联军分由桂、粤援湘；加上已经集结在衡阳的护法湘军程潜、赵恒惕、刘建藩、林修梅等部，护法军在湖南的兵力亦有近5万人，实力并不弱于北洋军。

9月下旬，附北湘军与护法湘军在湘中衡山一带开始交战，南北战争爆发。10月上旬，北洋军加入战斗，与护法军在湘中衡山、衡阳、宝庆一线交战，双方互有得失，三地多次易手。但护法军士气颇盛，11月4日复占宝庆，11日复占衡阳。在此形势下，11月14日，北洋军司令王汝贤和副司令范国璋突然发表通电称：

> 政客利用军人，各执己见，互走极端，不惜以百万生灵，为孤注之一掷、挑南北之恶感，竞权利之私图，借口为民，何有于民。如言为国，适以误国，果系爱国有心，为民造福，则牺牲个人主张，俯顺舆论，尚不背共和本旨。汝贤等一介军人，鲜识政治，天良尚在，煮豆同心。自零陵发生事变以来，力主和平解决。为息事宁人计，此次湘南自主，以护法

---

① 《徐树铮电稿》，182页；《粤桂军援湘确讯》，见1917年9月21日《民国日报》。
② 《北洋军阀统治时期史话》中册，671页；《护法运动》，741页。

为名,否认内阁,但内阁虽非依法成立,实为事实上临时不得已之办法,即有不合,亦未始无磋商之余地。在西南举事诸公,既称爱国,何忍甘为戎首,涂炭生灵,自应双方停战,恳请大总统下令征求南北各省意见,持平协议,组织立法机关,议决根本大法,以垂永久而免纷争。

王、范此举名义上冠冕堂皇,但显有直皖相争的背景,两人更接近直系,自不愿为皖系征战作嫁衣裳。王、范通电发表后即自前线停战撤兵,湘督傅良佐顿失军队依恃,于当日夜半自长沙仓皇出逃,"军民两署文卷狼藉,什物一空,银钱款目,丝毫无存"。长沙绅商因请王汝贤等"暂时维持"。① 但护法军乘胜进击,逼近长沙,王汝贤难以控制局势,遂于18日退出长沙往岳州,护法军于当日占领长沙,其后复推谭浩明为湘督,程潜为省长。

王汝贤、范国璋的停战撤兵举动,对正执着于武力统一图谋的皖系及其领袖段祺瑞无异于当头一棒,故遭到皖系及段祺瑞的痛责。但格于派系实力的平衡,段对此亦无可如何,反被迫提出辞职。11月16日段通电称:"我同胞中,竟有此不顾大局之人,干纪祸国,至于此极也。……王汝贤等为虎作伥,饮酖而甘,抚今追昔,能无愤慨!"段在通电中以北洋派的团结为辞,称:"我不忍以王汝贤之故,致令同室操戈,嫌怨日积,实力一破,团结无力,影响及于国家也。我北方军人分裂,即为中国分裂之先声;我北方实力消亡,即为中国消亡之征兆。"继表白曰:"祺瑞爱国家不计权力,久荷诸君子深知。为国家计,当先为北方实力计,舍祺瑞辞职之外,别无可以保全之法。决然远引,已于昨日呈中乞休。既非负气而去,有与人争意见之心;又非畏难苟安,昧与国共休戚之意。大势所趋,宜规久远。倘能达我愚诚,北方实力,得以巩固;艰难时局,得以挽回,则祺瑞今日之辞职,实为万不可缓之举。"但王、范的举动却得到直系的支持。18日,直系的直、鄂、苏、赣四督曹锟(其后他否认列名之举)、王占元、李纯、陈光运联名发表通电称:"慨自政变发生,共和复活,当百政待理之际,忽起操戈同室之争。溯阙原因,固由各

---

① 《近代稗海》第8辑,85页。

方政见参差,情形隔阂,致初生龃龉,继积猜嫌,亦由二三私利之徒,意在窃社凭城,遂乃乘机拘衅。而党派争树,因得以利用之术,为挑拨之谋,逞攘夺之野心,泄报复之私忿。名为政见,实为意见;名为救国,实为祸国。"通电虽未点名,但其矛头所向实甚明显。通电称他们"自政争以来,默察真正之民意,仰体元首不忍人之心,委曲求全,千回百折,必求达于和平目的,以拯国家之危难,而固统一之宏基";提出"即日先行停战,各守区域,毋再冲突,俾得熟商大计,迅释纠纷"。①

北军前敌将领的吁和通电在南方护法阵营内部亦激起不同的反响。孙中山在11月18日通电声明:"近以西南将士用命,克奏肤功,傅逆潜逃,段贼解职。于是有主张调和,以解决大局者。惟此次西南举义,既由于蹂躏约法,解散国会,则舍恢复约法及旧国会外,断无磋商之余地。"但陆荣廷则在11月24日致电李纯称:"此次西南用兵,为势所迫,出于万不得已,宁人息事,人同此心,苟有正当解决,自当乐于从事,我公爱民忧国,慨然出作调人,妥筹办法,允负责任,尽筹所及,必能统筹全局,俯顺舆情,宣布停战,再行提议条件,鄙意亦极赞同,惟双方停战问题,如得极峰发一明令,尤为圆满。顷已电商谭联军总司令,通饬前方各军,暂时停战,以待磋商。"李纯即会同曹锟、王占元、陈光远将此电转冯国璋:"请我大总统准如所请,明令公布,饬各方一律停战。"此时,北方主张"讨伐"的段祺瑞被迫下野,而南方反对"调和"的孙中山又无实力,且南北两方均有"共同"的停战要求,故冯国璋顺水推舟,于25日致电各方:"请各饬现在交战地点之前敌军队,驻扎原地,停止进行,听候解决。"②南北战事得以暂时停止。

但是,南北间的暂时停战局面并不稳固。北洋军在湖南前线败北后,被素来自视甚高、自认在国中无敌手、并有强烈派系团体意识的北洋军人视为耻辱。即便是在主和的直系内部,虽然苏、鄂、赣督仍主和,但曹锟游走于和战之间,对北军败北颇为不甘,自前线停战后反趋向于主战。尤有进者,直系四督11月18日主和通电发表前,张作霖曾询曹锟意见以便一致行动,曹答主"讨伐",及主和通电发表,张电责曹"不独

---

① 《中华民国史事纪要》,1917年11月16日;《东方杂志》第14卷第12号,212页。
② 《孙中山全集》第4卷,239页;《中华民国史事纪要》,1917年11月24日、25日。

国家大事不应如此儿戏,即朋友私交,亦不可如此无信"。曹以事前未与闻,"气愤不可名状,遂决欲主战"。而主和"各方接洽者,多至宁而不至津,曹尤愤李(纯)"。① 以曹锟之个性,言大而夸,好出风头,看重脸面,喜为盟主,但似少城府,易于冲动,故曹锟为证明己于北洋团体之"价值"与"能量",极力主战。

12月3日,曹锟联合鲁督张怀芝,在天津发起召开北洋系10省督军代表会议,发出对南作战的喧嚣。15日,北京政府任命曹锟为第一路军总司令,张怀芝为第二路军总司令,令其"各率本路军队,分由京汉、津浦铁路南下。并令第一路军集中武汉,第二路军集中南昌,援应鄂、赣两防,分投并进,镇慑要地,以定大局。著即刻日开拔,勿误戎机"②。

此后,南北之间的和战关系阴晴不定。一方面是主和派仍在积极活动,苏督李纯派高等顾问李廷玉赴桂与陆荣廷议和,王占元密请冯国璋发停战令,冯国璋于12月25日发"弭战"布告;另一方面是主战派不断压迫冯国璋下"讨伐令",同时集中攻击苏督李纯,指其为北洋"败类",要求予以"惩戒"。恰于此时,湖北第1师师长石星川12月1日在荆州、襄阳镇守使黎天才12月16日在襄阳先后宣布"独立""自主",加入护法阵营,其后成立靖国联军,共推黎天才为总司令,分向宜昌、枣阳进击。石、黎此举使"宜昌、武汉震惊,危险万状,岳州孤主,后顾无援",北洋系极为恼怒,也使主和的鄂督王占元处境尴尬,从而打破了和战间的脆弱平衡。③

1918年1月10日,北京政府参谋、陆军两部命令曹锟、王占元率部"会剿"石、黎两部。在北洋优势军力的进攻下,石星川部于22日弃荆州,黎天才部于27日弃襄阳。北洋军进攻荆、襄,护法军自不能坐视。为了支持石、黎所部,1月16日,在湖南前线的护法军开始全线北进,23日兵临岳阳城下。守岳阳的北洋军以直系部队为主,未作坚决抵抗,27日护法军占岳阳。

荆襄与岳阳战事打破了南北间短暂的不战不和局面,北洋系在岳

---

① 《中华民国史事纪要》,1917年12月3日。
② 《护法运动》,702、1183页。
③ 《护法运动》,702、1183页。

阳失守的刺激下，主和派一时很难说话。1月30日，北京政府大总统冯国璋发令，责护法军"进陷岳州，窥伺武汉，拥众恣横，残民以逞。是前此布告，期弭战祸，为民请命者，反令吾民益陷于水深火热，本大总统抚衷内疚，隐痛实深"。令任曹锟为两湖宣抚使，张敬尧为援岳前敌总司令，"即行统率所部，分路进兵，痛予惩办"。① 至此，南北战事复起，且其规模与激烈程度较前尤甚。

进攻湖南的北洋军计分三路：一路为曹锟所属的吴佩孚第3师，自鄂南沿粤汉线正面进攻岳阳；一路为张敬尧的第7师，在粤汉线东侧进攻平江；一路为张怀芝的鲁军一师一旅，自赣西铜鼓、萍乡进攻湘东浏阳、醴陵，以断护法军之后路。护法军方面则以岳阳为中心布防，但实力有限，战意不坚，难以抵挡北洋军的多路进攻。自2月底北洋军发起攻击后，进展顺利，节节向前推进，3月18日吴佩孚部占岳阳，22日张敬尧部占平江，省城长沙大受威胁，湘、鄂、桂军统帅谭浩明无心恋战，于25日率部退出长沙，26日吴佩孚部进占长沙，27日张敬尧被任命为湖南督军兼署省长。

北洋军占岳阳，下长沙，气势复盛。3月23日，段祺瑞第三次出任国务总理，更加坚持"武力统一"政策。北洋军攻下长沙后，经徐树铮请示段祺瑞后决定，以张怀芝部居左，攻攸县、茶陵；以吴佩孚部居中，攻衡山、衡阳；以张敬尧部居右，攻永丰、宝庆。4月中下旬，北洋军连占永丰、攸县、衡山、衡阳、宝庆等地。此时，护法桂军不愿与北洋军硬拼，继续后退，护法湘军实力更显单薄，虽在湘中、湘东与北洋军连番激战，复夺攸县、宝庆等地，但因桂军不愿鼎力相助，故最终亦只能后退，北洋军基本巩固了在湖南占领区。

在南北战争的另一战场四川，1917年8月，北京政府派吴光新为长江上游总司令兼四川查办使，率北洋军1师2旅于10月下旬入川驻渝，意图控制川政，威胁西南。此时，川军第5师师长熊克武及在川的滇、黔军已声明参加护法，并将所部改称"靖国军"，他们联合进攻重庆，吴光新并未作像样的抵抗即于12月3日率部退出重庆，4日，"靖国

---

① 1918年1月31日《政府公报》。

军"黔军袁祖铭等部占重庆,北洋军进攻四川的计划失败。

在护法阵营的后方广东,潮梅镇守使莫擎宇在北洋系的利诱之下,于1917年10月22日宣布"独立"。其后,北京政府一面令福建督军李厚基出兵援莫,一面在11月间任命蛰居于海南岛的两广矿务督办龙济光为两广巡阅使,由其领兵自西向东攻打广州。在粤桂军主力于1918年初发起讨龙之役,进展顺利,4月下旬击败龙部,龙济光出逃。与此同时,陈炯明出任援闽粤军总司令,率部自粤东出击闽南,占据闽南20余县,与李厚基部处在对峙中。

就在湖南的北洋军顺利向前推进之时,其阵营内部又起重大变化。曹锟、吴佩孚自认对北洋军"南征"贡献最大,但北洋军进占长沙后,段祺瑞"举贤不避亲",将湘督职位畀予皖系军人张敬尧,显见其以皖系为中心的派系意识,使曹、吴大有为他人作嫁之感,也颇感没有面子,尤其是吴佩孚,"以转战湘中,克复岳、长之伟绩,反令张敬尧安居湘督之位,尤愤不能平",因此而对继续南进表示消极。4月24日,段祺瑞亲下汉口,召集直督曹锟、鲁督张怀芝、鄂督王占元、豫督赵倜和其他七省督军代表开会,督促北洋军继续南进。但曹、吴认为,即便自己的军队继续进击,也无非是替皖系扩大地盘,己并无实利,因此对南进持消极态度。5月20日,曹锟电告北京政府,称己部"伤亡过众,疲顿异常","默察时局,今非昔比,武力解决,甚非易也";要求"一面迅派军队驰进接防,一面急筹解决良策","速谋结束,否则万难支持"。段祺瑞接电后"勃然变色",即拟复电告诫曹锟"不应他有顾虑",如"再有所说,即调其独回面议"。而徐树铮等则认为"下手尚非其时","总以不破面目为宜"。但徐树铮随后去汉口"抚慰"曹锟的结果,是曹锟在29日以"养病"名义率其司令部人员离汉回津,明白表示其消极怠战的态度。① 此后,直军与护法湘军代表在耒阳前线秘密谈判,并于6月15日成立停战协定,湖南的南北战事暂告基本停止。

时人论曹锟、吴佩孚其人及湖南战事前后的复杂纠葛与经纬变化

---

① 《北洋军阀》(三),16页;《徐树铮电稿》,176—177页。

为:"吴氏本为冯(国璋)派,其率师南下,攻克长岳,不过敷衍合肥(段祺瑞),保全北洋派之体面,非真欲战胜南方,以兵力自夸也。惟岳州收回,长沙恢复,大胜之余,一时不能停止战斗,曹仲珊(曹锟)又屡得冯氏密电诘责,外则欲罢不能,内则见疑党魁,真有进退两难,左右不可之势。讵知合肥以曹氏战胜攻取,忽加疑忌,遽命张敬尧率师入湘,暗中监视。……于是不得不为保全地位之计;而欲保全地位,非与南军携手不可,乃遣使与赵恒惕、林修梅等暗中联络,约定彼此各守疆界,遇有事变,则互相救应。……然此事之风声,已为皖派所悉,段合肥乃请冯河间,以孚威将军之爵赍吴,所以敷衍笼络之者无所不至,盖恐其与南方携手,不利于己也。然吴氏为识时之俊杰,胸中自有一定之主张,岂区区之虚荣,遂足以使之入于彀中矣?"果不其然,8月7日,吴佩孚致电苏督李纯,表示"此次奉命南来,明知阋墙之争非国之福,然为维持中央威信起见,势不得不借武力促进和平";责难"中央误听宵小奸谋,坚持武力,得陇望蜀,援粤攻川,直视西南为敌国,竟以和议为逆谋。……实亡国之政策也"。继表白"军人虽以服从为天职,然对内亦应权其轻重利害而适从之,非抗命也,得延国脉耳!"最后请李纯"会同鄂赣两督通电南北倡和平,使双方前敌各将士同声相应,大局转圜,当易生效力"。同时特别强调"曹经略使夙主和平,必赞成斯议"。21日,吴佩孚又联络张宗昌、冯玉祥、王承斌、阎相文、萧耀南、张福来等直军将领,联名发表通电,"恳请我大总统,仍根据约法之精神,实行悲悯之宏愿,颁布通国一体罢战之明令,俾南北双方军队,留有余力,以备将来一致对外";"尤望我经略使与长江三督帅及各省区军民长官,仰体元首苦衷,俯念生灵涂炭,群出赞助,协谋宁息,大局幸甚"。①

直军是北洋军南征的主力,而吴佩孚又是直军头号悍将,吴佩孚公开主和,既使北洋派内部关于和战的矛盾公开化,也给了以皖系为主体的主战派以沉重一击,意味着仗是打不下去了。曹锟虽未列名于吴佩孚的通电,而且还在吴通电发表后发电责其"不明事理",表示自己"拥护中央,服从命令",但实不过掩耳盗铃之举。无论如何,曹纵未事前与

---

① 《中华民国史事纪要》,1918年6月15日;《革命文献》第50辑,49—51页。

闻吴电,至少并不反对,而吴电之发表,恰说明直系内部关于和战的分歧趋于消融,原先主战的曹锟、吴佩孚与主和的苏督李纯、鄂督王占元、赣督陈光远联手,上有代理大总统冯国璋的支持,下有武力为依恃,直系作为北洋派系的一个整体而主和,对主战的皖系形成了强大的压力。

在直系停战主和的前后,深受战争祸害的国内民众、绅商各界及社会舆论,也发出了强烈的主和呼声。1918年6月3日,在苏督李纯的默许下,各省省议会代表在南京召开联合会议,发表宣言,声明"目睹父老兄弟颠连惨痛之状,默而勿言是放弃其天职";提出"为今之计,亟宜双方罢兵,回复统一,为全国商民留一线生机,为国家前途留一分元气,其有双方误会之点以及争执条件,不妨明白宣示,听全国人民之公断"。此后,和平呼声愈高,和平组织亦有不少成立。10月23日,社会名流熊希龄、张謇、蔡元培等发起成立"平和期成会","为同情之呼吁,促大局之平和","切望同声相应,协力进行"。11月3日,"平和期成会"在北京召开成立大会,推举熊希龄为会长,蔡元培为副会长。10月29日,王士珍、张绍曾、周学熙、张耀曾等为总代表发起成立"全国和平联合会","以请求南北,实行和平会议为入手,以真正舆论,解决时局,为进行方法;终期和平早日告成"。12月18日在北京召开成立大会。① 在政治上与皖系不睦之旧交通系和研究系议员亦加入主和派行列,"新"国会参议院议长梁士诒和副议长朱启钤主和尤力,他们的态度亦对皖系构成压力。

此时的国际环境亦有利于南北议和。1918年11月,第一次世界大战结束,原先陷于战争泥潭的欧美列强极欲加强对中国的商品与资本输出,不希望中国内争的扩大化与激烈化影响市场的稳定。日本寺内正毅内阁在1918年9月倒台后,原敬内阁的对华政策更注重与欧美列强的协调,暂时停止提供对华借款,对皖系的支持有所收敛。1918年12月2日,美、英、法、意、日驻华公使向新任大总统徐世昌提出"劝告书",称:"深愿北京政府及南方各首领,勿以个人感情用事,勿拘法规枝节,凡有障害于树立平和之一切举措,亟须力避,以便速为无隔意之

---

① 《中华民国史事纪要》,1918年6月3日,10月23日、29日,11月3日,12月18日。

协议,更以顾念理法大则与中国民福之感情为基础,以举中国国内平和统一之实为要。"同日,五国驻广州总领事亦向南方军政府发出内容相同之"劝告书"。① 列强的态度是南北两政府不能不考虑者,尤其是在大战结束、国际和会召开在即的情况下,中国内部的纷争与分裂不利于中国在和会上争取自身利益,这也是南北两政府所须考虑的。

国内外环境与战场实况均不利于战而有利于和,南北和谈的一幕由此而拉开。1918年10月10日,徐世昌就任大总统,虽然他主要是由皖系支持上台,但其惯于讲究政治妥协,希望派系平衡,以更有利于自身利益,故其私心里不愿过于偏向皖系,并不十分主战,一俟他认为环境合适,即开始着手谋划进行南北和谈。10月23日,国务总理钱能训秉徐命致电广州军政府,将南北战事之缘由归于"追溯用兵之始,各有不得已之苦衷",而其结果则致"国力既殚,纷争未息,政治搁置,百业凋零,仅就对内而言,已岌岌不可终日。况欧战现将结束,行及东亚问题,苟内政长此纠纷,大局何堪设想?"提议:"以今日外交吃紧,若舍事实而争言法理,势必旷日持久,治丝益棼。陆沉之忧,迫在眉睫,谓宜先就事实设法解纷,而法律问题俟之公议。"次日,徐世昌发布总统令称:

> 吾国二十余省,同隶于统治之权,虽西南数省,政见偶有异同,而休戚相关,奚能自外?本无南北之判,安有畛域之分?试数上年以来,几经战伐,罹锋镝者孰非胞与,糜饷械者皆我脂膏,无补时艰,转伤国脉,则何不释小嫌而共匡大计,蠲私忿而同励公诚。俾国本系于苞桑,生民免于涂炭。平情衡虑,得失昭然。惟是中央必以公心对待国人,而诚意所施,或难尽喻。长、岳前事,可为借鉴。故虞诈要当两泯,防范未可遽疏,苟其妨及秩序,仍当力图绥定。②

钱能训的电报和徐世昌的令文未就南北战事指责南方,亦未提及军事问题,而以和平为主旨,等于是向南方政府及社会各界放出了和平气球。

---
① 《东方杂志》第16卷第1号,215—216页。
② 沈云龙:《徐世昌评传》,395—396页,台北,传记文学出版社,1979。

当然，徐世昌也知道，不得掌握中央和地方实权的北洋系军政长官的同意，和平是无法实现的。故其于11月15日和16日召集北洋各省督军及其代表暨全体国务员、参战督办段祺瑞等在北京会议，在北洋系内部先行讨论和战问题，结果达成"如南方不提苛刻条件（即最低限度不废除北方国会与总统——作者注），一致赞成和平统一方针"的共识。有了北洋系的首肯，徐世昌方得以在16日发表"总统令"，饬令"所有前方在事各军队，务当即日罢战，一律退兵。其各处地方治安，均由各该管军民长官派队次第接防，切实保卫"。①

实际上，北洋系内部对停战与和谈问题的意见并不一致，尤其是一直主战的皖系，实不愿停战议和。还在湘中战事正炽的1918年5月，徐树铮在致张作霖电中即有言："就时局而论，有战然后芝揆可以支持，选举可以赶办。一日不战，则内阁立见崩溃，选举必无从着手，我北系无以自存，国家亦随之沦陷。"此言可谓皖系真实之心声，此时虽然选举已经结束，总统也已选出，但有战方可使皖系凝聚内部军心，可以扩军备战扩充实力，可以北洋团体名义号令群雄，可见和战已否实已成皖系关切的"存亡"问题。因此，即使在徐世昌下停战令后，段祺瑞仍然对徐表示，"钱内阁对南方表示退让，实属毁我北洋派之体面"。而徐只能以"从大局上打算，忍一时之苦痛，以期将来集大权于中央，并不违背阁下统一之希望"为辞，打消段的主战想法。英、法、美、日、意五国联合于12月2日对北京政府提出和平"劝告"后，格于列强的压力与内外环境的变化，段祺瑞也不便再公开主战，遂在3日徐世昌召集的督军代表及阁员会议上表示："予之主战，实为统一国家起见。今既情移势变，为谋对外起见，予亦绝无坚持从前政策之理。"②至此，是否与南方停战议和至少在表面上不再是北京政府争执的问题。

徐世昌的谋和举动得到了广东军政府的回应。广东军政府本不承认徐世昌的总统地位，认其为"非法国会"选出的"伪总统"。但徐就职后提议和平，下令罢战退兵，适合社会各界的心理及要求，为南方所不能完全回绝，而且主导广东军政府的桂系亦有谋和之意，故当北方下令

---

① 沈云龙：《徐世昌评传》，399—400页。
② 《徐树铮电稿》，145页；彭明、周天度：《中华民国史》第2编第2卷，319—320页。

停战后,南方军政府亦于11月22日发出通令称:"比闻北方有休战之言,本军政府素爱和平,岂复好为黩武。为此通令前敌各军队,各守原防,静待后命。果北方诚意言和,自当依法解决"。30日,广东军政府岑春煊等又致电徐世昌称:"执事既令所部停战,本军政府亦令前敌将士止攻,惟彼此犹未实行接近和平谈判,玩日废时,殊属费词。煊等特开诚心,表示真正和平之希望,认上海租界为适中之中立地点,宜仿辛亥前例,由双方各派相等之人数,委以全权,克日开议,一切法律政治问题,不难据理而谈,依法公决,庶可富国利民,永保和平。"(24日和25日,唐继尧与唐绍仪先后分别致电徐世昌,提出相似意见。)①

与北洋系内部关于和战问题的争论相似,南方护法阵营内部同样对和战问题有不同意见。据时人分析护法阵营内部的情况:"军府国务会议,和战之争,颇同水火。主和者为岑云老(岑春煊),主战者为李协公(李烈钧)。二人几在议场上决裂。现协公已告病,暂不列席。其他,莫日初(莫荣新)为岑、陆(荣廷)统系人,自然与岑一致。伍秩老则不负责任,一切皆委之主席,其子伍朝枢,为和议奔走耳。林阅卿(林葆怿)袖手旁观,无所可否。国会方面,以徐世昌受非法伪职,力请军府下讨伐令。惟岑主席则答谓:事属军事范围,非国会所宜过问,故国会中甚目军府几投降机关者。感情恶劣,可想见矣。……岑云老主和,实有觊觎副总统之心,闻已有与梁士诒互订秘密条约。夫此次举动,志在护法,军府成立,亦不过希望外交财政上争优胜,期有补于战事耳。今不此之务,惟孜孜于和议,且利用机关,以图利己。"孙中山在军政府的代表徐谦对和议未表示反对,被拥孙派认为与孙之"根本主张,大相背谬",请求孙中山改派胡汉民为代表驻军政府。孙中山得知此情后,在12月5日复广州国会,表示:对南方下停战令"意亦未以为然。惟是此事原动,闻缘于美领事警告所促成。近国民怵于外交势力,往往张皇无措,即军政府诸君以骤经此压迫,委曲求全,亦无足怪。……但冀国会及军府同人坚持初志,不折不挠"。② 所谓"初志",即坚持"临时约法"

---

① 黄季陆、罗家伦主编:《革命文献》第50辑,409页;沈云龙:《徐世昌评传》,404页。
②《护法运动》,1165页;黄季陆、罗家伦主编《革命文献》第50辑,410页;《孙中山全集》第4卷,517、521页。

与旧国会,但孙中山既无实力,"对于时局问题,实无具体办法",无法坚持自己的主张,故其仍于11月30日列名于军政府致徐世昌的谋和电。桂系及岑春煊等出于派系及个人利益的考虑提出议和主张,而他们在军政府中的实力地位则使其主张得以推行。无论如何,南北两方对和战问题的争议表明双方内部对和战问题的态度远非一致,和谈在相当程度上或非双方出于主动选择的必由之路,而是在内外环境压迫下的权宜之计,由此亦预示着南北和谈进程的困难与不易。

无论南北双方内部对和议仍有诸多不同意见,南北和谈一直在紧锣密鼓地筹备之中。1918年12月11日,北京政府派出参加和谈的10位代表,其中包括皖系、直系、奉系、安福系、旧交通系和研究系的代表,参议院副议长朱启钤代表徐世昌为和谈总代表。12月17日,广州军政府派总裁唐绍仪为和谈总代表,1919年1月9日派出10位和谈代表,包括军政府总裁孙中山、岑春煊、唐继尧、陆荣廷和广西、四川、贵州、湖南、陕西、福建(包括海军)的代表。

在南北和谈正式开始前,双方曾在一系列问题上有所争执。关于和谈地点与名称,因其基本上是技术性问题,故南北方的争执不难解决。北方提议和谈在南京举行,名为"善后"会议;但南方认为南京处在北洋势力范围里,易受武力威胁,且"善后"会议名有对待"土匪"的意思,故提议和谈在上海举行,以营造中立气氛,并以"和平会议"名之。因为南方的坚持,北方最后作了让步。但在关于陕西和福建停战的问题上,因为关系到南北方的实际利益,双方有激烈的争执。

1918年1月,胡景翼在陕西三原兴师,成立靖国军,参加护法,后由国民党人于右任担任靖国军总司令,与北洋军在渭南对峙。援闽粤军则与北洋军在闽南对峙。陕西一直被北洋系视为己派地盘,福建则是皖系的势力范围,两省均不容他人染指,尤其是地处北方的陕西,北洋系调兵遣将较易,更不会轻易放弃。因此,在北京政府下达停战令时,将陕西和福建划在停战区域之外,并以"剿匪"名义,令张锡元、许兰洲部"围剿"陕西靖国军,李厚基部"围剿"援闽粤军。对此,南方当然不能表示沉默。1918年12月9日,广州军政府召开政务会议,决定将陕西、福建问题作为和平会议之先决问题,北方如对于两省不停止攻击,则当认北方毫无诚意。但是,国务总理钱能训在12月16日致军政府各总裁电中,坚持陕西、福建"均有土匪,无可讳言","不特国人大受损害,即外人亦屡有责言";"如因渴望和平之故,而纵匪不办,是坐视两省糜烂而不恤,如因剿匪之故,而和平忽生障碍,谓为表面言和阴行作战,群公设身处地,何以处之";"倘终不见谅于群公,亦惟听诸国民及友邦之公论,所谓迁延时日,益陷陕闽两省于不可收拾者。"19日广州国会亦决定,在北方于陕、闽两省停战撤兵前,南方不派和谈代表。① 由于南北双方均不愿在这个问题上轻易让步,南方尤为坚持其主张,和谈似又成遥遥无期之举。

为了解决南北两方在陕、闽停战问题上的争执,12月17日,"平和期成会"会长熊希龄和副会长蔡元培出面致函北方和谈总代表朱启钤,认为"陕闽问题内容复杂,而陕尤特甚。……现既南北停战,而独对陕用兵,则南方所争似亦不能全置之不顾";提出"斟酌各方情形,以为剿匪安民,为大局善后要政,而划界停战,则目前待决之亟务",提议:"请政府暂令停战,一面电商南中会同派员至两省监视划界,暂维现状,其靖国军区域中之土匪即责成该总司令负责剿办,静候解决。如是即便大局和议之进行,且无碍地方善后之计划。"他们也在前一日致电南方当局,"痛陈利害,请即日先派定代表,再议枝节"。此时,北方和谈代表早已派定,而南方迟迟不能派出,舆论将转对南方不利,故广州军政府于1919年1月9日决定公布和平代表名单,俟陕西、福建问题解决后再行开议。其后又经南北双方"多次之协商,定简捷之办法","陈奉中央允准,电得广州军府同意",由苏督李纯于2月6日通电公布:(1)陕、闽双方一律严令实行停战;(2)援闽、援陕军队即停前进,担任后方剿匪任务,嗣后不再增援;(3)闽、陕由双方将领直接商定停战区域办法,签字后各呈报备案;(4)陕省内部由双方总代表公推德望夙著人员,前往监视区分;(5)划定区域,各担任剿匪卫民,毋相侵越。② 上述办法由北京政府在13日正式公布实行。至此,妨碍南北和谈的有关问题大体得到解决,和谈大幕即行拉开。

---

① 《中华民国史事纪要》,1918年12月9日、16日、19日。
② 《中华民国史事纪要》,1918年12月17日;《革命文献》第50辑,501页。

1919年2月20日,旨在解决南北和战纠纷的和平会议在上海公共租界前德国总会开始举行。南方总代表唐绍仪在致辞中首先声明:"此次西南护法之争,揆诸正谊公理,实为不得已之正当防卫,并非挟持意气,故与北方为难。所谓西南反对北方,此种不当之名词,西南绝不能承认。"继表示:"鄙人所最感不安者为'南北'二字。夫吾国实一家耳,安有所谓南北。……鄙人极愿尔后南北界线勿复再印于脑际。"他提出最切要之事为陕西问题,希望"首将此事解决"。北方总代表朱启钤在致辞中认为:"南北纠纷各事,原因复杂,其造因不尽在民国八年中,因沿历史而来者甚多,自应为根本之观察,定远大之计划。"在其后的讨论中,南北双方首先谈及陕西问题。虽然双方对陕西应行停战并无疑义,但唐绍仪认为,应根据上年11月16日徐世昌所发停战令划定双方军队的界限;而朱启钤则认为,应以本年2月13日五条办法公布之日为划界依据。经过讨论,双方同意陕西问题暂维现状,俟派员赴陕调查报告后再定。其后,双方开始讨论影响南北关系的若干政治、军事和外交问题,如参战军,参战借款、中日军事协定等。前已述及,皖系以参战为借口,编练了4个师3个旅的参战军,从日本得到参战借款2000万日元(此时尚余1700万日元未支取),并与日本订立秘密军事协定,由此而使本派获得相当的政治、经济、军事资源。虽然第一次世界大战此时已经结束,但皖系并不准备放弃以参战为名目而得到的利益,从而使南方认此举为不利于南北和平,要求裁撤参战军,停止参战借款,公布中日军事协定。对此,北京政府认为可以公布中日军事协定,但欧洲和议尚未签字,参战机关未便裁撤,借款已声明不作他用,于和平进行并无障碍。唐绍仪表示不能同意。自2月26日第四次会议起,陕西问题又成双方讨论的中心。唐绍仪认为:陕西战事不能停止,其责在陕督陈树藩,如不将其撤换,陕战亦无解决之法,和议必不能进行。朱启钤认为:北京政府并非不可更换军事长官,不过此时重在息争,不可激起反动;陕西军事将领,或因局部观察不同,以致双方军队互不相下,应看政府严令到后情形如何。唐绍仪声明:陕事为大局一部分最要紧之事,务望将陕事先决,免使其余重要问题受连带影响。在2月28日的第五次会议上,唐绍仪因陕西战事不停而质问朱启钤:"今日须问贵总代表,所谓负完全责任,究竟如何担负之法?"同时声明:48小时内,如尚未得北京政府圆满之答复,惟有向外交团声明,停顿和议。朱启钤在会后自度,"中央若无明确办法,会议必将停顿,应付俱穷,极为焦灼",表示"自申才力不及,电请辞职"。①

3月2日为唐绍仪所提之最后期限,北京政府国务总理钱能训于当日复电朱启钤称:"明知香山(唐绍仪)强硬主张,限期答复,其中别有苦衷,断非得已,但以哀的美敦书施于国内,何能承认。"复电表示可以暂停"剿匪",明令停战,但未提撤换陈树藩事,因此无法满足南方的要求,唐绍仪遂于当日下午对外宣布暂停和议。②

南北和谈因陕西问题而告顿挫,反映出控制北京政府的皖系不愿轻言放弃陕西和本派利益,对和谈成功与否并不十分在意。徐世昌本对撤换陈树藩无成见,但陈归属皖系,得其支持,没有武力支撑的徐世昌自然对他无可奈何。3月6日,北京政府发表致各界通电,称其"惟念大局为重,不忍听其破裂,一面慰留代表,催促开议,一面明令前方将领,依照五条办法,恪遵办理"。此电将"会议之延滞"的责任归于南方,"中央固不任其咎也"。③ 不过就南方的谈判策略而言,陕西地处北方,南方颇看重其在南北政治博弈中的作用,将其作为换取己方利益的重要筹码,因此坚持非停战、划界、撤陈不谈。提出陕西问题,不过是南方在南北和谈中的投石问路,因其未得圆满解决而致和谈停顿诚非意外;即便其得以解决,其他诸如已经提出的取消参战军和参战借款问题,还有尚未提出的更关键的南北国会和政府的地位问题,皆为很难解决的难题,南北和谈实际上注定难有结果。

南北和谈的停顿,在国内各界激起强烈反响,呼吁复谈的呼声颇高。4月初,北京政府派出的监察员张瑞玑自陕西报告,停战已经实现。南方谈判代表据此认为,复谈较为有利,可以在政治上争取主动,免使北京政府获得指责南方的借口,因于4日决定复谈。4月7日,南北和谈重开。在4月9日的会议上,唐绍仪提出了取消中日军事协定、

---

① 《一九一九年南北议和资料》,140—141、150、155—157、161、169、182、184—186页。
② 《一九一九年南北议和资料》,140—141、150、155—157、161、169、182、184—186页。
③ 黄季陆、罗家伦主编:《革命文献》第50辑,561—562页。

裁撤参战军、停用参战借款、停借外债及发行公债、陕西、湖南等六项老问题以及国会完全行使职权等十三项新问题，朱启钤则提出了军事、政治、地方自治、发展国民经济、善后借款等五大问题。在讨论中，因为南方提出的问题更具有针对性和争议性，故实际成为双方讨论的重点。唐绍仪首先提出，"国会完全自由行使职权，乃南方根本问题。盖既为民国，自不能无国会，此条无论如何，决不能放弃。"唐绍仪点出了南北分歧的核心问题在"法统"。朱启钤在回应时称："国会问题，本为此次南北争执之起点，若各抱一种学说，各持一方意见，极端主张，必无结果。现为消弭国内之纷争起见，不应有极端的主张，方有解决。"南北国会的各自存在已为事实，就"法统"而论，北方"新"国会固非"合法"，南方"旧"国会亦为"非常"，各有其支持者与代表性，取消任何一方必激起他方反对，客观上也无法实行，而如化而为一，如何操作亦非易事。时论"佥以制宪为解决时局之阶梯"，认为在南北共同制定宪法后，再同时解散南北两国会，另行国会选举为可行之道，但其间又牵连到徐世昌的总统地位是否合法、由谁来主持修宪和选举等问题。各种利益纠葛牵扯相连，真可谓剪不断理还乱，难有简单易行之法。朱启钤认为：国会问题"除根本解决外，几无别法可想。然少川（唐绍仪）心中最近抱何主张，尚难捉摸"。他派吴鼎昌回北京活动，探究各方态度。吴告北京"无论何派，均确知由和转战之不可能"，惟"法律问题，决不迁就两会"；府院拟"一面以强硬手段对付少川，一面只好牺牲金钱。府、院意款分两项，一项为其将来办选举之费，数稍大，可陆续拨付；一项为少川个人之费。中山个人之须，政府自当准备决裂后之办法"。[①] 于此可知，北洋派的惯用办法不过为武力威胁之外，再以金钱开道，此为过去屡试不爽之法，诚亦为所谓民国民主政治之悲。

　　北京政府虽倾向于在国会问题上以南北共同制宪并追认徐世昌大总统地位为妥协底案，但因其牵涉到解散国会重新选举，有损现任议员的利益，故激起了安福国会议员的强烈反弹，咸认此"为北方大局胜败之枢机，亦即此派同人存亡之关键"，责朱启钤"秘密出此下策，于利害

[①]《一九一九年南北议和资料》，224—226、231、252页。

关系毅然不顾,不解系何用心"。① 4月12日,段祺瑞召集皖系成员会议,与会者一致反对制宪及解散国会案,决定向徐世昌和钱能训提出质问。次日,安福国会参议院议长李盛铎和众议院议长王揖唐谒见大总统徐世昌,提出反对意见,主张依现行选举法,补选南方数省议员。徐世昌表示:余无成见,但既予代表全权,未便有所表示。实际给了安福系议员一个软钉子。14日,李盛铎和王揖唐又面见钱能训,坚持反对意见。钱表示国会为根本问题,万难动摇;南京制宪之说,政府已表示否认。② 钱的态度较徐世昌为软弱,他在当日致朱启钤电中言及其苦衷:"新(国)会完全撇开,势必激起反对。日来新会亦开议讨论,并质诘政府。故南京制宪之说,中央已难赞同。"18日,钱能训在答复安福国会众议员质询时,再次表示旧国会不能复活,政府不能负非法之名。在安福国会议员及其背后皖系实力派的压力下,北京政府不能亦不敢作出必要的让步。皖系及安福系本对和谈不感兴趣,即便和谈破裂,他们也认为,"今日局面,西南断无再行用兵之能力,充其量不过再行割据,且相持既久,能否割据,亦未必不有变化。即使长此迁延,于北方现状仍属有利无害。"故其对与南方决裂有恃无恐。③

无独有偶,南方国会亦强烈反对以解散国会作为与北方妥协的筹码。4月18日,广州非常国会参议院议长林森、众议院议长吴景濂等发表通电声明:"今兹之役,既以毁法启其端,当以复法为其钥。国会完全自由行使职权,实为和议中之根本问题,若不待完满解决,则其他问题纵能如我要求,亦不过敷衍苟且,决非长治久安之计。我辈既以护法为职志,对于法律问题,非一致主张,坚持到底,诚恐稍纵即逝,致违初衷。"④广州旧国会以"护法"为职志,名义似正大光明,但实际亦有其自身之法律问题和利益所在。旧国会于1917年8月在广州复会后,因议员人数不足,只能开非常会议。1918年6月12日,非常国会决定改开正式会议(第一届国会第二期会议),但出席议员数只有240人,远不足议事法定人数。为了解决这个问题,广州国会以议员逾期未到任为由,

---

① 《一九一九年南北议和资料》,267页。
② 《中华民国大事记》,1919年4月12日、13日、14日。
③ 《一九一九年南北议和资料》,236、244、269页。
④ 《广东参众两院议长之通电》,见1919年4月26日《申报》。

分批解除了109名参议员和216名众议员共325人的议员资格,以在粤候补议员递补,使参议员人数达到212人,众议员人数达到310人,议员总人数达到522人。姑无论以少数议员(不到300人)的动议可否解除多数议员(超过300人)的资格,即便是在递补议员之后,广州国会议员总数(522人)仍未超过第一届国会议员总数(870人)的2/3(580人),不能决定诸如制定宪法、选举总统等重大问题,故即就法理意义而言,广州国会亦难认为"正式",而只能以"非常"视之。再就递补议员而论,因为南北分裂的现实,递补非严格按程序按次序进行,亦未必符合法理标准与规则,他们在旧国会完全恢复后的议员资格且成问题,这也是他们强烈主张以现有广州国会为唯一"合法"国会的缘由所在。于此亦可知,既存之政治机构或多或少都已成为具有自适应性的利益集团,必然具有维护自身利益的冲动,而高妙的政治言辞往往不过是现实政治利益的包装而已,广州国会亦非完全例外。以北方代表朱启钤的观察,南方代表唐绍仪似倾向于作一定妥协,因为北方"对于国会问题屡屡表示决绝态度,故恢复民国六年国会之主张,亦知其难。又知国会在广州开会,人数日益寥寥,补选制宪,决办不到,故对于国会一事,益觉束手无策。此后会议国会问题时,究竟如何情形,现实不能预定。微窥其隐希冀之心甚切,而又不敢放胆做去"。而广州军政府的领导人如岑春煊、陆荣廷、唐继尧等,虽不特别看重旧国会,但"护法"是他们政治自立的号召,国会是他们与北京政府讨价还价的筹码,不便轻易放弃,故其对旧国会议员反对和议的主张亦只能暂为迁就。因此,"国会问题不能解决,则其他问题讨论审查即有结果,亦属泡影"。①

事实上,虽然南北双方在谈判桌上为国会问题争执不已,但民众和舆论对南北新旧国会的法统之争并不十分关注。南北双方争执的"法统问题",各有各的说法,即便是孙中山强调以"临时约法"为民国法统之正源,然而在军阀的枪杆子下,于解决实际的政治乱象并无多少说服力,多半沦为徒劳无益的口舌之争。民众更关心的是自己的切身利益,是解决和战问题,希望和平,反对战乱,而这又是为当时的"法统"之争

---

① 《一九一九年南北议和资料》,234—235页。

所漠视的。而且,由于南北双方国会出于维护自身利益的共同反对,南北谈判代表不能以实事求是的态度作必要的妥协,南北和谈不能取得成果亦为必然。如钱能训所言,即便达成妥协,"难保两方国会不激起抗议,届时或南会发生暴动,或北会另标护法,均不可知"。① 因此,所谓"护法"之争,在各方貌似以"法"为出发点的高调言说的情怀之下,实则成为南北军阀派系对政治资源和权力的争斗与表演,难以得到大众的理解,缺乏社会支持的基础,渐渐演变为北洋时期地域派系之争的常态,同时亦可视为中国传统政治向现代政治转型过渡中的问题症结所在。

由于在国会问题上各执己见,自4月9日第六次会议后,南北和会实际陷于停顿。5月6日的第七次会议,主要讨论巴黎和会问题,双方同意致电巴黎和会中国代表,拒绝在有损中国利益的和约上签字。其后唐绍仪认为和会难有进展,故就有关问题归成一揽子条件,于5月10日送交朱启钤,并在5月13日的第八次正式会议上公之于众:

(1)"对于欧洲和会所拟山东问题条件,表示不承认"。(2)"中日一切密约宣布无效,并严惩当日订立密约关系之人"。(3)"立即裁废参战军、国防军、边防军"。(4)"恶迹昭著,不洽民情之督军、省长、即予撤换"。(5)"由和会宣布前总统黎元洪六年六月十三日命令无效"。(6)"设政务会议,由和平会议推出全国负重望者组织之。议和条件之履行,由其督监;统一内阁之组织,由其同意"。(7)"其他议定及付审或另行提议各案,分别整理决定"。(8)"由和会承认徐世昌为临时大总统,执行职权至国会选举正式总统之日止"。唐绍仪特别表示,上述各条件为南方的最后让步,而且第八条不能单独讨论,如前条不能实行,则此条仍属无效。朱启钤当即回应,表示:第五条"实无回旋之余地","欲期此案解决,两方须有互让之精神。……若各持极端的主张,使无从讨论,则殊可惜。"至此,唐绍仪知讨论再无结果,表示:"本席智能薄弱,无济时艰,当本责任问题向军政府辞职。"朱启钤遂亦表示:"自惭才力不逮,亦惟有引退而已。"朱启钤认为,唐绍仪"趁政府外交失败

---

① 《一九一九年南北议和资料》,236页。

之际,全国人民愤怒之时,夹杂国会、外交两问题提出八条,投合国民之心理,贯彻民党之主张。明知我方断难承认,彼即借此下台,博名而去,已无系恋,其态度与从前迥不相同"。①

南北和谈因双方条件难以接近及代表的辞职而难以为继。5月14日,徐世昌召集国务总理钱能训与内阁各总长、参战督办段祺瑞及国会两院议长会议,决定拒绝南方的条件。皖系干将徐树铮其后致电北方谈判代表吴鼎昌等,解释北京政府的决定为:"以交通、北洋、安福三派实力,戴东海(徐世昌)之德望,据二十四省区之大地,得桂老(朱启钤)之明干,左右扶腋,导我辈后进以先路,稍从根本整理,何患不气吞欧亚,若五省之就范,直瞬息间事耳!何至低首下心,专向流氓胯下讨生活哉!"真可谓"豪气薄云"。15日,钱能训致电朱启钤,告南方提出的各项条件,"此间公同计议,均认为毫无理由,必应坚拒。南代表既以和平为重,乃以此等不可能之事实列为条件,其中语和平非出诚意,无可讳言。务希切实驳拒,要求将所提条件即日撤回。倘仍胶执前见,则是彼方于和平问题已无磋商余地,我代表克期回京,另筹解决。"21日,徐世昌发出总统令,谓南方提出的条件"外则牵涉邦交,内则动摇国本,法理既多抵触,事实徒益纠纷,显失国人想望统一之同情,殊非彼此促进和平之本指。……若一方所持成见,终戾事情,则舆论自有至公,非当局之不能容纳"。② 南北和谈至此结束。

为了表示和平的"诚意"兼维持北京国会的地位,1919年8月12日,北京政府又任命安福国会参议院议长王揖唐为和谈总代表,然"王莅沪,唐绍仪拒绝接谈,以闭门羹待之,当时有人戏以两人名字串合,有'王揖唐绍仪'之笑话。及广州军政府内部分裂,伍廷芳总裁到沪,与孙文、唐绍仪、唐继尧等四总裁,反对岑、陆,拟另组军政府,旧议员亦纷纷来沪,王揖唐趁此机会,与唐绍仪联洽,唐亦乐与周旋。盖斯时之西南,滇桂两派军阀,角斗正起,与北方皖直同出一辙,桂已联直为援,滇亦有联皖之意。王揖唐借此阶进,唐绍仪一变态度,和议大有重开之势,岑

---

① 《一九一九年南北议和资料》,260—265、270页。
② 《中华民国大事记》,1919年5月14日;《一九一九年南北议和资料》,270—272页;1919年5月22日《政府公报》。

陆忌之,急改派温宗尧代唐。王迭电东海,请速开议。……不料东海联桂方热,吴佩孚撤防,又与陆荣廷订有密约,直系军阀信而不疑;东海以为有此,便可推翻军政府,取消两粤自主,不欲沪议重开,以张滇皖之势,而失直桂之欢,迟迟不肯表示"。南北和谈未能重开,终成绝响。知名史家李剑农对南北和谈评论道:"南北两方,都没有真正为国家谋利益的中心主义和思想";"北方的新国会,固然为一般舆论所不满,南方的旧国会,也未见得为一般舆论所拥护。北方的毁法,固然不是,南方的护法,也未见得尽出于真心。总括一句话,就是此时南北两方,都为军阀政客的地盘欲、权利欲,弄得四分五裂,把国家的公共利益问题,都丢在九霄云外去了。所以此次的和议,得不到一点结果。"①

---

① 《近代稗海》第4辑,482—483页;《戊戌以后三十年中国政治史》,300页。

第七节　西南地方的军阀割据

后袁世凯时期是军阀纷争割据的年代,除了北方皖、直、奉系军阀以其较强实力而轮流问鼎中央、争霸全国之外,还有若干实力较弱的军阀割据地方,自成势力,其中最为典型者,为西南地方的军阀割据,如川、滇、黔、桂、粤、湘等省。① 军阀争战是后袁世凯时期西南诸省的政治常态,尤其是四川,可谓民国地方军阀争战史的标本地域,其战乱之频、变动之速、为害之烈,为祸之惨,均为民国年间所少见者。据统计,自1912年到1932年,四川共发生大小战争478次,月均两次之多,②几乎是无日不战,无时不战,而在这些战争的背后,都是以人民生命财产的巨大损失、自然经济资源的不断消耗、社会经济发展的长期停滞为代价的。

四川地方军阀的混战始自护国战争之后。护国战争期间,云南军队出征四川,战后,主政云南的唐继尧将四川视为其对外扩张的主要对象,滇军不愿离川归省,与四川本地军系发生矛盾,成为四川内战的起因之一。在四川本地军系中,由于其派系的复杂与实力的均衡,在相当时间里没有出现一家独大、唯我独尊的派系,他们之间为争夺省政控制权而争斗不已,并为壮大己方力量而不时引进外力支持,也为滇军以及他方军队入川预留地步,故以土地面积、人口数量位居西南之首的四川,却成为各派政治力量和周边邻省尤其是云南和贵州争夺的对象,此

---

① 粤、湘两省在地理意义上非属西南,但在政治意义上,一般被视为西南地方集团的成员。两省的情况较为特殊,广东除地方军阀势力外,长期是南北对峙中的南方政治中心,湖南则是南北争夺的要地,故两省被归属于西南地方军阀阵营亦可理解(具体情况分见各节叙述)。

②《近代稗海》第8辑,579页。

为四川内战的又一起因。四川重要的地理位置及其丰富的经济、人力资源，为各派政治力量所看重，并成为他们互相争夺的重点地区。因此，从护国、护法到北伐，四川均不乏内战的内外动能，而且无论其表面的理由多么冠冕堂皇，其实际目的无非是争地盘争利益，真可谓"乱哄哄你方唱罢我登场"，其复杂混乱的程度，即便是后世历史学家，亦须详加梳理，方可得其端倪。

护国战后，蔡锷督川，旋因身体有疾而辞职，由滇军将领罗佩金接任督军，黔军将领戴戡任省长。罗、戴虽同为蔡锷部下，但均有掌控川政的"雄心"，如蔡所言，"所谓善后问题者，俱易解决。惟关于个人权利之加减问题，最易为梗。"①罗、戴个人关系因而不协，时有矛盾发生。而川系军人认为罗偏袒滇人，"常抱侵略主义而欲握全川之政权、财权、兵权，尽归之于滇者"，②颇为不满，由此形成了滇、黔、川系间的矛盾交织关系。北洋系力图控制四川，极力影响川局，更加剧了四川内部矛盾关系的复杂性。其时北京政府下令整编各省地方军队，罗佩金借此在1917年4月决定将川军5个师缩编为3师1旅，并首先强令裁撤第4师，其操切行事的作风激起了川系将领的强烈反弹。川军由第2师师长刘存厚领衔发表通电，责罗"强滇弱川，编遣不公"，"主客相形，显分厚薄"。4月18日，川军刘存厚部与滇军罗佩金部在成都发生大规模武力冲突，开四川内战之始，史称"刘罗之战"。因为战事突起，且发生于繁华市区，殃及商民无数，被时人形容为"飞灾奇祸，实数百年所罕见"。因战事影响市区生活甚巨，绅商各界包括外国领事均出而调停，4月20日双方停战（小规模冲突仍延续了几天），北京政府亦下令免罗佩金和刘存厚职（罗军退出成都），令戴戡暂代四川督军。刘、罗之战历时不过一周，却造成成都民众伤亡数千人，财产损失数十万元，房屋被毁被抢数千户的重大损失。③不过，与其后四川内战之惨烈相比较，此次刘、罗之战不过是"小试锋芒"的开端而已。

戴戡出任川督，为梁启超和进步党人所力荐，亦为他们据有地盘之

---

① 曾业英编：《蔡松坡集》，1198页。
② 谢本书、冯祖贻主编：《西南军阀史》第1卷，202页，贵阳，贵州人民出版社，1991。
③ 四川文史研究室编：《四川军阀史料》第1辑，125、267、279—280、285页，成都，四川人民出版社，1981。

希望,但未满足川系军人的主政要求,因此而使川局仍不能稳定。戴戡依靠的黔军实力较弱,刘存厚因此而对戴颇不买账,亦使戴衔恨于心。1917年7月张勋拥清室复辟,戴戡以刘存厚对"伪廷"任命其为"四川巡抚"态度不明为由,发兵讨刘。7月5日,戴军与刘军在成都交火,史称"刘戴之战"。因为刘军早有准备,而戴军实力不济,因此未占到什么便宜,只是"杀戮焚劫,人民转徙逃避、伤亡损失,比刘罗巷战尤巨"。①戴戡非习武出身,军事本非其强项,开战后又因势单力薄无力支持,在各方调停下,于13日同意交卸督军与省长职,率部于17日退出成都,21日在仁寿县秦皇寺为刘军截击,戴亡于乱军阵中(戴死有自杀与被毙两说)。在不到3个月的时间里,成都市区发生两次大规模战事,往日繁华市街为此付之一炬,其给百姓和商家带来的损失可以想见。

罗佩金和戴戡虽有矛盾,但在联合对川方面仍有一致性,唯当"刘存厚攻罗佩金于前,戡漠然谓不与己事。及身被围,佩金亦去省远,不肯奔助,故俱致败"。此时,滇督唐继尧下令以"靖国"名义,派军入川,准备借机实现其"大云南主义"梦想,所谓"对川及早出师,万不可缓,俾势力达到长江,始有逐鹿希望"。②故"刘戴之战"结束后,刘存厚的部队又在成都附近的青神、眉山、乐山等地与滇军交战,川军取胜。其后,川军第1、2、3师联合与滇军于8—9月间在简阳、资阳、内江、隆昌等地激战,滇军再败。1917年11月,唐继尧以"滇黔靖国联军"总司令的名义,派军再战四川。此次滇黔联军首先奔袭重庆,并于12月4日攻入重庆,迫走北京政府委派的长江上游总司令兼四川查办使吴光新和川督周道刚。8日,北京政府任命刘存厚为川督,张澜为省长,意图借重四川地方势力抵御唐继尧的扩张。而川军第5师熊克武部于21日通电加入唐继尧方面,唐遂改称"川滇黔靖国联军总司令"。刘存厚无力抵御联军的优势兵力,于1918年2月19日率部退出成都,远遁陕南。其后,唐继尧任命熊克武为四川督军兼省长,但川省的主要位置基本控制在唐的部属手中。唐继尧"独行己见,又未就(军政府)元帅之职,遂

---

① 《四川军阀史料》第1辑,128页。
② 《四川军阀史料》第2辑,4页;《西南军阀史》第1卷,262页。

以滇督地位,任命川督,稍挟征服之感,足生反应之患"。① 不过此时唐继尧自居为西南领袖,他以云南为基地,控制着川、黔,又是广州军政府元帅,为各方所看重,自我感觉甚好,也是他本人和滇系军阀发展的高峰期。

时人论四川军阀制的形成过程为:"总观民元至民六这一段时间,正是一些封建残余军阀和新起民军参加辛亥革命战役者之军事领袖,明争暗斗,由带有革命性和进步性的战争,渐转变成分赃割据式的战争。""民五的护国之役,本是很有价值的战争,而滇军入川者,竟一变而为占地盘握政权的勾当。至四川本省军阀,亦于此时大批招抚土匪流氓,筹款充实军械,本着狭隘的地方观念为局部的战争,进行所谓驱北军,排滇、黔的运动。这样一来,一切军事行动都回复到旧封建政权的攘夺上面,而公然的'剥削民众,争取地盘',无所顾忌了。所以我们可以说在这五、六年间,四川的军阀制度已充分地形成了。"②

熊克武担任川督期间,手头仅有一师兵力,而其他川军和在川客军——滇、黔军的兵力数量远胜于熊,为安定局势,解决军费,1918 年 7 月,熊克武发布《四川靖国各军卫戍及清乡剿匪区域表》,以各军现驻防地域为中心,划定为 11 区(1919 年 4 月改为 15 区,不包括客军),从而开民国时期具有四川特色的防区制之端。"起初,各军在所辖防区内只是就地划饷,后来,逐渐变成就地筹饷。于是借垫预征,苛捐杂税,敲骨吸髓,层出不穷,有增无减。狡黠的军阀看清了有防区便有军费;有了军费,就能不断扩军;实力扩大,又可争夺防区。于是,演成循环不已的内战。"结果,四川"全省割裂,有同异国。其最大特色为兵愈打而愈多,帅时离而时合,亦友亦仇,随和随战。要之万变不离其宗者,为扩张私利,保存实力,诛求民众,剥削地方。故夫人欲横流,百般诈谲,捐输苛酷,并世无两。……论其民生困苦之情状,则此天府之国早陷入地域底层。盖兵益多则饷益绌,饷益绌则争益甚,军阀之莫能相安者,势所然也。更自一方面言之,大小军阀割据称雄,吸髓敲骨,社会破产,偕亡之

---

① 《孙中山全集》第 4 卷,370 页。
② 《近代稗海》第 8 辑,582 页。

恸,深入人心"。①

广西一直由桂系军阀所控制。护国战后,桂系首领陆荣廷出任广东督军,陈炳焜出任广西督军,桂系军阀的势力由此扩张到华南富庶之地与出海通道——广东。由于广东沟通内外的地理位置及其政治经济地位和历史渊源,在政治舞台上的影响更大,陆荣廷也因此而成为西南政治中心人物之一。1917年4月,陆荣廷升任两广巡阅使,陈炳焜改任广东督军,谭浩明任广西督军,成为西南政坛不可小觑的力量,也为北京政府和国民党双方所争取。1917年7月,孙中山南下护法,因为本身实力有限,需要借重地方实力派的力量,陆荣廷因缘际会,成为护法军政府元帅,更显地位之重要。虽然陆本人对护法并无理念之追求,但出于与北京政府讨价还价以及提升个人地位之需要,他仍然维护着护法旗帜。尽管他不时限制孙中山的行动,不欲孙在广东发展力量,但孙一时也对他无可奈何。与此同时,北京政府也在极力拉拢陆荣廷,甚而一度有以陆为副总统的提议。随着形势的发展,陆荣廷与孙中山的距离渐远,与北京政府的距离渐近,陆荣廷也成为孙中山极欲推倒的地方军阀势力。

桂系的根据地在广西,偏僻且贫弱,广东则远较广西为富庶,故桂系统治广东期间,通过各种方法巧取豪夺,榨取财富,令粤人颇为愤恨。即以每年的军费支出为例,龙济光统治广东时期的1915年为1103万元;桂系占据广东后,则从1916、1917年的每年1372万元,增至1918、1919年的每年2726万元。而其来源无非是增加税收,开放烟赌,滥借债款,肆行搜刮等。② 桂系在广东的统治导致粤桂矛盾的积累与发展,最终造成粤桂战争的爆发及桂系的失败。

黔系军阀是西南地方军阀中实力与影响较弱者。"护国战争"后,刘显世出任贵州督军,旋又因省长戴戡调任四川而兼省长,成为集贵州军政权力于一身的统治者。刘显世是贵州兴义人,他以血缘宗亲、门生故旧关系为基础,打造出统治贵州的兴义系军阀集团,但其中又分为以刘显世为首的"旧派"和以刘的外甥王文华为首的"新派"。旧派主要是

---

① 《四川军阀史料》第2辑,207页;《近代稗海》第8辑,375页。
② 彭明、周天度:《中华民国史》第2编第2卷,130—133页。

前清时期的官绅,"保守则有余,进步则不足。当滋新机蓬勃之际,势难迎合世界之潮流"。新派则以留日学生和知识分子为主,包括王文华之兄王伯群、妹夫何应钦以及朱绍良、谷正伦等人,接受了新思想的一些熏陶,认为"现在科学时代,无科学不足以立国,无新学识不足以成才"。[①] 旧派是当权派,新派则主要分布于军中,随着王文华在 1917 年成为黔军总司令,新派势力渐起,并在新旧派的矛盾斗争中渐趋上风。1920 年 11 月 10 日,新派策动兵变,迫刘显世于 13 日通电解职下野,由卢焘代理黔军总司令和省长,新派掌握了贵州省政,是为"民九事变"。

[①] 贵州军阀史研究会、贵州省社会科学院历史研究所编:《贵州军阀史》,116—117 页,贵阳,贵州人民出版社,1987。

第四章
五四运动与时代转换之发端

五四运动发端于中国在巴黎和会外交交涉的失败,但其思想源流则来自于先前的新文化运动。新文化运动弘扬民主与科学,推动了中国社会的进步与中国人思想观念的更新。随之而起的五四运动是近代中国具有划时代意义的政治事件,其对近代中国历史的重要意义在于,对外而言,五四运动改变了近代以来中国国际地位不断下滑、国家利权不断丧失的趋势,开始了中国国际地位缓慢回升、国家利权逐渐收复的过程,尽管这个过程不是一帆风顺,其间仍有各种波折,但历史大趋势自此已不可改变。对内而言,五四运动开始了中国工人阶级走上政治舞台的历程,经由马克思主义的传播和先进知识分子的组织,产生了工人阶级的代表——中国共产党,中国的政治面貌、社会动向和思想潮流从此开启了大变动的趋势,革命的性质亦由民族资产阶级领导的旧民主主义革命向工人阶级领导的新民主主义革命转变。因此,五四运动成为近代中国由不断丧失国家独立与主权的半殖民地半封建社会的向下沉沦趋向而向着实现完全的国家独立、民族自由、人民民主、民生富强的上升趋向的转折点。

第一节　五四运动的思想源流

　　五四运动是中国近代史上具有划时代意义的政治运动。作为第一次世界大战的参加国和协约国阵营的成员,中国在决定战争善后问题处理和战后世界体系建立的巴黎和会上受到列强的不公平待遇,不仅没有享受到战胜国应有的荣耀,反而备受屈辱,由此而激起中国民众的愤怒反应,以北京学生运动为开端,最后发展为社会各阶级、阶层共同参加的抗争运动。因此,五四运动究其实质是一场政治运动和爱国运动。但是,作为其思想源流,五四运动与此前发生的新文化运动有密不可分的关系,正是以思想启蒙为旗帜、以民主和科学为主旨、以百家争鸣为表现形式的新文化运动,为国人开启了全新的视界,激荡着长期浸淫于传统思想与文化熏陶中的国人心灵。提倡思想解放的新文化运动为五四运动准备了充分的精神基础和条件。

　　民国成立后,共和制度的诞生获得了广泛的社会反响。民初的思想界一度颇为活跃,对民主的追求、对制度的设计,均有热烈的讨论,国人的思想也随着共和制的诞生而获得了新的活力。但是,袁世凯当政后,其施政理念趋向于复旧,注重于褒扬以礼义廉耻、四维八德、忠孝节义为核心的传统文化,思想界一时处在较为沉闷的状态中。1914年9月,袁世凯发布"祭孔令",以"道德"为中国的"立国根本",提倡以尊孔读经而讲求传统道德,"凡国家政治,家庭伦纪,社会风俗,无一非先圣学说发皇流衍。是以国有治乱,运有隆污,惟此孔子之道,亘古常新,与天无极。"①1914年12月23日,袁世凯在天坛行祭天礼,其官位设置、称呼礼节、处事之道等均有复旧之趋势,直至其谋划称帝,将复旧推向了高峰。一时间,民国的社会面貌颇有回复旧观之征象。

在一片复旧的沉闷空气中,有识者仍在思考国家的前途命运以及其应走的发展道路。经过辛亥革命的洗礼,国人的认识水准较前毕竟有了很大变化,民主与科学的思想观念正以润物无声的方式慢慢滋养着人们的心灵,而经过清末民初的革命激荡与舆论开放,传统的、封建的、专制的种种事物概念,引起人们的反感与抵制,这种变化在城市和具有一定文化水准的人群中表现更为明显。相较于晚清时期,民国成立后的出版、传媒业有了相当发展,出版与报道面更广,虽然与民初的开放环境相比,袁世凯确立其统治后,政府对出版、传媒业的控制有所加强,但毕竟已无法完全恢复旧观,出版、传媒业在北京政府控制的缝隙中仍然博得了一定的发展空间。1915年,因为日本提出的"二十一条"要求,刺激了国人的爱国救亡意识,对新思想的传播也是有利的因素。所有这些,都为传播与弘扬新思想、新观念的新文化运动的发生创造了必要的条件。

1915年9月《青年》杂志的创刊,一般被认为是新文化运动发端的标志。《青年》主编陈独秀早年受到维新派思想的影响,后赴日留学,又接受了革命思想的熏陶。1903年回国后积极投身反清革命活动,创办上海《国民日报》、芜湖《安徽俗话报》,参与组建反清秘密组织——岳王会,是辛亥革命的积极参与者。民国成立后,他一度出任安徽都督府秘书长,协助都督柏文蔚工作。"二次革命"失败后,流亡日本。1915年6月回国,9月在上海创办《青年》杂志。在《青年》创刊号上,陈独秀以《敬告青年》为名发表的发刊词,标示了他办刊的目的和方针在于弘扬"自主的而非奴隶的""进步的而非保守的""进取的而非退隐的""世界的而非锁国的""实利的而非虚文的""科学的而非想象的"六大主张,归结为"科学与人权(民主)并重",从而打出了作为新文化运动象征的民

---

① 1914年9月26日《政府公报》。

主(时称"德先生",即 Democracy 之音译)与科学(时称"赛先生",即 Science 之音译)的大旗。

陈独秀笃信进化论,认为"新陈代谢,陈腐朽败者无时不在天然淘汰之途,与新鲜活泼者以空间之位置及时间之生命",故其在 1916 年 9 月将《青年》改名为《新青年》,以凸显其"新"而与"旧"抗衡。此后,因蔡元培出任北京大学校长,聘陈独秀为北大文科学长,陈则以《新青年》为中心,团结北大文科的一批同仁在其周围,如胡适、李大钊、刘半农、高一涵等,担任《新青年》的作者和编者,《新青年》的影响因此而越来越大,发行量不断增长,读者争相传阅,已经当之无愧地成为新文化运动的旗帜。①

弘扬民主与科学是新文化运动的主要诉求,也是其时中国所面对和需要解决的主要问题之一,因为民国建立后,民主遇到了军阀专制的挑战,而实行民主的重要基础则是对世界的科学认识,所以高举民主与科学的旗帜实为切合解决时弊之要求。《新青年》作者群体或多或少都写过弘扬民主与科学的文章,其中最具代表性的言论是陈独秀所发:"要拥护那德先生,便不得不反对孔教、礼法、贞节、旧伦理、旧政治;要拥护那赛先生,便不得不反对旧艺术、旧宗教;要拥护德先生又要拥护赛先生,便不得不反对国粹和旧文学";因此,"我们现在认定,只有这两位先生可以救治中国政治上、道德上、学术上、思想上一切的黑暗。若因为拥护这两位先生,一切政府的压迫,社会的攻击笑骂,就是断头流血,都不推辞。"②

新文化运动还特别注重反对封建礼教,也就是所谓纲常名教。以忠孝节义为核心的礼教在中国有长久的历史,也是封建专制制度在思想上的维系者,因为所谓忠孝节义实际提倡的是君为臣纲、夫为妻纲、父为子纲的上下、尊卑有序的固定、僵化的体制,在这样的体制下,每个

---

① 《新青年》和北京大学被公认为新文化运动的倡导者,但台湾学者比较注重其与国民党人的关系。20 世纪 80 年代以来的研究,亦有日本学者认为其与欧事研究会和旧国民党人存在着一定的联系。但也有学者认为:这样的看法"显然过于深文周纳了,而作为政治势力和思想流派的溯源上,也未触摸到核心。所以,如果用既存政治组织和势力去给新文化运动倡导者作定位,显然是徒劳无功的。"见陈万雄《五四新文化的源流》,56 页,北京,三联书店,1997。有关讨论,请参阅相关研究论著。
② 陈独秀:《本志罪案之答辩书》,载《新青年》第 6 卷第 1 号。

人的地位已经命定,从而也就封堵了新思想新制度产生的可能性,大大有害于中国的变革与进步,尤其是在中国进入近代以后,继续这样的保守体制,将使中国更难以应对强势西方入侵的挑战。新文化运动的倡导者都接受了新思想新思潮的影响,都是民主共和的拥护者,他们认为:"吾国欲图世界的生存,必弃数千年相传之官僚的专制的个人政治,而易以自由的自治的国民政治";然"共和立宪制,以独立、平等、自由为原则,与纲常阶级制为绝对不可相容之物,存其一必废其一"。① 故新文化运动对封建礼教予以激烈的批判,其中尤以鲁迅以文学创作方式刻画之封建旧礼教的罪恶更为深刻。他在《狂人日记》中写道:"我翻开历史一查,这历史没有年代,歪歪斜斜的每页上都写着'仁义道德'几个字。我横竖睡不着,仔细看了半夜,才从字缝里看出字来,满本都写着两个字是'吃人'!"还有什么比"吃人"这样的表述对封建旧礼教的批判更深刻呢? 难怪同为批判封建旧礼教的大将吴虞对鲁迅的小说写下了这样的观感:"他这日记,把吃人的内容和仁义道德的表面看得清清楚楚。那些戴着礼教假面具吃人的滑头伎俩,都被他把黑幕揭破了。"②

新文化运动对民主与科学的大力提倡,对封建旧礼教的犀利批判,之所以在社会上产生了很大的反响,与其提倡文体革命,也就是白话文运动是分不开的。中国的汉语文体长久为文言文所垄断,虽然民间话语使用口语,文学创作也有相应的反映,但居于官方垄断地位的仍是文言文写作,口语以及相应的白话文只是不入流的表达方式。这种状况束缚了人们表达方式的自由,不利于许多文化水准不高的人学习并接受文化知识,有碍于文化的传播,更不必说诸多文盲学习文言文之难了。因此,新文化运动将改革文体视为革命之举,加以大力提倡,亦为顺理成章。

胡适是文体改革最早的提倡者,1917年1月,他在《新青年》第2卷第5号发表《文学改良刍议》,提出其文体改革主张为:一须言之有物,二不模仿古人,三须讲求文法,四不作无病之呻吟,五务去滥调套

---

① 陈独秀:《吾人最后之觉悟》,载《青年》第1卷第6号。
② 鲁迅:《狂人日记》,吴虞:《吃人与礼教》,载《新青年》第4卷第5号、第6卷第6号。

语,六不用典,七不讲对仗,八不避俗字俗语。陈独秀对胡适的意见颇为欣赏,随后在《新青年》第2卷第6号发表《文学革命论》,揭示"文学革命"的主张,并提出"文学革命"的三大目标:推倒雕琢的、阿谀的贵族文学,建设平易的、抒情的国民文学;推倒陈腐的、铺张的古典文学,建设新鲜的、立诚的写实文学;推倒迂晦的、艰涩的山林文学,建设明了的、通俗的社会文学。陈独秀将胡适着眼于文字表现形式的文体改革推向着重于改变写作内容的文学革命,表示出他作为新文化运动领军人物不妥协的战斗精神。鲁迅则是文体改革和文学革命的积极实践者,1918年5月,他在《新青年》第4卷第5号发表的《狂人日记》,被公认为中国现代文学的开山之作,不仅在文学上,而且在政治上和社会上都具有重要的影响。以新文化运动推广白话文使用为开端,白话文渐渐成为中国语文的主导表达方式,一场以文体改革为发端的白话文运动,看似文字表达方式的变化,远不及狂风暴雨般的政治运动那般为人瞩目,但却在中国文化史与文明史上留下了受惠与后人的久远影响,对在普通大众中传播与普及文化起到了十分重要的作用。

新文化运动产生的广泛影响也是与运动参加者服膺的百家争鸣理念及其实践分不开的。百家争鸣虽为古人所倡,但中国封建社会的意识形态长期独尊以孔孟之道为代表的儒学,缺乏真正百家争鸣的环境,遏制、压抑了其他思想流派的发生与发展,也不利于不同思想流派之间的交流与融合。新文化运动大大改变了这种状况,参加者自由发言、自由讨论,从而刺激了新思想、新观念的生长,而新思想、新观念的生长又推动了百家争鸣的继续与扩大。两者相辅相成,互相促进,最终谱写了近代中国思想史的新篇章。在这个过程中,蔡元培在北京大学的一系列改革为实践百家争鸣的理念写下了浓墨重彩的一页。

1917年1月,蔡元培出任中国第一所近代大学,也是最著名的大学——北京大学的校长。蔡是前清翰林,曾在欧洲就学游历,富有学术修养和民主精神,他还是著名的民主革命家,亲身参加了辛亥革命,曾任南京临时政府教育总长,在任上推动过教育制度的改革。他出任北大校长后,根据北大现状和中国实际,对北大进行了一系列具有深远意义的改革,将北大打造成为名副其实的当时中国第一校。蔡元培在北大进行的诸项改革中,最有远见卓识、最富于长久影响力的,是他提出的"循思想自由原则,取兼容并包主义"的办学方针和百家争鸣的思想取向。他提出:"无论有何种学派,苟其言之成理,持之有故,尚不达自然淘汰之运命者,虽彼此相反,而悉听其自由发展。"对于革新北大的教员队伍,蔡元培并无成见,而是认为"人才至为难得,若求全责备,则学校殆难成立";故对其"以学诣为主,在校讲授,以无背于第一种主张(思想自由)为界限。其在校外之言论,悉听自由,本校从不过问,亦不能代负责任。"①根据这样的方针,他在北大既聘请了大力宣扬新思想、新观念的民主派陈独秀、李大钊、胡适、钱玄同等人,也聘请了着力维护旧思想旧观念、拖着长辫的保守派辜鸿铭、筹安会的发起人刘师培等人,还聘请了并无明显政治主张,但学有专长的诸多学者。以国民社、新潮社为代表的学生团体在北大也非常活跃。蔡元培在北大采取的一系列改革,身体力行地实践了百家争鸣的方针,不仅改变了北大的面貌,形成了北大自由、民主的办学传统与求新、活跃的学术空气,而且其影响及于社会,对新文化运动和其后五四运动的发生和发展起到了非常明显的推动作用。因此,《新青年》作者、编者群体之不少人出自北大,五四运动以北大学生游行为先导,并非偶然。

新文化运动发生在近代中国思想狂飙激荡、学术百家争鸣的特定历史时期。在20世纪10年代中期到20年代中期,学人活跃,学派纷呈,社团勃兴,出版兴旺,各种中西思想相互碰撞和砥砺,各派思想观点尽情表达和切磋,共同创造了中国近代思想史的丰收期。虽然新旧思潮之间也有交锋与论战,但大体仍循学术的轨道进行,新思潮以其民主的精神、科学的方法、中肯的风范、求实的态度而渐占上风。这种思想的自由表达与学术的活跃空气发生于军阀当道时期,其间可能有各种复杂的原因,诸如军阀间的纷扰争斗使其一时无暇顾及政治之外的其他方面,政府行政管理的混乱无序为学术自由留下了一定的挥洒空间,

---

① 蔡元培:《致公言报并答林琴南君》,载《新潮》第1卷第4号。

经济与市场的发展使学人可以在一定程度上自谋生路,租界治外法权的存在亦使有违政府"禁忌"的文人有所托庇,等等。于此可见,思想史的演进自有其内在理路,与政治史未必同步。但无论如何,新文化运动的发生与发展总是中国社会的综合环境发展到一定阶段的产物,并深深植根于中国社会的特定环境之中,而非凭空而起的无源之水、无根之木。

新文化运动的发生,从思想领域而言,可以称为"具有中国特色的启蒙运动"。应该说,辛亥革命虽然是近代中国伟大的民族民主革命,但其在思想上的启蒙并不全面而充分,这也是其虽然推翻了帝制,但并未能完成民主革命任务的重要原因。新文化运动的发生,其对民主与科学的张扬,对封建礼教的批判,通过新的表达方式普及到社会和民间,使国人接受了一次思想的洗礼,启蒙了他们的民主精神,增进了他们的科学意识,推动了他们的思想解放,从而也为五四运动和中国民族民主革命的深入奠定了坚实的思想基础。尽管新文化运动的参加者也有激于情绪而提出的某些脱离国情的过激的、绝对的主张,诸如由提倡白话而反对汉字,由提倡科学而反对中医,对传统文化全盘否定,甚而发展为主张"全盘西化",等等,也曾起过消极的作用和负面的影响。然而,瑕不掩瑜,后人不能苛求先贤,无论如何,新文化运动的参与者以彻底的反封建专制精神,高扬民主与科学的旗帜,在中国这样有数千年封建专制传统积淀的大国,以振聋发聩之势,发排山倒海之声,打破过往传统、陈腐、守旧的权威和教条,推动了中国社会的进步与中国人思想观念的更新,在近代中国史上留下了自身不可磨灭的印迹。

第二节 五四运动的起因

五四运动的发生直接源于巴黎和会中国外交交涉之顿挫,然追溯其更早的缘由,与第一次世界大战结束之际的国际局势亦有关联。

1918年11月11日,历时4年有余的第一次世界大战以德、奥同盟国阵营的失败而结束。虽然在中国是否参加战争的问题上,国内政界曾经有过激烈的争论,但战争既已结束,而中国参加的协约国阵营又是战争的胜利方,因此而引发了国人对战后国际局势及中国所处地位的欣慰与兴奋之情,正如大总统徐世昌在11月16日就战争结束所发的总统令中所言:"我协约国士兵人民,不惮躬冒艰险,卒以公理敌强权而获此最后之胜利。吾国之力排众难,加入战团,与兹盛举,是堪欣幸。"[①]为此,全国各地都举行了规模不等的庆祝活动,视欧战胜利为公理战胜强权之象征。更使国人期待的是,美国总统威尔逊1918年1月8日在美国国会演讲时,提出了解决战争善后问题的"十四点主张",包括公开缔约、航海自由、除却经济障碍、缩小武装、公道处理殖民地问题、组织国际联盟、国无分大小一律平等等内容。[②] 威尔逊的建议,包含了处理国际关系的一些新意,而其本质上不过是美国一向以来奉行的"门户开放、利益均沾"政策的再申明,但在中国社会却引起了十分强烈、正面的反应与呼应。因为中国一向受到列强的压迫,一向为不平等条约所束缚,一向苦于被列强私下瓜分种种利益和势力范围,如今威尔

---

① 1918年11月17日《政府公报》。
② 中国社会科学院近代史研究所近代史资料编辑室编:《秘笈录存》,28—29页,北京,中国社会科学出版社,1984。

逊提出各国权利平等、缔约公开公平的原则，而美国又是第一次世界大战的主要参战国，说话似乎有很大的分量，自然使国人为之兴奋不已，认为中国是战胜国，可以就此伸张正义，摆脱受列强欺凌的局面。难怪并不亲美的陈独秀也将威尔逊的演说捧为"都是光明正大，可算得现在世界上第一个好人"。①

与民间的乐观态度相对应，北京政府对战后议和问题及在和议中争取中国的权益也是重视的，因为这是自鸦片战争以来，中国第一次以战胜国资格出席国际会议。欧战结束后不久，北京政府即决定以外交总长陆征祥、驻美国公使顾维钧、驻英国公使施肇基、驻法国公使胡惟德、驻比利时公使魏宸组为中国出席和会全权代表，陆征祥为首席代表。后为缓和与南方广州军政府的关系、对外显示中国的团结一致，广州非常国会参议院副议长王正廷加入代表团，成为正式代表（广州军政府曾任命孙中山、伍廷芳、王正廷、伍朝枢、王宠惠为出席和会代表，但不为北京政府接受），但为不突破代表名额的限制，胡惟德退为代表团成员（和会只允给中国2位代表名额，故中国每次出席会议的代表只能采取轮流参加制），代表团成员还有驻丹麦公使颜惠庆，驻意大利公使王广圻等。1919年1月21日，徐世昌发布对中国代表的任命令。中国出席和会代表团基本上由民国以后崭露头角的新进外交家组成，可谓是网罗了当时一代外交英才的"豪华"阵容。他们中的多数人曾经留学美、欧，谙熟近代国际关系、外交技巧与外交礼仪，懂得如何以西方认可的方式进行外交交涉，善于在弱势情况下争取舆论与人心的支持，同时他们也对中国国家与民族的长远利益与国际关系的发展变化有深切之体认与把握，这些都对中国参加和会的讨价还价过程和最终结果产生了至关重要的影响。

根据社会各界的要求及政府讨论的结果，中国代表受命在和会提出的主要条件有：(1) 收回德、奥在华租界及特权，因为德、奥为战败国，作为战胜国的中国提出此条至为正当；(2) 撤销庚子条约赋予外国的在华驻兵权，这是中国最感耻辱者，也是严重影响中国国家主权者；

---

① 《发刊词》，载《每周评论》创刊号。

(3) 停付庚子赔款,此条与上条相联系,为中国所看重并有实际利益;
(4) 取消外国在华势力范围,取消治外法权,实行关税自主,虽然这几条亦严重影响中国国家主权,但因其发生年代久远,北京政府亦不认为可以立即实施,而不过以其为期望条件。至于日后导致中国外交受挫的关键点——山东问题,因北京政府视其为中国收回德国权益之一部分,且日本事前亦无不予归还之表示,故并未认其可能发生问题。事实上,北京政府提出上述条件固属正当,但也反映出其对世界大势之发展及国际关系之冷酷并无切实之认识。因为早在和会召开前,"欧西报纸颇有中国参战不力,对敌侨取缔不严诸论说。外交团亦以为言。且闻有人拟乘机破坏,不使加入之说。经欧美各公使迭向各政府接洽,……美国认为中国亦应一致优待,力与赞助。各国无异议,遂得一律加入。"于此可见,连中国参加和会的身份尚且受列强的质疑,哪里还能指望列强在和会中同意中国提出的诸多条件。因此,中国的所谓"战胜国"地位不过是虚幻的,不能落到实处,列强从未将中国视为平等一员,而美国的"赞助"亦不过是口惠而实不至。至于日本,对山东问题早有方针,原敬内阁处理山东问题的基本出发点,就是确保日本接收德国在山东的权益,然后再和中国讨论后续问题。陆征祥在赴巴黎参会途中于12月8日在东京与日本外相内田康哉会见时,内田已透露此信息,称山东问题"俟与德国交涉清楚后,按照原议交还中国,请中国勿听德人或他方挑拨,致生异议。"其语暗含玄机,虽云交还中国,但须俟其"与德国交涉后"行事,实际是将山东问题先作为日、德,后作为日、中之间的问题,从而也为在山东问题上向中国勒索埋下了伏笔。① 但北京政府及出席和会的代表当时尚未思虑及此。

1919 年 1 月 18 日,解决第一次世界大战善后问题的国际和平会议在法国首都巴黎正式开幕。法国因地主之利而由总理克列孟梭出任大会议长,美国国务卿蓝辛、英国首相劳合·乔治、意大利首相奥兰多、日本首席代表西园寺公望为副议长。会议下分 5 项专门小组讨论,即国际联合(国际联盟)、赔偿损失、惩罚战事祸首、规定劳动法律、海陆交

---

① 自此以下直至本节末所引资料,除特别注明者外,均引自《秘笈录存》,60、63、71—75、93—104、110—114、117、131—135、153—199 页。

通问题,中国代表顾维钧参加国际联合小组、王正廷参加海陆交通小组的讨论。但和会实际上的决策机构是由美、英、法、意、日各派两名代表组成的五国会议(3月下旬又有美、英、法、意四国领袖会议的组织),法国总理克列孟梭在会议发言时,"雄辩滔滔,词锋犀利。玩其语意,一若此次和会,除美、英、法、义(意)、日五国外,余国之被邀入会,已属好意,直无可以商量之余地。其气概咄咄逼人"。故中国首席代表陆征祥已经感觉,"法总理如此态度,前途可虑。我国在会中之结果,毫无把握。"说到底,巴黎和会仍是大国俱乐部私下商议的结果,而非弱国小国争取自身权益的场合。

陆征祥的担忧果然不幸而言中。1月27日,五国会议讨论山东问题,因事关中国,中国代表顾维钧、王正廷被邀参加下午的会议。日本代表在发言中,"竟然要求胶济铁路及其他利益为无条件之让予。交还中国一层,一字不提。"此事诚出中方意料之外,因为日本原先并未有如此表示,然顾维钧并未因此而失去方寸,给对方留下可钻之空当。他沉着应对,不疾不徐,表示:"关于胶州问题,应由中国陈说理由后,再行讨论。"顾的建议完全合乎情理,得到了五国会议的赞同,于此亦使中方争取到缓冲的时间,可以有从容之应对,体现出顾维钧作为青年外交家的机敏干练。事实上,顾维钧可算是代表团中对山东问题较有研究及准备者,他在代表团先前的内部讨论中,已经提出了山东问题的重要性,因此,由他出面应对日本的挑战亦可谓所得其人。

28日,五国会议听取中国代表就山东问题的阐述。顾维钧精心准备,作长篇发言,着重阐述:"山东因历史、人种、宗教、风俗、语言、国防等关系,与别种海屿不同,应令德国将所租青岛及胶济铁路及附属权利,完全直接归还中国。"他说:

> 所有德国胶州租借地、胶济铁路及其他权利,即应直接归还中国。该地为中国领土完全之关系,不可稍有亏损;人民三千六百万,自有历史以来为中国种族,操中国语言,奉中国宗教。该地租与德国之原委,早为人所尽知。当时因教案问题,德人用武力要挟,中国不得已徇其所请。以形势言,胶州为中国北部门户,为自海至京最捷径路之关键,且

胶济铁路与津浦相接,可以直达首都。即仅为国防问题,中国全权断不能听任何他国于此重要地点,有所争持。以文化言,山东为孔孟降生之地,即中国人民所视为神圣之地。中国进化,该省力量居多,故该省为中国全国人民目光之所集。以经济言,该省地狭而民庶,面积不过二万五千方英里,人口多至三十六兆,人烟稠密,竞存不易,设有他国侵入其间,不过鱼肉土著而已,亦不能为殖民地也。故以今日会议所承认之民族及领土之完全各原则言之,则该地之归还中国,实为应得之权利。

他希望以山东在中国地理、历史、人文、经济中的重要地位打动他人,故其发言颇具感情,并对协约国阵营表示感谢,对日本亦无恶语严词相向。最后他表示:"日本军队为中国驱除德人势力于山东,中国至为感荷。英国于欧战危迫时,仍能出兵相助,亦中国所深佩。其他联盟诸国与德相持,使不能分兵东援,亦中国所不能忘。但感荷之忱,虽至殷切,若竟割让中国人民天赋之权利以为酬报,由此再播将来纷争之种子,则中国全权倘不力争,不特无以对中国,亦无以对世界。"他的发言兼具感性与理性,语调平和而坚定,表述明晰而机巧,"各国代表以今日中国所请理由极为充足,均与顾、王两使握手表示,并于顾使陈述时,各强国代表屡有美意表示,现于颜色"。因为中国曾在上年与日本就有关山东铁路借款换文时,对日本驻兵及双方"合办经营"胶济铁路等项有"欣然同意"之辞,等于在事实上承认了日本在山东的地位,为日本今日之要求埋下了伏笔,也是中国交涉中的软肋,但顾维钧非常巧妙地将此问题转换了角度,提出"所有中日在欧战期内所订条约、换文、合同等,因中国加入战团,情形变更,该项条约等均认为临时性质,须交大会决定"。这就全面打消了日本要求的理由,而为中国争得了重新商议的可能。当美、英、法代表询中日双方是否愿将前所签订各条约、协定等提交大会时,日本代表表示"须请示政府","语涉迟疑,各代表颜露不满意之色";而顾维钧"答以我国并无反对交出之意",又以此得到了美、英、法之同情。至此,日本代表不能不改变策略,表示将交还胶州租借地等山东权益,但须俟德国将其交与日本后,再与中国接洽。顾维钧立即跟进,表示"归还手续,我中国愿取直接办法(即由德国直接交还中国)。盖此事为一步所能达,自较分作二步为直捷。"他特别声明,日本的要求"想系指一九一五年二十一款要求所发生之条约及换文而言",但此为"日本送达最后通牒,中国始不得已而允之。即舍当时成立之情形而言,此项约章既为战事所发生之问题,在中国视之,至多亦不过为临时暂行之办法,仍须由平和议会为最后之审查解决。纵令此项条约换文全属有效,而中国既向德国宣战,则情形即大不同。……不能阻中国向德国要求将中国固有之权利直接交还中国也。且中国对德宣战之文,业已显然声明,中德间所有一切约章,全数因战地位而消灭。约章既如是而消灭,则中国本为领土之主,德国在山东所享胶州租借地暨他项权利,于法律上已经早归中国矣。"会议至此结束,转待以后讨论。

作为首次代表中国参加国际多边大型会议的代表,又被置于事关中国国家主权与民族利益的重大问题之风口浪尖,年仅 31 岁的青年外交家顾维钧在 28 日会议的表现可圈可点,他的发言与辩论,有理、有力、有节,以情动人,以理服人,而又坚守原则立场,不失交涉分寸,在相当程度上为中国挽回了因日本突然袭击而面临的不利局面,并为其后中国的交涉方针与策略打下了良好的基础,也博得了与会各国代表的同情与理解。

由于日本执意要求继承德国在山东的权益,故在 1 月 28 日的五国会议之后,如何争取收回山东权益成为参加巴黎和会中国代表团的首要任务。代表团经过一番详密之讨论,由顾维钧起草了《中国要求胶澳租借地、胶济铁路暨其他关于山东省之德国权利直接归还中国说帖》。该说帖分为"德国租借权暨其他关于山东省权利之缘起及范围""日本在山东军事占领之缘起及范围""中国何以要求归还""何以应直接归还"四部分,以顾维钧在 28 日会议的发言为基础,对山东问题之来龙去脉予以条分缕析,结论是:"中国鉴于上列各项理由,深信平和会议对于中国要求胶澳租借地、胶济铁路暨关于山东省之他项德国权利之直接归还,必能认为合于法律公道之举。"2 月 15 日,中方将说帖及有关文件送交大会。对中国在山东问题上的态度,日本虽未在五国会议上明言,但实际是不满意的,日本驻华公使小幡酉吉和日本出席和会代表团均对顾维钧的发言和中国代表团的说帖表示了异议,于此亦表明,中国希望在和会期间得到山东问题的顺利解决绝非易事。

中国代表团参加巴黎和会前本拟有在会上提出的各项条件纲目,但当中国代表团向大会提出关于山东问题的说帖时,认为"目前山东问题最为吃紧,故所提问题即以此为限。深恐各项问题如果同时提出,不免使欧美各国转因公共利益偏向于彼,在我反有孤立之势。"其后,中国代表团根据会议的进程及情势的演进而相机陆续提出了中国的其他各项要求。

3月8日,中国代表团向大会提交《中国提出德奥和约中应列条件说帖》,其主旨为:"在使从前用威吓手段或用实在武力,而向中国获得之领土与权利产业,仍归还中国,并除去其政治、经济、自由发展之各种限制。"对德条件为:(1)废除中德间所有条约及因条约产生之权利;(2)订立中德平等新约,德国放弃最惠国待遇;(3)德国退出辛丑条约及赔款;(4)所有在华德国租界、租借地之一切公产退还中国;(5)赔偿中国人民因战事而受之损失;(6)保留向德国提出赔偿战费之要求(3月27日决定放弃此条);(7)偿还中国收容德国战俘之费用;(8)归还1900—1901年间从中国掠去之仪器物品;(9)批准万国禁烟公约。除不包括第8款外,对德条件的其余8款也是中国提出的对奥条件。其后,中国代表团又提出《废除一九一五年中日协定说帖》和《中国希望条件说帖》。前者将日本提出的"二十一条"及据此签订的"民四条约"定性为"一种单方面之条约","具有临时之性质",因"中国政府签字于该协定,实以受有一九一五年五月七日日本哀的美敦书之胁迫",故中国对此一向持有保留,要求废除亦至为正当。后者列举了有碍中国国家主权的若干重要关节点,"冀依主权国所不可少之土地完整、政治独立、经济自由诸原则,而加以纠正。庶障碍消除,而发展得遂其自由"。说帖提出各国舍弃势力范围,撤退外国军队、巡警,裁撤外国邮局及有线、无线电报机关,撤销领事裁判权,归还租借地,归还租界,关税自由等项希望条件,并称中国"非不知此类问题并不因此次世界战争而发生。然平和会议之目的,固不仅与敌国订立和约而已,亦将建设新世界,而以公道、平等、尊敬主权为基础。征以万国联合会约法,而益见其然。此次所提各问题,若不亟行纠正,必致种他日争持之因,而扰乱世界之和局。故中国政府深望平和会议熟思而解决之"。唯列强对于实际并不有碍其利益的山东问题尚且不能满足中国的希望,对于中国提出的牵涉各国实际利益的上述希望条件则更不可能同意。5月14日,和会议长、法国总理克列孟梭致函陆征祥,表示各国"承认此项问题之重要,但不能认为在平和会议权限以内。拟请俟万国联合会行政部能行使职权时,请其注意。"中国的希望至此落空。

对于中国代表认为最关紧要的山东问题,在会议有决定权的五大国中,日本坚持其主张;英、法、意等国因与日本在战时订有秘密协议,支持日本获得德国在山东的权益,故在所谓条约义务上无法反对日本的主张;只有美国出于威尔逊声明的精神和"门户开放"原则,对中国表示了一定的支持。然而事实上,自1月28日的会议之后,列强并没有再听取中国的意见,中国亦无从知晓列强间对此事之交易情形究为何如,中国代表只能依靠与各国代表的双边接触,了解一些列强协商的进展。4月7日,陆征祥在致北京政府的电文中坦言:"国际对我情形,今日更殊畴曩,列席人数,其尤著者也。我国全权到时,接待应酬之淡漠,列强领袖在会访问接洽之艰难,各界人物对华议论观察之轻慢,种种情况,江河日下。关于我国山东问题,除某国(美国)善意维持外,各国要人对我态度虽无不表示同情,然每以种种事实之关系,口吻多欲吐而仍茹。总之,强权利己之见,绝非公理正义所能摇,故协群力以进行,犹恐九鼎之难举。"会议的进程验证了陆的看法。4月16日,美国在五国会议中提议,德国在中国的所有权益,先由本会暂收,俟青岛等地开埠后,再交还中国。日本坚持中日订有成约,应先交由日本再转交中国。英、法、意代表"均缄默",美国"遂搁议"。次日,美国又提议将德国境外所有有关协约国的权益交由五国处置,此建议当然包括德国在山东的权益,故日本虽同意美国的提议,但声明对山东问题予以保留。这样,中国收回山东权益的主张仍无法实现。

4月22日,陆征祥、顾维钧再度出席五国会议。由于意大利因其领土要求未得满足而退席,美国担心日本亦照此办理,使会议就此流产,故改变了先前支持中国的态度。① 威尔逊在发言中认为:山东问题"实为复杂,中国、日本既有一九一五年五月之条约换文于前,又有一九一八年九月之续约于后,而英、法等国亦与日本协定条件,有维持其继续德国在山东权利之义务。此次战争,本为维持条约之神圣"。威尔逊此前堂而皇之提出的"十四点",第一条就是反对秘密条约,现在为了现实利益的交换,不惜食言而肥,这本为国际关系中的常态,但却使一直企图依赖美国支持而解决山东问题的中国代表处境更为艰难,本就势单力薄的中国代表在会上更显孤立无援。而英国又一再追问,1918年中日订立有关山东问题的条约时,"停战在即,日本决不能再强迫中国,何以又欣然同意与之订约?"此事的确为中国代表不易解释周全者,当年皖系军阀控制的北京政府为获得日本的借款而草率签订的该约,为中国在和会交涉收回山东权益留下了相当的后患,外人均以为此"授日本以极好口实","中国弱点惟在此"。这也是五四运动兴起后,国人对主其事者不能原谅的重要原因。为了在对德和约中解决山东问题,英国提出了两个办法,一按中日协定条件,一使日本继承德国权利。两项办法均不利于中国,因此为中国所反对,但列强未接受中方的意见。会后,中方代表均认形势严重,只能"再竭力托美坚持。必不得已,则以全力设法使草约内不至将胶州问题专列一条,而仍浑含于德国在本境以外所有一切权利应交由五国共同暂管之一条,全部惟均苦毫无把握"。

4月24日,中国代表团再次提议,德国在山东权益先交五国暂收,日本在对德和约签字后一年内将其交还中国,中国愿对日本占据胶州期间的军事开支有所补偿,胶州湾全部开作商埠。但列强对中国的提议及所作让步并不重视。30日,美、英、法三国会议决定:德国将山东的所有权益让于日本,日本将德国租借地及其他政治性权利交还中国,但保留经济性权利。因为日本坚持其后交还山东权益是日本与中国交涉的问题,非关对德和约,因此即便是上述已经非常迁就日本的规定,也因为日本的反对未能写入最后的条约文本,条约文本中只写明德国

---

① 事实上,日本也确实有拒约的打算。4月21日,日本代表团收到原敬内阁外交调查会作出的"不容改变的最后决定":一定要无条件地从德国手中接收青岛,然后按日中协议交还中国,否则就不要在国联盟约上签字。见黄尊严《日本与山东问题》,224页,济南,齐鲁书社,2004。

将其让与日本,而"于交还中国一层不提一字"。由于这是三国会议对山东问题的最后决定,所以即便是对外态度最为温和者,也不能不认为这是中国外交交涉的失败,由此而波及国内,掀起一场政治风暴,就是完全可以理解的了。

第三节　五四运动的发生及演进

巴黎和会的美英法三国会议作出关于山东问题的决定后,5月1日英国外相贝尔福将此通告中方,中国代表为此愤懑异常。5月3日,中国代表团向三国会议提出声明称:对会议关于山东问题的决定,"中国代表与全国人民不能不表示深切失望之意,亦不能不持公理之名义正式抗议";声明追问三国"究竟依据何项理由可将此项权利给予日本,殊难索解";"既云将山东半岛连同完全主权归还中国,则归还之事何不一气呵成,而必分为两步？又何必先移交日本,而俟其自愿担任归还？此中情形,实不明了。"声明表示:"中国尤所倚仗者则以所争之事无不平允公道,今结果如此,实为痛切失望。"而此时在国内,一场猛烈的政治风暴正在酝酿爆发之中。①

中国代表在巴黎和会交涉的经过,通过各种不同的渠道陆续传回国内,引起国内舆论的极大关注,舆论均主坚持立场,不签有损国权之条约,向和会中国代表团表示:"国民誓死力争,愿公等坚持到底,全国国民为公后盾。"3月中旬,北京政府公布中日之间有关山东问题的条约、协定、换文等,更使舆论对当时签约主事者对中国外交交涉造成的被动局面屡有强烈的批评,并已点出曹汝霖等人的责任问题。② 4月16日,上海各界召开大会,决议严责曹汝霖、陆宗舆、章宗祥等"种种卖

---

① 《秘笈录存》,147—148页。
② 曾任北京政府国务总理的颜惠庆认为:"自袁世凯氏任总统以来,外交部对于中日关系,特加注意。当局深知国力脆弱,必须与强邻亲睦,不容发生直接冲突。中日之间,人事关系最为重要,偶有误会,如人事配合得当,不难大事化小,小事化无。是以外交部次长一席,尝由日本留学生担任,四员参事之中,亦必有一员曾经留学日本。他们的职责,为随时揣摩对方外交的脉搏,预止其责难,安定其意气,消弭(转下页)

国行为，日益加厉，为全国所不容，应请决议惩办，以除祸根。"4月20日，和会签约关键之山东问题所在地的山东民众10万多人在济南举行国民大会，发出致巴黎中国外交代表电，严正声明："现闻我国军阀及二三奸人阴谋卖国，示意退让，东人闻之，异常愤激，……金谓此说若行，是陷山东于没世不复之惨。若辈包藏祸心，多方掣肘，丧心病狂，万众同仇，东人死丧无日，急何能择，誓死力争，义不反顾。"①和会期间在巴黎现场观察的梁启超曾有电致其国内同侪谓："查自日本占据胶州铁路数年以来，中国纯取抗议方针，以不承认日本承继德国权利为根本。去年九月德军垂败，政府究何用意，乃于此时结此约以自缚！为今计，惟有使订约之人担负，庶可挽回，展开新局。不然千载一时良会，不啻为一二人毁坏，实为惋惜。某漫游之身，除襄助鼓吹外，于和会实际进行未尝过问，唯既有所闻，不敢不告，以备当局参考云。"②梁启超此等言论直指当时主事者的责任，亦为后来五四运动发起后各界追索的关键问题之一。③

巴黎和会作出将德国的山东权益交给日本的决定之后，消息很快传回国内，5月1日，上海《大陆报》（英文）最早报道了这条消息，2日的北京《晨报》又有后续报道，结果引起国民群情激愤。5月3日，北京国民外交协会决定，在5月7日"国耻日"（即日本提出对"二十一条"要求

（接上页）其滋扰。"可见以"亲日"形容此前北京政府的外交及人事，也是当时人的看法，并不完全为过。（杜春和等：《北洋军阀史料选辑》下册，213页，北京，中国社会科学出版社，1981。）而顾维钧等新进外交家可能与美国的关系更密切，故日本对他们颇为敌视和反感，而顾维钧则被认为是中国反日政策的倡导者。（《顾维钧回忆录》第1分册，272—273页。）

① 彭明：《五四运动史》（修订本），259—261页，北京，人民出版社，1998。
② 《秘笈录存》，133页。
③ 关于五四运动的推动者或领导者，当时被赶下台的曹汝霖等和安福系归之于研究系之"煽动"。今有论者认为，"从现象上看，研究系在五四运动中的确是极为活跃的"；"在朝野各界人士中，研究系显得最为活跃，最为敏感"。他们控制了官方的总统府外交委员会和民间的国民外交协会等机构，并充分利用了其官方和民间双重身份及其控制的舆论工具如《晨报》等，在运动中发挥了作用。（参见彭明、周天度主编《中华民国史》第2编第2卷第7章第3节，北京，中华书局，1987。）20世纪90年代以后的研究，有论者充分肯定国民党人积极参加并推动了五四运动，他们在运动前宣传鼓吹，在运动中制定策略与方法，推动其发展；五四运动的"政治性质和思想主题，以至于运动的预演、爆发和取胜，均同国民党人的政治言行有直接关系"；因此，"五四运动的真正推动和领导者应该是以孙中山为首的资产阶级民主革命派"。（参见刘永明《国民党人与五四运动》，北京，中国社会科学出版社，1991。但也有论者认为，"以北京大学和《新青年》为中心的新文化运动的倡导力量，在五四运动前，与孙中山及其领导的政治势力关系不大。反而有一种要求摆脱和超越包括当时的国民党在内的既存的政治势力的言论""孙中山及其亲近的党人之与新文化运动和爱国运动的新兴的革新力量有意识地加强联系，是在五四事件之后。不过这并不表示自此而后孙中山和国民党即与这股新兴力量结合起来。两者的合流进而使中国革命进入另一个新的阶段，尚经三、四年的发展过程"。（参见陈万雄《五四新文化的源流》第3章）请参阅相关研究论著。

之最后通牒日)在北京中央公园(今中山公园)召开国民大会,"正式宣言并要求政府训令专使坚持,如不能争回国权,宁退出和会,不得签字。望各地方、各团体同日开会,以示举国一致"。(由于政府的禁令,此次会议未能举行)就在同一天,得知消息的北京大学学生情绪更是激动,他们齐集校园商议,决定在次日(星期日)举行示威,表示反对强权,决不签约,联合各界一致力争的态度。会中还有学生当场写下血书"还我青岛",更使参加者热血沸腾,示威之举遂定。[①] 在此前后,还有若干学校的学生也聚集讨论了发起或参加示威的事宜。

5月4日下午1时许,北京大学、北京高等师范学校、北京高等工科学校、法政专门学校、中国大学、汇文大学等10余所学校的3000多名学生集中在天安门前,学生们手拿各色各样的小旗,上书"还我青岛""誓死力争""争回青岛方罢休""诛卖国贼曹汝霖、章宗祥、陆宗舆"等字样,在天安门前集会演讲。天安门是早年皇室宫廷的正门,位于北京的市中心,在天安门前集会自然具有较大的影响力,不少市民闻讯而来,或围观或加入,进一步壮大了学生的声势。集会过后,学生们开始举行游行示威,先到距天安门咫尺之遥的东交民巷使馆区,向各国驻华使节请愿。但因使馆区不允进入,学生只能推举代表向美国使馆递交了请愿书,然后,愤懑不已的学生又决定前往赵家楼曹汝霖宅示威。当天,刚好因驻日公使章宗祥回国,大总统徐世昌在总统府宴请章宗祥及曹汝霖等。饭后他们来到曹宅不久,学生游行队伍亦至,见曹宅紧闭大门,无人露面,愈加激起学生的激愤之情。结果,学生群起而上,一拥而入,曹汝霖于仓促之间躲进一间暗房,免于与学生相对,但章宗祥没有这样"幸运",他在跑出躲藏之处时被学生发现,挨了一顿打。学生们搜寻曹汝霖不得,激愤之余点火烧了曹宅,然后渐渐散去。其后,奉命监视学生行动的京师警察总监吴炳湘带人到达曹宅,在仍滞留现场的学生中逮捕了32人,当天的示威活动渐趋平息。为了营救被捕的同学,北京各校学生决定自5日起开始罢课,后经蔡元培等劝解,并请政府释

---

① 中国社会科学院近代史研究所、中国第二历史档案馆史料编辑部编:《五四爱国运动档案资料》,182页,北京,中国社会科学出版社,1980;中国社会科学院近代史研究所近代史资料编辑组编:《五四爱国运动》(上),453页,北京,中国社会科学出版社,1979。

放被捕学生,7日,被捕学生释出,罢课结束。

以北京学生游行为标志,中国人民反对帝国主义强权、捍卫中国国家主权的五四爱国运动拉开了大幕。不过,运动发展的意义远不仅止于此。在五四游行的当天,参加游行的学生或许也未必意识到,他们的行动本身不仅是对帝国主义强权的抗议、对军阀控制的政府软弱无能的抗议,也是对中国国家主权的维护,对中国民族尊严的维护,更重要的是,就长远而言,他们的行动是一个新时代的发端,即是中国人民日渐自觉的理性民族主义和爱国主义时代的到来,从而使列强从此以后再不能完全轻视中国人民的呼声,并使中国的国际地位在长期的低落后开始缓慢的回升;是中国人民对政治发出自己声音时代的到来,从而使政府从此以后再不能完全轻视社会民意的表达;是中国工人阶级发声并成长为自为阶级时代的到来,从而使中国革命的性质开始发生重大转变。随着五四运动的演进,这些方面的特征表现也愈加鲜明。

北京被捕学生被释后,北京大学校长蔡元培却因种种压力而于5月9日离职出京,引发学生与教员的挽蔡活动,使本已稍有缓和的北京政治空气又趋紧张。5月19日,北京中等以上学校学生举行总罢课,向政府提出挽留蔡元培、拒签和约、惩办国贼等要求。各地学生及社团也都纷纷响应北京学生的行动,举行游行、罢课、演讲等活动,与北京学生表现出同样的爱国热情。据不完全统计,河北、山西、奉天、吉林、黑龙江、江苏、安徽、浙江、江西、福建、山东、河南、湖北、湖南、广东、广西、四川、云南、贵州、陕西等地,都有学生的声援行动,各地商、工各界及各省议会亦多有参加声援者。

在学生爱国运动爆发的同时,北京政府内部对于如何处理学生行动以及是否签订和约问题,却处在某种矛盾而无措的状况中。5月5日,教育部下令严禁学生游行集会,"其有不遵约束者,应即立予开除,不得姑宽"。6日,徐世昌发布大总统令,严令"倘再有借名纠众,扰乱秩序,不服弹压者,著即依法逮捕惩办,勿稍疏弛。"[1]其后又一而再、再而三地发出禁止学生参加政治活动的禁令。但在如何疏通学生及社会

---

[1] 《五四爱国运动档案资料》,183—184页。

情绪,解决运动起因方面,北京政府起始却完全无所作为。运动发生后,为了避免进一步触及学生的锋芒,交通总长曹汝霖、币制局总裁陆宗舆、驻日公使章宗祥先后提出辞职。但徐世昌格于种种原因,不仅未准,且下令挽留,称其为"因公受累,实疚于怀";"未可以流言附会,致掩前劳"。① 徐此举实际上更刺激了学生及社会舆论的反感心理。

至于如何解决和约签字问题,北京政府曾经多方征求意见。13日,北京政府致电各省军政长官,告以山东问题"国人甚为注重,既未达最初目的,乃并无交还中国之规定,吾国断难承认。但若竟不签字,则于协商及国际联盟种种关系亦不无影响。故签字与否,颇难决定。本日召集两院议员开谈话会,佥以权衡利害,断难签字为词。并谓未经签字,尚可谋事后之补救,否则铸成定案,即前此由日交还之宣言,亦恐因此摇动。讨论结果,众论一致。现拟以此问题正式提交国会,一面电嘱陆使暂缓签字。事关外交重要问题,务希卓见所及,迅赐教益,不胜祷致。近日外交艰棘,因之风潮震荡,群言庞杂。政府采纳民意,坚持拒绝,固已表示态度对我国人,在国人亦当共体斯意,勿再借口外交,有所激动。台端公诚体国,并希于晤各界时,切实晓导,共维大局。"此电一方面令各地军政长官维持当地秩序,但更重要的还是征求他们对签约的态度,以减轻政府的责任与压力。在回电中,多数人主张拒签,认为"青岛问题,关系国家之存亡甚重。又当此群情激昂之际,倘遽签字,国内或有沸腾之虞。若因此演出别项交涉,则办理将更棘手。故权衡轻重,似以暂不签字,徐图事后补救之说为较善。"但也有少数人,如甘肃督军张广建认为,"与其坚拒签字,而放弃有利条件,损失国际地位,且日、德间原有状况,仍无变更,而以后更无著手之处,自不如尊重英、美、法之担保,据日外部之声明,径予签字。"还有如河南督军赵倜,干脆将此难题踢回北京政府,表示:"一介武夫,智识短浅,事关国际,唯一听政府之主持。"②

对于北京政府而言,签约与否确为难题。签约不仅有损中国主权,而且势将激起国内更大的抗议声浪,直接影响政局的稳定;不签约可能

---

① 1919年5月10日、15日《政府公报》。
② 《五四爱国运动档案资料》,320—324页。

使中国无法加入国际联盟,或于中国未来之国际地位不利,而且势将得罪列强,对于一向不敢与列强正面抗争的北京政府而言,更是艰难的选择。虽然国内多数人主张拒签,但手握实权的皖系首领段祺瑞主张签字,他发表通电称:"欧约如不签字,国际联盟不能加入,所得有利条件,一切放弃,又恐如外蒙宣战事,借爱国以祸国也。瑞不闻政事久矣,本不应晓渎,然与国家利害有关,未敢缄默。"在一番权衡利弊之后,北京政府的态度到5月下旬又倾向于签字,并举出了签字的诸项益处:(1)胶澳已在日本掌握中,若不签字则交还一事更属空言;(2)交还胶澳文书虽出自日本胁迫,实为两国业经协定之条件,现既经各国调停,若不签字,则胶澳问题终为中日直接之交涉,于我国最初目的正相背驰;(3)交还胶澳条件,既经各国调停,若不签字,此后更无回旋余地;(4)若不签字则将来国际联盟是否可以加入亦一疑问,胶澳问题未能挽回,他项问题且因而发生影响;(5)若不签字,对德奥条件不能得保障,只能将来与德奥直接交涉,结果如何殊难逆料;(6)若不签字,不惟有负各国调停之苦心,抑且不啻自绝于国际联盟之保障,各国将来更难过问。故此,不签字之结果,"并不能取消民国四年五月二十五日交还胶澳条件之协定,且恐更生不良之反响,正为日本所求之而不得者,我国讵可自甘放弃,授人以柄"。中国代表团中的驻意公使王广圻、驻法公使胡惟德亦赞成签约的主张。有鉴于此,5月24日,北京政府发出致各省军民长官电称:"政府熟筹利害,草约签字,不难拒绝;……既有以上情形,经熟思审处,第一步自应力主保留,以俟后图。如保留实难办到,只能签字。当经征询两院议长及前段总理,意见亦属相同。因时期促迫,已于昨日电复陆专使照行。"通电为此辩称:"政府如为曲徇舆论计,固不妨拒绝签字,后弊害迭见,势必归咎于主谋之不臧。熟权利害,再四思维,如竟不签字,则嗣后挽救惟难。签字后仍须国会议决,元首批准,尚不乏操纵余地。"通电要求各省军民长官"将此中详情,相机披露,并详晰解释,务期了解。此时国家为重,地方秩序自应切实维护,京师地面,现已严饬主管认真办理,倘各省区有不肖之徒,借端煽惑,务希悉力制止,用遏乱萌。"①至此,如果没有其他有力的反对意见,北京政府势将训令中国代表签字,中国历史发展的面貌或将有所不同。但历史自有其自身演进的脉络,就在北京政府作出签约决定之后,北京的学生又掀起了新一波抗议行动,其影响所及,迅速扩大,尤其是上海的工、商界开始介入运动,从而开创了中国历史的新篇章。

---

① 章伯锋、李宗一主编:《北洋军阀》第3卷,1064—1071页,武汉出版社,1990。

第四节 五四运动的结局及影响

五四爱国运动开始后,因为运动的目标尚未实现,因此北京学生的政治活动一直没有完全停止。5月19日总罢课实现后,多数学校的多数学生仍在坚持罢课。自5月下旬起,北京政府加强了对学生参加政治活动的"管束",由此也激起学生更大的反感,一度有所停顿的街头政治活动又有新的发展。6月3日,北京20余所学校的学生上街举行演讲宣传活动,但遭到警察的镇压,被捕170余人,其中以北大学生为最多。4日,学生继续上街,与警察发生更大的冲突,又被捕700余人。但学生没有退缩,5日又有5 000余名学生上街,北京政府面对声势日盛的学生运动,也不敢令警察再施逮捕,同时将临时拘押被捕学生处所的看管军警撤离,以图缓和学生情绪,而学生仍以不达目的决不罢休的精神继续坚持斗争。

就在北京学生运动再掀高潮之际,上海的学、工、商界群起响应,成为五四运动由学生爱国运动普及为全民爱国运动的转折点,其中最具意义者为工人阶级的加入。5月4日之后,上海的学生已经开始了支持北京学生的运动,5月26日他们开始罢课。6月3日北京学运再掀高潮,上海则不仅学生响应,工商界亦起而加入。6月5日,除了学生罢课外,上海多数工厂和商店亦分别举行罢工和罢市,实现了"三罢"。其后参加"三罢"的行业和人数越来越多,除了一般工商业部门外,航运、码头、铁路等交通部门和电车、电话、清洁等公用事业部门的工人也先后加入,且"众心一致,不惜牺牲,令人可感可痛。加以举动文明,力顾秩序,尤足动中外人之观感。"故时论谓:"民国以来,所谓'民意'者,或为一二人所假借,或供一党派之利用,从未尝有真切肫恳之表示。惟此次学商界之行动,始可谓之真正民意也。"此前的学生运动固有其影响力,但因其与社会联系的相对薄弱而缺少对政府施压的实际作用,而工商界的介入则使情形发生了根本的变化,上海"三罢"实现后,提出"不诛国贼,誓不开市"的口号,而且生产与流通立即受到影响,对施政当局产生了很大的实际压力,具有立竿见影的效果。上海是当时中国最大的工商业城市,地位和影响力都举足轻重,当上海的"三罢"活动向外地蔓延后,上海附近的沪宁路沿线各都市及长江三角洲地域宁波、杭州,长江中游的汉口、九江,福建的厦门,北方的天津、济南、唐山等都市,均先后程度不等地加入"三罢"斗争,对当局的压力则更大。

坐镇上海的淞沪护军使卢永祥等就在"三罢"之后电告徐世昌称:"上海为东南第一商埠,全国视线所集,内地商埠,无不视上海为转移。现上海学界既坚以曹陆章三人去职为开市条件,商界亦曾有电请求,民心向背,即时局安危,亦不敢壅于上闻。可否查照上海总商会前电所呈,准将三人一并免职,明令宣示,以表示政府委曲求全力顾大局之意。"

对"三罢"斗争持温和态度的上海市总商会亦致电北京政府称:"学生罢课救国,不蒙体谅,激成罢市风潮,危险万状。请速放被拘学生,将曹汝霖、陆宗舆、章宗祥等先行罢黜,以平公愤。倘不急平风潮,恐各处影响,大局不可收拾,不胜火急待命之至。"于此亦可知"三罢"斗争的效应实不可低估。因此,也就是在上海"三罢"斗争开始并向各地蔓延之后,原先一直对曹汝霖等表示慰留的徐世昌,不得不在6月10日下令,准交通总长曹汝霖、驻日公使章宗祥、币制局总裁陆宗舆辞职,并免去他们的职务。随后,北京政府特致电各地军政长官,告以"政府俯顺舆情,力维大局,希即查照,分别转达。并切实劝谕,从速开市,以定人心。"①

曹、章、陆的免职,是五四运动开始后,运动参与者提出的几项基本目标之一,也即追究中国在巴黎和会外交受挫的责任人,然其实现却是

---

① 以上三段引文见中国社会科学院近代史研究所近代史资料编辑组编《五四爱国运动》(下),6、21、88、272、86页。

在上海及各地"三罢"之后,表现出"三罢"的力量。由当时媒体报道三人被免职的颇富戏剧化的过程即可明了于此:

第一次发表者为免曹令,盖日前已内定者也。乃该令发表之际,即得天津罢市之消息,同时上海各银行又电京行报告上海罢市绵延多日,形势日益重大,政府如不能尽本日将罢免曹、章之命令发表,则沪上金融无法维持,危险万状云云。京行得此电报,遂联合向政府声明,并请速定办法。政府无可如何,遂于昨午后将陆宗舆免职令发布,以为如此,似可餍足商学界之心,而镇压眼前之危险。孰意下午复得上海中国各银行团体及商会来电,略称:政府如能将曹、陆、章三人同时罢免,则彼等可担任向商界极力疏通,劝其于明日开市,如不能完全办到,则商民有所借口,前途将益纠纷,安危所系,只在一日,专候明令云云。京中各银行得此电,复向政府交涉,政府踌躇再三,谓章宗祥并无辞呈,无从批准免职等语。各银行代表谓:安危已在俄顷,政府如尚无决心,彼等实不能负责云云。政府迫于无法,遂答应再将章宗祥免职令发表。①

学生对政治的热情及表示态度并不始于五四运动,还在1915年抗议日本提出"二十一条"和1918年反对中日"共同防敌军事协定"的斗争中,学生已有一定的参与;资产阶级对政治的热情和参与在清末的抵制美货运动和立宪运动中则有显明的表现;唯有工人阶级作为一个阶级对政治的参与开始于五四运动,并表现出其不可低估的阶级力量。上海是中国现代工业最为集中最为发达的城市,工人人数占到全国的半数左右,上海的工人阶级亦可为中国工人阶级的代表,因此,工人阶级登上中国的政治舞台首先发生在上海并非偶然,而一旦其登上政治的舞台,必将产生其政治的代表,也必将对中国未来的政治发展产生不可忽视的影响。由此而知,其后中国共产党诞生于上海,以1925年五卅运动为开端的上海工人运动及其在国民革命中的地位和影响,以及国共分裂后两党对上海工人阶级的争夺,等等,均为事出有因,而追根

---

① 李新、陈铁健:《伟大的开端》,140—141页,北京,中国社会科学出版社,1983。

寻源,仍可体会到五四时期通过"三罢"而登上政治舞台的工人阶级的力量。故时论有谓:"工界罢工实为我国破天荒之事件,又为工人参与政治问题之嚆矢,足见我国工界业已觉醒,且有相当团结力,此诚最近所最可注意、最可特笔之事实也。"①

五四运动由学生爱国运动发展为全民爱国运动,上海"三罢"斗争上承下连,起到了至关重要的作用。因为上海及各地"三罢"的起因是支持北京学生运动,而北京学运的第二次高潮起于6月3日,故此后的运动亦可称为"六三"运动。由"五四"发展到"六三",运动的基本目标一以贯之,即坚持维护中国的国家主权,拒绝签订有损中国国家主权的对德和约,追究中国外交失利的责任人。6月10日曹、章、陆的去职,使运动实现了目标之一(6月12日上海恢复开市),此后运动的主要目标即为拒签和约,而要做到这一点,运动的矛头所向不能不对准北京政府,因为毕竟只有北京政府才可以决定是否在和约上签字。

此时此刻的北京政府正陷于进退两难之境。本来,北京政府已经作出签约的决定,但"六三"运动之后,签约与否又成问题,"政府以民意所在,既不敢轻为签字之主张,而国际地位所关,又不敢轻下不签字之断语,左右掣肘,而地位益臻困难矣"。② 其时北京政府内部及北洋各派系之间的固有矛盾更加剧了政府的窘境。时任北京政府总理的钱能训本为大总统徐世昌信赖之部属,但在所谓责任内阁制的体制下,总统尚可对如此重大的外交交涉之失利有所遁词,而总理却可谓首当其冲,难以免责。6月11日,钱能训提出辞职,徐世昌虽有心挽留,无奈没有正当理由,国会方面亦不支持,故只能在13日决定准免其职。随后,徐世昌令刚接替曹汝霖任财政总长的龚心湛为代总理。由于一时找不到各方都能接受的合适的总理人选,龚只能就此暂代下去,但他不安其位,抱着临时维持的态度,而且他此前对外交问题及山东问题的历史和现实并无更多的了解,加以北京政治被多方掣肘的现实,并不利于在复杂多变的情势下对外交作出有力的决策。龚在对外国记者谈话时曾表示:"政府对于和约签字问题,则决定按照协约国所建议

---

① 彭明、周天度:《中华民国史》第2编第2卷,440页。
② 《五四爱国运动档案资料》,356页。

者办理,故近日政府电饬巴黎各委员,对于和约签字问题,令其审度情形自酌办理。"①其语或有对外敷衍之处,但毕竟还是反映出当时政府主事者的某种茫然心态。对于关系中国国家利益的如此重大的外交问题,北京政府不能有明确的应对之方,既反映出民众运动和社会舆论的压力之大,也反映出其时苦于军阀派系相争之扰的中央政府软弱无力的本质。

然而,对和约签字与否实在是个关系重大的问题,不仅关系国家利益,也关系主事者的个人声誉和地位,曹、章、陆的免职已经说明了这一点。所以,北京政府固不能或不愿作决定,在巴黎的中国代表团更不能或不愿作决定,他们不断向北京政府报告交涉进展情况,请求指示,尤其是请求签约与否的指示。应该承认,作出签约与否的决定并非中国代表团的责任,他们毕竟只是负责具体外交谈判事务的代表,没有作如此决定的资格,尤其是当牵涉到国家重大利益问题时,即便是作为外交总长的陆征祥,也不能轻作决定。秉命而行,固是外交官的谨慎,亦为外交官的职责,他们的做法无可厚非。而且,即便是在如此困难的情况下,中国代表团在巴黎和会期间的表现亦无可指责,在列强已经作出决定之后,他们仍在继续尽力争取对和约有关山东问题的条款作适当的修订,"于无可婉商之中仍为万一之进行"。

5月6日,陆征祥在大会发言中表示:和约关于山东问题的条款"似未顾及法律、公道及中国之安宁,为中国代表团在五国及三国会议时所坚持不已者。现中国代表团业已向三国会议提有正式之抗议,反对其所拟之办法,深望得以修正。倘竟不能如愿,则自今以往,本代表团对于上述条款实有不能不保留之义务。"陆的发言提出了对和约山东条款的"保留"问题,实际已为中国代表团其后的交涉预留地步。"惟所谓不签字者,是否全约不签,抑仅不签胶州问题一条?"代表团初始并无定见,因为他们也认为,"此次和约国际联盟会事,于我前途不无关系",故签字与否尚需慎重考量。经过一番讨论,代表团多数意见趋向于"保留签字",但如何既保留中方意见而又不妨碍签约,亦为中方代表苦思

---

① 彭明、周天度:《中华民国史》第2编第2卷,461—462页。

焦虑而不易得者。他们"遍探各处意见,均尚未敢断言",因为即便是这样的让步,亦为列强所不允,英、法、美均反对中方"保留签字"之意见。他们既轻视中国敢于如此主张的能力,又担心"各国不满意者甚多,倘使纷纷援例办理,岂非和约将不完全乎?"

迫于列强的压力及对不签字利弊之判断,5月下旬,北京政府已有如果无法实现"保留签字"即在现约签字的指示,而中国代表团内,驻法公使胡惟德、驻意公使王广圻等为签字派,但他们非正式代表,在正式代表中,王正廷、顾维钧、施肇基等则坚持反对签字。在此情况下,首席代表陆征祥循规蹈矩,5月28日代表团全体会议讨论对签约的意见之后,他致电北京政府,转述签与不签的两种意见及其利弊得失,认为:"以上两端,互有利害。究竟孰为较善,乞参照迭次电文,再加详审裁定,立速电示。"①

陆征祥如此表现实为自然,如上所论,对如此重大的外交问题,理当由北京政府决定并担责,何况平心而论,陆内心里恐也不愿签这样的条约。他本人曾与日本签订"民四条约",这是此次会议上中日争执的重点问题之一,故其此前在致北京政府电中有言:"祥一九一五年签字在前,若再甘心签字,稍有肺肠,当不至此。……国人目前之清议可畏,将来之公论尤可畏。"②相信这是他的真心话,他可能也确实不愿再签有损国权之约而为千夫所指,但以陆的个性、为人和经历,又不能或不敢抵挡列强的压力和政府的决定。正值此时,6月9日,正在南北交战湖南前线的直军首领吴佩孚致电徐世昌,明确支持学生的主张,表示:"此次外交失败,学生开会力争,全国一致,不约而同。民心民气,概同想见。……如必谓民气可抑,众口可缄,窃恐众怒难犯,专欲难成。犬狱之兴,定招大乱。其祸当不止于罢学、罢市已也。"③作为实力派军人,吴佩孚的通电产生了很大的影响力,对北京政府平添压力,而身为具体负责官员,陆征祥更不敢轻率行事。他一再要求政府予以明确指示而后行,原因正在于此。在北京政府迟迟没有明确答复的情况下,陆

---

① 以上三段引文见《秘笈录存》,145、152、205、212—213、215、221页。
② 《六十年来中国与日本》第7卷,337页。
③ 《五四爱国运动档案资料》,351—352页。

征祥干脆在 6 月 17 日致电北京政府,声称自己因病"现在不能用心,须将公事一切放下,容著意调治,以观后效",提议派顾维钧签约。① 此后中国代表团的主要工作实际是由顾维钧担任的。

顾维钧不仅对山东问题较有研究,而且对国际大势的判断较为准确,在参加巴黎和会期间,他特别注意到外交公开和舆论的作用。因此,他虽然主张拒签现约,但却没有放弃努力,而是寻找一切机会和可能,向与会国家阐释中国的立场,提出各种解决的方案,以做到即便是最后拒签也能得到他国的理解和同情,为以后的交涉和转圜留有余地,因为"如果在力争保留完全失败之后拒绝签字,将会得到国内外舆论的支持。"② 6 月下旬,在和约提交签字前夕,顾维钧展开了一轮密集的外交活动。24 日,他在会见和会秘书长吕达斯达时告其:"兹遵政府训令,愿于德约签字时,将关于山东条款声明保留。"当吕达斯达谓此不可行时,顾又提议可否"不在约内注明而另筹一正式之手续,于开会数分钟前,备函通知会长声明保留,一面即分函各国"。次日吕达斯达约见顾维钧,告"保留一层实不能行,无论何国均无此举。此项约内,只有签字与否两层办法。"当日,顾维钧会见美国总统威尔逊,征求其意见,威氏建议:"中国可备一正式通告或宣言,即声明中国在和约中关系山东问题,将来于相当之时间,适宜之机会,有请求继续讨论之权。"③ 实际这与顾氏前提之主张并无太大差异。有了威尔逊的建议,26 日顾维钧在会见法国外长毕勋时再次提出约外声明"保留"并附于约后的提议,并解释此举"无非欲将来有权可以再向各国政府要求复议"。毕勋也承认"山东问题解决之不公道,亦可如此说";但他初虽同意"贵使如欲在约外有所声明,并无不可";后却又坚持"附于约后,仍为条约之一部分,亦万难办到"。此时,毕勋似乎已不愿再和顾维钧多费口舌,而是咄咄逼人地追问:"本外部愿闻中国代表究竟是否签字。"在对方如此无理的情况下,顾维钧一方面表示再作让步,即在签约之前,以正式公文通知会长,声明保留山东条款;

---

① 《秘笈录存》,219 页。
② 中国社会科学院近代史研究所编著:《顾维钧回忆录》第 1 分册,208 页,北京,中华书局,1983。
③ 《秘笈录存》,219—221 页。

另一方面严正声明:"鉴于国内民意,不能不设法保留。只期此意达到,不愿使协约国对敌团体呈有破坏之现象。如果约内保留万做不到,则约外保留非办不可。"27日下午,毕勋在会见顾维钧时告:"昨嘱转达备函交会一层,兹会长嘱告中国,当在签约后酌备一函交会。"声明签约后交会与签约前交会显有不同,签约前交会可以理解为有效的"保留"声明,而签约后交会只能是录以备考的性质。所以毕勋告顾:"会长言未签之前,不能允许有提出保留之事。"顾维钧对此声明:"中国为顾重和会全局,已一再让步至于极点,会中尚不能承认,深为可惜。准此情形,恐中国委员团未能签约。"毕勋劝其"以签约为然"。顾答:"若不能保留而签字,我全国民心必益愤激。万一中国委员不签约,中国政府不能负责,其责任当在和会。"①事实上,如果不能声明"保留",中国就有可能拒签和约的态度此前已经经由各种途径传到列强处,但列强出于过往与中国打交道的经验,并没有认真对待此事,而以为"北京政府已经训令签字,只不过某些中国代表依然在坚持要使中国在和会上得到更好的待遇而已。"②

巴黎和会签约前夕,国内要求拒签的抗争也达到了高潮。6月19日,山东省议会、商会、教育会、学联、农会等团体派人组成请愿团,赴京请愿,提出拒签对德和约、废除高徐、顺济铁路合同、惩办国贼的要求。20日,请愿团至总统府见徐世昌不得,其秘书出面推诿说:"我国现在系取责任内部制,此种重大问题,皆听阁议解决,俟提交阁议后,当有相当之答复。"次日,国务总理龚心湛在接见请愿代表时表示,"今晚电陆专使保留"。23日,徐世昌在接见请愿代表时亦表示,"对外损失权利,余在职一日,必全力争回"。25日,请愿代表续见龚心湛,要求不签字的保证。27日,请愿团会合北京各界请愿代表,至中南海总统府请愿,坚持通宵,终于迫使徐世昌在次日晨传见代表并告:"政府已电令陆使,切实保留山东,否则勿签字。"此后,龚心湛复与代表谈话,谓"总统所述,确已照办,并另以院令正式批示"。③

---

① 《秘笈录存》,221—223 页。
② 《顾维钧回忆录》第 1 分册,206 页。
③ 《五四爱国运动》,290—294 页。

北京的请愿活动实际反映了全国民众的一致呼声,并得到各地的通电响应。如果照龚心湛21日言,北京政府最早应在21日晚间即有给代表团拒签的指示电,而如果照徐世昌和龚心湛28日言,则最晚于27日亦应有拒签的指示电。以当时北京和巴黎之间的电讯往来速度,即便是27日的电令,代表团也应收到,因为根据顾维钧的回忆,27日下午他们还有电报给北京政府,告所有"保留"方案均已无望,只有拒签为宜,请指示对策,而北京的复电称早些时候曾有电谕指示(如属实,则此电应在27日前发出)。27日午后代表团给北京政府的电文尚且可以在28日开会前收到复电,因此以常理推论,北京政府迟至27日甚或早至21日的指示电代表团更不应收不到。但顾维钧的回忆中称:"6月24日以后,北京外交部接连电告代表团:国内局势紧张,人民要求拒约,政府压力极大,签字一事请陆总长自行决定";"代表团从未收到北京关于拒签的任何指示"。直到28日下午对德和约签字结束之后,才收到北京政府"指令代表拒绝签字"的来电,因此顾维钧感到"实可惊异",并有直到签约前夕"北京政府一直在扮演什么角色是耐人寻味"的疑问。如果说,顾维钧的回忆出自个人,或须佐证,那么在中国代表团拒签和约之后,陆征祥等共同署名发致北京政府的电报中也完全未有"奉令"字样,而称其为代表团"详审商榷"的结果,可见代表团未收到北京政府的指示电或可谓事实。至于其间原因究竟如何,仍须探讨,如果不是因为如顾维钧所言"果真早已发出而在途中延误"的技术原因(事实上此种可能性不大,因为代表团要求指示的电文并非只有一次,如果有技术性延误,北京政府完全可以补发,甚而可以在收到代表团27日午后电的复电中予以明确指示),则可能如顾维钧所言,"代表团内的某些人也在揣测,或许北京政府并不想由自己来决定。北京很可能是在得知最后会议已经召开之后才发出电谕的"。如果是这样,则此电完全可能不是在27日或其之前即已发出,而是迟至27日北京政府接到代表团请示拒签的最后电文后甚或是在28日签约当天才发出,以此既可称已指示拒签从而应付国内民众的抗议压力,又可敷衍列强,逃避自己的责任。考虑到其时北洋各派系所谓"电报战"中颠倒填写发电的现象屡见不鲜,故北京政府此举或可谓其来有自。但无论如何,也如顾维钧所言:"代表团最后的一致意见和决定是自己作出的,并非北京训令的结果。"①

虽然列强对中国的"保留"要求一再拒绝,但直至和约签字前夕,顾维钧仍在作最后的努力。在27日下午法国外长毕勋拒绝中国的所有"保留"签字方案后,当晚,顾维钧仍拟出准备在签约前发表的口头声明,作为中国让步的底线:"今日在签订对德媾和条约之前,中华民国全权代表,因该约第一五六、一五七及一五八款竟使日本继承在山东省之德国权利,不使中国恢复其领土主权,实不公道,兹特以其政府之名义声明:彼等之签字于条约,并不妨碍将来于适当之时机,提请重议山东问题,因对中国不公道之结果,将妨碍远东永久和平之利益也。"②但次日晨,该声明由驻法公使胡惟德带到会上后,仍被会议拒绝。至此,中国代表团所有忍辱负重的让步主张均被列强拒绝,出于民族情感和交涉实际,代表团实在无法在如此有损中国国家主权、如此轻视中国国家利益、如此体现大国强权交易的条约上签字,代表团成员随即"不得已共同决定不往签字",并发表宣言声明:"中国代表不得已而为此举,似有损于联盟共事各国之团结,颇以为憾。然无奈除此之外,实无一可以保障中国体面之途径。故此举责任,不在于我,而在于人之不合公道。和平会议既于山东问题之解决未予中国以公道,复于本日使中国非牺牲其正义公道与爱国之义务不得签字,中国代表愿陈其原委,以俟世界之公论"。③ 同时,陆征祥等联名致电北京政府报告:

此事我国节节退让。最初主张注入约内,不允;改附约后,又不允;改在约外,又不允;改为仅用声明,不用保留字样,又不允;不得已改为临时分函声明不能因签字而有妨将来之提请重议云云。岂知至今午时完全被拒。此事于我国领土完全及前途安固,关系至巨。祥等所以始终不敢放松者,固欲使此问题留一线生机,亦免使所提他项希望条件生不祥影响。不料大会专横至此,竟不稍顾我国家纤微体面,曷胜愤慨!

---

① 有关资料参见《顾维钧回忆录》第1分册,202—212页,有关分析请参见《中华民国史》第2编第2卷第7章第5节第1目。
② 《六十年来中国与日本》第7卷,352页。
③ 章伯锋、李宗一主编:《北洋军阀》第3卷,1085页。

弱国交涉,始争终让,几成惯例。此次若再隐忍签字,我国前途将更无外交之可言。内省既觉不安,即征诸外人论调,亦群谓中国决无可以轻于签字之理。详审商榷,不得已,当时不往签字。当即备函通知会长,声明保存我政府对于德约最后决定之权等语,姑留余地。①

1919年6月28日下午,巴黎和平会议与会各国经过数月之讨价还价而拟定之对德和约在著名的凡尔赛宫举行签字仪式,德国、美国、英国、法国、意大利、日本等国相继在条约上签字。大约近3时,至中国代表应出场签字时,未见他们中的任何一人露面,中国近代史上极富意义的历史性时刻由此诞生,并为在场的各国代表所见证。亲历其事并起到了关键作用的青年外交家顾维钧这样写道:"这对我、对代表团全体、对中国都是一个难忘的日子。中国的缺席必将使和会、使法国外交界,甚至使整个世界为之愕然,即便不是为之震动的话。""无论从国内还是国际观点来看,它都是中国历史上的一个转折点。"②

如顾维钧事先所估计,由于中国代表是在提出各种让步建议而均未实现的情况下拒签对德和约,所以此举得到了西方舆论一定的同情与理解。而当初提出"十四点"的美国总统威尔逊却颇为狼狈,美国国内舆论尤其是掌握和约批准权的国会,对威尔逊在和会的表现多有批评,"以威总统对于山东问题让步于日本,以期日本加入国际联盟,实属铸成大错";而"对于巴黎中国代表团拒绝签署和约一事,深表赞同"。③ 加上其他诸多因素,美国国会经数次讨论投票,均未通过和约,从而在客观上形成了对中国的支持。1920年1月10日凡尔赛和约生效,但因中国未签字,故山东问题在法理上仍未解决,正因为如此,日本多次向中国提出直接交涉的要求,并以归还胶州湾、撤退胶济路沿线军队为诱饵,以换取中国承认日本在山东的特权,但遭到中国社会各界的强烈反对,北京政府也能坚持立场,拒绝直接与日本交涉,使日本强占的山东权益始终无法得到国际法公认

---

① 《秘笈录存》,223页。
② 《顾维钧回忆录》第1分册,209、211页。
③ 《秘笈录存》,226页。

的合法化。1920年7月,直皖战争爆发,皖系败北,直系控制了北京政权。直系与皖系有别的是,他们过去与日本的联系较少,更使日本的直接交涉主张难以实现。

虽然中国没有在对德和约上签字,但因奥地利不牵涉山东问题,故1919年9月10日陆征祥和王正廷代表中国在对奥和约上签字,中国收回了以往让与奥地利的各项国家权利。1921年5月20日,中德两国经过交涉,在北京签署《中德协约》,决定恢复两国友好及商务关系,尊重彼此之领土主权,实行平等相互之原则,取消德国的领事裁判权及协定关税权。此外,德国声明以现款400万元及津浦、湖广铁路债券交与中国政府,作为战事赔偿之一部分;中国同意解禁被查封的德国财产。此外,德国亦放弃了庚子赔款的德国所得部分。7月1日,中德双方交换批准书,《中德协约》生效,中德两国恢复了正常关系。①

《中德协约》在平等基础上界定了中德关系,取消了以往德国在中国享有的各种特权,虽然这个条约的签订是中国作为第一次世界大战战胜国之一的特殊缘由造成的,但仍然是近代中国受制于列强强加的不平等条约体系的压迫束缚之后,中国与主要西方大国签订的第一个平等条约,也是五四运动以后中国国际地位开始缓慢回升的具体成果。对奥和约签字与《中德协约》的签订,使中国并未因拒签凡尔赛和约而完全丧失对德奥的战胜国权利(山东问题除外),这也说明当时顾维钧等坚持拒签的主张是出于对国际大势的深入观察及多方理性考量而非一时冲动冒进的结果。同时,中国与德奥关系在战后的重新定位,也说明中国参加第一次世界大战的协约国阵营,虽然未能达致完全理想的结果,甚而在巴黎和会期间屡受挫折,但毕竟对中国的国家利益、对中国收回过往失去的主权和权利,还是产生了一定的积极的和正面的意义。由此观之,如何在纷纭复杂的国际关系和大国博弈中,实现中国国家利益的最大化,争取弱国利益的最大化,如何运用民意民气、舆论传媒和外交交涉的战略战术,对考察近代中国的对外关系,有着特别的意

---

① 《中华民国史档案资料汇编》第3辑,外交,954—958页。

义,也值得学界的深入研究。①

五四运动以中国代表拒签对德和约而达成其所求目标,也可谓胜利结束。作为在中国国内发生的民众爱国运动,再加以中国当时的弱国地位,五四运动只能影响中国政府的决策,尚不能影响到外国政府的决策,这是可以理解的。因此,虽然五四运动没有能够使列强改变对德和约不利于中国国家主权的有关条文,但其迫使北京政府最终不敢下令签字,并激扬了中国代表捍卫国家主权的坚定意志,因此仍然是场成功的、胜利的运动。时任美国驻华公使芮恩施这样评价五四运动:"从巴黎和会决议的祸害中,产生了一种令人鼓舞的中国人民的民族觉醒,使他们为了共同的思想和共同的行动而紧密地结合在一起";"对学生们正在为祖国的自由和复兴而奋斗的目的和理想,没有一个人会不表示同情。"②参加和会的日本代表牧野伸显则担忧:

> 世人不察,以为在巴黎之中国委员,为血气所驱使,为功名所激发,致有此等行动。而余观察则不如是。余深信此种感情早已浸润于中国一般国民,酝酿已数年之久,有触即发,巴黎和会不过其表现之机会耳……此次中国委员既非激于意气,出于偏爱,而为代表国民全体之活动,则留意中日根本关系而欲图永久亲善者,又乌可漠然视之乎?我国或因中国问题而陷入意外之难境,未可知也。③

这种理性民族主义的觉醒,是近代中国历史发展的合理结果,也是列强长期压迫中国而造成的逻辑反弹。忆及当初威尔逊提出"十四点"时,国人无不欢欣鼓舞,即便是先进知识分子亦如此,认为中国的命运从此或可改观。然而事实却给了国人又一次教训,在"利益"面前,"原则"并不可靠。列强过往牺牲小国弱国利益做交易的行为,

---

① 近些年来,对中国与第一次世界大战的关系、中国参战的利弊得失、中国的国内政治与参战的关系,等等主题,学界研究有了许多新的进展,结论亦有相当的共识。总体而言,目前学界的研究,更多倾向于肯定参战和加入协约国阵营对中国具有一定的正面意义,使中国可以在战后挽回部分过往失去的国家利益,同时,也对当时弱势的中国如何在强势的大国博弈中维护自身的国家利益有更多的认识。请参阅有关研究。
② [美]芮恩施:《一个美国外交官使华记》,李抱宏、盛震溯译,285、287页,北京,商务印书馆,1982。
③ 彭明、周天度:《中华民国史》第2编第2卷,478页。

此时没有绝迹，以后也不会绝迹。五四运动确实改变了中国的命运，但不是依靠列强的"善意"，而是依靠国人的抗争。所谓人必自助而后他助，国亦如此。因此，陈独秀事后认为：国民不能单纯依赖公理的觉悟，不能让少数人垄断政权的觉悟；而应该抱定两大宗旨，即以强力拥护公理，平民征服政府。① 这也是五四运动以后不少国人的共同认识。

五四运动的结果，体现出中国新一代职业外交家积极主动的努力。巴黎和会中国代表团的成员多为留学欧美、年轻有为的新进职业外交家，他们具有较丰富的西方生活经验，谙熟国际交往规则，了解国际关系大势，懂得在既定的国际关系体系中，如何以西方通行的规则与西方交涉，从而争取对中国最有利的结果。或许他们的做法不够激进和彻底，或许他们对中国国家利权的挽回还不够完全，但在当时的环境下，他们确实尽其所能，尽其所力，也取得了一定的成果。何况在"弱国无外交"的秉训下，他们能够不畏强权，不主动示弱，亦不盲目逞强，而是秉持有理、有利、有节的原则，与列强周旋交涉，最终得到了不辱使命的结果，诚为不易。更可贵的是，以顾维钧为代表的中国新一代外交家，对如何界定并争取国家主权有明确的认识，并有为此而牺牲付出的理想与激情。如同顾维钧所言：这一代职业外交家坚持维护中国主权，愿意尽最大努力使中国与其他国家在国际上处于平等地位；有关主权问题，中国不应该屈从外国。他们的夙愿是实现修订中国的不平等条约，实现中国的国家独立。但是，民国成立以后不稳定的政治环境，大大约束了他们理想的实现与能力的发挥，而在这种情况下，他们能够努力保持独立地位，超然于政争之外，不依附任何政治派系和军事集团，故后人对先贤之贡献及其局限似应更有一份理解。②

五四运动对近代中国历史最重要的意义在于，对外而言，五四运动改变了近代以来中国国际地位不断下滑、国家利权不断丧失的趋势，开始了中国国际地位缓慢回升、国家利权逐渐收复的过程。尽管这个过程不是一帆风顺的，其间仍有各种波折，但历史的大趋势已无可改变。

---

① 参见陈独秀《山东问题与国民觉悟》，载《每周评论》第23号。
② 参见《顾维钧回忆录》第1分册，266、272页。

对内而言,五四运动开始了中国工人阶级走上政治舞台的历程,工人阶级的重要性有了鲜明的表现,经由马克思主义的传播和先进知识分子的组织,产生了工人阶级的代表——中国共产党,革命性质由民族资产阶级领导的旧民主主义革命向工人阶级领导的新民主主义革命转变。因此,无论就对外、对内而言,五四运动在近代中国历史上都具有划时代的意义,成为近代中国由不断丧失国家独立与主权的半殖民地半封建社会的向下沉沦趋向向着恢复完全的国家独立与主权、实现民族自由自主发展的向上上升趋向的转折点。

第五节　华盛顿会议与中国国际地位的缓慢回升

因为中国在巴黎和会拒签对德和约,也因为美国国会因为种种原因而未批准凡尔赛和约,加以美、英、法、日之间既争夺又联合的复杂而微妙的关系,巴黎和会实际未能解决第一次世界大战后远东及太平洋地区的国际关系调整问题。为此,在远东及太平洋地区有重要利益并希望主导这一地区国际关系发展的美国,于1921年倡议召开各关系国参加的华盛顿会议,以解决有关远东及太平洋地区国际关系的各项未决问题。

第一次世界大战结束后,因为德国战败、俄国发生革命,法国因在战争中大伤元气,在远东只能巩固旧有势力范围,故远东及太平洋地区的主要利益竞争者是美、英、日三国,尤其是美日两国。美、日都可谓第一次世界大战的"红利"获得者,基本未受到战争的影响,还通过战争扩大了自身的实力,但其在远东及太平洋地区,却是互为竞争对手的矛盾关系。美国因其超强的经济实力,一向主张实行自由竞争的"门户开放"政策,以此实现其国家利益的最大化,但这与日本追求独占性和垄断性的大陆政策发生了明显的矛盾和冲突。日本对远东及太平洋地区的扩张行动,不仅不符合美国希望主导建立的远东及太平洋地区的国际新秩序,而且已经在相当程度上影响到美国的国家利益。美国发起召开讨论远东及太平洋地区问题的国际会议,主要目的就是遏制日本的扩张势头,确保美国利益不受影响。而为了达此目的,美国需要拉拢英国,拆散1902年订立的英日同盟,以共同应付日本在远东及太平洋地区对美英利益的挑战。英国在第一次世界大战中虽然也颇受牵连,但毕竟非主战场,而且瘦死的骆驼比马大,其在远东及太平洋地区仍有广泛的殖民利益需要维护,与美国又有特殊的关系,也不愿见到出现日本独大的局面,因此也有意结束英日同盟,对日本的扩张势头予以一定的限制。这样,就出现了远东及太平洋地区国际关系的调整趋向以及美英联手遏制日本的可能性,而这对中国在客观上是有利的。因此,当1921年7月8日,美国向英、法、意、日等国提议在华盛顿召开有关远东及太平洋问题的国际会议时,各国均表同意,唯有日本担心"造成美国对华发展之基础,而将日本之对华进展,给以强制之清算",希望会议避免讨论"既成事实"(即山东问题),①实际上是不希望会议干涉日本在华的既得利益。其后几经折冲,日本才在7月27日同意参加会议,但仍表示"凡问题之关于任何特殊国家者,或已成为既定事实者,当审慎免除其加入"。由于日本的坚持,美国在会前即与日本达成妥协,会议将不提出违背参加国利益及非关国际问题之议题,山东等问题先由日本与关系国商议后再行解决。随后,荷兰、比利时、葡萄牙亦被邀参加。中国问题是华盛顿会议将要讨论的中心议题之一,中国自然也在被邀之列。由此最后形成了讨论远东及太平洋问题的九国会议。②

华盛顿会议使中国社会各界又产生了某种希翼。乐观者认为,既然美国对凡尔赛和约也不满意,此次会议又由美国发起,"美人必能赞助我国伸其分年之积愤,不特失之于巴黎和会者可收之于华盛顿会议;举凡有损我国独立主权,如治外法权、领事裁判权、关税行政、列国在华驻兵及设租界等事皆可由是而取消,并继之以退还庚子赔款焉。"悲观者则以巴黎和会为例,认为"国人应充实内力勉图上进,勿长此腼颜以受列强之处分";"要是以华府会议为中国的'不死药',恐怕是奢望吧!"③已经成为刚成立不久的中国共产党领袖的陈独秀,鉴于上次巴黎和会给国人的教训,明确提出华盛顿会议"乃是讨论列强间尤其是美日间如何均分及防护在远东的利益,免得列强间因利害冲突而决裂";

---

① 李祥麟:《门户开放与中国》,204—205页,上海,商务印书馆,1937。
② 周守一:《华盛顿会议小史》,8页,上海,中华书局,1923;黄惟志:《华盛顿会议提倡之经过》,载《东方杂志》第18卷第18—19期。
③ 曾琦:《第三国际党之华盛顿会议观》,罗罗:《国际联盟与华盛顿会议》,载《东方杂志》第19卷第2号、第18卷第17号;《祝华府会议》,见1921年11月12日《民国日报》。

"并不是列强间都忽然发生慈悲心,愿意抛弃帝国主义经济的及政治的侵略,来讨论怎样解放、帮助远东诸弱小民族";因此,中国"若不急谋剧烈的反抗,迟早不免要受列强分管或共管的命运"。① 但无论是乐观、期望,还是疑虑、忧心,各方人士对华盛顿会议的关注,还是反映出中国人对国家命运的关切,他们要求的基本目标是一致的,其中以北京各团体国民外交联合会于 11 月 7 日通过的《对于华盛顿会议中国提案之意见》表述得最为明确而具体:(1) 废除 1915 年 5 月 25 日中日条约及换文;(2) 日本在胶澳及山东省内占据之土地、铁路、矿山及一切财产应无条件交还中国;(3) 各国声明废除在中国势力范围之协定,所有特殊权利、让与权、优先权概撤销之;(4) 各国未经中国同意不得关于中国有所协定,凡类似此项性质之协定,中国概不承认;(5) 收回各国在中国境内单独经管之铁路(如南满铁路等);(6) 恢复关税自由。他们同时还提出了"希望要件":(1) 提前退还租界地;(2) 限期废除领事裁判权;(3) 撤退外国在华驻屯之军警。如顾维钧所言:"举国上下,忧国忧民者莫不翘首以待,盼望华盛顿会议能解救中国时局,带来和平,使国家能得到发展。总而言之,这次会议实为各方所重视,中国尤其对会议结果寄予极大希望。"②

中国得到参加华盛顿会议的邀请后,北京政府派驻美公使施肇基、驻英公使顾维钧、大理院院长王宠惠为参加会议的全权代表,施肇基为首席代表。南方以孙中山为大总统的广州军政府声明不承认北京政府派遣代表的资格,为了对外表示团结一致,北京政府于 10 月 6 日加派广州政府外交次长伍朝枢为全权代表,但被其拒绝。③

1921 年 11 月 12 日,解决远东及太平洋地区问题的九国会议在美国首都华盛顿开幕。会议下设两个委员会:美、英、法、意、日五国委员

---

① 陈独秀:《太平洋会议与太平洋弱小民族》,载《新青年》第 9 卷第 5 号。
②《国民外交联合会对于华盛顿会议中国提案之意见》,中国社会科学院近代史研究所藏油印件,特件外 312 号;《顾维钧回忆录》第 1 分册,220 页。
③ 12 月 7 日,广州政府向美国国务院递交了解决中国问题计划书,要求列强撤回对北京政府的承认,不干涉中国内政,实行公开外交,保持中国领土、经济与行政的完整,解决山东、满蒙和西藏问题,取消一切租界、租借地和势力范围,撤走一切驻华军队,修改不平等条约,废除领事裁判权,取消赔款,取消在华邮局、电台等。除了撤销对北京政府的承认之外,上述要求与北京政府向华盛顿会议提出的要求基本上大同小异。见王立新《美国对华政策与中国民族主义运动(1904—1928)》,225 页,北京,中国社会科学出版社,2000。

会,讨论限制海军军备问题;九国委员会,讨论远东及太平洋问题,但实际上为美、英、日三国所主导。

1922年2月6日,五国委员会讨论通过《关于限制海军军备条约》,规定美、英、日、法、意的海军军舰数量之比为5∶5∶3∶1.75∶1.75,美国取得了与英国并列的海上强国地位,日本的海上扩张受到限制,但毕竟被公认为第三海军大国,故对此结果也可以接受。美、英、法、日四国还经过秘密交涉,于1921年12月13日签订《四国条约》,规定互相尊重在太平洋岛屿属地、领地的权益,维持了四国在太平洋地区的既存利益,英日同盟亦告废止。

华盛顿会议在讨论远东问题时,中心议题是中国问题。根据美国方面的提议,会议将讨论的中国问题包括:应适用之各原则与适用项目,如领土、行政之完整、商业及实业机会均等、门户开放、经济上之优先特权、铁路发展,现有成约之法律地位等。① 在会议召开前,中方事先对应向会议提出的问题有所讨论,顾维钧认为,中国应在会上提出的原则为:各国尊重中国主权及领土完全,废弃条约上各种不公平之束缚限制,赞成各国在华工商业均等主义,宣告中国建设计划大纲。应提出的具体问题为:尊重中国主权的办法;解决山东及二十一条问题;重提前在巴黎和会提出之希望条件七项,其中废除势力范围、裁撤外国在华邮电机关、关税自由、撤除外国驻华军警可相机坚持;收回领事裁判权与修改条约问题,因情形复杂,至多只可要求各国赞同收回原则,再从长商议;收回租借地问题,恐遽难达到目的,或可商设委员会与我共同讨论;要求退还赔款专办教育,不妨酌量提出。根据讨论的结果,1921年10月31日,北京政府发出致中国代表训令,提出中国应在会上提出的主要提案为:(1)英日续盟,应设法他国提出;(2)取消势力范围,否认特殊利益;(3)取消蓝辛—石井宣言及其他类似之条约、协定;(4)与会国共订公断条约;(5)关税自主;(6)定期召集会议,讨论远东国际重要问题。次要提案为:(1)胶澳善后;(2)二十一条;(3)修正不平等条约;(4)成约地位;(5)外侨纳税;(6)裁厘加税;其中最注意者

---

① 《中华民国史档案资料汇编》第3辑,外交,452—454页。

为:(1)取消英日续盟;(2)取消特殊地位;(3)订立公断条约;(4)关税自主。与此相对应,日本政府给代表的训令,虽然原则上赞成美国的"门户开放"政策,但在具体问题的讨论上,却极力要求"既定条约、协约仍须承认","既得权必须尊重",各项问题的提出与解决以维持日本的"特殊权利""特殊地位"为原则。① 这也表明中国向华盛顿会议提出的议案不会轻易实现,中国代表在会上仍面临着艰巨的任务。

11月16日,九国委员会开始讨论中国问题,中国首席代表施肇基在发言中首先表示:中国将向大会提出解决中国问题的原则,"其意旨系专在得有规条,俾远东及太平洋方面现存及将来所有之政治经济各问题,可按照该规条有至公平之解决,并一面专在尊重与太平洋及远东有关系各国之权利与正当利益。如此,庶使中国之特别利益与各国之一般利益可得调和矣。"同时特别声明:"照目下情形,中国尤应脱离各国制夺中国自主之行政行为及遏制中国不能得充分国课之一切限制也。"他向大会提出解决中国问题的原则是:

第一条 (甲)各国约定尊重并信守中华民国领土完全及政治上、行政上之独立;(乙)中国自愿声明,不以本国领土或沿海之任何部分割让或租借他国。

第二条 中国因完全赞同所称开放门户主义,即与有约各国一律享有工商业机会均等之故,故自愿承认该项主义,实施于中华民国各地方,无有例外。

第三条 为增进相互间之信赖并维持太平洋及远东和平起见,各国允许除先期通知中国,俾有机会参与外,彼此间不缔结直接关系中国或太平洋及远东和平之约或协定。

第四条 无论何国在中国或对于中国要求之各种特别权利、特别利益、豁免权及一切成约,不论其性质若何或契约上之根据若何,均当公布。凡此等要求或将来之要求未经宣布者,均视为无效。其现已知悉及将来宣布之权利或特别利益或豁免权及成约当加以审查,以便确定其范围与效力。其经审定有效者,当使与本会议宣布原则相合。

---

① 《秘笈录存》,333—334、388、364页。

第五条　所有中国政治上、司法上、行政上之行动自由之各种限制,应即时取消,或于情形所许时从速废止之。

第六条　中国现时之成约,其无限期者,概须附以相当明确期限。

第七条　凡解释让与特别权利或特别利益之条文时,应依照通行之解释原则,所谓绝对照让与国利益解释之方法处理之。

第八条　将来如有战争发生,中国倘不加入,则中国处于中立国地位之一切权,应完全尊重。

第九条　应订立和平解决条文,以便解决沿太平洋及远东地方之国际间争议问题。

第十条　关于太平洋及远东国际间诸问题,应预定将来会议时期之条,以便按期讨论,而为各签约国取决共同政策之基础。①

中国提出的上述原则,几乎囊括了中国希望解决的所有问题,虽然没有明确提出废除不平等条约体系,但其实质仍在维护中国领土和主权的完整,限制以至最终废除不平等条约体系对中国的压迫和束缚。原则中强调承认"门户开放、机会均等"的原则,显然迎合了美国的要求,而不符合日本的意愿。为了有利于解决问题,中国代表团在内部讨论中还拟订了各项问题应行讨论的先后次序,即关税、领事裁判权、势力范围、租借地、外国驻兵、邮局、电话及无线电问题,而将中日"二十一条"和山东问题置于最后。他们认为,华盛顿会议的主旨是调整远东国际关系,山东问题是影响此一关系的重要因素,故美英等国可能向日本施压解决此事,而关税等问题更有关于中国的整体国家主权,但因其牵涉到列强的共同利益,解决将更费周折。他们并不认为此次能解决所有这些问题,但将其重点提出,有利于中国今后继续要求解决这些问题,而且还可以对山东问题的解决形成一定的道义压力。应该说,中国代表团的交涉战略战术大体是得当的。

"门户开放,机会均等"的原则是美国在19世纪末首先提出的,意在挟其经济实力占领中国市场,进而实现对华扩张的目的。提出这样的原则当然并非对中国的"善意",而是出于美国国家利益的需要,但又

---

① 各论著对各项原则文句之征引互有出入,此处据《外交公报》1921年第6期"条约",34—37页,并据谭天凯《山东问题始末》(商务印书馆,1935)以及《秘笈录存》398—400页的文字互相参照而录引。

不能不注意的是,这一原则确实不利于日本对华独占性与垄断性的扩张政策,从而在客观上对弱势中国抵挡强势日本的扩张又有一定的助力。因此,中国代表在会上提出这样的原则,固有其不得已而为之的被动性,但又表现出争取主动的进取性,即以此争取美英等国的支持,力求以迂回方式抑制日本独占中国的扩张企图。对此,美国自然支持,英、法等国也没有反对。对于中国提出的原则,英国认为:"其中有不甚妥当者,然大体尚属可行。"法国认为:"可为讨论远东问题之根据,惟颇嫌空泛,宜更提出具体办法。"此时日本独占中国的欲望虽强,但尚无独霸的实力,在英日同盟已被打破、日美矛盾又不断上升的情况下,日本也不能或不便于公开反对此原则,故其在会上一方面表示:"无条件或无保留遵守在华开放门户及机会均等之原则","并不要求特别权利或优越权利";另一方面对此显有保留,提出对一些问题"须从长计议",并反对"因小事之逐节审查而致讨议无谓之延长"。[①]但无论如何,"门户开放,机会均等"成为华盛顿会议解决中国问题的总原则。

1921年11月21日,美国代表在会上提出关于中国问题的决议草案:(1)尊重中国的主权与独立及领土与行政完整;(2)给予中国完全无碍之机会,以维持和巩固一个强有力的政府;(3)保护各国在中国全境商务实业机会均等之原则;(4)不得因中国现在状况乘机营谋特别权利或优先权利,而减少友邦人民的权利。这个草案的前两条只是敷衍中国的表面文章,而后两条才是美国的利益所在。当日本代表就其中某些词句进行质询时,美方表示,任何人不得破坏他人已得权利,也不影响各国合法的特别利益。日本对此解释表示满意。决议草案经讨论而获得通过(中国代表因其与中国提出的原则不完全吻合而未投票)。

1922年1月中旬,会议主席、美国国务卿休士又第二次提出《在华门户开放案》,要求缔约国不谋求本国人民在中国获取商务或经济之优先权利以及有碍他国人民在中国从事商务实业之权利。这是美国的一贯主张,得到了各国的赞同。1月21日,会议通过提案,表示各国不赞

---

① 《秘笈录存》,402、406页。

成在中国设立势力范围。但这个口惠而实不至的提案,对各国在华既存的势力范围毫无影响,如同美国研究者所论:"在华盛顿与会的美国人、英国人和日本人所关心的既不是中国的发展,也不是对中国的保护,而是主要关心如何在这个国家进行稳定的竞争。"①

华盛顿会议通过中国问题的原则决议后,进入有关具体问题的讨论。中国代表根据事先拟订的方案,陆续向大会提出希望解决的各项问题,其讨论结果为:

1. 关于废除"民四条约"问题。中国代表提出废止该约,美国为了迫使日本接受限制其海军数量的方案,曾授意中国代表将此问题提交九国委员会,作为向日本施加压力的砝码,但在日本接受了美、英提出的海军数量方案之后,美国对此亦不再热心。1922年1月,在九国委员会讨论该问题时,日方称此约有"合法效力",废约"必影响亚洲、欧洲及其他各国际关系之安定",同时为避免与美、英的矛盾,承诺将其中的南满东蒙铁路借款权等转移至新的国际银行团,也不再坚持在南满聘用日本顾问的优先权。中方则认为,"民四条约"为全体中国人民所反对,中国人民对该条约始终视为事实上之压迫,不承认其有法律效力,而且侵犯中国与他国签订条约及华盛顿会议通过的各项原则,必须废止全约。结果,会议决定将中日两国代表的发言载入会议记录而未作任何决定。②

2. 废除领事裁判权问题。中国代表指出领事裁判权对中国主权的严重危害,并以中国司法制度已有实质性进步为撤废领事裁判权的重要理由。但各国仍以中国法律制度"不完善"为由表示反对,认为不经详细调查,无法"取消现有之条约权"。1921年12月10日,大会通过《关于在中国领事裁判权议决案》,"宣言一俟中国法律地位及施行该

---

① 《外交文牍——华盛顿会议案》,64、142页;[美]孔华润:《美国对中国的反应——中美关系的历史剖析》,张静尔译,91页,上海,复旦大学出版社,1997。
② 《华盛顿会议小史》,201—209页;《中华民国外交史资料选编》,114—116页。1922年11月和1923年1月,北京国会众、参两院先后议决"民四条约"无效。1923年3月10日,中国外交部向日本声明:"所有民国四年五月二十五日缔结之中日条约及换文,除已经解决及已经贵国政府声明放弃并撤回所保留各项外,应即全部废除,并希指定日期,以便商酌旅大接收办法,及关于民国四年中日条约及换文作废后之各项问题"。3月14日,日本复照声称,中国"违背"国际信义,擅自废除"成约",日本决不承认。参见《中华民国史档案资料汇编》第3辑,外交,613—614页;吴东之:《中国外交史(1911—1949)》,85页,郑州,河南人民出版社,1990。

项法律之办法并他项事宜皆能满意时,即预备放弃其领事裁判权";同时决定组织委员会,"考察在中国领事裁判权之现在办法,以及中国法律、司法制度暨司法行政手续",建议以"适当之方法可以改良中国施行法律之现在情形",及辅助并促进中国政府力行编订法律及改良司法,足使各国逐渐或用他种方法放弃各该国之领事裁判权",但各国"可自由取舍该委员会曾建议之全部或任何一部"。关于此项问题的解决实际仍遥遥无期。①

3. 关税自主问题。关税不能自主为妨碍中国独立主权与经济发展的关键问题之一,中方在会上提出,应将现有关税税率立即提高至12.5%,同时为了缓和列强的反对,主动提出实现关税完全自主的年限可以讨论(北京政府提出3年实现关税自主,代表团认为有困难,提议为10年),现行海关制度暂不变动。但就是这个非常温和的提案,列强也不同意,他们只同意修正税则与调整税率,但税率调整"应尽力避免扰乱现在之经济情形"及"商业习惯","应先确实评定"后再予调整;增加的税金应首先偿还外债或用于建设事业等。日本的反对尤烈,连中国税率增加至实收5%也不能同意。经过激烈争辩,1922年2月6日签订了《九国间关于中国关税税则之条约》,决定中国从速切实实行5%的关税税率(后自当年12月1日起实行);从速筹备废除厘金,在厘金废除前,可另征2.5%的附加税(奢侈品附加税为5%);新税则4年后进行修改,此后每7年修改1次。②

4. 撤退外国在华军警问题。外国驻华军警严重影响中国主权,其中有些有所谓条约依据,而有些则并无条约依据,中国提出外国应撤走没有条约依据的驻华军警,是非常温和而合理的要求。但是,列强以所谓中国治安状况不好为由而不予同意。日本代表居然说:"日本派驻军队于中国,从未怀有侵略之目的,或任何非法的侵犯中国主权之意思。"1922年2月1日,大会通过《关于在中国之外国军队议决案》,授权各国驻华代表,会同中国政府代表,"共同秉公详细调查"有关情况,唯各

---

① 《华盛顿会议小史》,232页;《中华民国史档案资料汇编》第3辑,外交,460—474页。
② 《外交文牍——华盛顿会议案》,72—73页;《中华民国史档案资料汇编》第3辑,外交,460—474页。

国"可自由取舍报告书中所载调查结果所有之事实及意见之全部或任何一部"。① 这样，中国的要求实际被否定了。

此外，中国代表团还提出了取消各国之间或中国与他国之间一切秘密条约、撤销外国在华邮局电台、收回外国租借地等问题。会议议决，所有与中国签订或有关中国的条约、换文、契约等，一律送大会秘书厅存案，并转送与会各国；外国邮局除设在租界者外，在中国继续保持现行邮务行政及外国邮务总办的条件下可以取消；外国电台除有条约依据并得到中国政府同意者外，其他可由中国出价赎回。租借地问题，日本不同意交还旅顺和大连，英国同意交还威海卫（1930 年交还）但不同意交还九龙，法国同意交还广州湾，但实际上采取了拖延策略（1945年交还）。

除上述讨论的各项问题之外，华盛顿会议讨论的中国问题中还有不能回避的关键环节——山东问题。巴黎和会结束后，日本虽然以凡尔赛和约为依据，接收了德国在山东的一切权益，但中国却并不承认，故其仍然是一桩悬案，而且不仅关系到中日两国，还牵涉到美英等国的利益。日本之所以再三表示愿与中国直接交涉，用意即在于以此诱使中国间接承认和约为有效，并避免美英等国插手，使日本"合法"攫取山东权益。与日本的主张截然相反，中国要求的是无条件收回德国在山东的一切权益，日本倘不同意，则将山东问题提交国际公断。因此，中国政府、民众与舆论均反对与日本进行直接交涉。华盛顿会议召开前，日本认为中国势将提出山东问题，乃各方施加影响，企图迫使中国同意与其直接交涉。由于日本的多方活动，美英两国当局也都在会外劝说中国，不要"遽行拒绝直接交涉"，否则"将使中国在世界各国心目中染有不光明之色彩"，而且"以后若日本更变其态度，则日人手中之权利更难收回"。这不仅是日本"疏通"的结果，也是美英两国都不愿意因为山东问题而妨碍与日本在远东及太平洋国际关系方面达成更大的妥协。

1921 年 11 月 23 日，中国代表在会上提出山东问题，美英两国代表均反对将此列入讨论议程，提出山东问题由中日在会外另行会谈的

---

① 《华盛顿会议小史》，260 页；《中华民国史档案资料汇编》第 3 辑，外交，460—474 页。

建议。美国首席代表、国务卿休士警告说，"山东问题如提出大会，恐发生不良结果"；表示美国与英国将居间调停。格于美英两国的态度，中方认为如此做法可能对解决问题稍为有利，故在请示北京政府后，接受了这种可称为"边缘"的交涉方式。① 不过，中国民间舆论及团体强烈反对这样的交涉方式，认为这仍是变相的直接交涉，于日本有利。为了平息反对声浪，12月11日，北京政府外交部公布中日两国代表在华盛顿交涉的情况，强调无论结果如何，均须交大会公认，并非即承认日本继承德国权利。实际上，中日双方都从原先的立场有所后退，最后的结果既非中国要求的由大会讨论，也非日本要求的直接交涉。

12月1日，中日关于山东问题的会外谈判开始举行。日方代表为外相加藤友三郎、驻美大使币原喜重郎等，中方代表为施肇基、顾维钧、王宠惠，英方观察员为前英驻华公使朱尔典及驻华一等参赞蓝浦森，美方观察员为美国务院远东事务局局长马克谟与前驻日公使贝尔。会议形式为非正式的，无主席，亦无特定议程，而采取自由讨论的方式。

根据北京政府外交部拟订的鲁案交涉方针，中国的要求是：胶州湾租借地完全交还中国，由中国自行开作商埠；胶济铁路管理权完全归诸中国，资产由中、日折半均分，日本所占份额由中国定期分年赎回；德国在山东所有条约及合同权利，日本均不为要求；租借地德国官产交还中国；山东境内日军克日撤退。② 双方在交还租借地及其官产、撤退日军等问题上的讨论尚属顺利，但对胶济铁路路权问题的讨论异常激烈与艰难，成为谈判的重点与难点。日方提出，愿在"最初中德铁路协定的同样基础上解决这个问题"，即"把日本当成德国的接替者就行了"。③ 日方要求胶济铁路由"中德合资"改为"中日合办"，同时由日本接替德国取得因筑路而产生之其他各项特权。中方认为，中国既经对德宣战并为战胜国，德国过去从山东取得之一切权益即不复存在，胶济路及有关权益应由中国无条件收回，路矿由中国自办，日本根本没有成为接替者的资格。日方其后提出，中国既不承认中日合办胶济路矿，即须由中

---

① 《秘笈录存》，351—352、409—411 页。
② 《秘笈录存》，413 页。
③ 《顾维钧回忆录》第 1 分册，227 页。

国备款赎回。此后双方争执的重点在于中国赎款的数额、付款的方式及任用日本技术人员的问题。

12月13日,双方达成初步协议:(1)日本应将胶济铁路及其全线一切附属产业移交中国;(2)中国应按胶济路产业之实价赔偿日本,折合计算为53 406 141金马克(约合2 500万元)。但如何交付该款项,以北京政府当时的财政状况实有困难,日方利用此点,主张由日本贷款与中国赎路,贷款期限为23年,期间聘用日人为总工程师、车务长及会计长,以图尽量延长对胶济路的控制年限;中方主张自筹现款赎路,于3年内分6期付清,期间聘日人为总工程师;后又提出以10年为期分期付款,唯5年之后可以一次付清赎回。日方代表嘲讽说,中国政府对现有债务已无偿付能力,为什么竟愿筹现款赎路?中国代表则诘问日方,中国无偿债能力,正是中国不能再借外债的原因,日本为什么偏愿借款给不愿再借债的中国呢?双方代表经多次激烈争辩,形成僵持,并于12月20日后一度中止谈判。①

正当在华盛顿的中国代表坚持拒绝借日款赎路之时,北京政府内阁更迭,12月24日,以亲日著称的梁士诒出任内阁总理。29日,梁士诒在会见日本驻华公使小幡西吉时,表示中国"拟定借款自办。至一切细目,仍由华府商议"。梁士诒虽未提借日款事,实则默认之。此决定于12月31日电告中国代表团,代表团接电后表示对北京情形"不得其详。此间形势危急并极不顺利。"即使美国代表对北京态度的突然转变亦颇为不解。② 消息传出,激起国内其他实力派与民众团体的抗议。从广州孙中山政府到吴佩孚等直系将领,从工、商、学各界到报刊舆论界,纷纷通电、集会、游行、示威,汇成讨梁浪潮,结果使借款主张无疾而终,梁士诒也于不久之后下台。

1922年1月4日,中日会谈重开,此时会议的其他议题已基本讨论完毕,只有山东问题还在僵持,因此美英等国急切希望山东问题早日

---

① 参见谭天凯《山东问题始末》第5、6章;《顾维钧回忆录》第1分册,224—234页。据顾维钧回忆,当时各方承诺募捐数额已超过4 000万元,但"有指望得到的总数不会超过两三百万元"。"正因为政府自知无法筹措如许款项,才指示代表团原则上接受贷款协定,但要努力协商,尽量缩短期限。"见《顾维钧回忆录》第1分册,228—229页。

②《秘笈录存》,482—484页。

解决。1月18日,美、英提出新的方案,即中国以债券方式偿付路款,期限为15年,并可在5年后提前付清,期间聘用日人为车务长。日本予以接受。其后,美、英告中国代表,山东问题必须在华盛顿解决,如失此时机,则不知何时方能解决。25日,美国总统哈定亲自出马会见中国代表,警告说日本是在美国压力下做出让步,已不可能再让,如中国此次不能解决问题,有失去山东的危险。中国代表遂电北京外交部请示,称"大会行将闭幕,不能再有谈判及迟回之余地,窃以为所提解决办法未予中国以完全公道,但可得亦不过如此。"北京政府在美、英的压力下,认为此方案虽"不能完全满国人之望",但"较之悬案不结,日本仍居胶澳以及路矿等事"不失为可接受的方案,因此于29日训令中国代表,"如实无商量余地",则接受此方案。[1] 中日关于山东问题的谈判终在列强干涉下结束。

1922年2月4日,中日代表在华盛顿签订《解决山东问题悬案条约》和《附约》,主要内容有:(1)日本将胶州湾租借地归还中国,由中国开放为通商口岸;(2)德国所占之公产交还中国,日管时期各种公产之加修,中国予以赔偿;(3)日本于6个月内撤退青岛和胶济路驻军;(4)青岛海关交还中国;(5)青岛日人开辟之盐场由中国赎回;(6)德人旧设之海底电缆交还中国;(7)日人所设之电线、电台交与中国,由中国给予赔偿;(8)胶济铁路产业于9个月内交还中国,但中国允给日本以53 406 141金马克的铁路资产赎买费;付款办法为:中国政府发行国库债券交付日本,于15年内赎回该路,但5年后中国如有现款亦可提前一次赎回;在未赎回前,用日人为车务长及中日各一人为会计长;(9)德人在胶济路沿线经营之矿产,由中日合资公司接办,其中日股数量不得超过华股。《附约》规定,日本承认在山东放弃前中德条约所给予外人之各项优先权,同时,中国政府允许青岛各项公共事业的管理予外侨以适当的代表权。中日双方商定组织联合委员会,解决协议有关

---

[1] 吴沧海:《山东悬案解决经纬之研究》,166、169—171页,台北,台湾商务印书馆股份有限公司,1987;《秘笈录存》,495—497页。

细节问题。① 经过艰难的交涉，尽管在胶济铁路等问题上还留有遗憾，但中国总算大体收回了山东权益。

1922年2月6日，参加华盛顿会议的各国签订了《关于中国事件应适用各原则及政策之条约》，即"九国公约"。公约全文共九条，包括了前述关于中国的四项原则，以及缔约各国不得订立条约侵犯此四项原则；中国实行门户开放，各国在中国机会均等；各国不谋求在中国的势力范围；中国铁路对各国平等开放；尊重中国战时中立；各国不得订立有损本条约各项原则之条约，未与会各国亦可参加本条约。当日，华盛顿会议闭幕。

华盛顿会议是继巴黎和会之后，列强调整其在远东及太平洋地区利益关系的又一次重要会议，与巴黎和会一起，形成了所谓"凡尔赛—华盛顿"体系，成为第二次世界大战爆发前，维系列强之间和平竞争关系、减少彼此冲突可能性与激烈性的重要国际关系体系。通过华盛顿会议，列强在远东及太平洋地区形成了大体平衡的竞争发展局面，在一定程度上缓解了他们可能发生的矛盾及冲突。

华盛顿会议对中国的意义在于：一方面，因为第一次世界大战而造成的日本独霸远东的可能性被阻止，其对华咄咄逼人的侵略态势有所缓解，"门户开放、机会均等"的原则再度被列强所确认，这主要是列强间势力平衡与互相妥协的产物，但对于中国或多或少还是有有利的一面，在一定程度上遏止了当时对中国最具侵略性的日本独占性、排他性与垄断性的侵略势头，尽管这种遏止是十分脆弱而不可靠的；另一方面，中国通过在华盛顿会议期间的交涉，争回了部分权益，如提高关税、撤退外邮等，并在山东问题上得到了大体可接受的结果，从而与巴黎和会的空手而归形成了对比，这也是五四运动之后中国国际地位开始回升的表征，尽管这种回升是缓慢而不稳定的。因此，对于中国在华盛顿

---

① 1922年4月29日中国批准该约，5月23日日本批准该约，6月2日两国互换批准书，条约生效。6月29日，中日联合委员会在北京成立，12月5日结束。11月5日议定《山东悬案细目协定》，12月5日议定《山东悬案铁路细目协定》，规定胶州湾原德国租借地公产于12月10日移交中国，日本军队于此后20日内撤尽；中国为胶州湾原德国租借地公产及赎回日本盐场，向日本付赎金1600万日元；胶济铁路及支线并一切附属财产于1923年1月1日移交中国，中国向日本付赎金4000万日元。参见《中华民国史档案资料汇编》第3辑，外交，179—199页。

会议所获之成果,应给予一定的积极评价。但是,也应该注意到,美英等国在华盛顿会议期间,仍表现出牺牲弱国利益、达成强国妥协的自私倾向,从而又一次给中国人留下了不佳的印象。此时,中国的工人阶级正在成长,中国共产党已经成立,苏俄正在中国进行寻求革命盟友的工作,列强不能充分估计中国内部情势发展与民族主义成长的短见,将给他们其后的对华关系带来非常大的负面影响。正如有研究者所论:"与美国的初衷相反,华盛顿体制建立伊始就遭到中国民族主义者的拒绝和反叛。特别是列宁理论和苏俄革命模式以其对中国强大的指导和示范作用为中国民族主义者接受后,这种反叛逐渐在 20 年代中期演变成一场反叛华盛顿体制,要求改变中外关系现状的国民革命。"[①]

[①] 王立新:《美国对华政策与中国民族主义运动(1904—1928)》,345 页,北京,中国社会科学出版社,2000。

第六节　马克思主义的传播与中国共产党的建立

在五四运动为中国带来的重要变化中,工人阶级登上政治舞台以及随后他们的政治代表——中国共产党的成立,当时的影响可能还没有为国人及外人所充分估计,但随着历史的演进,这一变化的重要性却日渐凸显,并且真正成为影响20世纪中国历史的大事件。

工人阶级力量的成长,是中国共产党成立的阶级基础,而马克思主义的传播,则为中国共产党的成立奠定了思想基础。诞生于19世纪中叶的马克思主义,是资本主义发展到一定阶段的产物,是指导在资本主义制度下被压迫的工人阶级进行阶级斗争、争取自身权益、进而推翻资本主义制度、建立工人阶级领导的国家政权的革命理论。当时,中国刚刚被列强以武力打开大门,对外部世界的了解有限,马克思主义在中国的介绍也极为有限。目前所知,1899年由李提摩太据英国人企德所著《社会进化》编译而成的《大同学》,粗浅地提到了马克思及其学说,并将马克思称为"百工领袖"。因此《大同学》在《万国公报》的连载,可以认为是马克思最早被介绍到中国的开端。[①]

20世纪初,国人有感于国家危机而纷求救国之道,各种西方学说均成为国人关注介绍的对象,其中经由留日学生通过日文译本和日文著作而引介的马克思学说,成为马克思主义传入中国的重要渠道。1902年,戊戌维新失败后避难日本的梁启超发表了《进化论革命者颉德之学说》,其中称"麦喀士"(马克思)为社会主义之泰斗,开

[①] 王也扬:《马克思主义何时传入中国的一个说法之误》,载《马克思主义研究》2000年第2期。

中国人介绍马克思之先河。后来他又发表过不止一篇文章,介绍马克思的学说,反映出他对新知的敏感。此后,马克思主义的著作及其基本观点——唯物论、辩证法、阶级斗争、共产主义等等,均陆续被介绍到国内,为国人所知。但此时中国资本主义的发展尚不发达,工人阶级仍在成长,马克思的学说被介绍到中国后,主要是作为学理探讨的对象而非斗争实践的指南。孙中山及其领导的革命派(如朱执信、戴季陶等),在从事民族民主革命的过程中,曾经对马克思主义有兴趣,也介绍过马克思主义理论,尤其是在如何改善民生方面,他们因为有欧美各国的生活经历,目睹了资本主义之弊端,因而亦较易受到马克思学说的影响。但他们了解与接受的马克思学说,与经典马克思主义有相当的距离,尤其是他们始终主张实行西式民主、反对阶级斗争,从而基本上仍可归于资产阶级民主革命派。马克思主义在中国由理论传播而进入革命实践,只能有待于作为其理论与行动阶级基础的工人阶级的成长。五四运动前中国工人阶级的成长及运动期间工人阶级的作为,为马克思主义在中国由理论走向实践创造了有利的阶级基础,再加上在此前后马克思主义理论的传播,俄国十月革命的成功及其影响,中国民众因巴黎和会外交失败而对西方列强的普遍失望与拒斥心理,尤其是经由服膺马克思主义的先进知识分子的宣传鼓动和努力实干,为马克思主义在中国由理论走向实践创造了良好的契机和可能。

五四运动之后,新文化运动得其助力仍在发展,各种宣传新文化的报刊数量增加不少,但其主导趋向却有了明显的变化,对马克思学说的介绍及马克思主义的传播蔚为潮流。除了《新青年》是传播马克思主义的主要阵地之外,其他一些杂志(如《每周评论》《国民》《建设》等)和报纸(如《晨报》副刊、《民国日报》副刊、《时事新报》副刊等)都有不少介绍马克思主义的专文以至专栏。以1920年出版《共产党宣言》中文全译本为标志,马克思主义著作纷纷被译介出版,更扩大了其影响。当然,在百家争鸣的环境下,也有不少其他各派的学说被介绍进中国,由于各派学说纷呈,其间还引发了数次激烈的论战,马克思主义学说通过这样的论战产生了更广泛的影响。①

1917年11月7日（俄历10月25日），俄国爆发革命，推翻沙皇政府，成立了由列宁为首的布尔什维克党（实即共产党）领导的工人阶级的苏维埃国家政权，马克思主义第一次在国家政权层面进入实践过程。俄国革命的消息传至中国，在先进知识分子中引起热烈的反响。李大钊撰文写道："一九一七年俄罗斯的革命，不独是俄罗斯人心变动的显兆，实是二十世纪全世界人类普遍心理变动的显兆。俄国的革命，不过是使天下惊秋的一片枫叶罢了。Bolshevism这个字，虽为俄人所创造，但是他的精神，可是二十世纪全世界人类人人心中共同觉悟的精神。所以，Bolshevism的胜利，就是二十世纪世界人人心中共同觉悟的新精神的胜利！"为此，李大钊充满激情地欢呼："由今以后，到处所见的，都是Bolshevism战胜的旗。到处所闻的，都是Bolshevism的凯歌的声。人道的警钟响了！自由的曙光现了！试看将来的环球，必是赤旗的世界！"②1919年，李大钊连续在《新青年》第6卷第5、6号发表《我的马克思主义观》，认为："自俄国革命以来，'马克思主义'几有风靡世界的势子……'马克思主义'既然随着这世界的大变动，惹动了世人的注意，自然也招了很多的误解。"因此，他对马克思主义的各个组成部分作了系统的阐释，并强调了阶级斗争的意义。李大钊的言论，反映了当时具有初步共产主义思想的知识分子的共同心声，也是他们在接受马克思主义的历程中所走过的共同道路。

新文化运动的领袖人物，也是中国早期马克思主义者代表性人物陈独秀，曾经专门阐释为什么要讲社会主义、为什么能讲社会主义、应讲何种社会主义。他的回答是："在生产方面废除了资本私有和生产过剩，在分配方面废除了剩余价值，才可以救济现代经济的危机及社会不安的状况。这就是我们所以要讲社会主义之动机"；"中国不但有讲社会主义底可能，而且有急于讲社会主义的必要"；"只有俄国的共产党在名义上，在实质上，都真是马格斯主义"。他的结论是："我以为中国的改造与存在，大部分都要靠国际社会主义的运动帮忙，这是不容讳饰的了；国内的资

---

① 关于五四之后新文化运动的发展情况及其间之论争，请参阅彭明《五四运动史》（修订本）等论著。
② 《布尔什维主义的胜利》，载《新青年》第5卷第5号。

本阶级虽尚幼稚,而外国资本主义的压迫是人人都知道的,因此阶级战争的观念是中国人应该发达的了;再睁开眼睛看看我们有产阶级的政治家政客底腐败而且无能和代议制度底信用,民主政治及议会政策在中国比在欧美更格外破产了;所以中国若是采用德国社会民主党的国家社会主义,不过多多加给腐败贪污的官僚政客以作恶的机会罢了。"①

1919年7月25日,苏俄政府以副外交人民委员加拉罕的名义发表《俄罗斯苏维埃联邦社会主义共和国对中国人民和中国北方与南方政府宣言》("第一次对华宣言"),宣布废除中俄间所订之一切密约与协约,放弃帝俄在华所有特权及租界、庚子赔款,将中东铁路及其附属产业无偿归还中国,并希望与中国就此进行谈判。次年9月27日,苏俄政府又由加拉罕署名发出《致北京政府外交总长函》(中译为《俄罗斯苏维埃联邦社会主义共和国政府对中国政府宣言》,即"第二次对华宣言"),重申上年声明的主要内容,并向中国政府提议磋商废除旧约事宜,在双方完全平等与互相尊重主权完整的基础上缔结新约,建立外交关系。② 苏俄两次对华宣言,虽然实际上对旧俄在华利益(如中东路)仍有坚持,但毕竟公开表示放弃旧俄在华特权,显示出与列强在巴黎和会的对华压迫态度非常不同的姿态,③得到了当时中国社会舆论的广泛好评,为苏俄扩大在

---

① 《社会主义批评》,载《新青年》第9卷第3号。
② 程道德、郑月明、饶戈平编:《中华民国外交史资料选编》,165—169页,北京大学出版社,1985。1919年8月26日苏俄《真理报》与《消息报》发表的第一次宣言,没有将中东路无偿归还中国的内容;但该宣言于1920年3月正式转交中国时,仍有该内容。在第二次宣言中,苏俄政府提出了若干具体条件:如中国不应支持俄国反革命派之旧党,并不允许其在中国领土内有所动作;应将反对苏俄之军队及各团体解除武装;驱逐旧俄驻华外交人员;不得将苏俄放弃之庚子赔款付与旧俄人员。此次苏俄不仅未提放弃中东路事,而且要求两国订立苏俄需用中东铁路办法之专约。
③ 1920年3月,中国收回中东路区行政权;7月停付旧俄庚子赔款;9月停止旧俄外交人员待遇,接收天津、汉口俄租界及俄人在华特权,废除旧俄领事裁判权。(张忠绂:《中华民国外交史》,290—291、298页,上海,正中书局,1945。)这些收回的权益在1924年被中苏条约所基本确认。但此时中国在外蒙古却遭遇了挫折。苏俄十月革命之后,初时其国内战乱不已,远东红、白军及外国侵略军的争战影响到外蒙古,使外蒙古局势处于动荡之中。为此,中国决定向外蒙古增派军队,筹划恢复对外蒙古的完全主权,而外蒙古内部亦有撤销"自治"之呼声。1919年6月,徐树铮出任西北筹边使兼西北边防总司令,提出西北筹边计划,欲以实力经营外蒙古。10月,徐树铮抵外蒙古首府库伦。11月17日,外蒙古呈文撤销"自治"。22日,北京政府以大总统令正式宣布外蒙古撤销"自治",同时声明1915年的中俄蒙协约等文件此后"概无效力"。但北京政府实力有限,无法真正在政治上控制、经济上扶助外蒙古,未能在外蒙古建立起有效统治。而苏俄白军利用外蒙古作为反对苏维埃革命的基地,为苏俄红军不能容忍,双方经常发生冲突,并危及中国在蒙主权。1919年8月3日,苏俄政府发表《致蒙古人民宣言》,声称"蒙古现已成为一个独立的国家,并有权在没有北京或彼得堡方面的任何监护的情况下,独立自主地同其他一切民族交往。"(薛衔天等:《中苏国家关系史资料汇编(1917—1924)》,459页,北京,中国社会科学出版社,1993。)同时支持苏赫巴托尔、乔巴山等成立蒙古人民革命党,从事蒙古革命运动。1921年,外蒙古形势发生变化。2月,外蒙古王公援引白军恩琴部占领库伦,驻防中国军队退出,苏俄红军随之进入外蒙古进剿。7月6日,红军占领库伦,16日外蒙古人民革命政府成立,11月5日,苏俄与外蒙古签订《俄蒙友好条约》,苏俄承认现政府　（转下页）

华影响添了分,也有助于马克思主义在华的传播。"十月革命一声炮响,为我们送来了马列主义",就是对十月革命、苏俄影响及中国马克思主义传播、中国共产党成立之间关系的形象表达。

中国工人阶级的成长和马克思主义理论的传播,使马克思主义在中国由理论传播进入具体实践有了现实的可能性。而要将这样的可能性化为现实,其中关键在那些接受了马克思主义理论的先进知识分子的实干和组织活动,陈独秀和李大钊就是他们的代表。正是经由他们的中介,先进知识分子在马克思主义由理论宣传到实践活动的过程中架起了联络的桥梁,发挥了重要的作用。马克思主义在中国进入实践过程的发端及其组织保证——中国共产党的建立,由此而为水到渠成。

在中国共产党建立之前,各地已有不少以共产党或共产主义小组名义出现的、由接受了马克思主义的先进知识分子组成的共产主义团体。在这些团体联合组建统一的中国共产党的过程中,革命成功之后正在广泛寻求盟友的苏俄给予了大力支持。1920年春,俄共(布)中央远东局外事处派维金斯基(中文名吴廷康)来华,寻求与中国革命者建立联系,并探讨建党的可能性。维金斯基来华后,在北京和上海"同中国革命运动的所有领袖都建立了联系",其中具有代表性的人物是陈独秀和李大钊。1921年6月,共产国际代表马林和赤色职工国际代表尼科尔斯基受命抵达上海,帮助中共的建党工作。马林在报告中写道:建党"将大大有利于我们的工作。同志们那些为数不多而分散的小组将会联合起来。此后就可以开始集中统一的工作了。"①

1921年7月23日,创建中国共产党的第一次全国代表大会在上海法租界贝勒路树德里三号(现兴业路76号)秘密举行。出席此次大会的有各地共产党或共产主义小组的代表:上海的李达、李汉俊,北京的张国焘、刘仁静,长沙的毛泽东、何叔衡,武汉的董必武、陈潭秋,济南的王尽美、邓恩铭,广州的陈公博,在日本的周佛海,陈独秀的代表包惠

(接上页)为外蒙古唯一合法政府,双方互派外交代表。从此,外蒙古实际上脱离中国。有关研究可参阅李毓澍著《外蒙古撤治问题》,台北,"中研院"近代史研究所,1976;张启雄著《外蒙主权归属交涉》,台北,"中研院"近代史研究所,1995。

① 中共中央党史研究室第一研究部编:《联共(布)共产国际与中国国民革命运动(1920—1925)》,28、59页,北京图书馆出版社,1997;《百年潮》,56、58页,2001(12)。

僧,以及马林和尼科尔斯基。陈独秀时在广东任教育委员会委员长,李大钊在北大任图书馆主任,两人均因公务繁忙无法脱身而没有出席。7月30日晚,开会地点突遭租界巡捕的搜查。31日,会议转移到距上海不远的沪杭铁路线上的江南小城——浙江嘉兴南湖的游船上进行并在此结束。①

中共一大经过讨论,通过了《中国共产党第一个纲领》,宣示中共将以无产阶级革命军队推翻资产阶级政权,建立无产阶级专政,废除私有制;《中国共产党第一个决议》提出中共当时的基本任务是,成立产业工会,灌输阶级斗争精神,不使工会成为其他党派的傀儡及执行其他的政治路线;一切宣传出版工作均应受中央的监督,不得违背党的原则、政策和决议;对现有其他政党,应采取独立的、攻击的政策,不同其他党派建立任何关系;党中央应每月向第三(共产)国际报告工作。② 大会选举陈独秀、张国焘、李达为中共中央局成员,陈独秀为书记,组成中共领导机关。

中国共产党的成立,开创了中国历史的新篇章,是马克思主义在中国由理论走向实践的发端,也是五四运动之后中国革命性质由资产阶级领导的旧民主主义革命向无产阶级领导的新民主主义革命转化的重要标志。中共服膺马克思主义理论,主张通过阶级斗争的方法夺取政权,建立无产阶级专政,实现共产主义,具有和当时中国所有党派都不同的阶级基础、理论指导与行动指南。中国共产党的成立是马克思主义与中国革命实践相结合的产物,也使中国工人阶级从此有了自己政治上的代表。中国共产党的成立也是学习苏俄革命经验并得到苏俄帮助指导的结果。中国共产党既与苏俄和国际共产主义运动有密切的思想、组织联系,则中国共产党领导的中国革命也不能不受到苏俄和国际

---

① 关于中国共产党的创建及中共一大的召开,已有相当多的研究,如《伟大的开端》等,请参阅有关论著。日本学者石川祯浩的最新著作《中国共产党成立史》(袁广泉译,北京,中国社会科学出版社,2006),对有关中共创建的史实、研究中的不同论点及其所用资料有详尽之考辨,亦请参阅。

②《中共中央文件选集》第1册,3—9页,北京,中共中央党校出版社,1989。中共作为共产国际的支部,其成立初期,日常经费支出多依靠共产国际的支持,也有义务遵守共产国际的决议,听从共产国际的工作安排。中国共产党成立的第一年,中央机关共支出17 655元,其中自行募捐1 000元,共产国际协款16 655元。直到中共三大时,陈独秀仍报告说:"党的经费,几乎完全是我们从共产国际得到的,党员缴纳的党费很少。"(见《中共中央文件选集》第1册,47、168页)

共产主义运动的重要影响,其间既有成功的经验,亦有失败的教训,诚可为后人总结。中国共产党成立之时,人数不多,实力弱小,在中国的政治版图中尚不引人注意,但以后的历史发展表明,中国共产党的成立对近代中国所走的历史道路发生了关键性的影响,因此诚如毛泽东所论:"自从有了中国共产党,中国革命的面目就焕然一新了。"①

中国共产党成立之初,对马克思主义的理解,尤其是对中国国情的认识还不够,因此而提出的革命纲领和任务都有不完全切合实际之处,主要表现为对争取同盟军努力得不够,这只能在此后的实践中不断探索,寻求解决之道。但是,在领导工人运动争取自身利益方面,中共自始即做出了不少努力,表现出自己是工人阶级的政治代表。中共提出,成立第一年的重要任务之一,就是"各区必须有直接管理的工会一个以上,其余的工会也须有切实的联络";同时"以全力组织全国铁道工会"。1922年6月,中共组建中国劳动组合书记部,"作共产党合法的公开的劳动运动"。② 中国劳动组合书记部总部设在上海(1922年7月,劳动组合书记部被租界工部局查封,8月迁至北京),是有严密领导的工人组织,与当时许多有名无实的工会大为不同。从1922年初至1923年2月"二七"大罢工被镇压,主要是在中国共产党的领导下,中国工人运动出现了一个高潮时期,其间有30余万工人参加了大小100多次罢工。如1922年1月香港海员罢工、8月长辛店京汉路罢工、9月江西安源煤矿罢工、10月京奉路山海关铁工厂和唐山制造厂罢工等工人罢工斗争,均获得了不同程度的胜利。③ 通过组织与领导罢工,中国共产党不仅在工人中开始建立自己的队伍与影响,而且锻炼了自己从事实际斗争的能力。很快,中共的组织力、动员力、奋斗精神、勤干实干等,都将在国共合作中得以充分表现,并因此而开创了20世纪20年代中期激荡了无数国人精神与生活的轰轰烈烈的国民革命时代。

---

① 《毛泽东选集》第4卷,人民出版社1991年版,1357页。
② 《中共中央文件选集》第1册,26、50页。
③ 关于20世纪20年代中国工人运动的情况,请参阅邓中夏《中国职工运动简史》,北京,人民出版社,1979。

第五章
直皖战争

　　北洋军阀自分化为皖、直、奉三大派系后，派系矛盾与斗争成为军阀政治的常态，当矛盾发展至不可调和时，便只有通过战争解决问题。直皖战争就是直皖两系矛盾发展激化的结果，也因此而开北洋军阀间大规模派系战争之始。由于直系的军事作战及指挥能力强于皖系并得到奉系的助力，也由于皖系当政期间的诸般作为不得民心，直皖战争以直胜皖败而告结束，直系崛起为北京政治的主导力量，而奉系势力亦扩张至关内，形成对北京政府的直奉两系共治的格局，且因直奉矛盾的发展而隐伏着直奉战争的可能。与此同时，孙中山在上海居留期间着重理论著述，探求革命道路，重建中国国民党，并通过讨桂战争，赶走统治广东的桂系，重回广东，建立政府，出任非常大总统，开始新的革命征程。

第一节　直皖战争之发端

袁世凯败亡之后,北洋军系逐渐分化为皖、直、奉三系,其中奉系的力量初始主要在关外,而在关内有实力争夺北京中央政权者,主要是皖、直两系。皖系因其实力和段祺瑞"三造共和"之声望,基本控制了北京中央政权,直系的冯国璋担任大总统,与皖系形成一定的平衡。但冯国璋在大总统任上不过一年,离任一年后又身故,而段祺瑞虽然与冯国璋同时下野,不再担任国务总理,却继续以边防督办身份并利用安福国会控制政局,成了北洋军中最具政治影响力的"大佬",皖系对北京政府的控制并未消退。及至五四运动期间,成为各界千夫所指的曹汝霖等政客均与皖系有深厚关系,再加上皖系军人和段祺瑞与日本的联系,使皖系受累于其"亲日"而颇为社会舆论所责,影响及于其政治根基。与此同时,曹锟、吴佩孚渐渐崛起为直系新的领袖,他们自认"能征善战",不甘蛰伏于皖系和段祺瑞的阴影之下,屡有与皖系不同的声音发出,如主张南北停战议和,反对签订对德和约等等。直系的主张在当时契合了社会各界罢战止兵、维护国权的呼声,为直系在舆论上挣得不少好评,而皖系为舆论所责,也为直系攻皖提供了契机,同时造成了直皖矛盾的渐趋激化,双方关系破裂的阴影正在聚集。然而导致直皖矛盾激化的关键问题,仍在于双方的利益之争,如直军北撤、河南易督、北京内阁更易等等,均为双方矛盾及争夺之焦点。

南北战争爆发后,直军是北军征南的主力之一,吴佩孚的部队尤其起了重要作用。但随着直皖双方各立门户,直军不愿再为他人作嫁衣裳,对作战不再积极,并主动发出停战议和通电。自1918年年中以后,南北两军在湖南前线实际处在停战状态中。为了替己派助威,也为了在关键时刻能派上用场,直军一直要求自前线撤军,但为北京政府所拒。"迨直皖两派暗潮激荡,曹锟以保定兵力单薄,恐皖派乘虚而入,遂密令吴佩孚率师回直。于是驻扎衡阳一带之直军决计撤防,虽经各方面竭力挽留,终无效力。"①

当直军决心不顾北京政府的命令而自湖南前线撤防时,为了保证行动的顺利,需要与西南方面达成一定的妥协,而西南方面亦有意与直系结盟,共同对付皖系。如西南首领岑春煊所言:"河间(冯国璋)新逝,直系骤失中心。段派乘时一面吸收,一面排退。直系恐被压迫,若不自振奋斗,势难自保,现似有此觉悟。直系失势,西南更危,双方处境相同,非彼此彻底联络,无以自存。"②因此双方一拍即合,于1919年秋订立《救国同盟军草约》。草约冠冕堂皇地提出:本约为永息内争,力谋统一,合力对外起见,并非有党见性质;军人以卫国保民为天职,无论何时,国内争战,不得牵动武力,惟须弭患无形,以尽保民之责务,并须保全现在之主权,兼收回已失之主权,为卫国之主旨。草约提出解决国内政争的具体对策是:(1)维持现状。现在和局混沌,无论如何困难,当协力促成之。(2)和局成功。如扫除内奸,废弃密约,选举良善国会,组织不党内阁等条件,均取一致之态度。至必要时,得干预而纠正之。(3)和局破裂。如再起兵端,本团体攻守同盟,若有害甲则乙援之,害乙则甲援之,任至何地,彼此援助,不得坐视。(4)和平善后。即目前和成,而内奸余孽未清,则和平仍不能永保。对于非法机关,巧立名目,凡未经正式国会通过,而私图扩张军阀势力,为将来和平障碍者,均取一致之反对,必达取消之目的。草约还规定:(1)凡属同盟军,遇有危迫时,接近者应有实力之援助,不接近者,亦应有函电之响应,或转托他军之援助;(2)如同盟军有意见时,得联合同志调解之,不得自起冲突;(3)如有扩张私人权利,破坏大局,或私通奸人局部分裂者,应由同盟军摒诸团体之外,或驱逐之;(4)凡属南北将领,对内对外,心理相同者,皆可联络同盟。唯必须主持和平,宗旨正大,而无权利思想,经本约

---

① 来新夏主编:《北洋军阀》(三),54页,上海人民出版社,1993。
② 中国第二历史档案馆编:《直皖战争》,4页,南京,江苏人民出版社,1980。

同盟人认可者,方可列盟,不得以地域限制之。草约的结论是:(1)此项盟约,因中央政府不良,元首大权旁落,深恐群奸盘踞,延宕和局,实行其困急南北征人之计划,故不可稍事迁延,以期组织良好政府,安内攘外;(2)自签约之日起,如一月内,和局仍无解决之望,或和议敷衍完结,及取消非法机关诸目的未能达到,应先由同盟军预定办法暨进行手续,另订别约,秘密签字,以期一致行动,贯彻始终;(3)上列对内对外各条,团结一致,好恶同之。有渝此盟,神明殛之。① 由此约条文可知,其虽未点名,而"奸人"等等则暗指皖系,此约实为直系与西南方面联合对皖系的攻守同盟。有了此约,直军北撤时无后顾之忧,西南则可以不战而得湖南(张敬尧为湘人痛恨,直军撤防后势将难以立足),双方各有所获,都是赢家,只有置身事外的皖系是输家。1919年11月下旬此约被报章披露后,直军北撤势在必行,而皖系对直系衔恨在心亦可想见,直皖关系更趋恶化。

直军与西南订立盟约后,双方即按商定之步骤进行直军北撤的准备工作。先是由西南方面致电北京政府总理靳云鹏主和,继由吴佩孚致电靳云鹏促和。1920年1月,吴佩孚"派员来粤请款六十万为撤防之费,决开春即实行,衡州由湘军填防。"西南方面即表示"款已付给,俟撤防时提用"。吴佩孚还提出:"如北军开衅,或直军中途有阻,切望同盟军恪守同盟协约,极力援助。"西南方面表示:"为同盟协约计,为前途发展计,当然不能不加以援助。"岑春煊请唐继尧"先期饬在川滇军预为准备,一旦有变,以便迅速拔队东下,会师武汉,则大局转移,均此一举"。②

吴佩孚的北撤行动自然不为皖系所喜,他们既不愿因吴之撤防失去湖南,更不愿因其撤防壮大直系声势,但他们也没有能力阻止吴的撤防行动,只能各方出动,表示挽留。3月初,吴佩孚告湘督张敬尧,"挽留之议,请作罢论",催其"派定将领、队伍,预为接防",且"词意坚决,似难商量"。张敬尧一面与吴佩孚相商,请其勿撤,一面电告北京政府,请他们切劝吴佩孚"始终不渝,顾全大局,万勿于风雨飘摇之际,遽萌退

---

① 章伯锋、李宗一主编:《北洋军阀》第3卷,617—618页,武汉出版社,1990。
② 中国第二历史档案馆:《直皖战争》,7—8页。

志"。然吴佩孚根本不为所动,3月17日电告张敬尧:"此次敝军回防,志决议定,断无更变,请即准备接防,万勿疑虑。中央谅知直军薪饷苦衷,决不能不准撤防。况湘省系贵督军之责,应速承认撤防,如果迟疑日久,敝军急于撤回,防地空虚,湘军进驻,是贵军放弃守土之责,于敝军无涉。"对此,张敬尧连电北京告急,但北京政府除了下令不准吴撤防之空言外,亦无更多办法。21日,吴佩孚的上峰曹锟亦不避嫌疑,致电北京政府称,吴师撤防"实出于万不得已",自己"对于所部哀哀呼吁,尤觉戚楚,故不避再渎之嫌,恳请钧院、贵部据情转大总统俯如所请,俾敝军早日北归,以慰兵心"。① 至此,直军撤防势在必行,北京政府与皖系亦无可奈何,延至5月只能同意其撤防。

1920年5月20日,在湘南滞留两年有余的直军吴佩孚部通电北撤,27日吴部撤至长沙,31日抵汉口,6月7日到郑州,撤防过程顺利完成。吴部刚撤,湘军即随之北进,失去武力支撑的张敬尧自知无力抵御,6月11日逃离长沙。12日湘军占长沙,26日占岳州,湖南全境回复湘人治理,亦即回归西南阵营。直军北撤,为自己甩掉了湖南的包袱,集中了兵力,改善了军事态势,便于与皖系进行实力较量。如时人所论:

> 直派地盘优长之点,即在奄有长江数省,足以控制中原也。皖派虽据京畿为巢穴,并寄其心腹于各省,而卒莫敢与直派抗衡者,亦以直派占形胜之区,遂成相持不下之局耳。自河间(冯国璋)谢世,直派无人领袖,皖派遂乘间抵隙,思扩张其地盘,而首先发难者,即在令吴光新移师豫境,驱逐赵倜,以打破直曹与长江三督之联络,且可杜绝吴佩孚班师北归之通路。一面又可与蚌督遥相呼应,其计固甚得也。直派知皖派相煎之急,群起阻之。且别出奇计,结好奉张,暗缔八省同盟,以制皖派。……由是直派之势力视昔尤见雄厚,自黑省直贯至鄂,包含京奉、京汉两大干路,而于兵略上实占优势焉。……
>
> 自八省同盟成,直派之气焰大张,而皖派诸人咸惴惴不安,遂有十一省同盟之结合,以资抵御。然零星散处,难于团结,未免虚张声势,故

---

① 中国第二历史档案馆:《直皖战争》,14—15、22页。

其实力不逮直派远甚。且湘张之军，溃散无遗，陕之陈（树藩），闽之李（厚基），自顾不暇，焉有能力发展于外。所可恃者，惟倪（嗣冲）、卢（永祥）之兵，足以牵掣苏李（纯）之腹背耳。①

恰值此时，先后发生了河南易督与北京内阁更易之争，为直皖矛盾火上浇油，使双方关系更形紧张。

河南地居中原，扼控四方，向为兵家必争的冲要之地，亦为直皖两系所看重。河南如为皖系所有，则其西之陕西，东之山东、安徽等皖系所控省份均可连成一气，运用自如，并可阻断直系的直隶与苏、鄂、赣"长江三督"的联系；河南督军赵倜非为皖系出身，对皖系的态度亦若即若离，当然为皖系所不满；故就战略战术与在任人选而言，皖系均有谋任豫督之要求和冲动。"其最初计划，因吴佩孚力争湘督，即拟以湘督与吴，张敬尧调豫，赵调热河。此节做到后，再设法谋去直曹（锟）、鄂王（占元）、赣陈（光远）、宁李（纯）诸督。南北要区，密布心腹，力制西南，宰割天下。因于上年（1919年）八月，段（祺瑞）商老徐（世昌）促赵赴京，面示更调意。赵以反对张敬尧为词，不得解决，星夜回汴。酝酿至今，段有非去赵不可之势。"②皖系提出的替赵人选是段祺瑞的妻弟吴光新，他本任长江上游总司令兼四川查办使，但因出师四川不利，欲改谋他职，正值皖系企图更换豫督，1920年2月皖系遂提出以吴光新为继赵人选，并令其率兵准备自鄂入豫。

赵倜得知皖系的举动之后，一方面运动河南各界反对易督，以示民意所在；一方面调动兵力，准备进行武力抵抗；同时又与直系及西南方面联络，以加入反皖阵营而换得自己的留任。2月14日，赵倜主动致电岑春煊，表示："敝省商定，均愿执鞭，强随诸君后。"直系因河南地位重要，坚决反对更换豫督，正在准备撤防北归的吴佩孚，要赵倜"抗拒勿交，敝军立即撤防，以实力援助"。本来与皖系关系不错的奉系，因徐树铮之权势日张而令张作霖不满，而奉系又图谋向关内发展，皖系一派独大于此不利，故奉系亦表示支持赵倜，请政府"即欲更调，亦宜从缓，应

---

① 来新夏主编：《北洋军阀》（三），20页，上海人民出版社，1993。
② 中国第二历史档案馆：《直皖战争》，77页。

俟和局定议,再行斟酌办法"。① 北京政府大总统徐世昌和国务总理靳云鹏亦不愿替皖系火中取栗。因为各种阻力的存在,皖系变动豫督的图谋未能实现(湖南督军张敬尧被湘人赶下台后,北京政府改任吴光新为湖南督军兼省长,但也未能上任),反倒逼使赵倜倒向直系,并使直系与奉系更为接近,形成了直系直、苏、鄂、赣、豫和奉系奉、吉、黑八省反皖同盟,曹锟与张作霖则为同盟的盟主。

继河南易督之后,又发生了北京内阁更易之争,此次争斗不仅使直皖关系濒于破裂,直奉关系进一步加深,而且使大总统徐世昌与国务总理靳云鹏亦卷入直皖矛盾,并对皖系之专横颇为不满,从而在政治上形成了不利于皖系的各方联合对皖的情势。

靳云鹏本为皖系大将,与段祺瑞的关系一向不错,1919 年 9 月国务总理龚心湛去职后,由靳云鹏以陆军总长而兼代国务总理即为段所首肯(11 月正式任命)。靳在北洋军界关系甚多,与直系首领曹锟是拜把兄弟,与吴佩孚为军校同窗,与奉系首领张作霖是儿女亲家,故曹、张对靳担任总理也是支持的。然而这样的人际关系纠葛,使他在处理对直对奉关系时自然不能过于决绝。如果说在直皖矛盾尚未激化时,靳云鹏还可在双方之间游刃有余,那么等到直皖矛盾公开化并已互为敌手之时,靳云鹏的日子就开始难过了,何况靳云鹏上台之初颇思有所作为,对南方主和,对外拒绝日本直接交涉山东问题的要求,与直系的主张较为接近。尽管靳云鹏上任后"极意奉承段,每日问起居,所有阁务,必请示而后行",但他对徐树铮和安福系则没有这样的耐心,却"依靠府方以倾徐,乃以段对徐更加亲信,……既与徐为敌,即不得不借直奉外援,且利用南方空气",自然与皖系拉开了距离。② 靳云鹏在组阁时,没有如安福系所愿,安排安福系提名的人选出任内阁总长,颇为安福系所不满。几经争执,直到段祺瑞发话,靳不能不给段面子,才对安福系提名人选予以安置,双方自此结下怨恨。及至靳云鹏对变动豫督意存犹豫,更使皖系不能容忍,遂由安福系发难,发起倒阁运动。

---

① 中国第二历史档案馆:《直皖战争》,71、73—74 页。1919 年 4 月,徐树铮出任西北筹边使兼西北边防军总司令,统领西北事务,被张作霖视为奉系扩张对象的热河、察哈尔、绥远特别区及蒙疆地区划归徐树铮管辖,令张颇为不满。

② 《张国淦文集》,277—278 页。

1920年3月初,安福系阁员相率不参加阁议,致国务会议因不合法定人数而无法举行。当徐世昌进行调解时,安福系提出变动豫督、加委外交、农商、教育总长等要求,对此,不仅是靳云鹏不能答应,徐世昌亦不敢轻易作主。安福系在没有得到满意答复的情况下,其内阁成员(财政、交通、司法总长)于3月9日提出辞职,使靳阁政务接近停摆。靳云鹏不甘退让,未答应安福系的要求,直系和奉系则对其表示支持,由此也加强了靳云鹏与安福系对抗的决心与实力。安福系为逼靳云鹏就范,对财政甩手不管,使本不宽裕的北京政府财政状况更是雪上加霜,靳云鹏实在难以应付,于气恼中在5月8日上呈徐世昌坚决要求辞职。徐世昌一时难作决断,只能在14日先准靳云鹏请假休息(但不准其辞职,以留退步),令海军总长萨镇冰兼代总理,同时与各方商议,觅求合适的总理人选。

靳云鹏辞职,北京内阁总理出缺,立即成为各方关注之焦点。安福系摩拳擦掌,准备提名阁员人选,控制内阁实权;直系则以此为皖系对己方的挑战,坚决不同意更易内阁总理;直皖两系为此针锋相对,各不相让,形势突趋紧张。5月9日,曹锟致电徐世昌反对更换靳云鹏,理由是:"(一)西南各省首领与靳之联络,颇有进步,倘内阁突然改组,则前功尽弃;(二)和议正在进行之际,倘内阁更动,未免受根本上之影响;(三)若因一党之意见即更换阁揆,将来恐无人敢膺揆席。"①如此一来,一方面是皖系坚持去靳,一方面是直系坚持留靳,在这样的形势下,无论是靳云鹏还是可能之接任者都不敢轻易蹚浑水,北京政局处在紧张的僵持状态。老于世故、精于城府的徐世昌,面对直皖如此尖锐对立的局面,不敢有所偏颇,以免影响自己的地位,他遂请出奉系首领张作霖进京调停(徐还请曹锟、李纯入京但为两人婉拒),以图缓解紧张的局势。

奉系首领张作霖在稳固对东北的控制之后,也有意向关内发展,对徐世昌的调停请求当然乐得担任,"其志甚大,欲居第三者之地位,以收最后之胜利"。对于皖直两系,张本与皖系更为接近,但见皖系既因各种内外因素而成众矢之的,张亦与其拉开距离,而与直系靠拢。对于北

---

① 《曹锟电留靳云鹏》,见1920年5月12日《民国日报》。

京内阁更易之争,张实际倾向于直系主张,"将内阁改组一部分,以完全脱离安福系之羁勒",但"目前决不与段派十分为难,较曹锟诸人态度实为和缓",故仍可以"中立"姿态进京调停。6月19日张作霖抵京后,即对徐世昌"有拥护靳阁之表示。其条件,则排除靳阁之阻碍也。其排除之范围,则以吴佩孚之通电为依据。"他一方面劝靳复任,一方面对段祺瑞"于言词中微寓讽劝之意"。22日,张作霖前往保定与曹锟会晤,苏督李纯和赣督陈光远的代表亦至,保定会议成为直奉协商对皖政策的重要关节。在讨论中,吴佩孚慷慨激昂地陈词曰:"部下士兵虽不敢云为久经训练节制之师,但亦颇知大义,设何党何派不顾国家,以破坏大局为事,佩孚虽能容忍,诚恐部下义愤,亦难压抑。"直奉就解决时局办法达成共识,即靳云鹏复职,内阁改组,免安福系三总长及王揖唐议和代表职。因为安福系和边防军为段祺瑞所恃的政、军两大依靠,吴佩孚还主张解散安福系,将边防军改隶陆军部,免徐树铮西北筹边使职,而张作霖则"极为审慎,不欲趋于极端"。实际上,张作霖与徐树铮的个人关系非常不好,他并无意维护徐树铮,但他考虑其"出为调人以取重于两方,使直皖两系皆为我所操纵",不愿表现得过于操切。他劝段祺瑞抛弃安福系,"则百事可解",但段知其后之直系背景,当然不能轻易赞成其主张,段祺瑞曾考虑靳云鹏与安福系三总长同时去职并另组新阁,将边防军改由其节制但不免徐树铮职的方案。对前项主张,直系尚可接受,但对后项主张,则坚持认为不可,因为以段、徐之关系,由段节制与由徐节制实则并无分别;而安福系也不同意此项主张,坚持至少要保留内阁财政、交通两席。张的调停不得要领,遂对安福系发泄了一通怒气:"安福如此嚣张,成何事体。姓张的这回来京,委曲求全,已无可再让。而若辈不知好歹,在我面前耍赖,我可不管,由尔自己去与保定方面办交涉罢。"可见张作霖名为调停,实则站在直系一边拉偏架。正因为有奉系的支持,直系有恃无恐,以"清君侧"的做法,公开发出对徐树铮及安福系的声讨。他们发表《直军全体将士宣布徐树铮六大罪状檄》及《直军全体将士为驱除徐树铮解散安福系致边防军西北军书》,将祸国殃民、卖国媚外、把持政柄、破坏统一、以下弑上、以奴欺主六大"罪状"归之于徐树铮,提出"扫除祸国殃民之安福系,及倡乱卖国之徐树铮"。① 至此,直皖矛盾完全公开化,双方都在准备战争,张作霖的"调停"自然也无法继续。7月7日,他匆匆离京经津回奉(他在天津停留是为了与直系会商对时局的应对),部署奉系对战争的应对。

直皖矛盾激化之后,直系的首要主张是去徐树铮,将边防军改隶,以削弱皖系的军事实力。时人论:"徐树铮才能胆识,均加人一等,惟志高气傲,是殆读书而未能养气者。故对于东海(徐世昌),迹近跋扈,对于同袍,迹近蔑视,树怨既多,卒成众矢之的。"在直系的强硬逼迫下,7月4日,徐世昌下令撤销西北边防司令部,边防军改归陆军部直辖;免去徐树铮的西北筹边使职,改任远威将军,留京供职,由李垣代理西北筹边使。徐世昌的命令自然激怒了皖系,徐树铮"以吴佩孚干预内政,得寸进尺,大有非战不能之势,然战则师出无名,不战则势必瓦解,是以迭召所属旅、团长会议,讨论对待办法。议决数端:一、持镇静态度,以避其锋;二、暂取守势,以待动静;三、密令驻洛阳西北军两混成旅,牵制吴军;四、密电吴光新调队信阳,遥为声势;五、密令吴光新坚辞湘督,任南军扰湘、侵赣,以分其势;六、遇事请示段督办,以资服从而免遗恨。故近来对于政潮绝不发言,不过暗令军队严为防范。"未几,徐树铮所要请示的段督办主动表明了态度。

7月8日,段祺瑞在北京召集皖系军政长官会议,会后发出通电,痛责曹锟"奋扬凶狡,危害国家",吴佩孚"擅自撤防,叛不遵命";表彰徐树铮"外蒙全境大逾内地数省,辛苦收回,未费国家一钱,较之丧失湘省,损兵弃械,害民祸商,相去何啻天壤";自夸"创建民国,至再至三。参战一役,费尽苦心,我国国际地位始获超迁。此后正当整饬纪纲,益巩国基,何能听彼鼠辈任意败坏法律,牵惹外交,希图摇动邦本。谨用揭明罪状,上请大总统迅发明令,褫夺曹锟、吴佩孚、曹锳(曹锟弟)等三人官职,交祺瑞拿办,余众概不株连。整饬纪纲,以振人心而定国是;去腹心之患,则统一可翘足而待。兵队现经整备,备齐即发。"徐世昌无法

---

① 《直皖战争始末记》,载《近代史资料》1962年第2期;中国第二历史档案馆:《直皖战争》,84—88页。7月2日徐世昌提名由周树模组阁,意在缓和内阁之争,但安福系不满意,被提名的周树模也不愿出山受气,国会亦未将内阁改组事宜提上议事日程。

抵挡皖系的压迫,遂于7月9日下令:吴佩孚"措置乖方,殊难辞咎",免第3师师长职并褫夺陆军中将原官,交陆军部依法惩办;曹锟"督率无方,应褫职留任,以观后效"。其时徐世昌对于直皖两方"均取圆滑手段,以示逼不由己。是以直方要求下令罢免树铮,东海从之;合肥呈请惩办曹、吴,东海亦从之。"①对徐树铮免职令和对曹锟、吴佩孚惩戒令既下,皖直关系彻底破裂,双方的战争不可避免。

---

① 中国第二历史档案馆:《直皖战争》,91—97页;章伯锋、李宗一主编:《北洋军阀》第3卷,681—682页。

第二节　直皖战争的爆发及皖系的失败

自1920年初起,直皖之间的矛盾越发突出,而矛盾发展至徐树铮和吴佩孚先后被对方逼迫政府下令免职,意味着双方的矛盾已不可调和。因此,自7月初徐树铮与吴佩孚免职令下后,北京政坛风云突变,形势急转直下,直皖两派摩拳擦掌,准备以武力解决问题。由钩心斗角的政治交涉到武力交锋的兵戈相向,前后不过一周,战争即打响了。

直皖战争爆发前,就军事而言,直皖双方可动用的部队数量差别不大,主要是在京畿周边及其邻近之山东、河南两省的部队,外省如皖系陕、皖、浙、闽,直系苏、鄂、赣的部队均难以长途调运,但皖系部队中的边防军武器装备较好,还有重炮队及航空队,不过其军事素质似不如直军;①就态势而言,双方各有优长,皖系主力部队多集中在京畿附近,较易控制使用,而直系部队沿京汉线形成长阵,后勤及增援不如皖系便利,但因奉系部队入关,形成对皖系侧翼的威胁,这是皖系态势的不利之处;就经费而言,皖系控制了政府财政,又得到新交通系的支持,作战经费相对较为充足,直系则主要依靠其控制地方的筹款;就对外关系而言,日本倾向于支持皖系,但皖系亦受累于其亲日做派,较少得舆论及民众的支持。综合比较,皖系对直系似仍稍占优势。

自7月初起,直皖双方都是剑拔弩张,战争一触即发。7月8日,段祺瑞召开皖系将领军事会议,将所部命名为"定国军",自任总司令,徐树铮为总参谋长,并决定作战部署:以京奉路京津段为东线,由徐

---

① 边防军(原为参战军)3个师为皖系利用参加第一次世界大战之机编练的直辖部队,徐树铮在西北筹边使任上还编有西北边防军(又称"西北军")5个旅。

铮指挥,以第9师及1个混成旅部署在落垡、廊坊一线,用以对付奉军,并进攻天津直军,再沿津浦路南进,与自山东北进之边防军第2师对直军实行南北夹击,同时威胁京汉路的直军主力;集中主力边防军第1、第3师及第15师部署在西线京汉路京保段的涿州、琉璃河、良乡一线,由段芝贵指挥,准备与直军决战,并与自湖北北上之吴光新部、自豫陕边境东进之西北军两个混成旅对直军实行南北、东西夹击;第13师居间策应东西两翼。

也是在7月8日,曹锟、吴佩孚、张作霖等在天津集议时局。吴佩孚力主开战,认为"就实际上论,段派所恃者仅边防军,该军成军以来,未经战阵,经验缺乏,且闻所用军官多系学生,颇有思想,决不肯效忠奸党,与同胞为难,一临战地,溃散立见";"即万一战而不胜,我军扼守京汉路线,联合西南,以直省为前敌,河南为中坚,湘粤为后盾,徐图进取,更有张巡阅使控制东北,则段派直如瓮中之鳖,又何虑哉!"①吴佩孚为曹锟倚重的头号大将,他既有此言,则直系战意即决。9日,直系首领曹锟在天津设立大本营,任第4混成旅旅长曹锳为东路总指挥,率两个混成旅守杨村;任吴佩孚为前敌总司令兼西路总指挥,设司令部于高碑店,集中第3师及两个混成旅,部署在易县、涞水、涿州、固安一线,抵挡京汉路当面皖军,这是直军的主要战线;同时令河南直军及赵倜所部阻击湖北皖系吴光新部北进与豫陕边西北军东进,令河南赵倜所部出兵山东德州,阻断皖系自山东沿津浦路北援通道。11日,张作霖回奉天后召开东三省军政长官会议,决定先派二旅入关,进可威胁皖系后方,退亦可保东北。据他在12日对日本军人所谈:"对目前北京政局,彼决心完全与直隶派共同行动。对段祺瑞虽无私怨,但为国家,须援助大总统,讨伐皖派。"②

7月12日,曹锟、张作霖与直系各督王占元、李纯、陈光远、赵倜等联名发表声讨通电,责段祺瑞"发号施令,无非倒行逆施之举。似此专横谬妄,实为全国之公敌。"表示:"对此衅起萧墙,无术挽救,迫不得已,惟有秣马厉兵,共申义愤,纾元首之坐困,拯大局于濒危,扫彼妖氛,以

---

① 《补纪吴佩孚决战之言》,见1920年7月23日《申报》。
② 章伯锋、李宗一主编:《北洋军阀》第3卷,1132页。

靖国难。"次日,段祺瑞亦发表讨曹吴檄文,责曹锟、吴佩孚"目无政府,兵胁元首,围困京畿,别有阴谋。……今先尽京畿附近各师旅,编为定国军,由祺瑞躬亲统率,护卫京师,分路进剿,以安政府而保邦交,锄奸凶而定国是。奸魁释从,罪止曹锟、吴佩孚、曹锳等三人,其他概不株连。其中素为祺瑞旧部者,自不至为彼驱役。即彼部属,但能明顺逆识邪正,自拔来归,即概行录用。其擒斩曹锟等献之军前者,立予重赏。"①

7月14日,徐世昌发出大总统令,要求各路军队遵命退驻原防,但直皖两系均无人买他的账,曹锟对前往调停的张怀芝等人说了一席话,颇为形象地反映出军阀以枪杆子定胜败的心态与现实:"曹曰:要我罢兵,除非将段、徐两个脑袋,号令都城,则我与佩孚当自缚至京,赴阙请罪。张等答以胜败未分,正不知鹿死谁手,请以息争为上。曹云:我若败绩,我与佩孚两个脑袋,自割下来,送至北京。我与你俱是老朋友,劝你休要管这闲事。"②

直皖战争于7月14日全面爆发,两军首先在京汉路涿州、琉璃河一线摆开战场。15日,皖系军队在优势炮火支持下占领涿州,直军退至高碑店。然次日"天降暴雨,拒马河水大涨,涿州迤南地势甚低,平地水深四尺以上。皖军后方,交通断绝,各师饷糈不能接济,所存粮草,被水浸湿,不能应用。前敌士卒,浸入水中,一日无食,军心慌乱。"吴佩孚乘隙调军抄袭皖系军队后路,打乱其阵形,再以正面压迫,致其全线失守,部队一败而不可收,直军复占涿州。皖系第15师"原属冯国璋部队,乃直系嫡派,其官兵皆籍直隶,惟师长刘询自冯故后,倾向合肥无异心,其余军官均已密受曹、吴运动",此时大部投降直军。③ 同日,直军自固安出击,击溃当面之边防军第3师,仅余之边防军第1师势处孤立,军心涣散,于17日被直军在涿州以北击败,师长曲同丰随后被捕获。西线皖系总指挥段芝贵已无兵可用,狼狈逃回北京。18日,直军进至琉璃河,20日进至京郊长辛店,西线战事基本结束。

---

① 中国第二历史档案馆:《直皖战争》,117、121页。
② 章伯锋、李宗一主编:《北洋军阀》第3卷,683页。
③ 参见章伯锋、李宗一主编:《北洋军阀》第3卷,684—685页。

津浦路一线战事不及西线激烈。开战后，徐树铮指挥所部与直军在杨村交战，因日本助皖，干扰直军布防，直军不得不于16日撤出杨村。旋因得奉军所助，士气重振，直奉两军联合作战，于17日复占杨村，进逼廊坊，徐树铮亦逃回北京。20日，东线战事基本结束。

直皖战争自14日打响，为时不及一周，皖系即在东西两线遭遇全面失败，事实上已无法继续再打。段祺瑞知形势之严重，遂向徐世昌请求下令停战，并于19日发表通电，表示：

> 近日迭接外交团警告，以京师侨民林立，生命财产极关紧要，战事如何延长，危险宁堪言状。应令双方即日停战，迅饬前方各守界线，停止进攻，听候明令解决，……当即分饬前方将士一律停止进攻在案。查祺瑞此次编制定国军，防护京师，盖以振纲饬纪，初非黩武穷兵。乃因德薄能鲜，措置未宜，致招外人之责言，上劳主座之念。抚衷内疚，良深悚惶。查当日即经陈明，设有谬误，自负其责。现在亟应沥情自劾，用解愆尤。业已呈请主座，准将督办边防事务、管理将军府事宜各本职，暨陆军上将本官即予罢免，并将历奉奖授之勋位、勋章一律撤销，定国军名义亦于即日解除，以谢国人，共谅寸衷。①

随着皖系主力在直皖战争中失败，皖系其他部队也受到打击和清理。7月16日，被段祺瑞寄希望率部自豫南沿京汉路北进夹击直军的吴光新在武昌被鄂督王占元扣押，吴部开赴河南信阳的两个旅被直军缴械，留驻湖北宜昌、沙市的两个旅宣布中立，实则脱离皖系。被段祺瑞寄希望自豫西东进夹击直军的驻洛阳西北军两个混成旅，在直军严密监视下未敢东进，战后被解除武装，部队溃散。被段祺瑞寄希望自鲁西沿津浦路北进夹击直军的边防军第2师，开战后于20日进至德州，皖系失败后，在直军进击下节节败退，后被遣散。

直皖战争是北洋军系崛起并自民初控制北京中央政府之后爆发的第一场大规模派系间战争，虽然战前皖系的实力略优于直系，但战争的

---

① 《段祺瑞自请解职之通电》，见1920年7月26日《申报》。

结果却以皖系的迅速溃败而告终。究其原因,首先是皖系部队的素质逊于直军,其所依赖之主力——边防军虽然武器装备较好,状似劲旅,但毕竟编成不久,从军官到士兵均缺乏作战经验,不能在胜利时扩大战果,在失利时坚持不懈,其弱点当作战顺利时尚不明显,而当作战失利时则表露无遗。边防军"上、中级军官,除来自军队者外,多是保定军校的教职员,也就是说,讲战术原则还可以,讲应用则缺乏实战经验。而初级军官,多数是保定军校才毕业的学生,经验更是缺乏。这样一个学生班子的军队,一遇情况发生,头脑不够冷静,缺乏明确的判断,若遇复杂而困难的局势,更缺适机的处置。如在前有敌阻、内有顾虑的情况下,迟疑不能前进,不但贻误了战机,而且导致奉军与直系合作"。相比较之下,在多年南征北讨中富于实战经验的直军,虽然战争初起时并不居优,但在顶住皖系最初的攻势之后,旋转守为攻并不断扩大战果,逼迫对手,致其军心涣散,稍遇挫折即溃败而散。其次为皖系部队之指挥逊于直军,皖系西线指挥官段芝贵消极保守,缺乏进取心,东线指挥官徐树铮并无实战经验,却言大而夸,两人均不及直系战将吴佩孚久历戎行,敢打善战,战略得当,战术灵活,而且在不利情况下,段、徐均未以身作则在前线坚守指挥,而是丢弃部队,率先退往京城,使得皖系部队"后方发生混乱,指挥联络全失,致情况更加恶劣";而且上行下效,皖系部队各级军官在形势不利时脱离战场者不在少数,大大影响了部队的军心和士气,也表现出段祺瑞作为皖系首领之不能知人善任。再次,皖系多年主政,控制北京政府,表现高调强势,在北洋派系中积怨不少;而直系刻意放低姿态,广泛接纳盟友,不仅得到奉系的公开支持,还得到西南方面的暗中相助;即便是原先与皖系比较接近的大总统徐世昌最后也倾向于直系,从而形成了反对皖系的联合阵营,使皖系在开战后难以得到其他派系的支持,旋因其孤立无援而败。最后,皖系因其亲日政策尤其是在巴黎和会中国外交的失利而颇为社会各界所责,形成了不利于皖系的社会舆论,如直皖开战后上海商业公团联合会、上海各路商界总联合会等通电所言:"数年来,国人受安福党人祸国殃民之毒害,农工商学无日不企望国民年出数千万膏血所养之国军,起而为民除害。……试观年来对外密约、卖路、卖矿,何一非出于安福党人之手。

使非绝其根据,国家之主权,将永受他人束缚。"由此也间接导致了皖系部队内部军心不稳,将无斗志,兵无士气。不过,也如被捕之皖系大将曲同丰所言,此战为"同室操戈,自相残杀,无谓阋墙之争,难免贻笑";"实不过为争私忿,并无其他目的"。①

---

① 杜春和等编:《北洋军阀史料选辑》下册,73—74页,北京,中国社会科学出版社,1981;中国第二历史档案馆:《直皖战争》,126、144页。

第三节　直奉共治的北京政府

直皖战争结束后,北京政局由直皖两系的武力争胜转为直奉两系的政治角逐。直系是直皖战争的主要胜利者,对于如何处理战争善后问题,表现颇为高调,尤其是直系主将吴佩孚,挟其反皖"卖国"及军事胜利之声名,提出一系列政治主张,主旨在完全剥夺皖系的政治地位,获取社会舆论的支持,同时防范奉系的坐大及其"亲日"倾向,造成直系独断北京政治的局面。奉系因其出兵助直,也是直皖战争的胜利者之一,战争的结果为其势力伸入关内并染指北京政治提供了难得之机,张作霖自以当仁不让的姿态欲插手战争善后及政治问题。张作霖原与皖系尤其是皖系首领段祺瑞有不错的个人关系,其与日本的关系也与段有同气相通之意,因此,张作霖在对战争善后问题发表意见时,对吴佩孚咄咄逼人的高调主张颇为不满,对皖系及段祺瑞显然留有余地,这也是为将来如果与直系发生冲突时与皖系复合预留地步。直皖战争结束后的北京政府处在直奉共治之下,然直奉双方对于许多问题的意见并不一致,不过由于双方都有瓜分胜利果实之需要,此等矛盾暂时还处在隐形状态中。

7月23日,由吴佩孚领衔,直军将领发出致北京步军统领王怀庆的通电,提出段祺瑞"以国家为一家之私产,引狼入室,丧尽国权。为拥戴元首计,为保卫国家计,均非将奸党歼除不可。"请其"密陈我大总统乾纲独断,行使职权,使国民重睹天日,逆党永绝根株"。通电提出对于解决战争善后问题的意见:(1)边防督办官制取消,边防军解散;(2)西北筹边使官制取消,西北军解散;(3)段合肥安置汤山,候国民公决;(4)徐树铮、曾毓隽、朱深、李思浩、丁士源五人,拿交法庭审办;

(5)国会停会;(6)安福系首领王揖唐及安福系议员追交证书,永褫公权。① 这实际上也成为直系对于战争善后处理的基本意见。

直皖战争结束后,原由皖系控制的边防军和安福国会自然难以继续存在,由安福国会选出的大总统徐世昌,为了维持自己的政治前途,亦不待直奉表态即陆续发布对边防军和安福系的处置命令。7月24日,免皖系内务总长曾毓隽、财政总长李思浩、司法总长朱深职,免段芝贵的京畿卫戍总司令职;28日,免段祺瑞本兼各职,裁撤督办边防事务处、西北筹边使名义,边防军及西北军由陆军部接收遣散;29日,对徐树铮、曾毓隽、段芝贵、朱深、李思浩等皖系干将,以"称兵畿辅,贻害闾阎""煽动军队,遽起兵端""逾越法轨,恣呈私图""互结党援,同恶共济""滥用职权,侵挪国帑"为由,褫夺其官职,"严缉务获,依法讯办"。② 但是,还在徐世昌对安福系诸人下惩办令前,他们已逃进日本大使馆要求"避难"。英、美等国使节对庇护安福系诸人不以为然,日本的态度截然不同。7月29日,皖系所用的日本军事顾问阪西利八郎少将致电日本当局,认为:"段祺瑞不察外界形势,徒为其左右阴谋家之言所惑,以致采取此次疯狂行动,虽告失败,但彼之首倡共和,光复民国之声望,尚未至于完全泯没。唯利是图妄想急于求成之阴谋家安福系首领虽已遭到报应,但段派势力未必然归于消灭。"日本"必须在彻底鼓吹共存共益中制造亲日者,残存之段派今日虽无势力,但可认为尚有其将来也"。正因为需要继续在中国扶植亲日势力,日本更不能轻易交出徐树铮等人,故日本外相内田于8月3日指示驻华公使,"如拒绝为世人公认与日本有密切关系之段派于穷途末路之际所求之保护,即将丧失日本今后对中国政客之威信",因此对于避难者"一律采取予以保护方针"。8月4日,北京政府内务部发出通缉徐树铮等密咨称:"该犯等祸国殃民,本非政事犯可比,根据《辛丑条约》中国人不得匿居租界之例,则该各犯当然在引渡之例。应请会商外交、司法两部,根据法理交涉引渡,以便归案讯办。"但日本公使收到北京政府外交部的照会后答称:"顾念国际上之通义,及中国许多之事例,认为事出不得已,决定对于以上诸人,予以相

---

① 章伯锋、李宗一主编:《北洋军阀》第3卷,688—689页。
② 1920年7月29日、30日《政府公报》。

当保护，收容公使馆护卫队营内。且对以上诸人严重诰诫，在该收容所内不得干预一切政治，并使与外面交通完全断绝。……本公使馆此等之处置，全然超越政治上之趣旨。即现在以上诸人所受之保护，并非因其所属政派之如何，与以特别待遇。"在日本的庇护下，安福系诸人得以安居日本公使馆，直系及其控制下的北京政府对此亦无可奈何。①

对于皖系首领和安福系后台段祺瑞，吴佩孚本拟穷追猛打，予以处置。但段祺瑞不同于安福系政客，他毕竟是北洋系元老，在北洋军中门生故吏甚众，又多年主政，有一定声望，所以多数人不主张再追究段祺瑞的责任。当朝大总统徐世昌与段是多年的北洋故旧，奉系首领张作霖与段有良好的个人关系，前国务总理靳云鹏是段之门生，他们都反对"惩办"段祺瑞。何况段已辞职下野，与北京军政脱离关系，皖系势力基本被打散，对直系的威胁已经消除，直系首领曹锟为了与奉系及徐世昌等就其他善后问题达成交易，便做个顺水人情，不再坚持对段"惩办"的主张，此后段祺瑞迁居天津日租界，观察形势，等候东山再起之机。

在惩办安福系"祸首"的同时，8月3日，徐世昌下令解散安福俱乐部，令称："安福俱乐部具有政党性质，自为法律所不禁。年余以来，迭据各省地方团体函电纷陈，历举该部营私误国，请予解散。政府以为党见各有不同，自可毋庸深究。乃此次徐树铮、曾毓隽等称兵构乱，所有参与密谋，筹济饷项，皆为该部主要党员。观其轻弄国兵，喋血畿甸，肆行无忌，但徇一党之私，虽荼毒生灵，贻祸国家，亦若在所不恤。是该部实为构乱机关，已属逾越法律范围，断不能容其仍行存在。著京师卫戍总司令、步军统领、京师警察厅即将该部机关实行解散。除已有令拿办诸人外，其余该部党员苟非确有附乱证据者，概予免究。其各省区如设有该部支部者，并著各该省区地方长官转饬一律解散。"但是，对于直系进一步"惩办"安福系人物的要求，徐世昌考虑到各方关系及影响而不愿实行，只是在直系的逼迫下，于8月7日以"勾煽军警，多方图乱""淆乱是非，潜图不逞"为由，追加通缉前安福国会议长、南北议和北方总代表王揖唐及6名议员，以"称兵近畿，甘心助乱"为由，褫夺前皖系师长

---

① 章伯锋、李宗一主编：《北洋军阀》第3卷，690、692、740、1145页。11月14日，徐树铮在日本使馆的保护下潜出北京，从天津转往上海租界暂住。其后又有多人在日本使馆掩护下出走。

曲同丰等5人的军职，交陆军部"惩办"。8月20日，徐世昌发出总统令称："现在近畿乱事已戢，所有肇祸及附乱诸人，业有令分别褫夺官勋，严缉惩办，其余人等，或迫于威胁，非出本衷，或罔识内容，误趋歧路，自应宽其既往，予以自新。经此次明令之后，除个人行为犯有干涉刑事案件，应另行依法处理外，余均从宽免究，以彰宽政。"①至此，直皖战后对皖系人物的追索惩办基本告终。

解散边防军和安福系是直皖战前直系即已提出的要求，惩办安福"祸首"是前者内容之扩充，徐世昌不过是以命令方式在直系战胜后追认事实而已，有关战争善后更重要的问题是政府组成与国会去留，这牵涉到直奉两系如何分享战争胜利的果实，为双方所特别关注。

1920年7月29日，直系首领曹锟、奉系首领张作霖、已经辞职的前国务总理靳云鹏等在天津举行会议，讨论对战争善后问题的处理。吴佩孚因高调提出对善后问题的主张，不为张作霖所喜，且忙于对皖系残余部队的处理，没有出席此次会议，他指派其儿女亲家张绍曾为代表参加会议。会议讨论的首要问题是如何组织北京新政府。战前因直皖两系较劲，北京内阁总理之职一直空缺，而由萨镇冰代理。直皖战后，为了体现政治新气象，稳定北京政局，组阁问题势不能再拖，但由谁出任总理，则成为各方角力的中心。徐世昌本想仍用其夹袋中之周树模，以便能对政府说得上话，但直奉两系都想控制北京政府，岂能听任徐世昌之意见。曹锟提议由北洋元老王士珍担任总理，因其没有派系，各方均可接受，且便于直系把持；但张作霖提议由靳云鹏复职，因其与靳有通家之好，较易沟通联络，便于其介入北京政治，且靳原为皖系人马，与段祺瑞关系不错，也便于为此后沟通与段的关系留有余地。由于张作霖的坚持，且王士珍自知无力驾驭实力派军人，不愿空任虚名，曹锟对靳云鹏复职亦表示同意。

8月9日，徐世昌下令由靳云鹏署国务总理（兼陆军总长），组成新内阁，直系张志潭出任内务总长，奉系王迺斌出任农商总长，双方各有所获，但因靳云鹏出任总理为张作霖所力荐，其与张又有较为密切的个

---

① 中国第二历史档案馆：《直皖战争》，192—194、199、208—209页。

人关系,故奉系对此届内阁的组成比较满意,这也是一向偏居关外发展的奉系势力伸入北京政府的开端。

天津会议讨论的第二个问题是第二届国会即"新"国会或安福国会的去留。安福国会为皖系包办选举的产物并为皖系所控制,自为直系所不喜,且其为南北之争的焦点问题之一,故直系主张解散之。但徐世昌的总统名位来自于安福国会,解散国会也就意味着其总统是由"非法"国会所选举,自然也有"非法"之嫌疑,故徐世昌坚不同意解散,并以黎元洪、段祺瑞以前解散国会引起政治争议为辞替自己辩解。张作霖与靳云鹏附和徐世昌的意见,直系首领曹锟最后也不再坚持己意。因为安福国会议员在皖系失败后纷纷避走,国会事实上已无法正常开会,故直奉等各方都同意速行筹备进行新一届国会选举。结果,安福国会实等于自然消亡,而安福国会选出的大总统徐世昌却仍安居其位,故"说者谓徐氏心思之阴险,实出于项城之上"。①

吴佩孚在直皖战后曾经提出在国会体制方面另起炉灶,召开国民大会的意见。8月1日,吴佩孚发表通电提出:由国民自行召集国民大会,不得用官署监督,以免官僚政客操纵把持;宗旨取国民自决主义,凡统一善后及制定宪法与修正选举方法,及一切重大问题,均由国民公决,他方不得借口破坏;会员由全国各县农工商学各会各举一人,为初选所举之人,不必以本会为限,宁阙勿滥,再由全省合选五分之一为复选,俟各省复选完竣,齐集天津或上海,成立开会;会议由省、县农工商学各会长互相监督,官府不得干涉;三个月内成立,六个月内开会,将诸项决议公布,即行闭会。同时主张将南北新旧国会一律取消,南北议和代表一律裁撤,所有历年一切纠纷,均由国民公决。②

直皖战前,吴佩孚的官衔不过是师长,但因其用兵之能力而为军界看重,又因其在五四时期支持学生、反对外交妥协而赢得了一定的社会声望。直皖战后,吴佩孚提出召开国民大会的主张,在一定程度上切合了民众心理的需要,一时得到社会各界的普遍响应,使吴佩孚获得了颇佳之个人形象。但吴的意见不为徐世昌、靳云鹏、张作霖及地方实力派

---

① 章伯锋、李宗一主编:《北洋军阀》第3卷,688页。
② 《中华民国史事纪要》,1920年8月1日。

赞成。徐世昌认为："国民程度过浅，且此事（国民大会）为吴子玉（吴佩孚）一人之主张，各省未必全数赞同。"靳云鹏认为："关于国民大会，既缺法律根据，事实上亦难办到。"张作霖干脆说："国民大会是吴佩孚的个人主张，而吴不过别人的傀儡，他的背后有一个美国人和一个英国人。现在中国人民还没有处理国家大事的程度，这件事情绝对没有商量的余地。我已经请曹经略使约束吴佩孚，不要让他再胡闹下去。"①其实，国民大会也罢，国会也罢，其实质并不在形式的变换，而在对民意和民主的真正尊重。如果当政者不能尊重国会，则他们又何能尊重所谓国民大会。而就民国成立以来的历史事实而言，国会不过是当政者获取政治正当性的工具，皖系如此，直系也未必不如此。故吴佩孚提出此等意见，或不无其个人之考虑，然其做秀意义远大于实际意义，直系首领曹锟对此也未表特别支持，最后只能无疾而终。

直系是直皖战争中击败皖系的主力，但在战争善后问题的处理上，张作霖与徐世昌和靳云鹏合作，在多数问题上起着主导作用，俨然北京政治的主人。原本主要局限在东三省地方发展的张作霖对此当然是满意的，但却引起了直系的不满，尤其是吴佩孚，自居为战争胜利的头号功臣，对战争善后问题的处理提出不少自己的意见，然而却被张作霖目为"跋扈"，处处受到张作霖的压制，使其内心颇为愤懑，已经埋下了此后直奉矛盾的种因。而且直系较为接近英、美，与奉系较为接近日本显有差异。皖系在直皖战争中失败后，日本立即提出，"作为紧急措施，须笼络张作霖，而使段祺瑞不至过于失势"。据日本官员的观察和报告，张作霖"当时仍无根本消灭段派意图，不过拟罢免段派中几名恶劣分子。然而段派武力过于脆弱无力，不待张之武力相迫，殆已溃灭。直隶派取得全胜，形势急转直下，大出张意料之外。……（张）认为直隶派之专横，却远远超过段派。而曹之诚意资望，本不如段，无力控制其部下，故知直隶派荼毒国家之程度，比段派更有过之。加以在直隶派背后显然有欧美势力，张来津之后，始知直隶派完全按照欧美势力之意行动。此皆为张所不寒而栗者。……张向来主张公平处事，曹却视张为亲日，

---

① 《中华民国大事记》，1920年8月5日、28日、13日。

认为张存心与日本勾结。从此观之,情况发展至此,张深知与曹终难两立。……张言谈中透露出如下意图:即于目前坐待时机,待他日将与各方共同消灭超乎段派之曹系恶毒分子。"因此,"按张作霖向来之情形与现在之境遇以及其根据地奉天与日之关系上,亦有欲脱离帝国威力而终难脱离之情势"。8月17日,日本驻华使馆武官访问张作霖,张告其曰:"对段祺瑞无任何恶感,段此次失败,其势力并未损失,日后还有东山再起之日。……总之,中日提携之主张,余将坚决实行。"张作霖回奉天后,9月30日与日本驻奉天总领事会见,告其:"与曹锟联盟推倒段祺瑞,系出于万不得已的事情,……我以与日本有特别关系之东三省作为公私之立足点,并把我之政治生涯全部倾注于此。至于日本对我的认识,在东三省可以回顾既往数年来的两国关系,当可了然。如果认为我张作霖可以援助,幸请予援助。"因此,即使是在直奉合作推倒皖系之初,曹锟、吴佩孚已经开始"痛加指责"张作霖的"亲日态度",双方矛盾的演进将随内外情势的发展而越趋激烈。①

除了在内阁、国会等中央政治层面的争夺之外,直奉两系还就直皖战后各地地盘的瓜分而明争暗斗。1920年8月20日,徐世昌任命曹锟为直鲁豫巡阅使,驻节保定,使其名正言顺地统领三省地盘,作为对其战争"功劳"的奖赏。9月2日,任命吴佩孚为直鲁豫巡阅副使,驻节洛阳。这也是其后直系内部围绕曹、吴两人而形成保、洛两派的由来。9月16日,任命直系江苏督军李纯兼任长江巡阅使(10月2日改任苏皖赣巡阅使),徐海镇守使张文生署安徽督军(接替因病离职的倪嗣冲)。10月12日,李纯突然自杀身亡,②张作霖颇思将奉系势力扩张到长江流域,先是保荐张勋,后又提出自己愿接任李纯职,但长江流域素为直系的势力范围,岂容奉系插足。在直奉争夺下,苏皖赣巡阅使职暂

---

① 章伯锋、李宗一主编:《北洋军阀》第3卷,1141、1146—1149、1151—1152页。
② 李纯自杀颇为突然,根据其遗书,他自称:"纯为病魔,苦不堪言。两月不能理事,贻误甚多。求愈无期,请假不准,卧视误大局误苏省,恨已恨天,徒唤奈何,一世英名,为此病魔失尽,尤为恨事。以天良论,情非得已,终实愧对人民。不得已以身谢国家,谢苏人,虽后世指为误国亡身罪人,但问天良,求心安。至一生为军人道德如何,其是非以待后人公评。事出甘心,故留此书以免误会而作纪念耳。"见陶菊隐《北洋军阀统治时期史话》中册,1011页,北京,三联书店,1983。另据苏皖赣巡阅副使齐燮元和江苏省长齐耀琳致北京政府电称:"该巡阅使两月以来卧病奄缠,每以时局纠纷,统一未成,平时述及声泪俱下。近更疚忧愧恨,神经时复错乱,本月十二日忽于卧室用手枪自击,伤及右肋乳下,不及疗治,登时出缺。手写遗书,缕述爱国爱民,夙愿莫酬,不得已以身谢国。"见1920年10月16日《政府公报》。

告虚悬,直系大将齐燮元继任江苏督军。

直奉首领天津会议对直皖战争的善后问题做出了若干决定,但只是暂时稳定了北京政局,而并未解决所有问题。为此,1921年4月25日,曹锟、张作霖、靳云鹏及两湖巡阅使兼湖北督军王占元再次聚会天津,继续讨论若干未决问题,经过10天的讨价还价、钩心斗角,达成了一些妥协。

关于国会问题。第一次天津会议后,安福国会于1920年8月30日宣布休会。10月下旬,因为桂系在粤桂战争中失败,陆荣廷等宣布撤销广东军政府,为北京政府实现南北"统一"显露"生机"。10月31日,徐世昌发布总统令称:"国会为全国人民代表,关系綦重,所有参众两院,应即重新选举,著内务部即依照元年八月十日公布之国会组织法,暨参议院议员选举法、众议院议员选举法,督同各省区长官,将选举事宜迅速妥善办理。"①徐世昌下令以1921年3月1日为众议院议员初选日期,但各省应者寥寥,南方护法国会以维护法统自任,要求恢复旧国会,反对召集新国会;各省北洋督军信奉实力,对国会选举这种无味把戏兴趣不大;直系大将吴佩孚主张召开国民大会;皖系残存实力派、浙督卢永祥反对选举,认为"舍本求末,疑问尤多"。刚刚在战争中击败皖系的吴佩孚对卢的通电大加支持,1921年1月7日,他特意致电曹锟:"彼既有正大之主张,我即当顺而从之,以表示声气之同。倘执意阻止,见解两歧,不特团体有碍,我将自陷于孤立地位矣。"2月3日,吴佩孚又致电鲁、豫督军,表示"中央突办不合法之新选举,实别有作用,推测将来,必陷国家于无政府地位,实深危惧",要他们"各速出电,极力赞成"卢的通电。② 在吴佩孚的心目中,北洋团体的利益仍居于重要地位。由于各方对新一届国会议员选举都不积极,至预定的选举日,全国只有江苏一省举办了选举。在徐世昌的请求下,曹锟、张作霖、王占元于第二次天津会议期间领衔发表通电,催促各省从速办理国会议员的改选,但并无什么效果,实力派军人对此照样是不理不睬,新国会选举

---

① 1920年10月31日《政府公报》。
② 彭昌鲁编:《稿本吴孚威(佩孚)上将军年谱》,215—217页,北京,全国图书馆文献缩微复制中心,2001。

事终至搁浅。

关于内阁问题。第一次天津会议决定靳云鹏复任内阁总理,但靳阁财政总长周自齐、交通总长叶恭绰为旧交通系干将,他们入阁后屡屡掀起倒阁之风,企图拥本系首领梁士诒上台。北京政府的财政一向窘迫不堪,袁世凯败亡后,北京政府令不出都门,各省自行截留田赋、厘金、税款等,政府"完全靠借债过日子"。① 在这种情况下,历届财政总长都成了借债总长,为集内资而滥发公债,为借外债而大肆抵押。靳云鹏复出后,财政艰窘已达极点,他既无法应付各军阀纷至沓来的催饷函电或坐索,又不能指望各省区解银中央,结果是北京政府机关人员欠薪数月不等,甚而有欠至20个月者,连总统府的办公费也数月发不出。旧交通系借此时机,把持财源,逼靳走人,使靳云鹏与周自齐、叶恭绰的关系势如水火。在第二次天津会议期间,靳云鹏详述财政困难情形,左右讨好奉承,使曹锟、张作霖、王占元均表示,"默察大势,际兹国家濒危,内政外交非靳莫属",决定"拥护靳阁勿使遽去,以维大局,除径电劝慰外,各省同胞,咸具爱国热忱,请一致主张拥护靳阁,以奠邦本"。② 靳云鹏得此令箭,于5月14日宣布内阁总辞,其后由徐世昌下令改组内阁,复任靳云鹏为国务总理,改任李士伟为财政总长(未到任,由次长潘复代理),张志潭为交通总长,挤走了周自齐与叶恭绰,暂时缓解了内阁政潮与危机。

关于"援库"问题。1919年外蒙古宣布取消"自治"后,北京政府随后派出军队驻扎外蒙古首府库伦。1921年初,苏俄白军进据库伦,中国军队被迫退出,国内有"援库"呼声,以保持中国在外蒙古的主权。但直奉双方为此钩心斗角,各有打算,都企图由对方出征,以利自己控制北京政局。吴佩孚恭维张作霖"统辖三省,威名远播,有雄师劲旅,当能为国效命";建议"长城以北之边防,请雨帅(张作霖)完全负担";长城以内,直鲁豫晋陕"应由我帅(曹锟)担任保持";长江流域"则由鄂赣两督,联合川湘,协力维持";闽浙方面,"有鄂督负责";"如此分别负担,实力进行,则中央无北顾之忧,而中原有金汤之固,防内防外,措置裕如之全

---

① 千家驹:《旧中国公债史资料》,10页,北京,中华书局,1984。
② 《群英会闭幕后之所闻》,见1921年5月6日《顺天时报》。

策也"。① 天津会议决定由张作霖负责"援库"。5月30日,徐世昌任命张作霖为蒙疆经略使,节制热、察、绥三特区,令其"整肃师旅,迅图戡定",后方策应事项,由曹锟、王占元"随时会商妥善办理"。其后,张作霖组织"征蒙军",摆出出兵架势,实际则雷声大雨点小,始终未曾出动过一兵一卒。6月12日,张作霖致电北京政府,谓外蒙古匪势已成,今后宜先劝慰王公,严剿余匪,电令活佛归顺,"如其不悟,再兴干戈,以示怀柔而息边患"。② "援库""征蒙"一事就此不了了之,张作霖却以此名义名正言顺地得到了热察绥地盘。

第二次天津会议是第一次天津会议直奉两系就若干问题达成妥协的继续,使北京政府得以在直奉共治下维持稳定,但此次会议仍未能解决直奉双方的基本矛盾,即由谁真正控制北京政府,进而成为"中央"的代表。直奉共治不过是双方实力大体均衡的产物,但这种均衡是非常脆弱而不稳固的,一旦遇有双方的利益之争,均衡则转变为不均衡,当不均衡状况发展至不可缓和地步时又将以战争解决问题。由直皖战争、第一次直奉战争、第二次直奉战争,北京政治的稳定与动荡,在相当程度上系于北洋皖、直、奉三大派系间的实力均衡与不均衡的关系演变。

直奉共治北京政府期间,影响直奉关系的重要因素之一是吴佩孚与张作霖的关系。吴佩孚是直系头号大将,被曹锟依为干城,但张作霖却以东三省巡阅使的身份,视仅为师长的吴佩孚为下属,对其颐指气使,而曹锟与张作霖的个人关系还不错,兼以其缺乏能力及眼光,对张作霖亦无戒心,结果,直皖战后张作霖的气势颇盛,在多数情况下主导了对战争善后及其他政治问题的处置,而自认有战功、有实力、有能力的吴佩孚却经常说不上话,使吴与张的关系日渐恶化,也是其后直奉关系恶化的主要原因之一。当直奉两系就直皖战后瓜分地盘达成妥协之后,吴佩孚又策动了争夺陕西地盘的武力行动和向南扩张的援鄂战争。

陕西原在皖系督军陈树藩控制下,直系必欲去之而后快。直皖战后,陈树藩与陕西民军不断发生纷争,恰予直系去陈的借口。1921年5

---

① 《稿本吴孚威(佩孚)上将军年谱》,220—223页。
② 1921年5月31日《政府公报》;《中华民国大事记》第1册,795页。

月25日,徐世昌任命直系第20师师长阎相文为陕西督军。陈树藩不甘就此交权,不承认调职令,直系为得到陕西地盘,只能动用武力。5月下旬,吴佩孚组织定陕军,调阎相文的第20师及冯玉祥的第16旅自豫西入陕。7月7日,阎军占领西安,陈树藩部败退至陕川边界,阎相文得以武力为依托接任陕西督军,冯玉祥部则扩编为第11师,冯任师长兼陕西剿匪总司令,直系势力扩张到西北。然8月24日阎相文突因吞鸦片自戕而亡,①次日徐世昌任命冯玉祥署陕西督军,此为冯系势力在西北发展壮大之始。冯虽入主陕西,但陕西地方军队颇为不服,主客军又陷入混战之中,冯玉祥部在态势不利时向吴佩孚求援,而吴听之任之。至第一次直奉战争爆发,因吴佩孚率部北上作战,豫督赵倜首鼠两端,河南需要本系人马驻守,吴不得已而同意冯调河南,冯玉祥才得以跳出陕西,出任豫督。由此造成吴、冯恶感,又为第二次直奉战争时冯玉祥的倒戈反直埋下了前因。

1921年爆发的援鄂战争是吴佩孚实力扩张的重要环节。直系湖北督军王占元在任期间,为政贪渎,滥施暴政,引起湖北绅商及鄂人的强烈不满。他们在1921年春夏发起"驱王"运动,要求撤换王占元。但督军拥有武装,非可轻易撤换,且撤换一省督军涉及错综复杂的军阀派系地盘之争,北京政府也不敢轻易做主。不过,湖北的"驱王"运动得到省内社会各界普遍的支持,他们在无法依靠北京政府撤换王占元、自身又无实力驱逐王占元的情况下,开始图谋借助邻省力量,实现武力"驱王"。他们首先向湖南求援,游说湘督赵恒惕谓:湘军出省援鄂,急人之难,一举占领武汉首义之区,四方风起云从,联省自治可望成功;汉阳兵工厂可源源供应湘军军火,湘军两师驻防鄂南,军饷亦可由湖北供给大部,财政困难可以减轻。② 当时赵恒惕正谋向外扩张,成立"联省自治"政府,以缓解省内财源枯竭、军饷无着的困窘,鄂人的请求正可给赵以对外扩张的口实,而且可以此缓和省内的派系斗争。6月20日,赵恒惕召开军事会议,决定出兵援鄂。为了壮大力量和声势,赵恒惕又说动

---

① 据说阎相文留有遗书称:"我本愿救国救民,恐不能统一陕省,无颜对三秦父老。"这是继李纯之后督军自杀的第二件疑案。见陶菊隐《北洋军阀统治时期史话》中册,1075页。
② 彭伯勋:《湘军援鄂的前因后果》,见《湖北文史资料》第6辑。

正在长沙的前川军总司令兼川督熊克武在四川运动武装出兵援鄂,得熊之首肯。7月7日,熊密电川军第1军军长但懋辛,言称"大局将发生重大变化,吾川须从速准备,应此潮流。本军尤宜避去内争,向外发展。现鄂王为众毁所归,已呈不稳之现象,如出兵助成鄂人自治,实为不朽之伟业。昨与炎午(赵恒惕)密商决定:'川湘各出五混成旅'。请探察甫澄(刘湘),渠如对此意旨,赞同出兵,则举办较易,倘若迟疑,则本军单独亦须进行。"7月中旬,熊克武回到重庆,部署川军援鄂事宜。① 四川实力派领袖、川军总司令刘湘为川军出兵占领鄂西宜昌、沙市可得实利所惑,同意出兵。

对于湖北的"驱王"自治运动,直系大将吴佩孚一直予以密切关注,因为湖北处在绾毂南北、沟通东西的重要战略地位,又是直系已占多年之地盘,直系既不能容忍他人染指,亦不能听任其"自治",因此,当鄂人向吴佩孚请愿撤换王占元时,为吴所拒,并称:"如果各省都像你们这样,全要求自治,那还要政府干什么? 要是各省军政都归各省自己办,那么中国不成了五胡十六国了吗?"但王占元虽同为直系大将,却对吴佩孚存有戒心,担心其取代自己的位置,有与张作霖接近的趋势,故吴亦无保王之意。可是当湖北"驱王"运动发展至武装行动,且湘、川外省军队准备介入时,吴佩孚则不能不干涉,因为这不仅关系到维护直系的地盘,而且关系到吴心目中的打破西南分离局面、实现由直系主导的"统一"大业。7月中旬,曹锟在保定召集直系将领军事会议讨论湖北问题,吴佩孚认为:"这不是湖南与湖北问题,我们不能袖手旁观。否则,助长南人反对北人的气焰,非把他们赶回去不可。"②因此,此次会议决策出兵,直系由此成为援鄂战争的第三方。湘、川、直三方在"援鄂"的名义下,各有各的考虑,各有各的利益,然而当他们摩拳擦掌准备出兵作战之际,颇有反客为主之意,而战争发生所在地的湖北,似乎倒成了不能决定自己命运的局外人,这也是此次战争在"援鄂"名义下的吊诡之处。

由于得到湖南方面的出兵承诺,鄂人旅湘绅商在长沙组织"湖北自

---

① 《四川军阀史料》第3辑,26—27页,成都,四川人民出版社,1985。
② 张方严:《1921年直军援鄂的经过》,见《文史资料选辑》第41辑。

治政府"及"湖北自治军","驱王"自治运动开始进入武力"倒王"阶段。7月22日,湖北各界1.5万余人发表通电,谴责王占元"盗鄂七载,荼毒四方",宣言"今以群策群力,创立湖北自治军。复以集思广益,制定湖北省自治临时约法,昭示自治之轨道"。他们推荐蒋作宾为临时省总监,"管理全省军民政务,统率全省军队",孔庚为政务院长,驻长沙的鄂军团长夏斗寅为前敌司令,打出了"声讨祸国殃民之王占元,以铲除自治之障碍"的旗帜。① 26日,湘军举行"援鄂自治军"誓师大会,随后出动两个师及两个混成旅"援鄂",战争由此爆发。

援鄂战争的过程大体可分为三个阶段。第一阶段自战争爆发到王占元下台,主要是湘军与王军的战争。7月28日,赵恒惕发出总攻令,湘军正面以夏斗寅率队为前锋,由岳阳、临湘攻击蒲圻,第2师师长鲁涤平率第1、第2师随后跟进,此路为湘军主力;右路以第1混成旅旅长叶开鑫率部由平江攻击通城,左路以第8混成旅旅长唐生智率部从澧县攻击公安、松滋。第1师师长宋鹤庚统一指挥各部的行动,赵恒惕自任援鄂军总司令,坐镇长沙。对湘军的进攻,王占元亦兵分三路抵挡,其中孙传芳为前敌总司令兼中路司令,刘佐龙为左路司令,王都庆为右路司令,分别阻击湘军的进攻。同时,王占元急电北京国务院、陆军部及曹锟、吴佩孚,声称"前方紧急,亟待增援",要求曹、吴"电催各援军,迅速南下"。但王占元又担心吴佩孚借机向湖北扩张势力,所以又要求"政府派遣援军,请从奉、豫两省指拨,不必令吴佩孚派兵赴援",这也是吴佩孚不愿伸手救王的原因之一。② 湘军与王军交战的主战场在中路,自7月29日至8月5日,两军在羊楼司一线交锋,作战激烈程度为北洋时期内战中所少有。结果湘军获胜,连克鄂南重镇,孙传芳部防线被突破。8月7日,湘军夏斗寅部占蒲圻,10日占咸宁汀泗桥,距武汉不过百余里,武汉三镇震动。此时王占元也顾不得此前他不愿吴佩孚出兵的表示,连电向吴佩孚求援,但吴却没有积极反应。在外有湘军压境,内无救兵相援的情况下,8月11日,王占元通电辞去两湖巡阅使兼湖北督军职并离开武汉。湖北的"驱王"自治运动得到了初步成果。

---

① 《中华民国史档案资料汇编》第3辑,军事(三),472页。
② 《中华民国史档案资料汇编》第3辑,军事(三),477页;《近代稗海》第7辑,35页。

援鄂战争的第二阶段开始于王占元下台至直湘议和,主要是直军与湘军的战争。吴佩孚对"援鄂"早有准备,但在战争开始后,王占元迭电求援时,吴却一副事不关己之态度。其原因在于,王督鄂多年,民怨沸腾,众叛亲离,已经是扶不起的阿斗,而且王占元因其个人利害关系而有接近奉系的动向,更不为吴佩孚所喜,故吴佩孚有意借机逼王占元下台。但吴佩孚从来也没有考虑任由鄂人"自治",他认为"鄂踞长江上游,为国家中枢,系中原屏障,一旦有失,则中原动摇,京师危险",因此为了在军事上占据主动地位,吴佩孚在战争爆发前即派萧耀南的第25师和靳云鹗的第8混成旅赴鄂,并令赣、豫等省援军随时准备出动,表面为助王,实际是等待形势变化,占据湖北地盘。8月4日,因王军不支,萧耀南令第8混成旅接防王军防线,吴却电责萧耀南,"现鄂防迭次告急,皆由王督自相惊怯,藉以催援军之急进,代彼负责效力耳";"支配布置,权衡应由我操,何得听王督随时调动,错误军机"。其借机逼王下台之势呼之欲出。待王占元自请辞职,徐世昌即任命吴佩孚为两湖巡阅使,萧耀南为湖北督军,孙传芳为长江上游总司令。有了名正言顺的地位,吴佩孚立即不避嫌疑,着手控制湖北局势,遏止湘军的攻击势头。他以实力为后盾,主张"和平解决",但湘军自认"驱王"有功,不甘心胜利果实落入吴佩孚手中,故提出和平条件为:裁撤王占元所部军队,撤退部分直军,保证湖北自治,偿付湘军援鄂军费等。吴佩孚已经视湖北为其地盘,当然不能同意这样的条件。[①] 8月12日,吴佩孚以两湖巡阅使身份抵达汉口,16日拒绝湘军的和平条件,17日直军与湘军在前线开战。

直军与湘军的战争主要沿湘鄂边境一线展开。吴佩孚自任援鄂前敌联军总司令,由第24师师长张福来为前敌总指挥,指挥所部及萧耀南的第25师在左路攻击粤汉路汀泗桥、贺胜桥、咸宁一线的湘军,这是直军主力所在;第8师师长王汝勤指挥所部为右路,在石首、公安、监利一线取守势,监视湘军行动;吴佩孚指挥两个旅为中路,在金口、嘉鱼、罗山一线出击,居间策应左、右两路。吴佩孚利用海军第2舰队的炮火

---

① 《稿本吴孚威(佩孚)上将军年谱》,239—240、243—244 页;《近代稗海》第 7 辑,59 页。

优势为陆路作战的掩护,同时密令在金口上游掘堤引水,"南军死者数百人,辎重损失尤巨"。17日,直军占嘉鱼。19日,吴"急令直军将蒲、咸间之拦江堤挖断,溃口至四百余丈。湘军防线被水冲动,遂向后退",沿江北岸为直军所据。此后直奉矛盾激化时,张作霖曾通电揭露吴佩孚在战争中决堤放水,淹毙湘民数十万,损失财产数千万,但吴通电予以否认。而深知内情的吴氏贴身幕僚白坚武在日记中写道:"吴子玉战湘军,决湘堤以灌之,淹没四县。此四县之人民何辜?"可见掘堤事并非子虚乌有,不过是军阀战争中为争胜而不择手段之一例而已。此后,直军与湘军在汀泗桥一线激战,湘军一度攻下汀泗桥,吴佩孚乃亲率卫队督导反攻,与湘军展开肉搏战,湘军不支后退,直军复夺汀泗桥。25日,吴佩孚下总攻令,"湘军之在前敌者,人数虽达四万,而枪械则甚缺乏,又以强弩之末,与生力军敌,终非易事,以故节节失利"。① 28日,直军占湘鄂门户岳州,长沙震动,湖北自治政府和自治军亦无法支持,蒋作宾、孔庚等登轮赴上海。

直军攻下岳州后,在直奉军阀控制下的北京政府曾令吴佩孚继续南进,以利"统一"大业,但吴佩孚却表示,湘军已求和,可乘势收拾,暂时停战,以得和平。吴佩孚之所以不主张继续南进,并非其不愿"统一",而是顾忌湖南乃西南方面必争之地,湘军实力尤在,川军入鄂后与湘军形成对直军的两面夹击之势,再战并无必胜把握,且直奉矛盾正在发展,奉系有与皖、粤联手对直之势,直系不能不有所防备,故吴佩孚不主张将直军兵力牵制在南方,而主张见好就收,对湖南暂时维持现状,以待情势的发展。如梁启超所论:"湘一旦败归,则湘局已不在现时当局者之手,全湘必折而入粤,而赣亦随之而去,彼时北张(作霖)南孙(中山)皆吴劲敌,……若趁今日与湘提携,则长江指挥若定,南北两政府虽极不愿而不能反对,则大局瞬息而定矣。吴若必欲迫湘军出境,是不异自翦其羽翼以资敌。"有鉴于此,9月1日吴佩孚与湘军总司令赵恒惕在岳州江面的英国军舰上举行会谈,议定休战协议,直湘两军大体以汨罗江为界,各自撤归鄂、湘境内,不得

---

① 中国社会科学院近代史研究所编:《白坚武日记》,1921年8月23日,南京,江苏古籍出版社,1992;章伯锋、李宗一主编:《北洋军阀》第4卷,36页。

再有作战行动。① 至此,直湘两军的战争结束。

援鄂战争的第三阶段为直军与川军的战争。川军虽同意出兵援鄂,但因内部缺乏统一步调,迟迟未能出兵,直至9月1日才开始沿长江南岸进军,攻击川鄂门户——宜昌,此时直军与湘军已经停战,吴佩孚曾致电刘湘提议罢战,但川军已推刘湘为援鄂军总司令,但懋辛为副总司令兼第二路总指挥,唐式遵为第一路总指挥,大军出动,成骑虎难下之势,直川间战事仍不可免。

直军在宜昌的守军只有两个混成旅,由18师师长卢金山任鄂西防务总司令,兵力数量远不及川军的3个师4个混成旅,故面对川军攻击步步退却,宜昌岌岌可危。此时驻宜昌的英、日等国领事以保侨为名出面干涉,要求交战双方从9月5日起休战三日,协商和平解决方案,给了直军喘息之机。吴佩孚借此时机,亲率第3师一部与第23、24、25师、第8师一部及第8混成旅增援宜昌,兵力总数超过了川军。9月16日吴佩孚抵宜昌,正值川军猛攻,直军"势已不支,纷纷退下,宜城岌岌,正在垂危"。吴佩孚亲率卫队督战,卒使直军转危为安,稳住了防线。此后直川两军在宜昌周边展开为时10余天的激战,直军中以北方人居多,不习惯山岳作战,而"川军娴习山道,每遇悬崖峭壁,辄以铁钩攀而上,北军莫名其妙,皆甚骇诧,以故崇山峻岭之中,时有川军踪迹,忽隐忽现,川军之敏捷灵变,实较北军为优"。17日至18日,"两昼夜激战,统由吴子玉督率,盖士无斗志,每一临阵,即退却"。② 但由于吴佩孚的战术灵活,并不与川军在正面过多纠缠,而以两翼反击为主,同时调孙传芳部及海军增援,请陕督冯玉祥派兵南下鄂西助战,而川军远道入鄂,军饷军械接济困难,加之孤军作战缺乏友军支持,势渐不支,从9月24日起开始全线退却。此后直军转守为攻,连占秭归、巴东、兴山等地。但川军于节节后退中阵形未乱,仍有与直军对峙的本钱,四川易守难攻,吴佩孚亦暂无图川之心,战事发展至于停顿。吴佩孚遂将宜昌防务交孙传芳负责,10月30日回到武汉。

---

① 《梁启超年谱长编》,935页;《稿本吴孚威(佩孚)上将军年谱》,256页。9月11日,湘鄂赣三省代表在岳州商定,长江上游总司令率本部兵力驻扎岳州,维持治安,一切行政、司法及地方团体事业毫不干预,均仍由湘省主持办理。

② 《稿本吴孚威(佩孚)上将军年谱》,260页;《川鄂战争之激烈》,见1921年9月27日《时报》。

直川战事停顿后,双方开始议和,但"川军条件甚苛,如湖北改总司令,荆沙宜汉允驻川军,偿我此次损失等项",直方不能应允。双方经过一段时间的讨价还价,直到 12 月 22 日,刘湘的代表张梓芳(另一说为宋毅夫)与吴佩孚的代表孙传芳在宜昌拟定议和协议草案,于 1922 年 3 月 7 日正式签字。其主要内容为:直川两军各自退回原驻地,各守边境;川盐运销楚岸,川鄂两省平均分配盐税收入。① 至此,有多方参与的援鄂战争最终结束。

直系及吴佩孚虽不是援鄂战争的发起者,却是这场战争的最大赢家。吴佩孚出任两湖巡阅使,使直系在全国巡阅使中三居其二(另二位是曹锟的直鲁豫巡阅使和张作霖的东三省巡阅使),既加强了直系的政治地位和吴佩孚个人说话的分量,也在一定程度上打破了直奉间原有的脆弱平衡;直军的胜利破除了奉系向南扩张的可能,并占据了"九省通衢"武汉,控制了京汉铁路全线,向北可以呼应中原,向南可以威胁西南,获取了十分有利的战略空间;川军退回川省后,因各派推卸作战不利的责任,导致军阀战争又起,刘湘、杨森等求援于吴佩孚,使直系触角得以伸入四川,也对直系扩张势力范围有利。

总体而言,直军的胜利为其扩张势力,排挤奉系,结束对北京政府的共治局面,从而独占中央政权创造了有利条件。如时人所论:"吴氏偏师来鄂击退湘军,遂以两湖巡阅使之名义,占有鄂省之地盘,虽王氏肆其远交政策,联奉拒吴,而其结果,吴氏势力益见扩大,奉直冲突又益接近矣。"②

---

① 《中华民国史档案资料汇编》第 3 辑,军事(三),485 页;《四川军阀史料》第 3 辑,32 页。
② 《东方杂志》第 19 卷第 8 号,61 页。

第四节　孙中山回粤再度开府

自1918年5月孙中山离穗赴沪,虽然还挂名于广州军政府总裁,但实际已脱离了军政府的领导事务。他有感于革命进程之不顺利,在1918年8月30日发表的《通告海外革命党人书》中感慨言之:"伏念文行年五十有二,奔走国事者垂三十年,无非欲奠定邦家,使臻强富;此心此志,为公为私,当为我党所共喻。近虽屡遭挫败,而得百折不挠者,此非尽文一手一足之烈,纯恃吾党诸君子竭力相维,故文深信吾党实系于中国之存亡。使吾党驰而不张,则中国或几乎息,……归沪而后,益感救亡之策,必先事吾党之扩张,故亟重订党章,以促党务之发达。"故此他在上海居留的2年半期间,在关心国事党务、思考革命道路之外,潜心于理论著述与组织重建,"专理党务,对于时政,暂处静默,以避纷扰";主张"吾党进取之时机已在目前,惟恳诸同志群策群力,从事于党务之扩张",以此奠定革命再出发的坚实基础。①

孙中山最重要的理论著述之一——《建国方略》,主要撰写于他此次在上海居留期间。此前,他在1917年撰写了《民权初步》,后又在1919年撰写了《实业计划》和《孙文学说》。这三篇著作后来被合编为《建国方略》出版(《孙文学说》为之一——"心理建设",《实业计划》为之二——"物质建设",《民权初步》为之三——"社会建设"),反映了孙中山对革命与建设若干问题的思考,也是孙中山心目中的革命与建设蓝图。

《孙文学说》主要讨论的是革命理论与实践的关系问题。孙中山回

---

① 《孙中山全集》第4卷,499—500、505页。

顾其革命历史说:"文奔走国事三十余年,毕生学力,尽萃于斯,精诚无间,百折不回,满清之威力所不能屈,穷途之困苦所不能挠。吾志所向,一往无前,愈挫愈奋,再接再厉,用能鼓动风潮,造成时势。卒赖全国人心之倾向,仁人志士之赞襄,乃得推覆专制,创建共和。"但他痛感"革命初成,党人即起异议,谓予所主张者理想太高,不适中国之用;众口铄金,一时风靡,同志之士亦悉惑焉。"其中缘由,他认为是大家"思想错误",笃信"知之非艰,行之惟艰"之故,"而视吾策为空言,遂放弃建设之责任"。因此,他希望"先作学说,以破此心理之大敌,而出国人之思想于迷津,庶几吾之建国方略,或不致再被国人视为理想空谈也"。他以论述"行易知难"为中心,提出"天下事惟患于不能知耳,倘能由科学之理则以求得其真知,则行之决无所难";"夫事有顺乎天理,应乎人情,适乎世界之潮流,合乎人群之需要,而为先知先觉者所决志行之,则断无不成者也。"孙中山于此强调"知""行"关系,强调在"知"的基础上"行"的重要,即"能知必能行",意在革命低潮时期鼓舞同志的士气,坚定继续革命的信念。

《实业计划》是孙中山构想的建设蓝图。他认为:"发展之权,操之在我则存,操之在人则亡,此后中国存亡之关键,则在此实业发展之一事也。"他提出六大建设计划,特别注重交通、矿山、通讯、水利等事关国民经济基础的部门建设,不仅具有宏观的启示意义,而且其中若干具体建设规划也已为后来的历史演进证实其前瞻性与可行性。孙中山特别提出:"发展中国工业,不论如何,必须进行。但其进行之方,将随西方文明之旧路径而行乎?"他认为西方经济发展的"旧路径","不啻如哥伦布初由欧至美之海程","犹人行黑夜之景况",而"中国如一后至之人,叵依西方已辟之路径而行之",即汲取西方经济发展过程中的经验教训,"欲使外国之资本主义以造成中国之社会主义,而调和此人类进化之两种经济能力,使之互相为用,以促进将来世界之文明也"。《实业计划》的中心思想是实现中国的现代化,表现出孙中山的宏大眼光与宽广视野。

《民权初步》介绍了建设民主政治的基本程序问题。孙中山认为:"民权何由而发达? 则从固结人心、纠合群力始。而欲固结人心、纠合群力,又非从集会不为功。是集会者,实为民权发达之第一步。"因此,他在其中详细列举并说明了开会、结社、议事、讨论、表决、修正、动议的方法与程序,看似入门读物,却是为素来缺乏民主程序熏陶的民众普及如何实行民主的基本知识。民主的实质固然重要,但其实质在很大程度上是由其程序公正所决定的,而此等程序公正往往又是被国人所忽略者,故孙中山不厌其详地介绍、推广实行民主的程序事项,实出于其对中国国情之深切了解与在中国实行民主政治的热切期望。他特别强调:"切不可因一时情面或他种理由,而设一先例,以致将来有碍一会之自由行动者。而于选举职员更宜留意,庶免蹈此弊。如有不觉中陷于此等之恶习,则速改为佳。盖先例非一成不变者也,其效力只行于未得良法之前而已;如一旦得更良之法,则当以代之也。"①

虽然孙中山在《建国方略》中提出了继续革命事业、建设民主国家的思想动员、政治构想与建设蓝图,但是,在国民党还没有全国执政权的情况下,他的设想并不能进入实践的过程,而只是停留于文字的表述。不过,这并不妨碍孙中山思想的前瞻性、进步性与可行性。五四前后的新文化运动及思想解放潮流也给了孙中山以诸多鼓舞,他自认其"著书之意,本在纠正国民思想上之谬误,使之有所觉悟,急起直追,共匡国难,所注目之处,正在现在而不在将来也。试观此数月来全国学生之奋起,何莫非新思想鼓铸陶熔之功?故文以为灌输学识,表示吾党根本之主张于全国,使国民有普遍之觉悟,异日时机既熟,一致奋起,除旧布新,此即吾党主义之大成功也。"②

孙中山此次居留上海期间,对如何重新组织革命力量,继续开展革命事业亦有所考虑。在讨袁护国战争结束后,孙中山曾经决定中止中华革命党的活动,并考虑恢复在国内政界及社会上仍有影响的国民党的名称与组织,因为前国民党"在京议员及各埠同志,每有规复国民党之议,而国会议员隶国民党籍者尚居多数";"为党务之扩张计,应徇众议,为复党之准备"。但孙中山对过去国民党思想与组织的软弱涣散亦深为厌恶,并留恋于他一手创建的中华革命党之严密组织与服从领袖,

---

① 以上三段参见《孙中山全集》第6卷,157—159、203、228、248—249、397—398、413、489页。
② 《孙中山全集》第5卷,66页。

因此主张"须从整顿党务入手","参酌中华革命党章程办理"。① 在一段时间内，国民党与中华革命党的名称并行，前国民党人对自己的身份，有一直沿用国民党者，也有仍称中华革命党者，但国民党的社会认同度显然高于中华革命党，这也是孙中山不能不考虑的重要因素。

经过一番审慎的思考与筹备，孙中山决定恢复国民党的名称，对外重张国民党的旗帜。1919年10月10日，国民党正式恢复组织，改名为中国国民党，其章程规定："本党以巩固共和，实行三民主义为宗旨。"孙中山担任中国国民党总理，统领全党事务，其下由居正负责总务，谢持负责党务，廖仲恺负责财务。孙中山改组国民党的目的，是以党为革命领导中心，重新迈开革命的步伐。他在对国民党员的演说中提出：

> 现在的中华民国只有一块假招牌，以后应再有一番大革命，才能够做成一个真中华民国。……真中华民国由何发生？就是要以革命党为根本。根本永远存在，才能希望无穷的发展。……须知党事为革命源起事业，革命未成功时要以党为生命，成功后仍绝对用党来维持。所以办党比无论何事都要重要。……以后我们要把三民主义的精神，传他到全国，完全靠在这党的作用上面，我们同志非拿全副精神来办他不可。诸君切勿以为党事无足轻重，诸君如将党办得坚固，中华民国亦就坚固了。②

虽然孙中山恢复国民党之名出于其一贯的革命理想，但国民党重建之初，缺乏根据地，组织也不十分健全，党员思想与行动仍不无软弱涣散之处，国会中的国民党籍议员派系众多，各行其是，全党尚未凝结为坚强有力的行动集团，与孙中山的重建初衷不无距离。

由于当时北京的中央政府为北洋军阀所控制，孙中山暂时尚无实力与他们争北京政治之短长，只能始终将其革命立足点置于南方，尤其是广东。1918年5月广州军政府改组后，总裁孙中山、唐绍仪、唐继尧不在广州，伍廷芳、林葆怿不太管事，军政府由主席总裁岑春煊负责一

---

① 《孙中山全集》第3卷，377、382页。
② 《孙中山全集》第5卷，127、262—263页。

般政务,桂系首领陆荣廷则以其实力成为实际的决策者。但桂系长期占据广东,与广东地方势力有矛盾,其在广东搜刮盘剥的行为亦为粤人所怨恨,逐渐发展为"驱桂"的呼声与行动,对孙中山重回广东建立革命根据地是有利的。在广州的护法国会议员多为国民党人,他们虽然派系林立,与孙中山的关系有亲有疏,但在反对桂系控制军政府、为国民党谋取发展地盘方面则是基本一致的。1919年8月7日,孙中山致电护法国会,认为不法武人"借国会所授之权,以行国民所深恶之政治,移对付非法政府之力,以残虐尽力救国护法之人,毒害地方,结连叛逆,欺骗国会,蔑视人权";声明"决不忍以之共饰护法之名,同尸误国之罪。兹特辞去军政府总裁一职,以后关于军政府之行动概不负责。"29日,孙中山又致函护法国会两院议长林森和吴景濂,表示"鉴于两年来经过之事实及南中不法武人最近阴谋之真相,觉护法之希望,根本已绝,万无再与周旋之余地",希望"先将军政府取消,使不致为群盗所居奇"。①国民党议员遂在护法国会提出对岑春煊的不信任案,迫其于10月27日提出辞职(未成事实)。此后,桂滇两系又因驻粤滇军统率权问题而生龃龉,原本支持桂系的滇督兼军政府总裁唐继尧,因不满桂系企图攫取驻粤滇军统率权而对桂系生发恶感,使军政府权威大受影响。1920年3月29日,军政府总裁兼外交、财政总长伍廷芳不辞而别,离穗去港转沪。4月25日,唐继尧、唐绍仪、伍廷芳正式宣布脱离军政府,军政府总裁七去其四,不足决策的法定人数,其开会议事的法理依据都成了问题。5月初,军政府召集留粤议员补选熊克武、温宗尧、刘显世为总裁,但他们实际未到任。护法国会方面,占据议员多数的国民党籍议员陆续离开广州,护法国会亦失去议事的法理依据。广州军政府与护法国会因此而处在难以维持的状态。

因为广州军政府实际处在桂系的控制下,故孙中山一直在谋划倒桂行动,广州军政府和国会的变故,对孙中山的倒桂行动是有利的。1920年6月2日,已经辞职的军政府总裁孙中山、唐绍仪、伍廷芳及唐继尧的代表李烈钧在上海集议,次日以四总裁名义发表联合宣言,责广

---

① 《孙中山全集》第5卷,95、105页。

州"政务会议成立以来,徒因一二人所把持,论战则惟知拥兵通敌,论和则惟知攘利分肥。以秘密济其私,以专擅逞其欲,遂有所谓五条办法者。护法宗旨,久已为所牺牲,犹且假护法之名,行害民之实。"宣示"自当同心戮力,扫除危难,贯彻主张";声明军政府移昆明办公,广州方面的"一切命令行动,及与北方私行接洽之事,并抵押借款,概属无效。所有西南盐余及关余各款,均应交于本军政府。在军政府移设未完备以前,一切事宜,委托议和总代表分别接洽办理。"①护法国会其后亦声明移滇开会。但昆明的对外交通不便,唐继尧实际上也不愿军政府和国会迁到昆明,致其统治碍手碍脚,孙中山继续革命的立足点仍然只能放在广东,而要重回广东,就要解决桂系的问题,为此,孙中山着手发动武力讨桂的行动。

桂系在1916年袁世凯败亡后即因缘际会控制着广东,广东较桂系发家的广西富庶,桂系视其为一块"肥肉",奉行"以粤养桂"的政策,自居为广东的统治者,各级官僚多用桂人,为政苛刻,滥征税收,与民争利;驻粤桂军骚扰地方,军纪废弛。这些都激起广东绅商的强烈不满,驱逐桂系、"粤人治粤"的呼声日渐强烈,成为孙中山和国民党可以利用以"驱桂"的社会基础。桂系亦知其在粤不得人心,为维持其在粤的统治,有意寻求与直系的合作,共同对付国民党。直皖战争爆发前后,桂系首领陆荣廷认为,"直系如得胜利,时局庶有转机,我辈夙主联直,尤应乘时利用,援应直系,自属应有之义。"②8月中旬,粤督莫荣新部署所部移师潮、汕,准备出击闽南,既为驱逐属于皖系的闽督李厚基,亦为重点对付国民党依靠的主要军事力量——粤军陈炯明部。

驻闽南漳州、龙岩一带的粤军陈炯明部,原为广东省长朱庆澜的警卫军,有两万余人,1918年春以援闽粤军的名义进驻闽南,经过两年多的整训发展,具备了一定的实力,也是当时孙中山和国民党可以依靠的唯一的武装力量。但因陈炯明为驻闽粤军的直接领导人,部队各级军官多为其指派,故陈炯明对部队的影响力超过孙中山,部队实权基本控制在陈炯明手中,因此,与其说驻闽粤军是国民党的部队,不如说是陈

---

① 黄季陆、罗家伦主编:《革命文献》第51辑,295—296页。
② 黄季陆、罗家伦主编:《革命文献》第51辑,76页。

炯明的部队。对于这支部队的使用,陈炯明和孙中山的想法自然有所不同,孙中山希望其回师广东,驱逐桂系,重新建立国民党的根据地,但陈炯明却不愿在没有把握的情况下贸然行动,以免有损自己的实力,妨碍此后的发展。直皖战争发生前后,孙中山认为粤军回师广东的时机已至,多次派人前往漳州动员陈炯明,并与闽督李厚基联络(孙中山此时已有建立粤皖奉反直同盟的考虑),接济陈部军费和军械,而陈炯明此时亦感觉其部长期驻在闽南,发展空间有限,不易得到外援,既为李厚基所疑,亦为桂系所忌,不如回到广东,另谋发展,故同意了孙中山的回师计划。他派叶举、邓铿、许崇智分任中、左、右路军总指挥,自闽南回师广东,其闽南驻地则由李厚基部接管。

1920年8月中旬,陈炯明部粤军与桂军开始交锋,粤军得到广东民众的支持,声势颇盛,进展甚速,20日占领汕头,随后与桂军在惠州一线对峙,兵锋直指省城广州。桂系面临粤军的军事压力,处于不利的态势。广东各地民军纷起,宣布独立,尤其是驻广州的广东警察厅长兼江防司令魏邦平联合民军首领李福林宣布独立,也给桂系造成很大的压力。9月18日,陈炯明发出致桂系粤督莫荣新的最后通牒,要求桂军在两个月内退出粤境,莫荣新等免职,岑春煊限于双十节前离开广州。在粤军的军事压力下,桂系态度有明显松动。28日陆荣廷致电广东方面,表示:"为保全地方计,即请粤省诸公,同筹议妥,速举贤能,继任督军,以维治安,而息纷扰。除陈炯明倡乱逞私不能交付外,无论何人,出担粤事,桂军在粤一日,无不尽力维护……一俟粤局底定,桂军即当全数调回,以符不争利权之初心,而完顾全唇齿之本旨。"莫荣新亦表示愿意离职下野,但以撤离经费问题与粤军讨价还价,表示非有200万元经费无法撤离。为了早日结束战祸,广东各界推出海军次长、广东人汤廷光接任粤督,并决定筹款满足莫荣新的要求,以使桂军早日撤离。但莫荣新旋又不承认汤廷光为广东督军,提出须以沈鸿英督粤,桂军留两师长期驻粤,陈炯明退回漳州,广东须承认陆荣廷为两广巡阅使等为撤军条件。桂系实则不愿退出广州,但粤军此时在军事上占优,自然不接受莫荣新的条件。10月21日粤军克惠州,桂系已经无法在广州立足,陆荣廷、岑春煊等遂于24日发表通电:"即日自决辞去总裁,解除军府职务,以期回复国家原状,而减愆由于万一。自今以后,当局应从全国军民愿望,依法召集国会,遵循法轨,与民更始。西南诸省亦应顾念全局,迅速促成统一,妥筹善后,苏息民生。"其后莫荣新亦宣布:"取消自主,粤事应听中央政府主持。……兹为保全粤民,减免战祸起见,于中央政府未任专员以前,先率将士让出广州市区,所有维持地方治安事宜,应由粤民所举之新督军负此责任。"①驻广州的桂军退回广西。28日粤军进驻广州,结束了桂系对广东4年多的统治,但陈炯明并不承认先前广东各界推出的汤廷光为督军,孙中山为得到陈炯明对其回粤开府的支持,于11月1日通过广州军政府驻沪办事处,任命陈炯明为广东省长兼粤军总司令,主持广东军政事务,陈炯明从此成为广东的实际统治者。

桂系自广东败退为孙中山重回广州建立政府创造了条件。10月31日,孙中山、唐绍仪、伍廷芳、唐继尧联名发表通电称:"最近粤军回粤,岑(春煊)、莫(荣新)败亡,乃相率逃窜之余,辄为取消自主之说,其情可怜,其事可笑。初不意北方竟引为口实,据闻有伪统一之宣布,似此举动,过于滑稽儿戏,直无否认之价值。惟深察北方之用意,实思以伪统一之名义,希图借取外债,以延长其非法政府之命脉。文等用不惮烦,更为正式宣告,须知岑春煊早丧失地位、资格,而军政府依然存在,初不因岑等个人反复,致生问题。此次北方宣言,文等绝不承认。"11月25日,孙中山、唐绍仪、伍廷芳联袂离沪,28日到达广州,29日重建军政府。孙中山等在重建军政府宣言中声明:"当以护法诸省为基础,厉行地方自治,普及平民教育,利便交通,发展实业,统筹民食,刷新吏治,整理财政,废督裁兵,进国家于富强,谋社会之康乐。"②

此次孙中山回粤重新开府,因为没有了桂系的掣肘,颇思有所作为。他自兼军政府内务总长,以其先前提出的《地方自治实行法》为蓝本,希望从地方自治入手,推行民主政治实验。孙中山提出的《地方自治实行法》的主要内容是:(1)清户口。以现居地为准,一律造册列入

---

① 沈云龙:《徐世昌评传》,609页;中国第二历史档案馆:《中华民国史档案资料汇编》第4辑(一),9页,(二),657—658页。
②《孙中山全集》第5卷,381、441页。

自治团体,悉尽义务,同享权利;(2)立机关。组织自治机关,使成年人都有选举、创制、复决、罢官权;(3)定地价。先定地价,后从事公共经营,庶不平之土地垄断、资本专制可以免却,而社会革命、罢工风潮,悉能消弭于无形;(4)修道路。凡道路所经之地,则人口为之繁盛,地价为之增加,产业为之振兴,社会为之活动,道路一通,则全境必立改旧观;(5)垦荒地。凡山林、沼泽、水利、矿场,悉归公有,由公家管理开发;(6)设学校。凡在自治区域之少年男女,皆有受教育之权利。学费、书籍以及学童之衣食,当由公家供给。如办有成效,当逐渐推广,及于他事。此后之要事,为地方自治团体所应办者,则农业合作、工业合作、交易合作、银行合作、保险合作等事。"如是,由一县而推之各县,以至一省一国,而民国之基于是乎立。"此次他在广州重新开府,在内政部设立了地方自治、社会事业、劳动、土地、教育、农务、矿务、工业、渔业、商务、粮食、文官考试局和行政讲习、积弊调查所,希望对内政有所革新。① 但在当时的大环境下,孙中山的举措多半只能流于形式,而且在其施政过程中仍有各种各样的障碍,其中令他颇为不满的是列强对关余问题的处理。

所谓"关余",是指海关收入在支付各项债务还款及必须开支之后的余额。本来,广东的粤海关关余已在1919年由北京公使团拨出部分交军政府使用,但1920年4月因军政府外交、财政总长伍廷芳出走,军政府总裁岑春煊以伍"擅离职守"为由免其职,并请北京政府转告公使团,以后的关余交由岑主持的军政府领取,得到列强的首肯。孙中山回粤重建军政府后,财政极为困难,伍廷芳向广东领事团和总税务司多次交涉,要求拨付关余,但北京公使团以军政府权力仅及广东、孙中山难以代表西南为借口,不仅不拨付关余,而且将其代管的大笔关余拨付北京政府,使孙中山深受刺激。1921年1月21日,孙中山下令强行接收粤海关管理权,要求"凡在军政府所属各省之海关,须从二月一日起,服从军政府之训令,听其管辖。"②但列强不仅不接受孙中山的通令,而且

---

① 《孙中山全集》第5卷,220—223、432—435页。
② 黄季陆、罗家伦主编:《革命文献》第51辑,259—260页;《孙中山年谱长编》下册,1330页。军政府缺少大宗收入,关余收入对军政府维持运转有重要作用,因而为军政府所力争。

派出军舰到白鹅潭示威,使孙中山极为愤慨,也使他认为,只有建立正式政府,才能名正言顺地与列强打交道。

1921年元旦,广州军政府举行"南京临时政府成立九周年纪念会",孙中山发表演说,提出:

> 此次军府回粤,其责任固在继续护法,但余观察现在大势,护法断断不能解决根本问题。吾人从今日起,不可不拿定方针,开一新纪元,巩固中华民国基础,削平变乱。方针维何?即建设正式政府是也。盖护法不过矫正北政府之非法行为,即达目的,于中华民国亦无若何裨益。况护法乃国内一部分问题,对内仍承认北京政府为中央政府,对外亦不发生国际上地位之效力。……但建议设立正式政府之权,全在国会。国会在北京不能行使职权,而在广州能自由行使,是望国会诸君建议,仿南京政府办法在广东设立一正式政府,以为对内对外之总机关,中华民国前途其庶几乎!余认广东此时实有建立正式政府之必要。①

对于孙中山的提议,云集广州的各方政治势力有不同的考虑。国会议员中有主张选孙中山为总统、组织正式政府者;有主张以委员制建立西南联省政府者。如果说国会议员的意见对当时的政治运作并不具有根本影响的话,那么实力派的意见更为孙中山所看重。在军政府所辖范围内,失掉了广东的桂系仍然控制着广西,四川内部纷争不已,湖南主张"联省自治",云、贵地处偏僻且对听命于广东不以为然。因此,孙中山成立正式政府的立足点仍在广东,而掌握着广东实权的陈炯明对此不仅不热心而且反对甚力。据孙言:

> 陈炯明回粤后,对国事则有馁气,对粤事则怀私心。其所主张,以为今之所务,惟在保境息民,并窥测四邻军阀意旨,联防互保,以免受兵,如此退可据粤,进可合诸利害相同之军阀,把持国事,可不烦用兵而国内自定。文再三切戒,譬之人身,未有心腹溃烂而四肢能得完好者,

---

① 《孙中山全集》第5卷,450—451页。

国既不保,吾粤一隅何能独保?……凡此所言,陈炯明虽无以难,而终未肯信。①

实际上,陈炯明之所以不愿孙中山出任正式总统,是担心妨碍他在广东的统治,因"陈握广东最高政权,可进可退,于愿已足,匪特不须乎非常总统,即恢复军府,亦属多事,因军府之设,直接则损害其政权,间接则阻碍其南北之地步"。② 因为陈炯明掌握着广东的实权,孙中山如果在广东建立正式政府,得到陈的支持至少是默认是必不可少的,因此,对于陈炯明的反对,孙中山不断向其说服与疏通,并得到了粤军中以许崇智为代表的部分将领的支持。由于陈炯明此时还需要利用孙中山的支持以扩张自己的势力和影响,故其最终同意了孙建立正式政府的主张。

1921年4月7日,在广州的护法国会参众两院召开联席会议,因出席人数不足法定人数,遂改开非常会议。会议通过《中华民国政府组织大纲》:(1)大总统依本大纲之规定行使其职权;(2)大总统由国会非常会议选举之,以得票过投票总数之半者为当选;(3)大总统总揽政务,公布命令,统率陆海军;(4)大总统对外代表中华民国;(5)政府设置各部,掌理部务,部长由大总统任免之;(6)本大纲自宣布之日实行;(7)本大纲自施行之日,军政府组织大纲即废止。③ 当日,非常国会以218票(出席议员220余人)选举孙中山为大总统(因其为非常国会所选出,故一般称其为"非常大总统")。

对于孙中山当选为大总统,北京政府及北洋军阀方面自然表示反对。4月27日,曹锟、吴佩孚、张作霖等发表通电,称孙中山"是少数私党私认之总统,非全数公民公认之总统";"彼既自绝于国人,当与国人共弃之"。在西南阵营内部,陈炯明提出孙中山可暂不就职,或就职后先赴欧美考察,以避免南北矛盾的激化。湘军总司令赵恒惕在4月9日致电广州非常国会,声明不承认"非法选出"之总统,并在10日致电

---

① 《孙中山全集》第5卷,549—550页。
② 段云章、沈晓敏:《孙文与陈炯明史事编年》,359页,广州,广东人民出版社,2003。
③ 黄季陆、罗家伦主编:《革命文献》第51辑,307页。

孙中山,"劝其严词拒绝,勿允轻就"。甚而在表面上对孙中山当选表示支持的唐绍仪和唐继尧,也在私下里对选举持反对态度。① 因为需要疏通自己阵营内部的反对意见,孙中山当选后并未立即就职。

1921年5月5日,孙中山在广州举行中华民国大总统就职典礼(军政府于前一日取消),他在就职演说中阐述其"拨乱返治"的主张,号召"各尽所能,协力合作,共谋国家文明之进步";主张"各省人民完成自治,自定省宪法,自选省长。中央分权于各省,各省分权于各县,庶几既分离之民国,复以自治主义相结合,以归于统一,不必穷兵黩武,徒苦人民"。至其内外政策方针为:"重要经济事业,则由中央积极担任。发展实业,保护平民";对外"讲信修睦,维持国际平等地位,保障远东永久和平"。②

虽然孙中山出任大总统、组织正式政府,但其政治地位实际上并没有根本的变化,政府的政令仍只能基本通行于广东一省,并由于陈炯明的牵制而难能实行。孙中山在任上的施政方针着重于对外,即通过征讨桂系,平定广西,扩大广州政府的基础与影响,然后徐图北伐,为统一全国创造条件。因为桂系在退回广西后,仍然威胁着广东的安全与稳定,并有与北洋军阀联手对抗西南阵营之势,③征讨桂系较易凝聚己方阵营内部的共识,得到实力派的支持,因此孙中山将讨桂作为其上任后的直接目标并非偶然。

1921年5月11日,孙中山在总统府召开军事会议,决定先讨桂而后北伐。20日,北京政府亦任命陈炳焜为梧州护军使,以利用粤桂矛盾,挑动桂系攻粤,坐收"统一"之利。桂系在败退广西后颇思回粤,又得到北京政府的支持,自然对攻粤颇为积极。6月13日,陆荣廷下达攻粤令,以林虎、沈鸿英、马济、陈炳焜分统其部,由广西出动,分路进攻广东。面对桂系咄咄逼人的进攻态势,西南阵营各省为自身利益计,对

---

① 中国第二历史档案馆:《中华民国史档案资料汇编》第4辑(一),21—22页;中国人民政治协商会议广东省委员会文史资料委员会:《广东文史资料选辑》第43辑(《广东军阀史大事记》),146页,广州,广东人民出版社,1984;广东省孙中山研究会:《孙中山研究》第1辑,379页,广州,广东人民出版社,1986。
②《孙中山全集》第5卷,531—532页。
③ 1920年12月,北京政府任命陆荣廷为粤边防务督办,谭浩明为广西督军,支持他们与西南阵营对抗。

讨桂态度趋向一致,孙中山得以大总统名义号令各军,展开讨桂战争。他以陈炯明为讨桂军总司令,率许崇智、魏邦平、叶举等部出击广西,李烈钧率滇军、谷正伦率黔军亦加入讨桂战争,形成合击桂军的态势。

6月20日,粤桂两军在桂东南的粤桂门户——梧州一线展开战斗,粤军士气高涨,连获胜利,对梧州形成包围之势。桂军游击司令刘震寰战前即与广东方面有所接洽,此时决定倒戈。25日,陈炳焜见事无可为,逃出梧州,次日粤军进占梧州,打开了入桂的东南大门。与此同时,李烈钧指挥滇军与湘军自湖南出兵桂北,于7月13日占领桂林,打开了入桂的东北大门。

桂系自广东退回广西后,陆荣廷的威望受其影响,首领地位有所动摇,上下失和,将相猜疑,内部矛盾渐起,影响到桂系内部的军心和团结。在这种情况下,陆荣廷不仅不能有效地整合内部关系,反而轻率决定发动对粤战争,而实际上桂军的作战意愿并不强,统兵将领为保守实力亦不愿力战,当战事初步失利后,桂军不能坚持,显出分崩离析之势,粤军则乘胜而击,扩大战果,使战争很快呈现出一边倒的势头。桂军先后失守梧州、桂林后,各部纷纷自谋出路,表示脱离桂系。陆荣廷在几无可用之兵的情况下,7月22日与谭浩明发表通电,称"因年老病衰,久思息影,……倾接总司令沈鸿英等通电,主张自治,荣廷夙持爱民主义,乐于赞同,当即电饬该总司令等维持本省治安,勉负完全责任";自身"解除兵柄,引退林泉,一切军民各政,概不与闻"。① 此后,陆荣廷、谭浩明、陈炳焜等及追随他们的桂军残部退居桂南龙州。23日,粤军不战而入南宁。9月下旬,粤军各部进逼龙州,桂军无力抵抗,30日粤军克龙州,陆荣廷、谭浩明、陈炳焜等出逃越南。②

孙中山发动的讨桂战争为时3个月,平定了广西,实现了两广统一,扩大了广州政府的势力范围与影响力,也使其得以集中力量筹划北伐统一事业,但讨桂战争也使陈炯明的实力大为增长,对孙中山的离心倾向日渐发展,孙中山仍然面临着统一、整合己方阵营内部关系的艰巨任务。

---

① 《陆荣廷宣言退职之通电》,见1921年7月23日《大公报》(天津)。
② 陆荣廷虽然下野,但仍然企图卷土重来,并向直系求援,"对于驱孙,则尤愿尽力,虽自出督师,亦所不辞"。吴佩孚认为:"欲定粤驱孙,或防止联治,实不无借助于陆之处。"以陆荣廷为代表的旧桂系成为直系在南方的盟友。见《中华民国史档案资料汇编》第3辑,军事(三),634—635页。

第六章

第一次直奉战争与直系当政

　　直皖战争之后,因为直奉两系的实力平衡而形成对北京政府的共治局面,但军阀内争的本质使这种共治终无法长久维持,故直奉双方的矛盾日趋激化,终于在1922年4月导致第一次直奉战争的爆发。战争的结果,直胜奉败,直系由此独自控制了北京政府,奉系则退回东北,闭关自保。其后,直系为其控制北京政府之需要,提出"恢复法统"的主张,迎黎元洪复职,使旧国会复会,名为使民国政治重上正轨,实则筹划"武力统一",由曹锟继任"大统",而其内部则矛盾重重,保(保定)、洛(洛阳)两派争斗,导致阁潮愈演愈烈,北京政治动荡不已。在直系独大的情况下,南方各省提出联省自治的主张,其思潮与实践有资产阶级维护自身利益的背景,不少鼓吹者则出于理想主义的追求,但主政的地方军阀则以此自保,实践的结果并不成功,西南各省均陷于一波又一波的地方军阀混战之中。

第一节　直奉矛盾的激化

直皖战后,直、奉两系因其势力的大体平衡而形成了共治北京政府的局面,但军阀派系的团体利益和扩张意识,注定这种共治局面不可能长久维持。直系以其军事实力战胜皖系,认为奉系的贡献有限,不甘与奉系分享北京政权,摆出了凌驾于奉系之上的态势;奉系亦有问鼎中原的企图,在助直倒皖之后,其向关内扩张势力范围,染指中央政权的野心日渐明显。直奉双方虽然还勉强维持着对北京政府的共治格局,但私下里都在钩心斗角,纵横捭阖,整军经武,各有图谋,力图超越对手,独占中央政权。1921年的援鄂战争,使直奉双方原本脆弱的平衡向着有利于直系的方向摆动。直系援鄂的结果是夺得湖北地盘,占据两湖要冲,控制京汉全线,实力遂大为增长。吴佩孚得到两湖巡阅使的任命,成为同曹锟、张作霖并肩的显赫武人与实力人物,大大增强了直系对北京中央政治的发言权,也引起了奉系的强烈反应,直奉双方的矛盾由隐而显,逐渐激化。

直奉矛盾发展的最初表现就是对北京政府控制权的争夺。北京政府靳云鹏内阁是直皖战后直奉双方共治妥协的产物。靳云鹏本与皖系有较深关系,直皖战后因缘际会当上了阁揆,为了维持其政治生命,对直奉双方都不敢得罪,只能看直奉的脸色行事;随着直奉矛盾的发展,靳云鹏的态度使奉系感觉其对奉"表面虽予尊崇",但实则有"扶直抑奉"之嫌,靳云鹏的处境从此越加艰难,在直奉两强的夹缝间动辄得咎、左右为难,加以财政困难,无力开支,靳内阁的地位已是风雨飘摇,朝不保夕。①

北京政府的财政一向不宽裕,靳云鹏内阁成立后,财政状况更是江河日下。国内战争频仍,灾荒四起,用款之处所在多有,催款之电日日发至,而北京政府却基本上没有门路应付如此开支。外债因主要抵押品已用尽而无处可借,内债"合计总额超出三万万元,历年本息积压甚巨","各银行饱受旧债之累,不复能承受"。北京政府的财政甚至窘迫到"使馆经费亦久不汇寄,致各外使借债度日,实不成体统"。② 值此之际,1921年11月发生的中国银行、交通银行两家银行停兑风潮,更凸显出北京政府财政之困窘,并对北京政局的演变发生了重要影响。

中国银行和交通银行是国内成立较早、实力较为雄厚的两家主要银行,并因有较多政府参股而成为准国家银行,担负着为北京政府筹资放款的任务。正因为两家银行的官商特质,时因"筹垫军政各款为数太巨,以致周转不灵",兼之日本为在华盛顿会议上逼中国就范,有意制造对中国实行"国际共管"之谣言,"谓中交两行与政府有密切关系,现在政府不能按期付还债款,是政府已不能维持,即两行亦将不能自立。……于是外人共管之说随之而成,外国银行从前收用中、交钞票者乃一律拒绝收用。"消息传出后,影响到商家和普通民众对中、交两行所发行钞票价值的信心,自11月16日起,北京与天津两地发生挤兑风潮。由于事发突然,银行准备不及,中、交两行一度限制兑现,更增加了市面的紧张气氛。为安定市面,平息风潮,11月18日,北京财政部电令要求"凡中国交通银行钞票一律收用,毋得拒绝"。京畿卫戍总司令王怀庆提出紧急办法,要求中、交两行在两星期内恢复无限制兑现,各界不得散布各种捕风捉影之谣言,"遇有拒绝两行钞票之人,无论何界何人,无不立予严惩",同时派出警察沿街巡视稽查。③ 经此双管齐下之动作,人心渐定,风潮止息。

在中、交两行停兑风潮中,掌握着交通银行大权及大量金融资源的

---

① 参见荣孟源、章伯锋主编《近代稗海》第5辑,13—14页。
② 参见退庵年谱汇稿编印会《叶退庵先生年谱》,178页,自印,1946;曹汝霖:《一生之回忆》,170页,台北,传记文学出版社,1970。
③ 中国银行行史编辑委员会编:《中国银行行史资料汇编》上编(二),989、992—993页,北京,档案出版社,1991;中国第二历史档案馆:《中华民国史档案资料汇编》第3辑,金融(二),521—523页。

交通系起初听之任之,不予置理,甚而主张干脆停兑,以向政府施加压力,不仅反映出交通系对早先靳云鹏排斥己方人物入阁的怨恨,而且背后还有奉系支持的影子,反映出奉系因为与直系的矛盾,正在寻找干预北京政治的时机,而中、交两行停兑风潮恰时逢际会,成为奉系倒阁之手段。奉系的下一步,则为利用徐世昌与靳云鹏的矛盾,借徐之手赶走靳云鹏,改组北京政府,扶植己方中意的人物上台。

徐世昌和靳云鹏同与皖系有深厚关系,但靳与交通系有隙,而徐与交通系通好,府院关系时有龃龉,"府院同床异梦,徐氏故无时不欲乘机倒靳"。徐世昌的总统之位来自于皖系控制的安福国会,直皖战后因直奉妥协而得以暂保,但随着直系势力的坐大,对徐的总统之位形成直接的威胁,使徐世昌对直奉矛盾的态度开始偏向于奉系,以延续其权位。当中、交两行停兑风潮发生后,交通系在奉系支持下据以倒阁,徐世昌也乐观其成,借内阁人事问题向靳发难,从而形成了以奉系为后台,以交通系为吹鼓手,以徐世昌为直接运作者的三方共同倒阁运动,而直系因靳云鹏并非己方人物,本无所爱,靳又对解决直系军饷等等问题无能为力,遂对其不愿施以援手,靳阁倒台的命运由此注定。12 月 14 日,奉系首领张作霖走上前台,自奉进京,表示"对于政局上发生之风潮及政府各方面之一般的意见,彼甚愿斡旋一切而化除之"。① 在如此明显的压力下,靳云鹏实已无法再干,17 日辞职赴津,徐世昌遂顺水推舟,即于次日任命外交总长颜惠庆代理阁揆,并开始了组建新阁的运作。

靳阁垮台后,徐世昌属意由其老关系、交通系首领梁士诒组阁,以利用其掌握的金融资源,缓解政府的财政危机。而交通系一向在政治上野心勃勃,从拥袁世凯称帝,到拥徐世昌为大总统,梁士诒都是主角之一,此时梁士诒亟图入主北京政府,过把阁揆瘾,并得到了奉系的大力支持。但直系,尤其是吴佩孚对此却颇不以为然,他担心以奉系的武力得到梁士诒的财政支持,将对直系大为不利,故主张由王士珍组阁,或以颜惠庆代之,并告直系各省督军,"慎防梁士诒组阁"。② 但事态发

---

① 章伯锋、李宗一主编:《北洋军阀》(四),117—118 页;《张胡在北京支配徐靳》,见 1921 年 12 月 18 日《民国日报》(上海)。
② 《稿本吴孚威(佩孚)上将军年谱》,271 页。

展之快为吴佩孚始料未及,靳云鹏去职后,徐世昌即邀梁士诒组阁,并与张作霖共同请直系首领曹锟入京相商,以示对曹的尊重。曹锟的政治敏感度不及吴佩孚,且以为梁士诒组阁事木已成舟,到京后未表反对。12月24日,徐世昌即任命梁士诒为新任国务总理,交通系干将张弧为财政总长,叶恭绰为交通总长,奉系出身的鲍贵卿为陆军总长,齐耀珊为农商总长,奉系及其支持的交通系显然控制了此届内阁的大权,从而使直奉矛盾由此而骤然激化。

梁士诒出任国务总理之初,因"既握揆席,又占财交两部,踌躇满志,如愿以偿"。他提出了三大政策方针:(1)树立外交政策;(2)活动金融经济;(3)消弭内战。① 但在实行方面,他的做法离此甚远,因为"消弭内战"显然是梁力所不能及者,"树立外交政策"则因其在华盛顿会议期间同意"借日款赎路"的外交决策而广受批评,"活动金融经济"无非举债而已。梁士诒虽有"财神"之誉,但面对北京政府庞大的财政亏空,也是巧妇难为无米之炊,因为国内主要银行均认为政府"无确立财政整理之计划,惟以滥借为能事,以致各银行号因之资金空乏,受累无穷",不愿再借款给北京政府,使梁士诒无法靠借内债而解决财政危机。梁士诒只能铤而走险,低声下气地向以外国银行团为主的中外银行团提出巨额借款要求。经过一番讨价还价,1922年1月26日,北京政府与中外银行团签订"九六公债"借款合同,借款总额9 600万元,以未来关税实行切实值百抽五后增加之收入偿还(关税未加前或不敷应用时,仍以盐余偿还),主要用途为偿还各项内外短期公债。② 不过,此项借款虽成,无非以新债还旧债,对直接改善北京政府的财政困境并无多大裨益。同时,梁士诒上台后,在政府各部门广为安置交通系人马,把持各个实权部门,在地方谋划任用奉系人马替代直系,赦免直皖战后被"褫夺官职、免职讯办"的皖系军人,表现出与奉系合谋并联合皖系,与直系对抗的意图,从而引发直系的强烈反弹,也为直系所不能容忍。

还在梁士诒上台之前,直系首领吴佩孚即担心其组阁后"合粤皖奉

---

① 沈云龙:《徐世昌评传》,677页;凤冈及门弟子编:《民国梁燕孙先生士诒年谱》,657页。
② 《国内盐余借款团成立》,见1922年1月22日《民国日报》(上海);《东方杂志》第19卷第4号,137页。

为一炉,垄断铁路,合并中央",对直系不利,表示出反对之意,并威胁"梁阁实现之日,即大局翻腾之时"。① 果不其然,梁士诒上台后的所作所为,验证了当初吴佩孚之担心,"大局翻腾"自不可免。吴佩孚先以梁士诒为主要攻击对象,发起倒阁运动,但其深知梁与奉系的关系,故明为攻梁,实为攻奉,反对梁士诒的行动本身已经反映出吴佩孚对张作霖的强烈不满及其准备与奉系决裂的决心。

吴佩孚发起倒梁阁的由头是华盛顿会议期间的中日交涉。日本在华盛顿会议中日有关山东问题的交涉中,强迫中国借日款赎回其在第一次世界大战期间强占的胶济路,以继续控制这条山东的主要交通干线,然中方坚持自筹款项赎路,以摆脱日本的控制。正当双方争持不下之时,却传出梁士诒在会见日本驻华公使小幡酉吉时允其以"借日款赎路"的传闻,从而给吴佩孚创造了利用民意倒梁的绝好机会。

1922年1月5日,梁士诒内阁成立不过10日有余,吴佩孚即发表公开通电("歌电"),打响了倒梁的第一炮。电称:"胶济铁路为鲁案最要关键……乃行将定议,梁士诒投机而起,突窃阁揆。日代表忽变态度,顿翻前议。……梁士诒不问利害,不顾舆情,不经外部,径自面复,竟允日使要求,借日款赎路……举历任内阁所不忍为不敢为者,今梁士诒乃悍然为之举;曩昔经年累月人民所呼号,代表之所争持者,咸视为儿戏。牺牲国脉,断送路权,何厚于外人,何仇于祖国。"电文表示要与全国父老"群策群力,急起直追,迅电华会代表,坚持原案"。吴佩孚此电既出,轰动朝野,又以其为公开通电,市井皆知,使梁士诒处于不能不为自己辩白的尴尬处境。6日,梁士诒发出"微电"(发电日期倒填为5日),故作姿态,表白自己对胶济路亦"主筹款赎回自办,至筹款办法,或发债票,或发库券,不论向国内外筹款,均以截清先后界限,申明该路收回自办性质为要义"。7日再发通电及声明为自己辩解称:"筹款赎回自办之主张,其上固望国人之自筹,否则国内外合筹借款,亦可两害取轻,要未尝言及限于日本,亦非但尽日本也……关于山东省问题之中国地位,新内阁完全赞成中国代表团在华会之宣言,至各种悬案,凡曾有

---

① 凤冈及门弟子编:《民国梁燕孙先生士诒年谱》,656页。

不良之影响于邦交者,以公正的办法解决之。"①

梁士诒的辩解非但未发生作用,其倒填日期发表通电的做法,更让吴佩孚抓住把柄,攻其"做贼心虚,恐招全国声讨",因此"预为立脚地步,以冀掩人耳目,而免攻击。设计良狡,殊不知欲盖弥彰,无异自供其作伪……以堂堂国务院,而作此鬼蜮伎俩,思以一手遮尽天下人耳目。"自8日起,吴佩孚连连发表公开通电,痛责梁士诒外以借款卖国,"铁案确凿";内而起用曹、陆,"以辅助卖国媚外之所不及";声称:"各省疆吏及各界团体,既皆有请公去位之表示,公亦必不肯拂逆疆吏与民意,而恋栈贻羞。今与公约,其率丑类迅速下野,以避全国之攻击,三日不能至五日,五日不能至七日,七日不能,是终不肯去也。吾国不乏爱国健儿,窃恐赵家楼之恶剧后演于今日,公将有折足灭顶之凶矣,其勿悔!""斯人不去,国不得安。倘再恋栈贻羞,可谓颜之孔厚,请问今日之国民孰认卖国之内阁。"吴佩孚电中还表示:"如有敢以梁士诒借款及共管铁路为是者,即其人既甘为梁士诒之谋主,即为全国之公敌。凡我国人,当共弃之。为民请命,敢效前驱。"矛头暗指支持梁士诒的奉系,对奉系也构成了挑战与压力。还在发起倒梁运动之初,吴佩孚即密电各地直系将领,请求他们的支持,以形成一定的声势。1月6日,吴佩孚在致苏、赣、鲁、鄂、陕、豫等省督军电中称:"梁阁突然实现,所蓄阴谋甚多,包藏祸心,勾结关外,扰乱长江,设不迎头痛击,则塞上风云,江汉波涛,汹涌而来,后患不堪设想。某因此奋作前驱,首先通电揭示,祈各一致声讨。"故当吴之讨梁通电发表后,直系将领纷纷响应,鄂督萧耀南通电称,吴电"义正词严,切中时弊",自称"识见浅薄,原不敢越分言事,第以兹事关系国权,未便缄默"。齐燮元等通电称:"梁氏入阁以来,种种倒行逆施,至于此极,不第中外大为失望,亦决非全体初料所能及也";"若竟悍然不顾,依然恋栈,则是愿与国民宣战,国民虽愚,亦必力筹相当之对待"。② 一时间,梁士诒成为直系必欲推倒的对象。

吴佩孚与梁士诒之间的电报战,你来我往,一攻一守,成为1922

---

① 中国第二历史档案馆:《中华民国史档案资料汇编》第3辑,政治(一),175页,南京,江苏古籍出版社,1991;凤冈及门弟子:《民国梁燕孙先生年谱》,660、663—664页。
② 中国第二历史档案馆:《中华民国史档案资料汇编》第3辑,政治(一),175—180、187页;《稿本吴孚威(佩孚)上将军年谱》,274—275页。

年初北京政坛的大事。在吴佩孚凌厉的电报攻势下,民意舆论沸腾,吴佩孚则成功地利用民意,将自己塑造为"爱国者",将梁士诒打扮为"卖国者",使梁处于很难为自己辩白的不利地位,倒梁还是保梁也就成了是否"政治正确"的问题,此对于直系以后用以攻奉,并在第一次直奉战争中进行舆论动员亦有相当之益处。1月13日,梁士诒发出"元电",称自己向未主张借日款赎路,并未就此事训令华会代表,将外界攻击称为"流言迭起""误会滋多",指责这些言论"以感情之冲动,供他人之利用,为事实之牺牲,牵动政潮,贻误大局";并表示坚持胶济路即应完全收回,对筹款赎路"誓当破釜沉舟,毁家纾难,力图共济,以绵力所及,尽当担任筹借国内款项三百万元,以资倡始"。① 即便梁士诒如此"慷慨",但其"卖国"形象已成,此电仍然无法挽回其声誉之损失。

吴佩孚对梁士诒大加攻击,使梁的支持者奉系首领张作霖再也坐不住了。对吴攻梁之目的,张作霖亦心知肚明,他特意致电徐世昌,为梁曲加辩解,认为吴佩孚对梁士诒"不加谅解,肆意讥弹";"不问是非,辄加打击";请求徐世昌"主持正论,宣布国人,俾当事者得以从容展布,克竟全功。"② 吴佩孚攻梁的本意即为攻奉,故当张作霖出面为梁辩解后,吴佩孚更是不依不饶,在1月中旬发动新一轮电报战,矛头直指梁士诒,要求其立即下野,以此向梁的后台张作霖施以颜色。1月19日,吴佩孚与苏、赣、鄂、鲁、豫、陕六省督军、省长联名致电徐世昌,称梁士诒"以洪宪罪魁,为国民共弃";"孤行己意,罔恤人言,上负元首知遇之明,下违亿兆希望之切。既犯众怒,即属公敌……应我大总统乾纲独振,立罢梁士诒,以谢天下。"进而又威胁说:"倘贤奸不辨,忠佞莫仲,则佩孚等仰体元首苦衷,俯顺国民公意,万不获已,惟有与内阁断绝关系。"23日,吴佩孚又致电京畿卫戍总司令王怀庆,告其梁氏"非常坚决,万不肯去","我公既掌北门管钥,有拥护元首之责,巩固中枢之任,应速行使职权,以武力强迫梁士诒迅速去职,以安元首而定人心"。可见吴佩孚已下了在不得已时以武力倒梁的决心。同时,吴佩孚还给曹

---

① 中国第二历史档案馆:《中华民国史档案资料汇编》第3辑,政治(一),180页。
② 《奉天保护梁士诒之原电》,见1922年1月14日《民国日报》(上海)。

锟、张绍曾和直系各督军去电,言称倒阁后"阁事听元首主持,惟命是遵",表示自己无意对组阁问题说三道四,以减轻倒阁的阻力。①

在直系吴佩孚倒阁的强大压力下,梁士诒备受攻击,无法再干,上台不过一月,即于1月23日称病请假,离京赴津,由颜惠庆再度代理总理职,但梁士诒也未明确表示辞职,显对奉系支持仍持期望,并为自己复出留有后路。梁士诒黯然而去,使其后台奉系大失颜面,面对吴佩孚咄咄逼人的攻势,张作霖十分恼怒,他不甘就此退让,公开站到前台为梁士诒辩护。1月30日,张作霖公开致电徐世昌,强硬声称:"事必察其有无,情必审其虚实,如果实有其事,即加以严惩,梁阁尚有何辞。倘事为子虚或涉误会,则锻炼周纳,以入人罪,不特有伤钧座之威信,其何以服天下之人心……倘彰纪不明,是非莫辨,国民人心不死,爱国必有其人。作霖疾恶素严,当仁不让,亦必随贤哲之后,为吾民请命也。"张作霖此电既出,表明直奉矛盾已趋于公开化,为了准备与实力强于自己的直系决裂,张作霖开始联络皖系与南方广东政府,酝酿成立奉皖粤三角同盟共同抗直。2月1日,直皖战后皖系仅存的大将、浙督卢永祥发表通电,要求徐世昌"将总理梁士诒经办鲁案、赎路情形,迅饬查明,详为宣布";"若不亟为宣布,则外间不明真相,国人何所适从"。② 此电实际呼应了张作霖的主张,奉皖携手合作以对直的同盟雏形正在形成。

从吴佩孚发动倒梁阁的运动以后,直系对外表示的态度疾言厉色,剑拔弩张,一时间风云四起,大有战端将起之意。但梁士诒有奉系的支持,如何应对张作霖的挑战,对直系亦非轻而易举之事。在直系内部,曹锟的态度一直较为和缓,加上他与张作霖刚结成不久的儿女亲家关系,对奉系不似吴佩孚那般强硬外露、咄咄逼人。吴在发起倒梁运动后,1月9日曾有电告曹,"梁倒填日期之微电已经自认,我方倒梁原为救济外交,外无意见,请强毅镇静。"但曹锟对此态度谨慎,并有电致吴佩孚,吴碍于上下关系,只能复电表示"默体尊指,不为操切"。曹锟毕竟资望高过吴佩孚,而吴对曹也一向表示尊重,曹既主对奉系

---

① 中国第二历史档案馆:《中华民国史档案资料汇编》第3辑,政治(一),189页;《稿本吴孚威(佩孚)上将军年谱》,292页。
② 中国第二历史档案馆:《中华民国史档案资料汇编》第3辑,政治(一),181—182、193页。

留有余地,故吴在对外猛烈攻梁的同时,也在私下里数次向奉系首领表示,请其"勿为外人挑拨,疏通误会";"讨梁原为救国,直奉并无意见,拒听浮言"。1月30日张作霖通电发表后,吴特意致电直系各省督军,要求他们不与张争辩,以免节外生枝。2月初,曹锟在保定召集直系诸将领集议,不赞成与奉系决裂,并面训吴佩孚谨慎行事。3月10日,吴佩孚针对外间"奉直两方将以兵戎相见"之议论,发表通电称:(1)反对梁士诒,"乃反对其举国共愤之媚外政策,非反对其组阁"。(2)"佩孚服从曹巡阅使,为国人所共知,对于张使抱同一之观念,既服从矣,其不能反对也明甚"。(3)"内阁失败,国会得而弹劾之,人民得而攻击之。……此不能以佩孚之反对梁氏,终为奉直间别有问题者也"。(4)"奉直元气也,内阁股肱也。股肱有疾,方欲进药石以救之,讵有自戕元气之理"。(5)"表面虽有奉直之名,内容实无畛域之见";"以上各节均足以证明谣言之不足信,稍有智识之人,当悉为挑拨者另有作用,我奉直当局,亦何至为其所愚耶。"吴电明示和解,实际不过是敷衍曹锟的面子,并非吴之本意,事实上也不能约束吴的行动。就在吴发出拥曹锟、张作霖电前数日,3月7日吴佩孚上呈大总统并通告各省督军,以财政部长张弧在发行"九六公债"中徇私枉法为由,"请明令罢黜,交法庭严追吞款,没收私产",①从而一手导演了其策划的打张倒梁攻奉的"盐余借款大参案"。

直系虽发动猛烈的倒梁攻势,但梁士诒自恃有奉系的支持,虽不到任却拒不辞职,张弧也在被直系攻击后一走了之,司法总长王宠惠和教育总长黄炎培一直未到任,内阁成员残缺不全,无法办事,负责代理的颜惠庆苦不堪言,屡屡求去。徐世昌虽然与奉系和交通系联手驱除了靳云鹏,但他也知道,无论直奉双方谁单独控制了北京中央政权,都对他留在大总统之位不利,而直奉共治对他维持现状最为有利。故徐世昌在吴佩孚发动倒梁后,并未站在梁的一方,而是观察形势发展,决定自己的对策。他本有意请奉系首领张作霖的部属鲍贵卿接任阁揆,并已得曹锟之首肯,不料张却坚持维持梁阁。及至直系非去梁不可之意

---

① 《稿本吴孚威(佩孚)上将军年谱》,279、287、290—291、289、293、304页;中国第二历史档案馆:《中华民国史档案资料汇编》第3辑,政治(一),184—185页。

大明之后，徐世昌已经无法两面讨好，只能是两害相权取其轻，先舍梁以敷衍直系，保住自己的位置。而张作霖也曾致电曹锟，企图以梁士诒为砝码，以吴佩孚辞去直鲁豫巡阅副使作为梁士诒下台的交换条件，当然为吴佩孚所严拒。① 4月8日，徐世昌不管梁士诒是否辞职，径行任命周自齐为署理内阁总理，免去梁士诒的总理职，至此，喧腾经月的梁士诒组阁风潮总算以直系的胜利而暂告结束（周自齐为交通系，徐世昌任其署理阁务，也有敷衍奉系之意）。梁士诒内阁垮台遂了直系的心愿，却被奉系视为莫大的侮辱，张作霖当然不会善罢甘休，直奉关系因此而更加紧张，战争的阴影正在积聚。

吴佩孚敢于发起对梁士诒的攻击，当然知道梁背后依托的奉系势力，他早有准备，不患动武。1922年1月9日，吴佩孚在刚刚发起倒梁运动之初，即在给苏督齐燮元的电报中分析形势，认为张作霖"决不盲动无名之师，再蹈辫帅覆辙"，曹锟"不至为关外（指张作霖）及梁叶（指梁士诒、叶恭绰）所软化"，"川湘感情接近，必不肯甘心为关外与财神作伥"，"粤陈（炯明）已有接洽"，"就事实已表见者，据理辩论，彼亦无可藉口"，"倒阁以救济外交，于元首无涉"，"仅攻击交系阁员，余均维持不动"。有鉴于此，吴佩孚认为倒梁有很大把握。② 不过为防奉系的武力介入，吴佩孚也进行了一定的军事准备，主要是令两湖直军整军备战，以其中一部向北运动，以备应对奉系可能之行动，另有部队监视湘、川动向；对邻近京畿的直鲁豫各战略要地及南北交通大动脉——京汉铁路精心布防，确保万全；新编若干部队，补充缺额，赶造军火枪械，筹集战费。2月23日，吴佩孚在其驻节地洛阳召开直、鲁、豫、苏、鄂、赣、陕、甘八省督军代表会议，一致主张对奉坚持到底，摆出了准备与奉系大干一场的架势。

直皖战后将势力范围伸入关内的奉系，当然不甘心在直系的武力压迫下再退到关外，因此也在积极准备应付直系的挑战。自2月初起，奉系高级将领即连续开会，讨论应战部署，决定令关外奉军向关内运动，关内奉军进行实战演练，同时备粮备饷。由于奉系的军事实力不及

---

① 中国第二历史档案馆：《中华民国史档案资料汇编》第3辑，政治（一），189页。
②《稿本吴孚威（佩孚）上将军年谱》，278—279页。

直系,故张作霖更注意寻求反直同盟军。他一方面与残余的皖系势力联络,得其支持,另一方面向南方广东政府及孙中山示好,探寻与孙合作的可能性。对于正在准备北伐的孙中山而言,首要敌人就是控制了北上交通要道的直系,故他对奉系的试探表示积极。直奉战前,报载孙中山派伍朝枢赴奉天与张作霖磋商,"奉粤皖三系携手,以谋统一,暗中接洽,似已成熟"。孙中山设想粤方"先以兵出湖南,与敌战于长岳,胜利可进据武汉,退亦可与相持于衡阳";奉方则"以大兵,直指京畿,囊括直豫,敌前后受攻,势必无幸"。① 奉、皖、粤"三角同盟"的初步成立,进一步激化了奉直矛盾,对奉系敢于开战也有鼓励作用。但皖系惟余浙督卢永祥较具实力,他和孙中山均因受种种因素牵制,未能如预期发动攻奉与北伐,不能担当对直系南北夹击的任务,应付直系武力的主要责任仍须张作霖承担。如时人所论:张作霖"欲联络孙文、段祺瑞、张勋等,以树吴之敌";"而孙、段等毫不能为一臂之助。奉张骑虎成势,不能不孤军独进,以冀邀幸于万一。而不知其将骄兵疲,不足以致吴氏百战之兵,此又直胜奉败之原因也。"②

直奉矛盾的发展至梁士诒内阁倒台后达到高潮,双方关系已接近破裂边缘。4月3日,吴佩孚以"陕西剿匪事殷"为由,婉拒曹锟令其赴保定相商之电,留在洛阳与以祝寿为由前来的直系将领商讨军事方略。4月9日,关外奉军大举入关,集结于京奉与津浦沿线,后自名为"镇威军",由张作霖自任总司令。奉系自恃兵强马壮、枪精械足,对直系的态度表现强硬。10日,张作霖致电曹锟,提出三项条件:(1)请元首颁令,军人不得干涉中央政治;(2)请责令吴佩孚回两湖巡阅使本任;(3)允许梁士诒、叶恭绰、张弧自动销假回任。对张作霖最后通牒式的要求,即便是本主缓和的曹锟也无法接受,而直系内部此前的和战之争亦因此而消解。13日,吴佩孚致电曹锟,警告"奉军进驻小站、静海、独流,我马厂之二十六师已成包围之势,若不及早准备,必贻噬脐之悔",望曹"速下决心,有备无患"。曹锟外有奉系动武之压迫,内有吴佩孚等主战之动议,至此已无退路,只能决心一战。当日,曹锟在保定召开直

---

① 《东方杂志》19卷第8号,63页;《孙中山全集》第6卷,558—559页。
② 《近代稗海》第5辑,82页。

系高级将领会议,决策"放弃天津,固守保(定)、郑(州),衅不我开,取攻势防御",并授吴佩孚作战指挥全权。① 至此,直奉双方均已完成了军事动员,战争已不可避免。

---

① 《稿本吴孚威(佩孚)上将军年谱》,313、317—320页;《中华民国大事记》,1922年4月10日、13日。

第二节　第一次直奉战争

与北京政府统治时期历次军阀战争相仿,第一次直奉战争实际开战前,直奉双方均以电报战开场,以此指责对方的不道德,并为己方抢占道德制高点。1922年4月19日,张作霖以镇威军总司令名义通电全国,声称"统一无期,则国家永无宁日。障碍不去,则统一终属无期。是以简率师徒,入关屯驻,期以武力为统一之后盾。"21日,吴佩孚等直军将领通电回应,声称"彼以武力为后盾,我以公理为前驱,得道多助,失道寡助。……舆论即为裁判,功罪自有定评。蟊贼不除,永无宁日,为民国保庄严,为华族存人格。凡我袍泽,职责攸在,除暴安良,义无反顾。"25日,吴佩孚等又联名通电,声讨奉系所谓"十大罪状":(1)窥窃神器,障碍统一;(2)举荐帝制祸首,起用复辟罪魁,倒行逆施,危害国体;(3)祸国通外,断送青、胶;(4)招匪为兵,"负罪友邦";(5)垄断政权,破坏法纪;(6)滋扰京师,纵匪殃民;(7)得陇望蜀,黩武逗兵;(8)劫掠饷械,行同盗匪;(9)招亡纳叛;(10)残杀同类。"通电"宣称:"作霖不死,大盗不止。盗阀不去,统一难期";表示:"既负治盗剿匪之责,应尽锄奸除恶之义。爰整义师,奸阙渠魁,以泄公忿,以快人心。"27日张作霖发表回应通电,撇开曹锟不提,专责"吴佩孚者,狡黠成性,殃民祸国,醉心利禄,反复无常。顿衡阳之兵,干法乱纪,致成慎于死,卖友欺心。决金口之堤,直以民命为草芥。截铁路之款,俨同强盗之横行。蔑视外交,则劫夺盐款;不顾国土,则贿卖铜山。逐王使于荆襄,首破坏北洋团体;骗各方之款项,隐鼓动大局风潮。盘踞洛阳,甘作中原之梗;弄兵湘鄂,显为蚕食之谋。迫胁中交两行,掠人民之血本;勒捐武汉商会,竭阎阓之脂膏。涂炭生灵,较闯献为更甚;强梁罪状,比安史而尤浮。惟利是图,无恶不作,实破坏和平之大憝,障碍统一之神奸,天地之所不容,神人之所共怒。"①这些通电多为旧式文人执笔捉刀而成,用些四六骈体式的对仗文字,极尽道德煽动之能事,以博取社会舆论的同情。如果不解实情,只看一方文字,便以为天下美德尽在一方,而天下恶德尽在对方。以道德良善为标榜的电报战,亦可谓北洋时期北京政治的一景。

在直奉开战前夕,还想保住总统之位的徐世昌出而调停,4月25日,徐世昌先是请直奉双方军队各向后退30里,继又提议奉军完全退出关外,吴佩孚回汉口组织巡署,近畿治安及善后诸问题由曹锟完全负责,但根本未得正在准备打仗的直奉双方的响应。次日,徐世昌徒劳无功地命令直奉"各将近日移调军队,凡两方接近地点,一律撤退"。② 但此时直奉战争的炮火已然响起,哪里还会有人理会徐世昌的纸上命令。

第一次直奉战争的直军部署,以京汉线北段为作战中心,下分东、中、西三路,东路司令张国熔,率第26师及第12、13、14混成旅,驻防任丘、大城,负责应付津浦线方向;西路司令王承斌,率第23师、第1、15混成旅,驻防琉璃河、良乡,重点负责京汉线方向;中路司令由吴佩孚自兼,吴既为直军总司令,负责指挥全盘战事,同时率第24师及第3师一部,驻防固安、霸县,位于津浦与京汉线之间,负责照应东、西两路,机动运用;曹锟坐镇保定,镇守后方,往来支援。直军总兵力约10万人,数量少于奉军,为保证作战重点,集中兵力于京汉线方向,以保定为中心,成三角阵形,态势稳固,进退有据,确保防御,再图进攻,体现出吴佩孚的军事素养与指挥谋略。时人论之为:"吴氏之作战计划,在缩短战线,以谋交通便利,兵力集中……或以为吴氏让津浦路于奉军,未免失策,而不知吴氏固以予为取,将以诱其深入也。"③4月25日,吴佩孚自洛阳启程赴保定督战。27日,吴佩孚通告各部:"定二十九日开始运动,已到者准备,未到者速进。"④

---

① 中国第二历史档案馆:《中华民国史档案资料汇编》第3辑,军事(三),62—63、73—75、79—80页。
② 中国第二历史档案馆:《中华民国史档案资料汇编》第3辑,军事(三),76页。
③ 郭剑林主编:《北洋政府简史》(下),947—948页,天津古籍出版社,2000。
④《稿本吴孚威(佩孚)上将军年谱》,338—339页。

奉军总司令张作霖,副总司令孙烈臣,参谋长杨宇霆,总兵力约12万人,其部署东线以京奉、津浦线为中心,总司令张作相,下辖第一梯队张作相部第27师驻防廊坊,第二梯队张学良部第3、4混成旅驻防静海,第三梯队李景林部第7、8旅驻防马厂;张作霖坐镇津东军粮城,指挥一切。西线以京汉线为中心,总司令张景惠,司令部设于长辛店,下辖第一梯队张景惠部第1师,第二梯队邹芬部第16师及第6混成旅,第三梯队郑殿陞部第2、9混成旅,驻于北京南郊长辛店、南苑等地。奉军人数及装备数量与质量均超过直军,但其部署注重进攻,摊子铺得过大,两线作战,兵力分散,中央空虚,易为对手所乘,且深入直军地盘,后方补给线较长,为直军突破留下了易受攻击的软肋,也为作战失利伏下了隐患。"所谓入人之地深,为兵法所忌。况千里运粮,于军不利。"①

直奉两军正式交战前,已有规模不等的接触。4月26日,直军在东路首先发动进攻,与奉军在任丘接战,此后战火扩展到静海、马厂、文安、青县一线。直军初战得手,但旋因奉军李景林部反攻而败退,丢失大城。西路直军则在良乡附近与奉军接战,暂成胶着。29日,直奉两军同时下令发动总攻击,第一次直奉战争的大幕正式拉开。

第一次直奉战争的战场分东、中、西三路,其中西路京汉线战场为直军布防重点,战况最为激烈,对战局进程的影响也最大。4月28日,直军首先进攻西线奉军司令部所在地长辛店,与奉军展开激战,直军一度攻入长辛店,后因奉军来援而退出。29日,奉军与直军激战良乡,两进两出,直军反败为胜,终保住良乡,并进至长辛店。自30日到5月2日,直奉两军集中西线兵力数万人,在长辛店及其附近地区连续展开三日大战,其间炮火之猛烈、战况之激烈为北洋时期军阀内战中之少见,双方反复拉锯,死伤惨重,各折旅长一人,并出动了当时还很少见的飞机助战。奉军炮兵实力明显占优,炮火较为猛烈,"如此滥用炮火,为欧洲战事中所未见"。但吴佩孚的战术运用较为灵活,注重扬长避短,以步兵进行夜战和运动战,既可避开奉军炮火,又因地利而使奉军处于被

---

① 《近代稗海》第4辑,581页。

动地位;奉军骑兵本为其强项,但在狭窄地域用处不大,而且用于正面作战,难免炮火袭击,结果"直将骑兵作成无用之物,与原计划全相违背"。① 同时,直军渊源于北洋系正宗,作战训练、经验与历史均强于多出身于绿营的奉军,并能坚持不懈,从而逐渐掌握了战场主动权。5月4日,吴佩孚亲临前线督战,直军向奉军发动多路进攻,并利用奉军邹芬部第16师原为直系冯国璋旧部的关系,诱迫其降直,致奉军自乱阵线,战场态势开始对直军有利。奉军主帅张景惠此时信心动摇,未能坚持,先是退往丰台,继又脱离指挥,乘车逃往天津。奉军失去统一指挥后,全线溃退,直军连占长辛店、丰台。5日,西路战事以直军获胜而告终。

中路津浦、京汉线之间战场的战斗主要发生在固安,由吴佩孚、王承斌指挥的直军对张作相、许兰洲指挥的奉军。29日大战开始后,直奉双方互有胜负,奉军于29日和5月1日两克固安,但又被直军两度夺回。奉军新锐张学良、郭松龄部加入战斗后,战况愈加激烈,直奉相持不下。为了占得主动地位,直奉双方主将吴佩孚、张作相均亲临前线督战。"奉军对于此路,本抱极大希望,故不惜重大之牺牲,而卒为直军尽力制止,不得逾固安一步。"结果,奉军首先不支败退,5月4日,直军连克永清、杨村、落垡,张作相败逃天津。5日,直军占廊坊,中路战事又以直军获胜告终。②

东路津浦线战场以大城、马厂为重点。战争开始后,奉军初时在东路占有一定优势,29日占大城。30日,直军后续部队开始反攻,与奉军在大城一线展开反复激战,5月1日夺回大城,此后双方争夺的重点移至马厂。3日,"直军忽得中路胜讯,士气大奋,奉军始不支,向唐官屯、静海败退。直军遂克马厂、青县。"4日,直军在西、中两路连续获胜的消息传至,奉军士气大受影响,主帅"张作霖一日夜连闻中、西两路败讯,知大势已去,遂带六车头,运残部万余人,离军粮城奔滦州"。战局发展至此,奉军一路败退,直军胜势已定。直军4日占静海,7日追至前奉军总司令部所在地军粮城。随后,吴佩孚将司令部移至军粮城,下

---

① 辽宁省档案馆编:《奉系军阀密信》,26 页,北京,中华书局,1985。
② 《东方杂志》第 19 卷第 8 号,83 页。

令直军对奉军溃兵"赶速设法收束,解除武装及枪支,发给川资执照,遣送回籍。如有抗拒,不受收束者,应按照土匪,一律痛剿",准备一举消灭奉系入关的军事力量,并摆出进窥东北的态势。①

直系在军事上获得胜利的同时,迫不及待地开始了对奉系的政治清算以及对己方的政治犒赏。5月5日,战争尚在进行中,大总统徐世昌即向直系主动示好,将"此次近畿发生战事"归罪于梁士诒等"构煽酝酿而成,误国殃民,实属罪无可逭",下令将梁士诒、叶恭绰、张弧即行褫职并褫夺勋位勋章,逮交法庭依法讯办(梁等不甘束手就擒,即行离京赴津,7日乘船赴日)。5月8日,曹锟发表通电,故作姿态地宣布,此次战争为张作霖"不惜甘冒不韪,首发大难",而直系获胜则为"由人心公理战胜强权","穷究祸根,皆张使一念,争攘政权所致"。吴佩孚也在对记者发表谈话时要求惩处张作霖,褫夺其职务,并威胁非如此即不回洛阳。曹、吴要求惩罚张作霖的表态,容不得还在直系实力威胁下讨饭吃的大总统徐世昌斟酌犹豫。5月10日,徐世昌发布大总统令,下令裁撤东三省巡阅使、蒙疆经略使职,免去张作霖东三省巡阅使、奉天督军兼省长等本兼各职,听候查办。因为东北当时还是奉系地盘,直系势力实际上无法插足,故徐世昌仍任命奉系人马吴俊陞署奉天督军,袁金铠署省长,冯德麟署黑龙江督军,史纪常署省长。这也是直系企图在奉系中打入楔子,以在政治上淆乱奉系阵线的招数。但张作霖虽然在军事上大败,却仍牢牢控制着东北地境,以吴俊陞等之实力及其与张作霖的关系,当然不会贸然有代张之心,故他们不仅未接受徐世昌的任命,还发表公开通电,以"北庭乱命"称徐之命令,表示概不承认。直系碍于种种原因对东北还无力取之,但对紧邻其大本营的河南则是另一种态度。吴佩孚自洛阳北上后,河南督军赵倜暗通奉系,有独占河南之意。5月5日,在奉军已趋败退的形势下,赵却发表通电,宣布河南"严守中立。凡有加入战争之客军过境,均须一律卸除武装。如或不谅此衷,有意破坏中立者,河南为正当防卫计,自当不畏强权,唯力是视。"②其弟赵杰

---

① 章伯锋、李宗一主编:《北洋军阀》(四),100—104页;中国第二历史档案馆:《中华民国史档案资料汇编》,军事(三),91页。
② 中国第二历史档案馆:《中华民国史档案资料汇编》第3辑,军事(三),95—96、99、738页。

又率部攻击郑州,由此大大激怒了视河南为其后方根据地的吴佩孚。10日,徐世昌在吴佩孚的压力下,下令免去赵倜的河南督军职,听候查办;调陕西督军冯玉祥为河南督军,刘镇华署陕西督军。赵倜本还不愿轻易离职,但在冯玉祥自陕西向东、萧耀南自湖北向北,对河南两路夹攻的军事压力下,被迫于11日通电遵令下台,河南地盘完全落入直系手中。

奉军在直奉战争中全面失利之后,向关外败退的张作霖先是停留在冀东滦州,并于5月12日宣布自主独立,观察形势发展。其后,直军继续压迫奉军,于20日占领滦州,张作霖随即下令奉军完全退至关外,准备利用关内外相对隔绝的地理形势,拥兵自守。5月19日,奉天省议会在张作霖的授意下,宣布响应联省自治口号,在东北实行"闭关自治",推举张作霖为东三省保安总司令兼奉天省长(6月4日改称"东三省自治保安总司令",孙烈臣、吴俊陞为副司令)。26日,张作霖回到老根据地奉天,并向全国发出通电:"宣布东三省一切政事与东三省人民自作主张,并与西南及长江同志各省,取一致行动,拥护法律,扶植自治,铲除强暴,促进统一。"虽然吴佩孚希望利用军事上的胜势直捣奉军关外老巢,直军将领王承斌还请吴佩孚联衔通电讨伐张作霖,但东北毕竟是奉系经营多年的地盘,"张之势力在奉,分毫未减,专制尤烈";且东北为日本经营多年的传统势力范围,日本当时虽对直奉战争保持克制,持中立立场,但也不能容忍与英美关系较密的直系势力伸入东北。日本陆军大臣山梨半造曾明确表示:"万一将来战事之结果乱及日本权利有重大关系之东三省……则军事当局实有相当之考虑。"加之孙中山在南方兴兵北伐,内外形势不容直军再进。吴佩孚遂令前方将领:"莫由海道进攻,因赣事吃紧,前方动作须格外审慎……以时机环境察之,不宜通电申讨,宜相机进行。现当徐(世昌)退黎(元洪)来,如黎果以各方面之敦促入京,前提既定,余可易于解决也。"①因此,直军兵至山海关而不得不停止,与奉军对峙于关内外。

为了解决直奉战争的军事善后问题,在英国教士杨古、美国教士普

---

① 中国第二历史档案馆:《中华民国史档案资料汇编》第3辑,军事(三),88、91、99、106页;来新夏等:《北洋军阀史》下册,719页,天津,南开大学出版社,2000;《稿本吴孚威(佩孚)上将军年谱》,357页。

来德的调停之下,直奉双方代表自 6 月 9 日开始在秦皇岛进行议和交涉。14 日,张作霖致电鲍贵卿,表示:"元首如诚意息战,宜令彼军停止攻击,议定双方撤退办法。弟必勒令前方将士,撤出关外,以听解决。现已严令前方将士,不准进攻。"双方实际达成了不再战的默契。17 日,由王承斌、彭寿莘代表直军,孙烈臣、张学良代表奉军,在秦皇岛附近海面的英国"克尔留"号军舰上签订了停战协定。主要内容为:(1) 直奉两军同意罢兵;(2) 奉军撤离直境,直军亦不得入奉境;(3) 双方军队于 18—20 日之三日内撤离前线,脱离接触,奉军撤完前,直军不得有军事行动。协定签订后,双方划滦州以东、锦州以西为中立区,双方在此驻兵均不得超过一旅。此后,直奉双方如约撤兵,7 月 4 日,直军司令部撤离滦州,次日京奉路恢复通车,直奉战事终告结束。① 此后,张作霖在东北划疆"自治",埋头练兵。7 月 25 日,他宣布东三省的财政收入全部归三省所有,作为军政费用,不受任何方面的干涉,亦不接受北京政府的命令。8 月 31 日,东三省议会联合会拟定联省保安规约,主要内容是:东三省联合为自治区,自治权由三省"人民"共主之,人民权利义务遵照旧约法,实行军民分治,省长由省议会选举;共同立法由三省议会联合会行之。② 对张作霖如此独立之举,北京政府亦无可奈何,只能听之任之。

　　与北洋军阀掌权时期的几次大战相似,第一次直奉战争在战前经过较长时间的政治较量与酝酿,但实际的军事作战时间并不长,动员程度也不高,牵涉军力、人力与地域亦有限,军事作战的烈度较直皖战争为高,但与战前双方的政治高调并不十分匹配,战争善后及对失败者的处置也无非是走过场的形式。时人所论:"此次奉直之战,当其发动时,风波激荡,全国震撼,勿论两方遣将调兵,汲汲不遑,即关系各省之互相牵动,举国人民之奔走惶骇,亦大有不可终日之势。及既接战,以两方筹备之久,酝酿之深,大兵接触,亘数日而胜负难分。吾人观其初战斗之猛,死亡之众,大将之在前敌者,频以死伤闻,而后方之调遣,尤汲汲不遑,方以为此次战事,其始既如是其可惊,其后必将有如何震天动地

---

① 中国第二历史档案馆:《中华民国史档案资料汇编》第 3 辑,军事(三),118—119 页。
②《中华民国大事记》,1922 年 7 月 25 日、8 月 31 日。

之事,以更令吾人惊骇不置者。而不谓数日之间,胜负立判,奉军仓皇溃退,大有不可收拾之势。"①这也反映出北洋时期的某种军事政治特质。

民国年间,中国仍处于向现代化转型的艰难过程中,经济落后,交通不便,社会组织、社会参与和民众动员程度均不高,不足以支撑大规模、长时间的现代战争。战争本来是基于各种利益之上的政治矛盾对抗的激烈化结果,而北洋军阀各派之间系出同门,虽有利益之争,却无本质的政治分野,互相之间并非完全是你死我活的关系,而且在组织架构上间有重合,各级将领互有联系,所谓你中有我,我中有你,无论谁胜谁负,胜利者都不太可能对失败者痛下狠手,其政治上的清算也多为点到即止。再加上各派实力大体平衡,掌握的政治军事资源均有其限度,内外关系又错综复杂,互相牵制,即便一派控制了中央政权,多半也无非是挟天子以令诸侯,不可能形成高度集中、统一有效的中央权力,控制中央的表面意义大于实际意义。第一次直奉战争也反映出上述各方面的特点。战争的结果,在军事上,直系获胜,力量发展至鼎盛期,但势力扩张的结果,也隐伏着力量分散、矛盾复杂、恃骄而衰的结局;奉系失败,但主力、地盘犹存,并未伤筋动骨,仍存励精图治、卷土重来的可能。在政治上,直系此后控制了北京中央政府,到处伸手,扩张地盘,获取利益,但也由此成为其他各派力量的"公敌",反处孤立之境;奉系失去了对北京中央政权曾有之影响力,全国性政治地位大为下降,但也由此促成了奉、皖、粤三角同盟的加速形成,政治上反而处于可以联络各方之主动地位。而且东北特殊的、与关内相对封闭的地理环境,较为丰富的物质资源,相对发达的现代经济与交通,以及日本与奉系较为紧密的利益关系,都有利于此次战争失败后张作霖与奉系在东北疗养战争创伤,恢复元气,整军经武,为再起创造条件。因此,第一次直奉战争之后,直奉双方仍然维持着一定的力量平衡,奉系暂避直系锋芒,而直系亦不能将奉系置于死地。直奉战后的国内政局重心,由原先直奉矛盾转为直系为控制北京中央政府而引发的各种内外矛盾。

---

① 《东方杂志》,第19卷第8号,88页。

第三节　黎元洪复职与"法统重光"

直奉战后，直系一时间成为中国实力最强的军阀派系，以南北交通动脉京汉、津浦铁路和东西交通动脉陇海铁路为依托，控制了从北到南10个以上的省份，并实际操纵着北京政权。这极大地刺激了直系各色人等的政治欲和权力欲，直系领袖曹锟做上了总统梦，也想过一把总统瘾；直系灵魂人物吴佩孚则膨胀着统一全国的野心，企图以此而"青史留名"；其他围绕着曹、吴两人的政客、军人，出于各自的利益考量，各有打算，或拥曹或拥吴，谋名逐利，在北京政坛的浑水中搅和。不过在直系战胜奉系之初，对直系而言，最迫切的问题是如何进行政治善后，解决法统问题，争取全国舆论，获取合法资源，从而为独占北京中央政权打下基础。

奉系失败后，仍在大总统任上的徐世昌因其拥皖亲奉倾向而为直系所不能容忍，推倒徐世昌、改造北京政府是直系的既定方针，但如何名正言顺地做到这一点，既要让徐世昌走人，以泄对徐之恨，并利直系扩张势力之私，又要"合理合法"，以避舆论指责，引起他方反弹，直系上层颇费思量。恢复民国6年被"非法"解散的国会、赶走徐世昌的谋划，因此而浮出水面，因为恢复了"旧"国会（民国2年召开的国会即第一届国会，亦称"民二国会"），则由"新"国会（民国7年召开的国会即第二届国会，亦称"民七国会"）选出的大总统徐世昌之合法性自然失去，而一向不承认"新"国会合法性之南方广东政府，也将失去护法的合理性，如此承续民国法统，可谓一箭而双雕。这种设想最早源出于一帮既不甘心失去政治地位、又不愿附和南方非常国会的旧国会议员。1921年12

月,旅京旧国会议员发表宣言,提出了恢复民国6年国会、完成宪法、促进自治的主张。①旧国会众院议长吴景濂在脱离南方回到北方后,先是于直奉战前去东北劝说张作霖支持恢复旧国会,接着在直奉战后向吴佩孚游说其主张,引起了吴佩孚的重视。吴既有政治野心与"统一"梦想,又不时表现出讲求"道德"和"法统",故倾向于以恢复旧国会作为直奉战后解决政治善后诸问题之枢纽。

1922年5月10日,还在直奉战争余波未了之际,曹锟、吴佩孚即召集直系高级将领在保定开会,商讨如何进行政治善后的问题,旧国会两院议长吴景濂、王家襄也应邀出席。一些急于通过拥戴曹锟而得宠幸进的直系军人、政客,提出立即赶走徐世昌,拥曹锟为总统的主张。但吴佩孚及其支持者则主张以恢复旧国会作为过渡,使曹锟的总统经由国会选举合法产生。参加会议的吴景濂对总统由谁担任并不介意,他向吴佩孚表白:"君等握实权有实力者之意见为如何便如何"。他最关心的是恢复旧国会,以获得自己的利益,为此,他向吴佩孚进言:"中国数年糜乱,皆由法律无效所致,予等在南方护法,即为此点。故法律问题若能解决,则徐氏之地位系非法选出,自然迎刃而解。故今日办法,仍要在北方树护法之旗帜。要知揭出护法旗帜,不但数年护法问题可以解决,则公等与曹巡阅使所处之困难,亦可解决。"他还就进行步骤献计说:"既以揭出护法旗帜为然,予拟在天津先假直隶议会会场及会址,设立第一届国会筹备处,由予通电全国,号召第一届国会议员来津,并将筹办情况由予密电西南护法团体,使之响应……公等接吾电报,请联合直系各省军民人员复电响应,并就予之通电再为通电全国,令北京军警对徐不加保护,请其即日出都。"②吴景濂的提议颇获主张循"法律途径"行事的吴佩孚之欣赏,在吴佩孚的坚持下,曹锟也同意先恢复旧国会、赶走徐世昌,作为政治善后的第一步。至于请出黎元洪复职,最初并未在直系首领的计划中,但赶走徐世昌之后,政府总须有人代表,而既然恢复了旧国会,则旧总统的复职似也顺理成章,直系于是作个顺水人情,请出黎元洪复职,本意不过当其为可上可下可操纵之傀儡。哪

---

① 谢振民编著:《中华民国立法史》,上册,156页。
② 《吴景濂口述自传辑要》,见《天津文史资料选辑》第42辑。

知黎元洪不识相,假戏真做,于是又有了一年后驱黎之一幕,初非直系扶黎复职时始料所及。

直系高层决策先恢复旧国会之后,其实行步骤即如紧锣密鼓,着着进行。第一步当然是制造舆论,这是军阀们拥枪杆子而造舆论的拿手好戏。吴佩孚令其政务处长白坚武为孙传芳代拟电稿,由其打头炮,孙传芳时任长江上游总司令,在直系将领中排名并不靠前,忽有如此"立功"机会,岂能轻易错过。5月15日,孙传芳率部下联名发表通电称:"巩固民国,宜先统一。南北统一之破裂,既以法律问题为厉阶,统一之归束,即当以恢复法统为捷径。应请黎黄陂(元洪)复位,召集六年旧国会,速制宪典,共选副座。非常政府,原由护法而兴,法统既复,异帜可消,倘有扰乱之徒,即在共弃之列。"孙传芳的通电不仅提出了恢复旧国会,而且提出请黎元洪复位,立即引起全国舆论的关注。随后吴佩孚对北京新闻界称:"恢复旧国会及国事会议各问题,现正征求意见,应以多数人心向背为从违,不作成见。"实际是对外放风。19日,曹锟、吴佩孚领衔与直系将领联名发表通电,声称:"近来国内人士有倡恢复六年国会者,有倡召集新新国会者,有倡国民会议,协同制宪,联省自治者,究以何者为宜,特于本日通电各处,征求民意,以为处理善后参考。"此电既出,直系各督及不少政界名流,如梁启超、熊希龄、汪大燮、孙宝琦、钱能训、王宠惠、谷钟秀、张耀曾等纷纷通电响应,给曹、吴的主张抹上了民意色彩。与此相呼应,吴景濂、王家襄等如约到天津,筹备第一届国会复会工作。5月24日,旧国会部分议员(其中一部分是未参加南下护法者,一部分是从广州非常国会脱离北来者)在天津召开第一届国会筹备会,讨论复会工作,决定选派委员到上海、广州等地,招揽议员回京,并对外发出通电,声明第一届国会将于6月10日依法自行集会。5月28日,曹锟、吴佩孚联名电复国会筹备会,表示赞成恢复国会,支持议员自行复会之举。为了促成南方议员的北上,吴佩孚还于6月7日致电交通部,令其对"旧国会议员北上一律免票,以示尊崇"。①

有了恢复旧国会与请黎元洪复职的舆论铺垫,直系驱赶徐世昌下

---

① 《白坚武日记》,1922年5月14日;《稿本吴孚威(佩孚)上将军年谱》,353、360页;《东方杂志》第19卷第12号,144页。

台的活动也就顺理而成章。5月27日,吴佩孚致电徐世昌,告以解决时局的办法可分"常局"与"创局",常局即恢复第一届国会,创局即召开各省代表国是会议。常局利多弊少,即有法理依据,手续便利,利于促成与南方的统一;创局虽可推陈出新,但无法理依据,不易达成一致,时间延续过长,故决定取常局而不取创局。电称现已有十余省份复电主张恢复旧国会,一俟复电到齐,当呈请中央积极主张。①此电实际是暗示徐世昌准备下台。次日,孙传芳再度挑头致电徐世昌,明白提出请其下台的要求,谓"旧会召集,新会无凭,连带问题,同时失效",望徐"体天之德,视民如伤,敝屣尊荣,及时引退"。随后,苏督齐燮元也通电呼应孙之主张。②徐世昌本为北洋元老,但毕竟是文人而非武人,没有实力的支撑,自出任大总统后,周旋于北洋各派系军人之间已属不易,而又因拥皖亲奉为直系所忌恨,在直系武人的嚣张面前,自知无力抗衡。吴佩孚、孙传芳等人电发后,徐久居北京官场,自然明白个中奥妙,5月31日即发出通电,称吴、孙等电"忠言快论,实获我心",表白"一有合宜办法,便即束身而退,决不希恋"。③当然,徐世昌并非愿意痛快离职,他还贪恋大总统的名衔,企图继续干下去,他曾以所谓"新新国会"的问题作为拖延之计。1920年直皖战后,皖系操办的第二届国会(安福国会)被迫闭会,徐世昌曾下令依民国元年选举法进行新一届国会议员选举,筹备召开所谓第三届国会。但因各方意见不一,自1920年秋到直奉战前,选举完成的省份亦不过三分之一,南方省份抵制此次选举自不待言,即便是直系内部对此亦有争议,直隶省即未进行选举。直奉战后,直系打出恢复"法统"的旗号,所谓第三届国会(即"新新国会")已经选出的议员不甘寂寞,发表通电提出,"本届国会,系从旧法改选,在政府既足以维持法统,尊重民权,而被选者亦极自由,绝无党派官厅之操纵",因此主张未选各省从速完成选举,召开新一届国会,解决法统问题。他们还讽刺旧国会议员说:"议员不过人民之代表,断未有十年以

---

① 赵恒惕等:《吴佩孚先生集·传记》,421页,台北,文海出版社有限公司,1972。
② 《东方杂志》第19卷第12号,55页。
③ 《东方杂志》第19卷第12号,55—56页。

前之选举,代表十年以后之人民。"①但他们势单力薄,没有实力后台,也没有可为直系利用的意义,故其呼吁毫无反响,徐世昌也不可能依靠他们摆脱下台命运。

直系为使徐世昌尽快走人,采取了双管齐下之法。一方面,6月1日由吴景濂、王家襄等领衔旧国会议员发表宣言,责"徐世昌窃位数年,祸国殃民,障碍统一,不忠共和,黩货营私,种种罪恶,举国痛心",声明民国6年解散参、众两院的命令无效,徐之总统纯属非法选举,应即宣告无效;自6月1日起第一届国会恢复,完全行使职权。这就在名义上剥夺了徐世昌再任的"法理"依据。另一方面,吴佩孚也于当日致电在北京的直系干将、交通总长高恩洪,要他"再进府密陈,速下决心,免风气云发,更难收也",实为对徐再行威胁。2日,吴佩孚的驻京代表钱少卿数次致电徐世昌,语气强硬地质问他何时离开北京。中午,徐世昌设宴迎接刚刚回国的驻英公使顾维钧,席间又接到吴佩孚迎黎复职电。至此,徐世昌亦知总统之位不保,北京无法再留,但这位老谋深算的北洋老官僚接电后不露声色,当午宴结束时却突然当众以"衰病"为由宣布辞职,并令"依法由国务院摄行职务",然后即乘火车离京赴津,结束了三年多的大总统生涯。由周自齐领衔的北京政府不敢怠慢直系,随即电致吴景濂与王家襄,称"遭逢世变,权领部曹,谨举此权,奉还国会,用尊法统,暂以国民资格维持一切,听候接收"。而曹锟与吴佩孚也就堂而皇之地令京畿卫戍总司令王怀庆,对北京秩序"务望督饬地方军警极力维持,保安大局"。②

徐世昌下台后,直系将领曹锟、吴佩孚等纷纷发出通电,以"国家不可无主,大位不可久悬"为由,"恭请"黎元洪复职,"以公意为进退,法所当然"。吴佩孚不仅"屡电黎黄陂,早定中枢,以巩国基",而且"通告各省督军,电促黎黄陂复位"。③ 于是,直系治下各省纷发劝进通电,半壁

---

① 顾敦鍒:《中国议会史》,299页,台中,东海大学,1962;王景濂、唐乃霈:《中华民国法统递嬗史》,109页,无锡,1922。
② 中国第二历史档案馆:《中华民国史档案资料汇编》第3辑,政治(二),1368页;吴宗慈:《中华民国宪法史》后编,2页,上海,东方印刷局,1924;《东方杂志》第19卷第12号,56—58页。
③ 中国第二历史档案馆:《中华民国史档案资料汇编》第3辑,政治(二),1369页;吴宗慈:《中华民国宪法史》后编,6页;《稿本吴孚威(佩孚)上将军年谱》,359页。

江山处处高唱迎黎之声,大有黎不出山,如苍生何之势。本依附于黎元洪左右的幕僚哈汉章、金永炎等也颇为兴奋,极力劝黎出山,希图攀龙附凤;国会两院议长同往黎宅"敦请",北京政府代表高恩洪专程赴津"迎迓"。一时间,"劝驾之代表往来不绝于路",各方名流政要云集天津,使得因张勋政变下台后在天津蛰居多年、受人冷落的前大总统黎元洪一时间似乎成了民国政坛众望所归的中心人物。黎元洪在内心里当然自鸣得意,而对外则表示出清高之态,一方面称"国家未能统一,不敢冒昧出任";另一方面又说"既各方面迫于救国热忱,力促余复出任职,余岂能再事高蹈,亦只得牺牲个人之前途"。但是,为了表示他非为个人利禄权位而出山,也为了在军阀强势下获得一定的活动空间,黎元洪故作姿态,提出以实现"统一""废督裁兵""整理财政"作为复职条件,其中尤以废督裁兵为中心,并声称"非俟曹、吴、国会切实依我条件,决不就职"。6月6日,黎元洪正式发表废督裁兵通电称:

  今日国家危亡,已迫眉睫,非即行废督,无以图存。若犹观望徘徊,国民以生死所关,亦必起而自救。恐督军身受之祸,将不忍言。为大局求解决,为个人策安全,莫甚于此。

  督军诸公,如果力求统一,即请俯听刍言,立释兵柄,上至巡阅,下至护军,皆克日解职,待元洪于都门之下,共筹国是。微特变形易貌之总司令不能存留,即欲划分军区扩大疆域,变形易貌之巡阅使尤当杜绝。国会及地方团体,如必欲敦促元洪,亦请先以诚恳之心为民请命,劝告各督,先令实行。果能各省一致,迅行结束,通告国人,元洪当不避艰险,不计期间,从督军之后,慨然入都。①

  废督裁兵就是削弱军阀专权,裁减庞大武力,是多年来社会各界和舆论的普遍要求,黎元洪此举确也得到社会各界的热烈反响与呼应,但使武装在手、拥兵自据的直系军阀颇为恼怒,只是碍于解决法统问题、迎黎复职的声势已经造成,直系军阀不便立即发作,而是在7日由曹

---

① 中国第二历史档案馆:《中华民国史档案资料汇编》第3辑,政治(二),1370页;《东方杂志》第19卷第12号,58—59、61—63页。

锟、吴佩孚联名发表通电,允早日实行废督以为各省倡。有了曹、吴的上述表示,黎元洪也就有了复出的借口,他不再扭捏作态,于6月10日连发两电,一称曹、吴之表示"体国公忠,立志坚决,天心悔祸,元气昭苏。元洪忧患余生,得闻福音";于此"群龙无首,京辅荡摇,再任悬延,或生剧变"之时,定次日"先行入都,暂行大总统职权,维持秩序";一称其入都不过暂行总统职权,其他法律问题,俟国会恢复后听候解决。①

1922年6月11日,黎元洪自天津到达北京,中午在中南海怀仁堂举行大总统复职典礼。他在复职演说中称:"出京五载,国家元气斲丧如是;此来因各方敦迫,不得已暂行大总统职权,借以维持国际上之地位,其余各事,静待国人解决。"其后,他宣布撤销民国6年解散国会的命令,任命颜惠庆署理国务总理。为了消弭所谓南北分裂局面,实现和平统一,黎本意想组织南北"混合内阁"(他任命谭延闿为颜阁内务总长,黄炎培为教育总长即有此意),并由南方政府的伍廷芳出任内阁总理。故颜惠庆在任职后对外通电称,"在伍公首途以前,阁席未便虚悬",自己不过"暂行承乏,维持现状。并经一面电促伍公早日莅驾,借惬殷望"。②但因黎之复职不为南方广东政府所承认,谭延闿率先表示不能悖护法立场而就北京政府职,伍廷芳也于6月20日发表通电,拒绝出任内阁总理,并称黎之复职"缺乏法律依据,不敢轻易苟同"。所谓南北"混合内阁"的设想未能实现。

旧国会复会,黎元洪复职,民国政治似乎重回民初轨道,那些从来以枪杆子为后盾、视法治为儿戏、对政治颐指气使的直系军阀们却发出一片对"法统重光"的欢呼声,真是滑天下之大稽。但是,不在直系控制下的省份与南方政府对此却有不同态度。徐世昌下台后,皖系浙江督军卢永祥于6月3日率先发出通电,反对黎元洪复职。他提出:"大总统对内为国民公仆,对外为政府代表,决不能因少数爱憎为进退,亦不容以个人便利卸责任";"盖既主张法统,则宜持有统系之法律见解,断不容随感情为选择,二三武人议论,固不足变更法律,二三议员之通电,

---

① 《东方杂志》第19卷第12号,72—73页。
② 《东方杂志》第19卷第12号,73页;中国第二历史档案馆:《中华民国史档案资料汇编》第3辑,政治(一),203页。

更不足代表国会"。他认为黎元洪当年下台时所余一年又三个月的总统任期,已由冯国璋代理期满,黎"在法律上成为公民,早已无任可复",则"黄陂复位之说,适陷于非法",进而声称:"当视力之所及,以尽国民自卫之天职,决不忍坐视四万万人民共有之国家,作少数人之孤注也。"接着,同属皖系的淞沪护军使何丰林于7日发表通电,主张以第一届国会从速制宪,"一俟宪法告成,再行依照宪法规定,召集国会,选举总统";如此,则徐世昌"法律上之地位,固仍然存在,在未经依据宪法改选总统以前,应仍由现政府维持现状,以免纷更"。以徐世昌和皖系的关系,他们有此论并不意外,但此时皖系的实力远不能与直系相比,卢永祥等也不过表示其态度,而无力采取实际行动。及至黎元洪复职成为事实,卢永祥又在6月13日致电表示祝贺,曲以应付,但他只承认黎为"事实上之总统,而非法律上之总统",声称黎为"先行入都,暂行大总统职权,元首地位待诸国会解决"。至于奉系的态度,因其军事失败,自知暂时无力干涉北京政治,而求保有其东三省地盘,故对此敷衍了事,态度模糊。6月3日,东三省议会发出通电,表示将"本自决之精神,谋统一之实现"。黎元洪复职后,东三省商工联合会于20日发表通电,表示赞成统一,但同时又声称东三省"伏莽未靖,而沿边防务地方堪虞……非有重兵,不足以资保卫,东三省原有军队,一时断难遽裁,绝非废督裁兵四字,空言漫能解决"。此后,奉系在东北埋头练兵,整军经武,以图再起,对北京政治态度中立,轻易不表示态度。西南各省对黎元洪复职都"表示静默,以待时变"。①

对黎元洪复职表示坚决反对者,只有广东非常政府与非常国会。因为非常政府与非常国会直接与北京政府对立,如承认黎元洪复职、旧国会复会为恢复法统,则势须撤销己方政府与国会,犹如自废武功,不说孙中山等坚持理想的革命党人不同意,即便是非常政府与国会的不少成员,出于个人利益的考量,也不会同意。因此,当旧国会复会、黎元洪复职酝酿之初,国民党内即有人认为:"北方现在拟恢复之旧国会,多为广州非常国会已经除名之议员所主动,且内幕中不免有为军阀利用

---

① 《中华民国史事纪要》,1922年6月3日、7日、13日、20日;《东方杂志》第19卷第12号,69页。

之嫌疑,故当以现在广州之非常国会为合法国会,而不宜别有所恢复;且黎元洪为六年六月十二日下令解散国会之应负责者,而其任期已由冯国璋完全代满,在法律事实两方面皆无复职之可能。"旧国会宣布于6月1日复会后,广州非常国会于3日召集全体会议,对所谓恢复法统的主张表示反对,并通电中外,否认续开民国6年国会的合法性,声明中华民国合法大总统及合法国会均在广州,法统当由广州国会继承。为了剥夺黎元洪复职的法理依据与道德正当性,6月6日,非常国会通电宣布黎元洪的三大罪状:(1)毁法。"六年六月十二日竟下令解散国会,遂启南北连年战争"。(2)叛国。"黎氏徇张勋之请,将中华民国统治权交付宣统,签字盖印,首先称臣"。(3)辱国。"宣统复辟则中华民国既倾覆,元首有殉社稷之义,黎氏竟逃往日使馆躲避,受庇外人,污辱国体,莫此为甚。"①

但正当此时,6月中下旬,忽发生陈炯明炮击广州总统府、驱逐孙中山的事件。孙中山被迫离开广州后,广东的政治环境发生变化,非常国会议员在广州感受陈炯明之威胁,不安于位,大部分人出走上海。到沪后,由于形势的变化,他们的政治态度也发生分化,一部分人认为:旧国会恢复是护法的成果,应该参加,但出席者当为参加过护法运动的议员,并应在上海集会。这反映了接近孙中山的部分议员的意见。另一部分人则认为:旧国会既已恢复,自应赴京参会,至于参加者的资格问题,只能在赴京参会后讨论。这反映了希望保持议员身份以维护其个人利益的部分议员的意见。此后,两种意见未能达成一致,留沪议员与赴京议员各行其是,非常国会无形解体,对黎元洪复职的反对声浪自然消沉。

无论外界的赞成还是反对,黎元洪在直系支持其复职之初,还是企图有所作为,其间他最为坚持的,应为废督裁兵的主张。军阀混战、武力交兵,是民国政治动荡的主要原因,也是民众生活困苦的重要因素,废督裁兵的主张迎合了社会需要,也得到各地民众团体和舆论的积极响应。当黎元洪上台之初,各地民间团体纷纷举行集会,发表通电声明,要求废督裁兵,永远废除军阀干政的基础,舒缓民众养兵并为兵所

---

① 《东方杂志》第19卷第12号,64页;《中华民国大事记》,1922年6月3日、6日。

乱的痛苦。黎元洪以废督裁兵为其主要政治诉求,希望以此不仅获得社会各界的支持,也为自己在直系武力威胁下当政寻求缓冲。但是,废督裁兵却完全有悖于军阀的利益,武力是军阀得以拥兵自重的根本,而且从上至下,从大到小形成环环相扣的利益。面对社会各界的要求,军阀的利益是一致的。面对他系军阀的裁兵主张,本系军阀的利益也是一致的;总而言之,"督"的名义可废,而兵的实质万万不可裁,由此注定了废督裁兵的主张之不能实现。

当黎元洪提出废督裁兵主张之初,曹锟、吴佩孚为笼络人心,在口头上表示了一定程度的支持。6月15日,曹、吴在保定召开的直系将领会议上,呼应废督裁兵的主张,提出在全国"废督",另行设置若干军区以掌兵的方案。7月6日,吴佩孚又在致北京政府电中提出了裁兵的具体办法,建议大省置二师,中省置一师一旅,小省置一师,全国共置四十师,余悉裁撤。不过,吴佩孚提出这样的主张,主要是为了裁别人的兵,而不准备裁自己的兵,因为当时"北方各省且有添招新兵之事"是众所周知的。曹锟则直截了当地告诉黎元洪:"督可废,而兵不可裁",理由是"粤军北伐,侵入江西,节节进攻","此时万一裁兵,殊无以抵御南军";"且各省土匪横行","现有军队,尚难收肃清之效,如于此时裁兵,恐成匪国";"故裁兵必须推迟进行"。① 直系既如此,刚刚在战争中失败的奉系更是如此,不仅不能裁兵,而且要大张旗鼓地扩军,以备来日再战。其他大小军阀的反应亦可想而知。

裁兵既不可行,废除督军的名义倒是有了"成效"。6月15日,黎元洪下令免去江西督军陈光远本兼各职(因陈当时在江西的地位已不保),其后任命曹锟保荐的援赣军总司令蔡成勋为"督理江西军务善后事宜"。27日,吴佩孚致电陆军部,提出"废督之制甚急,各省宜改以督理全省军务名义为宜"。从此以后,换汤不换药的"督理"名义便代替了已经声名狼藉的"督军"名义。黎元洪还想以省长取代督军,以压抑军权,张扬政权。他上台后曾先后任命高凌霨为直隶省长,张绍曾为陕西省长,张其锽为广西省长,王永江为奉天省长,汤芗铭为湖北省长,王瑚

---

① 《中华民国大事记》,1922年6月15日、7月6日;1922年6月19日《大公报》。

为山东省长,韩国钧为江苏省长等。但他的做法首先就遭到直系的反对。6月23日,吴佩孚致电国务院,警告"南北尚未统一,封疆大吏,不宜大肆更张,恐生反动"。8月1日,吴又通过陆军次长金永炎转交黎元洪电,认为:"督军一制,在今后万无存在之理,南北统一之后,军制军区如何兴革划分,应由中央召集全国军事会议,讨论实行。现在新旧交替,各省军队复杂,治安所托,省长往往不能负责。如裁撤督军省份,似宜有督练或督理字样,以维现状。"①所以,黎元洪的做法根本行不通,上述经他委派的省长,除了直隶和江苏两省以外,其他省长均未能或未敢到任。与此同时,不在直系控制下的浙、湘、滇、黔、川等省则附和了黎元洪的废督主张,并与联省自治运动相结合,以废督而强调自治。6月15日,浙江督军卢永祥宣布改称"军务善后督办",20日宣布"善后纲要":浙江省境内不受任何方面非法干犯;所部各军防地,暂仍其旧;省内各行政机关均仍其旧;裁兵事宜关系重大,俟合法政府成立,全国裁兵计划确定,即时实行;各军饷项及关于军事各项经费,仍在国税项内开支。②可见卢永祥的废督根本不影响其实际权力。8月1日唐继尧出任云南省长,废除靖国军司令名义;12日,袁祖铭出任贵州省长,取消黔军总司令名义;10月1日,赵恒惕被湖南省议会推举为省长,取消总司令名义;12月2日,四川刘成勋废除总司令名义,改称临时省长。但这些名义的改动无非是名改而实不改,控制各省实际权力的仍是没有"司令"名义的军阀"省长"。总之,经过一番大张旗鼓的宣传发动,黎元洪的废督裁兵主张仍然是雷声大雨点小,最后不了了之。

国会方面,8月1日,经历了解散、复会、再解散、再复会的第一届国会,在北京正式复会,由吴景濂担任众议院议长,张伯烈为副议长,王家襄担任参议院议长,王正廷为副议长。国会复会后,首先在"民六(民国6年国会)"还是"民八(民国8年国会)"议员何为正统问题上争执不休。1918年7月12日和8月12日,南下广州护法的非常国会议员决议,将留在北京不愿参加护法的109名参议员、216名众议员共325名议员予以解职,其后另行增补若干议员,使广州国会的参议员人数达到

① 《稿本吴孚威(佩孚)上将军年谱》,363、369页。
② 《中华民国史事纪要》,1922年6月15日、20日。

212人,众议员人数达到310人,是为"民八"议员。他们认为,黎元洪在1917年下令解散国会是非法的,南下议员在广州为护法而召开非常国会,是为维护法统,主持正义,且合乎法律;当时部分议员因故或不愿南下护法而被非常国会解职另补,亦为根据法律进行;现在国会恢复,"民八"增补的议员当然有资格出席会议,而"民六"议员中被解职者则没有资格出席。"民八"在京议员成立了"法统维持会",并得到了孙中山的支持,向国会争权利。北京的"民六"国会议员则坚持,他们被广州非常国会开除没有法律依据,新增补的议员各项手续不完备,故"民八"增补议员没有资格出席国会。① 国会复会后的参议院议长王家襄就是当年被广州非常国会除名者,他与吴景濂都坚持"民八"议员不能参会的主张。一方要求参会,一方不让参会,双方剑拔弩张,尖锐对立,甚至动手动脚,发生肢体冲突,以致国会复会后根本无法正常工作。为了防止"民八"增补议员入场滋事,吴景濂等对国会会议采取了严密的保安措施,开会时两院会场均须戒严,议员凭证章入内,但仍无法避免参加过护法的非常国会议员的发难。10月11日,在有黎元洪及北京政府全体总长出席的国会第三届会议开幕典礼上,两派议员又发生激烈争执,护法议员干脆直接质问黎元洪:当年非法解散国会,何以不负责任,今日以何资格出席国会。黎元洪处境尴尬,会场里只好以"鼓奏军乐,以乱质问之声"。不少议员被便衣"如捕罪犯,挟出院外,委弃于城根马路,肆意挤压"。② 为了避免事态进一步闹大,影响国会的正常运作,吴景濂遂向黎元洪建议,设立"政治善后讨论会",以此安置"民八"议员。10月28日,政治善后讨论会正式成立,黎元洪任命王宠惠担任会长。有了此等安置,多数"民八"议员即不再坚持与国会相抗,"民六"与"民八"议员的对峙渐趋缓和。

纯就法理意义而言,"民六"或"民八"议员合法与非法之争各有其理由,但在实际上,其时合法与非法的争执更多的是政治斗争的需要与维护个人私利之口实,并不具有其本来意义。旧国会复会后,国会议员历经多年的政治动荡与分化组合,过往之党派特性更趋模糊不清,各种

---

① 谢振民编著:《中华民国立法史》上册,134、160 页。
② 《中华民国史事纪要》,1922 年 10 月 11 日。

团体派系既有政治主张接近者,多半则为维护其团体派系乃至个人利益者,他们对于制宪、组阁等事项各有主张,并为此而纵横捭阖,演出了一幕幕政治剧,只是场外的观众对此早已失去了观看的耐心,更不必提军阀只不过将他们当做民意的工具。作为西方民主制度支柱之一的国会制度在民初引进中国之后并无坚实可靠的政治基础,在军阀枪杆子的压迫与操纵下,从来就没有产生过其应有之地位与作用。所谓易橘为枳,此时的国会制度正在走入死胡同,空余那些议员们还在台上表演其无用功。

第四节　直系当政与北京政局

第一次直奉战争之后,直系独大,实际控制着北京中央政权,北京政局也因黎元洪之复职一时似又复上正轨,但其内里之矛盾与冲突却一日不复停止。不但旧有的中央与地方、南与北、北洋军阀内部各派系间的矛盾依旧,而且新的矛盾还在不断产生,尤其是直系内部保定派、洛阳派的矛盾,成为影响此时北京政治的主要因素。

直系虽为北洋军阀三大派系之一,但在其形成过程中,一直有南(苏、鄂、赣)北(曹锟、吴佩孚)之别,其首领冯国璋较为低调且又早逝,内部关系不似皖、奉两系那般紧固密切。及至曹锟、吴佩孚以武力征讨而崛起,苏督李纯自杀、鄂督王占元被逐、赣督陈光远势微,北派力量才在直系中占据了优势。曹锟、吴佩孚统率直系力量在第一次直奉战争中胜利后,直系力量得到大扩张,他们在直系中的领袖地位亦无人可敌。但曹锟虽为直系最高领袖,此时却基本不直接领军,只是一心希图成为大总统,过把总统瘾,满足其虚荣心;而实际领军的吴佩孚,能征善战,有一统天下的野心,但却不能统领直系所有的军事力量,也不是直系共同拥戴的政治领袖。曹锟与吴佩孚在一些问题如推举总统等方面意见并不一致,但格于历史与个性,吴佩孚对曹锟保持以下事上的尊重、礼遇及效忠,而曹锟对吴佩孚也能大度容忍并容纳其不同意见,两人关系的融洽对维系直系团结与团体利益有至关重要的作用。不过,由于吴佩孚在其驻节地洛阳招贤纳士,插手政治,一方面公开标榜"军人不干政""军人以服从为天职",另一方面则频频对北京内阁之更换以及政府之政策表示意见,俨然政府之太上皇,难免有"功高震主"之势,使曹锟心生芥蒂。而且,曹、吴之间的个人关系还受到其身边左右人等的影响,这些人各有企图,各拥其主,都想在政治上发号施令,满足个人及小集团利益,他们在曹、吴身边的挑拨构煽,也不能不影响到曹、吴关系。由于曹锟、吴佩孚分别以直鲁豫巡阅使与副使的名义驻节于保定和洛阳,因此曹、吴身边人的政治集合又被称为"保派"与"洛派"。① 在第一次直奉战后,保派与洛派之间围绕一系列问题产生矛盾摩擦,暗中以至公开较劲,形成保、洛之争,并直接影响到直系控制下的北京政局。

直系内部的矛盾分歧自奉系失败、黎元洪复位后便已开始,其中心在于对所谓"最高问题"的态度,而其表现则为愈演愈烈的阁潮。直系控制了北京中央政权之后,曹锟急于取代黎元洪登上总统宝座。他常对左右说:"北洋系袁世凯、冯国璋都当过总统,现在该轮到我了。"②而吴佩孚虽不反对曹锟当总统,但觉得时机尚未成熟,认为应俟实现全国统一后,再行此举,俾可水到渠成。直系中的保派多为曹锟的直接下属,他们投其所好,加紧"最高问题"的进行,尤其需要控制北京政府,以利操作。拥护吴佩孚的洛派则对此不以为然,也在积极插手北京政府的组成。而曹锟谋求早日当总统的企图又与还想在总统位上待下去的黎元洪发生矛盾,为了延续自己的政治生命,黎元洪自然偏向于不主立即选总统的洛派,从而使直系间的保洛矛盾又渗入府院关系的复杂因素。加以内阁组成循例须国会通过,而国会内部各种集团派系的组合又时时变化。如此种种情况,使直奉战后的北京阁潮发生之频、争斗之烈实为北洋时期之最,从而也反衬出北京政治在武人干政下之特有生态——派系纷争。这种派系纷争,有派系间的,亦有派系内的,但基本上并无政治理念或基本政策的差别,而主要是出于派系自身利益的考量。

1922年6月11日,黎元洪复职当天,任命颜惠庆署理内阁总理,因"颜与何人皆能共事,且素无私人",直系保洛两派因而"素重视颜,黎据此征颜,颜亦力辞,经强劝而后就"。但颜惠庆出任总理后,却得不到国会的支持。众议院议长吴景濂野心勃勃,其"为人不学无术,使气逞

---

① 直隶督军和省长王承斌得到曹锟弟弟的支持,在天津培植亲信,扩张势力,被时人称为直系中的津派。在对付吴佩孚时,津派与保派目标一致,因此在直系内讧之初,两派合流,被人称为"津保派"。
② 张同礼:《张弧的一生》,见《天津文史资料选辑》第23辑。

强";"遇事把持,意气贲张";"一面与直系周旋,一面要索以巨额党费及自身组阁为报酬"。他对颜惠庆上台很不满意,而且他"有一群新进的国会议员为其羽翼,供彼指挥。内阁的成败,悉视其喜怒而决定。而此一国会,既为产生下届总统的机构,因此更增重了他的牵制力量。"① 由于吴景濂的反对,颜惠庆不敢将内阁名单提交国会通过,他本人也不安于此临时身份,急于求去。7月31日,颜惠庆请假离职,由教育总长王宠惠暂代总理。

黎元洪复职后,曾考虑拉进南方知名人士组阁,以实现"和平统一",加重自己的政治分量。8月5日,他任命南方知名人士唐绍仪署理内阁总理,就是他实现自己政治企图的第一步。但黎元洪的打算与吴佩孚的"武力统一"主张相抵触,所以遭到吴的坚决反对。他致电黎元洪,声称"唐主上海八年和会,世间啧有烦言";而他反对唐组阁"言之再三",黎却"卒然发表,显示别有用心"。吴佩孚还致电曹锟,称黎元洪"被奸党阴谋,力拥唐绍仪组阁",请"通电同志各省,一致主张,径电中央,力攻唐阁不成"。② 唐绍仪知其不能为北洋系所容,故亦迟迟不到京就任。为了解决内阁虚悬的危机,黎元洪只能派人到洛阳专门征求吴佩孚的意见。就吴佩孚所任之直鲁豫巡阅副使,本来的职权"从理论上讲主要只是统率(节制、调遣)区内的军队。实际上则不然,既不以军政为限,也不受地区名义的束缚,形成超省级的太上皇政府。"吴佩孚曾经表示反对军人干政,表示"内阁问题,乃元首特权,某何人斯,敢行过问?"甚而指斥保派人物,应"由元首提出总理,以南北众望允孚者为宜,内幕私图者,均非有心肝之人"。但他自己却并不准备如此实行,既然黎元洪前来征求意见,吴佩孚也就不客气地表示:"对唐组阁,绝不赞成,以维持现状为宜。如颜不愿谈,以亮畴(王宠惠)代揆。"③ 王宠惠本为吴佩孚中意的阁揆人选。吴佩孚曾向曹锟建议,王"淡泊超然,请其

---

① 杜春和:《张国淦文集》,287—288 页;《北洋军阀史料选辑》下册,222 页;《近代稗海》第 7 辑,207 页。
② 《吴佩孚猛攻唐阁》,见 1922 年 8 月 10 日《大公报》(天津);《稿本吴孚威(佩孚)上将军年谱》,374 页。
③ 钱实甫:《北洋政府时期的政治制度》上册,254 页;《近代稗海》第 7 辑,157—158 页;《吴佩孚猛攻唐阁》,见 1922 年 8 月 9 日《大公报》(天津)。

正式组阁,国计民生,实利赖之"。在吴佩孚的指使下,直系大将冯玉祥、齐燮元、萧耀南等亦纷纷发表通电,认为王宠惠"与各派初无恶涵,以之组阁最为相宜"。① 由于吴佩孚的坚持,终使唐绍仪内阁流产,黎元洪只能于9月19日任命王宠惠署内阁总理,而内阁组成前须征求吴佩孚的意见也也成为是黎元洪复职后历次组阁之惯例。

新任内阁总理王宠惠和其内阁成员——财政总长罗文干、教育总长汤尔和,当年5月曾和蔡元培、胡适等共同签名发表《我们的政治主张》,提出所谓"好政府"主张,因此,王宠惠内阁又被称为"好人政府",一度曾被外界寄予期望,而在实际上,吴佩孚是"内阁的后台","如果没有吴的支持,内阁就不能维持长久"。但黎元洪任命王宠惠此举却惹恼了保派。因为黎元洪就组阁问题征求吴佩孚的意见而未征求曹锟的意见,显然有不以曹锟为然之"过",而保派人马在王阁中只有交通总长高凌霨一人,也使保派颇为不满,辄以去王为目标。保派的图谋得到众议院议长吴景濂的支持,正是因为担心阁员名单在国会表决中被否决,王宠惠上任后根本就未将内阁阁员名单提交国会。王宠惠对国会的蔑视态度进一步激怒了吴景濂,他在国会与王宠惠多次发生公开争执,致内阁与国会的关系空前紧张。吴景濂曾当面质问王宠惠:"国会要你下台,你为什么赖着不走?"王也怒形于色地说:"难道你就是国会?"接着,吴景濂骂王"混账",并说"议长当然可以代表国会",王则骂吴不配当议长,"议长怎样可以说出下流话来"。② 理应温文尔雅的两位政界人物,却如泼妇骂街般使横,可见当时两人关系之紧张,也可使人们了解到北京政治的多重面相。

在吴佩孚的支持下,王宠惠内阁虽未因国会刁难而垮台,却因接踵而来的罗文干案而不得不辞职。王阁财政总长罗文干与王宠惠志为同道,在王的支持下,他以财政困难为由,拒绝支付国会经费,以逼国会让步。吴景濂为求国会拨款,通过外交总长顾维钧向罗文干疏通,而罗却不予置理,结果由顾给一家比利时银行写信说明,吴景濂才拿到一笔贷

---

① 《稿本吴孚威(佩孚)上将军年谱》,374页;中国第二历史档案馆:《中华民国史档案资料汇编》第3辑,政治(一),203—204页。
② 《顾维钧回忆录》第1分册,245页,北京,中华书局,1983;陶菊隐:《北洋军阀统治时期史话》下册,1197页,北京,三联书店,1983。

款,得以维持国会的运作。此举使吴景濂极为恼火,因此当罗文干于11月14日为解决政府财政困难而签署奥国借款展期合同,吴景濂即利用此事,与保派联手,指控罗文干擅订合同、丧权辱国、违背法纪、滥用职权,并有纳贿嫌疑,胁迫黎元洪于18日下令逮捕罗文干,拘押于京师警察厅。①

奥国借款本为中国与奥国银行团在民初分次订立的借款合同共475万镑,后因北京政府无力支付及第一次世界大战而暂缓执行,未还本金约432万镑。战后,债票持有人要求中方继续履约,但奥国借款本已由巴黎和会决定作为奥国赔偿中国之物,实已无效,当然没有签订新约、换发新债票的理由。此次罗文干为救财政困难的燃眉之急,并屈服于列强压力,同意续订合同,换发新债票本息合计519万镑,诚有可非议之处,而且合同里有"奉大总统核准,经国务会议通过"等语,但实际上并无此项手续,更为保派倒阁提供了炮弹。罗文干被捕,引发北京政坛风潮。国会方面力主查办罗文干,指罗"丧权辱国,渎职纳贿","违背约法,滥用职权"。王宠惠等则力挺罗文干,认为总统和国会直接下令逮捕阁员是违法行为,声称责任内阁对此无法负责,"理应立即引退"。王阁为吴佩孚所支持,罗案发后,吴不能坐视不管。他于20日发出通电,为罗辩护,同时训斥黎元洪,称此案"似属不成事体,殊蹈违法之嫌";同时致电曹锟云,此案"荒谬离奇,实所少见","请我师就近质讯,以维法纪"。但曹锟却不给吴佩孚面子,23日曹发表通电,称"罗文干身为阁员,丧权误国……既经拿交法庭,应请大总统毅然独断,组织特别法庭,或移转审讯,彻底根究,期无通饰,毋令徇纵,以彰国法。"吴佩孚指"违法"者为黎元洪下令捕罗"不成事体",曹锟则指"违法"者为罗文干"丧权误国",于此实将直系内部矛盾公诸于世。其后,直系保派将领连发通电拥曹,而洛派将领出于武人对文人的轻视亦不愿多言,甚而有公开通电拥曹者。吴佩孚既不能得直系诸将之谅解,更不愿使事态扩大,影响直系团体利益,便顺风转舵,态度明显软化。25日,吴佩孚致电曹锟,解释自己对此案"疑虑冰释,如果确有犯罪证据,自应依法严

---

① 《顾维钧回忆录》第1分册,247—253页。

惩,以昭炯戒"。① 吴佩孚既如此表态,王宠惠也无法再干,只能于 11 月 25 日通电辞职,随后黎元洪任命汪大燮署总理。

罗文干案哄传一时,对北京政治生态造成颇大影响与冲击。罗案内情究如何姑不论,但罗身为内阁总长,在国会起哄之下,由大总统直接下令逮捕,确乎违反"法律程序"。究其实质,则为直系保、洛两派借罗案而斗法,所谓法律的意义其实并不重要。② 罗案结果,保派虽获胜利,推倒了王宠惠内阁,但直系的内部矛盾因此而加剧,并公诸社会及舆论,于直系维护自身地位并非有利。据称,吴佩孚对曹锟屈服后,"宴客酒醉,谈忠诚不见谅处慷慨泣下,合座皆悲酸"。吴佩孚之智囊白坚武感叹曰:"津方宵小以排吴使,不惜种种陷诬破坏,取保方见信仇敌之集于各方者,亦复币重言甘以为饵,恶货驱逐良币,斯真军阀末路之现象也。"而军阀在罗案中表现之强横更引起社会的反感,吴佩孚个人原有之"清誉"亦因此而颇受影响。史家李剑农评为:"在罗案发生以前,有一部分人,觉得吴佩孚在北洋军阀中比较还像一个人,所以和他表同情。自罗案发生以后,吴佩孚为保持直系整个势力的缘故,一意将顺津保派,忍心地望着一班狐狸豺虎的横行;忘却曹锟的势力全在自身,自身的潜势力全在一部分舆论的同情,甘愿曹锟将此一部分舆论的同情毁去,想专用武力来捣乱南方,制服奉系。他的失败,不必等到第二次奉直战争,在他将顺津保派肆行无忌的时候,已经决定了。"③ 罗文干案对北京政治生态的另一冲击是,黎元洪因为在罗案中未能顺从洛派,尤其是吴佩孚的意见,遭致吴佩孚及洛派的不满,使其失去了洛派原本即不坚定的支持,当其后保派为使曹锟出任总统而掀起驱黎风潮时,洛派不愿施以援手而作壁上观,黎元洪的政治生命亦因此而大受影响。罗文干案对北京政治生态的又一影响是:王宠惠内阁以"好人政府"而闻

---

① 中国第二历史档案馆:《中华民国档案资料汇编》第 3 辑,财政(二),1037—1042 页,政治(一),195 页;《中华民国史事纪要》,1922 年 11 月 20、23 日。
② 京师地方检察厅于 1923 年 1 月 11 日宣告罗案"犯罪嫌疑不足,行为不构成犯罪",予以不起诉处分,并将罗文干释放出狱。但保派抨击检察厅裁决不当,要求重行处理。1 月 15 日,司法总长程克以部令再次将罗逮捕入狱。直到当年 6 月,黎元洪已被赶走,罗案作为直系保、洛两派权力斗争的砝码已失作用,而拥曹派急需"好人"出台帮忙,在顾维钧等疏通下,曹锟同意放罗。京师审判厅走了公开审判的过场后,于 6 月 29 日判决罗文干等"伪造文书罪不成立,受贿等弊端均无实据",宣告罗文干无罪,恢复了他的自由。
③《白坚武日记》,1922 年 11 月 26 日、28 日;《戊戌以后三十年中国政治史》,357 页。

名,然这些所谓好人在军阀强横政治的干涉下不仅做不成什么"好事",且自己的政治地位尚不能保于朝夕之间,从而也断了"好人"从政为国谋政的念头,于此表明北京政府不能经由政治精英的体制内运作而实现稳定运转,只能经由军阀纷争而致社会失态,最终只能以革命收拾北京政治混乱的残局。

王宠惠下台、汪大燮登台,保派的组阁意愿并未实现,仍继续攻击汪阁成员与"罗案涉有重大嫌疑","继任阁员仍复先行派署,并未同时根据约法提交同意",因此"亟应另行改组"。黎元洪曾有意请外交家顾维钧组阁,但顾认为:根据宪法规定,内阁阁员负共同责任,因此除非罗案得到澄清,他不可能担任政府职务。接着,吴景濂和王家襄亦登门请顾组阁,并表示了国会的支持,顾同样予以拒绝。① 与此同时,因为保派对汪阁大加攻击,致汪大燮不安于位,在12月11日坚决请辞,改由王正廷代总理。这已经是黎元洪复职不到半年时间里的第四位总理了。直到1923年1月4日,黎元洪任命张绍曾为国务总理,方使如走马灯般更替的内阁总理职务稍有稳定。因为张绍曾接近保派,与曹锟是把兄弟,又与吴佩孚是儿女亲家,可为洛派接受,且与吴景濂早有沟通,故一时成为各方都能接受的人选,也成了黎元洪复职后经国会通过任命的唯一合法内阁总理。

张绍曾出任阁揆之初,自恃与曹锟、吴佩孚均有关系,又经国会通过,故踌躇满志,提出实行"裁兵、理财、教育、实业诸大政",但在这些方面,他都不可能取得什么像样的成果,而其提出实现和平统一、先统一后选举、先制宪后选举的主张,既与曹锟急于当总统的想法不合,也与吴佩孚的武力统一图谋相违,故其上台不久,即与直系保、洛两派均发生矛盾。

张绍曾提出和平统一的主张背后有黎元洪的影子,因为黎元洪知道曹锟急于当总统,为了延续自己在总统位置上的政治生命,只有抓住和平统一的旗帜,谋求各方的支持,抵制所谓"最高问题"的进行,而张绍曾企图在总理任上干出点名堂,实现和平统一可谓"捷径"之一。因

---

① 《中华民国史档案资料汇编》第3辑,政治(一),197—198页;《顾维钧回忆录》第1分册,255—256页。

此,黎、张双方互为依靠,实现府院合作,提出了和平统一的主张与进行步骤。1923年1月9日,张绍曾首先致电南方各省,提出"愿努力促成国宪,对外则完成法律上之统一,对内则先谋事实上之协商"。为此,张绍曾派人"陆续南下,向各方疏通,以预备实行他的和平统一的计划"。为了表示其"诚意"和"善意",张还下令"各军自守防地",援闽直军暂停前进,"妥为协商办理善后";派章士钊等赴沪,与孙中山接洽。至于实行和平统一的步骤,张绍曾主张召开"国事协商会","解决一切问题,并有请孙及所谓'海内有力诸公'的人,到京去筹备,以便各项会议的组织召集和议案的起草,都可以预先商议。"①

张绍曾提出的和平统一主张,与吴佩孚一向所谋划的武力统一企图发生了直接的冲突,从而为吴佩孚所不容。吴佩孚当时正在南北对峙的前沿地带——广东与福建策划新的"武力统一"行动。他在广东收买桂系军阀沈鸿英,作为攻粤的前锋,在福建督导孙传芳率直军援闽,企图夺取福建地盘,北可以监视浙江,南可以对付广东。为此,他极力要求张绍曾任命沈鸿英督粤,孙传芳督闽,以激励沈、孙两人积极行事。吴佩孚的要求一度为张绍曾所拒绝,因张认为吴之做法太过操切,过于刺激南方,但吴佩孚坚持其要求,并警告张绍曾,孙传芳督闽,沈鸿英督粤的命令"无论如何必须发表",责难张之统一主张为"空言,不求实际,殊属非是"。在事关直系团体利益的根本问题上,直系对外的态度是一致的。2月17日,曹锟、吴佩孚与鲁、豫、苏、皖、赣、鄂6省直督联名要求北京政府尽快发表沈、孙两人的任职令。直系和吴佩孚的态度给了张绍曾当头一棒,也使刚刚提出和平统一主张的张绍曾下不了台,只能故作姿态,于3月8日向黎元洪提出内阁总辞职,表示:"受任之始,即宣以和平统一为职志,以促成宪法为指归,期以扫除已往之纠纷,企图未来之建设……淹逾两月,心长力短,事与愿违。自维才不足以济变,诚不足以感人。近日以来,粤中有僭名窃位之行,各方呈枕戈待旦之兆,和平立破,调剂无方……惟有援立宪国之成例,全体引咎辞职。"黎元洪此时需要借助张阁抵挡曹党,故不允其辞,并责其"岂可因责言之

---

① 《中华民国史事纪要》,1923年1月9日。

来,遂令作洁身之计","敦促阁员,即日视事"。① 黎元洪的挽留不过是表面文章,张阁留任的关键仍在直系的态度。经过多次往还交涉,在吴佩孚的压力下,张绍曾最终屈服于直系的武力,同意发布沈鸿英、孙传芳的任职令。3月19日,张绍曾内阁宣布总复职,并通过以沈鸿英为广东督理、孙传芳为福建督理的内阁令。从此以后,即便是张绍曾本人也羞于再谈什么和平统一,而其关于先制宪后选举的主张仍为正在策划由曹锟继任总统的直系保派所不容,保派又因此而掀起了新一轮更为剧烈的倒阁潮,北京政治又陷入动荡之中。

---

① 中国第二历史档案馆:《中华民国史档案资料汇编》第3辑,政治(一),209—210页。

第五节　联省自治的思潮与实践

"联省自治"是20世纪20年代前半期兴盛一时的政治思潮与实践,它发端于湖南,流行于西南,历时数载,喧腾一时,不过除了留下几部未能真正实行的省宪法和若干理论文字,落得纸面上热热闹闹之外,在实践层面的成果却乏善可陈,基本上是一场不成功的政治运动。①

联省自治运动发端于湖南。1920年7月22日,湖南督军谭延闿发表通电称:"民国之实际,纯在民治之实行,民治之实际,尤在各省人民组织地方政府,施行地方自治,而后权分事举,和平进步,治安乃有可期。"他在通电中提出:"采用民选省长及参事制,分别制定暂行条例,公布实行。在湘人力图善后,认为非以湘政公之湘省全体人民,不足迅起疮痍,速复元气。揆之国人共同心理,必当不约而同,望我护法各省,一致争先,实行此举,则一切纠纷可息,永久和平可期。"11月1日,谭又发表通电,"主张联省自治"。此后,先由省自治进而联省自治的主张迅即传扬全国,从理论讨论到实践进行,一时间联省自治似已成"大势所至,人心所同,联邦政体已成天经地义之无所用疑"。②

联省自治口号在20世纪20年代的提出及其流行并非偶然。民国以还,军阀混战,民众深受其害,希望有平稳安定的生活,舆论便出而鼓吹废督裁兵,并将地方自治视为裁兵之根本,以"确立联省自治组织,先使各省各自独立,彼此没有打仗的机会",③民众希望安居乐业,反映出

---

① 关于这时期的联省自治运动,可参阅胡春惠《民初的地方主义与联省自治》,台北,正中书局,1983。
② 王无为:《湖南自治运动史》,21—22、58页,上海,泰东书局,1920。
③《东方杂志》第19卷第2号,6页。

联省自治运动是有广大平民百姓的和平愿望作为基础的。然而,平民百姓在当时并无对政治的发言权,不能对联省自治运动有实际的贡献。作为得到广泛传播的政治思潮与实际的政治运动,联省自治运动的主要鼓吹者和参与者是民族资产阶级、新式士绅阶层以及他们的代言人自由主义知识分子。

经过第一次世界大战前后中国现代经济的较快发展,民族资产阶级已经形成为一支重要的政治参与力量,他们厌恶民国以来政治的混乱与军阀当道,希望通过参政议政,维护自己的政治、经济利益。因此,他们在联省自治运动中特别强调职业代表制的意义,提出"省议会的立法须经职业的各团体所组织的审议机关审查之。因为立法都是关于人民生计权利的,所以非经各职业团体的审议不可。"①在联省自治运动中最为活跃的职业团体,如商会、教育会、银行公会、律师公会等等,实际都是资产阶级利益的代表,并在推动运动由理论走向实践的过程中起到了重要作用。联省自治运动的深层经济动因,还在于民国以来经济发展所造成的地域间的利益区别,促成了地方主义的抬头,虽然经济动因在运动中常常为政治动因所遮蔽,但却是客观存在,而对于这种不同地方经济利益的维护与强调,也与资产阶级的态度不可分离。

士绅阶层经由清末立宪运动而走上政治舞台,他们一直主张扩大地方权限,实行地方自治,许多当年活跃于清末谘议局中的人物,也是联省自治运动的积极参与者,首倡联省自治的谭延闿就是当年湖南谘议局的议长。士绅阶层的相当一部分在民国年间已经逐步资本主义化,政治经济利益与资产阶级趋向一致。他们与乡野民间的联系较多,常以民间代言人的身份出现,有较强的地方自立倾向,对联省自治表现出特殊的兴趣。他们认为:"各省人民欲整理或保卫其本省,当于其本省自为之,求诸政府无益也。何也,政府今日之能力,仅求自保尚且无暇,安暇代谋他省之人民,故人民所请求者政府而不纳固不必论,即纳矣亦岂其权力所能行。"故他们极力鼓吹联省自治。② 可以说,联省自治运动在某种程度上也是清末立宪运动在民国年间的逻辑延伸。

---

① 《东方杂志》第 19 卷第 21 号;《宪法上的议会问题》,载《东方杂志》第 19 卷第 21 号 13 页。
② 《告各省人民书》,见 1920 年 12 月 7 日《时报》。

自由主义知识分子是联省自治运动的主要理论设计者与鼓吹者。他们思想活跃，热情洋溢，许多人曾经留学欧美日本，较多接触到西方自由民主理念、法治观念和政治理论。他们以知识分子阶层特有的敏感与热情，利用各种舆论阵地，如《时事新报》《东方杂志》以及自办的《努力周报》《太平洋》等，为联省自治奔走呼号，为运动本身抹上了浓重的理想主义色彩。在他们中间，人们可以发现梁启超、蔡元培、章太炎、胡适、丁文江等著名学者的名字，而《太平洋》杂志的主编李剑农不仅是联省自治的热心鼓吹者，大力宣传"欲废督必先裁兵，欲裁兵必先统一，欲统一必先确定联邦制"的理论，[①]他还是湖南省宪法起草委员会的主席，实际参加了湖南的自治运动。在联省自治的鼓吹者中，梁启超曾有在袁世凯和段祺瑞时代的两次参政经验，但结果都使他颇为失望，因此他又重提"地方自治"口号，认为"国家之组织，全以地方为基础，故主张中央权限当减到以对外维持统一之必要点为止"；"各省乃至各县市皆由自动的制定根本法而自守之，国家须加以承认"。胡适则认为：中国太大，不适于单一制的政治组织，"用集权形式的政治组织，勉强施行于这最不适于集权政治的中国，是中国今日军阀割据的一个大原因"，而"根据于省自治的联邦制，是今日打倒军阀的一个重要武器"；主张"打倒军阀割据的第一步是建设在省自治上面的联邦的统一国家"，"今日决不能希望中央来裁制军阀；裁制军阀与打倒军阀的一个重要武器在于增加地方权限，在于根据于省自治的联邦制"，并得出结论说"凡反抗这个旗帜的，没有不失败的"。丁燮林（丁西林）、王世杰、李四光、李煜瀛（李石曾）等主张"分治的统一"，实行联邦制度，将全国划分为若干区域，组织一个简单的中央会议机关，进行管理；中央的权力应小，地方的权力应大；联治区应扩大到最大限度。[②] 一时间，在一些知识分子的笔下，联省自治往往成了包医百病的灵丹妙药。不过，知识分子虽然富于理想主义精神，却往往脱离实际，结果反而未必利于联省自治由理论而推向实践。

---

① 《民国统一问题》，载《太平洋》第3卷第7号。
② 《发刊词宣言》，载《解放与改造》1919年创刊号；《东方杂志》第19卷第12号，129—133页，第19卷第17号，119—123页。

自联省自治的主张提出后,得到了各方的热烈反响,各种以联省自治为目标的学术或政治团体不断涌现,如北京有13省区代表组成的各省区自治联合会,上海有旅沪各省区自治联合会,天津有6省自治运动联合办事处。在各方力量的推波助澜之下,联省自治开始由政治思潮而成为实际的政治运动,其中最主要的内容是两件事——制定省宪法与民选省长。

在联省自治运动的发源地湖南,自1920年11月谭延闿去职后,由赵恒惕出任湘军总司令(次年4月兼任省长)。12月21日,赵恒惕发表通电,重申实行自治的决心,主张由西南而全国,逐次实现省自治,最终达成联省自治。为避免重蹈谭延闿时期所谓"官绅制宪"与"公民制宪"的纠葛与纷争,赵恒惕决定走"专家制宪"之路,指令省府订定《湖南制定省自治根本法筹备章程》,成立制宪筹备处,由省议会议长彭兆璜任主任。其制宪程序是,由省府聘请专家学者拟订宪草,再由全省各县推出的绅商代表组成审查委员会审定宪草,通过后交付公民投票表决,最后由省长公布实施。

湖南省省宪起草委员会由13人组成,遴选原则是"首重学识经验,无偏无党,超出政潮之外"。13名委员中,留美者6人,留英者3人,留日者3人,国内大学毕业者1人;任职为大学教授者8人,各级议会议员3人;主席为李剑农。① 省宪起草委员会委员多为名流学者,对宪政理论多有研究,也都是联省自治的热心鼓吹者。他们从1921年3月20日起,在长沙岳麓书院潜心研讨,历时一月,于4月22日完成了《湖南省宪法草案》《湖南省省议会组织法草案》《湖南省省议会选举法草案》《湖南省省长选举法草案》《湖南省法院编制法草案》《湖南省县议会议员选举法草案》等文件草案。

湖南省宪法审查会由各县绅商代表共150余人组成,湘省名流熊希龄、仇鳌、刘揆一任会长。从1921年4月起,省宪审查会开始审查宪草等文件,但因种种利害关系,各方意见纷纭,始终无法定案。直到湘军出动援鄂战败后,在吴佩孚大军压境的情况下,为求湖南自保,9月9

---

① "中华民国"建国史讨论集编辑委员会:《中华民国建国史讨论集》第3册,530—531页,台北,1981。

日,省宪审查会通过修改后的宪法草案。12月11日,复经全省公民投票表决通过。1922年1月1日,《湖南省宪法》由省长赵恒惕公布施行。

《湖南省宪法》是联省自治运动中各省制宪的范本。该宪法包括序言及13章141条,分为人民之权利与义务、省之事权、省政府机关之组织及省政府权力之行使、下级地方之组织、本宪法之修改与解释五大部分,主要内容为:湖南为中华民国之自治省,省自治权属于省民全体;省议会采取一院制,议员名额以人口为比例选举,任期3年;省议会非经县议会过半数同意、省务院全体附署、全省公民投票过半数同意,不得解散;省长由省议会推举4人,交由全省公民直选产生,任期4年,不得连任,职权为公布法律、发布执行法律的命令、统率全省军队、管理全省军政、任免文武官吏、可经省议会同意后宣布戒严;省长在未满任前,工作如有失误和叛变行为,可由省议会提议交全民公决,令其退职;省设省务院,设院长一人(由省务员互选并呈请省长任命)及内务、财政、教育、实业、司法、交涉、军务司,司长(省务员)由省议会推举2人,交省长择一任命;省长和省务院行使省行政权,省长命令须经省务院院长及主管司长副署方可生效;全省常备军为1万人,军费不得超过预算支出的50%;人民自6岁起有接受4年教育的义务,教育经费至少须占预算支出的30%。①

《湖南省宪法》体现了西式资本主义宪法的基本特征,确立了以三权分立为中心的西式民主政治制度,省长类似国家元首,省议会仿佛国会,省务院则形同责任内阁,其中以立法权为至高无上,行政权则受到严格限制,省长则接近于虚位元首。这是以资产阶级和士绅阶层为代表的社会各界不满军阀专制、要求独立发展的愿望在政治上的体现,也表现了信奉西式民主制度的自由主义知识分子对民主政治的向往,在当时条件下具有保障民权、遏制专权的进步意义。该省宪法将人民的政治基本权、经济基本权等以法律形式确定,人民有选举、罢免、结社、请愿、居住等项自由权利,非依法律不得限制或剥夺;强调民主的全民

---

① 《湖南省宪法》的内容均见《湖南省宪法》,载《东方杂志》第19卷第22号。

参与特质,年满21岁的男女有选举权,年满25岁的男女有被选举权;规定凡重大问题,如省宪的修正与法律的复决、省议会的选举与解散、省长的选举与罢免等等,均采投票制,"准许公民随时各抒怀抱",享有言论思想自由权、劳动收益权和生存权。值得提及的是,湖南省宪法规定男女平权,体现出起草者尊重女权的民主意识,故在实际政治生活中,"湘中一般富有希望知识之女子,俱乘时而起,作参政之运动,纷向各处联络,以冀当选"。当然,《湖南省宪法》对有产阶级的利益也很重视,如规定严格保护私有财产,不允无偿没收、征用、捐输,职业团体可向省议会提出法律案等,都满足了有产阶级的要求。而在民众的政治参与方面,该宪法规定文盲无选举权,实际剥夺了占人口相当比例的文盲合法的政治参与权;其后在省议会选举中,又对省议员的竞选资格有严格的限定,实际排除了绝大多数平民百姓进入议会的可能,使省议会只能成为有产阶级和知识阶层的政治俱乐部,不利于动员民众的政治参与热情,使所谓联省自治最终只能是无源之水、无本之木,缺乏坚实的阶级和政治基础。因此有评论称:《湖南省宪法》规定的"自由权利,只是中产阶级的权利,不是无产阶级的权利。自然只是有产阶级的专利品,无产阶级无福消受了。"宪法条文"看起来都非常漂亮,其实细细一看,便可以知道也只有中产阶级才能享受"。[①]

虽然湖南省宪法的起草者满怀实现民主政治的理想,但军阀拥兵黩武、专权统治的现实,决定了湖南省宪法只是纸上谈兵,不可能真正实现。自军阀割据成为民国政治的现实之后,控制中央的大军阀想的是"统一",割据地方的小军阀想的则是自保,联省自治就是地方军阀自保的政治遮羞布和贞节牌坊,他们以此为自己的拥兵割据抹上"合理"的油彩,因此,联省自治主张的流行与地方军阀的私利有直接的关系。但是,地方军阀心目中的联省自治与其鼓吹者之设计并不搭界,说到底,地方军阀只求自治之名,而从不要民主之实,因此,无论湖南省宪规定的程序如何严密,条文如何细致,都不可能改变文人面对武力的软弱无能,更不必提广大民众的政治参与度远远不能达到省宪制定者的企

[①]《湖南选举运动之奇观》,见1922年9月1日《晨报》;《湖南省宪法批评》,载《东方杂志》第19卷第22号。

望。说到底,湖南省宪法不过是赵恒惕对付外界舆论和北洋系干涉的政治工具而已。如省宪明文规定,人民有自由表达权及自由结社和集会权,但省宪公布不过两周,1922年1月17日,赵恒惕便"假倡无政府"罪名,封禁湖南劳工会,查禁《劳工周刊》,逮捕并杀害劳工会主任黄爱和干事庞人铨,造成流血惨案。至于所谓选举,也为"城乡劣绅、政治掮客所掌握。其进行交易的票价高达一、二元",贿选买票等层出不穷。湖南省宪法的其他条文,也多不过是一纸空文,即如省议会与省长的关系,从来都是省长独大,而不必理会省议会的清谈。因此,湖南省宪法的象征意义远远大于其实际意义,时人论之为,军队"干涉行政官事,自征地方钱粮,实为实行省宪之最大障碍"。① 尽管如此,赵恒惕还是觉得省宪有碍其统治,在1924年11月下令对省宪进行修改,大大扩展了省长的权力,规定省长可以连任,并兼省务院院长,可任免各司长、县长及法官,取消司长副署的规定,议员由直接选举改为间接选举。修改后的湖南省宪法即便是在文字上亦较前大为退步,更不必提其真正实行了,亦可为在军阀统治下民主政治难产之例证。即便是赵恒惕本人亦承认"省宪殊无成绩可言"。②

湖南是联省自治运动中唯一一个公布宪法并实行的省份,这与其所处的独特环境有关。湖南位处南北之间,一直是北洋系与西南系和孙中山革命党争夺的重点地区,在北军南进和南军北伐的压力之下,处于夹缝中的湖南提出联省自治主张,除了地方军阀自保的需要之外,也有省内各界抵御并缓解外来压力的客观要求。但湖南办理自治的成效远不及倡导者的预期,至于其他各省实行联省自治的情形,则更远不如湖南,除了轰轰烈烈的纸面文章之外,基本未能进入实践层面。

湖南率先提出自治主张后,西南各省纷起响应,以此与北洋系的"武力统一"相抗衡。1920年12月10日,四川刘湘等在重庆联名发出通电,声称"当政府未能实行统一办法以前而实行川人自治"。1921年1月8日,刘湘等又联名通电,重申四川完全自治。接着,贵州的卢焘

---

① 湖南省志编纂委员会:《湖南省志》第1卷,434—435页,长沙,湖南人民出版社,1952;《赵恒惕迷了钱倒行逆施》,见1922年2月14日《晨报》;杨端六:《对于湖南自治之希望》,载《太平洋》第3卷第9期。
②《东方杂志》第21卷第23号,6—8页;赵恒惕:《民宪与复国》,载《湖南文献》(台北)第3卷第1期。

于1921年1月28日宣布"自治",并组织省宪会议。此后,云南、广西及东南诸省亦纷纷通电响应自治倡议,一时联省自治成为一股颇为强劲的政治潮流。1921年"援鄂"战争前后,赵恒惕还想以武汉为据点,召开各省联席会议,成立联治政府。8月中旬又通电全国,提议召开国民会议,讨论联省自治,只因援鄂的失败而未能进行。

浙江也是联省自治运动中的积极角色。浙督卢永祥是直皖战后皖系仅存的实力派大将。1921年6月4日,卢永祥发表通电,要求"先以省宪定自治之基础,继以国宪保统一之旧观","由各省区军政长官,选派全权代表,择定适当地点,先筹妥善办法,再付国民公决"。卢永祥还通电西南各省,请"即日派遣代表来杭,组织联省会议,研究讨论,以期制定适当办法,早日推行"。他提出的联省办法为:(1)联省制系依法则之结合,造成真正统一,不受第三者之牵制。关于中央政令,亦由联省商榷进行;(2)联省手续依省宪法案办理之,凡属非法之事,概行拒绝,彼此有互相协商义务及应得各项权利;(3)联省法则与规约,以简单易于明了而与约法不相违背为宗旨,免使规定后受人指责。① 因为卢永祥出身北洋系,如今却与西南各省同倡自治,引起了舆论的较大反响。卢电发后,不少省区表示赞同,一时"南北各省赓续而起,捷如桴鼓相应"。福建李厚基电称:"敝处决与兄一致行动。"广东陈炯明电称:"此后救国方法在分权各省,俾自定省宪,力行自治。"②四川刘湘、贵州卢焘、江西陈光远等均表示赞同卢之主张。北京政府大总统徐世昌和总理靳云鹏则分别派出何宗莲和鲍贵卿先后赴浙,向卢氏疏通,以北洋系之情义感化卢永祥,望其言行不为太过。卢请何宗莲转呈他给徐世昌的密信,坦白表示:"浙江地处南方","空气较他省不同",自己的主张不过是"俾顺多数民意"。6月27日,卢永祥再发通电,解释前电之苦心,谓"省治为统一基础,而与中央各项选政即无妨碍,又于行政方面更无障碍";"中国幅员宽广,宜与联省自治而便和衷共济,

---

① 《浙江对中央之重大表示》《卢永祥自治尚不寂寞》,见1921年6月7日、7月1日《晨报》;《卢永祥促定联省法则》,见1921年7月5日《大公报》。
② 《卢永祥倡自治之虚声与实际》,见1921年6月19日《晨报》;《浙督豪电之应和》,见1921年6月19日《民国日报》。

一致拥护中央"。①

由于卢永祥的提倡,浙江的自治运动得以发展。1921年6月,浙江省议会组成省宪起草委员会,由曾参加湖南省宪起草的王正廷担任委员长。7月省宪起草完成,经宪法会议讨论修改通过,9月9日公布,俗称"九九宪草"。其后,又将省民自行提出的各种宪草案,连同九九宪草,于11月间交由宪草审查会审查,最后议定三种宪草,分别以红、黄、白三色作为识别,俗称"三色宪法草案"。浙江省宪的条文规章与湖南省宪大体相同,但也有若干相异之处,如省议员不得兼任国会议员或其他地方议员;省长由全省选民分区组织选举会选举,省长的职权则未作具体规定;行政机构为省政院(修正后为省务院),省长兼任省政院院长(修正后省务院院长由省长提名并由省议院通过)。但是,卢永祥提出联省自治,不过是在直系压力下企图以此自保,对碍手碍脚的省宪从未有意付诸实行。如时人所论,"卢是安福俱乐部主要的残存者,他绝非一定赞成自治者,是把自治作为对抗直系控制下之中央政府的一个衬托"。宪草本定于12月1日交付全省公民投票复决,但卢永祥"再三延宕,不肯交付公民票决,致成流产"。② 浙江照旧是"省治其名,兵治其实"。至于其他制定宪法的省份,如广东、四川与福建,则多以湘宪或浙宪为蓝本,也都未能通过或付诸实行。

1922年直系在第一次直奉战争中获胜后,吴佩孚志得意满,一手策划"恢复法统",一手准备"武力统一"。对吴佩孚的武力统一图谋,西南方面自然非常敏感,唐继尧的幕僚周钟岳于6月5日向唐提交意见书,提议召开各省代表会议,采用联省自治精神制宪,说明此时欲谋和平统一,恢复国会及总统复位不过是治标之策,治本则在制定联治宪法。③ 8日,唐继尧即发出通电,赞成恢复国会,拥护黎元洪复职,主张"速集南北各省代表,开一联席会议,解决以前纠纷,筹议建国大计"。29日,唐继尧再发通电,认为:"以吾人经验所得,及国民心理所向,集

---

① 《浙卢倡言自治后之徐靳》《浙江自治之真相》《卢永祥来电表示态度》,见1921年6月16日、23日、29日《大公报》。
② 钱实甫:《北洋政府时期的政治制度》上册,244—248页,北京,中华书局,1984;刘以芳:《民国政史拾遗》,64—66页,台北,文海出版有限公司,1954。
③ 周钟岳:《惺庵回顾录》,见《云南文史资料选辑》第6辑。

权主义,既不适于国情,民治潮流,复遍输于宇内。此时仍惟有实行联省自治,为救国不二法门。果能由自治而联合各省,即由联省而组织政府,使地方自治,有自由发展之机,而统一国家,亦得免分崩之患,则所以消弭兵祸者在此,即所以建立国基者亦在此也。惟是联省自治,关系国家大计,既非闭关以自守畛域,亦非强人就我范围,诚宜结合同心,共筹办法。如何使制度依法产生,如何使主义免除障碍,不能不望各省之互相提挈,切实进行。"①

唐电既发,已经实行自治的湖南率先响应,赵恒惕于7月1日发出通电,认为:"观察现时之潮流,与人心之趋向,非实行联省自治主义,不足以解纠纷而维国是,并宜本此主义以制国宪。至于湘省,无论环境如何变化,势必抱此宗旨,积极厉行,决不为外界人所摇动。"同日陈炯明发出通电,认为:"中国领土广大,民俗各异,仍应仿照美国,建立联省制度。中央集权,适足以肇乱。"他提议组织中华民国联省,以实行统一;各省组织政府,处理本省事务,省宪法自定,但不得与国宪抵触;实行军民分治,政事完全还之各省人民,而军事则超然于各省之外,由中央执掌。② 此后,联省自治呼声再度高涨,形成继1920年湖南初倡之后联省自治运动的又一波高潮。

在直奉战后的政治环境下,地方军阀接过联省自治的口号,以图对抗直系的武力统一,而社会舆论和团体对联省自治的热捧,则出于对军阀相争混战的不满。这实际上也是联省自治运动自始至终所表现的两种不同趋向,一种趋向是地方军阀的分离主义色彩,这已经为各省自治的实践所证明;另一种趋向则是以名流、专家、学者为代表的自由主义知识分子的鼓吹,代表了希望稳定发展的有产阶级利益,也反映了希望生活安定的民众意愿。地方军阀需要借重舆论的鼓吹,有产阶级幻想得到实力派的支持,政治上本为南辕北辙的两股力量却因各有所需而暂时形成了颇为奇特的结合,使直奉战后的舆论界与政界显得颇为热闹。

1922年7月,"八团体联合会"(议会、商、教、农、工、银行、律师、报界联合会)在上海合开"国是会议",主张由各省先制省宪,然后联合各

---

① 《中华民国大事记》,1922年6月8日。
② 《中华民国史事纪要》,1922年6月9日、7月1日。

省再制国宪。7月26日,他们召开国宪起草委员会,议定由张君劢拟订国宪草案。8月15日,张拟订的"国是会议宪法草案"完成公布,其要点重在削减军人干政的可能:(1)定中华民国为联省共和国;(2)列举联省政府与省政府之权限;(3)国防军不超过20万人,岁费不超过联省政府岁出的20%;(3)各省军队改为国防军;(5)限定联省政府收入种类,余为省收入;(6)军人解职未满3年者,于政府不得担任官职;(7)现役军人不得以文字向公众发表政治意见。同期北京有修正宪法草案请愿团,主张修订宪法,划分中央与各省的权限,建立联邦制国家。当年8月,梁启超在湖南省议会以《湖南省宪之实施》为题发表演讲,阐述联邦制之来历及其在中国之发展,认为"民国成立以来,中央统一与联邦自治主义,彼此都在研究,两方面均有理由。但已经过去之十年均系中央集权,成绩如何? 昭昭在人耳目。至于现在,即主张统一集权之人,亦皆转而主张联省自治,可谓全国一致。"章太炎的意见更为激进,他提议:"今宜先由各省自制宪法,次定联省宪法……自此以后,乃设联省参议院,而现式国会可永断……拟废去大总统一职,以委员制行之。"他认为民国以来的约法偏于集权,国会倾于势力,总统等于帝王,所以主张弃此"三蠹",以制定省宪与联省宪法,成立联省参议院,以委员制代而行之。①

联省自治潮流的兴起,姑无论其实质如何,但至少对北京政府的中央集权是不利的。虽然当时的北京中央政府处于弱势地位,但控制政府的大军阀总是企图有朝一日统一全国,当然反对地方小军阀的自治之举。直奉战后,直系对联省自治的态度同样如此,吴佩孚甚而干脆指责联省自治是"豪强割据,部落称尊,又附会分权之说以自饰其乱"。黎元洪对联省自治的态度却有不同。直系虽一手策划了黎的复职,但其拥曹锟出任总统的态势亦很明显,故黎元洪为了在总统位置上多留时日,企望借南方而自重,对以南方各省为主体的联省自治运动态度宽容。7月1日,黎元洪发布总统令,表示尊重地方自治,并称:"国会将来制定宪法,所有中央与各省权限,必能审中外之情形,救偏畸之弊害。一俟宪典告成,政府定能遵守,切实施行。"在国会内部,也有不少议员

---

① 《中华民国大事记》,1922年8月15日;1922年9月2日《大公报》;《大改革议》,见1922年6月25日《申报》。

对联省自治主张颇感兴趣。8月26日,国会宪法审议会通过制宪原则:"各省于不抵触国宪范围内得自制省宪,地方制度章内应规定关于省宪各原则。"①可是,他们的主张却遭到曹锟、吴佩孚的强烈反对,曹、吴对联省自治明确表示"不予赞同",由直系"统一"全国才是他们追求的基本目标。因此,7月5日和11日吴佩孚两次致电赵恒惕(后电与曹锟联名)称:"研究联省自治制,与单一国家制相抵触。所谓省区为国之固有版图,若强拟于邦州之列,不免有削足适履之嫌。""我国本属单一国家,数千年因袭已久";"酌情度势要在扩充自治精神,不宜采取联邦之形式"。7月7日,吴佩孚又致电唐继尧说:"愚意但求自治之实,不必更骛联省之名……今若另开联省会议,非徒有蔑视国会之嫌,正恐横生枝节,纠纷益集,且亦非护法诸公所宜出也。"②在曹锟、吴佩孚的直接控制下,黎元洪对政治的主张不敢越轨,他对联省自治的支持也只能停留于一些口头表示。

孙中山对联省自治的态度视环境不同和他个人思想认识的发展而有变化。对于中国如何实现民主政治,孙中山一向主张实行地方自治。1916年7月17日,孙中山在上海张园茶话会发表演说,强调:"地方自治者,国之础石也。础不坚,则国不固。观五年来之象,可以知之。今后当注全力于地方自治。"1920年3月,孙中山发表《地方自治实行法》,详细论述了实行地方自治的方法与步骤。而对于联省自治,孙中山则认为"联省只能成官治,不能达自治",故表示反对。但联省自治有民意基础,有各方鼓吹,更重要的是,提倡联省自治的省份,多半在名义上归属于孙中山领导的广东政府治下,出于联合各方、共同对敌的考虑,孙中山一时也不便对联省自治表示公开的反对。1921年5月5日,孙中山在《就任大总统职宣言》中声明:"今欲解决中央与地方永久之纠纷,惟有使各省人民完成自治,自定省宪法,自选省长。中央分权于各省,各省分权于各县,庶几既分离之民国,复以自治主义相结合,以

---

① 陶菊隐:《北洋军阀统治时期史话》下册,1177—1178页。
② 《白坚武日记》,1922年7月5日;《稿本吴孚威(佩孚)上将军年谱》,364页;1922年7月14日、19日《申报》。

归于统一,不必穷兵黩武,徒苦人民。"①孙中山在此肯定了自治、分权、省宪、民选的意义,但并未明确提及联省自治,可知其对联省自治仍有保留意见。

1922年6月,孙中山与陈炯明决裂后,对军阀政治更为深恶痛绝。8月12日,他在由粤至沪的轮船上,对随行人员明确说:"以中国各省之土地与人民,皆比世界各小国为大而且多;故各省之自治,可不依附中央而有独立之能力。中国此时所最可虑者,乃在各省借名自治,实行割据,以启分裂之兆耳。故联省自治制之所以不适于今日之中国也。至言真正民治,则当实行分县自治。盖县之范围有限,凡关于其一乡一邑之利弊,其人民见闻较切,兴革必易,且其应享之权利,亦必能尽其监督与管理之责。""至如今日之所称为联省自治者,如果成立,则其害上足以脱离中央而独立,下足以压抑人民而武断,适足为野心家假其名而行割据之实耳。吾之主张联省不如分县者以此。"他到上海后,也曾对中共领导人李大钊说:"我决不承认现在这样的督军割据的联省自治。"②可见,随着形势的变化,孙中山的思想认识也在发生变化,他对联省自治的反对态度趋向坚定而公开。

1923年2月,孙中山重回广州,就任大元帅。其后,第一次国共合作成立。1924年1月,中国国民党第一次全国代表大会通过宣言,批评联省自治派之结果"不过分裂中国,使小军阀各占一省,自谋利益,以与挟持中央政府之大军阀相安于无事而已,何自治之足云!"宣言强调:"真正的自治,必待中国全体独立之后,始能有成。……各省真正自治之实现,必在全国国民革命胜利之后。"③从此以后,孙中山完全抛弃了过去对联省自治的实用主义态度,而以革命建国为奋斗目标。

孙中山对联省自治态度的改变,除了他个人由于切身体验而致思想认识的变化外,也与他和共产党人的联系日渐密切分不开。早期马

---

① 《孙中山全集》第3卷,325—327页,第5卷,220—225、531页;罗家伦:《国父年谱》,816页,台北,国民党党史会,1958。
② 张其昀主编:《先总统蒋公全集》第3册,4149页,台北,中国文化大学出版社,1984;《近代史研究》,1985(1),4页。
③ 《孙中山全集》第9卷,116—117页。

克思主义者一度曾经支持过联省自治,如李大钊曾认为:"没有联治的组织,而欲大规模的行民主政治,是不可能成功的。有了联治的主义,那时行民主政治,就像有了导师一般。因为民主政治与联治主义有一线相贯的渊源,有不可分的关系。"①但是,中国共产党成立之后,共产党人对联省自治转而采取反对态度,大力推动民族民主革命。陈独秀认为:联省自治"完全建设在武人割据的欲望上面,而决非建设在人民实际生活的需要上面。武人割据是中国政象纷乱的源泉,建设在武人割据的欲望上面之联省论,不过冒用联省自治的招牌,实行'分省割据''联督割据'罢了。"他的结论是:"若在现时群雄割据的扰乱中,鼓吹联省自治,上有害于国家统一,下无益于民权发展,徒以资横梗中间的武人,用为永远巩固割据之武器……铲除这种恶势力的方法,是集中全国爱国家而不为私利私图的有力分子,统率新兴的大群众,用革命的手段,铲除各方面的恶势力,统一军权政权,建设一个民主政治的全国统一政府。"蔡和森对联省自治作了独到而深入的分析,他认为:"力能进取的军阀,便倡武力统一,或主张强有力的中央政府(如曹、吴);仅能自保或希图自保的军阀,便倡联省自治或筹备省宪,举省长(如川、滇);同一军阀,进攻时宣布武力统一,退守时宣布联省自治(如奉张);位置动摇时改称省自治(如浙),或打算取消省自治(如湘赵)……凡此种种,无非是封建的残局之下,军阀专政,军阀割据的必然现象和趋势。"他总结说,现今的政治问题,既非军阀割据的"联省自治"所能解决,亦非北洋正统的"武力统一"所能决定,唯一的出路只有进行彻底的民主革命,打倒军阀,从根本上解决中国的命运和前途问题。② 1922 年 6 月 15 日,中国共产党在《对于时局的主张》中明确声明:"有一派人主张联省自治为解决时局之唯一办法,其实这办法之内容也决不是解决时局的办法……因为这种联省自治不但不能建设民主政治的国家,并且是明目张胆的提倡武人割据,替武人割据的现状加上一层宪法保障,总之封建式的军阀不消灭,行中央集权制,便造成袁世凯式的皇帝总统;行地方

---

① 《李大钊选集》,131 页,北京,人民出版社,1978。
② 《东方杂志》第 19 卷第 17 号,130 页;《蔡和森文集》上册,72 页。

分权制,便造成一班武人割据的诸侯,哪里能够解决时局?"①中共对联省自治的看法和态度无疑会影响到正在筹划实行国共合作的孙中山的看法和态度。

随着国内政局的变化,黎元洪复职又被逐,曹锟以贿选而出任大总统,第二次直奉战争爆发,"法统"毁弃,北洋统治渐趋势微,广东革命势力正在发展,加以其他种种错综复杂之情势,联省自治的挥洒空间被大大压缩,其思潮与实践在20世纪20年代中期以后日渐低落,终至消失于民国政坛,而成为历史的名词。

---

① 中央档案馆:《中共中央文件选集》第1册,39—40页,北京,中共中央党校出版社,1991。

第六节　西南各省的局势演变

西南各省处在北洋系军阀的控制之外,为了对付北洋系军阀的扩张与"统一",西南各省多能联合对外,保存实力,坚持自主,互相声援,联省自治就是他们对外自保的护身符之一。自护法战争之后,西南各省还不时"团结"在南方"统一"政府(广东护法政府、非常政府、大元帅府)的领导下,对外自成格局。但是,西南各省内部从来就没有平静,各省与统一政府之间,尤其是各省内部派系之间,仍然是矛盾重重,并有着激烈的内争。各省大小军阀拥兵割据,省中有省,以至县中有县,进则觊觎统一,担当霸主;退则割地自保,成"土皇帝"。为了自身派系和个人的利益,你争我夺,从无止息,以致政局动荡不已,民众深受其害;战争是家常便饭,动乱成社会常态。这种矛盾冲突夹杂在北洋系军阀南进和孙中山领导的革命党人的北伐之中,更显复杂多变,头绪纷乱,甚而使研究者企望从中理出一条简单明晰的发展脉络与线索亦非易事,以下简单叙述西南各省在第一次直奉战争前后的局势演变。

湖南　湖南夹于南北之间,从来就是南北争夺的主战场,南北交锋不断,但自吴佩孚率军北撤后,湖南省内的派系矛盾上升,激烈程度超过南北矛盾,成为湖南局势动荡的主要根源。1922年元旦《湖南省宪法》公布后,根据其规定,省长将由议会选举产生,统领军民两政,实为全省最高长官。正在掌权的赵恒惕视省长之位为其当然之座,但其他政治人物也不甘心就此放弃,其中最主要的争夺者是谭延闿。1920年11月,谭延闿因政争失利而被迫离开湖南,蛰居上海,后投身于孙中山阵营,但他在广东时有寄人篱下之感,对重返湖南政坛当家做主有浓厚的兴趣,如今省长明文规定由民选产生,谭将之视为自己的机会,而且他在湖南还有不少支持者,自认可与赵一争,因此决定参选,从而掀起了湖南政坛谭、赵之争的波澜。

为了对付谭延闿争夺省长之位的挑战,赵恒惕采取的战略是联合林支宇,对付谭延闿。此次湖南省长选举的候选人,以地区分配名额,结果中路推出谭延闿,西路推出林支宇,南路推出赵恒惕,形成三足鼎立的局面。赵恒惕以助林支宇竞选省议会议长为筹码,利诱林支宇放弃参选省长,使三足鼎立成为两强相争,而赵、林结合的实力显然强于谭延闿。1922年5月,湖南省议会选举结果揭晓,赵恒惕、林支宇派当选者有109人,占全部议席的2/3,形成对谭延闿派的压倒优势。

谭延闿在省议会选举中失利,他对此心有不甘,遂策动拥己之第6混成旅旅长陈嘉祐(驻郴州)发表通电,揭露选举"黑幕",否认选举有效,并以鼓动当选议员到郴州举行非常会议而抵制省议会。同时,谭延闿还以孙中山正在筹划之北伐向赵恒惕施加压力,并策动己派军人迎合湘人收回仍在直军手中的岳州之要求,放出出兵岳州的风声,企图以此分裂赵恒惕与吴佩孚的关系,挑起湘直战争,以削弱赵在湖南的实力。但赵恒惕与吴佩孚早有默契,为避免与直军冲突而使谭收渔人之利,他派人向吴佩孚交涉,称"直军驻在岳州,破坏湖南自治,如不及时撤退,他将无以约束部下"。此时吴佩孚正在筹划武力统一,南方的赵恒惕和陈炯明为其重点拉拢对付孙中山的对象,因此对赵之要求表示优容。6月19日,吴佩孚致电赵恒惕,告其直军准备自岳州撤防,嘱其"会商陈炯明,将中山余部许(崇智)黄(大伟)等军早行消灭,以免若辈阴谋酝酿,扰乱湘粤,阻挠统一"。[①] 7月11日,吴佩孚与赵恒惕成立协定,规定岳州为不设防城市,双方不得驻军,由警察维持地方秩序。27日,直军第24师张福来部由岳州回撤。赵、吴妥协加强了赵恒惕的政治地位,也使谭延闿"借刀杀人"的计谋未成现实。此后,孙中山因与陈炯明分裂而离粤,北伐军事中止,陈嘉祐旅被改编,谭延闿失去军事支撑,省长竞选更无成功希望。8月20日,湖南省议会进行省长预选,赵

---

① 陶菊隐:《记者生活三十年》,92页,北京,中华书局,1984;《稿本吴孚威(佩孚)上将军年谱》,363页。

恒惕得133票,谭延闿得87票。9月10日,湖南各县议会进行省长决选,赵恒惕以1603票的压倒多数当选为湖南行宪后的第一任省长。

1923年2月,孙中山重返广州,就任大元帅,任命谭延闿为军政府内政部长,准备继续北伐。湖南为北伐必经之地,谭延闿也不能忘情于湖南,他随即联络陈嘉祐与沅陵镇守使蔡巨猷,策划武力倒赵行动。事为赵恒惕所知,他下令调蔡为湖南陆军讲武堂监督,以削其兵权。谭则请孙中山任蔡为湘西讨贼军第1军军长,公开摆出与赵武力抗衡的态势。8月7日,谭延闿在衡阳就任孙中山所委之湖南省长兼北伐讨贼军总司令,所部湘西镇守使蔡巨猷、宝庆镇守使吴剑学、衡阳镇守使谢国光及陈嘉祐等均改称军长,预备北进讨赵。赵恒惕亦不甘示弱,他以维护省宪自治为号召,通电责难"一二失意流寓之党徒,拥首倡制宪之人,为根本破坏省宪之举"。①旋将所部改称"湖南护宪军",8月11日以省长兼任护宪军总指挥,令贺耀祖、唐生智旅由益阳、常德攻沅陵,叶开鑫旅由长沙、湘潭攻衡阳,拉开了伐谭之架势。赵恒惕的举措得到了直系的支持,因为直系"以大势观之,赣西如得完全,自非援助炎午(赵恒惕)不可。盖赵存则赣西可固,赵去则湘赣绝无相安之理"。所以,当赵恒惕向直军要求接济军械时,直军同意由湖北萧耀南处提借部分军火,使"湘军军实充足,得以拒谭,而炎午地位,因之巩固"。而当湖南战局暂时不利于赵时,吴佩孚又决定由湖北出动部队重占岳州,以为赵助。如曹锟的参谋长陆锦所言,"赵炎午能否恢复,虽不可知,然必须设法利用,为吾们效用。"②

8月25日,谭、赵两军在衡山交火,赵军获胜,31日进占衡阳,谭延闿率部后撤。同日,因表示中立之湘军第2师鲁涤平部团长朱耀华倒向谭方,引谭军自湘潭夜袭长沙,毫无防备的赵恒惕于仓促之间出城奔醴陵,前线赵军亦自衡山一线后撤,准备回师长沙。9月13日,赵军贺、唐、叶旅分兵攻长沙,谭军寡不敌众,退向湘潭,赵恒惕重返长沙主政。14日,湘军第2师师长鲁涤平发表通电,提议谭、赵两方息兵止战,在长沙召开和平会议。22日续电请双方在其驻地湘潭姜畬开会,

---

① 湖南省志编纂委员会:《湖南省志》第1卷,523页。
② 中国第二历史档案馆:《中华民国史档案资料汇编》第3辑,军事(三),632、644页。

并建议谭任湖南省长,赵任湘军总司令。谭、赵双方因需要争取时间准备再战,同意鲁涤平之请,派出代表到姜畬进行和议。谈判持续了20多天,双方因对省宪存废问题相持不下,没有达成妥协,10月中旬和谈破裂,战事又起。赵恒惕因有直军支持,没有后顾之忧,全力反攻谭军,11月7日再占衡阳,完全解除谭军对长沙的围困与威胁。此时,陈炯明部正在广东与孙中山属下之部队交战,孙中山急调谭延闿回师援粤,11月13日谭部回师广东,谭、赵之战结束,赵恒惕控制了除湘西之外的湖南全境。

  四川 四川军阀派系之多,战争之频、为祸之烈、政局之乱,即使在北洋时期也是全国少见。1920年,四川省内军队已有3个军(下辖10个师、9个混成旅)及川北边防军和川边军,人数不下十几万。其中有刘存厚的武备系、刘湘的速成系、邓锡侯的保定系、熊克武与但懋辛的一军系、刘成勋的三军系等等,由于四川军阀独有的防区制,各军驻防区域俨然独立王国,一切政务均由军人决定,互相之间你争我夺,混战不已。据统计,北洋时期四川省内的军阀战争,每半个月就有一次,大战则几乎年年都有。自袁世凯死后,四川政局一直扑朔多变,省内各派军阀明争暗斗,还有外省军阀参与其间,并在护法之役后的一段时间里,反客为主,控制了四川政局,更加剧了四川局势的混乱与动荡。用时人的说法是:"时离而时合,亦友亦仇,随和随战。要之,万变不离其宗者,为扩张私利,保有实力,诛求无厌,剥削地方。"①

  1920年,先是3月唐继尧免去熊克武的四川靖国军总司令职务,引发川、滇、黔军之间的战争,熊克武部于6月被川黔联军击败,退出成都。其后,因唐继尧企图凌驾于川省当局之上,将川省军、民、财政大权归之于其任统帅的川、滇、黔"三省联军总部",以此"存川督之虚名,割地方之大半",又引起川籍军人的不满。熊克武以驱逐滇、黔客军为号召,鼓动川省各派军人联合对滇、黔军作战,以刘湘为前敌各军总司令,但懋辛、刘成勋为军长,杨森、刘文辉、邓锡侯等为师长。接战后,川军于9月5日克成都,10月克川南泸州、叙州(宜宾),滇军第2军军长赵

---

① 中国人民政治协商会议全国委员会文史资料研究委员会:《文史资料选辑》第10辑,34页,北京,中华书局,1960。

又新于10月8日战死于泸州,滇军退川南永宁(叙永),黔军退重庆。10月,川军杨森、刘文辉等部攻永宁,但懋辛等部攻渝北合川,刘湘指挥邓锡侯、田颂尧等部攻渝南江津,陈能芳、陈国志等部攻渝西永川。15日,川军余际唐师占重庆,16日杨森部占永宁,滇、黔军分别退回云南和贵州,结束了外省客军主导四川政局的局面。随后,川军将领于12月10日在重庆开会,决定成立四川各军联合办事处,"暂维政局",并提出自治主张,以"顺应世界之新潮,发达民治之基础"。① 1921年6月6日,四川各军联合办事处推刘湘任川军总司令兼四川省长。

刘湘上台后,政治上标榜川省完全自治,脱离南北政府;军事上以但懋辛为第1军军长(熊克武派),杨森为第2军军长(刘湘派),刘成勋为第3军军长(中立派,力量较弱,实力不及其他两军),但尽量扩充己派实力,削弱他派实力;经济上,力图控制四川税收与兵工厂,掌握物质资源。因其种种利己损人之图,很快即引起其他派系的不满,尤其是与较偏向于南方广东政府的熊克武发生了尖锐的矛盾。熊克武、但懋辛联合刘成勋的第3军及省联军,发起倒刘运动。在各方压力之下,1922年5月14日,刘湘明为通电辞职,暗却积极备战。此时,战胜奉系之后正在积极谋划武力统一的吴佩孚见川省时局可乘,遂于6月间致电宜昌孙传芳和武昌萧耀南等,要他们对四川"相机援助,以树怀柔之德"。他在洛阳会见杨森后,致电刘湘,请其"与杨子惠(杨森)团结一致,以资应付,务使奸不得逞,功有所归,川局底定"。有了直系的支持,刘湘自恃可战,声称"胜算要靠北军来援,尚须有待,只能加强准备。"但杨森急欲开战,以此树威并扩充实力,并谋代刘湘而领川政,擅发作战令,甚而派人告刘湘:"杨在为你打天下,如战胜,功归于你;战败,由杨森负责,你又何必大惊小怪哩!"刘湘只能默认,但告诫杨说:"熊、但用兵诡诈,不可轻敌。"②

1922年7月9日,杨森所部兵分两路由重庆向驻在川东北的第1军发动突然袭击,第1军因准备不足,初处守势,主动放弃忠县、万县,

---

① 中国第二历史档案馆:《中华民国史档案资料汇编》第3辑,军事(三),559—561、564页;范崇实:《1920—1922年的四川军阀混战》,载《近代史资料》,1962(4)。
② 《稿本吴孚威(佩孚)上将军年谱》,362—363页;《四川文史资料选辑》,1963(5),85—86页。

旋即反攻,第2军不支而退。8月1日第1军克渠县,2日克达县,第2军退回重庆,又遭到省联军的围攻,杨森被迫于7日率部出渝,节节后撤至川东万县、奉节一带。杨森的失败使吴佩孚颇为焦虑,他认为"渝在虽小挫仍能恢复,渝亡纵苟延亦必终败",遂急令陕西刘镇华出兵川北绵阳,牵制第1军,策应杨森,"俾杨无后顾之忧";同时令宜昌孙传芳率队沿江西上,"进驻夔万,以应急援"。① 杨森退出重庆后,第1军继续追击,12日克万县,18日克奉节,杨森防备不周,所部大败溃散,本人只身逃出奉节,搭轮到宜昌,投靠吴佩孚,收拾整理残部,出任第16师师长,从此成为北洋军阀武力图川可用之棋子与先锋。

当第1、第2两军交战时,但懋辛等致电在成都的刘成勋、赖心辉、邓锡侯等,请他们出兵相助。7月10日,第3军军长刘成勋被推为川军总司令兼四川省长,以邓锡侯、赖心辉分任正、副总指挥,率部进攻第2军。第2军腹背受敌而不支,8月7日,与杨森离渝的同时,刘湘亦离渝暂避,并于月底回原籍大邑,四川政局发生重大变化。11月上旬,第1、第3军在成都召开善后会议,决定川省暂取自治态度,推刘成勋为总司令,暂兼摄民政;废除军长制,各师、旅原有单位暂不变更,分期实行裁兵,破除防区,统一财政。② 由于明令废除军制,缩编部队,引起了各军内部的矛盾,各自争防区,争粮饷,所谓裁兵反成了扩军。1923年1月,第3军下属的第7师师长陈国栋与刘成勋发生内讧,引起第1军助刘攻陈,而中立派第3师师长邓锡侯则助陈攻刘,成都、重庆重又陷于混战之中。

四川省军的内讧,有利于吴佩孚插手其间,挑动内战,以图其利。在吴佩孚的支持下,驻守宜昌的杨森部与刘存厚老川军系统的邓锡侯、陈国栋部联手,并得到刘湘所部的协助,向第1、第3军及川北、川东边防军开战。1923年2月14日,杨森、刘存厚、邓锡侯、田颂尧、陈国栋、刘文辉等,发出讨伐熊克武、但懋辛的通电,随后杨森部由鄂西奔袭川东万县,邓锡侯部在川中围成都,拉开四川军阀又一次大规模内战的序幕。与此同时,吴佩孚下令组织援川军,其中以王汝勤为鄂西总司令,

---

① 《稿本吴孚威(佩孚)上将军年谱》,366、368—370页。
② 《中华民国大事记》第1册,940页。

卢金山为总指挥,刘镇华为陕边总司令,吴新田为总指挥,孔繁锦为甘边总司令,袁祖铭为黔边总司令,四路大军在四川周边摆开合围之势,形成对川军各部的压力。

川军内战开始后,杨森、邓锡侯部发起进攻,东西呼应,占据上风。3月8日,东线杨森部占万县,4月6日继占重庆,一军向永川、合川方向退却;西线刘成勋于30日通电辞去川军总司令以及省长职,率部退出成都,4月5日邓锡侯、田颂尧部进占成都,6日邓锡侯被推为四川联军总司令。其后,熊克武、但懋辛、赖心辉等决定反攻计划,分兵三路,先取成都,再图重庆。5月5日,第1军发动反攻,击败川联军,13日熊克武、但懋辛、刘成勋、赖心辉等又入成都。随后但懋辛部北进占绵阳,刘存厚军及陕军、甘军北撤,邓锡侯、陈国栋部退向通江、南江、巴中方面。为了支援川联军,杨森部由重庆西进,5月底与第1、第3军在资阳、资中、内江等地开战,6月上旬杨军败退,与袁祖铭率领的援川黔军合据隆昌,再败后杨军退泸县,黔军退大足,第1、第3军分途追击,先后占领合川、铜梁、大足、璧山等县,合围重庆。6月4日,孙中山任命熊克武为四川讨贼军总司令,赖心辉为前敌总指挥,刘成勋为川军总司令兼省长。24日,刘成勋通电复任川军总司令,7月25日熊克武通电就任讨贼军总司令,以吕超为讨贼军第1军军长,石青阳为第3军军长,但懋辛仍任川军第1军军长,并发出讨贼军布告谓:"川中历年事变,推其乱源,则曹锟吴佩孚诸人,实尸其咎……总之,捍卫川省,即所以屏障西南;廓清渝夔,即可以进窥武汉。"①7月30日,杨森、邓锡侯、刘文辉、陈国栋、田颂尧等亦发出通电,拥刘湘为四川善后督办。四川内争又以南北对峙的面目复现。

1923年8月以后,四川战事的攻防重点在重庆,攻守双方先在重庆外围反复较量,杨森部渐渐不支,9月下旬,战事发展到重庆城下。此前,一直对四川"情有独钟"的唐继尧于5月间派胡若愚率滇军第2军再次入川,10月中旬滇军到达前线,熊克武军得此外援,士气大振,一鼓而败杨军,杨森、袁祖铭逃奔万县,10月16日熊军占重庆。11月

---

① 中国人民政治协商会议四川省委员会:《四川文史资料选辑》第3辑,1962,106页。

底,杨森、袁祖铭与刘湘、邓锡侯在川东万县会商反攻计划,决定以袁祖铭为前敌总司令,率部由万县沿江西进,邓锡侯、陈国栋部则由梁山趋长寿,对熊军构成两面夹击之势。而熊军在占重庆后内部矛盾又起,赖心辉图省长之位,与熊离心;滇军与川军有过往之隔阂,貌合神离;熊军内部互相猜疑,不能同心协力,结果不战而败。12月13日,杨军与邓、陈等军会师江北,次日再占重庆,其后与刘湘等分途进军成都。熊克武本计划"东路取守,北路取攻,赶造子弹,强募新兵",继续与刘湘、杨森等部周旋。但刘湘已派刘文辉向赖心辉接洽,"许以保存,令归附中央,不与熊合",故赖心辉"意在暂取观望,至不得已时,即归服中央,刘禹九(刘成勋)亦同此态度。熊见势将瓦解,又因省兵不愿纸币关饷,军心涣散,遂以但、张(冲)孤守成都,自率兵两团,并带行李八驮,现款十驮,铣(16)日离省,以赴中江潼川督战为名,究不知其何往。"1924年1月中旬,刘成勋与赖心辉致电刘湘,表示将劝熊下野,要求刘湘等停止前进。刘湘得知对手阵势已乱,25日令各部发起对成都的攻势。熊军各怀异志,兵无斗志,各部分向川南、川西退却。2月9日,刘湘等进入成都,赖心辉投吴佩孚,周西成投袁祖铭,刘成勋投刘湘,四川战事基本结束,熊克武、石青阳率部由贵州遵义退到湘西,滇军则退回黔边。此次四川战事,杨森在吴佩孚的支持下出力最多,从而摆出了在四川当家的态势。2月18日杨森发表通电,称其奉袁祖铭与刘湘之命,后方防务与前方接济由其完全负责;所有后方驻在军队及军属机关,统由其节制指挥;成都所有行政司法事务,暂由其主持。5月,北京政府任命杨森为四川军务督理,邓锡侯为四川省长,刘湘为川滇边防督办,刘存厚为川陕边防督办,并在此前任命袁祖铭为川黔边防督办。自认为对倒熊立有大功的刘湘、袁祖铭未能当上川督,颇为不满。袁祖铭认为:杨森"为人跋扈专横,器量太小,将士不服,尚难独自称雄",刘存厚"甚不洽人意","又以省长畀邓晋康(邓锡侯),完全偏一系,致令他方失望,枝节必多",川军"各自扩张,互相排挤,毫无顾念大局之心。彼此情形,不乱何待",因此又种下了次年川军各派联合讨杨的远因。①

---

① 《中华民国史档案资料汇编》第3辑,军事(三),576—577、582、586—588、590页。

贵州　贵州自"民九事变"新派将旧派刘显世赶走之后,推王文华任黔军总司令兼贵州省长,但王畏"以下犯上""以甥逐舅"之恶名,没有回黔主政,而是指派卢焘为黔军总司令,任可澄代理省长。新派虽在贵州政坛获得胜利,然贵州政局并不因此而得安宁,因为新派内部随即分化,矛盾斗争又起。

袁祖铭为刘显世提拔的将领,刘因担心王文华坐大而提拔袁以牵制之。袁祖铭曾任黔军师长、前敌总指挥等职,在黔军中的地位仅次于王文华,但王因担心袁超越其地位,调其为总参军,解除其兵权,使袁对王心怀怨恨,在王文华逐刘显世之后,起而与王争夺贵州的领导权。1921年,黔军退出四川后,袁祖铭离队,与王文华同在上海,袁先设计脱离上海,继又令其表兄何厚光布置手下,于1921年3月16日在上海一品香旅馆刺杀了王文华。王死后,卢焘在贵州无力稳定政局,部下五个旅长各据一方,争权夺利,其中以谷正伦与何应钦的矛盾最为激烈,何应钦是刘显世的外甥女婿,又是王文华的妹夫,刘、王既垮,他自然也待不下去,被逼离开贵州到昆明,后转广东,投靠了他在日本士官学校的老同学蒋介石。

袁祖铭离开上海后,无处伸展抱负,成为流浪军人。由于偶然的机会,他经原在四川相识的友人张英华介绍,拜见了北京政府财政总长潘复,声称可以运动黔军归附政府,实际是想依靠北洋势力重回贵州。潘复将其意转报北京政府总理靳云鹏,因此前北京政府试图说服卢焘"北附"未成,今袁既主动投怀送抱,靳云鹏即表示可以助袁回黔,以将贵州纳入北洋势力范围,"牵制湖南、四川,不使倒向孙中山方面"。北京政府决定拨款20万元作为袁祖铭运动黔军的费用,再由两湖巡阅使王占元拨一旅军队归袁指挥,于1921年4月由袁祖铭在武昌组建定黔军,自任总指挥,但假道湖南入黔之议被拒。援鄂战争结束后,吴佩孚被任命为两湖巡阅使,靳云鹏电令吴佩孚"就近与袁祖铭接洽,设法扶助,俾定黔局"。1921年12月,袁祖铭与吴佩孚在汉口相见,吴表示将拨枪械助其回黔,经费"概由中央担任"。① 此后,袁祖铭利用他在黔军中的

---

① 谌志笃:《袁祖铭"定黔"始末》,见《文史资料选辑》第10辑。

老关系,对黔军进行分化瓦解,拉拢了不少黔军将领拥其回黔主政,赶跑了孙中山任命的黔军总司令谷正伦。1922年1月,袁祖铭自湘西洪江回师贵州,4月9日进入贵阳,卢焘被迫卸去总司令与省长职,袁祖铭"定黔"告成,8月被任命为贵州省长。1923年2月,四川大规模内战爆发后,袁祖铭被吴佩孚任命为黔边援川总司令,率部由贵州毕节入四川叙府。2月中旬,唐继尧令滇军入黔,袁祖铭因远在四川,难于回顾,只能决定放弃贵阳,自任黔军总司令,率部入驻四川,后以川黔边防督办名义,据有川东南大块地盘。贵州则由刘显世于4月19日复任省长,因其受滇军挟制,不安于位,9月辞职由唐继虞继任,贵州再度沦为云南唐继尧的附庸。

云南　1920年滇黔联军败于四川,滇军第1军军长顾品珍率部回滇,因不满唐继尧之颐指气使,1921年2月5日乘势驱唐下台,逼其离滇,顾品珍以滇军总司令名义实际控制了云南。1921年冬,孙中山集西南各军会师桂林,准备北伐,唐继尧表示反对,并策动驻桂滇军集中于柳州,编为4个军,设立总司令部,自任总司令,声称将回滇"戡乱"。1922年春,唐自率军自滇桂边境入云南攻蒙自,另一路则由滇黔边境入云南攻昆明,顾品珍部战败。3月20日,顾品珍战死于路南县天生关鹅毛寨。随后唐继尧复入昆明,重掌云南大权。唐继尧重新上台后,一方面以联省自治为名,巩固对云南的统治,另一方面企图重温"大云南主义"旧梦,向川、黔扩张,并在贵州获得了成功,于是又有两年后袁祖铭杀回贵州的滇黔战争。

第七章

北京政局的变化

　　第一次直奉战争之后,直系独自控制了北京政权,但因连年征战,财政困难,致社会动荡,加上灾荒频发,"匪祸"四起,甚而影响到对外关系。工人运动随现代工业的发展和工人阶级的壮大而兴起后,当其不利于军阀统治时,吴佩孚也不再高唱"保护劳工"的论调,下令镇压京汉铁路工人罢工,酿成血案,更暴露了军阀统治的本来面目。直系内部围绕总统选举等问题,争斗不已,政潮频发,曹锟不惜采用驱逐黎元洪、贿买选票的方法出任大总统,结果却造成直系贿选之恶名,大大不利于直系的统治,同时也使民国法统在贿选与政潮的冲击下基础动摇。孙中山一直坚持进行北伐统一,但却屡遭挫折,然其并不灰心,开始思考新的革命道路,重启革命征程。民国政治的发展之路正处在大变动的前夜。

第一节　直系当政时期的社会动荡

北京政府统治时期,军阀连年混战,派系相争,政务不修,财政困难,政府既无心亦无力处理各种既存社会问题,更遑论考虑社会发展之长远规划。第一次直奉战后的形势仍然如此,直系醉心于"武力统一"与"最高问题",北京政府内部尚且动荡不已,更无暇顾及社会问题,社会的不安与动荡依旧。1920—1921 年,华北直隶、山东、河南、山西及西北的陕西连逢大旱,灾区逾 300 县,灾民多达 2 500 余万人,死亡 50 余万人,可谓哀鸿遍野,亟待救济。据估计,直隶成灾有 92 县,灾民 592 万,但赈灾款项不过百万(包括政府拨款与募捐);山东成灾 32 县,灾民 380 万,赈灾款项只有区区 20 万。"军政各费,在平时已岌岌不继,加以本年军事饷需浩繁,搜罗几尽。借贷俱穷,又复丁此奇荒,库款收入,绝无希望,虽欲挪拨而无从。当告灾之时,驰电各省,吁求赈济。虽军政绅商各界热心善举,分途劝募,汇款尚属寥寥。"在此情形下,"赤贫者束手待毙,中户人家争鬻子女以求食。青春少妇,十龄幼娃,代价不及十元。甚至专为求食,甘心随人作奴婢,而莫肯收留。每田一亩之价,不能易小米一斗。一家举火,则数十家争往劫餐,于是土匪窜来,非匪者亦变为匪。饿殍满地,无疫者亦染成疫。"[①]

由于北京政府对社会问题的解决不力,使其统治时期的中国社会除了一般性的动荡之外,更突出表现为兵变与"匪祸"之频仍。北京政府统治时期,军阀以养兵为头等大事,所谓兵多势众,自然是以枪杆子

[①] 中国第二历史档案馆:《中华民国史档案资料汇编》第 3 辑,农商(一),376、388—391 页。

治天下的军阀所信奉之"真理"。其时中国并无征兵制度,士兵入伍或为强迫拉夫,或为自愿投奔,但都需要发饷,所谓当兵吃粮,是为众所公认。而军阀养兵虽多,却因财政困难而无力按时发放足额之军饷,所以吴佩孚"最最注意者,则为将来之军需问题","凡关于财政可以活动之机关,皆握住不松一步"。但即便如此,以当时"政府岁入,几以四分之三充军饷,而尤不能餍贪者之望";何况"国家兵费,支出虽多,地方捐税虽重,而并未能悉用之于兵饷。大抵至少半数以上,皆散入各级军官之私囊。是以国库已竭,而兵饷仍虚,地方凋敝,而兵变不免。"[1]据估计,第一次直奉战争前后,仅直系军队就有40万人左右,而当时北京政府财政预算中所列的直军经费每月为74万元,直鲁豫巡阅使署每月经费7万元,两者合计80万元左右,以80万元的经费维持近40万人的军饷,显然不敷应用,因此直系还要想其他的办法开支军费,如截留税款,擅征税收,扣留收入,硬性摊派等等。直系如此,其他大小军阀亦莫不如此。但在用尽了这些办法仍然不能足额按时发放军饷时,士兵的离队逃跑以至兵变等现象也就屡见不鲜。据不完全统计,自1912年至1922年,全国共发生兵变179起,其中以直系当政的1922年为最多,达到45起,地域则几乎遍及各省,其最主要的原因就是欠饷,因"欠饷过多,迭谋变乱"。[2] 这些兵变虽然是士兵用脚投票,因欠饷而对长官发出实际的抗议,有其理所必至之处,但究其过程与结果,总是以烧杀抢掠共始终,给民众带来了许多苦难,"使大多数人民蒙极重之牺牲",也加剧了社会的动荡不安。如1922年5月17日商丘兵变,"肆行抢掠,城内商号无一幸免,并且到处放火,东西南北大街,所有市房,多成灰烬,直至十八日天明,始行捆载而逸。统计城内商民,除焚死数十人不计外,其损失财物,合洋为数实达一百一十余万元。"8月2日九江兵变,"劫全埠商店居户,……纵火焚烧西大街商店百余户,全市精华殆

---

[1] 王小隐:《直奉三大秘密》中编,11页,上海,中国第一书局,1922;《董康之北京财政谈》,见1922年8月26日《时报》;《东方杂志》第20卷第1号,148页。
[2]《东方杂志》第19卷第9号,122页;第19卷第23号,115页;第20卷第1号,148页;《宜昌驻军又哗变》,见1923年10月26日《民国日报》(上海)。

尽,损失300余万,并伤店主及平民数十人,因伤重毙命者不下十余人。"① 不仅如此,因缺饷而离队哗变的士兵生活无着,许多又沦落为匪,他们与众多流民相结合,使北京政府统治时期的"匪祸"尤为多发,并具有破坏性。

北京政府统治时期的"匪祸"表现形式不一。除了一般的打家劫舍的土匪之外,还有一些打出政治旗号的武装集团,可以视为历代农民起事的延续;有些武装集团与军政界有某种关系,也是军政界人物或军阀派系争斗时拉拢的对象;还有些武装集团与外国侵略势力有一定的瓜葛,如日本就特别注意扶植满蒙地区的民间武装力量以为己用。因此,对北京政府统治时期的"匪祸"亦不可一概而论,其形成原因是复杂的,表现形式是多样的,但其中的大多数虽其情可悯,然毕竟非正常社会所可接纳;至于其中少数提出了一定政治目标的武装集团,因为其目标的不确定性,更因为其没有坚强的领导与严密的纪律,因此也只能是昙花一现,以悲剧结局告终,不足为训。

北京政府统治时期规模最大的一次民间起事的领导者是白朗。② 白朗是河南宝丰县人,1893年出生,因名之谐音而绰号为"白狼"。民国初年,白朗在豫西拉起一彪人马啸聚山林,仍然以传统农民起事的"劫富济贫"为号召,因其"性豪爽,善驭人,疏财仗义,以是能得众,先奔走于汝(县)、鲁(山)、宝(丰)之间,结识豪侠,渐成规模。"1913年5月到6月间,白部先后破唐县和禹县,"自此白朗声振豫西,各地绿林附合者骤达二千人"。二次革命时期,革命党人认为白朗所部可资利用,曾经与他联络,但事未成。二次革命失败后,国内反袁武装星散,但白朗所部在豫西南、鄂西北地区屡屡攻城占地,令袁世凯头疼不已,多次派出大军进剿,1914年2月,又派陆军总长段祺瑞兼任河南都督,令其"努力设法督饬速平为要"。其时白朗将所部改称"公民讨贼军",又称"扶汉军",自任大都督,发出讨袁告示称:"袁世凯狼子野心,以意思为法律,仍欲帝制自为,摈除贤士,宠任爪牙,以刀锯刺客待有功,以官爵金钱励无耻,库伦割弃而不

---

① 中国第二历史档案馆:《中华民国史档案资料汇编》第3辑,军事(三),746页;《九江公团痛陈兵变被害情形》,见1922年8月9日《时报》。
② 白朗起事发生于袁世凯统治时期,但为叙述的方便而置于此处。

顾,西藏叛乱而不恤,宗社党隐伏滋蔓而不思防制铲除,惟日以植党营私,排除异己,离弃兄弟,变更法制,涂饰耳目为事。摧残吾民,盖较满洲尤甚。海内分崩,民不聊生,献媚者乃称为华盛顿,即持论者亦反目为拿破仑,实则吕政、新莽不如其横酷也。朗用是痛心疾首,奋起陇亩,纠合豪杰,为民请命。故号称扶汉。"①白朗虽然打出了反袁的政治旗帜,但其起事并不具备新形势下民主革命的新特质,实质仍是传统农民起事的旧套路,他也不注重建立巩固的根据地,而以流动作战应付官军追剿并获取资财维持队伍。自起事后,白朗所部先后出没于河南、安徽、湖北、陕西、甘肃等省并进窥四川,虽然一度声势颇震,但终因没有稳固的根据地,部队在东征西进中缺乏依恃,又遭官军层层设防堵截,最终失败溃散。白朗也于1914年8月初在河南鲁山县因作战受伤而身亡。

直系当政时期发生的"老洋人"起事,是北京政府统治时期又一次规模较大的农民起事。"老洋人"名张庆,又名张廷献、张国信,河南临汝县人,1886年出生,曾经参加过白朗起事,后投河南督军赵倜之弟赵杰所部宏威军。② 第一次直奉战后,赵倜、赵杰兄弟因助奉反直而被迫下台,所部溃散后形成众多武装团伙,"老洋人"即为其中的一支。他原本在豫东发展,后由于官军追剿,改奔豫西,联络其他部众,声势迅即壮大。"老洋人"起事本无什么政治理念,而是抱着借此被"招安"而升官发财的念头,河南地方的军事将领起初也愿意接纳"老洋人"部以壮大自己的实力,但坐镇洛阳的吴佩孚却力主剿办并督促进行。"老洋人"失望之余,与赵倜、赵杰旧部集合,改称"河南自治军",打出了反直旗号,而其实际行事风格,仍不过是四处流动作战以获取资财。1922年8月17日,"老洋人"部攻占豫西镇守使署所在地陕县县城,劫走住在县城的陇海铁路局外籍员工2人。此后,"老洋人"部纵横于豫境、陕南和皖西,破城数座,又劫得外国传教士多人(共有7人被其扣押),酿成涉

---

① 乔叙五:《记白狼事》,载中国社会科学院近代史研究所《近代史资料》,1956(3);杜春和:《白朗起义》,146、321页,北京,中国社会科学出版社,1980;李新、李宗一主编:《中华民国史》第2编第1卷(上),363页,北京,中华书局,1987。
② "老洋人"外号的由来说法不一。一说是"因其身躯高大,黄头发、黄眼睛、深眼窝、高鼻子,貌似外国人,绰号'老洋人'";一说是"有一次他听到别人说洋人厉害,就气愤地说:'我比洋人更厉害,我是洋人的老子!'遂被称为'老洋人'。"详见中国社会科学院近代史研究所中华民国史研究室《中华民国史资料丛稿——人物传记》第21辑,51、55页,北京,中华书局,1986。

外事件。列强驻华使节由此向北京政府发出抗议照会,声称"此等情形,对于中国政府之荣誉,有非常之损害"。北京政府不能不予重视,其后吴佩孚任命靳云鹗为河南"剿匪"总司令,下令豫、皖、鄂三省军队联合会剿"老洋人"部。但官军又担心大力进剿将危及外国人质的生命安全,遂与"老洋人"部接触,开出"招安"价码。经过一番讨价还价的谈判,双方于12月下旬达成协议,"老洋人"释放全部外国人质,所部被改编为3个支队。但官军对"老洋人"部并不信任,改编不过是权宜之计。1923年10月,吴佩孚令"老洋人"部入川作战,以实现其借刀杀人之计,但"老洋人"部抗命拒不受令,吴佩孚即以此为借口派兵准备解决"老洋人"部。"老洋人"得报后率部再叛,转战于豫西、鄂北、陕南间,受到直军层层设防截击,难以立足,致军心涣散,众叛亲离。1924年1月上旬,当"老洋人"率部奔回豫西鲁山行至郏县时身亡,"老洋人"部最终溃散。①

就在"老洋人"部受抚就编后不久,山东又发生了临城劫车案,演成了直系当政时期,也是北京政府统治时期最为轰动、影响最大的一起外国人质劫持案和涉外交涉事件。

1920年春,孙桂枝与孙美珠、孙美瑶叔侄在山东南部枣庄东北的抱犊崮拉起一彪人马,自称"山东建国自治军",以孙桂枝为寨主、孙美瑶为总司令,部众陆续发展到数千人。1896年出生的孙美瑶,是抱犊崮武装团伙的核心人物,他曾在皖系张敬尧部服役,被认为"衣服丽都,人亦文雅,固不类山寨中人"。他们起事后,除了干着劫富掠财之举外,也提出过颇具鼓动性的主张:"近年以来,国事混淆,是非颠倒,一则曰加税,再则曰筹款、派捐、公债、印花、厘金种种苛派,纷至沓来,使农不得耕,工不得造,商不得贩,兼以贪官污吏,干没剥削,劣董恶绅,表里为奸……吾同仁奋然起义,纵横齐鲁,人强械广,智勇双全,战无不胜,攻无不克,平等为主义,均户为目的,志在除尽贪官污吏,杀绝劣董恶绅,将中国之腐败病民政策涤刷一新,熙熙皞皞,打出一个清平世界,为父

---

① 《豫匪蹂躏河洛之经过详情》《豫匪猖獗与外交团》,见1922年10月8日、11月18日《时报》;《东方杂志》,第21卷第3号,7—8页。关于"老洋人"的结局,一说是在战斗中身亡,一说是被其部下参谋长丁宝成刺杀,一说是自缢。见《中华民国史资料丛稿——人物传记》,第21辑,55页。

老兄弟造真幸福。"表现出他们对既存社会秩序的不满以及传统农民起事的平均主义要求,且带有一定的政治色彩。因此劫车案发后有时论谓:"吾人观察此次土匪行为,显系初步政识之冲动。一般国民对于政治现状与其生活之关系具不得已之要求,而出此不得已之手段,观于匪等迭次之告示与函件可以证之。"①

1923年春,孙美瑶因在山中受官军围困,难于长久坚持,遂策划以劫持外国人质的举动而得到收编的待遇。5月5日深夜,孙美瑶率部拆卸了津浦铁路沙沟至临城间的一段铁轨,致6日凌晨2时50分行经此处的特别快车出轨,孙部随后劫持车上外国旅客20余人、中国旅客数十人,并有1名英国旅客因反抗而身亡。土匪绑架勒赎是其时常有的事,绑架洋人亦非鲜见,仅1923年在外交部登记的绑架外国人案就有92起,共有不少于78名外国人被绑架。② 但是,临城劫车案发生于中国东部最为繁忙的南北交通大动脉——津浦铁路,有数十位中外旅客被掳为人质,就绑架人质数量和国籍之多,规模之最,牵涉之广,影响之大,实为前所未有。因此劫车消息传出后,引起国内外舆论大哗,有关国家立即作出了强烈反应。

得知临城劫车的消息后,美国公使舒尔曼在5月6日夜到达济南,现场处理此案。驻北京外国公使团领袖、葡萄牙驻华公使符礼德于7日和8日连续召集各国驻华使节会议,向中国政府发出抗议照会,要求限期将被掳外人安全救出,死亡之外人应从优抚恤,惩戒肇事地方文武官吏,切实保障外人生命财产安全。8日下午,符礼德还向国务总理张绍曾及交通总长吴毓麟面交抗议照会并严辞责问。9日,在外交次长沈瑞麟会晤各国公使说明情况时,英使麻克类威胁说:"自从庚子以来,贵国外交事件之重要,诚未有过于此次者,敢请贵国政府急筹相当办法是幸。"此后,公使团连续召开联席会议,发出多份外交照会,向中国方面不断提出各种要求,如放人的期限,索赔的数额,建立铁路护路队,派团考察护路问题等等,并对事件未能及时解决深表不满。6月2日,由

---

① 《临城案将如何了结耶》,见1923年5月19日《时报》;枣庄市政协文史委员会:《临城劫车案》,33页,1996;陈无我:《临城劫车案纪事》序言,1—2页,1923。
② [美]菲尔·比林斯利:《民国时期的土匪》,王贤知等译,300页,北京,中国青年出版社,1991。

美国少将康纳尔率领的外国武官团抵达临城巡视,他们态度骄横,在会见中方官吏时"近似训话,太觉难堪"。时在临城的外交交涉员温世珍有云:"国未亡,各国对我蔑视如此,真令人伤心,问北京及各省大吏,其稍有心肝者,能不抱头一哭耶!"①

临城劫车案本为突发事件,北京政府事前并无任何准备,可是"临案"反响之大,牵连之广,于当时中国的对外关系大有影响,从而使其不能不有应变之举;同时,"临案"发生正值北京政局大变化之前夜,黎元洪的总统府与张绍曾的国务院之间的府院之争颇为剧烈,而直系首领曹锟正在谋划废弃黎元洪,进行新任总统大选,北京政局之剧烈动荡,使本已软弱无能的中央政府更成了毫无决断力的跛脚鸭。临城劫车案发生后,5月8日,国务总理张绍曾召集国务会议,议决将山东督军田中玉、省长熊炳琦分别交陆军、内务两部议处,所有肇事地点文武官员均行撤任,听候查办,同时电令山东、江苏两省军民长官设法与孙部交涉,解救人质。但出席此次内阁会议的部长,除了自兼陆军总长的张绍曾之外,只有交通和农商总长到场,其余全部缺席(包括直接负责外交交涉的署理外交总长顾维钧),而由次长代表,显见其决策力之有限。会后张绍曾致电田中玉称:"匪势浩大,非跟踪追剿不能追还被掳之人,而操之过急,又恐于旅客生命发生危险。此事关系外交至为重大,现公使团已当面提出严重抗议,究应如何办理,方为妥善之处,希公同筹划,俾策完全。"张绍曾此电于剿、抚两策之态度模棱两可,未有明确的指示,而且这也是他在劫车案期间以总理署名发给田中玉的唯一指示,可见中央政府对解决此案决策之无能为力。难怪有时论谓:"政府既不死不生,外长复无人负责,而本案之对外方法乃心惊气慑,不复能作一语,良可叹也。"②

真正对解决临城劫车案具有影响力且有权力作出决策的是坐镇保定的直系首领、直鲁豫巡阅使曹锟。如时论所谓,此案之解决"决难望诸今日毫无能力之中央政府,只有望诸保境安民之直接责任者";要求

---

① 《临城案之重大交涉》,见1923年5月12日《时报》;《中华民国史事纪要》,1923年5月9日;《临城劫车案》,251页。
② 《临案调查录》,44、47页,见《临城劫车案纪事》。

曹锟"务宜抛弃从来之侵略主义,以保境安民为天职。关于管辖内之匪祸,务宜根本剿灭,以保护内外人士此后之生命财产,免至再激起国际问题。"所谓"国际问题"正中曹锟内心焦虑之所在。他正在谋划出任大总统,深知以中央政府内外地位之虚弱和财政支绌之实情,如无列强的支持,即便上台也很难维持,而临城被劫外国人质的生死及事件能否顺利解决将直接影响到列强对华态度和对其本人的态度。换句话说,他本人和北京中央政府未来的政治前途,在很大程度上系于列强的态度。因此临城案发后,曹锟不能置身事外,而是积极干预,"急欲于举行大总统选举之前将本案告一段落,以全对外之体面。"①列强亦深谙北京政治之底蕴,劫车案发后,在与北京政府交涉的同时,还不断与曹锟直接打交道,要求他采取有效措施,解救外国人质,并确保他们的生命安全。由于列强"希望军队对于匪徒暂缓进剿,以免被掳之人,发生不测情事";且公使团特别要求曹锟,"凡军事行动,负有与外人生命及安全有关之责任,应请迅为设法撤退官军,以免各国人民之危险"。在内外压力之下,曹锟对临城劫车案作出了以抚为主的决策,企图通过谈判,在一定程度上满足孙美瑶的要求,解救人质出险。②

北京中央政府以和平谈判解决临城劫车案的方针既定,交通总长吴毓麟、山东督军田中玉、第5师师长郑士琦、前总统府顾问美国人安特生,以及各国驻济南、天津、上海等地的领事等纷至临城,通过各种途径与孙美瑶部接触,磋商谈判条件。孙美瑶眼见己部以劫持人质而就编"脱困"的想法得以实现,也同意与官府谈判,开价是将其部编为正规军两个旅。因谈判双方在孙部编为两个旅还是一个旅和官府撤兵与孙部放人孰先孰后的问题上僵持不下,谈判一时未有结果,并于5月20日暂告破裂。此时,一向主抚的交通总长吴毓麟感觉"处于两难之间,本人实不敢更言和平解决";而一向主剿的田中玉则认为,"倘能及时进剿,攻其负固,抚其归诚,当可作速解决"。由于孙美瑶不愿轻易就范,驻京公使团不再坚决反对在一定程度上使用武力的可能性。曹锟在得

---

① 《津浦劫案与曹吴之责任》,见1923年5月10日《顺天时报》;《君山绥抚录》,1页,见《临城劫车案纪事》。
② Foreign Relations of the United States,1923, Vol. 1, p.632.《中华民国史档案资料汇编》第3辑,外交,216页;《中华民国史事纪要》,1923年5月9日。

悉公使团的态度后,也不再坚持以抚为主的解决方针,改以指示可以剿办。因此,5月22日的内阁会议决策"相机办理",虽未对剿抚问题表示明确态度,但在曹锟示意下,国务总理张绍曾告田中玉:"相机办理四字,范围包含剿抚兼施及其他便宜行事意义在内,尽可放手做去。"24日田中玉特意去保定面见曹锟,请求指示,曹告其"熟权利害,兼顾并筹",令其与张绍曾"商同办理"。①

在官军进剿的压力下,孙美瑶与官府重开谈判,5月31日,双方同意将孙部改编为"山东新编旅",以孙美瑶任旅长。6月12日官军撤防,孙部释放尚被扣压的全部外国人质。至此,轰动一时、震惊中外的临城劫车案以人质平安获释、孙美瑶部被收编而告解决(其善后处理并未因此而结束,详见本章第五节)。但孙美瑶仍没有逃脱被官府捕杀的命运,不过半年,受命节制孙旅的第5师师长郑士琦即指使苏皖鲁豫剿匪副司令张培荣,以"本系著名悍匪,杀人越货,罪恶贯盈"和"抗不遵令,自由行动,显露反谋"为由,于12月19日将孙美瑶诱杀于枣庄,余部解散,孙美瑶起事的结局仍以悲剧而告终。②

由兵变与"匪祸"而致之社会动荡,常常因天灾而加剧,又因政府人谋不臧而更趋恶化,不独直系当政时期如此,即北京政府统治时期亦然。

---

① 《东方杂志》第20卷8号,5页;《君山绥抚录》,3—7页,见《临城劫车案纪事》。
② 《历史档案》,1981(2),63、80页;《中华民国史档案资料汇编》第3辑,外交,223页。

第二节　京汉铁路工潮与二七惨案

随着中国近代工业的发展，工人阶级亦逐渐成长，并于五四时期开始表现出其阶级力量。中国共产党成立后，以工人阶级为其阶级基础，开始在工人中进行组织发展与政治动员，使得中国的工人运动从无到有，迅速发展，并在经济诉求之外，也表现出其政治诉求，至1923年2月京汉铁路大罢工的发生，形成中国工人运动的第一次高潮。

京汉铁路是贯穿中国南北的交通大动脉，自开通后不仅在客货运输方面起着无可替代的作用，也是北京政府的重要收入来源。因为铁路系统的垂直管理特性，铁路工人较其他行业的工人更富于组织与纪律性，从而也更便于在他们中间进行组织发动工作。从1921年起，在中共及其下属的中国劳动组合书记部的动员运作下，京汉路各大站陆续成立工人俱乐部（后改称"工会"），短短1年有余，沿路各站均成立了工会，会员总数已达13 000人，超过全路工人总数的70%，使京汉路成为中共"当时用力最多，工会力量较为雄厚的地方"。[①] 第一次直奉战后，吴佩孚为削除梁士诒的交通系势力，对铁路工人运动暂时采取了默认态度，并高唱"保护劳工"的口号。中共借此时机，由李大钊出面，向交通总长高恩洪建议在各铁路派遣密查员，以向政府提供情报信息为名，向铁路派遣工运组织、领导人员，结果得到了吴佩孚同意，中共遂派出何孟雄、张昆弟、陈为人等在京汉、京奉、京绥、陇海、正太、津浦等主要铁路线担任密查员，为工人运动的开展创造了有利条件。1922年下

---

① 史文彬：《二七的精神是什么？》，载《中国工人》1928年第6期。

半年,为改善劳动条件、提高生活待遇,京汉路长辛店、京奉路山海关和唐山机车厂、粤汉路武长段、京绥路车务段、正太路石家庄机器厂的工人相继举行罢工,并取得了不同程度的成功。

1922年4月和8月,京汉铁路工人代表先后在长辛店和郑州召开全路工人代表会议,决定成立京汉铁路总工会,并选出了由中共党员史文彬、项德龙(项英)负责的筹备委员会,通过了《京汉铁路总工会章程草案》。1923年1月5日,筹备委员会在郑州召开第三次工人代表会议,决定于2月1日在郑州举行总工会成立大会,并邀请各省市工会、社会团体及名流参加。1月15日,筹委会致函京汉路局,请求将1月28日的星期日假期移到2月1日,以便代表赴郑开会,并请给予京汉路北段代表免票乘车、南段代表挂专车的优待。筹备工作已在顺利进行中。

京汉路工人成立总工会的举动并非秘密与非法地进行,而是公开与合法地进行,相关情况均由筹委会通报路局知晓,并经路局局长批准。但京汉铁路管理局局长赵继贤本心并不愿见到工会的成立,1月25日他致电吴佩孚称:"据报二月一日,本路全体工人将在郑州开成立大会,各路与会者甚多,以未经地方官厅许可集会,竟敢明目张胆,聚众招摇,不特影响所及,隐患堪虞,即此目空一切,荒谬绝伦,将来群起效尤,愈演愈烈",建议"迅饬预为防范,切实监视"。一度标榜自己"保护劳工"的吴佩孚也不愿见到工人运动的发展,其中不仅有政治理念的原因,也有经济的因素,因为工人一旦集中在工会组织下,必定要求提高待遇,从而影响铁路收入,触动当局利益。长辛店工人罢工胜利后,全路2万多工人每月加薪3元,每月影响收入六七万元,而京汉路收入又是直军军费的主要来源之一,因此,吴佩孚对京汉路工人运动的兴起颇思压制。他先是唆使其部下、京汉路南段段长兼湖北督军署副官冯沄组织"同人通谊会",拉拢、分裂工人运动;同时派其学兵队员学习火车驾驶技术,以作为必要时顶替开车的准备。曹锟对京汉路工人运动的发展更是主张采取镇压行动。他电令吴佩孚:"近来书记部工会声势日增,过激气焰嚣张";"最近全路总工会代表借口开会,群集郑州,据报有潜谋不轨情事……郑州当南北要冲,设有疏虞,后果何堪设想。应该当机立断,严令禁止。并查拿该部首要分子归案究办,以遏乱萌。"①同时令吴佩孚增兵京汉路沿线各站,预为准备。

1923年1月29日,吴佩孚电令第14师师长兼郑州警备司令靳云鹗、河南军务督理张福来等,对京汉路工人运动"预为防范,设法制止"。靳即派兵分布各街道,阻止工人赴会。30日,吴佩孚电召筹委会派代表到洛阳谈话,筹委会当即指派杨德甫、李震瀛、史文彬等5人赴洛,次日吴佩孚在接见工人代表时声称:"你们工人的事,我没有不赞成的。"但又强调"郑州是个军事区域,岂能开会?你们不开会不行么?"工人代表陈明总工会的成立并不妨碍军事机要,而且大会筹备工作都已就绪,各站代表与来宾已陆续到达,会期势难改动。但吴佩孚强硬表示:"我已经下了命令,要制止开会;我是军官,岂有收回成命的道理?"双方争辩多时而未达成妥协。工人代表随后连夜赶回郑州,向已到郑州的16处分会的65名代表报告与吴佩孚的谈话经过,代表均认为集会自由载在约法,是我们的正当权利,决议仍照原定日期举行成立大会。李大钊等中共领导人当时对吴佩孚的认识也有不足,在罗章龙询问李大钊有关吴佩孚的态度时,李告他:"吴子玉近来正在忙着装点门面,笼络人心,想不致做出什么毁坏自己声誉的事吧!如果有什么事,你去找白坚武谈谈。"②从而未能预先就吴佩孚可能之镇压举措有所防备。

2月1日上午,工人代表及外地来宾分路向开会会场行进集合,当日"郑州全埠紧急戒严,军警荷枪实弹,沿街排列,商店闭门,行人断绝,几若大敌即在目前"。待参会队伍行至会场——钱塘里普乐园戏园附近时,被早已守候在这里的军警包围,不能前进。代表与之理论多时不得解决,愤激之下,大家齐心协力冲开包围涌入会场。大会开始后,主席报告了总工会成立的宗旨和筹备经过,宣告京汉铁路总工会正式成立,杨德甫当选为委员长。大会进行过程中,郑州警察局长黄殿辰率警察多人进入会场,声称奉吴佩孚令,"限五分钟自行解散","有反抗的以

---

① 中华全国总工会工运史研究室等:《二七大罢工资料选编》,716页,北京,工人出版社,1983;中国革命博物馆:《北方地区工人运动资料选编》,366—377页,北京出版社,1981;罗章龙:《椿园载记》,243页,北京,三联书店,1984。
② 《京汉路罢工之起因》,见1923年2月11日《晨报》;《二七屠杀的经过》,载《向导》第20期,1923;《罗章龙教授谈二七大罢工》,载《党史研究资料》1979年第4期。

军法从事"。代表们不予理睬,坚持到下午4时才宣布散会。但大会结束后,军警已经封锁了代表和来宾们所住的各宾馆,监视代表行动,禁止代表出入。黄殿辰还指挥军警将大会收到的匾额礼物及工会会所内一切文件什物尽行捣毁,并声言:"我在郑州一日,即一日不许你们开会。"①

面对军阀对工人运动的公然压制,京汉路总工会于当晚召集秘密会议,议决于4日午刻实行京汉路总罢工,同时将总工会移汉口江岸办公,成立总罢工委员会,统一指挥工人行动。2月4日,总工会发表宣言,谴责"万恶的军阀爪牙,郑州军警长官,用武力横加压迫,禁止开会,封闭会场";"这件事发生的原因,实由本路局长赵继贤、南段处长冯沄丧心病狂,捏造谣言,唆使军阀吴佩孚,命令郑州军警当局所致。工友们呀,被压迫的同胞呀,你们要看清楚,压迫我们剥夺我们的自由的,解散我们的工会的,侮辱我们的人格的,是误国殃民的军阀和他们的奸险的爪牙呀,我们要认清楚我们的仇人,我们不能忍受这种欺侮和宰割呀,我们要紧紧的团结,反抗我们的仇人,向我们的仇人进攻呀!"宣言提出撤免赵继贤、冯沄、黄殿辰职务,要求路局赔偿工会损失,所有占领郑州工会会所之军队应立即撤退,由郑州地方长官到郑州工会会所道歉等作为复工的最低条件。② 罢工的决定与宣言的发表是总工会和工人代表出于对军阀横行的义愤所作的决定,但因为是仓促所为,因此对罢工实行后的后续动作与可能后果缺乏应有的估计,罢工宣言直接点出吴佩孚的名字,并予严厉谴责,也不利于分化与利用直系内部矛盾,更使吴佩孚恼羞成怒,从而毫无顾忌地下令进行武力镇压。

2月4日中午,根据京汉路总工会的命令,京汉铁路总罢工开始,这条纵贯南北的交通大动脉立刻停止了流动。次日,中国劳动组合书记部向全国各工团发出通电,声明:"本部素知军阀怙恶,与我工界势不两立,此次郑州事变,不过初发其端";"盖军阀今日可施之于京汉者,他日即可施之于他处,如吾人今日饮泣吞声,不复与较,非惟全国工会将

---

① 《京汉路工在郑开会详情》,见1923年2月13日《晨报》;《长辛店分工会之两通电》,见1923年2月5日《京报》。
② 邓中夏:《中国职工运动简史》,95—96页,北京,人民出版社,1979;《京汉路罢工之起因》,见1923年2月11日《晨报》。

悉受摧残,吾劳动界恐永无宁日";呼吁各"本阶级斗争之精神,切实援助"。直系军阀方面,对京汉路罢工预有布置,并调派了2万以上的军警分布于沿线各站,然而京汉路罢工实现时日之迅,参加人数之多,也大大出乎他们的意料。此时正值旧历年关前(2月4日为旧历腊月十九日),铁路旅客众多,铁路罢工于交通影响甚大,但吴佩孚毫无退让之意,他一意蛮干,于5日致电萧耀南、赵继贤等,命令他们:如果工人不服劝导复工,"立即武力制止,以遏乱萌,是为切要",并称已准备500名司机可上路开车。有吴佩孚的命令撑腰,京汉路局及各地军政当局立即开始了对罢工的镇压行动。当日,京汉铁路局局长赵继贤发表文告,对工人施以诱惑,加以威胁:"若你们只就一方面的肆意要求,不替铁路想想,到了那真真为难的时候,路局亦不能一味敷衍你们了。现为路局计,与工人们约限于十二小时内立即照旧上工,恢复交通,所有以前的事情,概不追究。假若有人强迫你们,阻止上工,自有军警保护你们,不要害怕。过了十二小时,不肯回来,是你们自己跟本路脱离关系,则本局只有另筹维持交通办法,另行找人做事了。你们工人可不要后悔啊。"①

京汉路局首先将解决罢工问题的重点放在北段。2月4日,京汉路局派员以"调查""慰问"为名,到长辛店与工会代表谈判,提出先行分段通车,再讨论复工条件的要求,企图诱惑长辛店分会单独复工。此举遭到长辛店分会的拒绝。5日,京畿卫戍总司令王怀庆上呈大总统黎元洪,称"此次长辛店工人与学生联络,竟敢公然开会运动罢工,显系有人主使,希图扰乱大局。若不迅速防止,诚恐于地方治安前途,将受绝大影响",因派张国庆率骑步兵各一营,"驰往长辛店沿路一带,切实弹压,相机办理"。6日下午赵继贤到长辛店,先令宛平县知事与长辛店商会会长出面,让分会接受其复工条件。分会代表当即表示:"总工会叫我们怎么办,我们就怎样办。在罢工事件未解决以前,除了听总工会的指挥外,别的什么全不知道,这是我们至死不变的信条。"赵继贤闻听之下甚怒,遂令贴出布告,限12小时内复工,声称对于罢工的领头人,

---

① 《京汉路罢工风潮益形严重》《各路工潮未息中之各方面》,见1923年2月6日、12日《晨报》;《二七大罢工资料选编》,714、733页。

要"严行查究惩办","工人如再不及时省悟,当一律解散,押令回籍,并追缴从前所有薪饷。"①当晚 9 时,军警开始搜捕工会负责人及罢工积极分子,逮捕史文彬等 11 人。

直系军阀的镇压行动引起了长辛店工人的抗议,7 日上午,长辛店数千工人手持"要求释放被捕工友"、"还我们的工友,还我们的自由"等标语,到第 14 混成旅旅部示威,军队开枪镇压,数人身亡,数十人受伤及被捕。随后,军警封闭工会,长辛店镇内气氛肃杀,"更形凄惨,行人来往,不敢交谈。记者偶叩其何事如此,则谓一概不知。然其神色之间,未尝不呈一种悲愤之相也。"②当局同时令路局工人于 8 日起一律回厂工作,同时"出具甘结妥保及永不罢工之悔过书,呈与当局转送路局备案,并脱离工会";"长辛店工会俱乐部既系与路局捣乱之机关,自应将该会一切文卷书札,由在会责任之工人一律汇齐缴销"。自 7 日中午起,京汉路北段在军队"携带全部武装,严阵以待"的监视下,恢复开行火车。③

因为京汉路总工会迁移汉口,因此武汉三镇是吴佩孚镇压京汉路工人罢工的重点地区。湖北督军萧耀南是吴佩孚的亲信,罢工开始后,吴、萧间日通电数次,进行镇压的谋划。2 月 5 日,萧耀南先以重兵包围江岸车站,然后派汉黄镇守使署参谋长张厚生到总工会住地,强令交出京汉路总工会委员长杨德甫、江岸分会委员长林祥谦等负责人,在遭到拒绝后,张厚生即派部队占领机车厂及车站,与罢工工人处于对峙中。当日,湖北工团联合会发表宣言,表示对京汉路罢工的援助,若不达目的即举行同情罢工。6 日,湖北各工团分别派出慰问团到江岸工会住地举行慰问大会,杨德甫报告了此次大罢工的前后经过,京汉路总工会秘书李震瀛代表总工会致辞,表示"此次大罢工,为我们全劳动阶级运命之一大关键,我们不是争工资争时间,我们是争自由争人权。我

---

① 《近代史资料》,1958(1),24 页;《京汉路罢工风潮将不可收拾》,见 1923 年 2 月 7 日《晨报》;《长辛店兵工之大激战》,见 1923 年 2 月 8 日《华北新闻》。
② 《昨日长辛店枪击工人大惨剧》,见 1923 年 2 月 8 日《京报》;《京汉路罢工中之惨剧》,见 1923 年 2 月 8 日《晨报》。
③ 《中华民国史档案资料汇编》第 3 辑,民众运动,66—67 页;《长辛店兵工之大激战》,见 1923 年 2 月 8 日《华北新闻》。

们是自由和中国人民利益的保卫者。"会议结束后,与会者还举行了示威游行。吴佩孚闻知此事,当天电告萧耀南称:"京汉车已通行,惟汉口江岸工人把持,致不能恢复交通。……着即以武力从事。"①

萧耀南接到吴佩孚武力镇压的命令后,即着手调集军队行事,同时让张厚生在2月7日下午2时派人到总工会,声称:"奉萧督军命令,特来请求贵总工会派全权代表开会谈判,如得允许,张参谋长顷即可来贵会晤谈,并拟穿便衣来,以示诚意。条件六条,均可完全承认,惟先将全权代表名单开示。"工会负责接待的全权代表李震瀛等觉察来人态度反常,似其中有诈,虽同意谈判,但未将代表名单交出。稍后,此人去而复来,说是请总工会全权代表于5时半在会所等候,张参谋长按时来会。其实,张厚生此时已在江岸设立指挥处,制定了武力镇压计划。5时许,总工会代表正准备去会所谈判,走到半路忽闻枪声大作,张厚生率领两营士兵分三路包抄总工会,时有工友数百人在工会门前等候消息,躲避不及,30余人当场被乱枪和马刀杀死,200余人受伤,同时有60余人被捕,被缚于车站电线杆上,江岸分会委员长林祥谦亦在其中。张厚生发现林祥谦后,即命刽子手割去其绳索,迫其下"上工"命令,林严厉拒绝说:"此事乃全路三万人生死存亡所系,我分会非得总工会命令不能开工。"张乃命刽子手向林身上砍了一刀后问道:"上工不上工?"林的回答是"不上!"张再命砍一刀,林的回答是:"上工要总工会下令的!但今天既是这样,我们的头可断,工不可上的。"张又命砍一刀,林即昏厥过去。待林醒来时张再问:"现在怎样?"林切齿骂道:"现在还有什么话可说!可怜一个好好的中国,就断送在你们这般混账王八蛋的军阀走狗手里!"张厚生立命将林祥谦斩决,并将其首级悬于车站电线杆上示众。林祥谦临难之时,气质刚毅,临危不惧,大义凛然,从容就义,时年仅34岁。

在江岸流血惨案发生的同时,2月7日下午6时许,施洋律师在汉口寓所被捕。施洋为中共党员,多年来积极参加工人运动,"劳动界视之如明星,倚之如保姆。所以军阀官僚资本家忌刻万分,久欲杀之而后

---

① 《二七大屠杀的经过》,载《向导》第20期,1923;《京汉路工潮之汉口惨剧记详》,见1923年2月12日《大公报》。

快。"1922年10月后,施洋先后担任湖北全省工团联合会和京汉铁路总工会法律顾问,出席了2月1日在郑州举行的京汉铁路总工会成立大会,为筹备总工会的成立以及罢工后的安排,费力劳神地给工人以不少帮助和指导,故萧耀南以"煽动工潮"的罪名将其逮捕,交湖北陆军审判处审判。吴佩孚也早闻施洋之名,将其视为京汉路工潮的"祸根"。施洋被捕后,吴佩孚立电萧耀南:"将施洋就地正法,以清乱源。"吴电到后,施洋即于2月15日上午7时被害,临刑时犹大呼:"我只希望中国的劳动者,早点起来,把军阀官僚资本家和你们这般替他们做走狗的人,一起都食肉寝皮",并高呼"劳工万岁!"施洋为广大工人的利益而立志成仁,慷慨赴死,就义时也只年仅34岁。①

在血腥镇压了江岸罢工工人之后,萧耀南发布了"特别戒严令",派军队全副武装轮流梭巡,禁止民众和工人集会,禁止妨碍治安之传单、文字、图画,禁止拍发有关治安之电报,晚12点以后无点灯处不准通行,各旅馆不准收留无妥保者等等;又封闭湖北全省工团联合会及所有工会,拘捕工会代表数十人及"平时热心工团之人物,通缉湖北工团联合会委员长等17人,以为斩草除根之计。又仇视报馆,凡对工潮处置表示不满意者,则加以检查或封闭之。"武汉三镇处在一片恐怖气氛中。为解释其镇压之举,萧耀南还在对外发表的通电中,诬称"匪徒暗藏手枪,突于人丛中直向劝说官长狙击,并扑夺军队枪支,一时秩序大乱,军警为正当防卫,维持地面起见,不得已开枪格斗,格毙匪徒多人,夺得手枪十余支,余匪惊散。所有工人以匪徒格毙,恢复自由,情愿照常工作,已于当晚开车,地方安静如常。"②

在京汉路中段重镇郑州,5日晚,靳云鹗宣布临时戒严,并派"郑埠军警绅商各界人士",约京汉路郑州分会委员长高斌等到第14师俱乐部"提出严重质问",令其即日开工。高等抗辩说:"除非惩办赵继贤、黄殿辰,赔偿损失,恢复工会",否则不能复工;况且,"总工会已移至汉口,我们只听总工会的命令"。靳云鹗闻言,即命军警将高等监禁,并逮捕

---

① 《二七大屠杀的经过》,载《向导》第20期,1923;《二七大罢工资料选编》,212—215、235页;《北方地区工人运动资料选编》,467—468页。
② 《二七大罢工资料选编》,742页;《鄂萧惨戮工人之隐患》,见1923年2月23日《晨报》;《中华民国史档案资料汇编》第3辑,民众运动,62页。

罢工骨干,剥去上衣,锁在车站票房门外风雪中示众,但并未能使工人领袖及骨干屈服。6日与7日,靳云鹗继续令军士搜索工人,迫其上车服务,工人皆奔避,偶有被抓获者,也都拒绝开车。此时,吴佩孚派出的临时司机到郑州开行部分列车,但"南行至许昌,例须换水,而各站之水井,均被工人封锁,无处取水,只得中辍。其北开至顺德之车,亦因无法换水而止。"在长辛店与江岸的镇压开始后,靳云鹗亦在郑州展开武力镇压行动,并在8日指使黄殿辰找人在普乐园召开"郑县国民大会",制定若干以高压胁迫工人复工的条款,如对不复工者断其供给,退租房屋,驱逐出境,私自供给者按乱党治罪,房屋充公等。①

二七惨案以江岸、长辛店、郑州为主要发生地,但京汉路其他各站,如高碑店、保定、正定、驻马店、信阳等处亦有镇压行动,京汉路沿线各站一时均笼罩在恐怖气氛中。据不完全统计,此次直接遇害及其后冤死于监狱或非命者共53人,其中江岸35人,郑州8人,长辛店7人,彰德、顺德、高碑店各1人,受伤者数百人,入狱及被开除流亡在外者人数更多。2月9日,北京政府议决将罢工"首要"11人"就近发交军法处从严审处"。同日,内务部向上海、天津、汉口、南京、济南等城市警察当局发出密电,要求"对于聚众讲演过激主义及煽动罢工、罢市等,务须随时切实查察,严密防范,以期消灭无形。如有劝导不服,甚或有轨外行动,应即依法取缔,严重办理,以弭乱萌,是为至要。"在此等高压形势下,为保存元气以图再举,京汉铁路总工会与湖北全省工团联合会于9日联合发出复工令,劝告工人暂时忍痛复工,"须知吾人此时惟有忍痛在厂工作,才有报仇之日。杀吾工界领袖林祥谦之仇誓死必报,言论出版集会结社罢工之自由誓死必争,军阀官僚中外资本誓死必打倒,唯其如此,所以我们忍痛复工,才有以后的种种办法。"至此,规模空前、声势壮烈的京汉铁路大罢工暂以失败而结束。影响所及,中国劳动组合书记部在北京的部址被查抄,职员被通缉,只能迁往上海;北方各铁路工会及武汉工会一律被封闭,领袖被通缉。"两年来共产党所惨淡经营的工会组织,除广州湖南尚能保存外,其他各地皆完全倒台。中国职工运动

---

① 《京汉路罢工风潮之豫闻》,见1923年2月10日《新闻报》;《请看郑州绅士不许工人饮水》,见1923年2月12日《京报》;《二七大罢工资料选编》,750页。

从此便进入消沉期了"。但是,京汉路大罢工以及罢工工人为争取自身应有之政治经济权利所表现出的无畏勇气、昂扬精神、壮烈气概将长留史册,如邓中夏所言:"京汉铁路大罢工是中国第一次罢工高潮的最后一个怒涛。这个罢工显然为中国职工运动开了一个新的阶段——从改良生活的经济斗争转变到争取自由的政治斗争的阶段。"而一向保守的《顺天时报》也在时评中认为:"此种运动非仅由他人煽惑所能发生,纵今一时因此发生,亦不得成为有力而且扩大,兹既为有力而且扩大,则其中必有其他原因。其原因为何,即世界的潮流工人之自觉是也。""新式政治,则不宜仅以被治者阶级之幸福安宁为目的,更须满足其参与政治的欲望。""现在之政治,须向此圆满时代之道程进行,须令其渐向此目标接近,凡与此相离远之政策,即宜认为时代逆转的政策,亟行敝屣而抛弃之,倘不准此而执行政治,纵握有如何权力者,终亦必败而已。"①

京汉路大罢工以其所处位置之重要、参加人数之众多、最后结局之惨烈而引起了广泛的社会反响。社会各界在罢工期间对罢工工人给予不少声援与支持,在罢工失败后给予他们相当的同情与抚慰。二七流血惨案发生后,各地纷纷举行二七烈士追悼会,向当局提出严重抗议,要求保障集会结社自由,释放被捕员工,抚恤受害工人家属,严惩杀人凶手。国会议员胡鄂公等向政府提出质问案称:"查人民集会结社之自由,明明载在约法,无论何人,不得侵犯,此次京汉路工人,组织工会,事非违法,何以该地军警横加摧残。"2月11日,国会举行临时会议,提出建议案,建议政府根据约法承认工会,释放被捕者,抚恤伤亡者,撤退增调弹压的军警。但只能听命于直系军阀威权的总理张绍曾却答称:对于释放、抚恤、撤兵等事,一切须听各方长官依法处理,本人仅可以私函请其从宽而已。2月22日,黎元洪发出《大总统令》,对军阀镇压予以辩护,对死伤工人表示"痛惜",以此敷衍社会各界和舆论,令称:"京汉铁路工人,偶因集会细故,卒而罢工,又不服长官劝告,竟与军警冲突,致有死伤,殊深痛惜。查集会自由,为约法所特许,而罢工滋扰,亦为刑

---

① 《中华民国史档案资料汇编》第3辑,民众运动,64、89页;《中国职工运动简史》,85、103、105页;《京汉铁路工人之罢工》,见1923年2月8日《顺天时报》。

律所不容。况铁路所以利交通,一旦停止,国家、人民同受莫大损失。在路工人纵有被抑隐情,亦应禀候政府处置,何得遽以罢工为要挟,妨碍全路交通,置身咎戾所有。此次肇事情由,著由内务交通两部会同查明,呈候核办,并著主管部妥拟工会法案,咨送国会议决,克期公布,俾资遵守。"①

二七惨案由于吴佩孚下令镇压而演成"中国劳工运动史上最大的悲剧",吴佩孚的"声望"由此而急剧下跌。吴佩孚曾经因其反皖"爱国"主张与"恢复法统"的高调而在社会各界和知识分子中颇有"声望";第一次直奉战后他所高唱的"保护劳工"论调,亦引来不少人的好感;共产国际和中共一度也将吴佩孚列为革命阵营可以争取的重点对象。"二七惨案"的发生,使曾经环绕在吴佩孚头上的光环黯然失色,事实证明,在各派军阀中,吴佩孚不过是与其他信奉武力至上的军阀并无二致的军阀;在直系内部,拥吴佩孚的洛派与拥曹锟的保派也并无根本区别,他们对待自由民主、人权正义的态度如出一辙。社会各界对直系以及吴佩孚的观感从此一变,可以说,二七惨案是直系在政治上走下坡路的开端。对京汉路大罢工以及二七惨案的全过程有大量报道的《晨报》这样写道:"此次京汉路发生风潮,本报曾据实记载,以告阅者。乃日来警厅方面颇有当局对于本报将有不利之警告。记者天职,本在报告新闻,自不能以势力之加,改吾常度。但终因审慎从事,不能痛快直陈,致难餍阅者之望,或亦难免……若徒以防川之术,钳制舆论,恐非国家前途之福,抑岂高拱在位者所能长此安富尊荣耶。"②其间蕴含对当局及其后台直系的不满与批评明眼人一望便知,无须多言。

京汉路大罢工的主要领导者多为中共党员,尽管中共当时在京汉路工作的党员总数仅50余人,但他们基本上担任了与罢工直接相关的领导工作。京汉路罢工的公开领导机构是京汉铁路总工会,实际指挥机构则是中共京汉铁路总工会党团,中共北方区委与劳动组合书记部负责人罗章龙担任总工会党团书记,党团成员史文彬、许白昊、林育南、

---

① 《京汉路工潮昨日之形势》,见1923年2月9日《晨报》;《北方地区工人运动资料选编》,563页;《二七大罢工资料选编》,720页。
② 《京汉路工人在汉又遭惨杀》,见1923年2月10日《晨报》。

项德龙(项英)、吴雨铭、李求实等均担任了京汉路各级工会的领导人,罢工中牺牲的两位知名人物——林祥谦与施洋也是中共党员。中共以其参加并领导工人运动的实践而提升了自身在工人中的影响力,并取得了可贵的经验教训。罢工失败后,中共发表《告工人阶级与国民书》,谴责吴佩孚"这个冒称'保护劳工'的军阀便不惜自揭假面具,破坏约法赋与的集会结社自由权,便不惜血肉横飞惨杀赤手空拳以争自由的劳动者";吴佩孚"不仅是工人阶级的敌人,乃是全国争自由的人民的敌人"。① 中共也由此加快了与孙中山及国民党组织建立统一战线、共同对付军阀的进程。

---

① 中央档案馆:《中共中央文件选集》第1册,130页,北京,中共中央党校出版社,1991。

第三节 黎元洪被逐

第一次直奉战后,直系以"恢复法统"为旗号,请出黎元洪复职,暂时解决了政治善后问题。但直系无意拥黎元洪在总统位上长期待下去,他们的最终目的还是推出曹锟当总统,使直系成为北京政坛的完全主人。在这个问题上,直系内部并无分歧,只是在曹锟出任总统的时机方面,直系内部保洛两派有不同看法,保派主张曹锟上任越早越好,以得到更多的实际利益;而洛派"固推尊曹,但其始意并未积极拥曹为总统,颇欲利用黎名义,拖延选举时日,以完成其武力统一",建立直系的长久功业。两派围绕这个问题发生激烈矛盾,并在对罗文干案的处理过程中集中爆发。保派为了实现拥曹的企图,不断向曹锟进言称:"子玉不让老师做总统,有总统自为之意。老师不信,人人只知有子玉而不知有老帅了。"结果导致曹锟就罗文干案向吴佩孚发出公开警告,迫吴为了直系团体的利益而不能不后缩,何况吴佩孚也知道,"统一"还是遥遥无期的事,如果等"统一"以后再让曹锟当总统,恐怕他一辈子也干不成了,所以吴佩孚也不再反对"最高问题"的进行,只是保派与洛派又在"制宪"与"选举"孰为先后方面又有争执。保派主张"先选举",将曹锟推上总统宝座后再制定宪法,实际也反映了曹锟的意思,并得到国会两院议长吴景濂、王家襄的支持;洛派则主张"先制宪",俟宪法制定后再选总统,洛派的主张更多考虑到社会舆论对制宪的呼声以及选举总统的合法性问题,担心在现有法制框架及国会残缺的情形下选总统又将为反对派落下"非法"之把柄。吴佩孚认为,"制宪大权,本属国会,一俟法典告成,自应共同遵守。至一切政局纠纷,则当推诚协议,力图改进",如此则曹锟当选为水到渠成。① 但吴佩孚和洛派的意见既不为曹锟所喜,更不为急于拥曹上台的保派所体认,事实上也无法阻止保派拥曹上台的种种运动和策划。

为了拥曹锟上台,首先必须赶黎元洪下台,办法无非是文与武两途。由于黎元洪是被直系刚刚请出来复职的,骤然采用武力直接驱逐的方法即便是拥曹的保派也觉太过突兀,因此"文"的方法成为保派逐黎的首选,其切入途径就是黎元洪的任期问题。

根据1913年10月公布的《大总统选举法》,大总统任期为5年。自1913年10月到1916年6月,由袁世凯担任大总统;袁死后,1916年6月至1917年7月由黎元洪继任;黎被张勋赶走后,1917年7月至1918年8月由冯国璋代理,三人任职时间共计5年,也就是一任大总统的任期。自1918年10月到1922年6月,徐世昌担任大总统,惟因其由安福国会选出,故在第一次直奉战后被直系认为不合法统,因此请出黎元洪复职。但黎元洪复职后,其任期究竟如何计算则成为众说纷纭的问题,一直悬而未决。为了给黎之复职寻求法理依据,曾任北京政府司法总长的张耀曾撰文认为:黎元洪的任期尚有1年3个月,理由是:根据约法及总统选举法,大总统在任期中的离职原因只有死亡、弹劾、因故不能执行职务,"故从法律上立论,民国六年七月黎大总统之离职,推之法定三种原因,无一而当。是其离职,乃事实上之离职,非法律上之离职也。非法律上之离职,故不生法律上之效力。惟其离职无效,故冯副总统之代理,乃事实上之代理,非法律上之代理也。非法律上之代理,故亦无法律之效力。"因为当时国会已被解散,因此无论是离职还是代理,都未经过国会通过的合法手续,因此都不为有效,现在"障碍既去,当然继续任职"。也就是说黎的总统任期应补足自1917年7月到1918年10月的1年3个月,复职任期为1922年6月至1923年9月。而反对者则认为,冯国璋的代理是合法有效的,黎元洪复职后的任期仅能补足袁世凯自称帝至死亡以及张勋复辟的这两段时间,故其复职任期只有6个月,也就是充其量任到1922年12月。黎元洪本人及其亲

---

① 《张国淦文集》,295页;陶菊隐:《吴佩孚传》,79页,上海书店出版社,1998;《中华民国史档案资料汇编》第3辑,政治(一),207页。

信左右当然都希望黎在总统位上多留时日,他们对上述两种说法都不满意,几经琢磨后提出:自袁世凯颁布《中华民国约法》就背叛了民国,从而在事实上已不能视为民国总统,因此,自"新约法"颁布之1914年5月至1916年6月袁死之日均应为黎之任期,这样算来,黎元洪的复职任期至少还有2年1个月,可以任到1924年7月,如果再加上1917年7月黎被张勋赶走到1918年10月的1年3个月,则最长可以任到1925年10月。此等主张实在有些离谱,也没有多少人认同,但黎元洪的恋栈之心,却使拥曹的直系保派颇为恼怒,下决心尽快使黎元洪从大总统之位离任,或者从法理上剥夺黎元洪的继续任职资格,或者进而采取强迫手段,总之,不能使黎元洪继续再待在大总统之位。

1923年5月,拥曹议员向国会提出解释大总统任期案,提出黎元洪复职任期为补足自袁世凯改元洪宪至其死亡日的任期,总共是160天,而黎自1922年6月11日复职,到此时已有335天,超出其任期175天,应该立即退位,依法由国务院摄行总统职务,同时从速组织大总统选举。此后,又有20余起提案附和此议。黎元洪知道这些提案背后的拥曹背景,遂咨国会两院表示:"元洪复职之初,曾宣言法律问题听候国会解决。嗣两度咨请辞职,未承开议,补任期间,亦未解释。……现在尸素已久,岁序将周,虽议案尚无遵循,而法理究有限制。博考众论,固非一辞。假定长期,亦仅数月。念末日之大难,冀及时之有托。深望转告同人,查照总统选举法,注意准备。"①但黎元洪虽有这样的表示,却并无实际离位的举动,保派既不能期待黎自己离职,则需要施加更大的压力,逼其离位。

保派逼黎元洪退位的第一步是制造阁潮,赶走总理张绍曾。因为张绍曾上台后在统一问题上与曹锟和吴佩孚的步调不一,颇令曹、吴不悦,张主张先制宪后选举,更是得罪了保派,所以他们首先将攻击矛头对准张绍曾,企图驱张之后由保派组阁,再逼黎退位,准备大选,所谓"拥曹必先驱黎,驱黎必先驱张"。

1923年3月,张绍曾内阁复职,国会拥曹议员随即提出不信任案,

---

① 以上两段引文见杨琥《宪政救国之梦——张耀曾先生文存》,41页,北京,法律出版社,2004;《近代稗海》第7辑,148—149页。

集中攻击张阁处理统一问题与外交问题(如金佛郎案)的不是,责其"内政、外交着着失败",要求"尽早解职"。① 4月11日,参议院以94票对21票的压倒多数通过对张阁的不信任案。但在该案循程序移送众议院审议时,张绍曾声称此案违法,并威胁将以解散国会作为报复,同时向议员大肆封官许愿,收买议员不支持此案。故众议院未与参议院同步行动,25日将不信任案退回,保派通过国会倒阁的计谋未能成功。

一计不成,又生一计。北京政府的财政一直比较困难,张绍曾内阁同样为解决经费问题终日煞费苦心,难成正果,不仅许多机关、学校欠薪,即使表面威风凛凛的军警也时常不能按时领饷,保派随即以此唆使北京军警向内阁索饷,给张绍曾施加压力。3月间,京畿卫戍总司令王怀庆发表通电,先称张绍曾对军警"置之不顾",威胁"倘军警以无饷之故,不能维持其现状,而影响及于秩序之安宁";继责张之施政"恋栈尤殷,忽东忽西"、"播弄手段,引诱政朝",甚而指张"以揆席之尊严,而冶游于八胡同大森里之间,挟妓饮博";表示"不避怨嫌,口笔诛伐"。其后,王怀庆又于4月24日上呈黎元洪,请其"即日将怀庆本兼各职一律开去,另简贤能",以甩手不干而胁迫黎免张职。4月26日,张绍曾召开国务会议,王怀庆与陆军检阅使冯玉祥、京师警察总监薛之珩、京师步军统领聂宪藩、京师宪兵司令车庆云等率领团长以上军官85人到场,以军警经济窘迫为由,要求张绍曾立即筹拨一个月饷银以安军心,逼得财政总长刘恩源当场签发支票以解燃眉之急。当日,王、冯等发出通电,直指"北京政府为万恶之渊薮",表示"不避出位之小嫌,借谋救亡之大计"。② 第二天,参谋部部员数十人到刘恩源家中索取两年之欠薪;第三天,参谋部次长蒋雁行等到国务院,居然当面责问张绍曾长期欠薪该当何罪。保派步步紧逼的索饷举动,使张绍曾一时不堪其苦。

张绍曾以筹款发饷而暂时躲过了保派的倒阁运动,但保派不会善罢甘休,随后又发动阁员拆台。5月3日内阁例会,保派阁员以一些具体问题为借口,内务总长高凌霨、交通总长吴毓麟、司法总长程克扬长而去,表示不再出席内阁会议,使内阁无法正常工作。在此情形下,张

---

① 《中华民国史档案资料汇编》第3辑,政治(一),216页。
② 《中华民国史档案资料汇编》第3辑,政治(一),210页;政治(二),1381、1385页。

绍曾不得不向保派求情,并以任命保派人物张英华为财政总长而向保派示好。但随后保派又就制宪经费问题向张绍曾发难。为了从速完成制宪工作,当时国会部分议员提议,对出席制宪会议的人员每次发给出席费20元,以解决议员经常无故缺席的问题。提案通过后,如何筹款成了国会的难题,经国会向黎元洪求援,黎元洪召集张绍曾等商定,从海关建筑费项目下每月拨17万元制宪经费。保派得知后"以黎元洪此举为见好国会,欲运动蝉联总统"为由,由吴毓麟在5月26日的内阁会议上发难,提出制宪经费不经国务会议议决,违背责任内阁精神,不能发放。财政总长张英华还以此为由阻止总税务司拨款。①

经过上述几次倒阁风波,张绍曾内阁已是风雨飘摇,难以维持,但如果张绍曾坚不辞职,而黎元洪也不免张职,保派暂时也没有更好的办法。为了达成搞垮内阁的目的,保派又利用张绍曾贪权的欲望向他表示,只要他同意辞职,则在逐走黎元洪后,立即迎他回京,循例摄行大总统职权。此时的张绍曾因不堪保派的逼迫,又心存辞职后曹锟或许念其功而仍重用他的幻想,居然钻进了保派设好的由其自行辞职的圈套,"堕其术中而不能自拔"。6月6日,张绍曾召开特别国务会议,高凌霨首先声称:总统近来对于政务或不经国务会议直接处理,或以命令方式交院照办,违背责任内阁制精神;总统既不信任我们阁员,我们只有告退。吴毓麟、程克、张英华等立即附和高的意见,提出内阁总辞职。事已至此,张绍曾表示,内阁阁员同进退,要辞大家一起辞。高凌霨立即不失时机地拿出早已准备好的辞职呈文和通电稿本,让与会者依次签名,随后发出。通电称:"责任内阁载在约法,今既责任不明,以后危险情形岂可言喻?绍曾等备员阁席,既不欲使一己蒙失职之咎,复不欲陷元首于侵权之嫌,惟有声请罢斥,解除责任。"高凌霨还怕张绍曾辞职后留在北京不走,对他们此后的活动不利,又进逼说:我们既然决心辞职,应该离开北京退避贤路。而当张绍曾晚间上车离京时,国务院中只有秘书长张廷谔一人随从,名曰护送,实为押解。张绍曾也无可如何,只得灰溜溜地往天津去了,从此被弃置闲散,谋复职而不得。②

---

① 《近代稗海》第7辑,161—162页;《东方杂志》第20卷第10号,2—3页。
② 《中华民国史档案资料汇编》第3辑,政治(二),1388页;《文史资料选辑》第3辑,221页。

对张绍曾的辞职,黎元洪当然知道其意味何在,他即派其亲信、陆军次长金永炎等持其亲笔信"赴津谢过,分劝就职"。张答以:"此次政潮,酝酿极久,原因复杂,个人力难消弭,只得远避。"金见张"辞意坚决,无法挽回",遂返京复命。黎元洪为了巩固自己的总统地位,急于组织新内阁,他本有意请顾维钧组阁,但顾维钧知此次保派非逼黎下台不可,"卒以形格势禁,合作难期,谢不肯任"。何况张绍曾曾令张廷谔回京后将继任之空白命令办好送总统府,谁知张廷谔听从保派指示,将空白命令藏匿起来,黎元洪拿不到有张绍曾署名的空白命令,顾维钧的任命令也无法发表。其后,黎元洪又约颜惠庆面商,颜"初似肯相助",但因"逼宫"潮起,于是亦"不敢担承"。组阁事终告搁浅。①

张绍曾内阁既倒,中枢政事无人过问,北京形成无政府状态,保派即组织军警索饷和"公民团请愿",掀起了大规模驱黎风潮,逼迫黎元洪下台。6月8日,"有军警、官佐数百人佩刀入新华门,围居仁堂,借口索饷。经当面再三开导,始各散去。"保派为了增加对黎元洪的压力,又以"索饷不得,不能枵腹从公"为借口,策动北京警察"形式罢岗"。9日,"城郊警士一律罢岗,领袖公使来宅询问,天安门前复有数十人召开国民大会,散放传单,虚构罪状。新华门外及东厂(黎元洪)住宅守卫尽撤,比午住宅数处电话不通,查系军队派人监视,不许接传。"至当晚7时,保派方令警察复岗。10日上午,军警索饷队伍围困黎之官邸,表示非领得欠饷决不退出。下午,近千人的"市民请愿团"又前来"声援",这些所谓"市民"实际是穿便衣的军警,他们手持"改造政局""总统退位"等纸旗,"呼喝之声响震屋瓦,百般劝喻,均不见听"。② 黎急召北京步军统领聂宪藩、警察总监薛之珩前来弹压,但不得要领。此后直到黎元洪出走,对黎宅的滋扰始终没有中断。

"逼宫"事初起,黎元洪还强作镇静,不愿下野。10日他致电曹锟、吴佩孚,表示"依法而来,今日可依法即去",询"两公畿辅长官,当难坐视,盼即函示"。但曹、吴对黎之电文装聋作哑,不予理睬。为了逼黎元洪从速下台,12日,京畿卫戍总司令王怀庆、陆军检阅使冯玉祥向黎递

---

① 《中华民国史档案资料汇编》第3辑,政治(二),1391页;《文史资料选辑》第3辑,221页。
② 《中华民国史档案资料汇编》第3辑,政治(二),1391页。

交辞呈,表示不负维持秩序的责任,并且进一步声言:"以后苟非饷项有着,不仅王冯辞职,全体军官亦当继其后也。"这无疑是对黎的最后警告。黎派参谋总长张怀芝退还辞呈并加慰留,但王、冯拒不接受。黎又不顾脸面致电曹、吴求情称:"两公畿辅长官,保定尤近在咫尺,坐视不语,恐百喙无以自解。应如何处置,仍盼即示。"但曹、吴仍不置理,至此,黎元洪知大势已去,不可再在北京待下去了,下午3时与亲信会议,商请李根源担任阁揆,并拟就命令,裁撤全国巡阅使、巡阅副使、陆军检阅使、督军、督理,所属军队由陆军部直接管辖,以发泄对"请愿"风波背后操纵之曹锟、吴佩孚的不满与怨恨。13日上午,黎元洪分函国会及外交团并通电全国,声明总统移津办公,声言"曹巡阅使近在咫尺,迭电不应,人言籍籍,岂得无因?";"去年复职,历经咨催国会,遴选替人。但得宪法早成,于愿已足。若谓延长任期,竞争选举,匪特毫无是迹,抑且毫无是心。何嫌何疑,而相胁迫?个人自由横被侵夺,更何能执行职务。万不获已,权移天津!"①下午,黎元洪由几位亲信左右陪同,乘专车赴天津,行前将大总统印信交其妾危文绣携往东交民巷法国医院暂住。自上年6月11日入北京复职,至此时被迫离京出走,黎元洪在大总统任上又干了一年又两天。

得知黎元洪出走的消息,王怀庆、冯玉祥、聂宪藩、薛之珩等即在13日下午召开紧急会议,议决维持治安、约束部下、拥护国会、保护外侨等项办法。在保定的曹锟得知黎元洪离京后,也不再装聋作哑,于当天下午致电北京军警长官称:"连日以来,内阁总辞,今又值元首离京,首都人心,益因此惶恐。国会为国家根本法律所在,务望极力尊崇保护。以及人民治安,使馆侨民,一切交通秩序,均须极力维持,以重首都,而奠国本。"②

黎元洪出走之初,保派分子发现大总统印信不知去向,以为黎随身带走,内务总长高凌霨即于13日下午致电在天津的直隶省长王承斌设法截留。曹锟亦电王怀庆,指示"所有总统印信及国玺,并希查询明确

---

① 《张国淦文集》,299、301页;《中华民国史档案资料汇编》第3辑,政治(二),1386—1387页;《近代稗海》第7辑,167页。
② 《近代稗海》第7辑,168页。

为祷"。王承斌即率同警务处长杨以德,随带军警乘车至杨村,当3时许黎之专车抵达后,王等登车并向黎索取印信,黎"语意含糊。继云:在北京法国医院,由其如夫人保管,乃屡次电京乞未允交"。车抵天津后,王"传令摘去车头,百般要挟,数千军警密布,坚不放行,始则要求交印","否则羁禁车内,永不放行"。黎元洪气愤已极,拔出左轮手枪自杀,为其美籍顾问福开森所救,英美两国驻津副领事闻讯赶到车站后也被禁止登车。至晚10时许,黎迫不得已派人打电话到北京,嘱将印信交给国会。危氏因总统印玺关系重大,未得总统口谕,不能交出。于是黎在军警重重监视下,到车站电话室与危氏通话,告其交印。因为一直没有接到北京的消息,王承斌仍不许黎回宅,直到14日清晨张廷谔、薛之珩从法国医院取到印信。王承斌得讯后,又以黎元洪名拟就的致国会、国务院和各省通电交黎,强令其签名,宣布"本大总统现在因故离京,已向国会辞职。所有大总统职务依法由国务院摄行。"①黎被迫作出妥协签名后才被最终释放出车回家,演出了此次"逼宫"案中"古今中外,皆所罕闻"的一幕闹剧兼惊险剧。一年前赶走大总统徐世昌、口口声声高喊"恢复法统"的直系军阀,又以这样的方式迫不及待、毫无顾忌地赶走了自己请出的黎元洪,北京政治的荒唐无序于此可见一斑。

　　黎元洪被逼离职出京,保派倒阁、逼宫的图谋先后实现,接下来就是组织"摄政内阁"。6月14日,北京内阁在保派阁员的操纵下,甩开总理张绍曾(张绍曾想回京重掌政府,但被保派所拒),召开特别国务会议,虽然只有内务、财政、司法、海军4位总长参加,但仍决定内阁复职,并通电声明由国务院依法代行大总统职权,暂由内务总长高凌霨主持院务。同日,国会召开两院议员谈话会,讨论黎元洪离职问题,拥曹议员提出由内阁摄政并选举继任大总统。而国民党所属议员认为:此次军警流氓以暴力逼走总统,国会为维护国家纪纲计,亦须有正当之表示。拥曹议员即"群阻其发言,哗噪叫嚣,秩序以乱"。会议未有结果。16日国会继续召开两院议员谈话会,拥曹议员提议"应用快刀斩乱麻方法"处理黎元洪离职问题,动议自黎元洪离职出京之日起,其"所发命

---

① 《中华民国史档案资料汇编》第3辑,政治(一),214页;政治(二),1393、1395页。

令概不生效",并"由国务院摄行大总统职务"。结果在拥曹议员的鼓噪之下,该项动议以超过到会者的半数通过,摄政内阁据此而成"合法"。但其合法性却遭到各方质疑,如论者谓:"公等作为,纯以私意为弃取,毫无法律之准绳,置人身于大海浮萍之上,虽无风波之起,亦难免于灭顶之祸矣。万一因此而引起天下之纷争,陷国家于万劫不复之境,至时之责任果将谁归乎?"①

当摄政内阁在北京紧锣密鼓地重张之际,被逼走天津的黎元洪也不甘心就此退隐。6月13日,他在去天津前曾发布《大总统令》称:"此次京师乱起,显有发纵指使之人。本大总统委曲求全,胁迫愈急。毁法乱政,罪恶昭彰。举国官兵,当同义愤。扶危定乱,愿与天下图之。"14日,他到天津家中后,又发表通电称:"当此政象险恶时,一身去就,关系过巨,决不能率言辞职。"并声言:"现在印被劫夺,所有北京发出之非法命令,概行无效。"摄政内阁经国会"认可"之后,20日黎元洪发表通电,称其离京为"不能自由行使职权","并非离职,更不得妄为援引",因此他"仍为在职之大总统",所发命令"自应一概有效";并称"自今以往,元洪职权,未得国会确当之解免,无论以何途径,选举继任,概为非法"。为了表示他仍在大总统任上,黎元洪不断发布各项命令,如任命唐绍仪为国务总理(未到任前由李根源署理),任命段祺瑞为"讨逆军"第一路总司令,张作霖为第二路总司令,但黎元洪毫无实力,各方对其命令反应冷淡。为了给曹锟"当选"总统制造麻烦,黎元洪又拉拢、利诱部分国会议员离开北京,以使国会不达法定人数,从而使选举自然流产。黎的做法与正在携手反直的孙(中山)、段(祺瑞)、张(作霖)三角同盟鼓动国会议员离京南下的主张有契合之处。其时反直三角同盟以发放旅费吸引议员离京,"连日各方来接谈者甚多","离京者不绝于途",至6月底到津议员已近300人。② 但黎元洪希望议员在天津集会以为其壮声势的想法和反直三角同盟利用议员在上海召开国会以在政治上打击直系的主张不相吻合,后来多数在津议员决定去沪。7月14日,南下议员

---

① 《近代稗海》第7辑,186—188页;《中华民国史档案资料汇编》第3辑,政治(一),219页。
② 《近代稗海》第7辑,174、205—206页;辽宁省档案馆:《奉系军阀密信》,67页,北京,中华书局,1985;《离京议员再揭曹派阴谋》,见1923年7月6日《民国日报》(上海)。

在上海开会,声明"留京议员,陷于强暴,即有议案,不生法律效力。北京武人,如有假借政府名义,与各国订何项条约,磋商何种借款,吾国会概不承认。"但直系自恃有雄厚的资金利诱议员回京,而南下议员出于派系纷争,对政治问题的态度也不一致,结果始终不足法定人数,"沪上国会,已成遗蜕,无可发展"。① 但无论此后的政局向何方发展,自武昌起义起始而意外跻身中央政治舞台的黎元洪都无能参与,而只能成为政治的看客,两度出任民国大总统的黎元洪就是以这样的方式结束了自己的政治生命。

---

① 谢振民编著:《中华民国立法史》上册,166 页;《杨宇霆致杨毓珣函》,1923 年 7 月 27 日,载《历史档案》,1982(2)。

第四节　曹锟贿选与"法统"中落

倒阁、逼宫、摄政步步告成,直系拥曹的保派最终的目的是尽速进行大选,使曹锟早日坐上大总统之位。但黎元洪被逼走后的北京政局却因摄政内阁的合法性、国会议员离京等纷扰而处于近似无政府的混乱局面中。摄政内阁缺乏合法认同,国会因不足法定人数无法开会,正常的国务政务活动尚且停摆,总统选举更无法进行。面对如此困局,即便是当初最积极主张驱黎拥曹的激进保派分子也不得不思有所补救,以尽快稳定局势,尽早进行选举。

直系稳定局势的首要之图是组建完全内阁。黎元洪离职、摄政内阁成立后,实际在任的内阁成员不到半数,姑无论其是否合法,即就内阁本身而言,以不到半数的成员也无法名正言顺地召开国务会议,作出相关决策。由于总统缺任、国会流会,加以各派系间的钩心斗角,新阁一时难以成立,为了使政府能够正常运转,直系只能勉力为内阁补充阁员,俾其凑够正常人数。外交总长是除了内阁总理之外的首席阁员,对外交涉也是北京当局的重要任务,此时不仅临城劫车案、金佛郎案等需要外交总长出面交涉,而且总统选举问题也需要向列强疏通。7月20日,曹锟致电顾维钧,请其担任外交总长。此前,顾维钧已被任为外交总长,但他因对罗文干被捕案不满而不愿就职。此时为了说服顾上任,曹锟同意释放罗文干,顾维钧随后同意就任。对负有解决财政困难并为大选筹集经费重任的财政总长,曹锟本有意由中国银行总裁王克敏出任,但因各方反对,王克敏不敢贸然就任。其后,曹锟又在左右建议下提出张弧为财政总长。张是亲奉的前梁士诒内阁的财政总长,本为直系的冤家对头及直奉战后被通缉的"祸首",但如今为了应付时局,曹锟顾不得张与直系的"历史过节"而同意由其出任财政总长。其后,摄政内阁又任命黄郛为教育总长,袁乃宽为农商总长,总算凑齐了内阁成员,对外可以有所交待了。

　　直系稳定局势的又一招是提议从速制定宪法。本来直系保派一直主张先选总统后定宪法,但因为国会议员人数不足,因此只好提出"先宪后选",以参与制定宪法而留名于世诱惑议员回京。7月12日,当王家襄提出"先宪后选,为吾辈自来之主张……深望当局于此,能有彻底之觉悟,勿再漠视一切,专事选举运动。尤望停止选举运动,明白表示,以安人心",一向主张"先选后宪"的保派中坚高凌霨等立即回应称:"制宪大选,均为解决时局紧急问题,孰前孰后,众公自有权衡,我等不能过问。"为了进一步拉拢议员,7月24日,曹锟发表通电,未提总统选举,却大谈"宪法一日不定,国家一日不宁。……盖根本大法先立,则枝叶从而就理,事势困难,皆得据法律为解决。一日宪法昭垂,全国遵守,固为我国家无穷之庆事,抑亦我国会制宪无上之光荣也。"同时声言:"服务国家垂十年,民国肇建,未尝一日自逸。私人权利,夙不敢争。耿耿寸衷,惟知有国。"以此对外明个人之"心迹"。其后直系将领纷纷发电应声附和,"望参、众两院诸公先行完成宪法,继以速办选举,定国家根本大计"。①

　　经过补充内阁成员和准备制宪的运作,黎元洪离职后的混乱情势有所改观,但直系如此操作的最终目的仍是总统选举。曹锟对登上总统之位始终不能忘怀,还在第一次直奉战后不久,曹锟即"拟乘此危急存亡之秋,占据总统地位,快其大欲。现在暗中派心腹秘密来京,运动议员,联络报馆,苦心孤诣,务以达到当选目的。"有鉴于袁世凯称帝功败垂成的经验教训,曹党担心"此项最高问题之解决,速则易于观成,缓则恐生他变。盖两院罗汉至八百尊,其中党派分歧,言论庞杂,若任其夜长梦多,势且横溢旁出,将演出种种卑劣手段。"因此,自黎元洪离职后,直系之"宗旨确定,为国为民及我系前途之关系,无论如何必须尽力

---

① 《曹派伪选已绝望矣》,见 1923 年 7 月 16 日《民国日报》;《中华民国史档案资料汇编》第 3 辑,政治(二),1410 页;《近代稗海》第 7 辑,294—295 页。

办理"。此时高凌霨主持摄政内阁,"欲讨好于曹,迎合曹意";国会众院议长吴景濂"确想以开国元勋之资格,过过未成之总理瘾";地方大员中,如直隶省长王承斌企图在曹锟当选后接其直鲁豫巡阅使职,故对选举颇为积极。① 在这几股力量的共同作用下,推动曹锟"当选"的总统选举势成必然。

不过,直系办理总统选举,除了内外的种种困难之外,还有个困难是缺钱,不仅选举诸事离不开钱,收买离京国会议员回京参加选举更需要花大笔的钱,而北京政府的财政不仅没有余款用于选举,就是对"各部署机关欠薪,及各军欠饷,近畿军警积欠,均已一筹莫展"。总统选举事之所以在黎元洪离职后未能立即进行,其中原因之一也是需要筹措经费。曹锟本人经各种途径而聚敛的家产并不少,但他不愿用之收买议员,而是要部下"报效"选举经费,如萧耀南、齐燮元各50万元,田中玉40万元,刘镇华、张福来、马联甲各30万元,等等,但仍有很大缺口。此时王承斌自告奋勇夸下海口:"所有一切应用款项,皆可向予一人索取。"他的办法主要是向地方绅商摊派军饷,强行勒索,结果筹得数百万元经费。② 至此,直系中的拥曹派胆气复壮,又开始紧锣密鼓地筹划总统选举事项。

8月19日,拥曹议员提出:根据《大总统选举法》的规定,国务院摄行政务时,国会议员应于三个月内自行集会,组织总统选举会,选举次任大总统,"请速酌定日期,先开一总统选举预备会,以资进行"。吴景濂随即表示:"此事极为重要,诸君即不提及,余亦早拟就商赶快进行之法。"但此时出京议员已多至近300人,而留京议员中仍有不少人有离京动向者,如何稳定在京议员并吸引出京议员回京投票,使选举合乎法定程序及有效性,颇费曹党思量。他们起初动议对留京议员发放维持费或顾问费,可是又不放心议员的操守,担心他们领了钱不办事,其后决定对出席国会会议的议员发放出席费,大约每人每月可得600多元,超过南下议员所得津贴的一倍,另对南下议员回京者发给高额旅费。

---

① 《中华民国史档案资料汇编》第3辑,政治(二),1405、1407、1411、1443、1446页。
② 《伪阁将因穷拆台》《直系筹款借款之进行》,见1923年7月23日、10月21日《民国日报》;《近代稗海》第7辑,160页;《中华民国史档案资料汇编》第3辑,政治(二),1448—1449页。

自 27 日起，议员出席国会会议开始领取出席费，以此等"公然行求贿赂，损害国家财产"之举动，不仅反对者大加抨击，即便是留京议员中亦有不少人出于自爱而声言此举违法。除了公然以金钱贿赂之外，拥曹议员又自说自话，提出延长国会议员的任期，以此自肥。因为根据《国会组织法》，众议员任期为三年，此届议员任期自 1913 年 4 月 8 日国会开幕之日起，虽经两次解散，但至 1923 年 10 月也到了期满之日。为了延续即将结束的任期，吴景濂在 8 月底提出，在国会选举未成、新议员未集会之前，现议员不容轻言去职。9 月 7 日和 26 日，国会众参两院先后通过《修正国会组织法》，将参众两院议员任期资格均规定为俟下届依法选举之国会开会前一日解除之，换言之，只要新的国会没有选举产生，此届国会议员即得以无限期延任。作为国会议员参加选举总统的交换条件，摄政内阁在总统选举前夕的 10 月 4 日公布了国会议员任期延长令。①

尽管直系拥曹派在金钱、地位各方面尽力拉拢国会议员，但是短时间内仍然无法凑足选举总统的法定人数。国会两院议员总数为 870 人，选举总统须有超过 2/3 者即最少为 580 人参加，否则即不能进行。曹锟想当总统，但他要当的是"名正言顺"经"选举"而产生的"合法"总统，所以如何满足"合法"的条件，使直系拥曹派伤透了脑筋，最后只能祭出直接买票的险招。9 月初，高凌霨、吴毓麟、程克等保派中坚连日会商，提出以 5 000 元为最低额度，收买议员参加总统选举，但是先选后付担心议员不来，而先付后选又担心议员领钱后开溜，最后决定先开选举预备会议，俟得知确切出席人数后再决定发钱方式。9 月 8 日和 10 日，国会召开二次选举预备会，参加者均不过法定人数，但拥曹派找来书记员冒名顶替并虚报出席人数，10 日的会议遂决定在 12 日举行总统选举会，但因到会人数不够，12 日的会议未能选成，使曹党颇为失望。会后，积极拥曹的直隶省长王承斌进京，主持选举事宜。

王承斌主持总统选举的招数，除了"暗中沟通各派中坚，贿以巨款及从优待遇之条件"外，还"以各省区实力派为促进大选之急先锋，加以

---

① 《金钱支配之政客拥曹声》《彭养光告发吴景濂》《臭气熏天的北京政讯》，见 1923 年 8 月 23 日、9 月 1 日、2 日《民国日报》；谢振民编著：《中华民国立法史》上册，167—169 页。

国民团之请愿为内应,以临时动议改开总统选举会,即其选票不足成数,亦决爰照举袁先例,以决选产出之"。他开出了5 000元的选票价码,但须在选后支付;同时许诺助选团体头目以各等官职,以至这些人乘机漫天要价,"所提条件,无不竞争占据阁员之要席,次则要求省长、次长、各路局长、关监督及権运局、盐运使等,亦有请求京内外各部属厅长、道尹,甚至要求保障终身议员,或予实缺县知事,无奇不有"。尽管如此,愿意"卖身"的议员人数仍然迟迟达不到法定数,不少人持观望态度,还有人准备领钱但不准备投票。如议员某所言:"我等此来确是为五千元之票价……但因此而出席投票,则万万不可能。盖因得钱而卖身,不几自认为猪仔乎。虽此有类于过河拆桥,然取之于盗,不为伤廉。我等以为得钱是一事,投票又是一事也。我等预备金钱一经到手,即当迁眷南下。"为了凑足投票人数,王承斌还派人携款赴沪,运动南下议员回京,总算又拉回了若干议员。但如时人所论:"离京议员之拉回,固觉非易;拉回以后,欲其出席,又属非易;纵能出席,欲其投某方之总统当选票,尤属非易。多数回京议员,咸声明除宪会以外,其他各会,均不出席,且领到岁费即南下者,颇不乏人。"①

当在京议员达到一定人数后,10月1日,曹党开始向他们发放领款支票,票面价值多数为5 000元,少数支票价值多至1万元甚或更多,但不能立即兑现,而须在总统选出三日后由持有人加盖私章向发票银行领取。曹党既以此收买议员投票,又不使其立即兑现,以防议员领钱后开溜。曹党自恃大权在握,公然行贿,但偏有好事者不听话,浙籍众议员邵瑞彭得到支票后,即于10月3日向京师地方检察厅告发高凌霨、吴景濂等"运动曹锟当选为总统,向议员行贿,请依法惩办",并通电各省,声诉此事经过,同时还将支票正反两面拍成照片,作为贿选证据交各报发表。虽然邵的告发没有结果,却使总统贿选尚未开张即大白于天下,使曹锟及曹党处于千夫所指之境。而反曹派亦不甘示弱,开出更高的价码收买议员,"自六千元开盘以至一万元收盘,并先付半数现

---

① 《中华民国史档案资料汇编》第3辑,政治(二),1423、1450、1455、1480页;《王承斌到京后怪现象》,见1923年9月20日《民国日报》(上海);《近代稗海》第7辑,391页。

款。议员前往交易者,固多至五十余人。"①只是因财力不继,反曹派拆台未成。

所谓有钱能使鬼推磨,国会议员在重金收买之下大体达到了进行总统选举的法定人数,10月5日,国会正式进行总统选举。当天下午,到场议员已有590人,超过总数的2/3,吴景濂下令开始投票,结果曹锟得480票,超过到会议员总数的3/4,"当选为中华民国大总统";其他还有27人共得98票,其中孙中山最多为33票,另有废票12张,内有孙美瑶1张,"五千元"1张,"三立斋"3张等。至于出席议员人数,"此中有无不实不尽,非局外所能知。……参众各有蒙古议员一人,非其人本身,经某蒙古议员指出。山西议员某到,亦经人指出非本人;江西某议员代同乡邹某签到,亦经同乡指出。自彼等言之,可谓异常认真,然此外有无未指出者,则不敢知矣。"②

大总统"选"出来了,制宪亦匆匆走过场而成。10月4日,宪法通过一读,6日通过二读,8日通过三读。作为国家根本大法的宪法,自民国成立之日起历11年未能制成,此次经国会3次全体会议,实际只花了不到24小时的时间即最后通过,速度不可谓不"快",效率不可谓不"高"。此次通过的《中华民国宪法》,共分为国体、主权、国土、国民、国权、国会、大总统、国务院、法院、法律、会计、地方制度、宪法之修正解释及效力共13章141条,主要内容为:

(一) 关于国家性质及人民权利,中华民国永远为统一民主国;中华民国主权属于国民全体;人民于法律上无种族、阶级、宗教之别,均为平等;非依法律,人民不受逮捕、监禁、审问或处罚,住居不受侵入或搜索;通信、居住、择业、集会结社、言论著作等之自由,不受制限;财产所有权不受侵犯;人民之自由权除规定者外,凡无背于宪政原则者,皆承认之。

(二) 关于中央与地方权限的划分,由国家立法并执行者,为外交、国防、法律、币制、国税、邮电、航空、铁路、国债、专卖、文武官吏的任用等;国家立法并执行或令地方执行者,为农工矿森林业、学制、银行及交

---

① 《邵瑞彭举发贿选通电》,见1923年10月7日《民国日报》;《近代稗海》第7辑,414页。
② 《近代稗海》第7辑,408、412页。

易所制度、水利、移民及垦殖、警察制度、公共卫生、文物古籍保护等(省于不抵触国家法律范围内,可制定单行法);省立法并执行或令县执行者,为省教育、实业、交通、市政、水利、田赋契税、银行、警察保安、慈善公益等。

(三)关于地方自治权,地方行政划分为省、县两级;省得制定省自治法,但不得与宪法及国家法律相抵触;省设省议会,由直接选举产生;设省务院,执行省自治行政,由省民直接选举,任期4年,设院长一人,由省务员互选;省不得缔结有关政治之盟约,不得自置常备军,因不履行国法上之义务,经政府告诫仍不服从者,得以国家权力强制之;国体发生变动,或宪法上根本组织被破坏时,省应联合维持宪法上规定之组织,至原状回复为止;县设县议会,于县以内之自治事项有立法权,县长由县民直接选举。

(四)关于立法权,国会以参、众两院组成,行使立法权;参院由地方议会及其他选举团体选出,众院分区按人口比例选出;议员不得同时兼任两院议员,不得兼任文武官员,参议员任期6年,每两年改选1/3,众议员任期3年;以众议院2/3以上出席,其中2/3以上同意者,可弹劾总统、副总统、国务员,可对国务员提出不信任案;国会通过的法律,大总统须于15日内公布,如有异议时,得请求国会复议,如两院仍执前议,应即公布之。

(五)关于大总统,大总统竞选人资格为年满40岁以上、居住国内10年以上者;选举程序为国会2/3以上者出席,其中3/4以上者通过;任期5年,可连选连任一次;权限为公布并执行法律、任免文武官吏、统帅军队、经国会同意后宣战、缔约、戒严等。

(六)关于国务总理,国务总理之任命,须经众议院同意,并对众议院负责;大总统所发命令,非经国务员副署不生效力;如众议院对国务员通过不信任案,总统或免国务员职或解散众议院,但解散众议院须经参议院同意。

(七)关于司法权,司法权由法院行之,最高法院院长之任命,须经参议院同意,法官独立批案。

与以往拟订的各种宪法草案相比,此次通过的宪法最大的特色是增加了"国权"与"地方制度"两章,对中央与地方的权限作了划分,规定国家立法并执行者为15项,国家立法并执行或令地方执行者为15项,省立法并执行或令县执行者为11项;而原草案中"教育"及"生计"两章,则因时间所限没有讨论,也没有包含在最后通过的宪法中。就技术层面而言,这部宪法被认为"是一种联邦宪法",因其给予地方较多的权力;同时,这部宪法的"精神仍是偏重于责任内阁制的",有其一定的意义。但就其实质而言,该宪法存续的时间不过一年,"即在该宪存续的期内,该宪条文亦大都未及实施;盖当时直系军阀虽假借此宪以相号召,初无实现此宪的诚意;且该宪条文既无实行细则的规定——该宪公布后,国会亦从未另颁宪法实行细则——该宪中一部分条文,实际上或亦无从实施"。① 更重要的是,该宪法产生于曹锟总统贿选的大环境之中,无论其意义如何,都已湮没在声讨贿选的声浪之中,虽有若无,无法得到应有之反响与实践。

国会"选"出大总统之后,吴景濂立即通告各方,并与张伯烈联名致电曹锟,肉麻地称:"我公依法当选,中外腾欢,万姓仰戴,永奠邦基,造福民国。"曹锟在故作谦虚之后,表示对此"不敢推辞"。1923年10月10日上午,曹锟自保定进京,随后在北京中南海怀仁堂举行总统就职典礼,同时公布《中华民国宪法》。在就职宣言中,以贿选而出任总统的曹锟,以"依全国人民付托之重,出而谋一国之福利"的姿态,高唱"国家之成立,以法治为根基;总统之职务,以守法为要义"。② 曹锟由此成为继袁世凯、黎元洪(二次出任)、冯国璋、徐世昌之后的又一任中华民国大总统。

曹锟以公然行贿的方式当选为民国大总统,遭到了全国各界及舆论的反对与声讨,在非直系统治的各省,均有各种声讨活动及否认贿选总统合法性的活动。如孙中山在《致列强宣言》中所言,曹锟"选举之种种非法与贿赂情形,玷辱有教化之国家太甚也。……国民若默认此种行为,则不复能自号为有人格之国家以生存于世界,所以中国人民全体

---

① 《中华民国史档案资料汇编》第3辑,政治(一),347—360页;王世杰、钱端升:《比较宪法》下册,171页,重庆,商务印书馆,1943;陈之迈:《中国政府》第1册,9页,重庆,商务印书馆,1945。
② 《近代稗海》第7辑,409页;《中华民国史事纪要》,1923年10月10日。

视曹锟之选举为僭窃叛逆之行为,必予以抵抗而惩伐之。"①然在此名义声讨之外,曹锟贿选最重要的政治后果,是使以国会制为表征、以选举为核心的西式民主制度由此而声名狼藉,从而在实际上动摇了辛亥以来民国法统的政治基础。本来,民国成立后引入西式民主制度的不成功实践,已经使社会各界和舆论啧有烦言,认为弊端多多,但在此之前,人们对西式民主制度本身还是抱有一定的期望,而将其弊病归之于军阀作乱。然而,此次曹锟贿选的情况却有不同。论者曾有如此之疑问:"他们既已如此不要面孔,尽可直截了当的把曹锟抬到总统的椅子上坐了就是,何必还要经过许多曲折的手续,用许多的金钱,买许多的'猪仔',投什么选举票呢?"这确实是当时人的疑问。或许以曹锟为代表的军阀武人对继承"大统"还有某种敬畏,信奉传统的"奉天承运",将经"选举"而"合法"继承"大统"视为新的"奉天承运",因此孜孜以求通过"选举"而得"合法"之继承。但是,贿选的过程,说到底还是反映出以军阀武力为依恃之肆无忌惮,而且正因为如此,反凸显出国会制度和选举制度的重大缺失。如论者所谓:国会政治"同诸私人间之买卖交易",议员毫无公心只图私利,"议员之无耻,与其紊乱国政之罪,可谓至是而极。一般议员复不顾舆论之奚若,而抱定其金钱自金钱之主张,不稍顾虑。是则议员故意与人以不利之心颇为明显,国人对之,无再容忍之余地矣。"即便是贿选的当事人之一吴佩孚,私下里对国会议员的人格也颇为鄙视,云"国会如此行动,真是要不了的东西"。从此以后,时人皆以"猪仔"称呼国会议员,再没有人视国会为庄严的、神圣的立法机关。"国会既已实行最后的自杀,从此法统也断绝了,护法的旗帜,也没有人再要了。"②果不其然,不过一年的时间,曹锟便在第二次直奉战争中被赶下台,国会制亦因此而消亡。作为西式民主制度基础之国会制的坍塌,也使旧有的民国政治运行轨道为之而变,向着否定实行三权分立的西式民主制度的民国旧法、着重建立中央统一集权的民国新法统的方向急行。此后,国民革命浪潮如狂飙突起,其正当性与合理性相当程度

---

① 《孙中山全集》第 8 卷,264 页。
② 《中华民国史档案资料汇编》第 3 辑,政治(二),1437—1439、1449、1454 页;李剑农:《戊戌以后三十年中国政治史》,356—357 页。

上亦因此而生发,并为多数国人所认同。由此而论,曹锟贿选于民国政治及法统的影响不可谓不大,只是在当时,这种影响还没有充分表现出来而已。①

---

① "贿选"之论,当时即已为各方所发,大张旗鼓,沸沸扬扬,反曹派姑不论,即便是作为直接当事人的拥曹派和曹党人物,事后对此亦无有力的辩驳,显见其有"难言之隐",未便明言。主事者发钱,议员领钱,而且各方都以发钱和领钱作为交涉之道,其间之玄机,又何在一个"贿"字所可解。政治运作,时有一些"灰色"或"模糊"地带,如何解读,常视时人和后人之不同角度和语境,只是当时曹锟太想通过"选举"而"合法"地当总统过把瘾,在遇到国会议员不合作的"合法"的阻碍时,曹党又太过急切地操持其事,难免留下"贿"之口实并为舆论所指斥,结果"贿选"之论起,而民国法统亦因此而危。

第五节　第二次直奉战争前的北京政局

曹锟通过贿选当上了他梦寐以求的大总统,有了地位和面子,但他在就职宣言中称自己"初无政治经验"倒是大实话。就曹锟起家的个人经历而言,他不过是一介武夫,在北洋派系中的资历与辈分也不算很高,先前长期在地方和军界任职,对于北京中央政治的复杂关系以及所须解决的种种难题,曹锟并无多少经验,他也没有这样的能力处理这些关系与难题,在这些方面,他还甚至不如其北洋前辈段祺瑞、冯国璋和徐世昌。因此,当曹锟坐上总统之位后,尚不及体验个人的虚荣,却需要面对种种令其焦头烂额、穷于应付的难题。

以民国年间中国在对外关系中所处之弱势地位,得到列强的承认是历任北京当政者上任前后不能不看重的重要环节,曹锟同样如此。他在到北京上任前,就考虑到外国驻京公使团是否在他就职时前来觐贺的问题,因为此事关系到列强对他的态度,如果列强不予承认,他的总统地位也不会稳固。然而,正是在这个曹锟非常看重的问题上,列强的态度对其颇为不利。因为在曹锟上台前后,正值临城劫车案等涉外案件频发之际,公使团认为:中国"北方之现状及其发生之种种事件,悉皆由于官场漠视对外条约及义务而来。……而曹锟为此漠视对外条约义务辈之首领,故中国种种罪恶之由来,其首先应负责者,即为曹氏。渠虽被选来京,但其在外交上之身价,并不能因此抬高。"据此,领袖公使符礼德告诉曹锟派来接洽觐贺事的使者,以各公使"未奉有本政府训令为词,不予觐见"。① 列强作出如此姿态,是为了压迫中国在有关对外交涉中让步,首先是解决临城劫车案的善后问题。

临城劫车案解决之后,鉴于其负面影响之大,迫于内外压力,北京政府已经作出了一系列姿态。1923年6月26日,下令将负有直接责任的兖州镇守使兼山东第6混成旅旅长何锋钰免职,听候查办;任用瑞典籍保安队教官曼德中将视察铁路,调查路政,加强护路工作。但是,列强并不以此为满足,他们企图通过临城劫车案攫取更多利益,在善后交涉中提出了一系列后续要求,尤其是纠缠在赔偿、惩罚、护路三个问题上毫不放松。8月10日,公使团提出改组铁路护路警察并由外人监督护路的方案,遭到中国各界的同声反对,认为"辱我国体,丧失主权,且此端一开,祸患将不可底止"。9月24日,中国外交部在答复公使团的照会中,声明"护路一事为中国目前内政要举",中国将"自动改良护路之计划",但"对于外交团所拟提议之计划,义难承受"。由于列强间对护路问题的态度不一,加以北京政府就此作出了若干决定,护路问题被暂时搁置。关于赔偿和惩罚,列强不仅要求对临城劫车案损失的直接赔偿,而且要求对相关损失的"附带赔偿";要求对事发地山东的最高长官——督军田中玉即予免职,而且嗣后不得再任官职。对于前者,北京政府同意对外国人在此案中的直接损失予以赔偿,但拒绝"附带赔偿",因其"与本案无切近关系";对于后者,因为牵连到直系大将田中玉,声明"不能允从外交团之要求",将由中方自行处理。公使团对中方的答复很不满意,9月29日决定以不承认曹锟新政府的举动压迫中国退让。② 为了获得列强的承认,曹锟被迫再作让步,首先在赔偿问题上松口,同意考虑列强的间接赔偿要求。而在最让他头疼的惩罚问题上,虽然田中玉是曹锟的拜把兄弟,而且为曹锟"报效"了数十万元的贿选经费,但曹锟也不得不将其牺牲,令其自动辞职,以此解决这个让他头疼的问题。

负责办理外交的顾维钧一直在为外国公使觐贺事奔走其间,"内迫

---

① 《曹锟当前之难关》《使团态度变化之经过》,见1923年10月14日、20日《民国日报》。
② 《中华民国史档案资料汇编》第3辑,外交分册,223—231页;《中华民国史事纪要》,1923年8月27日。

于要人的敦嘱,外迫于使团的催问"。经过反复交涉疏通,公使团表示,只要中国政府承认临案有关要求,他们准于10月15日前往觐贺,同时声明"非全部承认,不必答复"。待曹锟同意列强的要求后,顾维钧又将草拟的复文先行送交公使团征求同意,直到他们满意为止,以免再节外生枝。如时论所谓:"以外交上非常的屈辱交换元首怀仁堂的一握手。可怜轰轰烈烈的青年外交家,为维持中国国际地位而就职的外交总长,竟办成如此屈辱的外交!"在达到逼迫中国让步的目的之后,10月15日,外国驻京公使前往总统府怀仁堂,正式觐贺曹锟当选总统。然而节外生枝,事后公使团又以田中玉为辞职而非免职,同时又被升为上将军,不是惩办而是鼓励为由,向中方提出质问,要求在48小时内撤销升田中玉为上将军的命令,如无满意办法,当另定对华态度。外交总长顾维钧因国家信用尽失,自己又首当其冲,处境尴尬,故提出辞呈,宣布自次日起不再到部办公。① 为了挽回局面,曹锟最后只得请田中玉自动辞去上将军,总算了结了此案。

有关临城劫车案的对外交涉刚刚了结,金佛郎案之交涉又起("佛郎"是法国货币法郎当时的译法)。金佛郎案的由来是,1922年7月,中法订立协定,法方允将其应得之庚子赔款未付部分退还中国,用于办理教育事业及清偿中国所欠中法实业银行的股金及款项。法方提出,协定所列各项数额应以金佛郎计算,而当时佛郎纸币的实际价值因为通货膨胀仅及其含金量的1/3,如照法方的提议,中方损失数额巨大。因此,中方据理拒绝了法方的提议。但法方对此毫不放松,以扣留其代管的盐余威胁中方接受其要求。同时,中国国内也有人(如王克敏)因与中法实业银行有密切的利益关系,鼓动政府接受法方的要求。1923年2月10日,张绍曾内阁在内外压力之下决定同意法方的要求。消息传出,引起舆论大哗,在习见之"爱国"与"卖国"的舆论交战之外,金佛郎案也被直系保派用以为倒张阁的重磅炮弹,该案由此一直悬而未决。曹锟当选总统之后,法国以承认金佛郎为退还庚款及参加关税会议的先决条件,对曹步步紧逼。11月王克敏出任财政总长后,在曹锟的默

---

① 南雁:《临城劫车案的对外屈服》,载《东方杂志》第20卷第21号,3—4页。

许下,有意接受法国的要求,但被争夺总理无望的吴景濂出于对曹锟的不满而大加攻击。在社会各界及舆论压力下,北京政府最终决定拒绝法国的要求。直到曹锟下台后,段祺瑞担任临时执政期间,1925年4月《中法协定》告成,规定法国退还庚款时以美元汇率折合中国货币计算,但法国先以金佛郎折合为美元,中国实际上还是承认了法国早先提出的要求,损失颇巨。

由临城劫车案和金佛郎案的交涉,不仅反映曹锟当政时期,而且反映出北京政府时期中国对外关系的某些基本特征,即每遇有对外交涉,可以进行一定程度的抗争,较过去的状况有了一定的进步,这主要是由于社会各界和舆论的压力以及职业外交家群体的努力所致,但最后的结果仍多让步,反映出当时中国外交之虚弱。由于近代以来中国的弱势地位以及多重因素的作用,牵连到其弱势国际地位的回升过程必然是十分缓慢、有限而艰难的。同时,由于军阀割据造成中国政治和政府的分裂,一方面虽然使当时的职业外交家群体有了一定程度的活动空间,并可根据国际外交准则和惯例进行他们的外交努力;但另一方面,中国政治与政府的分裂,也使对外交涉不易形成一致看法与有效决策,无法在国家和政府层面并给对外交涉以强有力的支撑,从而使职业外交家的作用打了不少折扣,加以中国自身的实力所限,使他们在挽回中国国家利权方面的贡献只能是有限的。毕竟弱国外交有其施展的空间限度,无法太过超出其自身实力而作为。因此,对于1919年五四运动之后中国国际地位的缓慢回升以及职业外交家在其中所起之作用似不宜估计过高。

直系当政期间的外交,"中苏协定"的签订及中苏邦交的恢复在中国对外关系方面具有重要的意义。苏俄十月革命成功之初,曾经两次发表对华宣言,表示愿意废除俄中之间原有之不平等条约,放弃前沙俄政府在华所获特权,建立正常的中苏外交经贸关系,实现中苏关系正常化。为此,苏俄先后派出优林、越飞等人来华商谈,但因为北京政府在列强牵制下对此态度并不积极,而且中苏双方在若干具体问题(如中东路归属和外蒙古地位)上仍有较大距离,谈判一直未能取得突破。至20世纪20年代初,苏俄已经逐步度过了革命胜利之初的困难局面,布尔什维克政府的内外处境有了较大改观,也有了更主动的地位和更大的余力坚持其国家利益,而中国方面的情况较苏俄政府成立之初却无明显的改观,仍是内政混乱,外交虚弱,就此而言,中国已经在相当程度上失去了当初尚可与苏俄方面讨价还价的地位和条件,中苏双方围绕各自国家利益的外交博弈呈现出复杂不定的格局。

1923年,中苏外交谈判出现了新的情况。3月,北京政府特派前外交总长王正廷督办中俄交涉事宜。王正廷参加过巴黎和会,与南北政府均有关系,算是民国年间较为谙熟国际外交格局与规则的新进外交家群体的成员。6月,苏俄政府特派代理外交人民委员加拉罕为全权驻华代表,负责谈判事宜。加拉罕是苏俄外交高官与谈判老手,曾经在中国哈尔滨生活过5年时间,是苏俄政府两次对华宣言的起草者及发布者。王、加两氏的入局为中苏外交交涉增添了新的动力。9月2日,加拉罕抵京,此后在与王正廷的谈判中,双方争执的焦点仍在外蒙古地位与中东路的归属,中方坚持对外蒙古和中东路的主权,而苏方在重申履行两次对华宣言的基础上,对外蒙古主权和中东路归属强调其本国利益。苏方曾建议两国先复交再谈具体问题,但中方坚持先解决问题再复交,双方立场仍有相当距离。经过反复交涉磋商,双方立场渐有接近,苏方承认中国对外蒙古的主权,同意中国赎回中东路。1924年1月,孙宝琦内阁成立。2月,王正廷向加拉罕提交《解决中俄悬案大纲协定草案》及《暂行管理中东铁路草案》,经加拉罕修改后,于3月初提交北京内阁讨论。因为草案牵涉方面甚多,内阁成员意见不一,未能作出签字与否的决定。但急于达成结果的王正廷却与加拉罕在3月14日草签该两项协定,因其中未明确规定废除俄蒙条约及苏俄自外蒙古撤兵的期限,且未得内阁授权,顾维钧等内阁成员拒绝承认,且提出查办王正廷的失职行为。加拉罕得知后,认为中方失信,提出中方应在3日内承认该协定有效,否则交涉破裂及失败的责任应由中方负责。王正廷担心"万一因此决裂,则以前议定各项,势将前功尽弃。时机迫切,稍纵即逝",要求"从速转呈大总统核定办法,免误大计"。17日,北京政府咨复王正廷称:"贵督办亦未奉有政府训令签字,俄代表忽有以协定草案限期承认之来函,不特与彼历次宣言力谋亲善之旨不符,且反足为促进中俄邦交之障碍……倘交涉决裂而发生一切事项,其完全责任自应由俄政府负之,中国政府决不能任其咎。"3月20日,曹锟下令免去王正廷的职务,由外交部负责办理此后谈判事宜。但是加拉罕拒绝与中方重开谈判,指责中国对苏俄的政策"全视列强政策为转移",提出以中苏复交为重开谈判的先决条件,并放出将南下广东与孙中山大元帅府交涉的风声,以此迫使北京政府让步。① 中苏交涉再成僵局。

平心而论,苏俄在此次中苏交涉过程中的态度与立场较前并无明显变化,外蒙古及中东路问题事关其国家利益,其不愿让步是可以想见的,不过苏俄还是希望与中方达成协议,故在协议字句上承认外蒙古为中国的一部分并允诺中国赎回中东路,在当时情况下,这已经是中国可以得到的较理想结果。因为外蒙古的分离及苏俄在外蒙古有驻军已成事实,中国又没有抓住外蒙古在苏俄革命后一度可能回归的机会,中东路的修筑及其附属于苏俄的成因更为久远和复杂,以中苏交涉当时中国所处之内外环境及自身实力,企望完全收回外蒙古和中东路实有难度。王正廷正是考虑到这些因素,才主张与苏方成立协议,解决中苏悬案,对中国基本上仍可谓利大于弊。而撇开其他因素(如派系斗争等)不论,对中苏协议的不满与批评也是出于对中国国家利益的关注,自有其理由,亦无可指责。但是,外交毕竟还是实力的较量与反映,弱势一方的过高诉求可能并不利于实际利益的获取,如何在理智与情感间寻求合理的平衡,确乎是近代中国对外关系,尤其是近代民族主义兴起之后中国对外关系所须解决的问题。衡诸外交部和顾维钧接手中苏谈判之后的最终结局,可知中方最初的反对意见或可谓情胜于理,于实际问题的解决并无多少改变。

由于中苏双方仍愿达成协议,经过顾维钧与加拉罕的艰难交涉,1924年5月31日,中苏两国正式签署《中俄解决悬案大纲协定》、《中俄关于暂行管理中东铁路协定》及有关文件。中苏协定的主要内容是:中国与帝俄所订之条约、协定等概行废止;帝俄与第三国所订之条约、协定等有妨碍中国主权者概为无效;苏俄承认并尊重中国在外蒙古的

---

① 《外交公报》第36期专件,15、23—24、32—35页;《顾维钧回忆录》第1分册,335、338页,北京,中华书局,1983。

主权和领土权利(并规定中苏双方将谈判苏军撤离外蒙古问题,但未提废除俄蒙条约);中东铁路纯系商业性质,所有关系中国国家主权及地方主权之各项事务概由中国办理,允许中国赎回中东路(另对该路的行政人事和监督管理作了若干具体规定);归还帝俄在中国的租界;放弃帝俄的庚子赔款;取消帝俄的治外法权及领事裁判权;平等协商关税。《大纲》基本维持了当初王正廷、加拉罕所签协议的内容。中苏协定签订后,中苏两国关系实现正常化,邦交恢复,并升格为大使级。7月31日,苏联首任驻华大使加拉罕向曹锟递交国书,这也是近代以来外国派驻中国的首位大使。

中苏协定的签订,是民国北京政府时期中国外交取得的重要成果,尽管中苏协定在实际上对中国国家利益仍有维护不及之处,如基本默认了外蒙古和中东路的现状。[①] 不过应该注意到,中苏协定毕竟是中苏双方经过谈判而签订的平等协定,苏方因此而稳定了其在远东的地位,中方亦因此而得到一些实际的利益(如收回前俄租界及俄人的治外法权、取消对俄庚子赔款等),中苏两国作为近邻,都得益于此协定,因此,协定的签订仍基本可谓中苏互利而双赢。对中国而言更具意义的是,中苏协定是中国与其他大国达成的完全平等条约,虽然此前在1921年5月20日签订的《中德协约》也是中外之间订立的平等条约,但因为中国是第一次世界大战的战胜国,而德国是战败国,《中德协约》的签订有其特殊性。中苏协定则是两个主权国家完全出于自主自愿原则而订立的平等条约,对中国与外国的关系更具示范意义,是中国在近代以来列强强加的不平等条约体系中打开的又一重要缺口,也是五四以后中国国家主权地位缓慢回升过程中的重要环节。

外交交涉困难重重,内政问题同样使曹锟疲于应付。曹锟上任后,对拥戴他上台的亲信论功行赏、封官晋爵自不可免。曹锟曾经自嘲说:"至北京后,一事未作,只终日下命令,某也将军,某也将军耳。"[②] 但这必然牵涉到派系利益的调整和重新洗牌,直系各派及其支持与反对者

[①] 中苏协定规定,中苏双方在签字后一个月内开会讨论外蒙古问题,并在会议开始后六个月内商订苏俄从外蒙古撤兵的办法。但中国政局不久因第二次直奉战争而发生变化,苏联也一直没有履行其撤军诺言。1924年11月26日,蒙古人民共和国宣布成立,但中国未予承认。

[②] 中国第二历史档案馆:《冯玉祥日记》,1924年5月1日,南京,江苏古籍出版社,1992。

为此你争我夺,一时闹得不可开交。

内阁总理是直系各派争夺的焦点。自黎元洪离职后,北京政府一直以"摄政内阁"的名义行事,总理始终空缺,如今总统选出,摄政内阁自然终止,但由谁出任总理却成了曹锟的难题。国会众院议长吴景濂"自恢复法统后,即以包办曹锟大选为己任……日与直系要人蝇营狗苟,以徼私利。"他瞄准的是总理职位。而曹锟也曾表示:"如大选成功,余必借重阁下,秉政中枢。"以致吴对总理职位势在必得,踌躇满志。但摄政内阁自成立后一直由内务总长高凌霨主持院务,他自认对曹锟当选及处理国务有功,理应出任阁揆。① 直系中的津、保两派本在总统选举问题上一致对外,但总统选出后,为了各自的派系利益,津派支持吴景濂,保派支持高凌霨,两派互不相让,一时使曹锟难以取舍。而吴佩孚等则极力主张由职业外交家颜惠庆组阁,以解决诸多外交难题。曹锟于无奈中只能采取回避矛盾、维持现状的办法,在1923年10月12日令高凌霨暂代总理,作为新阁成立前的过渡。

吴景濂对未能出任总理颇为不满,遂利用自己控制的国会左右开弓,一方面散布如提名颜惠庆组阁国会决不通过的舆论,另一方面又利用金佛郎案等猛力攻击高凌霨。吴的做法引来高凌霨的反弹,他在保派支持下,拉拢国会中的反吴议员成立宪政党,并以金钱诱惑,"主要目的,则在推倒吴景濂,使并议长而不可得,丧失国会之地盘"。两派争斗愈演愈烈,令曹锟实在为难,最后只能决定摒弃吴、高而不用,改请技术官僚、曾在袁世凯时代担任过总理的孙宝琦出任阁揆,并于10月30日将孙宝琦组阁案提交国会,津、保两派争斗的战场又因此而转到国会。11月5日,众议院开会讨论孙宝琦组阁案,但反吴议员却提出吴景濂议长任期已满,要求先行改选议长。双方言辞激烈,直至演出全武行,致会议无法正常进行。此后,众议院多次开会讨论孙宝琦组阁案,但皆以拥吴与反吴议员的激烈对峙而流会。12月18日,在众议院会议议场,拥吴议员借金佛郎案猛攻高凌霨并提议通过孙宝琦组阁案,而反吴议员则认为吴景濂已失议长资格,要求他退出主席位置,双方最后大打

---

① 《近代稗海》第7辑,207页;《伪内阁问题迄未解决》,见1923年10月16日《民国日报》。

出手,吴景濂被反对派议员掷出的墨盒致伤,反吴议员多人则被院警拘禁并殴打。随后,反吴议员向京师地方检察厅起诉吴景濂,并要求高凌霨保护议员安全。19日,高凌霨下令撤换原派院警,另行派员接替。吴景濂及其同党认为,如此则己方无法控制院局,遂于21日离京到津,并通电声明:此后众院任何行动皆属非法无效。① 经过此番争斗,本已因贿选而声名狼藉的国会,其名声更是江河日下,而吴景濂与高凌霨双方互相攻击,大揭老底,也可谓两败俱伤。形象与做派较为"超然"的孙宝琦得到多数认可,1924年1月9日其组阁案在众议院被通过,阁揆争夺在曹锟上任并历经3个月的激烈政潮之后总算暂告一段落。

孙宝琦上台后,发表其政见为:(1) 以宪法统一中国,着手内政之清明;(2) 增加二五关税,以从事内债之整理;(3) 收回领事裁判权,以增加国际之地位。但孙宝琦发起召开的"和平会议",未得孙中山、张作霖、卢永祥等反对派领袖的回应,所谓"宪法统一"自无可能;增加关税与收回领事裁判权均需列强点头,诚非短时可办。3月12日驻京公使团开会讨论中国财政问题,决议要求中国速行整理无担保及担保不确实之外债,迅速偿还逾期外债本息,在中国未整理外债以前不给予财政援助。这对财政困难的北京政府更是雪上加霜。因此,孙宝琦提出的三项政见实成空文。②

孙宝琦内阁面临的最大问题还是财政困难。北京政府的财政从来就是一笔糊涂账,无时不在困窘中度日,而直系当政时期的财政困难尤甚,借债无方,加税无术,只能靠临时借支和滥发钞票维持一时。孙阁上任时恰逢年关,官吏欠薪"无术支配发放";军警饷项"现已积欠六个整月之久"。"他如各军来京索饷代表,仍困居旅馆,因川资告罄,均有不能出京之势也。猪仔两院议员岁费,经秘书厅及行政委员会推出索薪之代表,向中央屡次交涉,均归无着。"③为此,孙阁财政总长王克敏不惜饮鸩止渴,企图以解决"德发债票案"缓解财政危机,并得到了曹锟的首肯。

"德发债票"是德国持有的湖广铁路、津浦铁路、续津浦铁路和善后

---

① 谢彬:《民国政党史》,115页,上海学术研究会,1925;《中华民国大事记》,1923年12月18—21日。
② 《中华民国大事记》,1924年1月13日,1924年3月12日。
③ 《中华民国史档案资料汇编》第3辑,财政(一),208—209页。

大借款债票的总称,作为第一次世界大战的参战国,战败国德国拟将湖广、津浦、续津浦债票共1500多万元赔偿战胜国中国,但又准备扣下其中的600万元作为对英、法、意、比等战胜国的赔偿。王克敏企图通过承认德国的条件而得到这笔款项,以缓解财政困难,但被国会议员以牺牲太大为由表示反对,并于5月16日通过决议,要求非依法交国会核议,政府不得与德国缔结关于德发债票的任何协议。但王克敏自恃有曹锟作后台,不向孙宝琦通报有关情况,绕过国会,私下与德方交涉达成妥协。6月7日,外交总长顾维钧与德国公使博邺秘密签订《解决中德战争赔偿及债务问题换文》(即"德发债票案"),虽经七折八扣,有不少损失,但中国还是得到了德国一定的赔偿。

王克敏以解决德发债票案提供财政经费见好于曹锟,却使孙宝琦以内阁总理名义承受国会议员的责难,两人关系因此而极度恶化,无法共事,先后提出辞呈,致政潮再起。在调停孙、王关系未成的情况下,7月2日,曹锟免去孙宝琦国务总理职,任命顾维钧兼代总理。对继任总理人选,曹锟属意颜惠庆,因为颜是职业外交家,与直系各派均有良好的关系,而且曾二次组阁,具有行政经验。但国会中的反对派议员却借顾维钧代总理事发难,提出顾为孙阁成员,孙既被免职,顾即没有代总理的资格,并声称非收回顾代总理令,不议颜阁同意案,结果形成政治僵局。① 直到第二次直奉战争前夕,经过各方疏通,国会才作出让步,于9月12日通过颜惠庆组阁案。这也是自认为可以摆布阁员、在组阁问题上屡屡翻云覆雨的国会议员们最后的政治表演,不久之后,这个在民众眼中失去政治信用、在军阀眼中失去利用价值的国会就成了历史的过客与陈迹。

曹锟任大总统之后,内外纠葛不断,基本无所作为,而在种种内外矛盾之中,对直系当政前途最具影响和杀伤力的还是直系内部的矛盾。在直系内部,津、保、洛三派各据地盘,在政治上互争短长,以派系利益为至上,大大削弱了直系的力量。直系最主要的军事领袖吴佩孚在曹锟出任总统后继任其直鲁豫巡阅使职,开府洛阳,主张武力统一,干涉

---

① 《中华民国史档案资料汇编》第3辑,政治(一),222页。

北京政治，颇为人所侧目。直系其他各派，如以王承斌为代表的津派、高凌霨为代表的保派、地方的苏皖赣巡阅使齐燮元、两湖巡阅使萧耀南等，对吴均有戒心，他们或极力发展自己的派系力量，或令人在曹锟身边说吴的坏话，离间曹、吴关系，使吴在直系内部时处孤立之境。吴佩孚本人心高气傲，对本派内部关系的处理不甚注意，尤其是夺去河南督军冯玉祥的兵权，将其放到北京担任有名无实的陆军检阅使，使冯对吴衔恨甚深，实为吴的一大失策，也种下了冯玉祥在第二次直奉战争中背直联奉、致直系失败下台的远因。总而言之，第一次直奉战争之后，直系力量发展到其巅峰时期，独占北京政府，然而其后直系的种种作为，不仅不能一统天下，反使其声望大跌，尤其是总统贿选丑闻，更成为直系发展由盛而衰的转折点，再加其内部矛盾纷繁复杂，各派争斗不已，又大大削弱了直系的力量。不等第二次直奉战争的爆发，直系已是外强中干，其独霸北京政治的地位已然动摇。

第六节　孙中山北伐受挫及其再起

自孙中山1920年11月回广东重组军政府、1921年5月5日就任非常大总统之后,始终以护法为号召,以发动北伐、推倒军阀政权、谋求全国统一为职志,声言"统一中国,非出兵北伐不为功","粤处偏安,只能苟且图存,而非久安长治,能出兵则可以统一中国"。① 为此,他在尽力谋求两广统一、联合西南各省的同时,还与先前的敌人皖、奉两系和解,结成三角同盟,广集同道,壮大力量,以谋首先推倒在北京当政的直系政权。但是,由于当时的国内外环境所限,孙中山的北伐征程充满了艰难和困扰。

1921年9月,粤军在广西赶跑旧桂系领袖陆荣廷,两广局势的相对稳定为孙中山的北伐创造了条件。10月8日,孙中山向非常国会提出北伐案,得到通过。15日,孙中山离广州,出发巡视广西,拟以广西为基地,集中军队经湖南北伐。12月4日,孙中山在桂林设立大本营,任命李烈钧为参谋长,胡汉民为秘书长,朱培德为滇军总司令,彭程万为赣军总司令,谷正伦为黔军总司令,合许崇智的粤军第2军、李福林的第3军以及熊克武的川军,号称有兵力10万之众。孙中山的北伐方略是:"吴(佩孚)逆若来,则用小包围之法,击之于衡宝一带。彼若退守武汉,则用大围之法,以荆沔、长岳为正面攻击,由汉水出萍樊为左翼,由赣出九江、黄州为右翼,三路以制其死命。两者皆以有他军为援,应为我之大利。闽王(永泉)攻赣之背面,鄂孙(传芳)乱吴

---
① 《孙中山全集》第5卷,598页。

之后方。形势既利,浙卢(永祥)皖马(联甲)即可据长江下游,而豫赵(倜)鲁田(中玉)共起,使直系更无归路。自来战略因于政略,吾人政略既同,斯为南北一致,以定中国。"1922年2月3日,孙中山发布北伐动员令,饬令李烈钧率滇、黔、赣军为第一路,自桂林经永州攻赣南鄂东,许崇智率粤军并联合湘军一部,经宝庆、湘乡攻武汉。27日,在桂林举行的北伐誓师典礼上,孙中山颁布誓词谓:"民国存亡,同胞祸福,革命成败,自身忧乐,在此一举。救国救民,为公为私,惟有奋斗,万众一心,有进无退。"①

然而,在北伐誓师表面的轰轰烈烈之下,孙中山的北伐征程并非一帆风顺。直系对北伐的政治阻挠和军事抗拒自不待言,关键是孙中山阵营内部对北伐的态度并不一致。孙中山本倚为军事主力的粤军总司令兼第1军军长陈炯明(兼广州政府内务总长、陆军总长及广东省长),对北伐很不热心,孙中山无法说动陈出兵北伐,只能令其回粤筹划北伐后勤与军饷,这就为陈炯明在广东图谋自立提供了机会,也为北伐留下了隐患。就在北伐军刚刚出师之际,积极支持北伐的粤军参谋长邓铿(仲元)于3月21日在广州突遭狙击(23日身亡),北伐后方顿失依赖,26日,孙中山在桂林大本营主持召开紧急军事会议,决定先行回师广东,稳定后方。但此时第一次直奉战争正在酝酿之中,孙中山不愿失去乘直系首尾难顾之机出师北伐的机会,故在4月16日的梧州军事会议上又决定改道经韶关向赣南进军。4月20日,孙中山下令免去陈炯明的粤军总司令、广东省长和内务总长职,命广州政府外交、财政总长伍廷芳兼广东省长。5月初,第一次直奉战争正在进行中,4日孙中山在广州发布《声讨徐世昌令》,声明:"出师宗旨,在树立真正之共和,扫除积年政治上之黑暗与罪恶,俾国家统一,民治发达。所认为民贼者,惟徐世昌及共恶诸人。"6日,孙中山与胡汉民、许崇智等到达韶关大本营,此时奉军已在战争中失败,但北伐军态势已是箭在弦上不能不发。孙中山致函张作霖称:"前以我军后方问题须先解决,故于上月改道出师,还定粤局,促成北征。

---

① 《孙中山年谱长编》下册,1395、1403页;《中华民国史档案资料汇编》第4辑(二),676、679页;《孙中山全集》第6卷,90页。

乃值贵军已入关,不能同时相应,抱歉之至。……此间准备完好,文于六日亲至韶关誓师讨贼,督饬各军急速进行,不变初志,以践前约。贵军精锐,未失所望,乘时反攻,使其首尾不能兼顾,彼虏既疲于奔命,则最后胜利,仍在吾人也。"①

孙中山督率北伐的军事部署是:以赣南为进军中心,赣州为夺取目标;以李烈钧任北伐军总司令兼中路总指挥,统领滇军朱培德部、黔军谷正伦部、赣军李明扬部,由南雄进攻大庾(今大余)、南康等地;右翼为粤军黄大伟、李福林、梁鸿楷部、赣军赖世璜部,由南雄进攻信丰、虔南(今全南)、龙南、定南等地;左翼为前敌总指挥、粤军许崇智部并与湘军联络,由仁化进攻崇义、上犹等地。与此同时,孙中山还派人就商于浙督卢永祥,希望浙江"与我军同时一致动作……浙能于我军攻赣时即攻江苏,据南京为上策。我军得赣后会攻江苏为中策。然中策非我志也。我计由九江夹攻武汉。"②

北伐军当面的对手——直系出身的江西督军陈光远部是直系在南方布局的薄弱环节,陈部实力有限,且为粤、闽、湘省三面夹击,态势孤立;陈为前苏督李纯的部下,非曹锟、吴佩孚嫡系,与曹、吴关系不深,且在湘鄂战争期间对援鄂态度暧昧,意存观望,令吴佩孚颇为不满。北伐军入赣后,陈光远一面调集部队抵御,一面表示"军事方兴,需款万急",要求北京政府拨款支援,并电告曹锟、吴佩孚、萧耀南等称:"现在各军均在前线,后路一空,无队可援。除饬尽力支持相机办理外,请飞速派队来赣援助,方能御此大敌,保全危局。"但曹、吴虽然令蔡成勋领军援赣,其行动并不迅捷,以致陈光远抱怨:"两电请援请弹,乃奉院部真寒两电,一无所应。"③

北伐军在江西作战初期的进展较为顺利,自5月中旬入赣后连战皆捷,陈光远部无力抵御,6月13日北伐军克赣州,兵锋直指吉安,陈光远自觉无力控制局势,15日弃职逃离南昌。当日,刚刚复职的大总统黎元洪拿陈光远作为废督裁兵之例,令免其江西督军职,由

---

① 《孙中山全集》第6卷,112、141页。
② 《中华民国史档案资料汇编》第4辑(二),685—686、689页。
③ 《中华民国史档案资料汇编》第4辑(二),684—685、689页。

援赣军总司令蔡成勋节制江西军队。为了迅速取得北伐的突破,孙中山将大部分部队放置在前线,广东后方没有足够可靠的留守部队。当陈炯明在后方显露异动之状时,孙中山则无力控制。在北伐进军的胜利声中,后方不稳势将影响前方军情,致北伐功败垂成。

陈炯明本为孙中山所信赖的粤军将领,其在广东主政也与孙中山的扶持直接相关。如时人所论:"本来,总理对陈炯明,起初是很信爱。同时,陈炯明对总理也同样如此。后来因为彼此间意见渐渐隔阂,同时,又有些人在旁挑拨离间,便渐渐发生裂痕。"但陈虽与孙在北伐等问题上看法不一,时有不同意见,孙却初不料其有背离之心,而事实却是陈炯明羽翼渐丰之后图谋在广东自立,认为孙中山在广东的地位与影响不利其个人利益,遂与直系曹锟、吴佩孚等暗中有所联系。1921年冬,陈炯明派代表到北京与政府接触。1922年初,吴佩孚也派代表到广东私见陈炯明。接着,双方代表1月29日在洛阳订立言和条约。据第一次直奉战争期间的粤海关情报记载:"陈炯明将军正在惠州集结军队,并关注着直奉两派战斗的结果。若吴佩孚打胜仗,陈将回师广州,驱逐孙逸仙;要是吴打败了,陈将固守惠州基地,以待云贵之增援——陈早与吴佩孚、唐继尧结盟。"果不其然,直系在第一次直奉战争中获胜后,6月2日吴佩孚致电陈炯明,要他"勉为其难,定粤之后,携手定国,所深望也"。5日又电闽督李厚基,要其"援陈去孙,早定粤局,以期统一"。13日北伐军占领赣州后,也检获多封吴佩孚、陈光远与陈炯明准备"夹击"北伐军的密电。因此,陈炯明最后的背孙拥直并非意外之举。①

当孙中山在1922年4月免陈炯明职后,为了稳定后方,对陈还是留有余地,除了仍保留其陆军总长职外,还任命其亲信叶举为粤桂边防

---

① 莫世祥:《马君武文集》,476页,武汉,华中师范大学出版社,1991;《孙中山研究》第1辑,388、395页;《稿本吴孚威(佩孚)上将军年谱》,292、358—359页。参见李睦仙《陈炯明叛国史》,台北,文海出版社有限公司,1975。实际上,陈炯明与吴佩孚的关系还有外国人在其中牵线搭桥。据1921年11月23日Roy Scott Anderson致美国驻华公使舒尔曼的信称:"Personally, I am working just as hard as I can to bring Wu Pei-fu and Chen Chiung-ming together. It seems almost hopeless at times. If they fail to get together, it merely means the postponement of their common objective-provincial autonomy and a government of the federated provinces of China."(*Anderson Collection*, *Box*. 1, Hoover Archives, Stanford University)陈炯明发动政变之后,当孙中山提出希望美国出面调停时,遭到了舒尔曼的断然拒绝。[美]布赖恩·乔治:《美国国务院与孙中山》,曹前译,载《新史学》,创刊号,台北,1990。

督办,以安其心。此时,陈炯明认为对政变尚未准备周全,密告在肇庆的叶举:"拥孙之魏邦平等军均在省,防卫之力不单,而海军已属孙,现在我动,省垣不能固守,许崇智、李烈钧等亦可提兵回战,并受民党群起斥弃,今时机尚未至,切不可轻举妄动,静待我最后之命。"因此,他对孙中山表面敷衍,退居惠州以示不问政事,私下却秘密联络亲信部下,准备发动兵变。在陈炯明的指示下,叶举率部离桂回粤,并于5月中旬不顾孙中山各军不得入驻广州的命令,擅自进驻广州,占据城内外各军事要地,构筑工事,各处布防,为兵变创造条件。随后,叶举等即以粤军官兵名义致电孙中山,要求恢复陈炯明原职。5月25日,孙中山回电叶举等,告对陈炯明"每亟欲挽之复出,电报秘叠,信使不绝于道",表明对陈"始终动以至诚"。27日,孙中山迫于情势,任命陈炯明以陆军总长名义"办理两广军务,肃清匪患。所有两广地方,均听节制调遣。"但孙中山的做法已经不能挽回陈炯明的背孙之心。6月1日,廖仲恺函告孙中山:"陈炯明部屯集省城及白云山等处者日谋响应北吴。粤垣人心,一夕数惊",广州叶举部更日向滋闹粮饷,受逼无已,因请孙暂回广州震慑。当日,孙中山自韶关大本营回到广州,图稳定后方形势,但陈炯明及其部将对孙多避而不见,同时紧锣密鼓地策划兵变之举。9日,陈的亲信部下洪兆麟密电致陈,将孙中山的总统职位比为"赘疣",认为此"实足为南北统一之障碍。若不忍痛割爱于须臾,必贻生灵于万劫不复之痛苦",提出"商谈一切进行计划,解决危局"。① 14日,陈炯明召开部将会议,决定发动兵变。15日晚,陈炯明以叶举部为先锋,分头攻击观音山总统府、粤秀楼孙中山住宅等处,兵变始作。

在陈军发动兵变前,孙中山已得到警示,部属劝其离开总统府避往安全地带,但他慨然言之:"余负救国救民之责,艰苦不辞,改道北伐……如陈果率其军以叛,占公府,使广州成为灰烬,置余于死地,余亦身死党国而已,夫复何憾。"直至当晚夜深,广州各处已闻枪声,孙中山才在部属恳求之下悄然离开住所,潜行至海珠长堤天字码头,登上海军军舰,安然脱险。16日凌晨,陈军开始攻击总统府和粤秀楼,与警卫团

---

① 《中华民国史档案资料汇编》第4辑(二),691页;《孙中山全集》第6卷,131页;《孙中山年谱长编》下册,1455页;陈定炎:《陈竞存(炯明)先生年谱》,505页,台北,李敖出版社,1995。

发生激战,并动用大炮轰击,但未能突破警卫团的防线。16日下午,陈军利用广州卫戍司令魏邦平调停之机冲入总统府,孙中山夫人宋庆龄在此坚持到最后,化装后由卫兵护卫到达沙面,次日登舰与孙中山会合。① 如孙中山事后回顾所言:

> 六月十六日之变,文于事前二小时得林直勉、林拯民报告,于叛军逻弋之中,由间道出总统府,至海珠。甫登军舰,而叛军已围攻总统府,步枪与机关枪交作,继以煤油焚天桥,以大炮毁粤秀楼,卫士死伤枕藉,总统府遂成灰烬。首事者洪兆麟所统之第二师,指挥者叶举,主谋者陈炯明也。总统府既毁,所属各机关咸被抢劫。财政部次长廖仲恺,事前一日被诱往拘禁于石龙;财政部所存帑项及案卷部据,掳掠都尽。国会议员悉数被逐,并掠其行李。总统府所属各职员,或劫或杀。南洋华侨及联义社员,亦被惨杀。复纵兵淫掠,商廛民居,横罹蹂躏。军士掠得物品,于街市公然发卖。繁盛之广州市,一旦萧条。广州自明末以来二百七十余年,无此劫也! 五年逐龙济光之役,九年逐莫荣新之役,皆未闻有此,而陈炯明悍然为之,倒行逆施,乃至于此!②

陈炯明发动兵变之后,驻粤海军表示服从孙中山,发表《护法讨逆宣言》称:"叶举等包藏祸心,通敌谋利之不已,竟敢犯及元首,破坏政府,纵兵残杀,劫掠无所不用其极,罪恶贯盈,当为天下所共诛。我等奉命声讨,先行炮击,冀其私心一悟,改逆从顺,免受天诛。如彼仍顽抗,怙恶不悛,当合各省护法大军,协同扫荡,以免护法大业功亏一篑。"孙中山即以海军为依靠,以"永丰"舰为指挥部,率海军与陈炯明对峙。6月17日,孙中山在会见登舰请示的广州政府外交总长兼广东省长伍廷芳时称:"今日我必率舰队,击破逆军,戡平叛乱而后已。否则,中外人士,必以为我已无戡乱之能力,且不知我之所在。畏惧暴力,潜伏黄埔,

---

① 《孙中山年谱长编》下册,1464页;马湘:《跟随孙中山先生十余年的回忆》,见《回忆辛亥革命》,103页,北京,文史资料出版社,1981;胡应球:《孙中山移驻永丰舰的经过及永丰舰以后的活动》,载《广东文史资料》第25辑。
② 《孙中山全集》第6卷,552页。

不尽职守,徒为个人避难偷生之计,其将何以昭示中外乎?"①为了讨伐陈炯明,孙中山令北伐军自江西回师救粤,胡汉民、许崇智等接令后,于27日在赣州决定由许崇智先率粤军与滇军回粤,李烈钧则率其他各部暂时留驻赣南以为策应。7月初,北伐军自赣南回师粤北,沿粤汉路分路进军韶关,与驻守韶关的陈军接战。其后,留守赣南的北伐军在援赣直军蔡成勋部的压迫下退往粤北,亦加入对韶关的攻击。7月19日,回师的北伐军攻克韶关以北之乐昌及其东南之翁源,随后与陈军在韶关和英德激战。因北伐粤军一部投陈,牵动战线全局并影响军心,北伐军失利,全线退却,滇军退往广西,赣军、湘军留湖南,许崇智则率粤军退往闽赣边界,准备进军福建。

陈炯明发动兵变之初并未直接出面,而以其部属叶举等打头阵,但孙中山坚持不离广州,坚持以武力讨陈,迫使陈炯明不得不走到台前。6月18日,陈致电广州卫戍司令魏邦平,将事变起因归于"孙公迫成",明白提出"国会恢复,伪府取消,护法戡乱,目的悉达,抑又何争? 南政府不早收束,势必使粤再亡而止",亦即请孙中山下台。同时,陈炯明对粤军将领解释其行动时,声称:"若孙先生仍为一班宵小所蔽,不惜违反民意,只知贪恋权位,则必有人起而议其后,南方必从此多事,诸将领不患无立功之地。"陈还堂皇地以广东民众利益代言人的身份,请出各界代表劝孙中山下野离穗,以免"糜烂"地方;同时运动海军数舰与炮台守军脱离孙之指挥,俾孙知难而退。但孙中山不为所动,始终坚持不屈,直到北伐军回援失利,"永丰"舰势处孤立,孙在"永丰"舰之部属群谓"赣南失陷,南雄不保,前方腹背受敌,战局必危;总统株守省河,有损无益",孙中山才决定离穗赴沪,"相与我护法同志讨论善后与中国统一计划"。② 8月9日下午,孙中山一行乘英舰"摩轩"号离开坚持了55天的"永丰"舰,途经香港于14日抵上海。

"六一六"广州变局使正处良好发展势头的北伐被迫中止,给孙中山沉重的打击,也使他感受莫大的痛苦。如他事后所痛陈:

---

① 黄季陆、罗家伦主编:《革命文献》第52辑,204页;蒋中正:《孙大总统广州蒙难记》,5—6页,南京,正中书局,1937。
② 段云章、倪俊明:《陈炯明集》,877页,广州,中山大学出版社,1998;段云章、沈晓敏:《孙文与陈炯明史事编年》,587页,广州,广东人民出版社,2003;《孙中山年谱长编》下册,1488—1490页。

文率同志为民国而奋斗垂三十年,中间出生入死,失败之数不可偻指,顾失败之惨酷未有胜于此役者。盖历次失败虽原因不一,而其究竟则为失败于敌人。此役则敌人已为我屈,所代敌人而兴者,乃为十余年卵翼之陈炯明,且其阴毒凶狠,凡敌人所不忍为者,皆为之而无恤,此不但国之不幸,抑亦人心世道之忧也。

但孙中山精神的可贵之处在于,虽然失败如此"惨酷",但并不能使其放弃对理想始终如一的追求,他坚信"疾风然后知劲草,盘根错节然后知辨利器,凡我同志,此时尤当艰贞蒙难,最后之胜利终归于最后之努力者"。① 如何收拾残局,重上征程,是回到上海暂时安居的孙中山所考虑的主要问题。他在进行新的思索,寻求新的道路,发现新的力量,由此开始酝酿他政治生涯中又一次新的转折。

就长期与广大的目标而言,孙中山力求实现建立独立、统一、民主的现代中国国家的理想一如既往,但对于实现这一理想的方式方法,除了沿袭联合各实力派的传统做法,着重加强粤、皖、奉三角同盟的合作之外,孙中山开始考虑借重苏俄的力量,引进俄国革命以弱胜强、以小击大的成功经验及其组织与方法,改组国民党,建立党军,实行党治,强调组织功用,加强政治宣传,等等。一系列新的思路与方法开始在经历了痛苦失败之后静心思索的孙中山脑海中浮现、成形并渐渐清晰。孙中山的如此思路,得到了正在中国寻求革命力量、力图以殖民地半殖民地革命运动而壮大革命声势与阵营、改善自身革命成功后之相对孤立地位的苏俄之鼓励与激赏,也得到了成立不久、亟欲扩大力量、寻求中国革命成功之路的中国共产党人的积极回应与大力支持。国共两党合作,苏俄、国、共三方携手,共创中国革命新局的情势由此而渐成,孙中山及国民党通过自身改组、实行联俄容共、发动国民革命、实现中国统一的政略策略也因此而在酝酿之中。

1923年1月1日,中国国民党发表《宣言》和《党纲》,回顾其多年革命奋斗历史,强调"吾党名称虽有因革,规则虽有损益,而主义则始终

---

① 《孙中山全集》第6卷,555—556页。

一贯,无或稍改";重申奉行三民主义和五权宪法理念,宣示:"三民主义尚未能完全实现,五权宪法亦未得制定施行,此吾党所为旁皇不可终日者。抚已有之成效,既不敢不自勉,思现存之缺憾,又不敢不自奋,则惟有夙夜黾勉,前进不已,以求最后之成功已耳!"其间未提"护法"而强调"主义",与以往表述已有不同,预示着国民党改弦更张之开始。

然在广大而长远的目标之外,短期与具体的选择对孙中山而言更为迫切,他首先需要为自己的力量寻求落脚点与出发点,以便重组队伍,东山再起,他的眼光仍在广东,而选择的突破口则是福建。

福建原为皖系地盘,但闽督李厚基在直皖战争后因失去依托而渐靠近直系,为吴佩孚所拉拢,以牵制南之孙中山和北之卢永祥的力量。第一次直奉战后,李厚基见直系势力更盛,更亲近直系,并削去其手下臧致平(第2师师长兼汀漳镇守使)的兵权,又图谋削去王永泉(第24混成旅旅长兼闽北镇守使)的兵权,以稳固其个人统治。但他的做法却使部下与其离心,埋下了倒戈的隐患,加以李厚基在福建当政多年,"内则恣意挥霍,力事逢迎,外则张皇补苴,尽情搜括",令闽人对其颇为不满,在联省自治的浪潮中提出了"闽人治闽"主张,发起了驱李运动。此时正值陈炯明在广东发动兵变,孙中山的北伐军因措手不及而回师失利。因为由许崇智领导的粤军早与王永泉建立了联系,许崇智本人又曾驻军福建,了解福建情况,并与福建军政界人士有较多往还,粤军遂向福建退却,准备与王永泉联手合作驱李,然后以福建为根据地,整军经武,回粤驱陈。

8月中旬,许崇智率北伐粤军进入赣闽边境的会昌,并通告王永泉以释其虑:"我军此次主张,纯为开创东南新局面,实行孙段携手,闽浙联防。因李(厚基)作梗,故不能不去李。去李以后,闽局自应请伯川(王永泉)主持。"许的设想得到了孙中山的首肯和王永泉的赞同。9月初,北伐粤军自瑞金入闽,段祺瑞的心腹徐树铮亦于此时潜入闽北延平(今南平),协助王永泉策划驱李事。9月27日,王永泉在延平宣布独立,要求李厚基下台离闽。10月1日,王永泉就任闽军总司令。2日,徐树铮在延平宣布成立建国军政制置府,宣称将"克日移驻福州,处理一切军民诸务"。① 许崇智与王永泉部随后向省城福州发起进攻,因为李厚基部兵力有限,素质不高,故攻击进展顺利,不过10天时间,即于12日占领福州,迫使李厚基下台离闽。

李厚基下台后,福建的局势一时出现了颇为复杂的状况。10月13日,黎元洪任命前海军总长萨镇冰为福建军务会办,15日又任其为福建省长。萨镇冰为福建人氏,符合闽人治闽的要求,能为福建各界所接受;他一直任职于海军,政治态度中立,与南北均有良好关系,故直系与孙中山均未对其上任表示反对。但皖系对福建地盘却有自己的想法,因为直皖战争后皖系所控制的地盘只余浙江一省,而福建是皖系以前控制过的地盘,王永泉的第24混成旅原为徐树铮统领的参战军一部,故皖系企图利用此次机会,再次控制福建,壮大自己的实力,尤其是野心勃勃的徐树铮在延平成立建国军政制置府,实际是为控制福建预为地步。10月17日,许崇智、徐树铮、王永泉等到福州。徐树铮根据其《建国诠真官制》所倡之"中枢总管纲要""省权上合下分"的原则,以建国军政制置府名义,任命王永泉为福建总抚,总揽全省军政。但王永泉并不乐意徐树铮凌驾于其上指挥一切,在稳定了阵脚之后即令徐离闽,并辞去总抚,于31日改称"总司令"。11月2日,徐树铮被迫离开福州前往上海,建国军政制置府由此结束。但已经被赶下台的李厚基不甘寂寞,他以闽南泉州为中心,召集旧部谋划在福建复职,直系也通过北京政府派前海军总长刘冠雄为福建镇抚使,同时组织援闽军,企图进一步将福建纳入自己的势力范围。12月,李厚基残部被许崇智、王永泉、臧致平等部联手击败,刘冠雄致电北京政府称:"李厚基在闽,人心全失,效力已无,万无振刷希望,用之徒滋纠纷。且建国军早经灭绝,情势已迁,请明令取消讨逆名义,并免李之职,请调京位置,并将闽督一缺裁撤,此后闽省善后,即由冠雄会同萨省长,协同各方继续办理,以一事权。"此前,11月7日,由孙中山任命的福建省长林森宣告就职,他和北京政府任命的福建省长萨镇冰各不相属而又相安无事。但吴佩孚认为,"闽虽一隅,关系东南大局,设再迁延不决,则乱事蔓延,将无底止",

---

① 黄季陆、罗家伦主编:《革命文献》第52辑,385页;《中华民国史档案资料汇编》第3辑,军事(三),502页。

决定调派驻守湖北宜昌准备援川的孙传芳部改而援闽,并支持沈鸿英督粤,以"窥取闽粤地盘","使闽浙粤桂不能联成一气"。① 1923年2月,许崇智率东路讨贼军回师广东,林森失去武力依靠。3月,直系派出的援闽军由赣入闽,王永泉、臧致平等在武力压迫下倒向直系,林森被迫辞职,结束了福建两位省长并存的局面。3月20日,北京政府在直系压迫下发布孙传芳督闽、沈鸿英督粤令。北洋军孙传芳、周荫人部入闽后,又经过福建内部的征战,使福建逐渐成为直系的地盘。吴佩孚的策略是:"驱逐孙中山出粤,屈服唐继尧于滇,借孙传芳入闽而使浙卢孤立,将东西南渐次收归肘下,扫除一切后顾之忧,然后竭全力讨伐奉张,以达其武力统一全国之野心。"②

无论福建政局的变化如何,李厚基倒台后,北伐粤军在福建获得了难得的休整之机。10月18日,孙中山指示将北伐粤军改编为东路讨贼军,任许崇智为总司令,蒋介石为参谋长,黄大伟为第1军军长,许崇智兼第2军军长,李福林为第3军军长,在闽粤边境整军经武,准备打回广东。其后,孙中山又指示将驻守粤桂边境的滇军朱培德、张开儒、杨希闵部,桂军刘震寰、沈鸿英(其时尚未投靠直系)部改编为西路讨贼军,准备自东西两路出兵夹击陈炯明,使其"不能有东西兼顾之力量,即为我军恢复百粤最良机会"。③ 刚刚通过政变上台独占广东不过半年的陈炯明,位子还没有坐热,又要面临孙中山发动的军事反攻,以其有限的实力,确实无法"东西兼顾",他遂将布防重点放在粤闽边境,以洪兆麟为总司令,同时令杨坤如部防守北江,梁鸿楷等部防守西江,又拉拢旧桂系将领林虎出任援桂司令,并允其事后主政广西。陈炯明的布防计划偏东轻西,为孙中山的军事反攻首先在西线取得突破创造了机会,因为布防在粤桂边境西江方向的粤军第1师梁鸿楷部与陈炯明的关系本不深,其部将李济深、邓演达等在军中密谋发动反陈起事,并得到孙中山的赞助。当他们被调派西江布防后,即与当面滇桂军"暗中与

---

① 《中华民国史档案资料汇编》第3辑,军事(三),509—510页;《闽督之争益烈》《和平统一与武力统一》,见1923年3月2日、5日《民国日报》。
② 《武力统一乃扩张地盘别名》,见1923年3月16日《顺天时报》。
③ 《孙中山全集》第6卷,591页。

其联络,订定条件,并接济其军饷",准备在时机成熟时对陈炯明反戈相向。① 陈炯明请旧桂系军人领军的举动,更使驻守西江的粤军上下均不满,坚定了他们反对陈炯明的决心。1922 年 12 月底,滇、桂军发起攻势,粤军主动退却,28 日滇、桂军进据西江重镇——梧州,随后联合粤军沿西江东进讨陈。

1923 年 1 月 4 日,孙中山发布《讨伐陈炯明通电》,要求"诸军将士奋勇杀贼,为民除害,凡我粤人,务宜同仇敌忾,以成拨乱反正之功"。此后,西路讨贼军顺西江而下,陈炯明急派叶举担任西江前敌总指挥,但军心已乱,无力抵御。1 月 9 日,西路讨贼军占肇庆。次日占三水,广州城内驻军一部于 12 日晚反正。1 月 15 日,被陈炯明视为心腹亲信的洪兆麟也在汕头宣告脱离陈炯明,迫使陈炯明不得不在当日通电"宣告解职,完全下野",并离广州赴惠州,转道于 30 日到香港。② 但原本被孙中山倚为回粤依靠的东路讨贼军许崇智部虽然在 1 月 9 日通电宣布即日返师回粤讨贼,2 月初离闽回粤,却被洪兆麟部所阻,滞留于粤东潮汕一带,未能发挥应有的作用。

在加强粤皖奉(孙中山、段祺瑞、张作霖)反直"三角同盟"方面,孙中山在这一时期也花费了不少精力。三角同盟最早酝酿于直皖战争前后,是段祺瑞为广结联盟、对付直系而采取的主动行动,而孙中山也不反对与各派力量建立关系以为己用。直皖战后,皖系失去了基本力量,但又不甘就此退出历史舞台,遂主动向孙中山示好,双方开始建立伙伴关系,而孙、段关系的建立亦使孙中山调整了对与皖系亲近的奉系之策略,开始与张作霖建立关系,三角同盟的雏形初现。

1922 年初,直奉关系恶化,战争正在酝酿,段祺瑞的代表徐树铮和张作霖的代表李少白(梦庚)先后在 1 月和 2 月前往桂林晤孙中山,孙中山的代表伍朝枢也在 3 月到奉晤张作霖,讨论三方合作讨直计划。③ 但因孙中山阵营内部的牵扯,孙的北伐未能如期发动,对张作霖与直系

---

① 李洁之:《"国民革命"运动中的粤军第一师》,见《广东文史资料》第 4 辑;《中华民国史资料丛稿》增刊第 6 辑,4 页。
② 《孙中山全集》第 7 卷,10 页;《中华民国史档案资料汇编》第 4 辑(二),708—709 页。
③ 《孙中山年谱长编》下册,1426 页;宁武:《孙中山与张作霖联合反直纪要》,见《文史资料选辑》第 4 辑。

的战争未起到配合作用。

第一次直奉战争之后,奉系败退出关,孙中山因陈炯明兵变而退居上海,孙中山和张作霖均有再起之心,客观情势使双方合作趋向密切。1922年9月22日,孙中山致函张作霖:"国事至此,非有确定之方针,坚固之结合,不足以资进行……今后破敌之策,仍须西南先发,与敌相持。公之大任,在于迅取北京津保,使敌失所凭依,然后出重兵以蹑其后,则敌不战而自溃,此为共同动作之必要枢纽。"并告张:"文新失策源地,诸君所需维持补充等费,竭蹶应付,拮据殊甚,未审公能有以助之否?"其后,孙中山派汪精卫多次到东北与张作霖会商。张慨然表示:"中山、芝泉与余同声相应,同气相求,余等当协力同心,第一步以驱逐吴佩孚、曹锟为目的,第二步再谋新中国之建设。"根据孙中山与张作霖商订的合作计划,先由南方出兵北伐,以牵制长江以南的直军;而后奉军由东北入关,直捣北京;实行南北夹击,打倒曹、吴;战争发动之后相与一致,不为单独行动;扫除敌人以后,组织合法政府,以协商同意定之。为此,张作霖多次资助孙中山数量不等的军费与军火,孙对与张的合作基本满意,曾致函张表示:"此后对于大局,无论为和为战,皆彼此和衷,商榷一致行动,决不参差。迄今此意,秋毫无改。凡公所斡旋,文必不生异同,且当量力为助。"①

经过孙中山、段祺瑞、张作霖三方协商,"孙、段、张派代表在上海法租界古拔路组织各省代表联合办事处。孙中山的代表为汪精卫,张作霖的代表为姜登选、杨毓珣,卢永祥的代表为邓汉祥(卢是拥段的基本力量,因此邓也就代表段祺瑞),云南唐继尧的代表为王九龄、李雁宾,湖南赵恒惕的代表为吕苾筹,川军总司令刘成勋的代表为费行简,四川讨贼军总司令熊克武的代表为赵铁桥。各方代表天天集会,商讨倒曹、吴的办法。"此外,"在上海创办国闻通讯社,每月由孙、段、张各拨经费一千元,以邓汉祥任社长,胡政之任编辑,作为发布反直消息的宣传机构"。可以认为,第一次直奉战争之后,粤、皖、奉反直三角同盟即正式形成,此后至第二次直奉战争爆发前,是三角同盟的"蜜月期"。1923

---

① 《孙中山全集》第6卷,558—559、627页;《孙中山年谱长编》下册,1507—1508页;《中华民国大事记》,1922年10月2日。

年2月孙中山重回广州之后,曾经公开声言,粤、皖、奉"三系已经携手了"。三方代表、信使往来穿梭,沟通信息,商讨计划,在推翻直系统治方面起到了一定作用。①

三角同盟是孙中山、段祺瑞、张作霖三方基于反直需要而成立的松散的军事、政治同盟,在政治上并无明确的盟约或纲领,组织上也没有统一的执行机构,以遇事临时协商为主。在三角同盟中,张作霖主要以其实力、孙中山主要以其政治影响力而居于主角地位,段祺瑞主要依靠其在北洋派系中的政治资本,而需要借助张作霖的实力。但张作霖与段祺瑞同为北洋派系出身,在政治上有共同语言,与孙中山的革命历史并非同路,政治主张和看法颇有差异,所以三方在推倒直系统治方面主张一致,而在倒直后的政治善后与建设方面看法不一。在倒直后的政治安排方面,粤方曾提出:召开国民会议解决国是,以孙任大总统、段任总理,或以段任大总统、孙任总理,张作霖任副总统。皖方表示:"当然以孙作大总统为最适当",实则段祺瑞仍希望以总理身份掌握实权。奉方先是含糊其辞,表示"只要打得垮曹、吴,什么都好说",继则"坚决主张拥段拒孙",俾便以自己的实力控制北京政权。对国民会议主张,皖、奉均未明确表态。② 对于孙中山的联俄"容共"政策,奉、皖均坚决反对,张作霖的谋臣杨宇霆曾告孙中山的代表叶恭绰:"根本上虑无合作之可能,且认为目下无从解决。"叶因此感叹:"吾人固非徒只主张打倒曹吴,泄此一口气者。如局势变迁后,建设前途了无计划,何须多此一举为?"③因此,三角同盟并非建立在三方共同的政治理念和谋划之上的战略联盟,而更多的不过是出于推倒共同敌人——直系曹锟、吴佩孚统治的暂时合作策略,当第二次直奉战后,直系统治垮台,三角同盟的基础不复存在,也就自然消失于无形。

1923年2月21日,孙中山重回广州,在当晚滇、桂军举行的欢迎宴会上,孙中山发表演说:"要统一滇桂粤诸军,造成统一的中华民国……整顿内部,以广东为模范,统一西南;以西南为模范,统一中国。"

---

① 《文史资料选辑》第35辑,36页;《孙中山全集》第7卷,120页。
② 《文史资料选辑》第26辑,125、131页;第51辑,8页。
③ 退庵年谱汇稿编印会:《叶退庵先生年谱》,219页,1946;辽宁档案馆:《奉系军阀密信》,108—109页,北京,中华书局,1985。

此次回粤,孙中山不再提"护法",也不再成立政府,而是在3月2日成立海陆军大元帅大本营,自任大元帅,重行革命征程。孙中山的革命生涯又因此而翻开了新的一页。

第八章
民初经济发展的黄金时期及其起伏

　　民国成立后,在振兴实业的热潮声中,初步建立了现代经济法制体系,有利于中国现代工业的成长,而第一次世界大战的爆发,对中国经济发展形成了较为有利的外部环境,从而使中国的现代工业自民国成立后出现了一波长达10年之久的快速发展时期,中国的现代经济水准有了一定提升,经济面貌有了一定改观,并由此带动了政治、文化、社会等各方面的变化。但是,中国现代工业的发展仍然面临着许多困难,列强的对华经济扩张、国内政治环境的混乱、资金缺乏、市场不足、技术有限、管理低下等等,均约束着中国现代经济的成长。农村经济的发展更为艰难,现代农业几尽阙如,传统耕作方式及生产关系仍然占据着主导地位,广大农村不能成为现代工业的市场并为其提供必要的资源,非常不利于中国的工业化建设。中外经济关系在第一次世界大战前后出现了若干变化,但中国经济的弱势地位及其对外国资本的依附性仍未根本改变。总之,中国在传统经济向现代经济的转型过程中仍是步履艰难。

第一节　现代经济法制体系的初步建立

辛亥革命爆发、中华民国建立,不仅在政治上废帝制建共和,开中国历史之新篇,而且在经济、教育、文化、社会各方面开展发之新局,其中尤具意义者,为中国的现代工业自民国成立后出现了一波长达10年之久的快速发展时期,使中国的现代经济水准有了一定提升,经济面貌有了一定改观,并进而带动其他方面的变化,如民族资产阶级的成长壮大,社会团体的勃兴,市民阶层的发展,工人阶级的兴起,由此而影响政治、文化、社会等层面,与民国发展的路径选择大有关系。

民国成立后,工商实业界颇为兴奋。实业团体如雨后春笋般勃兴,经由振兴实业而振兴国家的主张被广为提倡及接受,由此而出现的工商实业发展高潮,影响因素甚多,诸如因第一次世界大战爆发而造成的国际格局与市场变化及由此而影响中外经济关系的变化,使中国近代工商业的发展受益良多,但究其深层原因,则民初现代经济法制体系的建立,对北京政府统治时期近代工商业的发展也有其相当重要和奠定基础的意义。

民国南京临时政府成立后,大力提倡发展实业,开始着手经济法制建设。北京政府成立后,经济法制体系基本上建立于袁世凯统治时期。1912年4月16日,袁世凯发布《劝农保商令》,宣示:"现在国体确定,组织新邦,百务所先,莫急于培元气,兴实业。"同月29日,袁世凯在临时参议院发表演说称:"民国成立,宜以实业为先务,故分设农林、工商两部,以尽协助提倡之义。凡学校生徒,尤宜趋重实业,以培国本。吾国实业尚在幼稚时代,质言之,中国农业国也。垦荒森林,牧畜渔业,茶桑富藏于地,类多未辟之菁华。愿我国民毋从空中讨生活,须从脚底下着想。即以矿产言之,急须更改矿章,务从便民,力主宽大,以利通行。且商律与度量衡,亦应迅速妥订实行。"如果说袁世凯为建立个人专制统治在政治上言不由衷的虚饰之言甚多,而在经济方面他的言辞倒未尽为虚,因为发展经济、振兴实业,于其统治并无害处,至少可以多征税而缓解财政困难。袁世凯虽为军人出身的带兵长官,但于洋务、实业并不陌生,在清末担任直隶总督兼北洋大臣期间,还担任过督办商务、电政、铁路大臣,于清末新政多有贡献,何况北洋军人集团在聚敛了财富之后也在工商实业领域有不少投资,他们在经济方面已经趋向于资本主义化,对发展实业不致成为阻碍。再有,袁世凯当政时期,在施政方面得到民族资本工商实业家的支持,同时也在维护他们的利益方面政策上有所偏重,双方有大体正常的互动关系,因此就不难理解袁世凯在1913年7月13日武力镇压革命派的赣宁之役刚刚发动之际,发布《临时大总统令》,要求各省民政长官对工商实业"务望督饬所属,切实振兴,以裕国计。举凡路、矿、林、垦、蚕桑、畜牧,以及工艺场、厂,一切商办公司,其现办者,务须加以保护,即已停办及有应办而未办者,亦应设法维持,善为倡导。一面由农林、工商两部,迅将各种应行修订法律分别拟议草案,提交国会公决施行。"①同时也不难理解,著名实业家张謇在担任北京政府农林总长和农商总长期间(1913年9月至1915年4月),强调其实业政策为"乞灵于法律",于经济法制体系建设贡献良多。加以此时的国内政治大体统一,政府相对有权威制定并推行各种经济政策。凡此种种,使袁世凯当政时期的北京政府在制定经济政策与法规、推动工商实业发展方面较其后之北京政府有明显的长处。

　　1912年11月,北京政府工商部召开首次全国工商会议,得到全国工商界的热烈响应,制订工商法规,提倡自由经营,为工商界所最为关心提倡者。他们要求政府"早日颁布新律,以俾商人有所遵行,俾全国现有之商务得以保障,将来之商务得以振兴"。北京政府顺应工商界的要求,在此前后制订颁布了一系列经济法规。据不完全统计,在北京政

---

① 1912年4月17日《临时公报》;徐有朋:《袁大总统书牍汇编》,2—3页,上海,广益书局,1914;中国第二历史档案馆:《中华民国史档案资料汇编》第3辑,工矿业,15—16页。

府时期颁布的76项主要经济法规中,有54项颁布于袁世凯当政时期,超过总数的70%,内容包括工商矿业、农林牧渔、交通运输、银行金融、权度、税则、经济社团等方面,其中较为重要者有《暂行工艺品奖励章程》(1912年12月)、《公司条例》(1914年1月)、《公司注册规则》(1914年7月)、《矿业条例》(1914年3月)、《矿业注册规则》(1914年5月)、《商人通例》(1914年3月)、《商业注册规则》(1914年7月)、《农林政要》(1912年9月)、《森林法》(1914年11月)、《植棉制糖牧羊奖励条例》(1914年11月)、《民业铁路法》(1915年11月)、《国币条例》(1914年2月)、《证券交易所法》(1914年12月)、《权度法》(1915年1月)、《所得税条例》(1914年1月)、《印花税法》(1912年10月)、《农会暂行规程》(1912年9月)、《商会法》(1914年9月),等等。[1] 这些法规条例颁布后构成为北京政府时期经济法制体系的基本框架,虽然未必每项法规条例都得以完全遵照执行,但毕竟使工商实业的发展有了法律的保护和约束,对于其时的中国现代工商业经济还是具有相当的意义。

民初现代经济法制体系的建设,其着重点是提倡发展实业,废弃不当束缚,鼓励私人投资,进行自由竞争。如张謇所言:"当此各业幼稚之时,舍助长外,别无他策。而行此主义,则仍不外余向所主张之提倡、保护、奖励、补助,以生其利,监督限制,以防其害。"[2] 上述立法原则与经济政策导向在民初大体得到了遵循,如根据《暂行工艺品奖励章程》的规定,工艺物品及方法的发明及改良者可以申请专利,保护期限最高为5年,从而既有利于促进发明与创新,保护知识产权,又在事实上取消了前清时期设厂的所谓垄断"专利"权,有利于鼓励竞争。如1915年由财政总长周学熙等投资的华新纺织公司申请在直鲁豫省的30年设厂专利权,即被农商部批复"碍难照准"。根据《公司条例》和《商人条例》的规定,明确了公司的法人性质、法律地位及其组成形式、开办条件、权利义务、应负责任等,也明确了商人的定义、能力、注册、商号开办、账簿应用等,并规定开办公司无须经过其他途径,可以向地方官厅直接申请

---

[1] 虞和平:《商会与中国早期现代化》,211页,上海人民出版社,1993;徐建生、徐卫国:《清末民初经济政策研究》,130—132页,桂林,广西师范大学出版社,2001。

[2] 沈家五编:《张謇农商总长任期经济资料选编》,8—13页,南京大学出版社,1987。

注册,从而简化了申请手续及程序,便利于一般业者申办公司、自主经营及保护产权。根据《矿业条例》的规定,明确矿产国有,但鼓励中外业者投资开矿,矿业权之获得不以地主自然取得而以申请为先,大幅度减低了矿产税(从3%—10%减低为1%—1.5%),取消了原有的将部分赢利(25%)上交给政府的规定,从而有利于矿业的发展。根据《商会法》的规定,商会是由会员组成的法人机构,会长、副会长、会董均由会员选举产生,会员皆有选举权和被选举权,商会的职责是:研究促进工商业之方法,向行政官陈述关于工商业法规之制定、修改、废止及与工商业有利害关系事项,调查工商业状况及统计,调处工商业者之争议等,从而使商会成为工商业者的民间自治团体,除了在经济领域可以维护自身利益之外,也在政治与舆论方面发挥了一定的作用。根据《国币条例》的规定,国币实行银本位制,由政府统一铸造银圆国币,从而有利于统一货币制度的建立及经济结算的便利。此时铸造的银元因其刻有袁世凯头像而在民间以"袁大头"名之,曾在相当长时期内是民间经济往来的主要金融工具。根据《权度法》的规定,明确度量衡以公制为标准,从而有利于降低度量衡的换算成本及国内外的经济往来。[①]

总体而言,民国成立后的经济法制体系建设适应了经济发展的要求,有利于在法制管理下的现代市场经济秩序的形成,也较多地考虑和保护了资本所有者及从业者的利益诉求。故其作用"以积极言,则有诱掖指导之功,以消极言,则有纠正制裁之力"。当时业者多以赞赏的语气肯定这一时期的经济法制体系建设,称:"民国政府厉行保护奖励之策,公布商业注册条例、公司注册条例,凡公司、商店、工厂自注册者,均妥为保护,许各专利。一时工商界踊跃欢庆,咸谓振兴实业在此一举,不几年而大公司大工厂接踵而起。"[②]这些法规条例有些还为国民党当政后的南京政府修改后沿用。

当然,对民国初年经济法制体系建设的功用也不能估计过高。由于北京政府维持中央统一权威的时间非常短暂,也没有较为明确的经

---

① 《中华民国史档案资料汇编》第3辑,农商(一),15—46、63—70页,工矿业,40—53页;1914年3月3日、9月13日,1915年11月13日《政府公报》。
② 张謇:《张季子九录·政闻录》卷七,上海书店,1991;虞和平:《商会与中国早期现代化》,373页。

济法制体系建设规划,有关经济法规条例的制定缺项甚多;已经制定者,或因财力不够(如国币铸造不能大规模推广),或因部门利益(如交通系对铁路系统的把持),或因监管不力(如证券交易因在20世纪20年代初期的泡沫泛滥而演成信交风潮),或因官商争利(如有军政官员投资的某些特权企业的存在),等等,在其执行过程中打折扣者甚或流于纸面文字者亦复不少。举例言之,根据《民营铁路法》的规定,明确了人民可以集合资本建筑铁路,从而有利于民间资本对交通事业的投资,也结束了清末以来所谓铁路"官办"抑或"商办"的争议。但在该法公布之前,袁世凯当政时期已实行"统一路政"政策,已将各省民办铁路公司悉数收归国有,至于政府为此应付之股款本息6 800万元,即使不计其折算及偿还过程中的贬值等损失,最终仍有3 600万元没有偿还。其时批准修造的民办铁路只有云南和广东的两条短距轻便铁路,而北京政府时期国有铁路的修筑总长度不过3 186公里,远不及前清时期的5 107公里。因此,即便是民初经济法制体系的热心提倡者与建设者张謇也不禁自叹曰:"所成者条例焉耳,而犹未尽,能无自疚。夫政策之行不行,或亦有天命存焉。"①

后袁世凯时期,军阀派系争战不断,北京政府权威尽失,在经济法制体系建设方面乏善可陈。开创不能,守成亦不易,且不说实际控制政府的军人首领对经济法制全无兴趣,即便是经济主管部门的领导,也是三日京兆,如走马灯般更替,不能长久任事,做一天和尚撞一天钟,更遑论有长远规划与建设。自1916年6月到1927年6月,在11年的时间里,先后有18人担任过北京政府农商部总长(包括兼代与暂署),平均任职时间不过7个月有余,其中最长者田文烈干了2年3个月,最短者章宗祥只在这个位置上待了24天。"况农商当局,每每牵入政争漩涡,去留靡定,等职官于传舍,虽有贤者,亦往往以多种不幸关系,卒之无所建白以去"。1924年9月第二次直奉战争前夕,北京政府继民初工商会议之后又召开了一次全国实业会议,时任国务总理的颜惠庆在致辞中坦承:"言易行难,自古所戒。当此时局艰难,一切政事尤不能不酌分

---

① 徐建生、徐卫国:《清末民初经济政策研究》,171—172页;沈家五编:《张謇农商总长任期经济资料选编》,23页。

缓急,并顾兼筹。……即使以一时事实上之阻碍难尽实行者,倘能朝野一心,通力合作,悬的以赴,继续努力,自必有能实行之一日。"①颜惠庆此番话刚说完,直系统治就因战败而垮台,所谓"必有能实行之一日"也就成了镜中月、水中花,不知何时才能实现。

---

① 穆湘玥:《藕初五十自述》,114页,上海,商务印书馆,1926;《中华民国史档案资料汇编》第3辑,工矿业,172—173页。

第二节　现代工业的较快发展

民国建立后,中国现代工业[①]经历了一波长达 10 年左右的较快发展期,中国的工业化水准较前清时期有了明显提高,其中除了民初现代经济法制体系的初步建立、资本投入的增加等内因之外,还有一个重要的外因,即第一次世界大战的爆发,给中国现代工业的发展造成了前所未有的机会。西方列强因深陷战争,对华商品输出与资本输出均大大减少,由于商品进口量的剧减,民族工业产品的国内市场陡然扩大,商品价格上扬,又使工业利润大增,刺激了各界竞相投资。这样,长期困扰中国工业发展的市场狭小和资金短缺问题有了相当程度的缓解。在这种有利环境下,国内资本投资踊跃,现代工业得到空前发展。这一波发展过程始自民国建立,加速于世界大战的开始。虽然第一次世界大战不过4年即告结束,但因战争而受累甚多的列强,在战后尚需经历恢复的过程,一则有大量进口需求,二则出口恢复也需要时间,而中国战时新增资本开始投产,企业自国外购买的机器设备因停战得以源源进口,新增生产力多在 1918 年大战停止后方始发挥作用。如当时中国最重要的工业部门——棉纺织业,其进口机械的价值,1920 年为 690 万两白银,1921 年则猛增为 2 670 万两白银,可见其对生产的推动作用。[②] 在内外因素的共同作用下,整个工业发展继续呈惯性运动,速度较前更快。故从

[①] 本节所称"现代工业"系指所有中国资本投资的工业,包括一般意义上的民族资本与官僚资本工业,至于有关民族资本与官僚资本的关系及其各自的发展情况,可参阅相关研究成果,如许涤新、吴承明主编《中国资本主义发展史》第 2、3 卷,北京,人民出版社,1990、1993;汪敬虞主编《中国近代经济史》(1895—1927),北京,人民出版社,1972。
[②]《中华民国史档案资料汇编》第 3 辑,农商(二),1294 页。

1912—1921年的10年间,可谓中国现代工业发展的黄金时期。

据估计,1913年中国现代工业企业共有698家,资本总额33 082万元,工人总数27万人。到1920年,现代工业企业达到1 759家,资本总额50 062万元,工人总数56万人。即整个现代工业规模大体增长了1倍左右。另据估计,中国现代工业1914—1920年间的总平均增长年率为13.8%,其中几乎所有的工业部门都有发展,而轻工业的发展速度更快,有的部门(如面粉、卷烟等)年增长率超过了20%。[①] 应该说,无论是以中国自有现代工业以来的发展速度,还是与同期其他国家的发展速度作比较,民国初年的现代工业发展速度都是相当快的。

中国现代工业最重要的部门——棉纺织业,也是第一次世界大战前后发展最快的工业部门之一。战前纺纱本为赔本生意,大战期间由于进口锐减,数量平均下降了一半左右,造成纱、布市价大涨,纱价上涨1倍以上,为所有棉纺企业带来高额利润(生产1包16支纱,最高可获利润50两白银),以至几乎无厂不盈。一个突出的例子是,原已无法维持的宁波和丰纱厂,1919年竟然以90万元的资本获净利125万元,利润率高达139%。在如此厚利的刺激下,投资者趋之若鹜,纱厂犹如雨后春笋般涌现。1920年至1922年,华资新开纱厂39家,超过战前20余年中外资本开设纱厂的总和(31家)。纱锭数每年以20万枚的速度增长,1922年达到151万枚,为1913年的3倍,1925年的棉纱产量比1915年增长了2倍以上;同期布机数也由2 016架增加到6 767架。由于国内棉纺织业的发展,使进口棉纱数量持续下降,1925年大约只有战前的1/4左右。长期高居中国进口货品价值前列的棉纱,1924年已退居到只占进口总值的3%左右,国内棉纺织工业用纱实现了大部自给,1921年棉纺织业消费的进口纱只占总消费量的20%左右。[②] 与此同时,1915年以前几近于零的棉纱输出则有了突飞猛进的增长,1924年达到了14.7万担,价值751万关两(包括外资企业)。据统计,1920

---

① 陈真等编:《中国近代工业史资料》第1辑,55—56页,北京,三联书店,1957;吴承明:《中国资本主义与国内市场》,125页,北京,中国社会科学出版社,1985。陈著关于资本总额的估计可能偏低。据吴承明估计,1920年中国产业资本总额已经达到7亿余元,见吴承明《中国资本主义与国内市场》,127页。
② 严中平:《中国棉纺织史稿》,185—186、188页,北京,科学出版社,1955;吴承洛:《今世中国实业通志》下册,105—106页,上海,商务印书馆,1929。

年全国已有纺织厂475家,资本总额8 275万元,工人36万人,成为当之无愧的中国现代工业第一大部门。①

中国现代工业的又一重要部门是面粉工业。面粉在中国对外贸易中向为入超,1914年进口220万担,价值914万关两。世界大战爆发后,进口来路断绝,1915年的进口量尚不及上年的1/10,面粉又为西方各国主食,需求甚大,战时及战后一段时间内供不应求,尚需向外寻求进口来源,由此刺激中国面粉工业的飞速发展。1912年以前,国内面粉工厂不过37家,而1920年一年之内就成立了20家。1921年,全国面粉工厂总数达到了123家。尤以东北、江苏、湖北、山东设厂最多,如哈尔滨、上海、青岛、汉口、天津、无锡等地,面粉工业较为发达,大厂的日产量已超过1万袋。从1918年起,中国面粉贸易连续4年大量出超,年输出均在200万担以上,最多的1920年,出口396万担,价值1 825万关两。②

轻工业部门之一的火柴业有了较大发展。1914年以后,火柴进口不断下降,1923年的进口数量只有战前的8%左右,尤其是以往进口量最大的日本火柴,受到五四运动以后抵制日货运动的影响,1923年的进口数量还不到1919年的3%。火柴工业市场扩大,利润增加,发展很快。1920年一年之中开办火柴厂23家,资本184万元。中华、鸿生、荧昌等厂出品的国产火柴已开始在市场上居于优势地位。③

除了上述工业部门之外,缫丝、卷烟、榨油、针织、食品等轻工业部门,在大战前后也有了长足的发展。

一直是中国现代工业薄弱环节的重工业,在大战前后也有了一定的发展。钢铁工业是重工业的基础,旧的汉冶萍公司1914—1921年的生铁平均年产量为14万吨,钢为3.8万吨;新建的上海和兴铁厂(1917年)和武汉扬子机器公司(1918年),前者有12吨和35吨高炉各1座,40吨平炉2座,年产钢3万吨;后者有100吨高炉1座,年产生铁3.6万吨。本在生铁生产中微不足道的机械炼铁,产量猛增到占生铁产量的58%。1919年全国生铁产量为41万吨,1921年的钢产量达到

---

① 工商部编:《中国输出贸易指数表》,北京,1928;《中国近代工业史资料》第1辑,56页。
② 龚骏编:《中国新工业发展史大纲》,192页,上海,商务印书馆,1933;《中国输出贸易指数表》。
③ 青岛市工商行政管理局史料组编:《中国民族火柴工业》,20页,北京,中华书局,1963。

7.68万吨,成为1935年以前中国钢产量的最高峰。受世界大战的影响,本来极为薄弱的中国钢铁工业,1918年的出口值居然达到了1 673万关两,位居当年出口货品前十名之列。①

重工业中的采矿工业有了较大发展。煤炭工业向为中国采矿业的支柱部门,发展较快。1918年的产量比民国初年已翻了一番,1924年产量达到2 578万吨,比1918年又增长了40%,其中机械开采已占到总产量的72%。同期煤炭出口也在稳步增长,1924年为320万吨,价值超过2 000万关两,已成为大宗出口物资之一。铁矿石产量1924年达到177万吨,机械开采占70%左右,均比民国初年翻了一番。② 由于战争使需求增加,有色金属开采中,云南的锡,湖南的锑、铅、锌,江西的钨产量均有较大增长。因为这些产品大多供出口,所以受国外市场影响较大,战后产量普遍回落,此后一直起伏不定。

作为重要原材料工业部门之一,水泥工业本有一定基础,大战前后更有较大发展。1924年,7家主要华资水泥工厂的资本总额为1 440万元,年产能力为316万桶,其中唐山启新洋灰公司的资本达到880万元,年产能力为137万桶。③

华资机器工业可谓中国所有现代工业部门中最薄弱的一环。大战前后其他工业部门的发展,带动了以修理为主的机器工业的发展,尤其是与纺织业相关的机器制造与修理业务发展更快。上海民族资本开办的机器工厂,1913年为91家,1924年达到了284家,增长了两倍以上,其中一半左右已使用电力。动力、纺织、缫丝机器制造都有较大增长,以前根本没有的工作母机制造工厂开始出现,国产车床还一度出口到东南亚国家。值得注意的是,江南造船所的业务在此时有了相当进步,技术亦有所突破。1912—1926年共造船369艘,计14.4万吨。1914—1925年的经营均有盈余,1921年的盈余更高达216.7万元。在所造船舶中,千吨以上船的吨位总数已占到总吨位的一半以上。1918年该所接受美国政府订货,建造4艘14 750吨的重载船,下水后引起

---

① 《中国资本主义发展史》第2卷,810页;严中平等编:《中国近代经济史统计资料》,102—104、141页,北京,科学出版社,1955;《中国输出贸易指数表》。钢铁业的统计包括外资企业。
② 《中国近代经济史统计资料》,102—104页;《中国输出贸易指数表》。煤炭业的统计包括外资企业。
③ 上海社会科学院经济研究所编:《刘鸿生企业史料》上册,169页,上海人民出版社,1981。

中外关注。尽管这几艘船的主要技术与装备均来自美国,但它们的下水毕竟是中国造船史的大事。可以说,无论在造船总吨位及单艘船重上,江南造船所都不亚于当时在上海居于垄断地位的英商耶松船厂,并已成为除日本之外的远东最大的造船厂。①

相对于轻重工业在大战前后的快速发展,近代交通运输业的发展要慢一些,因为铁路建造与轮船航运均需要较大投资,而此时外国在华投资受大战影响有所减少,同时运输量的增长尚未达到大规模刺激投资的程度,因此,铁路与航运业虽有发展,但在发展速度上略显逊色。1912—1926年铁路共通车3 723公里,年平均通车里程不到250公里,其中重要者有,粤汉路武昌至株洲段(1917—1920年完成)、广州至韶关段(1914年完成),陇海路新浦至开封段、洛阳至灵宝段(1915—1926年完成),平绥路阳高至包头段(1914—1923年完成),上述路段共1 765公里,占此时总通车里程的近一半。东北地方铁路建设在此时有了较大进展,建成了1 000余公里,减轻了东北交通对日本控制的南满路的依赖。虽然铁路建设的总体进展不够快,但它仍然是北京政府财政的摇钱树和交通系官僚资本赖以存在的基础。据统计,1921年的铁路盈余高达4 000余万元,而当时北京政府一年的总收入不过4亿多元。轮船航运业,中国资本拥有的轮船吨位虽然翻了一番还多,从1913年的8万余吨增加到1921年的18万余吨,但在总航运量中所占比例变动不大,自1916—1924年,各通商口岸进出船只总吨位中,中国船只始终只占1/4左右的比例。②

大战前后中国工业的发展,不仅在量的方面有了重要进步,在质的方面也有了一定变化。除了前述重工业及其生产技术的某些发展外,引人注目的是一些大型工商业企业集团的出现。据统计,资本在50万元以上的公司,1920年比1912年增长了2.5倍。③这些企业集团的出

---

① 上海市机器工业史料组编:《上海民族机器工业》上册,303页,北京,中华书局,1966;上海社会科学院经济研究所编:《江南造船厂厂史》,103、111页,南京,江苏人民出版社,1983。
② 中国工程师学会编:《三十年来之中国工程》下册,7页,台北,京华书局,1967;陈灿:《中国商业史》,171页,上海,商务印书馆,1925;《中国近代经济史统计资料》,227页。据宓汝成《帝国主义与中国铁路》(670—671页,上海人民出版社,1980),1912—1926年中国共修筑铁路3 430公里。
③ 龚骏编:《中国新工业发展史大纲》,119—120页。

现,既是经济发展的一种必然趋势,表现了经济发展的进步性,也是工商界为应付战后经济危机而产生的保护性反应。荣家企业集团的发展就是其中的代表之一。荣宗敬、荣德生兄弟以面粉业起家,起初发展并不顺利,年年亏损。世界大战爆发后,逢此经年不遇之机,荣氏兄弟以超过常人的眼力、气魄与才干抓住了这一历史机遇。他们采用欠款购机、分期付款、控制原料、提高代销佣金等手段发展面粉的生产与销售,使生产规模迅速扩大。1912—1921年,荣氏企业的福新粉厂陆续建成开工8个厂,茂新粉厂也从2个厂增加到4个厂,面粉日产能力占全国的1/4,在全国面粉市场具有相当的影响力。1915年荣氏兄弟又开始涉足纺织业,创办申新纱厂,资本30万元,当年即有赢利。从此,申新纺织集团犹如滚雪球般发展,10年间建立了6个厂。到1922年,荣家企业集团的茂新、福新、申新总公司已拥有12家面粉厂和4家纱厂(另有2家纱厂在建),自有资本1 043万元,固定资产总值1 959万元,为初创时的392倍,年平均增长速度高达37%,远远超过同期其他民族资本企业的发展,也为实力雄厚的外资及官僚资本企业所不及。而且荣氏企业的这种发展,是在内无特权、外有压迫的情况下取得的,由此也可见当时民族资本企业的活力与效益。1925年荣家企业集团拥有粉磨319台,年产面粉2 586万包;纱锭18.46万枚,年产纱9.7万件;布机1 615台,年产布97.64万匹,成为名副其实的面粉与棉纱大王和首屈一指的中国民族资本企业集团。[①] 除此之外,老的如张謇的大生企业集团,新的如郭乐兄弟的永安企业集团等大企业集团,在大战前后也都有了相当的发展。大生纱厂一厂在1917—1924年间新增纱锭5万枚,比自建厂到1917年的总和4万枚还多出1万枚。永安纺织公司的初创资本即达到了600万元。这些大企业集团的出现,它们在管理与技术上的创新,标志着中国民族资本现代工业发展到了一个新的阶段。

---

① 上海社会科学院经济研究所编:《荣家企业史料》上册,104、265—266页,上海人民出版社,1980。

第三节　现代工业发展的起伏

第一次世界大战前后中国现代工业较为迅速的发展,使工商界在欣喜之余,都在准备进一步扩大投资,兴办更多的实业,然而突如其来的经济萧条,又使他们如大暑伏天而堕三九寒冬,诚如时人所论:"欧战既终,险象即生,九、十两年(即民国九年、十年——引注)实为中国工业恐慌时代。铁厂积货如山,无人过问,至于闭炉停机;纱厂结账大都无利;上海数十年之三大油厂竟同年倒闭;其他工业亦皆消沉。因欧战致富之实业家,营业失败重入旋涡者,乃时有所闻,吾国工业因参战所得之利能永久存在不为昙花一现者,窃恐甚少也。"[①]缺少稳定的发展环境、对国际市场认知的欠缺、国内市场狭小与资金短缺、外国资本的压力,等等,均为中国现代工业发展步履维艰的重要原因。

袁世凯时代的北京政府还维持着全国统一的局面,在拟定经济法规、劝奖实业发展方面,多少还起到政府应有的作用。到了后袁世凯时期,全国统一局面因军阀混战而分崩离析,各路军阀你方唱罢我登场,各霸一方,争权夺利,无心再顾及工商业的发展,更不必说什么扶持了。1924年9月1日至15日,北京政府召开全国实业会议,与会代表有来自各省区商会、农会、渔会、矿业联合会以及上海、汉口、天津、广州等大商埠的实业界代表80余人,北京政府外交、内政、财政、交通、农商及税务处派出21人,以颜惠庆为议长,李士伟、穆藕初为副议长。此次会议为1912年全国工商会议后历12年而召开的又一次讨论实业发展规划

[①] 杨铨:《五十年来中国之工业》,见申报馆《最近之五十年》,上海,申报馆,1923。此中所言之"民国九、十年"为概而言之的说法,实际上,中国现代工业发展的低落期大体出现在民国十一年(1922年)以后。

及问题的全国性会议,会议提出议案170余件,议决者158件。此次会后,本应在10月召开由各省区实业厅长参加的实业行政会议,但"因近时时局不靖,交通或多困难"而暂缓举行。此次会议通过各案,本应提交行政会议"分别咨询审核,再为施行",结果亦束之高阁。所以国务总理颜惠庆在闭幕词中表示:多年来"内因时局之不靖,外受国际之竞争,实业界所受痛苦更在在皆是。其所以谋救济而图改进者,自既殷且切。"①对于像中国这样地域辽阔、人口众多、历史悠久、自成体系的后发展国家而言,由传统经济向现代经济转型将注定是长期而艰难的过程。在这个转型期中,在确立经济法制、开拓商品市场、保护内外投资、稳定市场秩序等方面,政府力量自有其责任和作用,一个清正廉洁、高效有力的政府在一定程度上的介入与引导,对经济发展利大于弊,也是必不可少的。很难设想中国可以在没有充足资本、没有统一市场、没有对外扩张、没有历史传统的情况下,仅仅依靠自发自生的发展路径可以实现自身的经济向现代化转型。但是,历史已经表明,北京政府不能承担导引中国经济现代化转型的历史责任,且不说北京政府无法维护中国国家的政治独立与经济主权,无法改变中国对列强的政治、经济依附地位,即就促进经济发展的具体政策措施方面,北京政府在多数情况下也无能为力。诚如时人所论,袁世凯之后的北京政府对于工商实业除了"少许官制变更外,竟无政策可言";"今日之中央政府,老气衰颓,能力薄弱,日浮沉于政治风潮之中,求其澄心静思,为商人谋一生路,益为必不可能之数"。②

中央政府既无心也无力关注并促进工商业的发展,各路军阀则将工商企业视为动辄可得之财源。民国年间,战乱不已,军队众多,军费浩大,从中央到地方,为了应付军费开支,无不滥征各种苛捐杂税,成为工商业发展的重大阻碍。当时一般国货的落地税率为3%,但每过一关要抽2%的厘金,一种货物自出厂到运销各地,所过又何止十关,再加上其他各种巧立名目的捐税,各种税负总值往往已占到货品价值的

---

① 《中华民国史档案资料汇编》第3辑,工矿业,172—174页。
② 杨铨:《五十年来中国之工业》,见《最近之五十年》;《论上海丝厂失败之原因及其补救之办法》,见经世文社编《民国经世文编》第37册,实业三,上海,经世文社印,1914。

一半。这种税卡林立、市场四分五裂的局面极不利于经济的发展。如四川成都与重庆间相隔仅400余公里，永久税卡却有近20处，每担物品收税18元，加上临时收税，要超过20元，已经超过该担物品的原值。如此盘剥之下，国货与洋货相比，自然失去了竞争力。至于军阀混战，更给工商业带来直接的祸害。军队所到之处，交通阻塞，筹款拉夫，影响经济甚巨。"战争之地，百业停顿，农工商民，一任其蹂躏，而不敢稍抗。战争一起，供应频繁，其斫丧国民经济之元气，固非短时期所能恢复。而战争者又每每凭借其所得之地盘，以施其剥削之手段。"河南与安徽为小麦主产地，两地所产小麦本可从津浦路直运上海，供应面粉工业所需的原料，但如从蚌埠起运，每担运费2两，且时间无保证，长者竟达一年之久，而越太平洋而来的美国小麦，每担运费不过4钱，以致"商人欲求铁路货车运输原料小麦，此乃绝无仅有之事"。① 江西萍乡煤矿在战乱中屡次受扰，最长一次交通断绝达80天之多。仅此两例，可知军阀混战带给中国工业发展何等沉重的负担，更不必提那些赤裸裸的敲诈勒索了。

第一次世界大战结束后，列强对华经济扩张卷土重来，其在资本、技术与市场方面的优势，使民族资本企业感受到沉重的压力。洋货输入，使原本有所扩张的国内市场再度缩小；与国货相比，洋货质高价低，更有竞争力；不平等条约所赋予的特权更使洋货处于压倒国货的优势地位。洋货入口只需缴纳7.5%的关税与子口税，由于进口物价的上涨，实际税率较名义税率为低，最低的年份只有3%左右（1921年），税负重重的国货自然无力与之抗衡。曾有人就国产食糖与进口食糖的价格两相比较后，不无辛酸地说，国产食糖"陆运有厘金之恶税，海运又课二重之关税，与日本之糖相较，成本乃相悬殊。就令有爱国心者，亦未必能常食贵糖而不食贱糖。"随着列强资本输出的扩大，在华外资厂矿越来越多，它们规模大，设备好，并享有一系列特权，因而对中国工业的发展更具威胁。南洋兄弟烟草公司在给北京政府财政部的信中就曾抱

---

① 曹鸿儒：《中国农业经济之发展》，180—181页，南京，三民学社，1930；王方中：《1920—1930年间军阀混战对交通和工商业的破坏》，载《近代史研究》1994年第5期；上海特别市社会局：《上海之工业》，84页，上海，中华书局，1930。

怨说:"今则外商烟厂林立于内地,就地行销,俱无征税……敝公司烟草既纳进口正税,复纳子口半税、杂捐、附加等税,负担既重,成本加多,虽出品优美,诚难与外货竞卖。"① 颇具竞争实力的山西保晋煤矿,吨煤成本为 2.021 元,税捐 1.731 元,占成本的 85.7%,而英商开滦煤矿,吨煤成本为 1.5 元,税捐只有 0.2675 元,仅占成本的 17.8%。在这种情况下,外资企业自然有其优势,而华资企业的发展自不无艰难之处。

以往中国现代工业发展中的一些老问题此时仍然存在。洋货挤压之下的有限市场容量,又因为军阀混战、土地占有不均、水旱灾荒连年发生而致之农村萧条、农民购买力低下而大受影响。因为军阀割据,各自为政,无法形成统一的国内市场。"出省一步,如履异邦,旅行已不胜其难,营业更为棘手。"② 资金缺乏依然如故。欧洲前后一时的高额工业利润促使社会闲置资金流向工业,而工业萧条刚一露头,利润的下降立即导致这些资金的流出。虽然 20 世纪 20 年代初期中国现代银行业骤然兴起,但多出于投机心理,担心对工业的放款有去无回,操作较为谨慎,放款数量不能满足需要,放款利率也较高,在经济不景气的情况下,反而对接受贷款者形成压力。为了得到周转和投资资金,一些厂家不得不转而求助于钱庄,然钱庄放款利率奇高,期限又很短,几近于高利贷,致使"厂商辛苦经营,谋偿银行钱庄欠款之子金犹虞不足。日积月累,母子相乘,只有出于售厂之一法。"工业资金的缺乏,并不完全是社会资金缺乏造成的,根本原因还在于工业经营要承担风险,利润得不到保证,因而大量资金流向商业、金融业与公债投机或者到乡间购买土地,对原本缺乏资金的工业更是雪上加霜。当时人就说,"资本非不充也,无法律以拥护之,致使信用堕落。城市之资财,寄于外人;乡里之现金,藏于地窖。转令外人长袖善舞,而以重息折扣,剥夺吾人之脂膏。"③

由于上述原因,自 1922 年起,中国现代工业在经过相对高速的发

---

① 《筹设商会统计案》,见经世文化社编《民国经世文编》第 37 册,实业三;中国科学院上海经济研究所、上海社会科学院经济研究所:《南洋兄弟烟草公司史料》,63—64 页,上海人民出版社,1958。
② 《中国工商业失败之原因及其补救方法》,载《上海总商会月报》第 3 卷第 6 号。
③ 《华商纱厂联合会宣言》,载《国闻周报》第 4 卷第 19 期;《欲恢复信用宜组织债务专律论》,见经世文社编《民国经世文编》第 37 册,实业三。

展阶段后,转而进入缓进与停滞时期,尤以前一阶段发展较快的部门为甚。棉纺织业首当其冲,1922年起纺纱已无利可图,次年更转为亏损,以至"每纱一箱,须亏一箱之本;每纺一日,须负一日之累"。1923—1924年,申新各厂亏损高达131万元,许多在此前建厂高潮中开工的纱厂,刚投产即面临或亏损或倒闭的风险。从1923年到1931年,华商纱厂新建扩建25家,同期出售、停工、出租者则多达52家。①聂云台集资280万两开张的大中华纱厂,开业不久即售予他人。曾经占据中国棉纺织工业重要位置的大生纱厂第一、二厂,因负债额大大超过资本额,不得不在1925年被债权人接管。加之此时国内棉花生产减产,出口增加,形成花贵纱贱之局面,更加重了棉纺织业的困难。为了挽救棉纺织业的困境,上海华商纱厂联合会破天荒地在1922年12月议决,自12月18日起,3个月内停车1/4,到期如仍不景气,再行续停1/4;同时要求政府禁止原棉出口,豁免花纱税厘,以保障原料来源及利润,但并未得到政府的反馈。

大战前后发展极为迅速的面粉工业,此时也到了盛极而衰时期。"出口之粉渐少,外粉又复侵销……原料缺乏,价格腾贵,而制成面粉为洋粉所牵制,不能随麦价俱增。营业困难情形,为从来所未有。"面粉进口,1921年尚只有76万担,次年即猛增近4倍,达到361万担。1924年更达到创纪录的668万担,值3 020万关两。中国面粉大量出超的景况犹如昙花一现,1923年起出口每年均不足百万关两,还不到进口数的1/30—1/20。面粉巨子荣氏兄弟于1925年9月向同业提出:面粉进口"因外侨食品关系,例不征税,迨进口后,运销内地,在在免厘。年来麦价昂贵,交通阻梗,粉厂获利殊难;推销外洋,则税则繁苛,如运往日本,每包征收洋七角……外粉输入则通行无阻,华粉输出则例须稽征,税则至不平等,莫此为甚。"因此,荣氏兄弟建议同业向政府要求采取优惠及保护政策,"洋货进口一律征税,外侨食品不得除外";"洋粉进口,如须运往内地,一律征收落地税"。但亦未见下文。②

虽然经过大战前后较为迅速的发展,但中国现代工业的一些固有

---

① 《张季子九录·实业录》卷八;严中平:《中国棉纺织史稿》,187—188页。
② 《荣家企业史料》上册,165—166页;《中国输入贸易指数表》。

弱点仍未得到根本改变，其中最关键的问题还是多方面的发展不平衡。首先是轻重工业发展的不平衡。轻工业因投资少、见效快、市场大，发展相对较快。重工业则远远落后于轻工业的发展，致使无法形成一个相对独立和完整的工业体系。以最为薄弱的机械工业论，多数厂家为修理、装配厂，规模小，平均每厂只有工人25人；设备简陋，平均每厂使用机床不到6台，使用5台机床以下的工厂占总数的74%；还有近1/3的工厂使用人力。经济萧条开始后，为棉纺织业服务而开办的机器厂家纷纷倒闭，这其中还包括像上海中国铁工厂这样拥有几十万资本与几百名工人的大厂。其次是轻工业内部发展的不平衡。棉纺业发展迅速，织布业虽有发展，但仍赶不上需求，每年进口的棉布都在六七千万关两，大致与战前持平或略有下降，仍居中国进口物品前列，同时也显示轻工业的发展还处于低附加值的初级制成品阶段。再次是地区发展的不平衡。主要工业企业集中在沿江沿海的大城市，尤以上海、天津、武汉、无锡等地为发达。1922年，上海、天津、武汉、无锡、南通、青岛六城市拥有纱锭120万枚，占全国纱锭总数的4/5，其中上海一地即占42%。内地工业发展则极为落后，极端的如云南、贵州、青海，迟至1919年尚无一家注册工厂。最后是大小发展的不平衡。由于资金短缺，中国现代工业向来以中小企业为主，1912年万元资本以下的小公司占公司总数的一半以上，1920年仍占近1/3。资本百万元以上的大企业，1920年有57家，只占工厂总数的3%左右。[1] 相比较而言，外资棉纺织厂的规模一般要比华资企业大一倍左右，机器厂规模的悬殊则更大。小企业本小利薄，抵御各种风浪袭击的能力更差，一有风吹草动，只能关门了事。此外，中国现代工业企业自身管理水平的落后、设备的陈旧、人才的缺乏、家族制的牵扯等等弱点，也不可能在短短几年内有根本改变。

从1922年起，中国现代工业的发展与前一阶段相比速度趋缓，许多部门停滞不前，进入相对萧条时期，但对萧条的程度似也不宜过于夸大，即使是1922年以后，也不是所有工业部门都停滞不前，有的部门保

---

[1]《上海民族机器工业》上册，304页；《中国近代经济史统计资料》，108—109页；龚骏编：《中国新工业发展史大纲》，120—121页。

持了原有态势,有的部门还有所发展。棉纺织业尽管受影响较大,但1925年纱锭总数仍达到187万枚,布机11 121台,分别比1921年增长了50%和91%。上海棉纺、缫丝、面粉、卷烟四大工业行业的企业总数,1921年为109家,1924年增长为132家,1927年更达到315家,比1921年增长了近两倍。1921—1926年,中国现代工业的年平均增长率仍达到8%。① 之所以能够如此,主要原因有两点:一是中国工业经过几年的较快发展,实力有所增加,对各种困难的抵御能力也随之增强。一些大企业集团资力较为雄厚,暂时的亏本可以通过各种方法消化,最后仍能扭亏为盈。如荣氏企业集团的面粉厂,1922年亏本50万元,但这只占荣氏企业集团固定资产总值的2.5%。经过一番努力,次年即转亏为盈,1924年的盈余又达到了86万元。这些大企业集团还借此时机兼并弱小企业,扩大自身实力。这种分化改组本身也是经济发展进步与活力的表现。二是此时频频发生的抵制外货运动对民族工商业的发展大有裨益,扩大了民族工商业的市场。1925年工业生产的短时高涨,"虽为时不久,然关系甚巨",与当年五卅运动后抵制英、日货运动是紧密联系的。仍以荣氏企业集团为例,申新各厂1925年的纱产量比1922年增长20.7%,布产量则大增1.7倍,福新各厂的盈余达到了244万两。更突出的事例是卷烟工业,1924年上海华商烟厂为16家,次年猛增到52家,最大的南洋兄弟烟草公司1924年的销售额为2 521万元,次年一跃为3 646万元,增长了45%。因为"国人提倡用国货,热度日高。我公司近来销场过大,供不给求。各局索货万分急迫,各处正当团体以我无货应市,责备不堪。"②其库存霉烟都一销而空,而其最大的对手英美烟草公司经此打击后,直到1927年的销售都未能恢复到1924年的水平。

总之,中国现代工业的发展在民国成立后始终保持着上升态势,速度有快有慢,也有过停滞与困难,但毕竟还是在发展。据估计,1920年

---

① 严中平:《中国棉纺织史稿》,188页;上海社会科学院经济研究所编:《上海资本主义工商业的社会主义改造》,12页,上海人民出版社,1980;唐传泗、黄汉民:《试论1927年以前的中国银行业》,见《中国近代经济史研究资料》(4),上海社会科学院出版社,1985。
② 《荣家企业史料》上册,167、171、173、266、181页;《南洋兄弟烟草公司史料》,146、220、254—255页。

前后，中国工农业总产值约为219亿元，其中现代工业产值约为10.66亿元，占总产值的4.87%，工场手工业产值12.95亿元，占总产值的5.91%，两者合计23.61亿元，占工农业总产值的10.78%，比清末民初提高了1倍左右，而制成品的出口额已占出口总额的39.5%，超过了农产品的出口额。① 这可以作为中国现代工业在民国成立后十几年间发展的大致总结。

---

① 吴承明：《中国资本主义与国内市场》，127页；《中国近代经济史统计资料》，72—73页。另据估计，1920年中国的现代生产总值占全部生产总值的6.21%，现代工业产值占工业总产值的19.8%（王玉茹：《论两次世界大战之间中国经济的发展》，载《中国经济史研究》1987年第2期）。目前尚缺乏1925年前后的统计数字，但有理由相信，其绝对数字和相对比例较之1920年前后又应有所增长。

第四节　中外经济关系的发展变化

第一次世界大战的爆发也对中外经济关系产生了深刻的影响。原先在经济上与中国关系密切的东西方列强都卷入了大战旋涡,多数无暇顾及对华经济扩张,从而使中国自身的经济发展获得了前所未有的机遇,在大战前后取得了长足的进步。但是战后不久,曾经因为大战而放缓的列强对华经济扩张又卷土重来,并出现了若干新的特点。

自第一次世界大战爆发后,列强的对华出口即有明显下降,自1915年到1918年,列强对华出口一直没有超过1914年的水平。1919年,列强的对华出口虽超过1914年的水平,但因其对进口货品需求的增长,致当年中国的出口额亦创历史新高,入超值下降为1 619万关两,为北京政府统治时期之最低,只占外贸总值12.8亿关两的1％略多。但次年中国的外贸入超即猛增为22 062万关两,较上年剧增12.6倍;1921年外贸总值约为15亿关两,其中出口约6亿关两,进口约9亿关两,入超达到创纪录的约3亿关两,创北京政府统治时期之最高。从1920年到1926年,中国外贸入超总计16.64亿关两,占北京政府时期外贸入超总数的70％,年均超过2亿关两,列强对华出口势头之猛烈于此可见一斑。① 但是,另一方面,海关总税务司在其年度报告中认为,1921年"中国贸易大都不佳,实为商业史上最劣年度之一。上年所记之贸易颓败景象,本年开始,宛在目前。市场存货过巨,已为进口货流入之梗,而内地各大区域又复不宁,益以雨水时节,洪流暴发,出口货

---

① 《中国输入贸易指数表》。1920—1921年外贸入超的猛增,原因之一是战时对外订货因为战争的结束而得以入口,而这又刺激了国内经济的增长,因此对这一时期贸易逆差的影响尚须全面衡量。

又复受制,于是购买力因而减少,观于存货日难脱售,即可了然。进口商人负累甚重,于战后最盛时所定之巨量货物,几于求其脱售,而能不受重大之损失,殊不可得。"如此数量的外国商品涌入中国市场,对本已苦于市场狭小、资金不足的中国现代工业无疑有重大影响,1921年以后中国现代工业发展的趋缓、停滞与危机与此有很大关系。外国商品对华输出依靠自身优越条件与种种特权,对国货占有优势,而其市场意识之敏锐、触角之广布、推销之得力,更为国货所不及。如美国石油巨商——美孚石油公司为了向中国推销煤油,在中国大城市设立了5个分公司,中等城市设立了20个支公司,县城设立了500个经销店,代销店则遍布城乡。通过这种全国范围的推销网,美孚公司得意地夸耀:"虽穷乡僻野向不知煤油为何物者,今亦无不需用吾人之产品矣。"① 1922年,中国进口煤油的数量急剧增长到价值6 344万关两,位居进口物品的前三位。煤油这种商品,就在外国商人的有力推销下,成为国人不可或缺的用品,"美孚"也因而成为煤油的代名词。

第一次世界大战结束后,列强对华经济扩张较之过去有两个新的特点。首先,由于大战的影响,德国战败,俄国发生十月革命,这两国基本退出了在华经济角逐。旧有经济强国英国与法国在战争中元气大伤,对华经济扩张的速度有所放缓;后起经济强国美国与日本则咄咄逼人,成为对华经济扩张的主角。尤其是日本,挟其天时地利之便,加速对华经济扩张,开始取代英国成为列强对华经济扩张的领头羊。1920年代,日本对华贸易总值约占中国外贸总值的1/4左右,跃居各国首位,美国为第二位,英国(不包括其殖民地香港和印度)则退居第三。在东北和华北,日本经济势力更是占据了垄断性地位。从1912年到1928年,日本对华借款总数达到53 558万元,占外国对华借款总数的40%,超过英、法、美三国的总和。② 日本在华经济势力的急速膨胀,不仅对列强在华势力格局与中外经济关系产生重要影响,而且对中国国内政局与各派政治势力的消长也有着不容忽视的影响。

---

① 《中华民国史档案资料汇编》第3辑,农商(二),1276页;《中国近代工业史资料》第2辑,332页。
② 《中国近代经济史统计资料》,177—178页;徐义生:《中国近代外债史统计资料》,244页,北京,中华书局,1962。

大战后列强对华经济扩张的第二个特点是资本投资的迅速膨胀。资本输出更有利于就近利用被输入国的廉价原料与劳力,赚取高额利润,在中国还可以利用其特殊身份,避开此起彼伏的抵制外货运动的影响。如日本对华火柴输出,1920年代中期由于抵制日货运动的打击,下降到不足最高年份的3%,但同期在华日资火柴厂的产量已接近其对华最高出口量。再如,同样是20支纱,日本本土工厂的生产成本为42日元,在华设厂则只需22日元,便宜近一半左右。因此,外资企业的利润率普遍较高。据统计,1914—1922年外资在华企业的平均利润率在27%左右,高的如怡和纱厂可以达到65%。在如此重利的吸引下,外资在华企业的发展相当迅速,1920年在华外资企业共有7 375家,比1913年增长了近1倍,其中包括许多外国知名大公司。这些外资企业的总资本达到了166 746万元,占中国产业资本总额的70%,相当于华资产业资本的2.38倍。英美烟草公司可作为在华外资企业发展的典型例证。1902年它刚成立时,资本不过21万元,职工170人,而到了1919年,其资本达到了12 479万元,17年间增长了593倍;其产品实际利润率超过50%,成为其资本能够如此大规模扩张的重要原因之一;其生产的香烟年销售30余万箱,占全国总销量的3/4以上,几乎垄断了中国卷烟市场。① 英美烟草公司挟其雄厚的资本实力,从烟叶的生产与收购到卷烟的生产与销售,形成了一个庞大的全国性网络,一般华资企业很难与之竞争。1921年8月,北京政府更明文规定,外资企业只要缴纳2.5%的内地税,其余税捐全免。难怪身受重重税捐负担的中国企业家为此而怨声载道。

在华外资企业当中,以日资企业发展最快。1914—1921年,日资在华设厂共222家,遍及各个工业领域。在中国最重要的工业部门棉纺织业中,日资企业拥有的纱锭数量增长速度比中国企业快1倍,日资日华纺织公司在上海有8个厂,内外棉纺织公司在上海有9个厂,青岛有4个厂,大连有3个厂。1925年日资纱厂已有纱锭127万枚(占全

---

① 《中国近代工业史资料》第2辑,846—847页;吴承明:《中国资本主义与国内市场》,141、127页;上海社会科学院经济研究所编:《英美烟公司在华企业资料汇编》第1册,2—3页,北京,中华书局,1983。

国总数的38%),布机7 205台(占全国总数的35%)。① 不仅如此,日资企业资本雄厚,效率高,成本低,产品优良。当时日资工厂每锭平均日产16支纱1.25磅,缴费20两,同期华资工厂每锭平均日产16支纱0.75磅,缴费30两,两相比较,企业负担轻重自明。因此,在华日资棉纺织业的发展已对华资棉纺织业构成了相当的威胁,以致时人惊呼:"我之廉价工人,彼亦得而使用;我之丰富资源,彼亦得而购买;就地制成,就地卖出,运费既省,关税无多,资本较吾雄厚,技术较吾高深……言念前途,不寒而慄。"②在重工业行业,日资势力更大,尤其是重工业的核心部门煤铁业,从东北的抚顺、鞍山,到华中的汉冶萍,无一不在日资的控制下。1919年,日资与中日合资煤矿的资本数额已占全国总数的1/3以上。汉冶萍公司因为几次向日本借款,实际已沦为日本钢铁业廉价原材料的供应基地,自1912年到1927年,共运往日本铁矿石426万吨、生铁78万吨,而且价格被压得远低于一般水平,经济上蒙受较大损失。③

由于外国资本的不断扩张,1920年,外资企业的产值已占中国现代工矿、交通业总产值的55%,中国许多重要经济部门已经控制在外资手中。如轻工业中的棉纺织工业,1925年,全国纱锭数的44%和布机数的46%为外资企业所有。重工业因为需要投资较多,外资所占比例更大。以20世纪20年代初为例,中国机械采煤的78%、发电装机容量的71%、机械开采铁矿和生铁生产的100%,由外资控制。所谓由外资控制,包括外资直接投资和提供贷款,因为外资一旦提供贷款给某企业,则对该企业的生产运营就有了一定的发言权。如1922年的机械产铁业总资本中,外资直接投资占29.2%,贷款占70.8%,故可称其100%控制在外资手中。外资又多集中投资于一些大型企业,如中国年产超过100万吨的煤矿全为外资控制。再如由日资开办的鞍山制铁所,建有当时中国最大的400吨和500吨高炉各一座;经过不断扩建,

---

① 《中国近代工业史资料》第2辑,421页;严中平:《中国棉纺织史稿》,177页。
② 汪树磐:《华商纱厂与日厂之比较》、李炳郁:《论日人在中国棉业之势力》,载《华商纱厂联合会季刊》第3卷第1期、第5卷第4期。
③ 《中国近代经济史统计资料》,132页;武汉大学经济系编:《旧中国汉冶萍公司与日本关系史料选辑》,1122—1123页,上海人民出版社,1985。

到1936年年产钢能力已达到45万吨,成为中国以至亚洲的大型钢铁企业之一。至于现代交通的支柱——铁路业,至1920年代中期全国通车里程不过1.3万余公里,其中完全自主经营的只有区区8%。这就使得本已极为薄弱的华资重工业、交通企业在外资的挤压下,仰给于人,发展更为艰难。①

对于像中国这样的后发展国家而言,由于其现代经济发展对资金的需求不能完全由内资满足,外资的进入有其必然性。事实上,民国政府也曾提倡并鼓励外资进入中国,"以开放门户,利用外资,为振兴实业之计"。张謇在论及外资对矿业的影响时有言:"非用开放主义,无可措手。但使条约正当,权限分明,既借以发展地质之蕴藏,又可以瞻贫民之生活,其由钢铁而生之机械铁工厂,亦可听欧美人建设,于工业可省远运之资,于工学尤得实习之地,计所获益,良非浅鲜。"②外资的进入,在一定程度上可以缓解工业发展资金不足,尤其是需要大量资金的重工业发展资金不足的难题,并带来先进的技术与管理方式,提供当时国内工业还不能生产的货品,对于中国现代经济的成长有一定的意义。但是也应该注意到,在当时中国还不能实现完全的国家独立与自主发展的情况下,外资的进入托庇于不平等条约体系的保护,享受到一系列超国民特权与优惠待遇,一些外资企业还可以利用特殊的政治关系,得到中外双方政府的保护,从而使外资企业在与内资企业的竞争中具有内资企业所不具有的种种有利条件,双方的竞争关系并非完全平等,所谓"条约正当,权限分明",只是理想,而非实际。因此,华资工业,尤其是重工业的发展在相当程度上受制于外资,亦为不争之事实。

就外国在华投资的收益而言,1914—1927年,外国在华直接投资为78 250万元(合40 706万美元),政府借款为40 440万元(21 060万美元),总计为118 690万元(61 776万美元);从中国获取企业利润为178 410万元(92 920万美元),债务本息为95 210万元(49 590万美元),总计为273 620万元(142 510万美元)。两相比较,外国在华直接

---

① 《中国棉纺织史稿》,188页;《中国近代经济史统计资料》,124、127、129、190页;《中国近代工业史资料》第2辑,971页。除了在金融、工矿、运输、贸易等方面的直接投资外,外国在华还有大量的间接投资——借款。这些借款很多名为实业借款,实际上是政治借款,是列强操纵、控制中国政治的手段之一。

② 沈家五编:《张謇农商总长任期经济资料选编》,9—10页。

投资的收益率约为 228%,政府借款的收益率约为 235%,平均约为 230%。① 所谓"天下熙熙,皆为利往",外国资本之所以竞相涌入中国,于此可知其大概,这也可以作为北京政府统治时期中外经济关系的大致总结。

---

① 《中国资本主义发展史》第 3 卷,52—53、57 页。

第五节　农业经济发展的艰难

近代以来,中国农村的自然经济开始解体,商品化进程逐渐加速,一方面表现在农作物商品化程度的提高,另一方面表现在农家经营的商品化。民国年间,这一过程仍在继续,而且由于中国现代工业在第一次世界大战前后的较快发展,带来了对农业原料的更大需求,促使其商品化进程的加速,但也使中国农业的商品化在更大程度上受着世界市场的支配。

据调查,1920年代全国主要农产品的平均商品率已达到一半左右,其中华北、西北偏低一些,华东、华南沿海则偏高一些。商品化程度最高的江浙部分地区,农家生活资料一半以上购自市场,农产品的3/4通过市场出售。① 由此可见,农村商品经济有了相当程度的发展。

第一次世界大战前后中国农村商品经济的发展,主要表现在经济作物的发展与粮食商品化程度的提高,其中尤其突出的是几种经济作物的发展。

棉花是中国最重要的经济作物。大战前后,受国内棉纺织业迅速发展及国外需求增加的影响,棉花生产有了较大发展。"植棉之地,年有扩张",棉田面积迅速扩大,产棉区域几乎遍及全国,以至"从前素不产棉之地,亦以产棉闻矣"。其中直隶、江苏、湖北、山东等为产棉大省,美棉种植发展也很快,陕西、山西、河南、山东、直隶的美棉产量,已占

---

① 章有义编:《中国近代农业史资料》第2辑,230页,北京,三联书店,1957;《中国近代经济史统计资料》,328页。另据估计,1920年农村的商品经济比例大致为38%左右。见徐新吾《近代中国自然经济加深分解与解体的过程》,载《中国经济史研究》1988年第1期。这个估计包括粮食。如果不计粮食,则商品化程度为一半的估计大体可信。

1921年全国棉花总产量的11%。为了鼓励棉花生产,北京政府农商部曾颁布条例,对植棉予以奖励,并设立棉业试验场与棉业督办。棉花生产除自用外,还可出口一部分。1918—1922年,棉花平均年产800万担。最高的1918年,产量达到1 096万担,其中出口132万担,价值3 811万关两,成为主要出口物品之一。①

大豆生产异军突起,发展十分迅速。20世纪20年代中期,大豆年产超过1 200万吨,比10年前增长2倍以上。中国因而成为当时世界上最大的大豆生产国和出口国之一。1924年,大豆、豆油、豆饼出口合计价值13 671万关两,比1916年增长164%,占出口总值的17.7%,在国际市场上居于优势地位,并已开始取代生丝而成为中国首位出口物品。大豆及其制成品生产的发展,使其主产地东北成为中国唯一的外贸出超地区,1920—1927年,东北外贸出超高达54 600万关两,大连也因此超过老牌外贸出口港天津与广州,成为仅次于上海的中国第二大外贸港口。②东北大豆播种面积已占农田面积的30%左右,商品率高达80%,成为中国商品化比率最高的农作物。

花生从19世纪末开始种植,民国年间发展较快,产品大多供出口。20年代花生平均年产850万担,1924年花生及其制品出口价值3 024万关两,成为主要出口商品之一。

烟草生产的发展与外商英美烟草公司的生产活动有直接关系。英美烟草公司为推广美烟,1915年开始在山东、安徽、河南等地试种美烟,因产量高,公司又采取优惠条件诱使农民种植,发展颇快,不久即占领了烟草市场。1915年美烟收购仅49万磅,1924年达到5 780万磅,10年增加了117倍。③

与上述新兴经济作物生产迅猛发展的势头相比,一些传统经济作

---

① 《中国近代农业史资料》第2辑,199页;《中华民国史档案资料汇编》第3辑,农商(一),360页;许道夫编:《中国近代农业生产及贸易统计资料》,181页,上海人民出版社,1983。由于国内棉纺织工业的发展以及进出口比价的原因,棉花在出口的同时也有大量进口。1921年进口棉花达168万担。见《中华民国史档案资料汇编》第3辑,农商(二),1296页。
② 许道夫编:《中国近代农业生产及贸易统计资料》,181页,上海人民出版社,1983;《中国输出贸易指数表》;[苏联]阿瓦林:《帝国主义在满洲》,309页,北京,商务印书馆,1980。
③ 许道夫编:《中国近代农业生产及贸易统计资料》,196、198页;《英美烟公司在华企业资料汇编》第1册,12页。

物的生产受国际市场的影响,呈现衰落之势。茶叶本为中国传统出口产品,19世纪末起,受后起的印度、锡兰(今译"斯里兰卡")茶的竞争,茶叶产量及出口量均趋于下降,民国年间这一过程仍在继续。1920年茶叶出口30万担,价值885万关两,只有1916年的1/5左右。茶叶在中国出口总值中所占比重从最高峰时的50%跌落到2%左右,已处于微不足道的地位。生丝及其制品长期居于中国出口物品价值的首位,民国以来,由于日本生丝生产的迅速发展(产量已超出中国一倍以上)以及人造丝的兴起,中国的生丝生产处于停滞状态,年产量徘徊在1万吨上下,出口值虽有提高,但发展速度显然不如上述几种新兴经济作物。1924年,生丝及其制品(包括绸缎)出口价值12 921万关两,已从向来的首位退居于大豆及其制品之后,在世界生丝及其制品市场上的占有比率也在不断下降。①

经济作物商品化程度的提高,导致一些专业化生产区域的形成,这也有利于技术的发展与产量的增加。如棉花生产集中在长江与黄河中下游地区,尤其是江苏、湖北、河北三省,江苏南通地区的棉花产量占到全国总产的1/7。大豆种植基本上在东三省,山东一省占了花生产量的4/5,烟草生产主要在山东、安徽、河南,茶出产在安徽、江西、浙江,蚕桑出产在浙江、广东、江苏。

粮食生产的商品化程度也有增长,大致达到了20%,但受经济作物发展的影响,粮食播种面积在下降,即便是"昔多稻作"的苏南常熟地区也"已大都改植棉作"。20世纪20年代中期,粮食作物产值大约仍占农业总产值的3/4,全国稻麦杂粮的总产量约为25亿担。但中国人口众多,20世纪20年代已达到4.30亿人左右,人均耕地只有3亩多一点,加上城市化进程的发展和经济作物产区的扩大,使粮食生产不能满足国内消费需要,正常年景也需进口部分粮食,以补国内生产之不足。遇有天灾人祸,粮荒更频频发生。如上海的米价,大战前只不过5元1石,1921年已上涨了2倍多。大米已成为中国首位进口物品,1923年进口数量2 244万担,价值9 822万关两,如再加上小麦和面粉进口,数量高达3 087

---

① 《中国输出贸易指数表》。

万担,价值13 457万关两。① 此后,大米、小麦、面粉、杂粮等粮食及其制品的进口,每年总数都在数千万担以上,成为中国外贸的大宗进口商品。

民国年间中国农村商品经济的发展本质上仍受列强操纵的国际市场支配,既未能解决国内人民的温饱问题,也未能完全满足现代工业发展对原材料的需要。相反,广大的中国农村仍是列强控制下的商品市场与原料基地,列强通过种种手段向中国农村推销剩余产品,获得廉价原料。在大战前后发展迅速的几种经济作物中,大豆和花生4/5以上供出口,棉花的相当一部分也是供出口和外国在华企业所用。至于英美烟草公司直接插手烟草生产,更是列强操纵国内农业生产的典型例证。中国农业商品生产对国际市场的过分依赖,使其极易受国际市场需求的影响,旋起旋落,例如茶叶生产的兴衰。广大农民耕作所得的多少,实际决定于国际资本财团在国际市场对商品价格的博弈操作。

由于工业制成品和原料品贸易剪刀差的存在,以原料为主的中国出口物品价格上涨幅度低于以制成品为主的进口物品价格上涨幅度,20世纪20年代中国出口物品的购买力指数平均比10年前下降了10个百分点左右,列强因此以相同的代价在中国得到了更多的产品。与此同时,国内工业发展所需原料得不到保证,不得不从国外大量进口,即使是国内生产较多的棉花、小麦等也不例外。国产棉花本可大体满足国内棉纺业的需要,但每年出口在百万担以上,其中绝大多数运往日本,加上在华日资纱厂用棉,"几占全额的二分之一而弱"。华商纱厂联合会曾于1922年底上书北京政府,说明国产棉花外运"源源不绝,原料乃愈见缺乏","循至棉花求过于供,其价日昂",要求政府禁止棉花出口。② 1923年初,北京政府决定,自3月1日起禁止棉花出口,但立即遭到驻京公使团抗议,被迫又宣布放弃禁令。华商纱厂联合会数次要求恢复禁令,终不见下文。国内棉纺业不得不大量使用进口棉花,从1921年起,棉花进口每年都超过百万担,1925年达到181万担,价值6 997万关两,位居中国进口物品的前三位。当时号称以农立国的中

---

① 《中国近代农业史资料》第2辑,211—215页;许道夫:《中国近代农业生产及贸易统计资料》,339页;《中国输入贸易指数表》。
② 《中国近代农业史资料》第2辑,185、189页;《荣家企业史料》上册,150—153页。

国,国内工业所需的农产原料,除"榨油之大豆,国内差堪自给外,余则几无一能完全脱离舶来品而独立者"。①

如果说,第一次世界大战前后中国现代工业的发展尚可得益于有利的外部环境及北京政府建立之初的经济法制体系建设,农业则连这样短时有利的环境亦不可得。中国农民面对的生产环境,既有生产力水平低下、天灾频繁、军阀混战破坏的影响,又有土地制度的不合理、组织力的欠缺等限制,与发展较快的现代工业相比,农业的发展速度明显偏低,大部分地区农村经济的发展或可称为处在凋敝状态之中。

农民以土地为本,土地占有权始终是中国农村经济关系的重要问题。民国年间,农村土地的占有状况仍大体维持着以往的封建格局,地权分布未尽合理,少数地主占有多数土地,这种情况不利于现代农业生产关系的形成,也不利于发挥多数农民的生产积极性。据国民党农民部的估计,20世纪20年代中期,无地佃农、雇农、游民占到全部农村人口的55%,而只占农村人口6%左右的地主所拥有的土地却占土地总数的62%。极端的例子则是江苏昆山,1924年自耕农只占农户总数的8.3%,而佃农则占77.6%。而据今人之研究,20世纪20年代,"约有30%—40%的农民完全没有土地,60%—70%的有地农民约占全国40%—50%的土地,其余50%—60%的土地为地主富农所垄断"。北方因人少地多,自耕农比例也较高,平均为58%,山东可达71%,南方则因人多地少,自耕农比例明显偏低,不到40%,广东只有33%。② 与土地权不均衡分布的现象并立的则是土地经营使用权的分散,农户的经营面积甚小。据不完全统计,一半以上的农户经营的土地面积不超过10亩,对农业生产技术的进步与生产率的提高未必有利。

值得注意的是,北京政府时期有大量军政官僚在农村占有土地,大凡大军阀、大官僚也是大地主,从段祺瑞、曹锟到张作霖、徐世昌等,几无一例外。他们多依靠权势,或贱买或强占,占有的土地少则几千亩,

---

① 《中国输入贸易指数表》;《我国工业原料之调查》,载《工商半月刊》第3卷第20号。
② 《中国近代农业史资料》第2辑,55—56、67页;《中国近代经济史》(1895—1927)中册,783、843—844页。关于中国农村土地占有之不平衡程度,学界的研究结论以往多偏高。近来之研究渐趋于持平,有论者认为,占全国人口6%至10%的地主和富农,只占有全国28%到50%的耕地。见乌廷玉《旧中国地主富农占有多少土地》,载《史学集刊》1998年第1期。

多达几万、十几万亩。如张作霖及其亲属在东北占有不下160万亩土地,其亲信杨宇霆、吴俊陞也都占有100多万亩的土地。① 军阀官僚占有土地的方式多种多样,有的以权势低价购进,如王占元在山东只花2元钱就可买进1亩好地。更多的则是强占,有枪便是王,谁也奈何不得。除了军阀官僚之外,许多工商业者(包括当时的大资本家张謇、聂云台等)以及一般社会游资也都加入到土地占有之中,因为土地被视为稳定的产业,可以不劳而获固定收入,越是在动乱年代,有钱人越不愿意进行工业投资,而是争买田产,以求资金安全。这既加剧了农村土地占有的不平衡,也妨碍了迫切需要资金的工业发展。

与传统的地主占有制为中心的土地所有制相对应,在全国绝大部分地区,"封建地租的基本形态仍然是实物地租,货币地租和折租处于补充地位,比重不大。同时,在相当一部分地区还程度不同地保留劳役地租的残余,某些交通闭塞、经济发展落后的地区或少数民族地区,劳役地租还占主导地位。"至于实物地租的类型,则分定额租和分成租两大类:南方主要是定额租,北方主要是分成租;对半分成则为通行租率,变相加租、押租、预租,以及种种额外加租,更是司空见惯。地主将因种种因素而高起的负担转嫁于租户,遂致租佃矛盾高涨,使"业户不恤佃,佃户不顾业。束于重赋之下,业以定课之故,租不得轻;佃以完租之故,力不能胜。业则味同嚼蜡,舍田而他图;佃则终岁勤勤,无斗粟之储,遂至于抗租终讼,业佃两困。"②除此而外,农民还要忍受高利贷业者的重利盘剥。在重重压榨之下,农民必要劳动都被侵占,温饱尚成问题,自有资金微乎其微,购买力甚低。据估计,拥有20亩以上的农户可以略有剩余,其他农户只能靠家庭副业或手工业维持生计。许多农户没有耕畜,有些连最简单的农耕工具,如锄、镰等都要靠借用,根本无力进行扩大再生产。农业生产力水平低下,始终只能维持低水平再生产的循环往复,生产技术长期处于停

---

① 吉迪:《北洋军阀政客资产记闻》,载《近代史资料》1978年第1期。
② 《中国近代经济史》(1895—1927)中册,812、817—818、834页;《中国近代农业史资料》第2辑,602页。

滞状态。据估计,在20世纪20年代中期,稻麦杂粮的平均亩产只有约115公斤,不仅低于清代的水平,甚而低于汉代平均亩产132公斤的水平,实在令人感叹不已。

军阀的横征暴敛与混战不已,是造成农村经济凋敝的主要原因。北京政府统治时期,各地大小军阀为了满足日益增长的军费支出,无不把搜刮的重点放在千百万农民身上。田赋易于估计,征收方便,纳税人无处逃避,向来是政府财政收入的大宗来源,从而也成为军阀们的重要财源。北京政府统治时期,"田赋名称括以地丁、漕粮、租课三种。其征收机关,则县知事公署设总柜为总机关,四乡分设分柜,以科员或左理员董之,为分机关。从前胥役把持之弊渐次剔除,并通令各省区完纳丁课,概以银圆计算,漕粮、兵米亦次第改征折色。"田赋正税年约八九千万元,数量较为稳定,但田赋附加税则层出不穷,多数省份在10种以上,税额也年年增加,大多超过正税几倍。最坑害农民的是所谓田赋"预征",少者几年,多者十几年。四川梓桐县1926年已在预征1957年的田赋,整整预征了30年。农民名义上要负担的税为7种,实际各种税负则名目繁多,数不胜数,从人头税一直收到牛捐、狗捐。以河南为例,1926年田赋、厘金、契税等正杂税收入为1100万元,而田赋预征达1400万元,占总收入的41%,超过田赋正税收入至少1倍以上。[①] 由此可知,农民的实际负担远远超过名义上的田赋数字,他们哪里还有余力去进行扩大再生产。军阀的横征暴敛主要落在自耕农身上,进一步促使自耕农向半佃农以至佃农转化,从而也造成了农村经济的衰败。

军阀混战给农民带来的灾难更是难以尽述。民国年间,大小军阀的混战经年不断,他们以军用票、军需券支付战争需要,已经可以称得上是"文明"之举了,更经常、更直接的是毫无一定之规的摊派与强占,无偿地征用民伕以及拉走牲畜,给农业生产带来很大的破坏。"大军过境,米面柴草,均由各区供应,遂至谷物一空"。而且一遇战争,胜方以抢掠为刺激士兵的手段,败方的逃兵溃将更是无法无天,"兵车所至,亦鸡犬一空","村舍荡然,流离载道",所有灾难几乎都是农民在承受。直

[①]《中华民国史档案资料汇编》第3辑,财政(二),1252页;《中国近代农业史资料》第2辑,577页;杨荫溥:《民国财政史》,34页,北京,中国财政经济出版社,1985。

皖战争时,皖系马良部在山东德县获胜,即"鸣枪入街,肆行抢掠三昼夜之久"。战后,据京兆所属各县初步统计,损失高达345万多元。再如1924年的江浙战争,"战区内耕牛、农具损失极多,有至十分之六者,少者亦十分之二三";"棉田受损最巨,收获多者仅及六成,余则二、三成左右"。①

军阀混战也加剧了民国年间的天灾之祸,各地水利废弛,围堤失修,以致小灾成了大灾,无灾也能成灾,这样的灾难多数又落在农民头上。更有甚者,敌对双方在军事行动中决堤放水,给无辜人民造成重大损失。如吴佩孚南下与湘军作战时"决湘堤以灌之,淹没四县",实乃人祸胜于天灾。民国年间,大量破产农民或闯关东(据估计,自清末至北洋末期的20余年间,东北人口至少增加了1倍),或漂洋过海去外国,或流入城市,从事种种底层职业。据当时日本人在苏、浙、皖、冀、鲁五省调查的结果,农村的平均流亡率为4.8%。②况且流亡者以青壮年劳力为主,他们背井离乡,造成大量土地抛荒,致使农村经济凋敝,而农村经济的凋敝又使更多人流亡出走,形成恶性循环。

农业经济的商品化和农民的贫困化趋势一般说来将导致农业资本主义成分的发展,刺激农业资本主义生产经营方式的形成;但中国农业发展的这两种趋势,更主要的是由于外部因素所致,即列强的经济扩张与军阀的横征暴敛所引起,而与经济发展的内部因素,即国内商品市场和现代工业的发展虽有关系但不密切,因此并没有使中国农村的资本主义生产方式取得突破性进展,农村经济的资本主义成分始终呈量的增长,而无质的突变。资本主义式的农牧垦殖公司和富农经济,只不过是居于主导地位的传统农村经济的点缀而已。农牧垦殖公司在北京政府统治时期一度有所发展,民初仅苏北就出现了40余家,包括张謇在苏北所办的著名的通海垦殖集团,垦殖地有数十万亩。但这些垦殖公司多以"招佃代种","坐收田租",经营收入比重不大,甚而有的公司完全靠出租维持,类似集团地主。富农经营占农业经济的比重较小,规模

---

① 中国第二历史档案馆:《直皖战争》,269、274、284—288页;《中国近代农业史资料》,第2辑,611页。
② 《白坚武日记》,1921年8月23日;曹鸿儒:《中国农业经济之发展》,86—87页。

也不大,多数地区一般不超过50亩,只有东北可多至数百亩。为了少担风险,还有不少人出租部分土地,坐收地租,少数人更进一步转化为地主。在农产品价格低、税负重、经营农业风险大,而出租土地可以坐收高额地租的情况下,农业中的资本主义发展远远落后于工业中的资本主义发展诚为理所当然。其他如农会组织、合作借贷、农事试验、科学种田等等,均为有影无声,聊胜于无。[①]

总体而言,北京政府统治时期的农业,经济作物有所发展,商品化程度有所提高,但因多种内外因素的作用,农村经济多呈凋蔽之势,农村不能成为中国现代工业发展最稳定的基础支持,中国经济现代化转型的艰难困顿实不难理解。

[①] 《中国近代经济史》(1895—1927)中册,1099—1100、1158—1160页;吴觉农:《中国的农民问题》,载《东方杂志》第19卷第16号,2—20页。

第六节　财政困难与现代银行业的兴起

北京政府自成立之日起,就面临着严重的财政困难,政治不稳,社会动荡,前清时期既有的财政收支体系需要重组改造,地方解款常常中断,致收入减少许多。开源既无能,而节流亦无力,各项经费开支需款,不可稍缺,尤其是军队人数膨胀,军费大增,成为政府财政的沉重负担,使北京政府的财政一直处在捉襟见肘的困窘之中。

北京政府的财政收支向来是一笔糊涂账。自北京政府成立至其垮台,只有1916年和1919年编过正式的政府财政预算,"其余各年度,或以法定手续未能完备,或因时局影响造报未齐,均未成立"。而实际上,即便有了预算,也很少能据此实行,"每与事实不甚相符",使得政府预算有亦为无。在袁世凯统治时期,政府财政先是依赖外债,其中最主要者为1913年的"善后大借款"2 500万英镑。第一次世界大战爆发后,因外债来源受限,则主要依靠内债,1914—1915年发行国债5 000万元,加上强令增收节支,袁世凯统治后期的财政状况有所好转。据估计,1915年北京政府的财政收入为13 068万元,支出为13 904万元,达到了大体平衡。① 但不旋踵而帝制变起,财政收支之势逆转,只能依靠滥发纸币维持,终至演成1916年5月的中、交停兑风潮。

在后袁世凯时期,中央政府的权威式微,北京政府的财政状况更是江河日下。以1919年的预算为例,经常岁入40 984万元,临时岁入8 058万元,合计49 042万元,其中岁入最多的三项(经常与临时岁入合

---

① 贾德怀:《民国财政简史》上册,13—14页,上海,商务印书馆,1946;《中华民国史档案资料汇编》第3辑,财政(一),786页。

计)为:盐款9 882万元(占总岁入的20%),关税9 396万元(占19%),田赋9 055万元(占18%);经常岁出27 129万元,临时岁出22 447万元,合计49 576万元,其中岁出最多的三项为:陆军经费20 783万元(占总岁出的42%),债款支出12 796万元(占26%),内务经费4 817万元(占10%)。根据这个预算,赤字不过534万元,占预算总岁出的1%略强,但所谓债款支出实际即为赤字,赤字占预算总岁出的比例已为27%,而这也不过是纸面上的数字,其间缺漏甚多,实际亏空无疑将大大超过预算数字。因为当年"财源枯涸,入少出多,每月支款不敷已达千万元以上。外债既无可借,但恃国内华商各行号设法筹挪,还期之促,利率之高,所指抵押品之严重,实为历来所未有。"①

在北京政府的所有支出中,军费高居首位。北京政府统治时期,仅陆军部在册的军队编制人数即超过百万,财政预算中的军费开支平均为预算数的39%,"实支之额,犹远过于预算之数"。1918年中央财政每月支出约1 195万元,其中普通军费570余万元,特别军费302万余元,边防及协款16万余元,合共888万余元,占总支出的3/4左右。即便如此,仍欠军费940万元,其中仅欠曹锟所部的军费即高达241万元。② 至于各地军阀的军费开支就更难以计数了。

与庞大支出不相对应的是北京政府有限的收入。作为传统的农业国,田赋是稳定而又最为重要的收入,但此时田赋收入基本为各地军阀所把持,曾为中央专款的田赋附加"解者甚属寥寥",不能不改列本省预算。清末以来即多遭诟病的恶税——厘金,数额不小。1920—1922年,各省区实收厘金税捐13 410万元,年均4 470万元,但同样到不了中央手中。各省对中央的解款以及袁世凯时代曾颇为兴盛的中央专款(即各省代收但专归中央使用的税款,如烟酒税、契税、印花税、牙税等),年收入曾达3 000多万元,但后袁世凯时期随着地方离心倾向的增强,解送中央的税款一天少于一天,至20世纪20年代初期,两项合计预算数额不过1 000万元左右,实际解送数额则往往接近于零。这两

---

① 《中华民国史档案资料汇编》第3辑,财政(一),598—606页;财政(二),907页。
② 杨荫溥:《民国财政史》,13页;《中华民国史档案资料汇编》第3辑,财政(一),178—192页。

项收入已是徒有虚名,不复存在。① 实际上,北京政府能够掌握的收入主要是关、盐两税。关、盐两税民初即已落入列强的控制,税款存入外国银行,征收、管理及支配权掌握在总税务司和盐务稽核所手中,大多用于各种内外债的担保,中国政府只能得到还债后的余款,即关余与盐余。颇有讽刺意味的是,恰恰因为列强的插手,使得各地军阀不敢轻易截留这两种税款,才使北京政府可以仰列强之鼻息,得到一笔稳定而可靠的收入。随着中国对外贸易的发展,关税税额逐年增加,从1917年的4 935万关两增至1925年最高为8 974万关两,增长82%。同期关余每年均在数百万关两左右。其中最多的1924年为1 752万关两,约占当年关税总收入的22%。1917—1926年,关税总收入为66 503万关两,关余总数7 225万关两,约占总收入的11%。盐税收入较为稳定,大抵在年收入八九千万元左右。最多的1922年为9 680万元,1925年以后则有明显下降。盐税抵押借款较关税为少,因此盐余也较关余为多。最多的1918年为5 280万元,占当年盐税收入的59%。1918—1926年,盐税总收入为77 430万元,北京政府得到的盐余为30 920万元,约占盐税总收入的40%,②可算是一笔大宗收入了,但仍无补于巨大的支出。

在军阀们的压迫下,北京政府的财政毫无章法可言,为了满足军阀的需索,财政不是量入为出,而是量出为入,但收入如此之少,支出又如此之多,如1918年,北京政府每月收入为422万元,只有支出的35.3%。北京政府借以填补财政亏空的唯一办法就是借债,从外债借到内债,从发行短期国库券到向银行借款,可谓窘相百出。如时人所论:"民国三年以前,恃长短期外债;民国五年以前,恃国内公债;民国六年以前,恃日本债,历史昭然。迨八年以后,则各债之路俱穷,于是国内各商业银行之借款如云而起。"③

袁世凯统治时期曾经大借外债,其最为"著名"者即为1913年的善后大借款。但第一次世界大战期间及战后,欧美各国由于战争因素及

---

① 《中华民国史档案资料汇编》第3辑,财政(二),1486—1491页;杨荫溥:《民国财政史》,10—12页。
② 《中华民国史档案资料汇编》第3辑,财政(二),1338、1358页;杨荫溥:《民国财政史》,8页,北京,中国财政经济出版社,1985。关于关税和盐税的统计数字各家不一,此处取其一。
③ 《中华民国史档案资料汇编》第3辑,财政(一),180页,财政(二),948页。

战后重建的原因,对华借款减少,而且北京政府缺少权威性,财政收入有限,欧美各国亦不愿轻易提供借款,只有日本出于政治目的,在1917—1918年间大量款项借给段祺瑞政府。1917—1924年,北京政府实借外债46 409万元,其中相当一部分是用于偿还旧债本息,于缓和其财政困难无补。①

外债既无法弥补财政赤字,北京政府的日常开支实际主要依靠内债及银行借款解决。内债自袁世凯时代开始发行,起初发行数量并不大。1917年以后,在收支差距日渐增加的情况下,北京政府把发行内债视为挽救财政危机的唯一办法,内债越发越多,直到不可收拾的地步。1918—1922年,发行公债约48 827万元,占北京政府时期公债发行总数的4/5,其中3年期的发行额超过了1亿元。②公债的滥发,最终造成债信大跌,偿还困难,不得不进行整理。1922年以后,长期公债已无人问津,发行额剧降为几百万元,北京政府只能靠发行各种短期借款,如国库券、盐余借款等维持。这些短期借款名目繁多,多不过一二百万元,少则几十万元,以至几万元。为了应付急需,北京政府还不惜饮鸩止渴,向银行高利借款,或由银行短期垫款。"财政部每逢付息还本,即向银行商量借款,然往往不能如约清还,致银行拒绝再借。此种竭蹶情形,传播遐迩,政府信用日堕。"这类借款条件苛刻,月息高达2分,借垫数在10万元以下的占这类借款总数的1/3,最少的垫款只有千把元,可见北京政府的财政已困窘到山穷水尽、过一天算一天的地步了。所谓"短期借款,利重期迫,转瞬即须归还,军事各费,短欠既多,又须设法给付,左支右绌,周章万状"。③ 到1925年底,北京政府共欠国库券5 911万元,盐余借款4 411万元,银行短期借款3 890万元,垫款3 033万元,共17 245万元,积少成多,总数仍然相当可观,等于北京政府时期公债总数的28%。此外,北京政府还借有大量无确实担保的内外债,至1923年,此类债务总数约达39 300万元,"借款户数竟有数百起,债权者之国籍,除本国外,亦有七国之多。至其债额,有达数千万元

---

① 徐义生编:《中国近代外债史统计资料》,240页。
② 千家驹:《旧中国公债史资料》,11页,北京,中华书局,1984。
③ 中国银行总行、中国第二历史档案馆:《中国银行行史资料汇编》上编(一),544页,北京,档案出版社,1991;《中华民国史档案资料汇编》第3辑,财政(一),188页。

者,有仅数万元者。其债款之担保,或以税收,或以产业,或用证券,或用期票,虽各不同,而不确实则一。所以到期本息无款可付,或临时罗掘,酌还一部;或另立合同,作为新借。以至债务愈积愈多,头绪愈变愈繁。"①北京政府为此多次提出整理内外债,但旧欠未还,新欠又至,在当时出大于入的情况下,无论采取什么办法,都不能根本解决债务问题,最多也就是借新债还旧债而已。如北京政府财政部报告所言:"中国财政之困难,固不自今日始,然未有来源涸竭、债务层叠、岌岌可危如今日者。中央各机关及内外债权者之索欠,既以应付俱穷,绝无活动之余地;各省区又以政变迭出,军费日增,截留应解之款,而以未足……应之则库空如洗,罗掘无由;不应则逐电交驰,追索益急。"②

在如此困难的财政状况下,北京政府的日常行政开支都难以维持,更不用说扶持工商企业、发展文教事业了。据统计,从1912—1926年,北京政府所借外债总数为13.37亿元,其中用于发放军饷、购买军械的费用占22.8%(1918年则高达近40%),而用于航运、电信、工矿等用途的费用只占7.8%。③在这种情况下,各机关、各部门的"闹饷"几乎成了后袁世凯时期北京财政的常态。为了解决政府的财政困难,北京政府也曾筹备成立全国财政讨论委员会和财政整理会,提出各种整理财政案,以讨论中央财政方针、整理全国财政计划、审核并研究整理内外债的办法,实行量入为出的财政预算。但在当时的情况下,北京政府既无统治权威,也就没有整理财政与编制并严格实行中央财政预算的能力,所有整理财政的计划与方案不过是纸上谈兵而已。

中国新式银行业的兴起开始于北京政府统治时期。民国建立后,随着现代工商业的不断发展,新式银行业也在兴起。第一次世界大战前后,国内工商业出现前所未有的繁荣,剩余资金与对资金的需求都急剧增长,银行业随之得到空前发展,其后北京政府的公债政策又进一步刺激了银行业的兴盛。1919—1923年,每年新设银行数均超过20家,1922年达到创纪录的36家。到1925年,全国共有银行158家,实收

---

① 千家驹:《旧中国公债史资料》,11页;《中华民国史档案资料汇编》第3辑,财政(二),1189页。
②《中国财政全部之内容》,载《东方杂志》第19卷23号。
③ 徐义生编:《中国近代外债史统计资料》,240—242页。

资本约 16 914 万元,比 1912 年增长了 5 倍还多。虽然这其中不乏旋起旋散的投机银行,但一批声誉卓著、资力雄厚的大银行,如中国银行、交通银行、"北四行"(盐业、金城、大陆、中南)、"南三行"(浙江兴业、浙江实业、上海商业储蓄银行)等开始崛起,它们当中既有民国建立前成立的银行,也有民国建立后成立的银行。中国、交通两行经几次增资,股本已超过 1 000 万元。1925 年,前十家大银行的纸币发行量超过 2 亿元,其中中国银行 12 709 万元,交通银行 4 834 万元,开始在关内金融市场上占据主导地位,它们的存放款业务也有较大增长。① 可以说,中国现代新式银行业已经在这一时期奠定了发展基础。

现代银行业在北京政府统治时期的发展有两点值得注意。一是商办银行的发展超过了官办银行。本来,中国的银行一直以官办或官商合办为主,1912 年底,官办与官商合办银行共 24 家,实收资本 1 966 万元,占全国银行总资本的 70% 左右。后袁世凯时期,政局多变,以政府为后台的官办银行不能不受影响,加上官办银行人员冗杂,经营不善,因此除中国、交通两行外,官办银行的发展趋于停滞,在全国银行业中的地位也有较大下降。1925 年底,官办与官商合办银行共有 28 家,占全国华资银行总数的 17.7%,实收资本 7 605 万元,占全国华资银行总资本的 45%。与此相反,由于民族工商业在这一时期的空前发展,赢利急剧增加,多余的资金急需寻求出路,工商业的发展又带来对资金的旺盛需求,同时由于大战和抵制洋货运动的影响,外资银行的压力有所减轻,这些都大大刺激了商办银行的发展。据不完全统计,1921—1925 年新开业的商办银行达到 87 家,而同期新开业的官办或官商合办银行只有 5 家。1925 年,全国商办银行总数已达到 130 家,实收资本 9 309 万元,比 1912 年增长 11 倍还多,超过了全国华资银行实收资本总额的半数,而同时期官办与官商合办银行资本资本总额只增长了不到 3 倍。② 著名的"北四行"都是

---

① 唐传泗、黄汉民:《试论 1927 年以前的中国银行业》,见《中国近代经济史研究资料》(4);卓遵宏:《中国近代币制改革史》,173 页,台北,"国史馆"1986;《中华民国史档案资料汇编》第 3 辑,金融(二),552—555 页。
② 《中华民国史档案资料汇编》第 3 辑,金融(二),556—589 页;唐传泗、黄汉民:《试论 1927 年以前的中国银行业》,见《中国近代经济史研究资料》(4)。

在1915—1921年间成立的,而发展最快的上海商业储蓄银行,1915—1926年资本增长24倍,存款增长55倍,位居商办银行存款前列,工商业放款超过了放款总额的3/4。在商办银行中,工商业与金融界投资的比例在上升,即使在军阀、官僚、买办投资为主的银行里,工商业者的投资比重也在增加。以金城银行为例,1917年开办时,军阀、官僚的投资占90%,到1927年已下降到50%。一部分投资银行的军阀、官僚下台后,逐步转化为工商业资本家。以北京政府为后台的官办银行的实力下降,商办银行(尤其是江浙系商办银行)的发展不仅影响到银行业自身的势力格局,亦对后来中国的政治格局产生了重要影响。

此时现代银行业发展的第二个特点是参与公债投机。1918年以后,北京政府为缓和财政困难,大发公债,短短几年即以数亿元计。这些公债利率少者2%—3%,高者达5%,加上各种折扣,"直接间接所获之利益固较任何放款为优"。加之公债还可充作发行准备及借款担保,偿还由总税务司保管的内债基金,因而成为各银行竞相追逐的对象。1920年代初银行业的繁荣与公债买卖的投机有很大关系。1921—1925年,仅北京即有17家银行开业,作为政治中心而非经济中心的北京集中了如此多的银行,至少表明银行业的发展有着经济以外的因素在起作用。当时有的银行完全不事经营,专事公债投机,即使是历史较长、资力较为雄厚的中国、交通两行,也不能置身于公债投机买卖之外。银行的大量资金集中于金融投机,必然影响对工业以及其他事业的放款。当然,对这方面的情况也不宜估计过分,因为承购北京政府发行的公债获利虽大,但由于军阀连年混战,政局不稳,购买公债的风险也大,"往往基金流用,本息无着",百元公债的市价最低时尚不足原价的1/4,公债买卖被时人认为是"纸上富贵"。因此除一些企图乘机捞一把、旋起旋落的投机银行外,一般大银行对购买公债仍较为慎重。据已知28家银行的统计,有价证券的投资只占它们资产总额的6%—7%左右,不到放款总额的10%。即使是官僚投资较多的金城银行,对政府的财政放款和投资占其放款总额的比重,也从1919年的55%下降到1923年的22.3%,而1923年工商业放款已占放款总额的38%。以私人工商业者投资为主的浙江兴业银行,对政府的财政放款则只占其放款总额的

4.7%。①

总之,中国现代银行业在此时的发展与国内工商业的发展基本上是同步的,对工商业的发展起着一定的促进作用。据估计,1925年25家主要银行的放款数已达到7.60亿元,如果其中有1/3是工商业放款,一年也可为工商业提供2.50亿元的资金。但是与民族工商业的发展一样,现代银行业的发展同样存在着先天不足。大多数银行的资本薄弱,存款来源和放款规模都有限。1921—1925年新开业的商办银行中,实收资本在50万元以下的小银行为58家,占同期新开业商办银行总数的67%。② 1925年,实收资本在50万元以下的小银行有94家,占银行总数的近60%,但只占资本总额的14%。1926年,24家主要银行的存款总数为91 767万元,而英资汇丰银行的存款数达到61 607万元。中国的银行因为资本小,对市场风险的承受力也很低,倒闭率却很高。1921—1925年,倒闭银行占到新开银行总数的55.6%。在国内金融市场上,外资银行与旧式钱庄仍然占据着重要地位。1925年,在华外资银行有63家,中外合资银行17家,资本总额大大超过华资银行。以英国汇丰银行为代表的外资银行,除了办理银行的一般业务外,还承办借贷,管理关税,进行各种投资,垄断国际汇兑,控制对外贸易,实际在中国金融业中处于优势地位。钱庄的经营方式虽然陈旧,但熟悉行情,信用好,周转快,为中小工商业者所欢迎,以致"商家不与银行往来者甚多,而不与钱庄往来者绝少"。③ 1912—1924年,上海钱庄从28家增至89家,资本从149万元增至1 876万元。当时有人认为:"钱庄倘使全体停了业,的确可使上海的商界完全停顿,而银行停了业,恐怕倒没有多大影响。"④1925年,在国内银行业实收资本与公积金总额中,外资与中外合资银行占44.2%,华资银行占37.5%,钱庄占18.3%。如

---

① 《中华民国史档案资料汇编》第3辑,金融(二),556—589页;唐传泗、黄汉民:《试论1927年以前的中国银行业》,见《中国近代经济史研究资料》(4)。
② 秦孝仪主编:《中华民国经济发展史》第1册,114页,台北,近代中国出版社,1983;《中华民国史档案资料汇编》第3辑,金融(二),556—589页。
③ 唐传泗、黄汉民:《试论1927年以前的中国银行业》,见《中国近代经济史研究资料》(4);杨荫溥:《上海金融组织概要》,66—67页,上海,商务印书馆,1930。
④ 中国人民银行上海市分行编:《上海钱庄史料》,188、191页,上海人民出版社,1960;章乃器:《金融业之惩前毖后》,载《银行周报》第16卷19号。

果除去中、交两行及各省地方官办银行,则全国商业银行的资力与钱庄不相上下。商办银行本身资力有限,对工商业放款虽呈上升趋势,但比重始终不大,这就注定国内现代银行业的发展对本国工商业的支持是有限的。

主要参考文献

报　刊

1. 晨报.北京
2. 大公报.天津
3. 民国日报.上海
4. 民立报.上海
5. 民主报.北京
6. 申报.上海
7. 时报.上海
8. 时事新报.上海
9. 顺天时报.北京
10. 参议院公报.北京
11. 东方杂志.上海
12. 独立评论,北京
13. 洪宪公报.北京
14. 近代史研究.北京
15. 近代史资料.北京
16. 军政府公报.广州
17. 历史档案.北京
18. 历史研究.北京

19. 临时政府公报.南京
20. 民国档案.南京
21. 农商公报.北京
22. 外交公报.北京
23. 文史资料选辑.北京及各省市
24. 现代评论.北京
25. 向导.上海
26. 新青年.上海
27. 银行周报.上海
28. 政府公报.北京
29. 传记文学.台北
30. "中央研究院"近代史研究所集刊.台北

著 作

1. ［法］白吉尔.中国资产阶级的黄金时代.张富强,许世芬译.上海人民出版社,1994
2. 财政科学研究所,中国第二历史档案馆编.民国外债档案史料.北京:中国档案出版社,1992
3. 曹汝霖.一生之回忆.台北:传记文学出版社,1970
4. 陈伯达.窃国大盗袁世凯.北京:人民出版社,1949
5. 陈定炎.陈竞存(炯明)先生年谱.台北:李敖出版社,1995
6. 陈奋主编.梁士诒史料集.北京:中国文史出版社,1991
7. ［美］陈福霖,余炎光.廖仲恺年谱.长沙:湖南出版社,1991
8. 陈国钦.护法运动——军政府时期之军政研究.台北:"中央研究院"三民主义研究所,1984
9. 陈诗启.中国近代海关史.北京:人民出版社,1999
10. 陈崧编.五四前后东西文化问题论战文选.北京:中国社会科学出版社,1985
11. 陈万雄.五四新文化的源流.北京:三联书店,1997
12. 陈锡祺编.孙中山年谱长编.北京:中华书局,1991
13. 陈旭麓主编.宋教仁集.北京:中华书局,1981
14. 陈真,姚洛编.中国近代工业史资料.北京:三联书店,1957—1961
15. 陈之迈.中国政府.重庆:商务印书馆,1945

16. 陈志奇.中华民国外交史料汇编.台北:渤海堂文化事业有限公司,1996
17. 陈志让.军绅政权——近代中国的军阀时期.北京:三联书店,1980
18. 迟云飞.宋教仁与中国民主宪政.长沙:湖南师范大学出版社,1997
19. 存萃学社编集.政学系与李根源.香港:存萃学社,1980
20. 邓中夏.中国职工运动简史.北京:人民出版社,1979
21. 丁守和等.从五四启蒙运动到马克思主义的传播.北京,三联书店,1979
22. 丁文江.民国军事近纪.上海:商务印书馆,1926
23. 丁文江,赵丰田编.梁启超年谱长编.上海人民出版社,1983
24. 丁贤俊,喻作凤编.伍廷芳集.北京:中华书局,1993
25. 董方奎.梁启超与护国战争.重庆出版社,1986
26. 〔日〕东亚同文会.对华回忆录.胡锡年译,北京:商务印书馆,1959
27. 杜春和.白朗起义.北京:中国社会科学出版社,1980
28. 杜春和编.张国淦文集.北京:燕山出版社,2000
29. 杜春和等编.北洋军阀史料选辑.北京:中国社会科学出版社,1981
30. 杜恂诚.民族资本主义与旧中国政府.上海社会科学院出版社,1991
31. 杜恂诚.日本在旧中国的投资.上海社会科学院出版社,1986
32. 杜永镇编.陆海军大元帅大本营公报选编.北京:中国社会科学出版社,1981
33. 段云章编著.孙文与日本史事编年.广州:广东人民出版社,1996
34. 段云章,倪俊明编.陈炯明集.广州:中山大学出版社,1998
35. 段云章,邱捷.孙中山与中国近代军阀.成都:四川人民出版社,1990
36. 段云章,沈晓敏编.孙文与陈炯明史事编年.广州:广东人民出版社,2003
37. 方惠芳.曹锟贿选之研究.台北:台湾大学出版委员会,1983
38. [美]费正清等.剑桥中华民国史.刘敬坤等译,北京:中国社会科学出版社,1994
39. [美]费正清.美国与中国.孙瑞芹,陈泽宪译,北京:商务印书馆,1971
40. 冯明珠.近代中英西藏交涉与川藏边情.台北:故宫博物院,1996
41. 凤冈及门弟子编.民国梁燕孙先生士诒年谱.台北:台湾商务印书馆股份有限公司,1978
42. 高劳.帝制运动始末记.上海:商务印书馆,1923
43. 耿云志等.西方民主在近代中国.北京:中国青年出版社,2003
44. 龚古今,恽修编.第一次世界大战以来帝国主义侵华文件选辑.北京:三联书店,1958

45. 龚骏编.中国新工业发展史大纲.上海:商务印书馆,1933
46. 谷钟秀.中华民国开国史.上海:泰东图书局,1917
47. 顾敦鍒.中国议会史.台中:东海大学,1962
48. 顾维钧.顾维钧回忆录·第1分册.中国社会科学院近代史研究所译,北京:中华书局,1983
49. 关玲玲.许崇智与民国政局.台北:大安出版社,1991
50. 管美蓉.吴景濂与民初国会.台北:"国史馆",1995
51. 贵州军阀史研究会、贵州省社会科学院历史研究所编.贵州军阀史.贵阳:贵州人民出版社,1987
52. 郭德宏.中国近现代农民土地问题研究.青岛出版社,1993
53. 郭剑林.北洋政府简史.天津古籍出版社,2000
54. 郭剑林.民初北洋三大内战纪实.天津:南开大学出版社,2003
55. 郭润宇.陕西民国战争史.西安:三秦出版社,1992
56. [美]韩德.一种特殊关系的形成.项立岭,林勇军译,上海:复旦大学出版社,1993
57. 何平等编.岑春煊文集.南宁:广西人民出版社,1998
58. 洪喜美.李烈钧评传.台北:"国史馆",1994
59. 胡春惠.民初的地方主义与联省自治.台北:正中书局,1983
60. 胡春惠.民国宪政运动史.台北:正中书局,1978
61. 胡平生.复辟运动史料.台北:正中书局,1992
62. 胡平生.梁蔡师生与护国之役.台北:精华印书馆股份有限公司,1976
63. 胡平生.民国初期的复辟派.台北:台湾学生书局,1985
64. 胡玉海主编.奉系军阀全书.沈阳:辽海出版社,2001
65. 湖南省社会科学院编.黄兴集.北京:中华书局,1981
66. 护国文集编辑组编.护国文集.石家庄:河北教育出版社,1988
67. 黄纪莲编.中日二十一条交涉史料全编.合肥:安徽大学出版社,2001
68. 黄季陆,罗家伦.革命文献.台北:中国国民党中央委员会党史史料编纂委员会,1953—1970
69. 黄彦,李伯新编著.孙中山藏档选编.北京:中华书局,1986
70. 黄逸峰等.旧中国民族资产阶级.南京:江苏古籍出版社,1990
71. 黄逸平,虞宝棠.北洋政府时期经济.上海社会科学院出版社,1995
72. 黄远庸.远生遗著.北京:商务印书馆,1984
73. 黄征等.段祺瑞与皖系军阀.郑州:河南人民出版社,1990

74. 黄尊严.日本与山东问题(1914—1923).济南:齐鲁书社,2004
75. 季啸风,沈有益编.中华民国史史料外编.桂林:广西师大出版社,1997
76. 贾士毅.民国财政史.上海:商务印书馆,1917
77. 贾士毅.民国续财政史.上海:商务印书馆,1933
78. 贾熟村.北洋军阀时期的交通系.郑州:河南人民出版社,1993
79. 贾逸君.中华民国政治史.北平:文化学社,1929
80. 蒋中正.孙大总统广州蒙难记.南京:正中书局,1937
81. 金光耀.顾维钧与中国外交.上海古籍出版社,2001
82. 金问泗.从巴黎和会到国联.台北:传记文学出版社,1983
83. 荆知仁.中国立宪史.台北:联经出版事业公司,1984
84. [美]柯里.伍德罗·威尔逊与远东政策.张玮瑛,曾学白译,北京:社会科学文献出版社,1994
85. [美]孔华润.美国对中国的反应.张静尔译,上海:复旦大学出版社,1997
86. 匡珊吉,杨光彦主编.四川军阀史.成都:四川人民出版社,1991
87. 来新夏.北洋军阀.上海人民出版社,1993
88. 来新夏等.北洋军阀史.天津:南开大学出版社,2000
89. 李达嘉.民国初年的联省自治运动.台北:弘文馆出版社,1986
90. 李国忠.民国时期中央与地方的关系.天津人民出版社,2004
91. 李吉奎.孙中山与日本.广州:广东人民出版社,1996
92. 李剑农.戊戌以后三十年中国政治史.北京:中华书局,1980
93. 李绍盛.华盛顿会议之中国问题.台北:水牛出版社,1973
94. 李守孔.民初之国会.台北:正中书局,1977
95. 李睡仙等.陈炯明叛国史.台北:文海出版社有限公司,1975
96. 李文治,章有义编.中国近代农业史资料.北京:三联书店,1957
97. 李希泌,曾业英,徐辉琪编.护国运动资料选编.北京:中华书局,1984
98. 李新,李宗一.中华民国史·第2编.北京:中华书局,1987
99. 李新总主编.中华民国大事记.北京:中国文史出版社,1997
100. 李育民.中国废约史.北京:中华书局,2006
101. 李毓澍.外蒙古撤治问题.台北:"中央研究院"近代史研究所,1976
102. 李毓澍.中日二十一条交涉.台北:"中央研究院"近代史研究所 1966
103. 李宗一.袁世凯传.北京:中华书局,1980
104. 林明德.近代中日关系.台北:三民书局,1984
105. 林桶法.民国八年之南北议和.台北:南天书局,1990

106. 林友华.林森评传.北京:华文出版社,2001
107. 刘秉麟.近代中国外债史稿.北京:三联书店,1962
108. 刘晴波编.杨度集.长沙:湖南人民出版社,1986
109. 刘彦.最近三十年中国外交史.上海:太平洋书店,1932
110. 刘以芬.民国政史拾遗.上海书店出版社,1998
111. 娄向哲.北洋军阀与日本.天津人民出版社,1994
112. 陆仰渊,方庆秋主编.民国社会经济史.北京:中国经济出版社,1991
113. 罗福惠编.居正文集.武汉:华中师范大学出版社,1989
114. 罗章龙.椿园载记.北京:三联书店,1984
115. 罗志田.乱世潜流:民族主义与民国政治.上海古籍出版社,2001
116. [澳]骆惠敏编.清末民初政情内幕.刘桂梁等译,北京:知识出版社,1986
117. 吕芳上.从学生运动到运动学生.台北:"中央研究院"近代史研究所,1994
118. 吕芳上.革命之再起——中国国民党改组前对新思潮的回应.台北:"中央研究院"近代史研究所,1989
119. 吕芳上.朱执信与中国革命.台北:东吴大学中国学术著作奖助委员会,1978
120. 吕秋文.中俄外蒙交涉始末.台北:"中央研究院"近代史研究所,1976
121. 吕秋文.中英西藏交涉始末.台北:"中央研究院"近代史研究所,1974
122. 吕伟俊,王德刚.冯国璋与直系军阀.郑州:河南人民出版社,1993
123. 马勇编.章太炎书信集.石家庄:河北人民出版社,2003
124. 毛注青编.黄兴年谱长编.北京:中华书局,1991
125. 宓汝成.帝国主义与中国铁路.上海人民出版社,1980
126. 缪全吉编.中国制宪史资料汇编.台北:"国史馆",1991
127. 莫建来.皖系军阀统治稿.天津古籍出版社,2004
128. 莫世祥.护法运动史.南宁:广西人民出版社,1991
129. 倪忠文主编.北洋军阀统治湖北史.武汉:湖北人民出版社,1989
130. 彭明.五四运动史.北京:人民出版社,1998
131. 彭鹏.研究系与五四时期新文化运动.广州:中山大学出版社,2003
132. 平心.中国民主宪政运动史.上海:进化书局,1947
133. [美]齐锡生.中国的军阀政治.杨云若,萧延中译,北京:中国人民大学出版社,1991
134. 千家驹.旧中国公债史资料.北京:中华书局,1984

135. 钱端升等.民国政制史.上海:商务印书馆,1946
136. 钱实甫.北洋政府时期的政治制度.北京:中华书局,1984
137. 秦珊.美国威尔逊政府对华政策研究.北京:中国社会科学出版社,2005
138. 秦孝仪.中华民国经济发展史.台北:近代中国出版社,1983
139. 全国政协文史资料研究委员会等编写.护国讨袁亲历记.北京:中国文史出版社,1985
140. 荣孟源,章伯锋.近代稗海.成都:四川人民出版社,1985
141. [美]芮恩施.一个美国外交官使华记.李抱宏,盛震溯译,北京:商务印书馆,1982
142. 上海社会科学院经济研究所编.荣家企业史料.上海人民出版社,1980
143. 上海特别市社会局编.上海之工业.上海:中华书局,1930
144. 申报馆.最近之五十年.上海:申报馆,1923
145. 沈家五编.张謇农商总长任期经济资料选编.南京:南京大学出版社,1987
146. 沈云龙.近代中国史料丛刊.台北:文海出版社有限公司,1970
147. 沈云龙.黎元洪评传.台北:文海出版社有限公司,1972
148. 沈云龙.徐世昌评传.台北:传记文学出版社,1979
149. [日]石川祯浩.中国共产党成立史.袁广泉译,北京:中国社会科学出版社,2006
150. 石芳勤编.谭人凤集.长沙:湖南人民出版社,1985
151. 石源华.中华民国外交史.上海人民出版社,1994
152. 四川省文史研究馆编.四川军阀史料.成都:四川人民出版社,1983—1987
153. 孙彩霞.新旧政学系.北京:华夏文化出版社,1997
154. 孙曜.中华民国史料.上海:文明书局,1929
155. 谭天凯.山东问题始末.上海:商务印书馆,1935
156. 汤志钧编.章太炎年谱长编.北京:中华书局,1979
157. 唐文权,桑兵编.戴季陶集.武汉:华中师范大学出版社,1990
158. 陶菊隐.北洋军阀统治时期史话.北京:三联书店,1983
159. 陶菊隐.筹安会六君子传.北京:中华书局,1981
160. 陶菊隐.督军团传.上海:中华书局,1948
161. 陶菊隐.吴佩孚传.上海书店出版社,1998
162. 陶菊隐.政海轶闻.上海书店出版社,1998

163. 陶文钊,梁碧莹.美国与近现代中国.北京:中国社会科学出版社,1996
164. 陶文钊.中美关系史.重庆出版社,1993
165. 天津市档案馆编.北洋军阀天津档案史料选编.天津古籍出版社,1990
166. 天津市历史博物馆编.北洋军阀史料.天津古籍出版社,1996
167. 万仁元,方庆秋编.中华民国史史料长编.南京:南京大学出版社,1993
168. 汪敬虞.外国资本在近代中国的金融活动.北京:人民出版社,1999
169. 汪敬虞主编.中国近代经济史(1895—1927).北京:人民出版社,2000
170. 汪佩伟.江亢虎研究.武汉出版社,1998
171. 王纲领.民初列强对华贷款之联合控制.台北:东吴大学,1982
172. 王纲领.欧战时期的美国对华政策.台北:台湾学生书局,1988
173. 王耿雄,陈旭麓,郝盛潮主编.孙中山集外集.上海人民出版社,1990
174. 王建朗.中国废除不平等条约的历程.南昌:江西人民出版社,2000
175. 王立新.美国对华政策与中国民族主义运动.北京:中国社会科学出版社,2000
176. 王世杰,钱端升编.比较宪法.重庆:商务印书馆,1943
177. 王铁崖编.中外旧约章汇编(第2、3册).北京:三联书店,1959,1962
178. 王玮琦.中华革命党之研究.台北:正中书局,1979
179. 王聿均.中苏外交的序幕.台北:"中央研究院"近代史研究所,1978
180. 王芸生.六十年来中国与日本.北京:三联书店,1980
181. 文公直.最近三十年中国军事史.上海:太平洋书店,1930
182. 吴沧海.山东悬案解决经纬之研究.台北:台湾商务印书馆股份有限公司,1987
183. 吴承明.帝国主义在旧中国的投资.北京:人民出版社,1955
184. 吴承明.中国资本主义与国内市场.北京:中国社会科学出版社,1985
185. 吴东之编.中国外交史(中华民国时期).郑州:河南人民出版社,1990
186. 吴经熊,黄公觉.中国制宪史.上海:商务印书馆,1936
187. 吴翎君.美国与中国政治(1917—1928).香港:东大图书公司,1996
188. 吴相湘.孙逸仙先生传.台北:远东图书公司,1984
189. 吴宗慈.中华民国宪法史.上海:东方印刷局,1924
190. [澳]西里尔·珀尔.北京的莫理循.檀东鍟,窦坤译,福州:福建教育出版社,2003
191. 遐庵年谱汇稿编印会编.叶遐庵先生年谱.自印,1946
192. 项立岭.中美关系史上的一次曲折.上海:复旦大学出版社,1993

193. 萧超然.北京大学与五四运动.北京:北京大学出版社,1986
194. 谢本书等.护国运动史.贵阳:贵州人民出版社,1984
195. 谢本书,冯祖贻.西南军阀史.贵阳:贵州人民出版社,1991—1994
196. 谢彬.民国政党史.上海学术研究会,1925
197. 谢振民编著.中华民国立法史.北京:中国政法大学出版社,2000
198. 徐炳宪.段祺瑞与民国初年的内阁.台北:传贤文化事业有限公司,1984
199. 徐道邻编.民国徐又铮先生树铮年谱.台北:台湾商务印书馆股份有限公司,1981
200. 徐鼎新,钱小明.上海总商会史.上海:上海社会科学院出版社,1991
201. 徐辉琪编.李烈钧文集.南昌:江西人民出版社,1988
202. 徐建生,徐卫国.清末民初经济政策研究.桂林:广西师范大学出版社,2001
203. 徐血儿等.宋教仁血案.长沙:岳麓书社,1986
204. 徐义生主编.中国近代外债史统计资料.北京:中华书局,1962
205. 许道夫编.中国近代农业生产及贸易统计资料.上海人民出版社,1983
206. 许涤新,吴承明主编.中国资本主义发展史(第2、3卷).北京:人民出版社,1990、1993
207. 许毅.北洋政府外债与封建复辟.北京:经济科学出版社,2000
208. [美]薛君度.黄兴与中国革命.杨慎之译,长沙:湖南人民出版社,1980
209. 薛衔天等.中苏国家关系史资料汇编(1917—1924).北京:中国社会科学出版社,1993
210. 严中平等编.中国近代经济史统计资料选辑.北京:科学出版社,1955
211. 严中平.中国棉纺织史稿.北京:科学出版社,1955
212. 颜惠庆.颜惠庆日记.北京:中国档案出版社,1996
213. 颜惠庆.颜惠庆自传.北京:商务印书馆,2003
214. 杨琥编.宪政救国之梦——张耀曾先生文存.北京:法律出版社,2004
215. 杨维真.唐继尧与西南政局.台北:台湾学生书局,1994
216. 杨荫溥.民国财政史.北京:中国财政经济出版社,1985
217. 杨幼炯.近代中国立法史.上海:商务印书馆,1936
218. 杨幼炯.中国政党史.上海:商务印书馆,1936
219. 应俊豪.公众舆论与北洋外交.台北:政治大学历史学系,2001
220. 余炎光,陈福霖.南粤割据——从龙济光到陈济棠.广州:广东人民出版社,1989

221. 俞辛焞. 孙中山与日本关系研究. 北京：人民出版社, 1996
222. 俞辛焞, 王振锁. 孙中山在日活动秘录. 天津：南开大学出版社, 1990
223. 俞辛焞. 辛亥革命时期中日外交史. 天津人民出版社, 2000
224. 虞和平. 商会与中国早期现代化. 上海人民出版社, 1993
225. 云南省社会科学院历史研究所等编. 护国文献. 贵阳：贵州人民出版社, 1985
226. 枣庄市政协文史委员会编. 临城劫车案. 枣庄市政协文史委员会, 1996
227. 曾业英编. 蔡松坡集. 上海人民出版社, 1984
228. 张朋园. 梁启超与民国政治. 台北：食货出版社有限公司, 1981
229. 张启雄. 外蒙主权归属交涉. 台北："中央研究院"近代史研究所, 1995
230. 张耀曾等. 中华民国宪法史料. 新中国建设学会, 1933
231. 张玉法. 近代中国工业发展史. 台北：桂冠图书有限公司, 1992
232. 张玉法. 民国初年的政党. 台北："中央研究院"近代史研究所, 2002
233. 张玉法. 中华民国建国文献（民初时期文献）. 台北："国史馆", 1998—2001
234. 张玉法. 中华民国史稿. 台北：联经出版事业公司, 2001
235. 张忠绂. 中华民国外交史. 上海：正中书局, 1945
236. 章伯锋, 李宗一. 北洋军阀. 武汉出版社, 1990
237. 章伯锋. 皖系军阀与日本. 成都：四川人民出版社, 1988
238. 中国第二历史档案馆编. 北洋军阀统治时期的兵变. 南京：江苏人民出版社, 1982
239. 中国第二历史档案馆编. 北洋军阀统治时期的党派. 北京：中国档案出版社, 1994
240. 中国第二历史档案馆编, 云南省档案馆. 护法运动. 北京：中国档案出版社, 1993
241. 中国第二历史档案馆编, 云南省档案馆. 护国运动. 南京：江苏古籍出版社, 1988
242. 中国第二历史档案馆编. 直皖战争. 南京：江苏人民出版社, 1980
243. 中国第二历史档案馆编. 中华民国史档案资料汇编. 南京：江苏古籍出版社, 1991
244. 中国革命博物馆编. 北方地区工人运动资料选编. 北京：北京出版社, 1981
245. 中国国民党中央委员会党史委员会编. 王宠惠先生文集. 台北：中国国民

党中央委员会党史委员会,1981

246. 中国科学院近代史研究所近代史资料编辑组编.徐树铮电稿.北京:中华书局,1963

247. 中国科学院近代史研究所近代史资料编辑组编.一九一九年南北议和资料.北京:中华书局,1962

248. 中国科学院历史研究所第三所近代史资料编辑组编.五四爱国运动资料.北京:科学出版社,1959

249. 中国人民政治协商会议广西壮族自治区委员会文史资料委员会编.老桂系纪实.南宁:广西人民出版社,2003

250. 中国人民政治协商会议全国委员会,广东省委员会,广州市委员会文史资料研究委员会编.孙中山三次在广东建立政权.北京:中国文史出版社,1986

251. 中国人民政治协商会议全国委员会文史资料委员会编.五四运动亲历记.北京:中国文史出版社,1999

252. 中国社会科学院近代史研究所编.白坚武日记.南京:江苏古籍出版社,1992

253. 中国社会科学院近代史研究所编.五四运动回忆录.北京:中国社会科学出版社,1979

254. 中国社会科学院近代史研究所近代史资料编辑室编.秘笈录存.北京:中国社会科学出版社,1984

255. 中国社会科学院近代史研究所近代史资料编辑组编.五四爱国运动.北京:中国社会科学出版社,1979

256. 中国社会科学院近代史研究所,中国第二历史档案馆史料编辑部编.五四爱国运动档案资料.南京:江苏人民出版社,1980

257. "中华民国"史事纪要编辑委员会编.中华民国史事纪要.台北:"中华民国史料研究中心",1971—1983

258. 中华全国总工会工运史研究室等编.二七大罢工资料选编.北京:工人出版社,1983

259. "中华文化复兴运动"推行委员会编.中国近代现代史论集.台北:台湾商务印书馆股份有限公司,1986

260. 中山大学历史系孙中山研究室,广东省社会科学院历史研究所,中国社会科学院近代史研究所中华民国史研究室编.孙中山全集.北京:中华书局,1981—1986

261. "中央研究院"近代史研究所编.中俄关系史料.台北:"中央研究院"近代史研究所,1968
262. "中央研究院"近代史研究所编.中日关系史料.台北:"中央研究院"近代史研究所,1974—2002
263. [美]周策纵.五四运动史.陈永明等译,长沙:岳麓书社,1999
264. 周秋光编.熊希龄集.长沙:湖南出版社,1996
265. 周天度.蔡元培传.北京:人民出版社,1984
266. 周阳山.五四与中国.台北:时报文化出版事业有限公司,1982
267. 周元高,孟彭兴,舒颖云编.李烈钧集.北京:中华书局,1996
268. 朱宗震.民国初年政坛风云.郑州:河南人民出版社,1990
269. 朱宗震.孙中山在民国初年的决策研究.成都:四川人民出版社,1991
270. 朱宗震,杨光辉编.民初政争与二次革命.上海人民出版社,1983
271. 珠海市政协,暨南大学历史系编.唐绍仪研究论文集.广州:广东人民出版社,1989
272. 卓遵宏.中国近代币制改革史.台北:"国史馆",1986
273. 邹鲁编著.中国国民党史稿.北京:中华书局,1960
274. 邹鲁.回顾录.长沙:岳麓书社,2000
275. 邹鲁.回顾录.长沙:岳麓书社,2000

人名索引

A

安特生 452
奥兰多 272

B

白坚武 357,397,413,428,456,548
白　朗 447,448
白里安 91
柏文蔚 39,44,47,51,53,110,112,116,119,264
班　禅 81
阪西利八郎 344
包惠僧 321
宝　熙 64
鲍贵卿 378,383,393,424
贝　尔 312
贝尔福 280
本野一郎 199
币原喜重郎 312
毕　勋 293,294,296
博　邺 495

C

蔡成勋 404,499,500,503
蔡　锷 71,80,120,123—125,127—131,136,137,141—143,145,150,155,161,162,194,255
蔡和森 430
蔡济民 133
蔡巨猷 434
蔡元培 22,240,245,265,267,268,282,283,411,419
曹　锟 11,136,159,164,173,189,190,211—215,234—240,327,328,330,332—336,338,339,345—352,354,355,359,370,373,375,378,381—385,387,388,391,395—397,399,400,404,408—

416,427,428,431,434,438,443,451—453,455,464,466—468,470—472,474,476—481,483—489,491—496,499,500,509,510,545,551

曹汝霖　90,92,195,200,212,280—282,284,288,290,327,376

曹　锐　11

曹　锳　335,338,339

岑春煊　6,49,143—145,153—155,226,228,229,243,244,250,328,329,331,363,364,366—368

车林齐密特　77

车庆云　469

陈宝琛　186

陈炳焜　145,153,161,219,222—225,258,371,372

陈独秀　264—268,271,300,303,304,319,321,322,430

陈公博　321

陈光远　185,190,191,193,235,240,334,338,404,408,424,499,500

陈国栋　437—439

陈国祥　19,206

陈国志　436

陈嘉祐　433,434

陈锦涛　6,160

陈敬第　10

陈炯明　44,47,52,112,116,119,238,365—367,369—372,403,424,426,429,433,435,498,500—505,507—509

陈能芳　436

陈其美　22,33,44,47,52,110,112—114,117,118

陈树藩　149,154,246,247,352,353

陈潭秋　321

陈贻范　82—84

陈　宧　140,149—152,154,161—163

陈翼龙　13

陈之骥　53

程璧光　160,178,218,221,222,225,226

程德全　8,32,39,46,51,52

程　克　413,469,470,479

程　潜　116,233,234

褚辅成　59,168,178,227

D

达　赖　81

大隈重信　86,105,194

戴季陶　26,29,38,53,110,112,113,117,318

戴　戡　128,130,145,161,162,255,256,258

但懋辛　354,358,435—438

邓恩铭　321

邓汉祥　509

邓　铿　117,366,498

邓锡侯　435—439

邓演达　507

邓中夏　323,457,463

丁士源　343

丁世峄　167,168

丁文江　9,419

丁燮林　419

董必武　321
董鸿勋　129
段祺瑞　23,33,56,71,89,104,137,140—142,146—149,152—155,159—164,166—168,171,173,175—182,184,187—191,193—205,207—211,214,215,217,219,221,223,229,232—235,237—239,242,249,252,285,327,331,332,334,335,337—341,343—349,385,419,447,474,486,489,505,508—510,545,553
段芝贵　50,72,103,106,190,338,339,341,344

E

恩　琴　320

F

樊增祥　64
范国璋　189,233,234
范鸿仙　47,117
范源濂　10,160
方声涛　45,50,120,130
方　维　5
费行简　509
冯德麟　391
冯国璋　9,11,44,51,53,54,56,71,104,109,127,137,140,146—149,151—153,159,161,164,168,170,171,173,176,186—189,193,202—205,207—209,211,214,215,223,232,235—237,240,327,328,330,339,390,402,403,408,409,467,483,486
冯玉祥　150,189,239,353,358,392,411,469,471,472,492,496
冯　沄　455,457
冯自由　23,59,120
符礼德　450,486
福开森　473
傅良佐　195,233,234

G

高　斌　461
高恩洪　399,400,454
高凌霨　404,411,469,470,472,473,477—480,493,494,496
高一涵　265
戈克安　30
格　雷　82,91
龚心湛　290,294,295,332
龚振鹏　47
贡桑诺尔布　186
辜鸿铭　268
古德诺　101,102
谷正伦　259,372,440,441,497,499
谷钟秀　6,58,116,118,119,160,167,168,178,397
顾品珍　129,441
顾维钧　90,174,175,271,273—275,277,281,292—298,300,304,305,312,313,399,411—414,

451,471,476,487,488,
490,491,495

郭 乐　526
郭松龄　206,390

H

哈 定　82,314
哈汉章　400
哈在田　117
韩国钧　405
韩 恢　53,117
何丰林　402
何锋钰　487
何海鸣　53
何厚光　440
何叔衡　321
何应钦　259,440
何宗莲　424
贺耀祖　434
洪述祖　32,34,39
洪兆麟　117,501,502,507,508
后藤新平　198
胡鄂公　463
胡汉民　39,44,47,110,114,117,221,243,497,498,503
胡景伊　47,54,55
胡景翼　244
胡若愚　438
胡 适　265—268,411,419
胡万泰　51
胡惟德　271,285,292,296
胡 瑛　25,102
胡政之　509
黄 爱　423
黄大伟　499,507
黄殿辰　456,457,461,462
黄鸣球　118

黄 兴　5,7,23,24,27,28,31,
33,36,38,39,42,44—
46,49,51,52,54,59,
63,99,110—112,115—
120,142,194
黄炎培　383,401
黄远庸　10,40

J

加拉罕　320,490—492
加藤高明　86
加藤友三郎　312
江朝宗　103,183,185
江亢虎　12—14
姜登选　509
蒋介石　118,440,507
蒋雁行　469
蒋尊簋　8
蒋作宾　355,357
金永炎　400,405,471
靳云鹗　356,449,456,461,462
靳云鹏　71,137,195,329,332—
334,345—348,350,
351,375—378,383,
424,440
景耀月　58
居 正　59,110,114,117,133,
134,168,363

K

康纳尔　451
康有为　100,140,176,179,
184—186
克列孟梭　272,273,277
孔繁锦　438
孔 庚　355,357
库朋斯基　78

L

赖世璜 499
赖心辉 437—439
蓝浦森 312
蓝　辛 195,272,305
劳乃宣 100,179,186
劳合·乔治 272
雷　英 117
雷　瀛 117
雷震春 54,103,180,181,186,190,191
冷　遹 50
黎天才 236
黎元洪 5,9,10,12,30,41,44,48,60,61,70,92,103,104,109,142,144,148,152—155,159,160,166—168,171—173,175—184,186—189,207,218,219,251,347,373,395—397,399—406,408—416,425,427,428,431,443,451,458,463,466—478,483,493,499,506
李长泰 189
李　纯 44,50,56,109,136,137,164,173,193,234—236,239,240,245,333,334,338,349,353,408,499
李　达 321,322
李大钊 13,265,268,319,321,322,429,430,454,456
李鼎新 118,154
李福林 366,497,499,507
李根源 116,119,168,472,474
李国柱 117
李汉俊 321
李厚基 109,180,238,244,365,366,424,500,505—507
李济深 507
李剑农 14,26,122,182,183,253,413,419,420,484
李经羲 64,109,181,182,184
李景林 389
李烈钧 30,39,44—46,50,59,63,110,112,116,119,120,127,130,145,221,243,364,372,497—499,501,503
李明扬 499
李求实 465
李少白 508
李盛铎 186,201,249
李士伟 351,527
李思浩 343,344
李四光 419
李提摩太 317
李廷玉 236
李万铨 6
李燮和 102
李雁宾 509
李煜瀛 419
李　垣 335
李震瀛 456,459,460
李宗黄 137,138
梁敦彦 64,186
梁鸿楷 499,507
梁启超 9—12,15,57,65,97,103,107,117,120—124,127,129,132,140,142—145,150,154—156,161,162,168,169,200,206,223,255,281,

	317,357,358,397,419,427	刘廷琛	100,186
梁如浩	78	刘文辉	435—439
梁士诒	18,40,59,89,103,106,140,147,160,205,207,211—213,240,243,313,351,377—385,391,454,476	刘显世	128,129,131,141—143,145,161,162,258,259,364,440,441
		刘 湘	354,358,359,423,424,435—439
廖仲恺	363,501,502	刘 询	339
列 宁	230,316,319	刘玉麟	84
林葆怿	218,221,228,229,243,363	刘云峰	129,130
		刘震寰	372,507
林长民	168,200,206	刘镇华	392,437,438,478
林 虎	45,50,116,371,507	刘祖武	136
林权助	195	刘佐龙	355
林 森	15,167,249,364,506,507	龙济光	52,56,117,132,133,136,143—145,154,171,238,258,502
林祥谦	459,460,462,465	龙建章	131
林修梅	233,239	龙觐光	131,143
林育南	464	卢 焘	259,423,424,440,441
林拯民	502	卢金山	358,438
林支宇	433	卢永祥	109,288,350,382,385,401,402,405,424,425,494,499,505,509
林直勉	502		
凌 霄	117		
刘半农	265	鲁涤平	355,434,435
刘成勋	405,435—439,509	鲁 迅	266,267
刘崇佑	206	陆建章	136,149
刘存厚	130,162,255,256,435,437—439	陆 锦	434
		陆荣廷	132,141—145,153,161,165,168,171,186,187,212,218,219,221—226,228,229,232,233,235,236,244,250,253,258,350,364—366,371,372,497
刘恩格	201,207		
刘恩源	469		
刘 公	58,131		
刘冠雄	51,54,56,506		
刘建藩	233		
刘镜人	78		
刘揆一	58,420		
刘仁静	321	陆裕勋	132
刘师培	102,268	陆征祥	23,25,26,78,82,89—

93,104,271—273,277,291,292,295,296,298
陆宗舆 89,92,105,139,280,282,284,288,289
吕　超 438
吕达斯达 293
吕公望 143,145,161
吕宓筹 509
吕志伊 117
伦青夏札 82,84
罗佩金 145,255,256
罗文干 411—413,466,476
罗章龙 456,464

M

麻克类 450
马　济 371
马继增 130,136
马克谟 312
马克思 13,261,301,317—319,321—323,429
马联甲 478
马　林 321,322
麦克马洪 82—84
曼　德 487
毛泽东 321,323
孟恩远 178
莫理循 211
莫擎宇 238
莫荣新 224—226,243,365—367,502
牧野伸显 299
穆藕初 527

N

内田康哉 272
尼科尔斯基 321,322
倪嗣冲 51,56,148,171—173,180,181,218,349
聂宪藩 469,471,472
聂云台 531,546
钮永建 51,110,116,119

O

欧阳武 44,46

P

潘　复 351,440
潘鸿鼎 10
庞人铨 423
彭程万 497
彭寿莘 393
彭兆璜 420
普来德 392
溥　伟 100,179
溥　仪 179,184—187,190

Q

齐燮元 349,350,380,384,398,411,478,496
齐耀琳 349
齐耀珊 378
企　德 317
钱能训 70,215,241,245,247,249,251,252,290,397
钱少卿 399
钱玄同 268
乔巴山 320
邱丕振 117
仇　鳌 420
曲同丰 339,342,346
瞿鸿禨 186
屈映光 143

R

任可澄 127,128,135,136,161,

440
日置益 86—90,92
荣德生 526
荣宗敬 526
阮忠枢 190
芮恩施 174,299

S

萨镇冰 186,333,346,506
山梨半造 392
山县有朋 74
善耆 100,179
邵瑞彭 480,481
邵元冲 224
沈秉堃 25
沈鸿英 366,371,372,415,416,507
沈瑞麟 450
沈曾植 186
升允 186
胜田主计 196—198
施洋 460,461,465
施愚 66,67
施肇基 271,292,304,306,312
石井菊次郎 195
石青阳 133,438,439
石星川 236
史纪常 391
史文彬 454—456,459,464
舒尔曼 450,500
寺内正毅 174,194,195,198,240
宋鹤庚 355
宋教仁 5—8,18,19,22,29,31—33,39
宋庆龄 502
宋毅夫 359
苏赫巴托尔 320

苏慎初 52
孙宝琦 65,79,89,397,490,493—495
孙传芳 355,356,358,359,397,398,415,416,436,437,507
孙道仁 39,47,52
孙多森 44,47
孙桂枝 449
孙洪伊 10,147,160,167,168,173,221
孙烈臣 389,392,393
孙美瑶 449,450,452,453,481
孙美珠 449
孙武 10,12
孙祥夫 118
孙毓筠 25,58,66,102,107,160
孙中山 3—5,7,9,11,22,27,28,33,36—40,42,44,45,49,52,54,60,63,97,99,110—120,133,134,142,145,153,154,156,157,159,162,163,165,166,169,170,176,203,207,217—233,235,243,244,250,257,258,271,281,304,313,318,325,360—372,385,392,402,403,406,415,423,428,429,431—435,438,440,441,443,465,481,483,484,491,494,497—511

T

谭浩明 219,222,233,234,237,258,371,372
谭人凤 40

谭延闿	39,47,52,163,233,401,417,418,420,432—435	汪瑞闿	30
		王阿法	32
		王伯群	259
汤尔和	411	王承斌	239,388,390,392,393,409,472,473,478—480,496
汤化龙	8,10,12,15,19,104,151,168,200,206		
汤寿潜	8	王宠惠	6,22,271,304,312,383,397,406,410—414
汤廷光	366,367		
汤芗铭	56,109,133,136,140,151—153,162,404	王都庆	355
		王广圻	271,285,292
唐继尧	120,125—128,132,135—137,141—145,148,154,155,161,165,218,221—229,243,244,250,252,254,256,257,329,363—365,367,371,405,425,428,435,438,441,500,507,509	王 瑚	404
		王怀庆	343,376,381,399,458,469,471,472
		王家襄	168,396,397,399,405,406,414,466,477
		王尽美	321
		王九龄	223,509
		王克敏	476,488,494,495
		王明山	118
唐继虞	441	王汝勤	356,437
唐绍仪	8,22—25,29,57,160,172,173,176,221,225,226,228,243,244,246—248,250—252,363,364,367,371,410,411,474	王汝贤	233,234
		王士珍	70,104,148,149,152,181,185,186,190,208,240,346,377
		王世杰	419,483
		王式通	66
唐生智	355,434	王文华	130,131,258,259,440
唐式遵	358	王文庆	143
田颂尧	436—438	王晓峰	118
田文烈	519	王揖唐	201,202,204,207,249,252,334,344,345
田应璜	201		
田中玉	50,451—453,478,487,488	王印川	201,206
		王永江	404
W		王永泉	505—507
汪大燮	57,65,70,208,397,413,414	王占元	133,164,173,180,193,234—236,238,240,338,340,350—356,408,440,546
汪精卫	5,509		

王正廷	19, 22, 36, 271, 273, 292, 298, 405, 414, 425, 490—492		454—462, 464—468, 471, 472, 484, 493, 495, 496, 499, 500, 505—507, 509, 510, 548
王芝祥	24, 30, 58		
王祖同	132	吴新田	438
危文绣	472	吴 虞	266
威尔逊	76, 270, 271, 277, 278, 293, 297, 299	吴雨铭	465
		吴毓麟	450, 452, 469, 470, 479
维金斯基	321	吴忠信	118
魏邦平	366, 372, 501—503	伍朝枢	243, 271, 304, 385, 508
魏宸组	271	伍持汉	59
温世霖	168	伍廷芳	6, 10, 12, 60, 178, 183, 221, 225, 226, 228, 229, 252, 271, 363, 364, 367, 368, 401, 498, 502
温世珍	451		
温宗尧	6, 8, 10, 253, 364		
吴炳湘	177, 185, 282		
吴大洲	133	伍祥祯	129, 150
吴鼎昌	248, 252	武士英	32, 39
吴光新	195, 223, 237, 256, 330—332, 335, 338, 340	**X**	
		西园寺公望	272
吴剑学	434	西原龟三	174, 195—197
吴景濂	6, 7, 14, 15, 58, 116, 167, 168, 227, 229, 249, 364, 396, 397, 399, 405, 406, 409—412, 414, 466, 478—481, 483, 489, 493, 494	夏斗寅	355
		夏之麒	117
		项 英	455, 465
		萧耀南	239, 356, 380, 392, 411, 434, 436, 458—461, 478, 496, 499
吴俊陞	391, 392, 546	小幡西吉	275, 313, 379
吴佩孚	130, 159, 164, 215, 232, 237—240, 253, 292, 313, 327—332, 334—339, 341, 343, 345—359, 370, 372, 375, 377—392, 395—399, 401, 404, 405, 408—416, 420, 425, 427, 428, 432—434, 436—441, 443, 446, 448, 449,	谢 持	110, 363
		谢国光	434
		熊炳琦	451
		熊克武	47, 54, 55, 112, 116, 237, 256, 257, 354, 364, 435—439, 497, 509
		熊希龄	8, 23, 57, 64, 65, 206, 240, 245, 397, 420
		休 士	308, 312
		徐宝山	54

徐 谦	229,243		493,495,519,520,527,528
徐世昌	9, 57, 70, 89, 92, 104, 109, 140, 142, 146—148,152,167,181,182, 186,190,202,206,207, 210, 211, 214, 215, 240—244, 246—249, 251, 252, 270, 271, 282—284, 288, 290, 292, 294, 295, 332—336, 339—341, 344—353,356,367,377,378, 381—384, 388, 391, 392, 395—399, 401, 402,424,467,473,483, 486,498,545	杨德甫	456,459
		杨 度	61, 64, 101, 102, 106, 107,121,128,160
		杨 古	392
		杨 虎	118
		杨坤如	507
		杨 森	359,435—439
		杨善德	118,161
		杨士琦	64,70,102
		杨王鹏	133
		杨希闵	507
		杨以德	11,473
		杨宇霆	389,475,510,546
		杨毓珣	475,509
徐树铮	104,166,167,173,180, 181, 198, 200—202, 205, 208—210, 213, 215,232,233,237,238, 242,252,320,331,332, 334—337, 340, 341, 343—345,505,506,508	叶恭绰	351,378,384,385,391,510
		叶 举	366,372,500—503,508
		叶开鑫	355,434
		尹昌衡	80,81
		应德闳	32,46
		应夔丞	32,39
		优 林	489
徐秀钧	59,63	有贺长雄	105
许白昊	464	于右任	117,244
许崇智	47,110,112,114,366, 370, 372, 497—499, 501,503,505—508	余际唐	436
		袁大化	186
		袁金铠	391
许兰洲	244,390	袁克定	71,104,106
许世英	160	袁乃宽	103,104,477
薛之珩	469,471—473	袁世凯	1, 3—15, 17—20, 22—49, 51—53, 55—81, 87—95, 97, 99—111, 114, 116—155, 157, 159—166, 168—170, 183,191,195,205,207, 209,211,217,220,254,

Y

严 复	102
阎锡山	167,173
阎相文	239,353
颜惠庆	81,271,280,377,382, 383,401,409,410,471,

263,264,280,327,351,
365,377,409,419,430,
435,447,467,468,477,
483,493,515—519,
527,528,550—555
袁祖铭 238,405,438—441
原 敬 240,272,278
越 飞 489

Z

臧致平 505—507
曾毓隽 201,343—345
詹大悲 53
詹天佑 186
张百麟 117
张伯烈 405,483
张福来 239,356,433,456,478
张广建 284
张国焘 321,322
张国淦 64,166,167,208,215,
332,410,467,472
张国庆 458
张国熔 388
张厚生 459,460
张 弧 9,378,383,385,391,
409,476
张怀芝 109,136,180,236—
238,339,472
张汇滔 47
张 继 19,36,48,58,167,357
张嘉璈 10
张 謇 8,10,12,57,104,109,
240,516—519,526,
539,546,548
张景惠 389,390
张敬尧 45,50,136,165,215,
237—239,329—332,
449

张静江 114
张君劢 427
张开儒 130,221,222,226,507
张 澜 256
张培荣 453
张其锽 404
张 庆 448
张人骏 186
张瑞玑 247
张绍曾 240,346,382,404,
414—416,450,451,
453,463,468—471,
473,488
张廷谔 470,471,473
张文生 349
张我权 52
张锡銮 24,109
张锡元 244
张学良 389,390,393
张 勋 50,53,54,56,109,137,
148,149,155,157,
170—173,178—191,
193,207,217—219,
232,256,349,385,400,
403,467,468
张尧卿 53
张耀曾 58,116,160,172,178,
240,397,467,468
张一麐 206
张英华 440,470
张永成 191
张振武 5
张镇芳 103,180,186,190,191
张志潭 346,351
张子贞 136
张梓芳 359
张宗昌 239
张作霖 159,165,171,206,208,

	211,214,235,242,331—335,338,343,345—352,354,357,359,370,375,377—379,381—385,387,389—394,396,474,494,498,508—510,545,546	郑殿陞	389
		郑汝成	51,117,118
		郑士琦	452,453
		郑孝胥	100,179,184
		钟明光	117
		周道刚	256
		周佛海	321
		周　馥	186
张作相	389,390	周　骏	161,162
章士钊	120,144,415	周树模	335,346
章太炎	8,9,46,176,221,224,227,419,427	周文炳	130
		周西成	439
章宗祥	198,199,280,282,284,288,289,519	周学熙	240,517
		周荫人	507
赵秉钧	8,9,23,25,29,32—34,39,45,56	周钟岳	425
		周自齐	57,103,139,160,351,384,399
赵从蕃	30	朱尔典	80—82,84,91,105,312
赵尔巽	109	朱家宝	109,186,187
赵凤昌	8	朱培德	497,499,507
赵恒惕	233,239,353—355,357,370,398,405,420,421,423,424,426,428,432—435,509	朱启钤	103,106,109,140,207,240,244—252
		朱庆澜	109,161,365
		朱　瑞	51,137,143
		朱绍良	259
赵继贤	455,457,458,461	朱　深	343,344
赵　杰	391,448	朱耀华	434
赵　倜	180,238,284,330—332,338,353,391,392,448	朱执信	110,112,117,133,222,318
		邹　芬	389,390
赵铁桥	509	邹　鲁	7,39,40,110
赵又新	129,435		
哲布尊丹巴	77,79,80